ISBN : 978-81-7650-493-5

Publishers :
STAR PUBLICATIONS Pvt. Ltd.
4/5 Asaf Ali Road, New Delhi-110 002 (India)

This Edition : 2014
Revised Edition : 2019

Price : One Hundred Ninty Five only (Rs. 195/-)

Printed by :
Star Print-O-Bind, New Delhi-110 020

Typesetting by :
R. S. Prints, New Delhi

भूमिका

यद्यपि भारत में कोश रचना की पद्धति संसार से सबसे पुरानी है किन्तु आधुनिक कोश रचना की वैज्ञानिक पद्धति अंग्रेज़ों की देन है। 18वीं और 19वीं शताब्दी में एक बड़ा व्यापक अनुष्ठान हिन्दी, हिन्दुस्तानी और अंग्रेजी के कोशों के निर्माण को लेकर हुआ जिसमें ईसाई मिशनरियों, प्रशासनिक अधिकारियों ने बड़े पैमाने पर योगदान दिया और 19वीं शताब्दी के अन्त तक इस दिशा में जो भी महत्वपूर्ण कार्य हुए वे सारे एक प्रकार से उन्हीं की देन है। सन् 1808 में विलियम हंटर के हिन्दुस्तानी–इंग्लिश कोश से इस काम का शुभारम्भ हुआ और बराबर इसके संस्करण होते रहे। एम.टी. आदम, डॉ. गिल क्राइस्ट, जान शेक्सपीयर आदि ने इस दशा में प्रारम्भिक कार्य किये। लेकिन यह सारा का सारा कार्य रोमन लिपि में होता था।

1829 में पादरी एम.टी. आदम के कोश में सबसे पहले देवनागरी लिपि का भी प्रयोग हुआ। जान शेक्सपीयर इस दिशा में सन् 1861 तक बराबर महत्वपूर्ण कार्य करते रहे। फैलेन ने "ए न्यू हिन्दुस्तानी–इंग्लिश डिक्शनरी" का निर्माण किया जो कोश विद्या की दृष्टि से इनमें सबसे अधिक महत्वपूर्ण माना गया। 19वीं शताब्दी के अन्त में भारत में इस संबंध में जागरण आरम्भ हुआ और कोश रचना की प्रक्रिया स्वतः आरम्भ हुई। अनेक विद्वानों ने हिन्दी–अंग्रेज़ी कोश के संबंध में समय–समय पर काम किए, साथ ही शासन की ओर से भी व्यापक पैमाने पर कार्य किया गया।

सबने अपनी–अपनी दृष्टि से कार्य किए और सबके काम की अपनी विशेषताएं हैं, किन्तु इस **'स्टार अंग्रेजी–हिन्दी कोश' का निर्माण लोक और ज्ञान दोनों को ही संतुलित मात्रा में रखकर किया गया है।**

पठन–पाठन तथा सरकारी क्षेत्र में इसकी आवश्यकता अत्यन्त व्यापक रूप से अनुभव की जा रही थी जिसका समाधान प्रस्तुत कोश

के माध्यम से होता है। इसकी शब्द सम्पदा भी व्यावहारिक रूप से पर्याप्त है और जन सामान्य और सामान्यतः विद्वत जगत का काम इससे चल सकता है। इसके साथ ही एक अच्छी बात है कि शब्दों के अंग्रेजी उच्चारण देवनागरी लिपि में भी दिए गए हैं, जिससे उच्चारण का संज्ञान सामान्य रूप से अध्ययता को हो जायेगा। इसके साथ ही शब्द चयन की प्रक्रिया में सजगता बरती गई है और यह प्रयत्न किया गया है कि वांछित शब्द सम्पदा इस कोश में आ जाये। शब्दों की अर्थ साधना में भी सजगता बरती गई है।

आज सरकार में हिन्दी के कामकाज के लिए कोशों की आवश्यकता का अनुभव बड़े व्यापक पैमाने पर किया जा रहा है। इस तरह मेरी दृष्टि में प्रकाशित यह "अंग्रेजी–हिन्दी कोश" इस दिशा में एक गौरवशाली, गम्भीर और लोक–हितकारी प्रयास है। मुझे विश्वास है कि सभी क्षेत्रों में इसके गुण होने के कारण सम्मान होगा और ज्ञानजगत इसे गरिमा प्रदान करेगा।

स्व. श्री सुधाकर पाण्डेय
(प्रधानमंत्री)
नागरी प्रचारिणी सभा
वाराणसी

List of abbreviations used in the Dictionary

संकेत-चिन्ह् जो इस कोष में प्रयुक्त किये गये हैं

abbr.	abbreviation.	*interj.*	interjection.
adj.	adjective.	*L.*	Latin.
adjs.	adjectives.	*mas.*	masculine.
adv.	adverb.	*med.*	medicine.
advs.	adverbs.	*mus.*	music.
alg.	algebra.	*n. ns.*	noun, nouns.
archt.	architectur.	*nout.*	nautical.
arith.	arithmetic.	*pass.*	passive.
aux.	auxiliary.	*pers.*	person.
contr.	contracted.	*phr.*	phrase.
cf.	compare.	*opp.*	opposite.
chem.	chemistry.	*pl.*	plural.
comb.	combination.	*n. sing.*	noun singular.
comp.	comparative.	*pr. part.*	present participle.
conj.	conjunction.	*p. t.*	past tense.
demons.	demonstrative.	*pres.t.*	present tense.
dim.	diminutive.	*p.p.*	past participle.
e.g.	for example.	*pref.*	prefix
esp.	especially.	*prep.*	preposition.
fut.	future.	*pron.*	pronoun.
fem.	feminine.	*Rom.*	Roman.
gram.	grammar.	*sing.*	singular.
Geog.	geography.	*suf.*	suffix.
Gr.	Greek.	*usu.*	usually.
i.e.	that is.	*v.t.*	verb intransitive.
in.	inches.	*v. t.*	verb transitive.
indef.	indefinite.	*yd. (s)*	yard (s).

Aa

A ए, अ, ऐ, the First letter of the english alphabet. अंग्रेजी वर्णमाला का पहिला अक्षर।

a ए, *अॅ a.* one एक ; any कोई।

aback *अॅ बैक adv.* backwards पीछे की ओर; by surprise भौचक्का।

abaction *ए-बैक्'शन् n.* (Low.) the stealing of a number of cattle at once (शा० प०) एक साथ बहुत-से पशुओं की चोरी।

abactor *(ए-बैकट्र) -n.* cattlethief पशु-चोर।

abandon *अॅ बैन् डॅन v.t.* to desert, to forsake त्याग देना।

abase *अॅ बेस v.t.* to disgrace अपमानित करना।

abasement *अॅ बेस् मॅन्ट n.* disgrace अपमान।

abash *अॅ बैश v.t.* to make ashamed लज्जित करना।

abate अॅ बेट *v.t.* to lessen कम करना; *v.i.* to become less कम होना।

abatement *अॅ बेट् मॅन्ट n.* mitigation कमी; deduction छूट।

abbey *ऐ बि n.* monastery ईसाई मठ।

abbreviate *अॅ ब्री वि एट v.t.* to shorten संक्षिप्त करना।

abbreviation *अॅ ब्री वि ए शॅन n.* shortening संक्षिप्तीकरण।

abdicate *ऐब् डि केट v.t.* to relinquish त्यागना; *v.i.* to resign power सत्ता त्यागना।

abdication *ऐब् डि के शॅन n.* act of abdication an office पद-त्याग।

abdomen *ऐब डॅ मॅन, ऐब् डो मॅन* the lower belly पेट-उदर।

abdominal *ऐब् डो मि नॅल a.* pertaining to the lower belly पेट-संबंधी।

abduct *ऐब् डक्ट v.t.* to take away by force or fraud, to entice away अपहरण करना, बहका ले जाना, निकाल ले जाना।

abduction *ऐब् डक् शॅन n.* act of abducting अपहरण।

abed *अॅ बैॅड adv.* on or in bed बिस्तर पर।

aberrance *एब' -अर्-एन्स्- n.* deviation from rectitude धर्मनिष्ठा से विचलन या विचलित होना।

abet *अॅ बैॅट v.t.* to encourage in a bad sense उकसाना।

abetment *अॅ बैॅट मॅन्ट n.* act of abetting उकसाव।

abeyance *अॅ बे अॅन्स n.* suspension ठहराव।

abhor *अॅब् हौः v.t.* to. detest घणा करना।

abhorrence *अॅब् हौः रॅन्स n.* detestation घणा।

abide *अॅ बॉइड v.i.* to dwell रहना; to wait for (की) प्रतीक्षा करना ; to stay in a place टिकना; *v.t.* to endure सहन करना।

abiding *अॅ बॉइ डिङ्ग a.* permanent स्थायी; stable टिकाऊ।

ability *अॅ बि लि टि n.* skill कौशल, capability योग्यता।

abject *ऐब् जैक्ट a.* mean अधम, नीच।

ablaze *अ ब्लेज़ adv.* in a blaze जलता हुआ।

ablactate *एब्-लेक्' टेट् v. t.* to wean from the breast, छाती का दूध पिलाना।

ablactation *एब्-लेक्-टे'-शन् n.* the act of weaning from the mother's breast, माता का दूध पिलाने की क्रिया।

able *ए ब्ल a.* talented योग्य; clever निपुण।

ablepsy *ऐब्-लेप्'-सि n.* lowness of sight. द ष्टिशून्यता, अन्धापन।

ablush *ए-ब्लश् adv.* in a blushing state. लज्जित होते हुए, झेंपते हुए।

ablution *एब्-ल्यू'-शन् n.* washing of the body before ceremonial rites. कोई धार्मिक कार्य करने के पहले शरीर इत्यादि को शुद्ध करना।

abnegate *ऐब्'-नि-गेट् v. t.* to deny. त्याग करना।

abnegation *ऐब-नि-गे-शन् -n.* renunciation. त्याग।

abnormal *ऐब् नौः मॅल a.* not normal असामान्य।

aboard *अ बौःड adv.* in a ship नौका पर।

abode *अ बोड n.* residence घर, निवास-स्थल।

abolish *अ बौ˘ लिश v.t.* to put an end to उन्मूलन करना।

abolition *ऐ बॅ लि शॅन* act of abolishing उन्मूलन।

abominable *अ बौं मि नॅ ब्ल a.* loathsome घ णित, घिनौना।

aboriginal *ऐ बॅ रि जि नॅल a.* primitive आदिम, मूल।

aborigines *ऐ बॅ रि जि नीज़ n. pl.* original inhabitants मूल निवासी।

abort *एब्-ऑर्ट्- v. i.*to miscarry in giving birth. गर्भपात होना।

abortion *अ बौः शॅन n.* mis-carriage गर्भपात।

abortive *अ बौः टिव a.* unsuccessful निष्फल; immature अधूरा।

abound *अ बॉउंड v.i.* to be plentiful प्रचुर मात्रा में होना।

about[1] *अ बॉउट adv.* nearly लगभग; here and there इधर-उधर।

about[2] *prep.* near to के समीप; relating to के विषय में।

above[1] *अ बव adv.* to or in a higher place ऊपर।

above[2] *prep.* more than से अधिक; to or in a higher place than से ऊपर।

abreast *अ ब्रैस्ट adv.* side by side बराबर में।

abridge *अ ब्रिज v.t.* to make shorter संक्षेप करना।

abridgement *अ ब्रिज् मॅन्ट n.* summary संक्षेप, सार।

abroad *अ ब्रौड़ adv.* in a foreign country विदेश में।

abrogate *एब्'-रो-गेट् v. t.* to repeal or cancel by authority, to annul. आज्ञानुसार हटाना, रद्द करना, मोडना या तोड़ना।

abrupt *अ ब्रप्ट a.* sudden आकस्मिक।

abruption *ऐब्-रप्'-शन् n.* a sudden breaking off. एकाएक टूटने का कार्य।

abscess *ऐब्-सेस- n.* collection of pus formed in some part of organ of the body. व्रण, शरीर के किसी भाग में मवाद भर जाना।

absonant *ऐब्'-सॉनन्ट्- adj.* absurd,

unreasonable. निरर्थक, न्याय-विरुद्ध।

abscond *ॲब् स्कौ ॅन्ड, ऐब् — v.i.* to fly from justice फ़रार होना।

absence *ऐब् सॅन्स n.* state of being absent अनुपस्थिति।

absent[1] *ऐब् सॅन्ट a.* not present अनुपस्थित।

absent[2] *ऐब् सै ॅन्ट, ॲब्– v.t.* to keep away from अनुपस्थित रखना।

absolute *ऐब् सॅ ल्यूट a.* complete पूर्ण; unlimited असीम; despotic निरंकुश।

absolutely *ऐब् सॅ ल्यूट् लि adv.* completely पूर्ण रूप से।

absolve *ऐब् ज़ौल्व, ॲब् —v.t.* to acquit, to pardon दोषमुक्त करना।

absorb *ॲब् सॉःब्, ऐब्– v.t.* to soak up सोखना; to engross लिप्त करना।

abstain *ॲब् स्टेन्, ऐब्–v.i.* to refrain बचना।

abstract[1] ऐब् स्ट्रैक्ट *a.* not concrete अमूर्त; existing in the mind only भावात्मक।

abstract[2] *n.* summary सारांश।

abstract[3] *ऐब् स्ट्रैक्ट v.t.* to separate अलग करना; to epitomise संक्षिप्त करना।

abstraction *ऐब् स्ट्रैक् शॅन n.* act of abstrating अमूर्तीकरण; absence of mind मतिहीनता।

absurd *ॲब् सॅःड a.* unreasonable असंगत; foolish विवेकहीन।

absurdity *ॲब् सॅः डि टि n.* foolishness मूर्खता; that which is absurd मूर्खता का कार्य।

abundance *ॲ बन् डॅन्स n.* plenty आधिक्य, प्रचुरता।

abundant *ॲ बन् डॅन्ट a.* plentiful प्रचुर।

abuse[1] *ॲ ब्यूज़ v.t.* to revile गाली देना; to make bad use of दुरुपयोग करना।

abuse[2] *ॲ ब्यूस n.* offencive language गाली, अपशब्द।

abusive *ॲ ब्यू सिव a.* insulting अपमानजनक।

abut *अ-बट्' v. t. & i.* (p.t. **abutted**) to join at a boundary, to meet. सीमा पर एकत्रित होना, मिलना; Abutment (-मेन्ट), Abuttal (अल्) -ns. junction, boundary. मिलन-स्थान, सीमा।

abyss *ॲ बिस n.* hell रसातल।

academic *ऐ कॅडै ॅ मिक a.* of learning and teaching विद्यामूलक; scholarly शास्त्रीय।

academy *ॲ कै डॅ मि n.* society of learned men अकादमी।

acarpous *अ-कार्'-डिअक् adj.* not producing fruit, sterile. फल न उत्पन्न करने वाला (व क्ष), अनऊपजाऊ, बाँझ।

accede *अकॅ सीड v.t.* to agree (to) मान लेना।

accelerate *ऐक् सैॅ लॅ रेट v.t.* to increase the speed of (की) गति बढ़ाना।

acceleration *ऐक् सै ॅ लॅ रे शॅन n.* act of accelerating गतिव द्धि; increase of velocity वेग-वर्धन।

accent[1] *ऐक् सॅन्ट n.* tone of the voice स्वर; stress बलाघात।

accent[2] *ऐक् सै ॅन्ट v.t.* to express or note the accent of (का) स्वरोच्चारण करना।

accept *ॲक् सैप्ट, ऐक्– v.t.* to admit स्वीकार करना; to receive लेना।

acceptable *ॲक् सैप्' टॅ ब्ल a.* pleasing प्रिय; that may be accepted स्वीकार्य।

acceptance *ॲक् सैप्' टॅन्स n.* act of accepting स्वीक ति।

access *ऐक् सै˘स n.* approach पहुँच; means of approach प्रवेश।

accession *ऐक् सै ˘ शॅन n.* act of acceding सहमति; augmentation अभिवर्धन; coming to the throne राज्याभिषेक।

accessory *ऐक् सै ˘ सॅ रि n.* an accomplice साथी; adjunct उपसाधन।

accident *ऐक् सि डॅन्ट n.* an unfortunate event दुर्घटना।

accidental *ऐक् सि डै˘न् ट्ल a.* happening by chance आकस्मिक।

accipitral *एक्-सि-पिट्रल् adj.* like a hawk, keen-sighted. (श्येन पक्षी) बाज की तरह का, तीक्ष्ण द ष्टिवाला।

acclaim[1] *ॲ क्लेम v.t.* to applaud जय जयकार करना।

acclaim[2] *ॲ क्लेम n.* applause जयकार।

acclamation *ऐक् लॅ मे शॅन n.* shout of applause जयघोष।

acclimatise *ॲ क्लॉइ मॅ टॉइज़ v.t.* to habituate to a new climate जलवायु का अभ्यस्त बनाना।

accommodate *ॲ कौ ˘ मॅ डेट v.t.* to adjust अनुकूल बनाना।

accommodation *अ कौ ˘ मॅ डे शॅन n.* lodging निवास; convenience सुविधा।

accompaniment *ॲ कम् पॅ नि मॅन्ट n.* that which accompanies सहायक वस्तुएं; the subordinate parts in music संगत, साज़।

accompany *ॲ कम् पॅ नि v.t.* to go with साथ देना; to play music to support (a singer) संगत करना।

accomplice *ॲ कम् प्लिस n.* helper in wrong doing अपराध का साथी।

accomplish *ॲ कौमॅ प्लिश,–कम्– v.t.* to finish successfully पूर्ण करना।

accomplished *ॲ कौमॅ प्लिश्ड,–कम् a.* skilled पारंगत।

accomplishment *ॲ कौमॅ् प्लिश् मॅन्ट, –कम्– n.* achievement उपलब्धि; skillfulness दक्षता, निपुणता; embellishment अलंकरण।

accord[1] *ॲ कॉःड v.t.* to make to agree सहमत करना; to concede स्वीकार करना; *v.i.* to agree सहमत होना।

accord[2] *n.* agreement सहमति harmony तालमेल, सामंजस्य।

accordingly *ॲ कॉः डिङ्ग् लि adv.* consequently तद्नुसार।

account[1] *ॲ कॉउन्ट n.* narration वर्णन; importance महत्व; a reckoning गणना; register of facts relating to money खाता; reason कारण।

account[2] *v.t.* to reckon गणना करना; to consider विचार करना; to value महत्त्व देना।

accountable *ॲ कॉउन् टॅ ब्ल a* responsible, answerable उत्तरदायी।

accountancy *ॲ कॉउन् टॅन् सि n.* the office or work of an accountant मुनीमी।

accountant *ॲ कॉउन् टॅन्ट n.* person who keeps financial accounts मुनीम।

accredit *ॲ क्रै ˘ डिट v.t.* to trust विश्वास करना; to accept as true

सच मानना; to authorise अधिकृत करना।

accrementition *अक्'-क्रे-मेन्- टिश्'-अन् -n* gradual increase क्रमिक वृद्धि।

accrete *अक्-क्रीट्' v. t.* to grow together. साथ उगना; *adj.* growing together साथ उगने वाला।

accrue *अॅ क्रू v.i.* to increase वृद्धि होना; to come as a product उपार्जित होना।

accumulate *अॅ क्यू म्यु लेट v.t.* to heap up ढेर लगाना; to amass संग्रह करना; *v.i.* to increase greatly बढ़ना।

accumulation *अॅ क्यू म्यु ले शॅन n.* heaping ढेर, संचय; collection संग्रह।

accuracy *ऐ क्यु रॅ सि n.* exactness शुद्धता।

accurate *ऐ क्यू रिट a.* free from error शुद्ध; exact ठीक।

accursed *अॅ कॅः सिड a.* doomed शापित; unfortunate अभागा।

accusation *ऐ क्यू ज़े शॅन n.* impeachment अभियोग; that of which one is accused आरोप।

accuse *अॅ क्यूज़ v.t.* to blame दोषारोपण करना; to bring charge against अपराधी ठहराना।

accused *अॅ क्यूज्ड n.* one charged with a crime अपराधी व्यक्ति।

accustom *अॅ कस् टॅम v.t.* to habituate आदी बनाना।

accustomed *अॅ कस् टॅम्ड a.* habituated आदी।

ace एस *n.* playing card with one spot इकाई, पासे या ताश का एक्का।

acentric *ऐ-सेन्'-ट्रिक् -adj.* not centred. केन्द्र में स्थित न रहने वाला।

acephalous *ए-सेफ्'-अ-लॉस् adj.* headless, without a chief. बिना सिर का, बिना चौधरी या सरदार का।

acephalus *अ-सेफ्' -अ-लस् -n.* a verse defective at the beginning. ऐसी कविता जो आरम्भ में दोषपूर्ण हो।

acetify *अ-सेट्'-इ-फाइ v. t.* (*p.t.* **acetified**) to turn in to vinegar. सिरका बनाना, खट्टा करना।

ache[1] एक *n* pain पीड़ा।

ache[2] *v.i.* to suffer from pain पीड़ा होना।

achieve *अॅ चीव v.t.* to attain, to gain हासिल करना; to win जीतना।

achievement *अॅ चीव् मॅन्ट n.* attainment प्राप्ति, उपलब्धि; success सिद्धि, सफलता।

achromatic *ऐक्-रो-मेट्'-इक —adj.* free from colour. बिना रंग का।

acid[1] *ऐ सिड a* sour अम्ल, खट्टा, तीखा।

acid[2] *n* sour substance अम्ल, तेजाब।

acidity *अॅ सि डि टि n.* quality of being sour खट्टापन, अम्लता।

acknowledge *अॅक् नौ ॅ लिज v.* to admit to be true स्वीकारना; to report receipt of पावती भेजना; to express thanks for धन्यवाद देना।

acknowledgement *अॅक् नौ ॅ लिज् मॅन्ट n.* recognition स्वीकृति; receipt रसीद।

acne *ऐक्'-नि n.* a disease which is marked by pimples. मुँहासा, डोंड़सा।

acorn *ए कौःन n.* fruit of oak बलूत का फल।

acoustic *अॅ कूस् टिक a.* pertaining to sense of hearing श्रवणेंद्रिय-संबंधी।

acoustics *अॅ कूस् टिक्स n. sing.* science of sound ध्वनिशास्त्र।

acquaint *अॅ क्वेन्ट v.t.* to make familiar to परिचय कराना; to inform सूचना देना।

acquaintance *अॅ क्वेन् टॅन्स n.* familiarity परिचय; person with whom one is acquainted परिचित व्यक्ति।

acquest *अ-क्वेस्ट्' n.* self-acquired property. अपनी कमाई हुई सम्पत्ति।

acquiesce *ऐ क्वि ऐसॅ v.i.* to agree सम्मत या राज़ी होना।

acquiescence *ऐँ क्वि ऐ ॅ सॅन्स n.* giving a quiet assent मौन स्वीक ति, रज़ामंदी।

acquire *अॅ क्वॉइअॅ: v.t.* to attain प्राप्त करना, अधिकार में करना।

acquirement *अॅ क्वॉइअॅ: मॅन्ट n.* act of acquiring उपार्जन; attainment प्राप्ति; the thing acquired अर्जित वस्तु।

acquisition *ऐ क्वि ज़ि शॅन n.* act of acquiring अभिग्रहण; gain प्राप्ति; thing acquired अर्जित पदार्थ।

acquit *अॅ क्विट v.t.* to declare not guilty (of a crime) निर्दोष घोषित करना; to set free *मुक्त करना;* to conduct (कर्त्तव्य) पूरा करना।

acquittal *अॅ क्वि ट्ल n.* setting free from a charge दोषमुक्ति या रिहाई।

acre *ए कॅ: n.* a measure of land एकड़, 4840 वर्गगज़।

acreage *ऐ कॅ रिज n.* area of land measured in acres एकड़ों में नाप।

acrimony ऐ क्रि मॅ नि *n.* bitterness of temper, manner or language रूखापन, उग्रता।

acrobat *ऐ क्रॅ बैट n.* performer of clever gymnastic exercises नट, कलाबाज़।

across[1] *अॅ क्रौ ॅस adv.* from one side to the other आर-पार, आगे को।

across[2] *prep.* from side to side of के आर-पार।

act[1] *ऐक्ट n.* deed कार्य; state of reality वास्तविकता; part of a play नाटक का अंक; law विधि।

act[2] *v.i.* to do something करना, व्यवहार करना; to take part in a play अभिनय करना; *v.t.* to do करना; to perform (का) अभिनय करना।

acting *ऐक् टिङ्ग n.* action कार्य; mode of performing a part in a play अभिनय।

action *ऐक् शॅन n.* a deed कार्य; operation अभियान; suit मुक़दमा।

activate *ऐक् टि वेट v.t.* to make active सक्रिय बनाना; to increase the energy of (की) शक्ति बढ़ाना।

active *ऐक् टिव a.* busy सक्रिय, व्यस्त; quick चपल।

activity *ऐक् टि वि टि n.* agility स्फूर्ति, चपलता; state of being active सक्रियता; (*pl.*) doings कार्यकलाप।

actor *ऐक् टॅ: n.* one who acts कार्यकर्त्ता; a stage-player अभिनेता।

actress *ऐक् ट्रिस n.* a female stage-player अभिनेत्री।

actual *ऐक् ट्यु अॅल, –चु–a.* real वास्तविक; existing in fact यथार्थ।

actually *ऐक् ट्यु अॅ लि, –चु–adv.* as a matter of fact वस्तुतः।

acumen *अॅ क्यू मै ॅन n.* sharpness कुशाग्रता।

acute *ॲ क्यूट* *a.* sharp पैना, तीव्र; penetrating अंतर्भेदी।

adage *ऐ डिज* *n.* a proverb कहावत; a maxim सूक्ति।

adamant[1] ऐ डॅ मॅन्ट *a.* unyielding हठी।

adamant[2] *n.* a very hard substance कठोर पदार्थ।

adapt *ॲ डैप्ट* *v.t.* to adjust (में) सामंजस्य स्थापित करना; to suit अनुकूल बनाना।

adaptation *ॲ डैप् टे शॅन* *n.* act of adapting अनुकूलन।

adays *अ-डेज़'* *adv.* now-a-days, at present. आजकल, इन दिनों।

add ऐड *v.t.* to join to जोड़ना; to annex संलग्न करना; to say further आगे कहना।

addict[1] *ॲ डिक्ट* *v.t.* to apply habitually (का) आदी होना।

addict[2] *ऐ डिक्ट* *n.* a slave to a habit व्यसनी।

addiction *ॲ डिक् शॅन* *n.* state of being addicted व्यसनलिप्तता; devotion आसक्ति।

addition *ॲ डि शॅन* *n.* act of adding जोड़ने की क्रिया; the thing added जोड़ी गई वस्तु; increase व द्धि।

additional *ॲ डि शॅ नॅल* *a.* added अतिरिक्ति।

addle ऐडल् *adj.* rotten, barren सड़ा (गन्दा); बाँझः *v.t.* to make rotten, to confuse सड़ाना, घबड़ाना।

address[1] *ॲ ड्रैसॅ* *v.t.* to speak directly to संबोधित करना, निवेदन करना; to write a name and destination on (पर) पता लिखना।

address[2] ऐड़ रैसॅ *n.* speech व्याख्यान, बोलने का ढंग; place to which letters may be directed पता, *(pl.)* courtship प्रेमाचार।

addressee *ऐड़ रै ॅ सी* *n.* one addressed पत्र पाने वाला।

adduce *ॲ ड्यूस* *v.t.* to bring forward प्रस्तुत करना; to cite उद्ध त करना।

adept[1] *ऐ डैप्ट* *n.* one fully skilled निपुण व्यक्ति।

adept[2] *ॲ डैप्ट* *a.* well skilled निपुण, पारंगत।

adequacy *ऐ डि क्वॅ सि* *n.* quality of being adequate पर्याप्तता, प्रचुरता।

adequate *ऐ डि क्वॅट, –क्विट–* *a.* sufficient पर्याप्त, competent सक्षम।

adhere *ॲड़ हिॲः* *v.i.* to stick चिपकना; to remain firm द ढ़ रहना।

adherence *ॲड़ हिॲ रॅन्स* *n.* state of adhering चिपकना; attachment लगाव; fidelity निष्ठा।

adhesion *ॲड ही ज़ॅन* *n.* act or state of sticking चिपकाव।

adhesive[1] *ॲड़ ही सिव* *n.* a substance used for sticking things together चिपकाने वाला पदार्थ, गोंद।

adhesive[2] *a.* sticky चिपकनेवाला, चिपकानेवाला, चिपचिपा, लसलसा।

adhibit *ऐड़-हिबिट्* *v. t.* to put on, to use, to administer, to apply, to attach. रखना, धरना, प्रयोग करना, जोड़ना।

ad hoc *ऐड़ हौकॅ* for this special purpose तदर्थ।

adieu[1] *ॲ ड्यू* *n.* a farewell विदाई।

adieu[2] *interj.* farewell अलविदा।

adiure *ऐ-जूर'* *v. t.* to charge under oath or penalty, to request earnestly शपथपूर्वक आज्ञा देना अथवा कहना, आग्रहपूर्वक प्रार्थना करना।

adjacent *अॅ जे सॅन्ट a.* lying near समीपवर्ती।

adjective *ऐ जिक् टिव n.* a word added to a noun to qualify it विशेषण।

adjoin *अॅ जौ˘ इन v.t.* to join to (से) जोड़ना; *v.i.* to be next अगला होना।

adjourn *अॅ जॅ: न v.t.* to postpone स्थगित करना; *v.i.* to be postponed स्थगित होना।

adjournment *अॅ जॅ: न् मॅन्ट n.* postponement स्थगन।

adjudge *अॅ जज v.t.* to determine judicially निर्णय करना।

adjunct *ऐ जङ्क्ट n.* a thing or person joined to another अनुबद्ध वस्तु या व्यक्ति।

adjuration *ऐ-जू-रे'शन् n.* solemn oath शपथ।

adjust *अॅ जस्ट v.t.* to regulate नियमित करना; to adapt अनुकूलित करना।

adjustment *अॅ जस्ट्मॅन्ट n.* act of adjusting अनुकूलन; arrangement व्यवस्था।

administer *अॅड़ मि निस् टॅ: v.t.* to manage प्रबंध करना; to govern शासन करना; to distribute वितरित करना।

administration *अॅड़ मि निस् ट्रे शॅन n.* the act of administering प्रबंधन; the government प्रशासन।

administrative *अॅड़ मि निस् ट्रॅ टिव a.* concerned with administration प्रशासन-संबंधी।

administrator *अॅड़ मि निस् ट्रे टॅ: n.* one who manages or directs प्रशासक।

admirable *ऐड़ मॅ रॅ ब्ल a.* worthy or being admired प्रशंसनीय।

admiral *ऐड़ मॅ रॅल n.* the chief commander of a navy नौसेनाध्यक्ष।

admiration *ऐड़ मि रे शॅन n.* the act of admiring प्रशंसा।

admire *अॅड़ मॉइअॅ: v.t.* to express or to have a high opinion of प्रशंसा करना, गुण गाना।

admissible *अॅड़ मि सि ब्ल a.* that may be admitted or allowed ग्राह्य, स्वीकार्य।

admission *अॅड़ मि शॅन n.* admittance प्रवेश; anything admitted or conceded स्वीकारोक्ति।

admit *अॅड़ मिट v.t. & i.* to allow to enter प्रवेश की अनुमति देना; to grant स्वीकार करना।

admittance *अॅड़ मि टॅन्स n.* entrance प्रवेश; permission to enter प्रवेशाज्ञा।

admonish *अॅड़ मौ˘ निश v.t.* to warn चेताना; to reprove mildly ताड़ना देना।

admonition *ऐड़ मॅ नि शॅन n.* warning, caution चेतावनी; gentle reproof ताड़न।

adnascent *ऐड़-नेस्'-एन्ट् adj.* growing to or upon. बढ़ता हुआ।

ado *अॅ डू n.* trouble परेशानी; stir हलचल।

adobe *ए-डो'-बि-n.* sub-dried brick धूप में सुखाई हुई ईंट।

adolescence *ऐ डो˘ लै˘ सॅन्स n.* the state or time of being adolescent किशोरावस्था।

adolescent *ऐ डो˘ लै˘ सॅन्ट a. & n.* (one) passing from childhood to maturity किशोर।

adopt *अॅ डॉप्ट v.t.* to take and treat as a child गोद लेना; to apply अपनाना।

adoption *अॅ डौपॅ शॅन n.* act of adopting अंगीकरण; taking as a child दत्तक-ग्रहण।

adorable *अॅ डौ रॅ ब्ल a.* worthy to be adored आराध्य।

adoration *ऐ डॅ रे शॅन n.* worship आराधना; veneration श्रद्धा।

adore *अॅ डोंः, अॅ डौंः v.t.* to worship पूजा करना, to love intensely अधिक प्रेम करना।

adorn *अॅ डौःन v.t.* to deck सजाना, शृंगार करना; to beautify सुंदर बनाना।

adscititious *ऐड्-सि-टिश्'-अस् adj* assumed, added, additional स्वीकृत, माना हुआ, जोड़ा हुआ, परिशिष्ट।

adscript *ऐड-स्क्रिप्ट् adj. & n.* written after, a serf. बाद में लिखा हुआ, दास।

adulation *ऐ ड्यु ले शॅन n.* servile flattery चापलूसी।

adult[1] *अॅ डल्ट a.* grown to maturity वयस्क।

adult[2] *n.* grown-up person वयस्क व्यक्ति।

adulterate *अॅ डल् टॅ रेट v.t.* to debase by mixing with something inferior or spurious (में) मिलावट करना।

adulteration *अॅ डल् टॅ रे शन n.* act of adulterating मिलावट।

adultery *अॅ डल् टॅ रि n.* violation of the marriage bed परस्त्रीगमन, व्यभिचार।

advance[1] *अॅड् वान्स v.t.* to put forward आगे बढ़ाना; to promote पद में उन्नति करना; to pay before due time पेशगी देना; *v.i.* to go forward आगे बढ़ना; to make progress प्रगति करना।

advance[2] *n.* payment beforehand पेशगी; loan उधार; going forward प्रगति।

advancement *अॅड् वान्स् मॅन्ट n.* progress प्रगति।

advantage[1] *अॅड् वान् टिज n.* gain or benefit लाभ; favourable state अनुकूल परिस्थिति।

advantage[2] *v.t.* to benefit or to profit लाभ पहुंचाना।

advantageous *ऐड् वॅन् टे जॅस a.* useful उपयोगी, लाभदायक।

advent *ऐड् वैन्ट n.* arrival आगमन।

adventure *अॅड् वैन्ॅ चॅः n.* enterprise साहस; a bold undertaking साहसिक कार्य।

adventurous *अॅड् वैन्ॅ चॅ रॅस a.* daring साहसी; full of hazard जोखिम से भरा।

adverb *ऐड् वॅःब n.* क्रिया-विशेषण।

adverbial *अॅड् वॅः बि अॅल a.* pertaining to adverb क्रिया-विशेषण-संबंधी।

adversary *ऐड् वॅः सॅ रि n.* an opponent वैरी, शत्रु, दुश्मन।

adverse *ऐड् वॅःस a.* hostile विपरीत, विरूद्ध; harmful हानिकर।

adversity *अॅड् वॅः सि टि n.* misfortune दुर्भाग्य; calamity विपत्ति।

advert *अड्-वर्ट v. t.* to draw the attention to, to refer to ध्यान दिलाना, उद्‌देश्य करना।

advertise *ऐड् वॅः टाइज़ v.t.* to publish a notice of विज्ञापन करना; to announce घोषित करना।

advertisement *अॅड् वॅः टिस् मॅन्ट n.* act of advertising विज्ञापन; a public notice सूचना।

advice *अॅड् वॉइस n.* councel परामर्श, उपदेश; information सूचना।

advisable *अॅड् वॉइ जॅ ब्ल a.* worthy to be recommended अनुमोदनीय; proper उचित।

advisability *ऐड्-वाइ-जे-बि-लिटि n.* expediency. शीघ्र होने की योग्यता।

advise *अॅड् वॉइज़ v.t.* to counsel परामर्श देना; to inform सूचना देना।

advocacy *ऐड् वॅ कॅ सि n.* the function of an advocate वकालत; defence पक्षपोषण।

advocate[1] *ऐड् वॅ किट –केट n.* one who pleads वकील; supporter समर्थक।

advocate[2] *ऐड् वॅ केट v.t.* to plead in favour of वकालत करना; to support पक्षपोषित करना।

aerial[1] *ऍ अॅ रि अॅल a.* belonging to the air हवाई; unreal अवास्तविक।

aerial[2] *n.* an antenna एंटिना।

aeriform *एअर्-इ-फॉर्म adj.* of the form of air, gaseous, unreal वायु के समान, गैस के सद श, अवास्तविक।

aerify *एअर्'-इ-फाइ- v. t.* to fill with air वायु से पूर्ण करना या भरना।

aerodrome *ऍ अॅ रॅ ड्रोम n.* the landing place of aircraft हवाई अड्डा।

aeronautics *ऍ अॅ रॅ नौ टिक्स n.pl.* the science or art of aerial navigation विमान चालन-विज्ञान।

aeroplane *ऍ अॅ रॅ प्लेन n.* aircraft हवाई जहाज़।

aesthetic *ईस् थै˘ टिक a.* pertaining to aesthetics सौंदर्यशास्त्र-संबंधी।

aesthetics *ईस् थै˘ टिक्स n.pl.* the principles of taste and art सौंदर्यशास्त्र।

aestival *ई-स्टि-वल् adj.* pertaining to summer. ग्रीष्म ऋतु सम्बन्धी।

afar *अॅ फ़ाः adv.* from a far distance दूर से; at a far distance दूरी पर।

affable *ऐ फॅ ब्ल a.* courteous सुशील, मिलनसार।

affair *अॅ फ़े˘अॅ : n.* business मामला।

affect *अॅ फ़ै˘क्ट v.t.* to act upon प्रभावित करना; to pretend स्वांग भरना।

affectation *अॅ फ़ैक् टे शॅन n.* pretence स्वांग, दिखावा।

affection *अॅ फ़ै˘क् शॅन n.* attachment अनुराग; love प्यार।

affectionate *अॅ फ़ै˘क्शॅ नॅट –निट a.* full of affection प्रीतिमय; loving प्यारा।

affidavit *ऐ फि डे विट n.* a written declaration on oath शपथपत्र, हलफ़नामा।

affiliation *अॅ फ़ि लि ए शॅन n.* association संपर्क, संबंध; act of affiliating संबंधन।

affinity *अॅ फ़ि नि टि n.* relation संबंध; similarity समानता; attraction आकर्षण।

affirm *अॅ फ़ॅः म v.t.* to assert द ढ़ता के साथ कहना; to ratify विधिपूर्वक पुष्ट करना; to declare दावे से कहना।

affirmation *ऐ फॅः मे शॅन n* a solemn declaration पुष्टीकरण।

affirmative *अॅ फ़ॅः मॅ टिव a.* positive सकारात्मक।

affix *अॅ फ़िक्स v.t.* to attach जोड़ना; to fix चिपकाना।

afflict *ॲ फ़्लिक्ट v.t.* to cause pain सताना।

affliction *ॲ फ्लिक् शॅन n.* distress यातना, संताप।

affluence *ऐ फ़्लु ॲन्स n.* prosperity संपन्नता।

affluent *ऐ फ्लु ॲन्ट a.* prosperous धनवान्।

afford *ॲ फ़ौ:ड v.t.* to give देना; to supply जुटाना।

afforest *ॲ फ़ौ ॅ रिस्ट v.t.* to cover with forest वन लगाना।

affray *ॲ फ्रे n.* public noisy quarrel हंगामा।

affront[1] *ॲ फ्रॅन्ट v.t.* to insult अपमानित करना।

affront[2] *n.* disrespect अपमान।

afield *अफील्ड्'-adv.* in or on the field खेत में अथवा खेत पर।

aflame *ॲ फ़्लेम adv.* in a flaming state जलता हुआ; on fire आग पर।

afloat *ॲ फ़्लोट adv.* in a floating state बहता हुआ।

afoot *ॲ फुट adv.* in active progress सक्रिय स्थिति में।

afore *अ-फोर् prep. & adv.* before, in front of, previously आगे, सामने, प्राचीन काल में।

afraid *ॲ फ्रेड a.* frightened भयभीत।

afresh *ॲ फ्रै ॅश adv.* anew नए सिरे से।

after[1] *आफ् टॅ: prep.* later than के बाद में।

after[2] *adv.* later in time उसके बाद, जब।

after[3] *conj.* later than the time when उसके बाद जब।

after[4] *a.* subsequent आगामी।

afterwards *आफ् टॅ: वॅ:ड्ज़ adv.* later बाद में।

again *ॲ गेन adv.* once more फिर, पुनः; moreover इसके अतिरिक्त।

against *ॲ गॅन्स्ट ॲ गेन्स्ट prep.* in front of के सामने; in contrast to से विषमता में; in a position of hostility to के विरोध में।

agamist *ऐग्'-आ-मिस्ट् n.* one who is against marriage. विवाह-विरोधी।

agape *ॲ गेप adv.*, a having the mouth open मुंह खोले हुए।

agaze *अगेज्' adv.* gazing टकटकी लगाकर देखता हुआ।

age *एज n.* lifetime आयु; epoch युग; oldness बुढ़ापा।

aged *ऐ जिड a.* very old व द्ध; एज्ड of the age of की अवस्था का।

agency *ए जॅन् सि n.* office of an agent अभिकरण, आढत; branch शाखा; means साधन, माध्यम्।

agenda *ॲ जै ॅन् डॅ n. pl.* list of items to be discussed कार्यसूची।

agent *ए जॅन्ट n.* representative प्रतिनिधि; spy जासूस।

aggravate *ऐ ग्रॅ वेट v.t.* to irritate उत्तेजित करना; to worsen बिगाड़ना।

aggravation *ऐ ग्रॅ वे शॅन n.* irritation उत्तेजना; increase व द्धि।

aggregate *ऐ ग्रि गेट v.t.* to accumulate संचित करना; to collect संग्रह करना; to combine संयुक्त करना; *v.i.* to assemble एकत्र होना; to be added संयुक्त होना।

aggression *ॲ ग्रै ॅ शॅन n.* attacking आक्रमण; intrusion अतिक्रमण।

aggressive *ॲ ग्रै ॅ सिव a.* offensive आक्रामक; having angry temperament क्रोधी।

aggressor *ॲ ग्रै ॅ सॅ: n.* one who

attacks आक्रामक।

aggrieve *अॅ ग्रीव v.t.* to afflict with pain सताना, पीड़ित करना।

aghast *अॅ गास्ट a.* surprised आश्चर्यचकित, भयाक्रांत।

agile *ऐ जॉइल a.* active चपल, फुरतीला।

agility *अॅ जि लि टि n.* activeness चपलता; nimbleness स्फूर्ति।

agitate *ऐ जि टेट v.t.* to excite उत्तेजित करना; to disturb घबरा देना; to stir up हिलाना।

agitation *ऐ जि टे शॅन n.* excitement उत्तेजना; stirring आलोड़न; protest आंदोलन।

agist *अ-जिस्ट्' v. t.* to take others' cattle to feed for a sum कुछ धन लेकर चराने के लिए दूसरे के पशु ले जाना।

aglow *अॅ ग्लो adv.* in a glowing state चमकता हुआ।

agnus *ऐग्'-नस् n.* a lamb. भेड़ या बकरी का बच्चा; मेमना।

ago *अॅ गो adv.* in the past बहुत समय पहले।

agog *अ-गॉग्' adj. & adv.* on the move, expectant, in eager excitement. गतिमान, आशायुक्त, आतुर।

agonist *अग्'-ऑ-निस्ट् n.* a combatant, a champion. योद्धा, लड़ाका।

agonize *ऐ गॅ नॉइज़ v.t.* to cause to suffer pain कष्ट देना।

agony *ऐ गॅ नि n.* anguish of mind यंत्रणा।

agronomy *ऐग्'-रॉन्'-अऐ'-मि n.* rural economy. ग्रामीण व्यवस्था।

agoraphobia *ऐ-गॅरा-फो'-बि-आ n.* fear of crowds. भीड़ से डर लगना।

agrarian *अॅ ग्रे अॅ रि अॅन a.* relating to agriculture कषि-संबंधी; relating to land भूमि-संबंधी।

agree *अॅ ग्री v.i.* to concur सहमत होना; to suit अनुकूल होना; to say yes राज़ी होना; *v.t.* to accept as correct सही मान लेना।

agreeable *अॅ ग्री अॅ ब्ल a.* ready to agree सहमत; consentaneous स्वीकार्य; suitable उपयुक्त।

agreement *अॅ ग्री मॅन्ट n.* contract समझौता, अनुबंध; concord सहमति।

agricultural *ऐग् रि कल् चॅ रॅल a.* pertaining to agriculture कषि-संबंधी

agriculture *ऐग् रि कल् चॅः n.* land cultivation कषि।

agriculturist *ऐग्रिकल्चॅरिस्ट n.* farmer किसान।

ague *ए'-ग्यू- n.* a. kind of malarial fever accompanied with shivering जूड़ी, बुखार।

ahead *अॅ हैॅड adv.* further on आगे की ओर; in advance प्रगति की ओर।

aheap *अ-हीप् adv.* in a heap, trembling with fear ढेर में, डर से कांपता हुआ।

aid[1] *एड n.* help सहायता; helper सहायक; ingredient उपादान।

aid[2] *v.t* to help सहायता देना।

aigrette *एग्'-रिट् n.* white heron, tuft of feathers or hair सफेद सारस पक्षी, बाल या परों का गुच्छा।

ail *एल v.t.* to trouble सताना; to make sick बीमार करना; *v.i.* to be ill बीमार होना।

ailment *एल् मॅन्ट n.* illness बीमारी।

aim[1] *एम n.* purpose प्रयोजन; intention अभिप्राय; target लक्ष्य।

aim² *v.i.* to take aim लक्ष्य साधना।
air *ऍअ:* *n.* fluid we breathe हवा; atmosphere वायुमण्डल।
aircraft *ऍ अ: क्राफ्ट* *n.* aeroplane विमान।
airy *ऍ अॅ रि* *a.* full of air हवादार; unsubstantial हवाई; of air वायु-संबंधी।
ajar *अॅ जा:* *adv.* partly open अधखुला।
akin *अॅ किन* *a.* related by blood सगा; of like nature समान प्रक ति वाला।
alacrious *अलैक्रि-अस्* *adj.* cheerful, happy, प्रसन्न, खुश।
alacrity *अॅ लैक् रि टि* *n.* briskness फुरती; readiness तत्परता।
alamort *आल'-मॉर्ट* *adj.* semi-dead, dejected अधमरा, उत्साहहीन, उदास।
alarm¹ *अॅ ला:म* *n.* notice of danger खतरे की सूचना; warning चेतावनी; fear भय।
alarm² *v.t.* to give notice of danger खतरे की सूचना देना।
alas *अॅ लैस* *interj.* cry of grief हा! हाय ! आह !
albeit *ऑल् बी इट* *conj.* even if, although यद्यपि, हालांकि।
albion *ऐल्-बि-अन्* *n.* ancient name for england. इंग्लैंड का प्राचीन नाम।
album *ऐल् बॅम* *n.* a blank book for the insertion of photographs etc. चित्राधार।
albumen *ऐल्-ब्यू-मिन्* *n.* a thick substance, the white of eggs गाढ़ा पदार्थ, अंडे की सफेदी।
alchemy *ऐल् कॅ मि, –कि–* *n.* the science of transmutation of other metals into gold कीमियागीरी।
alcohol *ऐल् कॅ होलॅ* *n.* pure spirit मद्यसार।
ale *एल* *n.* a beverage यवसुरा, बीयर।
alegar *अल्'-इ-गर्* *n.* a sour or ale or its vinegar. खट्टी शराब या इसका सिरका।
alert *अॅ लॅ:ट* *a.* watchful सतर्क; nimble फुरतीला; brisk तेज़।
alertness *अॅ लॅ:ट निस* *n.* watchfulness सतर्कता; nimbleness फुरतीलापन।
algebra *ऐल् जि ब्रॅ* *n.* method of calculating by symbols बीजगणित।
alias¹ *ए लि ऐस, –ॲस–* *n.* an assumed name उपनाम।
alias² *adv.* otherwise अन्यथा।
alibi *ऐ लि बॉइ* *n.* the fact of being elsewhere अन्यत्र उपस्थिति।
alien *ए ल्यॅन* *a.* foreign विदेशीय; strange अजनबी।
alienate *ए ल्यॅ नेट* *v.t.* to transfer हस्तांतरित करना; to turn away प थक् करना; to estrange पराया करना।
aliferous *ए-लिफ्'-अर्-अस्* *adj.* having wings. परवाला, परदार।
alight *अॅ लॉइट* *v.i.* to land नीचे आना।
align *अॅ लॉइन्* *v.t.* to arrange in a line पंक्तिबद्ध करना; to regulate by a line श्रेणीबद्ध करना।
alignment *अॅ लॉइन् मॅन्ट* *n.* laying out by a line पंक्तियोजना; setting in a line सीध-निर्धारण।
alike¹ *अॅ लॉइक* *a.* similar समान।
alike² *अॅ लॉइक* *adv.* in a similar manner समान रूप से
aliment *एल्'-इ-मेन्ट्* *n.* a nourishment, food, support

पोषण, पुष्टिकर पदार्थ, आहार, आश्रय।

alimony *ऐल्'-इ-मन्'-इ* *n.* an allowance given to a woman when separated from her husband परित्यक्त पत्नी के भरण-पोषण का भत्ता।

alin *अ-लिन्'* *adj.* related by blood, of a similar character सगोत्र (सजातीय, सगा), समान प्रकृति का।

aliquot *ऐल्'-इ-क्वॉट्* *n. & adj.* an internal factor of a number which divides another without a remainder. पूरा भाग देने वाली संख्या, किसी पूर्ण विभाजक संख्या का।

alive *अॅ लॉइव* *a.* living जीवित; lively जागरूक; active क्रियाशील; in existence अस्तित्वमय।

alkali *ऐल्'-क-लाइ* *n.* खट्टापन हटाने का पदार्थ जैसे सोडा, पोटास।

all[1] *औल* *a.* comprising every individual one समस्त; any कोई; every प्रत्येक।

all[2] *n.* everybody, everything सबकुछ, सर्वस्व; the whole संपूर्णता।

all[3] *adv.* whole पूर्णतया।

all[4] *pron.* the whole number सब।

allay *अॅ ले* *v.t.* to calm शांत करना; to reduce कम करना।

allegation *ऐ लि गे शॅन* *n.* the act of alleging आरोपण; citation अभिकथन।

allege *अॅ लैॅज* *v.t.* to subject to allegation आरोपित करना; to give as a reason कारणस्वरूप प्रस्तुत करना।

allegiance *अॅ ली जॅन्स* *n.* loyalty निष्ठा।

allegorical *ऐ लॅ गौॅरि कॅल* *a.* relating to allegory अन्योक्ति-'संबंधी।

allegory *ऐ लि गौॅरि, ऐ लैॅगॅ रि* *n.* symbolical narration अन्योक्ति, द ष्टांत।

allergy *ऐ लॅः जि* *n.* hyper-sensitivity प्रत्यूर्जता; antipathy चिढ़।

alleviate *अॅ ली वि एट* *v.t.* to lessen, to relieve, to mitigate, to comfort. हल्का कर देना, छुटकारा देना, कम करना।

alleviation *अॅ ली वि ए शॅन* *n.* mitigation उपशमन; lessening कमी।

alley *ऐ लि* *n.* a narrow lane गली; a walk in a garden वीथिका; a passage पगडंडी।

alliance *अॅ लॉइ अॅन्स* *n.* friendship मैत्री; treaty संधि।

alligator *ऐ लि गे टॅ;* *n.* a large reptile घड़ियाल की जाति का जलजंतु।

alliterate *एल्-लिट'-अर्-एट'* *v. t.* to use words begining with the same letter. एक ही अक्षर से आरम्भ होने वाले शब्दों का प्रयोग करना।

alliteration *अॅ लि टॅ रे शॅन* *n.* the recurrence of the same initial sound अनुप्रास।

allocate *ऐ लॅ केट* *v.t.* to set apart for a particular purpose निर्धारित करना।

allocation *ऐ लॅ के शॅन* *n.* act of allocating विनियोजन; allotment आवंटन।

allot *अॅ लौॅट* *v.t.* to distribute बांटना; to assign नियत करना।

allotment *अॅ लौॅट मॅन्ट* *n.* act of alloting बँटाई; share हिस्सा।

allow *अॅ लॉउ* *v.t.* to permit अनुमति देना; to assign नियत करना; to grant or give देना।

allowance *अॅ लॉउ अॅन्स* *n.* permission अनुमति, अनुज्ञा; amount given भत्ता; rebate छूट।

alloy *ऐ लोॅइ, अॅ लौॅइ n.* a mixture of metals मिश्रित धातु; baser element खोट।

allude *अॅ ल्यूड v.i.* to mention indirectly इंगित करना।

alluminate *अल्यू'-मिन्-एट्' v. t.* to adorn with ornaments. to illuminate. आभूषणों से सुसज्जित करना, सजाना।

allure *अॅ ल्यूअॅ: v.t.* to attract आकर्षित करना।

allurement *अॅ ल्यूअॅ: मॅन्ट n.* act of alluring प्रलोभन; fascination आकर्षण।

allusion *अॅ ल्यू ज़ॅन n.* indirect reference इशारा, संकेत।

allusive *अॅ ल्यू सिव a.* hinting, refering indirectly सांकेतिक।

ally[1] *अॅ लॉइ v.t.* to join संबद्ध करना, जोड़ना।

ally[2] *अॅ लॉइ, ऐ लॉइ n.* friend मित्र; anything near to another in classification समवर्गी।

almanac *औल्मॅ नैक n.* a register of the days, weeks and months of the year with astronomical events, anniversaries etc. पंचांग।

almighty *औल् मॉइ टि a.* omnipotent सर्वशक्तिमान।

almond *आ मॅन्ड n.* a kind of dry fruit and its tree बादाम और उसका व क्ष।

almost *आल् मोस्ट adv.* very nearly करीब-करीब।

alms *आम्ज़ n.* relief given out of pity to the poor भिक्षा।

aloft *अॅ लौफ़्ट adv.* on high ऊंचे पर; in the air आकाश में।

alone *अॅ लोन a.* single अकेला; unaccompanied एकांकी; only एकमात्र।

along[1] *अॅ लौॅ ङंग adv.* lengthwise लंबाई में onward आगे; together साथ में।

along[2] *prep.* by the side of की बग़ल में; lengthwise by के समानांतर।

aloof *अॅ लूफ adv.* at a distance दूर; apart अलग।

aloud *अॅ लॉउड adv.* loudly ऊँची आवाज़ में।

alp *ऐल्प् n.* a high mountain, a mountain peak, ऊँचा पहाड़, पर्वत की चोटी।

alpha *ऐल्'-फ़ा n.* the first letter of the greek alphabet {A, a}, the first, ग्रीक वर्णमाला का पहिला अक्षर, आदि, आरम्भ।

alphabet *ऐल् फॅ बैॅट n.* letters used in writing a language वर्णमाला।

alphabetical *ऐल् फॅ बै ॅटि कॅल a.* in order of an alphabet वर्णक्रमानुसारी।

alphonsion *ऐल्-फ़ॉन'-सिन् n.* an in strument for extracting bullets. शरीर में से बंदूक की गोली निकालने का यन्त्र।

alpinist *ऐल्'-पिन्-इस्ट् n.* a climber on high mountains. ऊँचे पहाड़ पर चढ़ने वाला।

already *औल् रैॅ डि adv.* by this time अब तक; by that time तब तक; before a given time पहले ही।

also *औल् सो adv.* in addition साथ ही; too और, भी।

altar *ऑल् टॅ: n.* place for offerings बलिवेदी।

alter *औल् टॅ:* *v.t.* to change परिवर्तित करना; *v.i.* to be changed परिवर्तित होना।

alteration *औल् टॅ रे शॅन* *n.* change परिवर्तन; modification संशोधन।

altercation *औल् टॅ: के शॅन* *n.* quarrel झगड़ा।

alternate[1] *औल् टॅ: निट* *a.* happening by turns क्रम से होने वाला।

alternate[2] *औल् टॅ: नेट* *v.t.* to change back and forth आगे-पीछे करना।

alternative[1] *औल्टॅ: नॅ टिव* *n.* choice विकल्प।

alternative[2] *a.* affording a choice between two things वैकल्पिक।

although *औल् दो* *conj.* even though यद्यपि।

altimeter *ऑल्-टि-मि-टर्* *n.* an instrument for measuring heights. ऊँचाई नापने का एक प्रकार का यन्त्र।

altitude *ऐल् टि ट्यूड* *n.* height above sea-level ऊँचाई।

altivalent *ऑल्'-टिव्'-ए-लेन्ट्* *adj.* flying high. ऊँचा उड़ने वाला।

alto *ऐल्-टो* *n.* highest male voice. पुरुष का गायन में सबसे ऊँचा अलाप।

altogether *औल् टॅ गै ˘दॅ:* *adv.* entirely पूर्णरूप से; in all कुल मिलाकर।

aluminium *ऐ ल्यु मि नि ॲम* *n.* a light white metal अल्युमीनियम।

alumna *अलम्'-ना* *n.* a woman graduate. उपाधि प्राप्त विदुषी।

always *औल् वॅज़, –वेज़–* *adv.* at all times सर्वदा।

alveary *ऐल्'-वि-अ-रि* *n.* the hive of bees. मधुमक्खी का छत्ता।

alvine *ऐल्'-वाइ-न्* *adj.* pertaining to the belly. पेट या तोंद सम्बन्धी।

am *ऐम* first person sing. present tense of 'be' हूं।

amalgam *अॅ मैल् गॅम* *n.* alloy of mercury पारद-मिश्रण; a combination or mixture मिश्रण।

amalgamate *अॅ मैल् गॅ मेट* *v.t.* to mix मिश्रित करना, मिलाना; *v.i.* to be mixed मिल जाना।

amalgamation *अॅ मैल् गॅ मे शॅन* *n.* mixing मिश्रण।

amass *अॅ मैस* *v.t.* to collect एकत्र करना।

amateur *ऐ मॅ टॅ: ट्यूअॅ:* *n.* non-professional person अव्यवसायी, शौक़ीन व्यक्ति; an inexperienced person अनुभवहीन व्यक्ति।

amatory *ऐम्'-अ-टर्-इ* *adj.* expression of love. प्रेम उत्पन्न करने वाला, प्रेम का भाव दिखलाने वाला।

amauriosis *ऐम्-ओ-रो'-सिस्* *n.* partial or total loss of sight थोड़ी या पूर्ण द ष्टि-हीनता।

amaze *अॅ मेज़* *v.t.* to fill with great surprise विस्मित करना।

amazement *अॅ मेज् मॅन्ट* *n.* surprise विस्मय।

ambassador *ऐम् बै सॅ डॅ:* *n.* envoy of a country in another country राजदूत।

amberite *ऐम्'-बर्-आइट्* *n.* a smokeless explosive बिना धुऐं का बारूद।

ambient *ऐम्'-बि-ऍन्ट्* *adj.* surrounding, encompassing, circumfused. चारों ओर रहने वाला, व्यापक।

ambiguity *ऐम् बि ग्यु इ टि* *n.* state of being ambiguous संदिग्धता।

ambiguous *ऐम् बि ग्यु ॲस a.* indistinct अस्पष्ट; having more than one meaning अनेकार्थी।

ambition *ऐम् बि शॅन n.* strong desire महत्वाकांक्षा; an object of such a desire महत्वाकांक्षा का विषय।

ambitious *ऐम् बि शॅस a.* full of ambition महत्वाकांक्षी।

ambry *ऐम्-ब्रि' n.* a wall cupboard, a pantry. दीवाल की अलमारी, भण्डार।

ambulance *ऐम् ब्यु लॅन्स n.* van for the sick रोगी-वाहन।

ambulant *ऐम्-ब्यू-लेन्ट् adj.* moving here and there. इधर-उधर घूमने वाला।

ambulate *ऐम्'-ब्यू-लेट्' v.t.* to move about. इधर-उधर घूमना।

ambush *ऐम् बुश n.* lying in wait to make a surprise attack घात।

ameliorate *ॲ मी लि ॲ रेट v.t.* to make better सुधारना; *v.i.* to become better सुधरना।

amelioration *ॲ मी लि ॲ रे शॅन n.* improvement सुधार।

amen *आ मै ॅन, ए —interj.* so be it ऐसा ही हो, तथास्तु।

amenable *ॲ मी नॅ ब्ल a.* responsive प्रतिसंवेदी।

amend *ॲ मे ॅन्ड v.t.* to correct संशोधन करना; to improve परिशोध करना; *v.i.* to become better सुधरना।

amendment *ॲ मैंन्ड मॅन्ट n.* correction दोष-शोधन; reformation सुधार।

amends *ॲ मेॅन्डज़ n.pl.* compensation क्षतिपूर्ति।

amenorrhoea *अ-मेन्'-ओर्-री-आ n.* suppression of menstruation स्त्रियों का मासिक धर्म बन्द होना।

amiability *ए मि ॲ बि लि टि n.* sweetness of temper सुशीलता; friendliness मैत्रीभाव।

amiable *ए मि ॲ ब्ल a.* good tempered सौम्य; lovable प्रेमपात्र।

amicable *ऐम्'-इ-के-ब्ल् adj.* friendly, done in a friendly way. मित्रवत्, मित्रभाव का।

amid *ॲ मिड prep.* in or into the middle of मध्य में; during के दौरान।

amiss *ॲ मिस adv.* improperly अनुचित रूप में; wrongly अशुद्ध रूप में।

amity *ऐ मि टि n.* friendship मित्रता।

ammunition *ऐ म्यु नि शॅन n.* military projectiles अस्त्र-शस्त्र।

amnesia *एम्-नी'-सिया n.* loss of memory. स्म ति-शक्ति का लेप, स्म ति-हीनता।

amnesty *ऐम् नैसॅ टि n.* general pardon सर्वक्षमा।

among, amongst *ॲ मङ्ग, ॲ मङ्ग्स्ट prep.* surrounded by से घिरा; in the middle of के बीच में।

amoral *ऐ मॉ रॅल a.* not moral नैतिकता-निरपेक्ष।

amount[1] *ॲ मॉउन्ट n.* sum of money राशि; quantity मात्रा; total योग।

amount[2] *v.i.* to result (in) परिणाम होना।

amount[3] *ए-माउन्ट्' v. t.* to result in, to be equivalent to परिणाम होना, बराबर होना।

amorous *ऐ मॅ रॅस a.* inclined to love प्रेमातुर; relating to love प्रेम-विषयक।

amour ॲ मुॲ:, ऐ *n.* love प्रेम।

ampere ऐम् पे˘ ॲ: *n.* unit of electric current विद्युत् धारा की इकाई।

amphibious एम्-फ़िब'-इ-अस् *adj.* able to live in air and water द्विधा गति वाला, स्थल तथा जल में रहने योग्य।

amphitheatre ऐम् फि थि ॲ टॅ: *n.* रंगभूमि, अंखाड़ा।

ample ऐम् पल *a.* quite enough प्रचुर, पर्याप्त; spacious विस्तीर्ण।

amplification ऐम् प्लि फि के शॅन *n.* act of amplifying विस्तारण; enlargement प्रवर्धन।

amplifier ऐम् प्लि फॉइ ॲ: *n.* appliance for amplifying sound ध्वनिविस्तारक।

amplify ऐम् प्लि फॉइ *v.t.* to enlarge बढाना; *v.i.* to speak copiously विस्तार से व्याख्या करना।

amuck ॲ मक *adv.* with a mad desire पगलाकर।

amulet ऐ म्यु लैˇट *n.* a charm against evils or witchcraft ताबीज।

amuse ॲ म्यूज़ *v.t.* to entertain (का) मनोरंजन करना।

amusement ॲ म्यूज् मॅन्ट *n.* entertainment मनोरंजन।

an ऐन, ॲन *art*, one, any एक, कोई।

anabaptism एन्-ए-बेप्'-टिज्म् *n* rebaptism. दुबारा नामकरण।

anachronism एन्'-एक्रॉ-नि-ज्म् *n.* error in regard to time. कालगणना का भ्रम।

anaclisis एन्-आक्'-लाइ-सिस् *n.* bed sore. चारपाई पर निरन्तर पड़े रहने से उत्पन्न फोडा।

anadem एन्'-आ-डेम् *n.* a garland. माला।

anaemia ॲ नी मि ॲ *n.* lack of blood रक्ताल्पता।

anaesthesia ऐ निस् थी ज़्य *n.* insensibility संज्ञाहीनता, बेहोशी।

anaesthetic ऐ निस् थैˇ टिक *n. a.* (a substance) producing insensibility निश्चेतक।

anal ए-नल् *adj.* pertanining to or near anus, under the tail गुदा सम्बन्धी या गुदा के समीप का, पूँछ के नीचे का।

analogous ॲ नै लौˇगॅस *a.* similar सद श, अनुरूप।

analogy ॲ नै लॅ जि *n.* likeness साद श्य, अनुरूपता।

analyse ऐ न लॉइज़ *v.t.* to subject to analysis विश्लेषण करना; to split up into parts (वाक्य) विच्छेद करना।

analysis ॲ नै लि सिस *n.* act of analysing विश्लेषण; (*gram.*) splitting up into parts वाक्य-विग्रह।

analyst ऐ नॅ लिस्ट *n.* one who analyses विश्लेषणकर्ता।

analytic,—al ऐ नॅ लि टिक्,–टि कॅल *a.* pertaining to analysis विश्लेषणात्मक।

anamnesis एन्-आम्'-नी-सिस् *n.* recollection of previous existence पूर्व जन्म का स्मरण।

anamorphous एन्'-आ-मॉर्फ़्-अस् *adj.* abnormally developed. विकृत अंग वाला।

anarchism ऐ नॅ: किज्म *n.* political theory favouring anarchy अराजकतावाद।

anarchist ऐ नॅ: किस्ट *n.* person supporting anarchism अराजकतावादी।

anarchy *ऐ नें: कि* *n.* lawlessness अराजकता; disorder अव्यवस्था।

anatomy *अॅ नै टॅ मि* *n.* science of structure of bodies शरीर-रचना-विज्ञान।

ancestor *ऐन् सिस् टॅः* *n.* forefather पूर्वज।

ancestral *ऐन् सैॅस ट्रॅल* *a.* relating to ancestors पैतक।

ancestry *ऐन् सिस् ट्रि* *n.* lineage वंशावली; descent कुल-परंपरा।

anchor *ऐङ् कॅः* *n.* device for holding a ship at rest लंगर।

anchorage *ऐङ् कॅ रिज* *n.* duty on anchoring लंगरशुल्क; place where a ship anchors लंगर-गाह।

ancient *एन् शॅन्ट* *a.* old प्राचीन; antique पुरानी चलन का।

ancon *ऐनकान* *n.* elbow. कोहनी।

and *ऐन्ड, अॅन्ड अॅन्* *conj.* a connecting particle और, तथा।

androphagi *ऐन्-ड्रॉफ्'-एजि* *n. pl.* cannibals. नरभक्षक लोग।

anecdote *ऐ निक् डोट* *n.* short account of an interesting incident रूचिकर घटना, चुटकुला।

anemometer *एन्-इ--मॉम्-इट्-अर* *n.* an instrument for measuring the force of wind. वायु की शक्ति नापने का यंत्र।

anew *अॅ न्यू* *adv.* afresh नए सिरे से; again फिर।

anfractuous *ऐन्-फ्रेक्-ट्यु-अस्* *adj.* intricate, circuitous. पेचीला, चक्करदार।

angel *एन् जॅल* *n.* a divine messenger देवदूत।

anger *ऐङ् गॅः* *n.* resentment क्रोध, रोष।

angina *ऐन्-जाइ'-ना* *n.* quinsy गला सूखने का रोग, गण्डमाला।

angle[1] *ऐङ्.'-गल्* *n. & v. t.* a fishhok, to fish with a hook. मछली पकड़ने की बंसी, बंसी से मछली फँसाना।

angle[2] *ऐङ्ः ग्ल* *n.* inclination of two lines meeting in a point कोण; corner कोना।

angry *ऐङ् ग्रि* *a.* wrathful क्रोधित।

anguish *ऐङ् ग्विश* *n.* agony पीड़ा; grief कष्ट; extreme pain परिताप।

angular *ऐङ् ग्यु लॅः* *a.* having corners कोणयुक्त; relating to angles कोण-संबंधी।

anigh *अ-नाइ'-* *adv. pref.* near to, at hand समीप, पास में।

animal *ऐ नि मॅल* *n.* quadruped चौपाया, जानवर; living being जीव, प्राणी।

animate[1] *ऐ नि मेट* *v.t.* to enliven जीवन युक्त करना; to present through animation चल कारटून के रूप में प्रस्तुत करना।

animate[2] *ऐ नि मिट,– मेट* *a.* living जीवित।

animation *ऐ नि मे शॅन* *n.* enlivement सजीवता; invigoration प्रोत्साहन।

animosity *ऐ नि मौ ॅ सि टि* *n.* active enmity वैर, शत्रुता।

animus *ऐन्'-इ-मस्* *n.* hostile spirit or intention. द्वेष, विरोधपूर्ण भावना या इच्छा।

aniseed *ऐन्'-इ-सीड्* *n.* the seeds of anise plant. सौंफ का बीज।

ankle *ऐङ् कल* *n.* joint connecting the leg with the foot टख़ना।

anklet *ऐङ्ः क् लिट* *n.* an ornament for the ankle नुपूर।

annalist *ऐ नॅ लिस्ट n.* historian, a writer of annals. इतिहासकार, इतिहास-लेखक।

annals *ऐ नॅल्ज़ n.pl.* yearwise story of events वार्षिक व त्तांत।

annectant *अ-नेक्ट्'-अन्ट् adj.* connecting. जोड़ने वाला, संयोजक।

annex *अॅ नैक्स v.t.* to connect संबद्ध करना; to attach शामिल करना; to take possession of अधिकार करना।

annexation *ऐ नैक् से शॅन n.* appendix परिशिष्ट; appending संयोजन।

annihilate *अॅ नॉइ हि लेट v.t.* to destroy नष्ट करना; to abolish उन्मूलन करना।

annihilation *अॅ नॉइ हि ले शॅन n.* destruction ध्वंस।

anniversary *ऍः नि वॅः सॅ रि n.* yearly celebration of an event जयंती।

announce *अॅ नॉउंस v.t.* to declare घोषणा करना।

announcement *अॅ नॉउंस् मॅन्ट n.* declaration घोषणा।

annoy *अॅ नौॅइ v.t.* to vex चिढ़ाना; to irritate उद्विग्न करना।

annoyance *अॅ नौॅइ अॅन्स n.* vexation खीज, चिढ़; irritation उत्तेजना।

annual *ऐ न्यू अॅल a.* yearly वार्षिक।

annuitant *ऐ'-न्यू'-टेन्ट् n.* one who receives an annuity वार्षिक वेतन या व त्ति पाने वाला मनुष्य।

annuity *अॅ न्यू इ टि n.* yearly grant वार्षिक अनुदान।

annul *अॅ नल v.t.* to repeal रद्द करना।

annulet *ऐ'-न्यु-लेट् n.* a small ring छोटी, अँगूठी या मुँदरी।

anoint *अॅ नौॅइन्ट v.t.* to apply oil or ointment to (पर) तेल या मरहम लगाना।

anomalous *अॅ नौॅ मॅ लॅस a.* irregular अनियमित।

anomaly *अॅ नौॅ मॅ लि n.* irregularity अनियमितता; deviation from rule नियम-विरोध।

anon *अ-नॉन'-adv.* quickly, soon presently, then again शीघ्र अभी।

anonymity[1] *ऐ'-नॉन-इम्-इट्-इ n.* the condition of being anonymous. अज्ञात होने की अवस्था।

anonymity[2] *n.* namelessness अनामता।

anonymous *अॅ नौॅनि मॅस a.* nameless अनाम; not bearing (author's) name (लेखक के) नाम-रहित।

another *अॅ न दॅः a.* any other अन्य; different भिन्न।

answer[1] *आन् सॅः n.* reply उत्तर; solution समाधान।

answer[2] *v.t.* to reply to उत्तर देना; to respond to प्रतिक्रिया के रूप में करना; *v.i.* to reply उत्तर देना; to be accountable उत्तरदायी होना।

answerable *आन् सॅ रॅ बल a.* that may be answered उत्तर दिया जाने-योग्य; responsible उत्तरदायी।

ant *ऐन्ट n.* a pismire चींटी।

antacid *एन्ट्-एस'-इड् adj. & n.* removing acidity. खट्टापन हटाने वाला, अम्लत्व-नाशक पदार्थ।

antagonism *ऐन टै गॅ निज़्म n.* hostility बैर, शत्रुता; opposition सक्रिय विरोध।

antagonist *ऐन् टै गॅ निस्ट n.* opponent विपक्षी।

antagonize *ऐन् टै गॅ नॉइज़ v.t.* to

rouse opposition वैरी बनाना; to counteract प्रतिकार करना।

antarctic *ऐन् टाः क् टिक* *a.* relating to the south pole दक्षिणध्रुवीय।

antecede *ऐन्'-टि-सीड्'-v.t.* to go before or happen before time. समय से पूर्व घटित होना।

antecedent[1] *ऐन् टि सी डॅन्ट* *n.* that which goes before पूर्वगामी; (*gram.*) the noun to which a relative refers पूर्वपद।

antecedent[2] *a.* prior पूर्ववर्ती।

antedate *ऐन्'-टि-डेट्* *n.* a date before the exact time. स्थिर काल से पूर्व का समय।

antelope *ऐन'-टि-लोप'* *n.* a genus of deer like ruminant. एक प्रकार का हिरन या म ग।

antenatal *ऐन्'-टि-ने'-टल्* *adj.* previous to birth. उत्पत्ति के पूर्व का।

antennae *ऐन् टै ˘ नॅ* *n. (pl.)* an aerial एंटिना; the feeler of an insect स्पर्शश्‌ गिका।

antenuptial *ऐन्'-टि-नप्'-शल्* *adj.* before nuptials, occurring before marriage. विवाह से पूर्व होने वाला।

anthem *ऐन्'-थेम्* *n.* a hymn or song, sacred song sung in praise of god. ईश्वर-स्तुति, स्तुतिरूप गायन, भजन।

anthology *ऐन् थॉ˘ लॅ जि* *n.* collection of literary pieces चयनिका।

anthropoid *ऐन्'-थ्रॉ-पॉयड्* *adj.* resembling man in form only. केवल आकार में मनुष्य के सद श।

anti *ऐन्-टि* *pref.* in the sense of against, in place of "उपसर्ग जिसका अर्थ विपरीत स्थान में होता है।

anti-aircraft *ऐन् टि एँ ॲः क्राफ्ट* *a.* used against enemy aircraft विमान-भेदी।

antic *ऐन् टिक* *n.* odd or ridiculous action, queer behaviour अजीब कार्य अथवा व्यवहार।

anticardium *एन्'-टि-कार्-डि-अम्* *n.* the pit of the stomach. नाभि, ठोढ़ी।

anticipate *ऐन् टि सि पेट* *v.t.* to forestall पूर्वानुमान करना; to expect पहले से आशा करना; to foretaste पूर्वानुभव करना।

anticipation *ऐन् टि सि पे शॅन* *n.* expectation प्रत्याशा; forestate पूर्वानुमान।

antidote *ऐन् टि डोट* *n.* medicine that counteracts posion विषमारक औषधि।

antinomy *ऐन्'-टि-नॉ-मि* *n.* a conflict of authority अधिकार-विरोध।

antipathy *ऐन् टि पॅ थि* *n.* dislike घ णा; opposition विरोध, शत्रुता।

antiphony *ऐन्'-टि-फ़ॉनि* *n.* echo, response प्रतिध्वनि, प्रतिगान।

antipodes *ऐन'-टि-पॅडी-ज़* *n. pl.* those who live on opposite sides of the globe. भूमण्डल के तिगरीत सिरों पर रहगे पाले, प्रतिलोम।

antiquarian[1] *ऐन् टि क्वे˘ ॲ रि ॲन* *a.* pertaining to antiquaries पुरातत्व-विषयक।

antiquarian[2] *n.* one versed in antiquities पुरातत्ववेत्ता।

antiquary *ऐन टि क्वॅ रि* *n.* one versed in antiquities पुरातत्ववेत्ता।

antiquated *ऐन टि क्वे टिड a.* ancient प्राचीन; old-fashioned अप्रचलित।

antique *ऐन् टीक a.* ancient पुरातन; old-fashioned दक़ियानूसी, अप्रचलित।

antiquity *ऐन् टी क्वि टि n.* ancientness पुरातनता; *(pl.)* relics पुरावशेष; ancient times प्राचीनकाल।

antiseptic[1] *ऐन् टि सैपॅ् टिक n.* a substance that resists putrefaction रोगाणुरोधक औषधि।

antiseptic[2] *a.* counteracting putrefaction रोगाणुरोधक।

antithesis *ऐन् टि थि सिस n.* contrast विपर्यय; opposition विरोध।

antitheist *एन्'-टि-थी'-इस्ट् n.* one who does not believe in god's existence. नास्तिक, अनीश्वरवादी;

antler *ऐन्ट् लॅः n.* a branch of a stag's horn बारहसिंह की शाखादार सींग।

antonym *ऐन् टॅ निम n.* a word of opposite meaning विलोम।

anus *ए नॅस n.* the lower opening of the bowels मलद्वार, गुदा।

anvil *ऐन् विल n.* blacksmith's iron-block निहाई (लोहार की)।

anxiety *ऐङ् ज़ॉइ अॅ टि a.* state of being anxious परेशानी; concern चिंता।

anxious *ऐङ्क् शॅस a.* causing concern चिंताजनक; concerned चिंतित; eager उत्सुक, उतावला।

any[1] *ऐ नि a.* some कोई।

any[2] *adv.* in any degree किसी सीमा तक।

anyhow *ऐ नि हॉउ adv.* in some way or the other किसी न किसी तरीके से।

apace *अॅ पेस adv.* quickly शीघ्रता से।

apart *अॅ पाःट adv.* separately अलग से; aside एक ओर।

apartment *अॅ पाःट् मॅन्ट n.* a room कक्ष।

apathy *ऐ पॅ थि n.* want of feeling भावहीनता; indifference उदासीनता।

ape[1] *एप n.* a tailless monkey कपि, पुच्छहीन बंदर; imitator अनुकरण करनेवाला।

ape[2] *v.t.* to imitate अनुकरण करना।

aperture *ऐ पॅः ट्युअॅः n.* a hole छिद्र।

apex *ऐ पैक्स n.* summit शिखर।

aphorism *ऐफ्'-ऑ-रिज्म् n.* adage, maxim, definition कहावत (सूत्र), वचन।

apiary *ऐ पि अॅ रि n.* place for apiculture मधुमक्खीपालन-स्थान।

apiculture *ए पि कल् चॅः n.* bee-keeping मधुमक्खी–पालन।

apish *ए पिश a.* ape-like वानर-सद श।

apnoea *एप्'-नीआ n.* stoppage of breathing. साँस की रुकावट, श्वासावरोध।

apologize *अॅ पौ लॅ जॉइज v.i.* to express regret खेद प्रकट करना।

apologue *ऐप्'-अॅ'-लॉग् n.* fable, parable or a moral story, a tale. उपदेशपूर्ण कहानी, उपाख्यान।

apology *अॅ पौं लॅ जि n.* regretful acknowledgement of offence स्वदोष-स्वीकार।

apostle *अॅ पौ ˘ स्ल n.* preacher of religion धर्मप्रचारक।

apostrophe *अॅ पौसॅ् ट्रॅ फ़ि n.* a mark(') indicating contraction of a word वर्णलोप या संबंधकारक का चिह्न।

apotheosis *अप्'-ऑथि-ऑसिस्* *n.* making god-like देवता तुल्य निर्माण।

apparatus *ऐ पॅ रे टॅस* *n.* set of instruments उपकरण।

apparel[1] *अॅ पै रॅल* *n.* clothing वस्त्र।

apparel[2] *v.t.* to dress वस्त्र पहनना।

apparent *अॅ पै रॅन्ट, पे ˘ अॅ* *a.* that may be seen प्रत्यक्ष।

appeal[1] *अॅ पील* *n.* the removal of a case to a higher court अपील।

appeal[2] *v.t.* to make an earnest request प्रार्थना करना; to refer to superior court अपील करना.; *v.i.* to suplicate विनती करना; to be interesting आकर्षित अथवा प्रभावित करने का गुण रखना।

appear *अॅ पिअॅ:* *v.i.* to become visible द ष्टिगोचर होना; to seem प्रतीत होना।

appearance *अॅ पिअॅ रॅन्स* *n.* appearing प्रकटन; outward look बाह्याक ति; presence उपस्थिति; rise उदय।

appease *अॅ पीज़* *v.t.* to pacify शांत करना; to comfort सांत्वना देना।

appellant *अॅ पै ˘ लॅन्ट* *n.* one who appeals अपीलकर्त्ता।

append *अॅ पैन्ड* *v.t.* to add संलग्न करना; to annex नत्थी करना।

appendage *अॅ पैन्ॅ डिज* *n.* appendix परिशिष्ट, संलग्नक।

appendicitis *अॅ पैन्ॅ डि सॉइ टिस* *n.* a disease of intestine उपांत्रशूल।

appendix[1] *अप्'-पेन्ड्-इक्स्* *n.* *(pl.* **appendices** इ-सीज्) anything added in the end परिशिष्ट, शेष संग्रह।

appendix[2] *अॅ पैन्ॅ डिक्स* *n.* supplement परिशिष्ट।

appetence *ऐप्'-पिट्-एन्स्* *n.* desire, longing अभिलाषा, इच्छा।

appetent *(ऐप-पीटेंट)-* *adj.* desiring अति उत्सुक।

appetite[1] *ऐ पि टॉइट* *n.* a strong desire for food भोजनेच्छा।

appetite[2] *n.* hunger भूख; desire इच्छा।

appetizer *ऐ पि टॉइ ज़ॅ:* *n.* something causing appetite क्षुधावर्धक वस्तु।

applaud *अॅ प्लौड* *v.t.* to extoll हर्षध्वनि-द्वारा अनुमोदन करना; to commend प्रशंसा करना।

applause *अॅ प्लौज़* *n.* praise loudly expressed हर्षध्वनि; acclamation प्रशंसा।

apple *ऐ पल* *n.* an edible fruit सेब; the pupil of the eye पुतली।

appliance *अॅ प्लॉइ अॅन्स* *n.* instrument उपकरण; thing applied उपाय, युक्ति; act of applying प्रयोग।

applicable *ऐप् लि कॅ बल* *a.* fit to be applied प्रयोग में लाया जाने-योग्य।

applicant *ऐप् लि कॅन्ट* *n.* one who applies प्रार्थी।

application *ऐप् लि के शॅन* *n.* request प्रार्थना; petition अर्ज़ी; using अनुप्रयोग।

apply *अॅ प्लॉइ* *v.t.* to enforce लागू करना; to use प्रयोग में लाना; *v.i.* to make a request आवेदन करना; to be relevant लागू होना।

appoint *अॅ पौ ˘इन्ट* *v.t.* to employ नियुक्त करना; to nominate मनोनीत करना; to fix निश्चित करना।

appointment *अॅ पौ ˘इन्ट मॅन्ट* *n.* act

of appointing नियुक्ति; engagement मिलने का समय; office held नौकरी।

apportion *अॅ पौ: शॅन v.t.* to divide बांटना।

apposite[1] *अप्'-पॉ-जिट्* *adj* proper, well put, suitable, appropriate योग्य, सगंत (यथार्थ)।

apposite[2] *ऐ पॅ ज़िट a.* suitable संगत।

appositely *अप-पॉ जिट (लि) adv.* suitably उचित रीति से।

approbate *एप्'-प्रो'-बेट् v.t.* to approve, to sanction. अनुमोदन करना, स्वीकार करना।

appraise *अॅ प्रेज़ v.t.* to estimate मूल्यांकन करना; to fix the price of (का) मूल्य निर्धारित करना।

appreciable *अॅ प्री शि अॅ ब्ल a.* noticeable उल्लेखनीय, ध्यातव्य।

appreciate *अॅ प्री शि एट v.t.* to estimate justly मूल्यांकन करना; to esteem highly सम्मान करना; to raise in value मूल्य बढ़ाना; *v.i.* to increase in value महंगा हो जाना।

appreciation *अॅ प्री शि ए शॅन n.* estimation मूल्यांकन, परख; recognition प्रशंसा; raise in value मूल्यव द्धि।

apprehend *ऐ प्रि हैन्ड v.t.* to arrest बंदी बनाना; to understand सीखना; to fear डरना।

apprehension *ऐ प्रि हैनॅ् शॅन n.* arrest गिरफ्तारी; fear आशंका; understanding समझ।

apprehensive *ऐ प्रि हैनॅ् सिव a.* fearful आशंकित।

apprentice *अॅ प्रैनॅ् टिस n.* learner of a trade प्रशिक्षु।

apprise *अॅ प्रॉइज v.t.* to notify सूचित करना।

approach[1] *अॅ प्रोच v.t.* to come near to (के) पास पहुंचना; to approximate से मिलता-जुलता होना; *v.i.* to come near पहुंचना।

approach[2] *n.* act of approaching आगमन; way, path मार्ग; method विधि।

approbation *ऐ प्रॅ बे शॅन n.* approval अनुमोदन।

appropriate[1] *अॅ प्रो प्रि एट v.t.* to take and use as one's own हड़प लेना; to authorise for some specific use प्रयोजन विशेष के लिए अधिक त करना।

appropriate[2] *अॅ प्रो प्रि इट a.* suitable उपयुक्त।

appropriation *अॅ प्रो प्रि ए शॅन n.* act of appropriating स्वायत्तीकरण।

approval *अॅ प्रू वॅल n.* approbation अनुमोदन; sanction स्वीक ति।

approve *अॅ प्रूव v.t.* to give approval of अनुमोदन करना; to agree सहमति देना।

approximate *अॅ प्रौकॅ् सि मिट a.* very near अत्यंत समीप; almost correct प्रायः शुद्ध।

appricot *ए प्रि कौ ट n.* a fruit like peach ख़ूबानी।

appurtenance *अप्-पर-टिन्'-एन्स् n.* belonging, an accessory सम्पत्ति का स्वामित्व, लगाव।

apron *ए प्रॅन n.* garment worn over the front part of the body पेटबंद।

apt *ऐप्ट a.* suitable संगत, उपयुक्त; quick-witted योग्य; prone उद्यत।

aptitude *ऐप् टि ट्यूड n.* tendency

रूझान; fitness औचित्य।

aquarium *अ'-क्वेर्'-इ-अम् n.* pond in which living aquatic plants or animals are kept जल के पौधों या जन्तुओं के पालने का जलाशय।

aquarius *अ'-क्वेर्-इ-अस् n.* the 11th sign of zodiac कुम्भ राशि।

aqueduct *ऐ-'क्वि-डक्ट् n.* an artificial channel कृत्रिम जलमार्ग, नहर।

arable *ऐ र् ब्ल a. & n.* (land) fit for ploughing जुताई-योग्य (भूमि)।

arbiter *आः बि टॅः n.* arbitrator मध्यस्थ।

arbitrary *आः बि ट्रॅ रि a.* based on discretion मनमाना; despotic निरंकुश; capricious स्वेच्छाचारी।

arbitrate *आः बि ट्रे ट v.t.* to decide as an arbitrator मध्यस्थता करना।

arbitration *आः बि ट्रे शॅन n.* decision by an arbiter पंचफ़ैसला।

arbitrator *आः बि ट्रे टॅः n.* arbiter मध्यस्थ।

arc *आः क n.* part of a circle चाप।

arcade *आर्'-केड्' n.* row of arches supported on columns. खम्भों पर बनी हुई मेहराबें।

arch[1] *आःच n.* vault तोरण, मेहराब।

arch[2] *v.t.* to form into an arch मेहराबदार बनाना।

arch[3] *a.* chief प्रधान; crafty चालाक।

archaic *आः के इक a.* obsolete अप्रचलित।

archangel *आः केन् जॅल n.* angel of highest rank प्रधान देवदूत।

archbishop *आः च् बि शॅप n.* chief bishop प्रमुख पादरी।

archer *आः चॅः n* a bowman धनुर्धर।

architect *आः कि टैक्ट n.* one who plans building वास्तुकार।

architecture *आः कि टेक् चॅः n.* art or science of buildings वास्तुकला; style of building निर्माण-शैली।

archives *आः कॉइव्ज n.pl.* place for keeping records अभिलेखागार।

Arctic आः क् टिक *a.* of the north polar regions उत्तरीध्रुव-संबंधी

ardent *आः डॅन्ट a.* eager उत्साही; fervid उत्कट; burning ज्वलंत।

ardour *आः डॅः n.* eagerness उत्साह; enthusiasm जोश।

arduous *आः ड्यू ॲस a.* hard-working परिश्रमी; difficult कठिन, श्रमसाध्य।

area *ऍ ॲ रि ॲ n.* surface measure क्षेत्रफल; region भूभाग; field of study अध्ययन-क्षेत्र।

areca *आर्'-इ-का n.* betel-nut palm सुपारी का व क्ष।

arefaction *एरि'-फ़ेक्'-शन् n.* act of drying सुखाने का कार्य।

arena *ॲ री नॅ n.* open space for combatants अखाड़ा।

argil *आर्-जिल् n.* potter's clay, alumina. कुम्हार की मिट्टी, एल्यूमिना।

argue *आः ग्यू v.t.* to show reasons for प्रमाणित करना; *v.i.* to present reason तर्क प्रस्तुत करना।

argument *आः ग्यू मॅन्ट n.* plea तर्क, युक्ति; debate वादविवाद।

argute *आर्'-ग्यूट' adj.* sharp, shrill तीखा, कर्कश (शब्द)।

arid *एर्-इड् adj.* parched with heat गरमी से झुलसा हुआ।

aries *एर्-ईज् n.* the Ram. मेष राशि।

aright[1] *ए-राइट् adv.* rightly, without mistake, to the right side उचित रीति से, ठीक, दाहिनी ओर।

aright[2] *अ॑ रॉइट adv.* rightly ठीक प्रकार से।

arise *अ॑ रॉइज़ v.i.* to rise उदित होना; to ascend ऊपर उठना; to get up जागना; to appear प्रकट होना।

aristocracy *ऐ रिस् टौ॑क्रॅ सि n.* ruling body of nobles कुलीनतंत्र; nobility अभिजात वर्ग।

aristocrat *ऐ रिस् टॅ क्रैट, अ॑ रिस् n.* person of noble birth कुलीन व्यक्ति।

aristophanic *एर्'-इस्-टॉ फेनइक adj.* witty, shrewd. हँसमुख, चतुर।

arithmetic *अ॑ रिथ् मै॑टिक n.* science of numbers अंकगणित।

arithmetical *अ॑ रिथ् मै॑ टि कॅल a.* pertaining to arithmetic अंकगणित-संबंधी।

ark *आर्क् n.* a chest, a box, a large boat तिजोरी, बक्स, बड़ी नाव।

arm[1] *आ:म n.* limb from the shoulder to the hand भुजा; sleeve आस्तीन; (*pl.*) weapons हथियार।

arm[2] *v.t.* to equip with weapons हथियारों से सुसज्जित करना; *v.i.* to prepare for war युद्ध के लिए तैयारी करना।

armada *आ: मा डॅ, आ: मै डॅ n.* a fleet of armed ships युद्धपोतों का बेड़ा।

armament *आ: मॅ मॅन्ट n.* (*pl.*) weaponry युद्ध-सामग्री।

armature *आ: मॅ ट्युअ॑: n.* a moving part of an electromagnetic device विद्युत्-चुंबकीय यंत्र का घूमता हुआ भाग।

armistice *आ: मिस् टिस n.* truce युद्धविराम।

armlet *आर्म्'-लेट् a.* an ornament worn round the ram, a small inlet of sea. जोशन (बाजूबन्द), समुद्र की शाखा।

armour *आ: मॅ: n.* a defensive covering कवच।

armoury *आ: मॅ रि n.* a repository of arms शास्त्रागार।

army *आ: मि n.* military forces सेना; a large number दलबल।

around[1] *अ॑ रॉउन्ड prep.* on all sides of के चारों ओर।

around[2] *adv.* on every side सब ओर; in all directions चारों ओर; nearby आसपास।

arouse *अ॑ रॉउज़ v.t.* to awaken जगाना; to stir into action क्रियाशील बनाना, चेताना।

arraign *अर्'- रेन् v. t.* to accuse, to find fault with, to impeach. अपराधी ठहराना, दोष लगाना, कलंक लगाना।

arrange *अ॑ रेन्ज् v.t.* to set in a rank क्रम में रखना; to put in order व्यवस्थित करना; *v.i.* to make plans in advance व्यवस्था करना।

arrangement *अ॑ रेन्ज् मॅन्ट n.* setting in a rank क्रमस्थापन; order व्यवस्था; (*pl.*) plans योजनाएं।

arrant *आर्'-रेन्ट n.* notorious, downright कुख्यात, अत्यन्त (निपट).

array[1] *अ॑ रे v.t.* to dress वस्त्रों से अलंकृत करना; to equip सेना को शस्त्र सज्जित करना।

array[2] *n.* order क्रम; order of a battle व्यूह-रचना; attire वस्त्र।

arrears *अ॑ रिअ॑:ज़ n.pl.* unpaid amount बकाया।

arrest[1] *अ॑ रैस्ट v.t.* to seize हिरासत में लेना; to stop रोकना।

arrest[2] *n.* seizure by warrant गिरफ़्तारी।

arrival *अॅ रॉइ वॅल n.* act of arriving आगमन; thing that arrives आगत वस्तु।

arrive *अॅ रॉइव v.i.* to reach पहुंचना; to attain a position of success सफलता पाना।

arrogance *ऐ रॅ गॅन्स n.* undue assumption of importance घमंड, गर्व।

arrogant *ऐ रॅ गॅन्ट a.* overbearing अक्खड़, हेकड़।

arrow *ऐ रो n.* a straight, pointed missile made to be shot from a bow तीर, बाण।

arrowroot *ऐ रो रूट n.* starchy food made from the powdered root of a plant अरारोट।

arsenal *आः सॅ नॅल n.* armoury आयुधागार।

arsenic *आः सॅ निक n.* a poisonous powder संखिया।

arson *आः सॅन n.* criminal act of setting fire आगज़नी।

art *आःट n.* creation of beauty कला; skill कुशलता; cunning चालाकी; artistic product कलाक ति।

artery *आः टॅ रि n.* tube or vessel that conveys blood from the heart रक्तवाहिनी, धमनी।

artful *आःट् फुल a.* crafty चालाक; skillful निपुण।

arthritis *आर्-थ्राइ'-टिस् n.* gout, inflammation of joints जोड़ों की सूजन।

artichoke *आर्'-टि-चोक् n.* a kind of edible plant. चुकन्दर, हाथी चक।

article *आः टि क्ल n.* a clause in an agreement अनुच्छेद; a piece of writing लेख, रचना; an item वस्तु, नग; a part of speech used before nouns उपपद।

articulate *आः टि क्यु लिट a.* jointed जोड़दार; clear स्पष्ट; able to express one's thoughts with ease अभिव्यक्तिक्षम।

artifice *आर्-टि-फाइस् n.* crafty contrivance, skill, device, fraud धूर्तता, चालाकी, साधन, छल।

artificial *आः टि फि शॅल a.* not natural क त्रिम; imitated नकली।

artillery *आः टि लॅ रि n.* big guns तोपें; gunnery तोपखाना।

artisan *आः टि ज़ैन n.* a handicraftsman शिल्पी, दस्तकार।

artist *आः टिस्ट n.* one practising a fine art चित्रकार, कलाकार।

artistic *आः टिस् टिक a.* concerned with art कलात्मक।

artless *आःट् लिस a.* simple सीधा, सरल; guileless छल-कपट-रहित; natural स्वाभाविक।

as[1] *ऐज़, ॲज adv.* to such an extent इस सीमा तक; for example उदाहरणस्वरुप।

as[2] *conj.* although यद्यपि; since क्योंकि; to which degree जितना; like समान; in the manner in which जिस प्रकार।

as[3] *pron.* who, which, that जो, जिसने, जिसको।

asafoetida *ऐस्-आ-फोटिडा n.* a kind of resinous gum. हींग।

asbestos *ऐस्'-बेस्'-टस् n.* an incombustible fibrous mineral न जलने वाली एक तन्तुमय धातु, अदह।

ascend *अॅ सैन्ड v.t.* to go up (पर) चढ़ना; *v.i.* to go up ऊपर जाना।

ascent *अॅ सैन्ट n.* an up-slope चढाव; a going up चढ़ाई।

ascertain *ऐ सॅ: टेन v.t.* to find out for certain निश्चित करना।

ascetic[1] *अॅ सैॅ टिक n.* person leading self-denying life तपस्वी।

ascetic[2] *a.* leading a life of severe self-discipline तपस्यापूर्ण।

ascribe *अॅस् क्रॉइव v.t.* to attribute मढ़ना, लगाना, आरोपित करना।

ash *ऐश n.* the dust or remains of anything burnt राख; *(pl.)* remains of human body after cremation भस्मि, अवशेष।

ashamed *अॅ शेम्ड a.* affected with shame शर्मिंदा, लज्जित।

ashore *अॅ शौ:, अॅ शो ॅ: adv.* on the shore किनारे पर।

aside[1] *अॅ सॉइड adv.* on or to one side, apart एक ओर, अलग।

aside[2] *n.* words spoken in an undertone स्वगतकथन।

asinine *ऐस्'-इन्-आइन् adj.* pertanining to asses, foolish गदहे से सम्बन्धित, मूर्ख।

ask *आस्क v.t.* to put a question पूछना; to request निवेदन करना; to demand मांगना; to inquire पूछताछ करना।

asleep *अॅ स्लीप adv. & a.* in a sleeping state सोता हुआ; dead मत; numb सुन्न।

aspect *ऐस् पैक्ट n.* appearance आक ति; position, phase अवस्थिति; view द ष्टिकोण; direction of facing पहलू।

asperse *एस्-पर्स v. t.* to defame, to culminate. निन्दा करना, कलंक लगाना।

aspirant *अॅस् पॉइ रॅन्ट n.* one who aspires उच्चाकांक्षी व्यक्ति।

aspiration *ऐस् पि रे शॅन n.* eager; desire अभिलाषा, लालसा।

aspire *अॅस् पॉइअॅ: v.t.* to be filled with ambition महत्वाकांक्षा करना।

ass *ऐस n.* a small animal of the horse genus गदहा; a dull, stupid fellow मूर्ख व्यक्ति।

assail *अ-सेल्'v. t.* to make a violent attack आक्रमण करना, चढ़ाई करना।

assassin *अॅ सै सिन n.* murderer हत्यारा।

assassinate *अॅ सै सि नेट v.t.* to murder हत्या करना।

assassination *अॅ सै सि ने शॅन n,* murder हत्या, वध।

assault[1] *अॅ सौल्ट n.* a sudden attack धावा, चढाई; rape बलात्कार।

assault[2] *v.t.* to make an attack upon आक्रमण करना।

assemble *अॅ सैमॅ ब्ल v.t.* to collect एकत्र करना; to put together the parts of (के) पुरज़े जोड़ना; *v.i.* to meet together एकत्र हो जाना।

assembly *अॅ सैम्ब् लि n.* the act of assembling जमाव; a company assembled समाज, मंडली; a body of persons सम्मेलन।

assent[1] *अॅ सैन्ट v.i.* to express agreement सहमत होना।

assent[2] *n.* an agreement सहमति; consent अनुमति।

assert *अॅ सॅ:ट v.t.* to make a claim to (one's right) (अधिकारों का) दावा करना; to declare firmly निश्चयपूर्वक कहना।

assess *अॅ सैसॅ v.t.* to determine (tax etc.) (कर आदि) निर्धारित करना; to estimate अनुमान लगाना; to evaluate आंकना।

assessment *अॅ सैसॅ मॅन्ट n.* act of assessing कर-निर्धारण; evaluation मूल्यांकन।

asset *ऐ सैॅट n. (pl.)* property संपत्ति; useful quality or skill उपयोगी गुण अथवा कौशल।

assibilate *एस्-सिब्'-इ-लेट्' v. t.* to utter a hissing sound, to make sibilant सीत्कार (सुसकार) सहित बोलना।

assign *अॅ सॉइन v.t.* to allot आवंटन करना; to designate, to appoint नियुक्त करना; to specify निर्धारित करना।

assignee *अॅ सॉइ नी n.* one to whom any right or property is assigned संपत्ति-भागी।

assimilate *एस्-सिम्'-इ-लेट्'- v. t.* to make like to, to compare with, to absorb into the system.सद श करना, तुलना करना, पचाना (परिपाक करना); *v. i.* to be absorbed एकीभूत होना, पचना।

assimilation *एस्-सिम-इले'-शन् n,* समीकरण, परिपाक, परिणाम।

assist *अॅ सिस्ट v.t.* to help सहायता करना; *v.i.* to render help हाथ बंटाना।

assistance *अॅ सिस् टॅन्स n.* help, aid सहायता।

assistant *अॅ सिस् टॅन्ट n.* one who assists, helper सहायक।

associate[1] *अॅ सोॅ शि एट v.t.* to join जोड़ना; to unite सयुंक्त करना, मिलाना; to make a partner साथी बनाना; *v.t.* to be joined मिलना, जुड़ना।

associate[2] *अॅ सो शि इट a.* connected जुड़ा हुआ; accompanying सहकारी।

associate[3] *n.* a partner or colleague सहकर्मी; a companion साथी।

association *अॅ सो सि ए शॅन n.* society संगति; union संघ; intimacy घनिष्टता।

assoil *एस्'-सॉयल्' v. t.* to free from guilt or sin, to forgive पाप से मुक्त करना, क्षमा करना।

assort *अस्'-सॉर्ट् v. t. & i.* to arrange into groups, to agree यथाक्रम करना, वर्गीकरण करना, छाँटना, एकमत होना।

assuage *अॅ सवेज v.t.* to soften मदु करना।

assume *अॅ स्यूम v.t.* to take for granted मान लेना; to seize (अधिकार) छीन लेना; to suppose कल्पना करना।

assumption *अॅ सम्प् शॅन n.* taking for granted पूर्वधारणा; that which is taken for granted मान्यता; arrogance घमंड; supposition कल्पना; act of taking upon oneself धारण।

assurance *अॅ शुअॅ रॅन्स n.* confidence विश्वास; sureness निश्चय; insurance बीमा; security प्रतिभूति; impudence ध ष्टता।

assure *अॅ शुअॅः v.t.* to make sure सुनिश्चित करना; to insure बीमा करना; to reasure विश्वास दिलाना।

astatic *ए-स्टेट्'-इक् adj.* not keeping on fixed position अस्थिर।

asterisk *ऐस् टॅ रिस्क* *n.* star-like sign तारक चिह्न।

asterism *ऐस्-टर-इज्म्* *n.* a cluster of three stars. तीन तारों का चिन्ह।

asteroid *ऐस्'-टीर्-'ऑ एड* *adj.& n.* of the form of a star, a star fish, a small star तारे के आकार का, तारा मीन, एक छोटा तारा।

asthma *ऐस् मॉ* *n.* a disease making breathing difficult दमा।

astir *अ-स्टर्'* *adv.* in motion, in excitement गतिशील, उत्तेजना में।

astonish *ॲस् टौॅ निश* *v.t.* to surprise greatly, to amaze विस्मित करना।

astonishment *ॲस् टौॅ निश् मंट* *n.* amazement विस्मय।

astound *एस्'-टाउन्ड्'* *v.t.* to surprise, to cause fear, to amaze चकित करना, भयभीत करना, घबड़ा देना।

astray *ॲस् ट्रे* *adv., a.* out of the right way पथभ्रष्ट।

astrologer *ॲस् ट्रौ लॅ जॅः* *n.* one versed is astrology ज्योतिषी।

astrology *ॲस् ट्रौॅ लॅ जि* *n.* science of foretelling events by stars ज्योतिष।

astronaut *ऐस् ट्रौॅ नौॅ ट* *n.* one engaged in space travel अंतरिक्ष-यात्री।

astronomer *ॲस् ट्रौॅ नॅ मॅः* *n.* one versed in astronomy खगोलशास्त्री।

astronomy *ॲस् ट्रौॅ नॅ मि* *n.* science of the heavenly bodies खगोलशास्त्र।

asunder *ॲ सन् डॅः* *adv.* apart अलग-अलग; into parts टुकड़ों में।

asylum *ॲ सॉइ लॅम* *n.* place of shelter शरण-स्थल।

at *ऐट* *prep.* on पर; over ऊपर; in में; towards की ओर; near के पास।

atheism *ऐ थि इज़्म* *n.* disbelief in the existence of God or gods नास्तिकता।

atheist *ए थि इस्ट* *n.* person who does not believe in the existence of God or gods नास्तिक।

athirst *अ-थर्स्ट'* *adj.* thirsty, wanting drink, eager प्यासा, उत्सुक।

athlete *ऐथ् लीट* *n.* sportsman व्यायामी, कसरती, क्रीड़ा-प्रतियागी।

athletic *ऐथ् लैॅ टिक* *a.* strong बलवान; of athletes कसरती।

athletics *ऐथ् लैॅ टिक्स* *n. pl.* athletic sports क्रीड़ा, खेलकूद।

athwart *आ-थ्वर्ट्* *prep.* across, transversely, from side to side, in opppsition to पार, आर-पार, एक ओर से दूसरी ओर, विपरीत अवस्था में।

atlas *ऐट् लॅस* *n.* a book of maps मानचित्रावली।

atmosphere *ऐट् मॅस् फ़िअॅः* *n.* the gaseous envelope that surrounds the earth वायुमंडल; environment पर्यावरण।

atoll *एट्'-ऑल्* *n.* ring-shaped corel reef. मूँगे का व त्ताकार पहाड़।

atom *ऐ टॅम* *n.* smallest particle of an element अणु, परमाणु; anything very small सूक्ष्म वस्तु।

atomic *ॲ टौॅ मिक* *a.* pertaining to atoms अणु-संबंधी।

atone *ॲ टोन* *v.i.* to make amends (for wrong) प्रायश्चित करना।

atonement *ॲ टोन् मॅन्ट* *n.* act of atoning प्रायश्चित।

atrocious *अ ट्रो शॅस a.* very cruel न शंस; appalling भयंकर।

atrocity *अ ट्रॉ सि टि n.* cruelty क्रूरता, न शंसता।

attach *अ टैच v.t.* to seize by legal authority कुर्क करना; to connect, to join मिलाना; to fix जोड़ना; to assign प्रदान करना।

attache *अ टै शे n.* a technical expert on a diplomatic staff दूतावास का अधिकारी।

attachment *अ टैच् मॅन्ट n.* state of being attached लगाव; something attached संलग्न वस्तु।

attack[1] *अ टैक n.* an assault हमला; a fit दौरा; hostile criticism कड़ी आलोचना।

attack[2] *v.t.* to assault आक्रमण करना; to criticise आलोचना करना।

attain *अ टेन v.t.* to reach or accomplish पहुंचना।

attainment *अ टेन् मॅन्ट n.* act of attaining प्राप्ति उपलब्धि; *(pl.)* skill क्षमता, कौशल।

attaint *अट्'-टेन्ट् v. t.* to stain, to insult कलुषित करना, अपमानित करना।

attempt[1] *अ टॅम्प्ट v.t.* to try प्रयत्न करना।

attempt[2] *n.* effort प्रयास; attack आक्रमण।

attend *अ टॅन्ड v.t.* to be present at (में) उपस्थित होना; to accompany (के) साथ होना; to give heed to (पर) ध्यान देना; to take care of (की) देखभाल करना; *v.i.* to take care देखभाल करना; to be present उपस्थित होना।

attendance *अ टैन् डॅन्स n.* the act of being present उपस्थिति; the number of people present उपस्थित लोग।

attendant *अ टैन् डॅन्ट n.* one who attends another परिचारक, सेवक।

attention *अ टैन् शन् n.* attending to something or someone ध्यान; drill position of standing straight and still सावधान।

attentive *अ टै न् टिव a.* paying attention सतर्क।

attest *अ टै स्ट v.t.* to certify प्रमाणित करना; to give evidence of साक्ष्य देना।

attire[1] *अ टॉइअः n.* dress परिधान।

attire[2] *v.t.* to dress वस्त्र पहनाना।

attitude *ऐ टि ट्यूड n.* outlook द ष्टिकोण; posture of the body मुद्रा।

attorney *अ टः नि n.* a person with legal authority to act for another प्रतिनिधि; lawyer वकील।

attract *अ ट्रैक्ट v.t.* to draw to oneself आकर्षित करना; to charm लालायित करना।

attraction *अ ट्रैक् शॅन n.* charm आकर्षण; something that attracts आकर्षक वस्तु।

attractive *अ ट्रैक् टिव a.* having the power to attract आकर्षक।

attribute[1] *अ ट्रि ब्यूट v.t.* to ascribe आरोपित करना।

attribute[2] *ऐ ट्रि ब्यूट n.* an inherent quality आंतरिक गुण।

auction[1] *औक् शॅन n.* public sale नीलाम।

auction[2] *v.t.* to sell by auction नीलाम करना।

audible *औ डि ब्ल a.* loud enough to be heard श्रव्य।

audience *औ डि ॲन्स n.* a body of listeners श्रोतागण; a ceremonial interview औपचारिक साक्षात्कार।

audit[1] *औ डिट n.* formal verification of an account-book अंकेक्षण।

audit[2] *v.t.* to make an audit of (का) अंकेक्षण करना।

auditive *ऑड्-इट्'-इव् adj.* pertaining to hearing श्रवण-सम्बन्धी।

auditor *औ डि टॅः n.* one who audits accounts अंकेक्षक।

auditorium *औ डि टौ रि ॲम n.* the space allotted to the hearers श्रोताकक्ष।

auger *ऑ गॅः n.* a tool for boring holes बरमा।

aught *औट n.* anything कोई वस्तु।

augment *औग् मॅन्ट v.t.* to increase बढ़ाना; *v.i.* to grow larger बढ़ना।

augmentation *औग् मैनॅ् टे शॅन n.* increase संवर्धन, व द्धि।

August *औ गस्ट n.* eighth month of the year अगस्त।

august *औ गस्ट n.* venerable भव्य।

aunt *आन्ट n.* father's or mother's sister बुआ, मौसी, चाची।

auriform *ऑ'-रि-फार्म् adj.* earshaped कान की आकृति का।

aurilave *ऑ'-रि-लेव् n.* instrument for cleaning the ears कानखोदनी।

aurora *ऑ'-रोरा-n.* dawn, colour of sky at sunrise तड़का, अरूणोदय।

auspicate *ऑ'-स्पि-केट् v.t.* to initiate, to inaugurate, to foreshow दीक्षा देना, अभिमन्त्रित करना, भविष्य बतलाना।

auspice *ऑ'-स्पिस् n. (usu. in pl.)* observations for the sake of omen, protection, patronage *(pl.)* under the patronage of शकुन-विचार, रक्षा, संरक्षण, शरण में।

auspicious *औस् पि शॅस a.* favourable शुभसूचक।

austere *औस् टिॲः a.* very plain सरल, सादा।

authentic *औ थैनॅ् टिक a.* genuine प्रामाणिक; true असली।

author *औ थॅः n.* the writer of a book or article etc. लेखक।

authoritative *औ थौ˘ रि टॅ टिव a.* official आधिकारिक; reliable विश्वसनीय।

authority *औ थौ˘ रि टि n.* legal power or right शक्ति या अधिकार; an expert विशेषज्ञ; permission आज्ञा; a person or body holding power अधिकारी सत्ता।

authorize *औ थॅ रॉइज़ v.t.* to empower प्राधिक त करना।

autobiography *औ टॉ˘ बॉइ ऑ˘ ग्रॅ फि n.* a person's life written by himself आत्मकथा।

autocracy *औ टौ˘ क्रॅ सि n.* an absolute government by one man, despotism एकतंत्र, राजशाही।

autocrat *औ टॅ क्रैट n.* an absolute sovereign निरंकुश शासक।

autocratic *औ टॅ क्रे टिक a.* despotic एकतंत्रीय, निरंकुश।

autograph *औ टॅ ग्राफ n.* a person's own handwriting or signature स्वाक्षर या हस्ताक्षर।

automatic *औ टॅ मै टिक a.* self operating (machine) स्वचालित (यंत्र);

done without thinking अविवेचित।

automobile *औ टॅ मो बील n.* motor car मोटरकार।

autonomous *औ टौँ नॅ मॅस a.* functioning independently स्वायत्त।

autumn *औ टॅम n.* season between winter and summer पतझड़।

auxiliary[1] *औग् ज़ि लि अॅ रि a.* helping सहायक।

auxiliary[2] *n.* helping verb सहायक क्रिया; *(pl.)* troops serving with another nation सहायक सेना।

avale *अवे'-ल् v.t.* to come down नीचे उतरना; *v. t.* to lower नीचे उतारना।

avail *अॅ वेल v.t.* to benefit लाभ पहुंचाना; *v.i.* to be of use उपयोगी होना।

available *अॅ वे लॅ ब्ल a* within reach पहुंच के अंदर; obtainable प्राप्य।

avarice *ऐ वॅ रिस n.* eager desire for wealth लालसा, लालच।

avenge *अॅ वै ॅन्ज v.t.* to take vengeance for प्रतिशोध लेना।

avenue *अ-वेन्-यू n.* a walk bordered by trees, way of approaching, wide street व क्षों से आच्छादित मार्ग, द्वार, मार्ग, चौड़ी सड़क।

average[1] *ऐ वॅ रिज n.* medium औसत।

average[2] *a.* midway between extremes औसत दर्जे का।

average[3] *v.t.* to find the average of माध्य निकालना; to amount to as an average (का) औसत होना।

averse *अॅ वॅ:स a.* opposed विपरीत; unwilling अनिच्छुक।

aversion *अॅ वॅ: शॅन n.* hatred घिन, घ णा; antipathy द्वेष।

avert *अॅ वॅ:ट v.t.* to prevent रोकना; to turn away (one's eyes etc.) (आंखें) बचा लेना।

aviary *ए'-वि-अ-रि n.* a place for keeping birds चिड़ियाखाना, पक्षीशाला।

aviation *ए वि ए शॅन n.* art and science of flying विमानचालन।

aviator *ऐ वि ए टॅ: n.* pilot of an aeroplane विमानचालक।

avid *एव्'-इड् adj.* greedy eager लालची, उत्सुक।

avidity *एव इडइ-टि adv.* earnest desire उत्कट इच्छा।

avidly *एव इडलि adv.* eagerly उत्सुकता से।

avoid *अॅ वौ ॅइड v.t.* to keep away from से बचना; to shun टालना।

avoidance *अॅ वौ ॅइ डॅन्स n.* act of avoiding बचाव।

avow *अॅ वॉउ v.t.* to confess स्वीकार करना; to declare घोषणा करना।

avulsion *ए-वल्-शन् n.* dividing or tearing away प थक्करण, अलगाव।

await *अॅ वेट v.t.* to wait for (की) प्रतीक्षा करना; to expect आशा करना।

awake[1] *अॅ वेक v.t.* to rouse from sleep जगाना; *v.i.* to become aware सचेत होना।

awake[2] *a* roused from sleep, aware सचेत।

award[1] *अॅ वौ:ड v.t.* to grant प्रदान करना; to make a judicial decision निर्णय करना।

award[2] *n.* prize पुरस्कार; judicial decision न्यायिक निर्णय।

aware *अॅ वेअॅ: a.* conscious, attentive जानकर, अवगत।

away *अँ वे* *adv.* from here यहां से; far, apart दूर, अलग।

awe *औ* *n.* reverent wonder विस्मय; respect, combined with fear and reverence भयमिश्रित श्रद्धा।

awful *औ फुल* *a.* terrifying डरावना; impressive प्रभावशाली; very great अति महान।

awhile *अँ व्हॉइल* *adv.* for a short time कुछ देर के लिए।

awkward *औक् वँःड* *a.* clumsy भद्दा; delicate नाजुक; uncomfortable कष्टकर।

axe *ऐक्स* *n.* a tool for chopping wood कुल्हाड़ी।

axis *ऐक् सिस* *n.* the line on which something revolves अक्षरेखा।

axle *ऐक् सल* *n.* a rod on which a wheel turns धुरी।

Bb

B *बी-ब्* the second letter of the English alphabet, (Mus.) the seventh note, (Alg.) the second known quantity. अंग्रेजी वर्णमाला का दूसरा अक्षर, (स०) सातवाँ सुर, (बीजगणित में) दूसरा ज्ञात परिमाण।

babble[1] *बै ब्ल* *n.* foolish talk बकवास; confused sounds बड़बड़ाहट।

babble[2] *v.i.* to talk foolishly बकवास करना; to murmur बड़बड़ाना।

babe *बेब* *n.* baby बच्चा।

babel *बे -बल्* *n.* a high structure, a scene of confusion, tumult, meaningless noise ऊँची इमारत, उपद्रव, कोलाहल, बलवा, विप्लव, निरर्थक शब्द।

baboon *बा-बून्* *n.* a kind of large monkey. एक प्रकार का बड़ा बन्दर, लंगूर।

baby *बे बि* *n.* very young child शिशु।

bachelor *बै चँ लँः* *n.* unmarried man अविवाहित व्यक्ति।

back[1] *बैक* *n.* the rear part of the human body कमर; the hinder part पिछला भाग।

back[2] *adv.* backwards पिछली तरफ़।

backbite *बेक् बॉइट* *v.t.* to speak evil of secretly चुग़ली खाना।

backbone *बेक् बोन* *n.* spine रीढ़; main support आधार।

background *बैक् ग्रॉउन्ड* *n.* parts situated in the rear प ष्ठभूमि; a person's origin, education etc. प ष्ठिका।

backhand *बैक्-हैन्ड्* *n.* writing which is leaning to left बाई ओर झुका हुआ लेख।

backslide *बैक्-स्लाइड्* *v.i.* to fall into sin पतित होना।

backward *बेक् वँःड* *a.* retarded in development पिछड़ा हुआ।

backward(s) *बैक् वँःड्ज़* *adv.* towards the rear पीछे की ओर; towards the past भूतकाल की ओर।

bacon *बे कँन* *n.* meat of pig शूकर-मांस।

bacteria *बेक् टिअँ रिअँ* *n.pl.* microscopic organisms जीवाणु।

bad *बैड* *a.* not good बुरा; unwell

अस्वस्थ; serious गंभीर; harmful हानिकारक; immoral अनैतिक।

badge *बैज* *n.* a distinguishing emblem बिल्ला।

badger *बै जॅः* *n.* small grey animal बिज्जू।

badly *बैड्-लि* *adv.* cruelly defectively क्रूरता से, बुरे प्रकार से।

badminton *बेड् मिन् अॅन* *n.* a court game played over a net बैडमिंटन।

baffle *बै फ्ल* *v. t.* to make useless विफल कर देना; to defeat परास्त करना।

bag[1] *बैग* *n.* a flexible container थैला।

bag[2] *v. i.* to put into a bag थैले में रखना; to capture पकड़ना।

baggage *बै गिज* *n.* luggage यात्री-सामान।

bagpipe *बैग्-पाइप्* *n.* a kind of wind-instrument मसक बाजा।

bail[1] *बेल* *n.* security given for release ज़मानत; the person who gives such security ज़मानत देने वाला।

bail[2] *v. t.* to liberate from custody of security ज़मानत पर रिहा करना।

bailable *बे लॅ ब्ल* *a.* that may be bailed जिसकी ज़मानत हो सके।

bailiff *बे लिफ़* *n.* landlord's agent कारिंदा।

bait[1] *बेट* *n.* temptation प्रलोभन।

bait[2] *v.t.* to furnish with a bait लुभाना; to harass तंग करना; to annoy क्रोध दिलाना।

bake *बेक* *v.t.* to cook in an oven सेंकना, गर्मी से पकाया जाना।

baker *बे कॅः* *n.* one whose occupation is to bake bread नानबाई।

bakery *बे कॅ रि* *n.* place for baking बेकरी।

balance[1] *बै लॅन्स* *n.* a pair of scales तराजू; equilibrium संतुलन; the sum due on an account देय राशि।

balance[2] *v.t.* to bring to an equilibrium संतुलित करना।

balcony *बैल् कॅ नि* *n.* platform projecting from a window छज्जा।

bald *बौल्ड* *a.* without hair on the head गंजा; bare नंगा; unadorned अनलंक त।

bale[1] *बेल* *n.* a bundle or package of goods गांठ।

bale[2] *v.t.* to make into bales की गांठ बनाना।

baleful *बेल् फुल* *a.* calamitous संकटपूर्ण; deadly घातक; harmful हानिकारक।

baleen *बे-लीन्* *n.* whalebone ह्वेल मछली की हड्डी।

ball *बौल* *n.* a round body गेंद; a bullet गोली; an entertainment of dancing एक प्रकार का न त्य।

ballad *बै लॅड* *n.* a short narrative poem गाथा-गीत।

ballet *बै ले* *n.* a theatrical exhibition of dancing and pantomimic action बैले न त्य।

balloon *बॅ लून* *n.* a large bag filled with gas गुब्बारा।

ballot[1] *बै लॅट* *n.* a little ticket or paper used in voting मतपत्र; voting by this means गुप्त मतदान।

ballot[2] *v.i.* to vote by ballot गुप्त मतदान करना।

balm *बाम* *n.* a fragrant and healing ointment मरहम, बाम।

balsam *बाल्-सम्* *n.* a kind of aromatic healing substance, a flower of the rainy season. पीड़ा हरने वाली सुगंधित औषधि, गुलमेंहदी।

bam *बैम्* *n.* falsehood, a hoax झूठ, कपट; *v.t.* to cheat ठगना, धोखा देना।

bamboo *बैम् बू* *n.* a tropical plant of the reed kind बांस।

ban[1] *बैन* *n.* an order prohibiting something प्रतिबंध।

ban[2] (*—nn—*) *v.t.* to prohibit प्रतिबंधित करना।

banal *बै नॅल, बे नॅल* *a.* hackneyed घिसा-पिटा; vulgar निम्नस्तरीय।

banana *बॅ ना नॅ* *n.* a gigantic plant and its fruit केला।

band *बैन्ड* *n.* a strip of cloth etc. पट्टी, फ़ीता; a group of evil men गिरोह; a musical group संगीत-मंडली।

bandage[1] *बैन्* डिज *n.* a cloth for a wound पट्टी।

bandage[2] *v.t.* to bind with a bandage (पर) पट्टी बांधना।

bandit *बैन् डिट* *n.* robber डाकू, लुटेरा।

bang[1] *बैङ्ग* *v.t.* to slam धम से बंद करना।

bang[2] *n.* heavy knock ज़ोरदार दस्तक।

bangle *बैङ् गल* *n.* ornament worn round the arm चूड़ी।

banish *बै निश* *v.t.* to send into exile निर्वासित करना।

banishment *बै निश् मॅन्ट* *n.* act of banishing निष्कासन; exile निर्वासन।

banjo *बैन् जो* *n.* a stringed musical instrument एक प्रकार का बाजा।

bank[1] *बैङ्क* *n.* ground rising from the side of a river कूल, किनारा; place where money is deposited बैंक, अधिकोष; a mound टीला।

bank[2] *v.t.* to deposit (money) in a bank बैंक में (धन) जमा करना; *v.i.* to keep money in a bank बैंक में पैसा रखना; (with '*on*', '*upon*') to base one's hopes आशा करना, भरोसा रखना।

banker *बैङ् कॅः* *n.* one who deals in money रुपये का लेन-देन करने वाला; one who works in a bank बैंक-कर्मी।

bankrupt *बैङ् क्रप्ट* *n.* & *a.* insolvent दिवालिया।

bankruptcy *बैङ् क्रप्ट् सि* *n.* state of being a bankrupt दिवालियापन।

banner *बैनॅः* *n.* flag ध्वज; large cloth carrying a slogan बैनर।

banquet[1] *बैङ् क्विट* *n.* a formal feast भोज, दावत।

banquet[2] *v.t.* to treat with a feast दावत देना; to feast दावत लेना।

bantam *बैन्-टम्* *n.* a dwarf fowl, a shortman नाटा मुरगा, नाटा पुरुष।

banter[1] *बैन् टॅः* *v.t.* to make fun मज़ाक़ उड़ाना।

banter[2] *n.* fun मज़ाक।

bantling *बान्ट्'-लिङ्गं* *n.* a young child, a brat बच्चा, छोकरा।

banyan *बैन् यॅन* *n.* an Indian tree of the fig genus बरगद।

baptism *बैप् टिज़्म* *n.* a ceremonial immersion in water दीक्षा-स्नान, बपतिस्मा।

baptize *बैप् टॉइज़* *v.t.* to administer baptism दीक्षा-स्नान कराना।

bar[1] *बाः* *n.* a long piece of metal

छड; obstruction बाधा, रुकावट; legal profession वकालत।

bar[2] (*-rr-*) *v.t.* to prevent रोकना; to keep out अलग करना।

barb *बा:ब* *n.* the point which stands backward in an arrow or fish-hook बाण या बंसी का कांटा।

barbarian[1] *बा: बे ॅ ऑ रि ऑन* *a.* uncivilized असभ्य, जंगली।

barbarian[2] *n.* a person in a savage state जंगली व्यक्ति; an uncultured person असभ्य व्यक्ति।

barbarism *बा: बॅ रिज़्म* *n.* state of being uncivilised असभ्यता।

barbarity *बा: बै रि टि* *n.* cruelty क्रूरता, बर्बरता।

barbarous *बा: बॅ रॅस* *a.* in the state of barbarism असभ्य; cruel क्रूर।

barbed *बा:ब्ड* *a.* provided with barbs कांटेदार।

barber *बा: बॅ:* *n.* a man's hairdresser हज्जाम।

bard *बा:ड* *n.* a. Celtic minstrel भाट, चारण; a poet कवि।

bare[1] *बे ॅ ऑ:* *a.* uncovered नंगा; empty खाली।

bare[2] *v.t.* to make naked नंगा करना।

barely *बे ॅ ऑ: लि* *adv.* poorly अभाव में; merely केवल; hardly मुश्किल से।

bargain[1] *बा: गेन* *n.* agreement, contract संविदा; a gainful transaction सौदा।

bargain[2] *v.t.* to make a bargain सौदा करना।

barge *बा:ज* *n.* boat नाव।

bark[1] *बा:क* *n.* the outer ring of a tree छाल; the cry of a dog कुत्ते की भौंक।

bark[2] *v.t.* to make the sound of a dog भौंकना।

barley *बा: लि* *n.* a species of grain जौ।

barn *बा:न* *n.* a building for grain खत्ती, कोठार।

barnacles *बार्न्-ए-क्ल्स्* *n.* pl. iron placed on the nose of horses for shoeing नाल बाँधते समय घोड़े का नथुना पकड़ने की सँड़सी।

barometer *बॅ रौ ॅ मि टॅ:* *n.* an instrument for measuring the pressure of atmosphere वायुदाबमापी।

barouche *बा-रूश्'* *n.* a kind of double-seated four-wheeled carriage एक प्रकार की चौपहिया गाड़ी।

barrack *बै रॅक* *n.* a building for soldiers सेनावास।

barrage *बै राज़,* *n.* dam बांध; heavy gun-fire भारी गोलाबारी।

barrator *बैर्'-रे-ट्र* **(-er)** *ns.* a troublesome litigant झगड़ालू, अदलतिया।

barrel *बै रॅल* *n.* a round wooden cask पीपा; the tube of a gun बंदूक की नाल।

barren *बै रॅन* *n* sterile बांझ; unproductive अनुपजाऊ।

barricade *बै रि केड* *n.* a barrier बाधा, रुकावट।

barrier *बै रि ऑ:* *n.* fence घेरा; obstruction अवरोध।

barrister *बै रिस् टॅ:* *n.* a counsellor at law बैरिस्टर, वकील।

barter[1] *बा: टॅ:* *v.t.* to exchange in commerce (की) अदला-बदली करना; *v.i.* to exchange one thing for another वस्तु-विनिमय करना।

barter[2] *n.* exchange विनिमय।

barton *बार्टन्* *n.* a farmyard, out house खलिहान, बाहरी मकान।

basal *बेसल्* *adj.* pertaining to base, fundamental आधार सम्बन्धी, मौलिक।

base[1] *बेस* *n.* starting point प्रस्थान-बिंदु; foundation आधार, नींव।

base[2] *a.* worthless खोटा, नीच; low in value घटिया।

base[3] *v.t.* to place on a basis आधारित करना।

baseless *बेस् लिस* *a.* without base निराधार; groundless निर्मूल।

basement *बेस् मॅन्ट* *n.* the ground floor of a building तहख़ाना।

bashful *बैश् फुल* *a.* modest, shy संकोची।

basial *बे'-सिअल्* *n.* pertaining to kissing चुम्बन सम्बन्धी।

basic *बे सिक* *a.* fundamental मौलिक, बुनियादी।

basil *बेस्'-इल्* *n.* a kind of aromatic medicinal herb, tanned sheep-skin. तुलसी, कमायी हुई भेड़ की खाल।

basin *बे स्न* *n.* a shallow dish चिलमची; a depression in the earth's surface तलहटी; country drained by a river घाटी।

basis *बे सिस* *n.* the underlying principle आधारभूत सिद्धांत; the basic supporting factor मूलाधार।

bask *बास्क* *v.i.* to lie in warmth or in the sun धूप सेंकना; to enjoy ease and prosperity आनंद लेना।

basket *बास् किट* *n.* a domestic vessel made of twigs डलिया, टोकरी।

baslard *बीस्'-लर्ड्* *n.* a small dagger worn on by gentlemen, a girdle पेटी में लगाने की छोटी कटार, पेटी, कमरबन्द।

bass *बास्* *n.* inner bark of lime tree, the lowest part in music नींबू के पेड़ की भीतरी छाल, गायन में सबसे नीचा सुर।

bastard[1] *बैस् टॅःड* *n.* an illegitimate child अवैध संतान।

bastard[2] *a.* illegitimate अवैध।

bat[1] *बैट* *n.* a flying mammal चमगादड़।

bat[2] *n.* a club for striking a ball बल्ला; a batsman बल्लेबाज़।

bat[3] (*-tt-*) *v. i.* to wield a bat बल्लेबाज़ी करना *v.t.* to strike with a bat बल्ले से मारना या फेंकना।

batch *बैच* *n.* a group or number of persons जत्था, टोली; a set of similar objects घान।

bath *बाथ* *n.* immersion in water स्नान।

bathe *बेद* *v. t.* to immerse in water नहलाना; *v. i.* to take a bath स्नान करना।

baton *बै टॅन* *n.* a short heavy stick सोंटा, छड़ी।

batsman *बैट्स'-मैन्* *n.* one who wields the bat in cricket बैट पकड़कर क्रिकेट खेलने वाला, बल्लेबाज।

battalion *बॅ टै ल्यॅन* *n.* a body of soldiers बटालियन, वाहिनी।

battery *बै टॅ रि* *n.* an apparatus for originating an electric current बैटरी; unit of artillery तोपख़ाना; attack आक्रमण।

battle[1] *बै ट्ल* *n.* encounter of two armies युद्ध।

battle[2] *v. i.* to contend in fight युद्ध लड़ना।

bawd *बॉड्* *n.* a procurer or

procuress स्त्रियों को बहकाकर कुकर्म कराने वाली स्त्री।

bawl *बॉल्* *n.i.* to speak noisily, to shout चिल्लाकर बोलना, चिंग्घाड़ मारना, चिल्लाना; *n.* a loudcry चिंग्घाड़।

bawn *बॉन्* *n.* cattle-fold पशुपाला।

bay *बे* *n.* an arm of the sea खाड़ी।

bayard *बे'-आ-ड्* *n.* a brave or chivalrous person वीर मनुष्य।

bayonet *बे ॲ निट* *n.*, a dagger-like weapon fixed to a rifle संगीन।

be[1] *बी* *v.t.* होना।

be[2] *बी* *pref.* added to nouns & adjs. to form verbs. संज्ञा इत्यादि शब्दों में क्रिया बनाने के लिये जोड़ा हुआ उपसर्ग यथा-be-set, bescorch, Bedim, Be-friend. इत्यादि।

beach *बीच* *n.* the shore of the sea समुद्र-तट।

beacon *बी कॅन* *n.* light to direct seamen प्रकाश-स्तंभ; a signal of danger संकेतक।

bead *बीड* *n.* a little ball strung on a thread मनका।

beadle *बी'-ड्ल्* *n.* the servant of a company, church officer किसी कम्पनी या व्यवसाय संघ का नौकर, गिरजे का पदाधिकारी।

beak *बीक* *n.* a bird's bill चोंच।

beaker *बी कॅः* *n.* a glass vessel used by chemists बीकर।

beam[1] *बीम* *n.* a long squared piece of timber or concrete शहतीर, बीम; a ray of light किरण; cross bar of a balance तराजू की डंडी।

beam[2] *v. i.* to send out light चमकना; to smile happily मुस्कराना।

bean *बीन* *n.* vegatable सेम, बोड़ा।

bear[1] *बे ॲः* *n.* a large carnivorous quadruped भालू।

bear[2] *v.t.* to carry ले जाना; to support संभालना; to produce पैदा करना; to endure सहन करना; to behave व्यवहार करना।

beard *बिॲःड* *n.* the hair on the chin दाढ़ी।

bearing *बे ॲ रिङ्ग* *n.* demeanour व्यवहार, आचरण।

beast *बीस्ट* *n.* any four-footed animal पशु; a brutal man क्रूर व्यक्ति।

beastly *बीस्ट् लि* *a.* brutal नृशंस, क्रूरतापूर्ण।

beat[1] *बीट* *v. t.* to hit, to strike पीटना; to stir फेंटना; to thrash कूटना; to defeat पराजित करना; *v. t.* to throb धड़कना।

beat[2] *n.* a stroke चोट; throb धड़कन; round गश्त।

beautiful *ब्यू टि फुल* *a.* lovely सुंदर।

beautify *ब्यू टि फ़ाइ* *v. t.* to make beautiful सजाना।

beauty *ब्यू टि* *n.* loveliness, grace सौंदर्य।

beaver *बी वॅः* *n.* a fur-coated animal ऊदबिलाव; its fur लोमचर्म।

because *बि कौज़* *conj.* for the reason that क्योंकि।

beck *बेक्* *n.* a brook, a mountain stream. पहाड़ी नाला या नदी।

beckon[1] *बेक्'-अन्'* *v.t. & i.* to summon, to call attention by gestures or nodding पुकारना, संकेत करना।

beckon[2] *बै ॅ कॅन* *v. t.* to call by a signal or gesture इशारे से बुलाना; *v.i.* to make a gesture इशारा करना।

become *बि कम v. i.* to come to be हो जाना; *v. t.* to suit शोभा देना।

becoming *बि क मिङ्ग a.* fit उपयुक्त; graceful सुहावना।

bed बैॅड *n.* something to sleep or rest on शय्या, चारपाई; bottom of a river नदीतल; a garden plot क्यारी।

bedevil *बि* डैॅ बिल *v. t.* to confuse भरमाना; to torment सताना।

bedding *बेड़-डिङ्ग n.* materials used for making a bed. शयन सामग्री।

bedight *बि-डाइट्' v.t.* to adorn. सजाना।

bed-time *बेड़-टाइम् n.* time for going to sleep निद्रा का समय।

bee *बी n.* the insect that makes honey शहद की मक्खी।

beech *बीच् n.* a kind of common forest tree एक प्रकार का जगंली वक्ष।

beef *बीफ़ n.* the flesh of an ox, bull or cow गोमांस।

beehive *बी-हाइव्' n.* artificial dwelling for bees मधुमक्खी का कृत्रिम घर।

beer *बिअॅः n.* an alcoholic drink made from malt बियर, यवसुरा।

beet *बीट n.* an edible plant चुकंदर।

beetle *बी ट्ल n.* an insect with four wings भंग, झींगुर।

befall *बि फ़ौल v. t.* to happen to (पर) बीतना; *v. i.* to happen घटित होना।

before[1] *बि फ़ोः prep.* in front of के सामने; in the presence of के समक्ष; earlier than से पहले।

before[2] *adv.* in time preceding पूर्व में; in the past भूत में; onward आगे की ओर; in front सामने।

before[3] *conj.* previous to the time when इससे पहले कि; rather than इसके बजाय कि।

beforehand *बि फ़ोः हैन्ड adv.* in advance पहले ही।

befriend *बि फ्रैन्ड v. t.* to act as a friend to मित्र बनाना।

beg *बैग (-gg-) v. t.* to ask in charity भीख में मांगना; to ask earnestly निवेदन करना; to take for granted मान लेना; *v. i.* to ask or live upon alms भीख मांगना।

beget *बि गैॅट v. t.* to produce जन्म देना।

beggar *बैॅ गॅः n.* one who begs भिखारी।

begin *बि गिन (-nn-) v. t.* to start प्रारंभ करना; *v. i.* to be started प्रारंभ होना।

beginning *बि गि निङग n.* the start प्रारंभ।

begird *बि-गर्ड् v.t.* to encircle, to surround लपेटना, घेरना।

beguile *बि गॉइल v. t.* to practise guile on ठगना; to charm मोहित करना; to pass (time etc.) pleasantly आनंद के साथ (समय आदि) बिताना।

behalf *बि हाफ़ n.* interest, favour, benefit हित, लाभ।

behave *बि हेव v. i.* to act आचरण करना।

behaviour *बि हे व्यॅः n.* conduct, way of behaving आचरण।

behead *बि हैॅड v. t.* to cut off the head of (का) सिर काटना।

behind[1] *बि हॉइन्ड adv.* in the rear

पीछे की ओर; backwards पिछड़ी स्थिति में।

behind[2] *prep.* in the rear of के पीछे; remaining after से बाद में; inferior to से पिछड़ा हुआ।

behold *बि होल्ड v. t.* to look at with attention ध्यान से देखना।

being *बि इङ्ग n.* existence अस्तित्व; a creature प्राणी, जीवधारी।

belabour *बि ले बॅः v. t.* to beat soundly पीटना।

belated *बि-लेट्'- इड्adj.* coming too late बहुत देर से आने वाला।

belch[1] *बैल्च v. t.* to send (smoke, flames etc.) out उगलना; *v. i.* to send out gas from the stomach noisily through the mouth डकार लेना।

belch[2] *n.* act or sound of belching डकार।

belief *बि लीफ़ n.* conviction धारणा; faith, trust विश्वास; a religious tenet धार्मिक आस्था।

believe *बि लीव v. t.* to give belief to विश्वास करना; to have confidence in (पर) भरोसा रखना।

bell *बेलॅ n.* a hollow, metal, cup-shaped instrument that rings when struck घंटी, घंटा।

belle *बेलॅ n.* a lady of great beauty सुंदरी।

bellicose *बे ॅलि कोस a.* warlike युद्धप्रिय, लड़ाकू।

belligerency *बि लि जॅ रॅन् सि n.* being warlike युद्धप्रियता।

belligerent[1] *बि लि जॅ रॅन्ट a.* waging war युद्धरत।

belligerent[2] *n.* a nation or state waging war युद्धरत राज्य।

bellow *बॅ ॅ लो v. i.* to roar like a bull चिंघाड़ना, गरजना।

bellows *बै ॅ लोज़ n. pl.* an instrument for creating stream of air धौंकनी।

belly *बै ॅ लि n.* abdomen, stomach पेट, उदर।

belong *बि लौ ॅङ्ग v. i.* to be, the property (of) (का) होना, (की) संपति होना; to be connected संबंद्ध होना; to be a member or inhabitant सदस्य अथवा निवासी होना।

belongings *बि लौ ॅङ् गिङ्ग्ज़ n. pl.* personal possessions व्यक्तिगत माल-असबाब।

beloved[1] बि ल विड *a.* greatly loved परमप्रिय।

beloved[2] *n.* darling प्रियतम, प्रेयसि।

below[1] *बि लो adv.* beneath नीचे।

below[2] *prep.* lower than से नीचे।

belt *बैल्ट n.* a girdle पेटी; a band पट्टा; a strip of land इलाक़ा, क्षेत्र।

belvedere *बेल्'-वि-डिअर् n.* a raised turret or pavilion to view scenery द श्य देखने का ऊँचा चबूतरा या मंच।

bemask *बि-मास्क्' v. t.* to conceal, to mask छिपाना, बुरके से ढाँपना।

bemire *बि-मायर्' v. t.* to stain with mud कीचड़ पोतना, कीचड़ से गन्दा करना।

bemuse *बि-म्यूज' v. t.* to stupefy, to confuse बुद्धिहीन करना, व्यग्र करना।

bench *वेन्च n.* a long seat बेंच, तिपाई; body of judges न्यायपीठ; a court of law अदालत।

bend[1] *बैन्ड n.* curve मोड़, झुकाव।

bend[2] *v. t.* to curve मोड़ना; to turn घुमाना; *v.i.* to become curved

मुड़ना; to stoop झुकना; to yield हार मानना; to turn घूमना।

beneath[1] *बि नीथ adv.* in a lower place नीचे।

beneath[2] *prep.* below, under के नीचे।

benefaction *बेन्-इ-फेक'-शन् n.* gift for a good cause, charitable donation धर्मदान, उपकार, दान-दक्षिणा।

benefice *बेन्-इ-फाइस् n.* a church living पादरी की व त्ति।

beneficial *बै ॅनि फ़ि शॅल a.* conferring benefit लाभकारी।

benefit[1] *बै ॅ नि फ़िट n.* allowance भत्ता; a favour क पा; advantage लाभ।

benefit[2] *v. t.* to do a service to लाभ पहुँचाना; *v.i.* to gain advantage लाभान्वित होना।

benevolence *बि नै ॅ वॅ लॅन्स n.* kindness क पा, दया।

benevolent *बि नै ॅ वॅ लॅन्ट a.* kind क पालु, दयालु।

benight *बि'-नाइट्' v. t.* to cover with darkness अंधेरा करना।

benign *बि'-नाइन्' adj* gentle, fortunate, kind कृपालु, सुखप्रद, दयालु।

benignly *(बि-नाइन-लि) adv.* kindly दयालुता से।

benison *बेन्'-इ-सन् n.* a blessing. benediction वरदान, आशीर्वाद।

bent *बैन्ट n.* natural inclination रूझान।

bequeath *बि क्वीद v. t.* to leave by will वसीयत में देना।

bereave *बि रीव v. t.* to deprive of बंचित करना।

bereavement *बि रीव् मॅन्ट n.* being bereaved वियोग; loss by death म त्यु के कारण क्षति।

berth *बॅ:थ n.* sleeping place in a ship or train शायिका।

beside *बि सॉइड prep.* by the side of के पास में; compared with की तुलना में।

besides[1] *बि सॉइड़ज़ prep.* in addition to के अतिरिक्त।

besides[2] *adv.* moreover साथ ही, इसके अतिरिक्त।

beslaver *बिस्'-लेवर् v. t.* to flatter very much बड़ी चापलूसी करना, चाटुकारी करना।

besiege *बि-सीज्' v. t.* to assail, to lay siege to आक्रमण करना, घेर लेना।

bestow *बि स्टो v. t.* to give प्रदान करना।

bestrew *बेस-ट्रयू' v. t.* to scatter about छितराना, फैलाना, छींटना।

bet[1] *बै ॅट (-tt-) v.i.* to wager शर्त लगाना।

bet[2] *n.* a pledge made in betting शर्त।

betel *बी ट्ल n.* leaf used for chewing पान।

betray *बि ट्रे v.t.* to deal treacherously with विश्वासघात करना; to reveal प्रकट करना।

betrayal *बि ट्रे ॲल n.* betraying or being betrayed विश्वासघात।

betroth *बि ट्रोद v. t.* to promise to marry वाग्दान करना।

betrothal *बि ट्रो दॅल n.* mutual contract of marriage वाग्दान।

better[1] *बै ॅ टॅ: a.* superior बेहतर; improved in health पहले से स्वस्थ।

better[2] *adv.* in a more excellent

manner और अच्छे ढंग से; more अपेक्षाक त अधिक।

better[3] *v. t.* to improve सुधारना।

betterment *बै॑ टॅ: मॅन्ट n.* improvement सुधार, उन्नति।

between *बि ट्वीन prep.* in the middle of के मध्य।

beverage *बै॑ वॅ रिज n.* liquor मदिरा।

bewail *बि वेल v. t.* to mourn for पर शोक मनाना।

beware *बि वे॑ ॲ: v.i.* to take care (of) सचेत या चौकस रहना।

bewilder *बि विल् डॅ: v. t.* to puzzle, to confuse उलझन में डालना, भ्रमित करना।

bewitch *बि विच v.t.* to enchant (पर) जादू करना; to fascinate मोहित करना।

beyond[1] *बि यौन्ड prep.* on the further side of के उस ओर; out of the reach of की पहुंच से बाहर; above से ऊपर।

beyond[2] *adv.* at a distance दूरी पर, परे।

bi *बाइ pref.* in the sense of, "twice, doubly, twofold" दोहरा, दुबारा, दुगना।

biangular *बाइ-एङ्ग्'-यु-लर् adj.* having two angles दो कोण का।

bias[1] *बॉइ ॲस n.* prejudice पक्षपात।

bias[2] *v. t.* to prejudice, to influence unfairly पक्षपातपूर्ण बनाना।

biaxial *बाइ'-एक्स्-इ-अल् adj.* with two axes दो धुरा (या अक्ष) वाला।

bibber *बिब्'-बर् n.* one given to drinking पियक्कड़

bible *बाइ'-ब्ल् n.* the sacred book of the Christian Church ईसाइयों की धर्म-पुस्तक।

bibliography *बिब् लि आ॑ ग्रॅ फ़ि n.* a list of books ग्रंथ-सूची।

bibliographer *बिब्-लिऑ-ग्रेफर् n.* a compiler of a history of literary books साहित्यिक ग्रन्थों का इतिहास-लेखक।

bicentenary *बाइ-सेन्'-टे-न्-अ-रि adj.* occurring after two hundred years दो सौ वर्ष पर होने वाला।

biceps *बॉइ सैप्स n.* the muscle in front of the upper arm द्विशिर पेशी।

bicker *बिक्'-अर् v. t.* to quarrel, to run quickly कलह करना (विवाद करना)।

bicycle *बॉइ सि क्ल n.* a two-wheeled vehicle propelled by the rider बाइसिकिल।

bid[1] *बिड v.t.* to say as greeting अभिवादन करना; to order आदेश देना; to offer (a price) (बोली) लगाना।

bid[2] *n.* offer of price *बोली;* effort प्रयत्न।

bidder *बिड्'-अर् n.* one who bids दाँव या बाजी लगाने वाला।

bide *बाइड v. t.* (*p. t.* Bided) to dwell, to remain, to await, to endure रहना, ठहरना, प्रतीक्षा करना, सहना।

biennial *बाइ-एनिअल् adj.* recurring or happening every two years दो साल में होने वाला।

bier *बिॲ: n.* a frame for carrying the dead to the grave अरथी।

big *बिग a.* great महान; large बड़ा; important महत्त्वपूर्ण।

bigamy *बि गॅ मि n.* practice of having two wives or husbands at the same time द्विविवाह-प्रथा।

bight *बाइट् n.* a loop; a curve or recess, a small bay, झूलन, घुमाव,

छोटी खाड़ी।

bigot *बि गॅट n.* a person in pervious to argument कट्टर या धर्मांध व्यक्ति।

bigotry *बि गॅ ट्रि n.* state or quality of being a bigot कट्टरता, धर्मांधता।

bile *बॉइल n.* fluid secreted by the liver पित्त; anger, ill temper चिड़चिड़ापन।

bilingual *बॉइ लिङ् ग्वॅल a.* capable of using two languages द्विभाषी।

bill *बिल n.* bird's beak चोंच; draught of a proposed new law विधेयक; poster इश्तहार; statement of money बिल, प्राप्यक।

billion *बिल् यॅन n.* (France, U.S.A.) one thousand million एक अरब; (Brit.) one million, millions दस खरब।

billow[1] *बि लो n.* wave लहर।

billow[2] *v.i.* to roll in large waves लहराना।

biliteral *बाइ-लिट्,'-अर्'-अल adj.* consisiting of two letters दो अक्षरों का।

bilk *बिल्क् v. t.* to cheat, to elude धोखा देना, छलना।

bimenasl *बाइ-मेन्-सल adj.* occurring once in two months दो महीने में एक बार होने वाला।

bimonthly *बाइ-मन्थ्'-लि adj.* once in two months, also twice a month दो महीने में एक बार, महीने में दो बार।

binary *बाइ-न-रि adj.* double, involving pairs दोहरा (द्विगुण) जोड़ा।

bind *बॉइन्ड v.t.* to tie बांधना; to fasten (a book) (किताब पर) जिल्द बांधना।

binding *बॉइन् डिङ्ग a.* compelling अनिवार्य।

binocular *बॉइ नौ ॅक्यु लॅःज़ n.pl.* small telescope for both eyes दूरबीन।

biographer *बॉइ औॅ ग्रॅ फ़ः n.* writer of a biography जीवनी-लेखक।

biography *बॉइ औ ॅ ग्रॅ फ़ि n.* an account of one's life and character जीवनी।

biologist *बॉइ औॅ लॅ जिस्ट n.* a scientist who studies biology जीव विज्ञानी।

biology *बॉइ औॅ लॅ जि n.* science of life जीव विज्ञान।

bioscope *बायो-स्कोप् n.* a cinematograph. चलते-फिरते कार्य का चित्र लेना और इसी को परदे पर चलते-फिरते दिखलाना।

biped *बॉइ पैॅड n.* an animal with two feet द्विपाद।

birch *बर्च् n.* a kind of smooth-barked tree, a bundle of its twings used for flogging भोजपत्र, बालकों को मारने का कोड़ा।

bird *बॅःड n.* a feathered creature पक्षी।

birdlime *बर्ड्'-लाइम n.* a viscous stuff which is used in catching birds चिड़िया पकड़ने का लासा।

birth *बॅःथ n.* being born जन्म।

biscuit *बिस्किट n.* hard bread made into cake बिस्कुट।

bisect *बॉइ सैक्ट v. t.* to cut into two द्विविभाजित करना।

bisexual *बाइ-सेक्स्-युअल् adj.* having both sexes in one स्त्री तथा पुरुष जाति के अंगों का एक ही व्यक्ति में होना, द्विलिंगीय।

bishop *बि शॅप n.* clergyman बिशप,

धर्माध्यक्ष।

bison *बाई'-सन् (जन्)* *n.* a large wild animal like ox जंगली साँड।

bisque *बिस्क्* *n.* unglazed white porcelain, a rich meat or fish soup बिना पालिश की हुई चीनी मिट्‌टी मांस या मछली का स्वादिष्ट झोल या रसा या जायकेदार शोरबा।

bit *बिट* *n.* a very small piece टुकड़ा; the mouthpiece of a bridle लगाम की मुखरी।

bitch *बिच्* *n.* female of a dog, fox or wolf कुतिया, सियारिन, मादा भेड़िया।

bite[1] *बॉइट* *v. t.* to cut or sever with the teeth काटना; to sting डसना; to eat into खा जाना।

bite[2] *n.* wound made by biting घाव, काट; a mouthful मुंहभर अंश; a sting दंश।

bitter *बि टॅः* *a.* sharp to the taste कड़ुवा; full of ill-will द्वेषपूर्ण; distressing पीड़ादायक; severe तेज़।

bi-weekly *बाइ-वीक्'-लि* *adj.* twice in every week सप्ताह में दो बार, अर्ध-साप्ताहिक।

bizarre *बिजार्* *adj.* odd, fantastic झक्की, पागल।

blab *ब्लाब्* *v. t. & i.* (*p. t.* Blabbed) to talk foolishly, to reveal secrets बड़बड़ करना, भेद खोल देना।

black *ब्लैक* *a.* destitute of light प्रकाश-रहित; dark-complexioned सांवला; wicked दुष्टतापूर्ण।

blacken *ब्लै कॅन* *v. t.* to make black काला करना।

blackmail[1] *ब्लैक् मेल* *n.* extortion by intimidation भयादोहन।

blackmail[2] *v.t.* to subject to blackmail भयादोहन करना।

blacksmith *ब्लैक् स्मिथ* *n.* a craftsman who works in iron लोहार।

bladder *ब्लै डॅः* *n.* bag like part of the body in which urine collects मूत्राशय।

blade *ब्लेड* *n.* cutting part of a sword, knife etc. फलक; flat part of an oar पतवार का चपटा भाग; leaf पत्ती।

blain *ब्लेन्* *n.* an in flamed boil, a blister व्रण, फफोला, छाला, फोड़ा।

blame[1] *ब्लेम* *v. t.* to censure निंदा करना, दोष लगाना; to hold responsible उत्तरदायी ठहराना।

blame[2] *n.* censure निंदा; fault दोष।

blanch *ब्लांश्* *v. t. & i* to grow pale with fear भय से पीला पड़ जाना।

bland *ब्लान्ड्* *adj.* gentle, polite, mild नम्र, विनीत, म दु।

blank[1] *ब्लैङ्क* *a.* unmarked, unwritten कोरा; empty खाली, रिक्त।

blank[2] *n.* empty space रिक्त स्थान।

blanket *ब्लैङ् किट* *n.* a warm covering for a bed कंबल।

blare *ब्लेअर्* *v. t.* to utter loudly चिल्लाकर बोलना।

blast[1] *ब्लास्ट* *n.* violent explosion of gunpowder विस्फोट; loud noise धमाका।

blast[2] *v.i.* to destroy नष्ट करना; to blow up उड़ा देना।

blaze[1] *ब्लेज़* *n.* flame ज्वाला; a bright glow चमक।

blaze[2] *v.i.* to burn brightly दहकना; to shine like a flame चमकना।

bleach *ब्लीच्* *v. t.* to whiten धोना, सफेद करना।

blear *ब्लिअर्* *v. t.* to make dull, to

make dim sighted मन्द करना, चौंधा देना।

bleat[1] *ब्लीट n.* the cry of a sheep, goat etc. मिमियाहट।

bleat[2] *v. i.* to utter a bleat मिमियाना।

bleb *ब्लेब् n.* small blister or bubble on skin फफोला।

bleed *ब्लीड v. i.* to emit blood खून बहना; to feel pain दर्द अनुभव करना।

blemish *ब्लै ˘ मिश n.* mark of imperfection धब्बा; fault दोष।

blend[1] *ब्लैन्ड v. t.* to mix together मिलाना; *v.i.* to be mixed मिलना।

blend[2] *n.* a mixture मिश्रण।

bless *ब्लैसॅ v. t.* to wish happiness to आशीर्वाद देना; to consecrate अभिमंत्रित करना; to endow with प्रदान करना; to glorify गौरवान्वित करना।

blether (-Blather) *ब्लेद् (ब्लाद्)-अर् v. i.* to talk nonsense बड़बड़ (बकवाद) करना।

blight *ब्लाइट् n.* a disease of plants, mildewrust वनस्पति रोग, पाला, गेरूई।

blind *ब्लॉइन्ड a.* destitute of sight अंधा; wanting discernment विवेकशून्य; thoughtless विचारहीन।

blindage *ब्लाइन्ड्'-एज् n.* screen for troops फौज के लिये आच्छादन।

blindfold *ब्लॉइन्ड् फोल्ड v. t.* to cover the eyes of (की) आंखों पर पट्टी बांधना।

blindness *ब्लाइन्ड्'-नेस् n.* state of being blind, ignorance, a shade अन्धता, अज्ञान, पर्दा।

blink *ब्लिड़्क v. t. & i.* to wink पलक मारना (आंखें छिपाना), तुच्छ समझना; *n-* glance, glimmer, wink झलक, टिमटिमाहट, निर्मीलन।

bliss *ब्लिस n.* perfect happiness परमानंद।

blister *ब्लिस् टॅः n.* a thin bladder on the skin फफोला।

blizzard *ब्लिजार्ड् n.* a blinding snowstorm चौंधानेवाली बर्फ की आँधी।

bloc *ब्लौकॅ n.* a group of nations or parties गुट।

block[1] *ब्लौकॅ n.* heavy piece of wood or stone कुंदा, शिलाखंड; a lump of solid matter खंड, पिंडक; a group of houses भवन-समूह; obstruction बाधा, रुकावट।

block[2] *v.t.* to obstruct अवरुद्ध करना।

blockade *ब्लौ ˘ केड n.* a close siege by troops or ships घेराबंदी।

blockhead *ब्लौक् हैˇड n.* a stupid fellow मूर्ख व्यक्ति।

blood *ब्लड n.* red liquid flowing through the body रक्त, ख़ून; relationship संबंध, नाता; descent वंश।

bloodshed *ब्लड् शैˇड n.* the shedding of blood रक्तपात।

bloody *ब्ल डि a.* stained with blood रक्तरंजित; cruel निर्दय।

bloom[1] *ब्लूम n.* the flowering state फलने-फूलने का समय; a time of beauty यौवन; flower पुष्प।

bloom[2] *v.i.* blossom बहार आना; to flourish फलना-फूलना।

blossom[1] *ब्लौ ˘ सॅम n.* flower of a plant बौर, मंजरी; state of flowering पुष्पणकाल।

blossom[2] *v.i.*, to bloom खिलना; to flourish फलना-फूलना

blot[1] *ब्लौˇट n.* a spot or stain दाग, धब्बा।

blot[2] *(-tt-) v. t.* to stain (पर) धब्बा लगाना; to soak up ink etc. from (से) स्याही आदि सुखाना।

blouse *ब्लॉउज़ n.* outer garment from neck to waist ब्लाउज़।

blow[1] *ब्लो v.i.* (of the wind) to move (हवा का) बहना; to produce a current of air (from the mouth) फूंक मारना *v. t.* to drive by means of a current of air उड़ाना; to cause to sound बजाना।

blow[2] *n.* a stroke of the fist घूंसा; a shock झटका।

blue[1] *ब्लू n.* colour of cloudless sky नीलवर्ण।

blue[2] *a.* of a blue colour नीले रंग का; sky-coloured आकाश-नील।

bluff[1] *ब्लफ v. t.* to deceive or mislead by a pretence धोखा देना।

bluff[2] *n.* pretence दिखावा, धोखा।

blunder[1] *ब्लन् डॅः n.* serious mistake भारी भूल।

blunder[2] *v.i.* to make a serious mistake भारी भूल करना।

blunt *ब्लन्ट a.* dull on the edge or point कुंद, भोथरा; outspoken मुंहफट स्पष्टवादी।

blur *ब्लर् n.* a stain, a spot, a blemish धब्बा, कलंक।

blurt *ब्लर्ट् v. t.* to utter abruptly or unadvisedly. बिना समझे बोल उठना।

blush[1] *ब्लश n.* reddening of the face due to shame झेंप।

blush[2] *v.i.* to go red in the face झेंपना।

boar *बौः n.* male of swine सूअर।

board[1] *बौःड n.* a piece of timber, broad and thin तख्ता; food भोजन; a council समिति।

board[2] *v. t.* to enter (a ship, train etc.) (में) सवार होना; to furnish with meals भोजन देना; *v.i.* to take one's meals भोजन लेना।

boast[1] *बोस्ट v.i.* to brag डींग मारना।

boast[2] *n.* bragging शेख़ी, डींग।

boat[1] *बोट n.* a small ship नाव।

boat[2] *v.i.* to sail a boat नाव खेना।

bodice *बौ ॅडिस n.* a woman's garment above waist चोली।

bodily[1] *बौ ॅ डि लि a.* relating to the body शारीरिक।

bodily[2] *adv.* corporeally सशरीर।

body *बौ ॅ डि n.* a human being or an animal काया, देह; group of people समिति; a corpse शव।

bodyguard *बौ ॅ डि गाःड n.* a guard to protect somebody अंगरक्षक।

bog[1] *बौ ॅग n.* morass दलदल।

bog[2] *(-gg-) v.i.* to be stuck फंस जाना।

bogle *बो'-ग्ल् n.* phantom, bugbear, agoblin प्रेत, पिशाच।

bogus *बौ गॅस a.* sham, not genuine खोटा, जाली।

boil[1] *बौ ॅइल n.* a sore swelling or tumour फोड़ा।

boil[2] *v.i.* to bubble from the action of heat उबलना; to be cooked by boiling पकना *v. t.* to prepare by boiling उबालकर बनाना।

boiler *बौ ॅइ लॅः n.* a vessel in which a thing is boiled देग।

bold *बोल्ड a.* daring निडर; courageous साहसी; impudent धृष्ट।

boldness *बौल्ड् निस n.* fearlessness निर्भीकता; impudence धृष्टता।

bolt[1] *बोल्ट n.* a bar of a door सिटकनी; a headed metal pin, काबला; discharge of lightening गाज, वज्रपात।

bolt[2] *v. t.* to fasten सिटकनी लगाना।

bomb[1] *बौमॅ n.* an iron shell filled with explosive material बम।

bomb[2] *v. t.* to attack with a bomb (पर) बम गिराना।

bombard *बैमॅ् बाःड v. t.* to attack with bombs (पर) बमबारी करना।

bombardment *बौमॅ् बाःड् मॅन्ट n.* act of bombarding बमबारी।

bomber *बौॅ मॅः n.* an aircraft used to carry bombs बमवर्षक।

bonafide[1] *बो नॅ फॉइ डि adv.* in good faith सद्‌भावपूर्वक।

bonafide[2] *a* genuine सद्‌भावपूर्ण; सदाशयी।

bond *बौॅन्ड n.* a solemn agreement अनुबंध; that which binds बंधन; link, union संबंध, मेलभाव।

bondage *बौन्ॅ डिज n.* slavery दासता।

bone *बोन n.* hard substance forming animal's skeleton हड्डी।

bonfire *बौन्ॅ फॉइअॅः n.* large fire in the open air expressive of joy उत्सवाग्नि।

bonnet *बौॅ निट n.* hat with strings टोप; cover of motor vehicle engine ढक्कन, बोनिट।

bonten *बॉन्'-टेन् n.* a narrow woollen fabric. ऊनी कपड़े की पट्‌टी।

bonus *बो नॅस n.* premium, extra payment बोनस, अधिलाभ।

book[1] *बुक n.* printed or written literary work पुस्तक।

book[2] *v. t.* to reserve (room, ticket etc.) सुरक्षित करा लेना; to charge with legal offence आरोपित करना।

book-keeper *बुक्'-कीप्'-अर् n.* a keeper of accounts मुनीम, हिसाब करने वाला।

book-mark *बुक्'-मार्क् n.* a card for marking a page in a book पुस्तक में प ष्ठ संकेत के रखने का कार्ड।

book-seller *बुक-सेल्'-अर् n.* one who sells books पुस्तक बेचने वाला।

book-worm *बुक्'-वर्म् n.* an indiscriminate reader of books किताबों का कीड़ा (सदा पुस्तक पढ़ने वाला)।

bookish *बु किश n.* fond of study पढ़क्कू, अव्यावहारिक।

booklet *बुक् लिट n.* a little book पुस्तिका।

boon *बून n.* favour, gift or grant वरदान।

boor *बु-अर् n.* peasant, a rude fellow किसान (देहाती), गँवार; **Boorish** *(-इश्) adj.* rude in manners, illiterate.

boost[1] *बूस्ट n.* encouragement प्रोत्साहन; help सहारा; upward push बढ़ावा।

boost[2] *v. t.* to push up बढ़ावा देना; to encourage प्रोत्साहित करना; to increase बढ़ाना।

boot *बूट n.* covering for the foot जूता; luggage compartment in a car सामान-धानी।

booth *बूथ n.* a temporary shed मंडप, कोष्ठ।

booty *बू टि n.* spoil, plunder लूट, लूट का माल।

booze *बूज् v. i.* to drink deeply

अधिक मदिरा पीना।

border[1] *बौ: डॅ. n.* boundary सीमांत; margin किनारी।

border[2] *v.t.* to provide with border किनारी लगाना; to adjoin (से) लगा हुआ होना।

bore[1] *बौ: v. t.* to make a hole in छेदना, बेधना; to weary उबा देना।

bore[2] *n.* the hole made by boring छेद; a tiresome person उबानेवाला व्यक्ति।

born *बॉर्न्* (p. p. of Bear) brought forth जन्मा हुआ, पैदा हुआ; **Born rich** (rich-from birth) जन्म का धनी।

borne *बार्न adj.* carried, supported, defrayed लाया हुआ, आश्रय दिया हुआ, व्यय किया हुआ।

borrow *बौ ˘ रो v. t.* to receive as a loan उधार लेना।

bosom *बु ज़ॅम n.* breast छाती; seat of the affections हृदय।

boss *बौसॅ n.* master मालिक।

botany *बौ ˘ टॅ नि n.* the science which treats of plants वनस्पति विज्ञान।

botch *बॉच् v. t. & n.* to repair badly, a clumsy patch, an eruptive swelling on skin पैबन्द लगाना, पैबन्द, फोड़ा।

both[1] *बोथ a.* each of two दोनों।

both[2] *pron.* one and the other दोनों लोग।

both[3] *conj.* alike, equally समान रूप से।

bother *बौ ˘ दॅः v. t.* to annoy तंग करना; *v.i.* to trouble oneself परेशान होना।

botheration *बौ ˘ दॅ रे शॅन n.* act of bothering, state of being bothered झंझट, परेशानी ।

bottle *बौ ˘ ट्ल n.* a narrow-mouthed vessel of glass etc. बोतल।

bottler *बॉट्'-लर् n.* one who bottles liquors बोतलों में शराब भरने वाला।

bottom *बौ ˘ टॅम n.* the lowest part तह; the ground under water तल; the foundation आधार; the lower side निचला भाग; the origin उद्गम; the lowest part of a ship etc. पैंदा।

bough *बॉउ n.* branch of a tree टहनी, शाखा।

boulder *बोल्'-डर् n.* a large waterwom rounded stone पानी से घिसा हुआ चिकना बड़ा गोल पत्थर।

bouncer *बाउन्'-सर् n.* a boaster, a bully, a liar शेखीबाज या घमंडी, झूठा।

bound *बॉउन्ड n. pl.* limits सीमा।

boundary *बॉउन् डॅ रि n.* border सीमारेखा।

bountiful *बॉउन् टि फुल a.* abundant प्रचुर, भरपूर; generous उदारतापूर्ण।

bounty *बॉउन् टि n.* gift दान, उपहार; generosity उदारता; gratuity इनाम।

bouquet *बु के, बु के n.* a bunch of flowers गुलदस्ता।

bout *बॉउट् n.* a turn at work, fit of illness, trial of strength काम की पारी, बीमारी का दौरा, शक्ति-परीक्षा।

bow[1] *बॉउ v. t.* to bend झुकाना; *v.i.* to bend झुकना; to yield हार मानना।

bow[2] *n.* act of bowing नमन।

bow[3] *n.* an instrument to shoot

arrows धनुष।

bowel *बॉउ ॲल* *n. (pl.)* the intestines आंतें; the interior part अंदरूनी भाग।

bower *बॉ उ अ:* *n.* shady retreat कुंज।

bowl[1] *बोल* *n.* a round hollow dish कटोरा; wooden ball लकड़ी की गेंद।

bowl[2] *v.i.* to send a ball to the batsman गेंदबाजी करना; *v. t.* (with 'out') to dismiss (a batsman) by hitting the wicket आउट करना।

box *बौक्स* *n.* a case of wood, metal etc. संदूक, बकस; a container for holding things डिब्बा; a small enclosure in a court कटघरा।

boxing *बौक् सिङ्ग* *n.* act or art of fighting with the fists मुक्केबाज़ी।

boy *बौ ॅइ* *n.* a male child लड़का, बालक।

boycott[1] *बौ ॅइ कौ ॅट (-tt-)* *v. t.* to refuse to deal with or participate in बहिष्कार करना।

boycott[2] *n.* refusal of dealings or participation बहिष्कार।

boyhood *बॉय्'-हुड्* *n.* boyish age, state of being a boy लड़कपन।

brace *ब्रेस्* *n.* a couple, a thing that tightens, *(pl.)* trouser suspenders, a pair, boring instrument used by carpenters युगल (जोड़ा), बन्धन, (ब०व) पतलून लटकाने का पट्टा, जोड़ा, बढ़ई का बरमा।

bracelet *ब्रेस-लेट्* *n.* an ornament for the wrist. पहुँची, कंगल, बाजू।

brag[1] *ब्रैग (-gg-)* *v. i.* to boast डींग मारना।

brag[2] *n.* boast डींग।

braille *ब्रेल्* *n.* printing in relief (letters for the blind) अन्धों के लिये उभरे अक्षरों में छपी पुस्तक।

brain *ब्रेन* *n.* the nervous matter within the skull दिमाग़।

brake[1] *ब्रेक* *n.* a contrivance for retarding the motion of wheels ब्रेक।

brake[2] *v. t. v.i.* ब्रेक लगाना।

branch *ब्रान्च* *n.* the shoot of a tree or plant डाली; section, subdivision शाखा, उपखंड।

brand *ब्रान्ड्* *n.* mark made by hot iron, trade mark, a sword तपे लोहे का चिन्ह, व्यापारिक चिन्ह, तलवार।

brandy *ब्रैन् डि* *n.* a strong spirit; distilled from wine ब्रांडी।

brangle *ब्राड़्गल* *v. t.* to quarrel कलह करना, झगड़ना।

brass *ब्रास* *n.* a yellow alloy of copper and zinc पीतल।

brave *ब्रेव* *a.* daring साहसी; bold निडर; valiant बहादुर।

bravery *ब्रे वॅ रि* *n.* courage बहादुरी, साहस।

brawl *ब्राल्* *v. i. & n.* to engage in a noisy quarrel, murmur कलह करना, विवाद।

bray[1] *ब्रे* *n.* cry of an ass गधे की रेंक।

bray[2] *v. i.* (of an ass) to cry रेंकना।

breach *ब्रीच* *n.* state of being broken विच्छेद; infringement उल्लंघन।

bread *ब्रै ॅड* *n.* food made of flour or meal baked रोटी; livelihood जीविका।

breaden *ब्रॉड्'-एन्* *v. t. & i.* to make or grow broad चौड़ा करना या होना।

breadth *ब्रै ॅड्थ* *n.* width, distance from side to side चौड़ाई।

break[1] *ब्रेक* *v. t.* to separate into pieces तोड़ना; to shatter चूर-चूर करना; to destroy नष्ट करना; to fail to observe पालन न करना; to violate भंग करना, उल्लंघन करना; *v.i.* to be broken टूट जाना।

break[2] *n.* act of breaking भंजन; gap अंतराल; a broken part दरार।

breakage *ब्रे किज* *n.* act of breaking तोड़ने की क्रिया; damage caused by breaking टूटने से हुई क्षति; state of being broken टूट-फूट।

breakdown *ब्रेक् डॉउन* *n.* accidental stoppage अचानक का अवरोध।

breakfast *ब्रेक् फ़ॅस्ट* *n.* the first meal in the day नाश्ता।

breakneck *ब्रेक्'-नेक्* *n.* asteep place, a great fall करारा, गिराव, adj. hazardous आपत्तिजनक।

breast *ब्रैस्ट* *n.* the fore part of a body छाती, सीना; either of the milk glands of a woman स्तन, कुच।

breath *ब्रैथॅ* *n.* air used in the act of breathing श्वास; respiration श्वसन।

breathe *ब्रीद* *v. i.* to draw into and eject air from the lungs सांस लेना।

breeches *ब्रि चिज़* *n. pl.* a garment similar to trousers बरजिस, जांघिया।

breed[1] *ब्रीड* *v.t.* to bring up पालन-पोषण करना; to educate सिखाना; *v.i.* to produce offspring प्रजनन करना।

breed[2] *n.* race, generation जाति, नस्ल।

breeze *ब्रीज़* *n.* gentle wind समीर, बयार।

breviary *ब्री-वी-य-रि* *n.* a book containing prayers स्तोत्र-संग्रह।

brevity *ब्रै ˘ वि टि* *n.* shortness संक्षिप्तता।

brew *ब्रू* *v. t.* to make (beer, ale etc.) (शराब) खींचना, बनाना; to contrive (a plot etc.) (योजना) बनाना; *v. i.* to make beer शराब बनाना; to be in preparation निर्माणाधीन होना।

brewery *ब्रु अॅ रि* *n.* a place where brewing is carried on यवसुरा निर्माणशाला।

bribe[1] *ब्रॉइब* *n.* a gift to corrupt the conduct घूस, रिश्वत।

bribe[2] *v. t.* to offer or give a gift to रिश्वत देना।

brick *ब्रिक* *n.* a lump of clay used in building ईंट।

bride *ब्रॉइड* *n.* a woman about to be, or newly married दुलहन, नववधू।

bridegroom *ब्रॉइड् ग्रुम* *n.* a man about to be, or newly married दुल्हा, वर।

bridge *ब्रिज* *n.* a structure across a river etc. to furnish a passage पुल।

bridle *ब्रॉइ ड्ल* *n.* the harness on the head of a horse including the straps etc. लगाम।

brief *ब्रीफ़* *a.* short संक्षिप्त।

brigade *ब्रि गेड* *n.* subdivision of an army वाहिनी।

brigadier *ब्रि गॅ डिअॅः* *n.* the officer who commands a brigade ब्रिगेडियर।

bright *ब्रॉइट* *a.* clear स्पष्ट; shining

चमकदार; cheerful मुदित; clever तीव्रबुद्धि।

brighten *ब्रॉइ टॅन v. t.* to make bright चमकाना *v. i.* to become bright चमकना।

brilliance *ब्रि ल्यॅन्स n.* state of being brilliant चमक, दीप्ति।

brilliant *ब्रि ल्यॅन्ट a.* shining चमकदार; of great talents प्रतिभाशाली।

brim *ब्रिम् n.* the upper edge of anything कंठ, मुख, किनारा।

brine *ब्राइन् n.* salt water, the sea, tears खारा पानी, समुद्र, आँसू।

bring *ब्रिङ्ग v. t.* to lead or cause to come लाना।

brinjal *ब्रिन्'-जॉल् n.* fruit of egg-plant, egg-apple बैंगन, भंटा।

brink *ब्रिङ्क n.* edge of a steep place कगार।

brisk *ब्रिस्क् adj.* active, lively, full of spirit तीव्र, चपल।

bristle *ब्रिस्'-स्ल् n.* the stiff hair of swine सुअर के कड़े बाल; *v. t.* to cause hair to stand रोमांचित होना, पुलकित होना, रोवाँ खड़ा होना।

british *ब्रिट्'-इश् adj.* pertaining to England, of British empire आंग्लदेशीय, अंग्रेज़।

brittle *ब्रि ट्ल a.* apt to break टूटने-योग्य।

broad *ब्रौड a.* wide चौड़ा; general सामान्य।

broadcast[1] *ब्रौड कास्ट n.* act of broadcasting प्रसारण।

broadcast[2] *v. t.* to scatter (seed) बखेरना; to make widely known प्रचारित करना; to send out by radio or television प्रसारित करना।

brocade *ब्रो-केड् n.* fabric with raised pattem in gold-thread or silk किमखाब, ज़रीदार या बूटेदार कपड़ा।

broccoli *ब्रॉक्-ऑ-लि n.* cabbage with edible flower, फूलगोभी।

brochure[1] *ब्रो शुअॅः n.* a pamphlet विवरणिका।

brochure[2] *ब्रा-शूर n.* a stitched booklet सिली हुई छोटी पुस्तक।

broker *ब्रो कॅः n.* an agent who buys and sells for others दलाल।

brood *ब्रूड n.* batch of birds or animals, offspring पशु या पक्षियों के बच्चे।

brook *ब्रुक n.* a small stream नाला, छोटी नदी।

broom *ब्रूम n.* a brush for sweeping झाड़ू।

bronze *ब्रॉ ज् n. & adj.* brown alloy of copper and tin काँसा, कस्कुट का, काँसे का।

broth *ब्रौथॅ n.* thick soup शोरबा।

brothel *ब्रॉथ्'-थ्ल् n.* house of ill-fame (prostitution) वेश्यालय, रंडी का घर।

brother *ब्र दॅः n.* son of the same parents भाई।

brotherhood *ब्र दॅः हुड n.* state or quality of being brother भ्रात त्व।

brow *ब्रॉउ n.* ridge over eyes भौंह।

brown[1] *ब्रॉउन a.* reddish yellow भूरा।

brown[2] *n.* reddish yellow colour भूरा रंग।

browse *ब्राउज् n.* new leaves of trees. नई पत्तियाँ, पंखड़ी।

bruise *ब्रूज् n.* injury by blow. आघात, चोट।

bruit *ब्रूट्* *n.* report, rumor सूचना (जन-प्रवाद), झूठी खबर या झूठा समाचार।

brush *ब्रश* *n.* an instrument to clean by rubbing or sweeping सफ़ाई का ब्रश; painter's large pencil रंग भरने का ब्रश; the tail of a fox लोमड़ी की पूंछ।

brustle *ब्रस्-सल्* *v. t.* to rustle, to crackle खड़खड़ाना।

brutal *ब्रू टॅल* *a.* cruel क्रूर, निर्दय।

brute *ब्रूट* *n.* an animal पशु।

bubble *ब बल* *n.* a ball of liquid filled with air बुलबुला।

bucket *ब किट* *n.* a vessel in which water is drawn or carried बाल्टी।

buckle *ब क्ल* *n.* a metal clasp for fastening belt, strap etc. बकसुआ।

bud *बड* *n.* the first shoot of a leaf कली।

budge *बज्* *v. i. & n.* to make the slightest movement, to give way, lambskin fur सरकना, घिसकना, हिलना, मेमने का बाल।

budget *बज्-इट्* *n.* contents of a bag or bundle, a stock, annual estimate of acconts कोष (संग्रह), पूँजी, आय-व्यय का वार्षिक अनुमान।

buff *बफ्* *n.* leather of buffalo or oxhide, a blow भैंस या बैल का चमड़ा, घूँसा।

buffalo *ब फ़ॅ लो* *n.* a species of ox भैंस, भैंसा।

buffoon *ब फून* *n.* jester मसखरा।

bug *बग* *n.* a small blood-sucking insect खटमल।

bugle *ब्यू-गल्* *n.* a small trumpet of brass बिगुल, सिंगी, तुरही।

build[1] *बिल्ड* *v. t.* to construct निर्माण करना।

build[2] *n.* general shape or structure गठन, रचना।

building *बिल् डिङ्ग* *n.* a house or other structure भवन, निर्माण।

bulb *बल्ब* *n.* a round root कंद; glass container of electric lamp filament बल्ब।

bulk *बल्क* *n.* magnitude विस्तार; size आकार।

bulky *बल् कि* *a.* of great bulk भारी, बड़ा।

bull *बुल* *n.* the male cattle सांड।

bulldog *बुल् डौ ॅग* *n.* a species of dog एक प्रकार का कुत्ता।

bull's eye *बुल्ज़्'-आइ* *n.* the centre of a target. निशाना लगाने का गोल बिन्दु।

bullet *बु लिट* *n.* a small round missile shot from firearm गोली।

bulletin *बु लि टिन* *n.* an official report विज्ञप्ति।

bullock *बु लक* *n.* a young bull बैल।

bully[1] *बु लि* *n.* an overbearing quarrelsome fellow धौंसिया।

bully[2] *v. t.* to insult and overbear धौंसियाना, भयभीत करना।

bulwark *बल्'-वर्क्* *n.* rampart, fortification, breakwater, a principle. दुर्ग का प्राचीन, कोट, दुर्गीकरण, बाँध, सिद्धान्त।

bumper *बम्प्'-अर* *n.* a cup filled up to the brim, anything unusual or abundant. मुँह तक भरा हुआ प्याला, कोई असामान्य पदार्थ।

bumpy *बम्प्'-इ* *adj.* abounding in bumps. उछलने वाला, कूदने वाला।

bunch *बन्च* *n.* a cluster of things गुच्छा; group of people जनसमूह।

bundle *बन् ड्ल* *n.* a package पुलिंदा।

bungalow *बङ् गॅ लो* *n.* a house with only ground floor बंगला।

bungle[1] *बङ् ग्ल* *v. t.* to mismanage बिगाड़ना *v. i.* to act clumsily भद्दे ढंग से काम करना।

bungle[2] *n.* bungling घपला।

bunk *बङ्क्* *n.* a sleeping berth सोने के लिये पटरी; *v. t.* to clear off हटा देना।

bunker *बङ् कॅः* *n.* underground shelter तहख़ाना, सेनावास।

buoy *बॉय्'* *n.* an anchored floating seamark for showing navigable course जहाज़ का मार्ग दिखलाने का लंगर पर बँधा हुआ पीपा।

buoyancy *बॉय्'-आन्-सि* *n.* the floating power of liquids तरल पदार्थ की प्लवनशीलता, उतराव, हल्कापन।

burden[1] *बः ड्न* *n.* load बोझा।

burden[2] *v. t.* to load लादना।

burdensome *बः ड्न् सॅम* *a.* heavy भारी; oppressive कष्टकारी।

bureau *ब्यू-रो'* *n.* (*pl.* **Bureaux** —रोज़) a writing desk, office, department दराज वाल मेज़, लेखन-स्थान, दफ्तर, मुहकमा।

Bureacuracy *ब्यू-रो'-क्र-सि* *n.* government through officials अनियन्त्रित शासन, कर्मचारियों द्वारा चलाया जाने वाला राज्य, नौकरशाही।

bureaucrat *ब्यू-रो'-क्रेट्* *n.* an advocate of bureaucracy, an official कर्मचारी शासन-पद्धति का अनुयायी।

burglar *बॅः ग्लॅः* *n.* one who robs a house by night चोर।

burglary *बः ग्लॅ रि* *n.* the act of a burglar चोरी।

burial *बै˘ रि अॅल* *n.* act of burying दफ़न।

burk *बर्क्* *v. t.* to avoid, to suppress, to hush up टालना, (जनश्रुति) दबाना, चुपके से तय कर देना।

burn[1] *बःन* *v. t.* to consume with fire जलाना; to inflame उत्तेजित करना, *v. i.* to be on fire जलना; to be inflamed with desire उत्तेजित होना।

burn[2] *n.* a hurt caused by fire जलने की चोट।

burrow *बर्'-रो* *n.* a hole in the earth made by rabbits, for shelter बिल, माँद।

burst[1] *बःस्ट* *v. i.* to fly or break open फट पड़ना; to enter with violence तीव्रता से प्रवेश करना; *v.t.* to break by force फोड़ना; to open suddenly तीव्रता से खोलना।

burst[2] *n.* a violent disruption प्रस्फोट, विस्फोट।

bury *बै˘ रि* *v. t.* to put into the grave दफनाना; to hide in the earth ज़मीन में गाड़ना या छिपाना।

bus *बस* *n.* a large motor vehicle for passengers बस।

bush *बुश* *n.* shrub झाड़ी; woodland जंगल।

business *बिज़् निस* *n.* occupation पेशा; concern सरोकार; trade व्यवसाय।

businessman *बिज़् निस् मॅन* *n.* a man engaged in trade or commerce व्यापारी।

bustle *बस्-सल्* *v. t.* to stir oneself, to hurry कार्य में लगना, जल्दी से काम करना

busy *बि ज़ि a.* occupied व्यस्त; actively engaged कार्यरत।

but[1] *बट prep.* except के अतिरिक्त।

but[2] *conj.* yet, still किंतु, फिर भी।

butcher[1] *बु चँः n.* one who kills animals for market क़साई।

butcher[2] *v. t.* to kill (animals) for food हत्या करना।

butter[1] *ब टॅः n.* an oily substance obtained from cream by churning मक्खन।

butter[2] *v. t.* to spread butter on (पर) मक्खन लगाना।

butterfly *ब टॅः फ्लॉइ n.* an insect with large colourful wings तितली।

buttermilk *ब टॅः मिल्क n.* the milk that remains after the butter is separated मट्ठा।

buttock *ब टॅक n.* back of hip चूतड़।

button[1] *ब टॅन n.* fastener sewn on clothes बटन।

button[2] *v. t.* to fasten with buttons बटन लगाना।

buy *बॉइ v. t.* to purchase ख़रीदना।

buyer *बॉइ अँः n.* purchaser क्रेता।

buzz[1] *बज़ v. i.* to make a low humming sound गुंजन करना।

buzz[2] *n.* a humming sound भिनभिनाहट।

by[1] *बॉइ prep.* near के समीप; during के दौरान; through से होकर; not later than तक।

by[2] *adv.* near पास में; past पास से होकर।

bye-bye *बॉइ बॉइ interj.* goodbye नमस्कार।

by-election *बॉइ इ लैक् शॅन n.* parliamentary election during the term of the parliament उपचुनाव।

bylaw, bye-law *बॉइ लौ n.* an accessory law उपनियम।

bypass *बॉइ पास n.* a road that avoids a town उपमार्ग।

by-product *बॉइ प्रौ˘ डक्ट n.* a secondary product उपोत्पादन।

byre *बॉइ अँः n.* a cow-house गोशाला।

byword *बॉइ वॅःड n.* a proverb लोकोक्ति; an object of scorn घ णा का पात्र।

Cc

C *सी* the third letter of the english alphabet, the first note in the natural major scale. अंग्रेजी वर्णमाला का तीसरा अक्षर, (सं०) पहिला सुर; it is sounded as '*k*' before *a, o, u, l* and *r*, but before *e, i* and *y*, it is sounded as '*s*', when combined with *h*, it is sound as *k* or '*ch*'. इसका उच्चारण a, o, u, l तथा r के पूर्व रहने पर '*क्*' *e, i*, और *y* के पूर्व रहने पर '*स्*' होता है, *ch* का उच्चारण '*च्*' तथा '*क्*' होता है।

cab *कैब n.* a covered one-horse carriage घोड़ागाड़ी।

cabaret *कैब्'-आ-रे n.* a tavern सराय।

cabbage *कै बिज n.* a culinary vegetable बन्दगोभी, करमकल्ला।

cabin *कै बिन n.* a hut कुटीर; an apartment in a ship जहाज़ की कोठरी।

cabinet *कै बि निट,–नै ॅट n.* outer case of television, radio etc. पेटिका; the ministers of state मंत्रि-मंडल; a piece of furniture with drawers or shelves अलमारी।

cable[1] *के बल् n.* a strong rope रस्सा; wire conveying electric power, telegraph signals etc. डोरी; submarine telegraphic message समुद्रीतार।

cable[2] *v. t.* to send by ocean telegraph सतुद्रीतार से भेजना।

cache *काश n.* a hiding place for concealing treasure, provisions or ammunition. रत्न, भोजन-सामग्री तथा गोली-बारूद छिपाने का स्थान।

cachet *काशे n.* a stamp, a capsule containing medicine. मोहर, औषध भरने की छोटी पतली शीशी।

cackle *केक्-क्ल् v. i.* to make sound like a duck or hen, to talk idly, to boast कूकना, अव्यक्त शब्द करना, डींग हाँकना।

cactus *कैक् टॅस n.* a spiny shrub नागफनी।

cad *कैड् n.* a person of mean nature and manners नीच प्रव त्ति तथा अशिष्ट आचरण का मनुष्य।

cadet *कॅ डै ॅट n.* a young man in a military school सैनिक छात्र।

cadge *काज्' v. i.* to go about peddling or begging भीख माँगते फिरना।

cadmium *कैड्'-मि-अम् n.* a metal like tin टीन के समान एक धातु।

cafe *कै फ़े n.* coffee-house काफ़ीघर।

cage *केज n.* an enclosure of wire for birds and beasts पिंजड़ा।

cain *कैन् n.* a murderer, rent paid in kind हत्यारा, वस्तु द्वारा चुकाया गया किराया।

cake *केक n.* baked, sweetened, breadlike food केक; a compact mass टिकिया।

calamity *कॅ लै मि टि n.* great misfortune विपत्ति।

calcium *कैल्'-सि-अम् n.* the base of metallic lime चूने का तत्त्व या सार।

calculate *कैल् क्यु लेट v. t.* to compute गणना करना; to estimate अनुमान लगाना।

calculator *कैल्-क्यू-लेटर् n.* one who or that which calculates जोड़ने वाला, गणना करने का यन्त्र।

calculation *कैल् क्यु ले शॅन n.* estimate अनुमान; process or result of calculating गणन।

calendar *कै लिन् डॅः n.* a table of months and days in the year पंचांग।

calf *काफ़ n.* young of a cow or some other animal बछड़ा; fleshy back part of leg below the knee पिंडली।

call[1] *कौल v. t.* to ask or command to come पुकारना।

call[2] *n.* vocal utterance पुकार; a short visit भेंट।

caller *कॉल्'-अर् n.* one who pays a visit भेंट करने वाला मनुष्य।

calligraphy *कैल्-लिग्-रे-फि n.* the art of beautiful handwriting सुन्दर लिखावट की कला।

calling *कौ लिङ्ग n.* vocation पेशा।

callow *कैल्'-लो adj.* not covered with feathers, inexperienced पंखहीन (बिना पर का), अनुभवशून्य (कोरा), नातर्जुबेकार।

callous *कै लॅस a.* hardened कठोर।

calm[1] *काम n.* still, quiet शांत।

calm[2] *n.* tranquility शांति।

calm[3] *v. t.* make calm शांत करना।

calmative *का-मे-टिव् adj.* possessing soothing or sedative effect शान्ति लाने वाली (औषध)।

calorie *कैल्'-ऑर्-इ n.* unit of heat ता़पमान की (इकाई), माप।

calumniate *कैल्'-अम्-नि-एट् v. t.* to slander निन्दा करना, झूठा अभियोग लगाना।

camel *कै मॅल n.* a large, desert animal with humped back ऊँट।

camera कै मॅ रॅ *n.* an apparatus for taking photographs कैमरा।

camlet *केम'-लिट् n.* light cloth of wool or silk used for making cloaks लबादा बनाने का ऊनी या रेशमी हल्का वस्त्र।

camp[1] *कैम्प n.* an encampment शिविर, पड़ाव।

camp[2] *v. i.* to encamp पड़ाव डालना।

campaign *कैम् पेन n.* a series of efforts आंदोलन; a series of military operations अभियान।

camphor *कैम् फ़ॅः n.* a strong smelling white substance कपूर।

can[1] *कैन n.* a metal container डिब्बा।

can[2] *(-nn-) v. t.* to put in a can डिब्बे में बंद करना।

can[3] *v. aux.* to be able समर्थ होना; to be possible संभव होना।

canal *कॅ नैल n.* an artificial water course नहर; duct in the body नली।

canard *का-नार्ड् n.* a fabricated story (झूठी) कल्पित कथा।

cancel *कैन् सॅल v. t.* to cross out काट देना; to annual रद्द करना; to call off वापस लेना; to neutralise व्यर्थ कर देना।

cancellation *कैन्-सैल्-ले-शन् n.* act of abolishing काटने का कार्य, रदद्।

cancer *कैन् सॅः n.* malignant growth in the body कैंसर।

candid *कैन् डिड a.* ingenuous मासूम; frank स्पष्टवादी, निष्कपट।

candidate *कैन् डि डेट n.* one who seeks office or post प्रत्याशी; one who takes an examination परीक्षार्थी।

candle *कैन् ड्ल n.* a stick of wax with wick मोमबत्ती।

candour *कैन् डॅः n.* frankness स्पष्टवादिता; sincerity निष्कपटता।

candy[1] *कैन् डि n.* crystallized sugar मिसरी।

candy[2] *v. t.* to conserve with sugar पागना।

cane[1] *केन n.* a reed बेंत।

cane[2] *v. t.* to beat with a cane बेंत से मारना।

canister *कै निस् टॅः n.* a small box with a lid कनस्तर।

cannon *कै नॅन n.* a large gun तोप।

cannonade *कैन्-नन्-एड्' n. v. & t.* continous gun-fire, to bombard निरन्तर गोलों की वर्षा, निरन्तर गोला चलाना।

canon *कान्-अॅन् n.* a law or rule, a kind of type, church decree विधि (नियम, व्यवस्था), एक प्रकार का टाइप, गिरजाघर की डिगरी।

canopy *कै नॅ पि* *n.* covering over throne, bed etc. चंदोवा, छतरी।

canteen *कैन् टीन* *n.* a place where provisions etc. are sold जलपान-गह।

canter *कान्ट्'-अर्* *n.* an easy gallop, a beggar कदम चाल, भिखमंगा।

canton *कैन्-टॅन्* *n.* a small division of a country, a distinct state किसी देश का छोटा विभाग, प्रदेश, भाग।

cantonment *कैन् टून् मॅन्ट* *n.* part of a town occupied by troops छावनी।

canvas *कैन् वॅस* *n.* cloth for painting on चित्रफलक, कैनवास।

canvass *कैन् वॅस* *v. t.* to solicit votes वोट मांगना।

cap[1] *कैप* *n.* covering for the head टोपी; lid ढक्कन।

cap[2] *(-pp-)* *v. t.* to put a cap on टोपी पहनाना।

capability *कै पॅ बि लि टि* *n.* quality of being capable सामर्थ्य।

capable *के पॅ ब्ल* *a.* having sufficient skill or power योग्य; competent सक्षम।

capacious *कॅ पे शॅस* *a.* roomy विशाल, लंबा-चौड़ा।

capacity *क पै सि टि* *n.* power of holding क्षमता; ability योग्यता।

cape *केप* *n.* point of land running into sea अंतरीप।

capital[1]*कै पि टॅल* *n.* chief town राजधानी; money, funds पूंजी; a large-sized letter बड़ा अक्षर।

capital[2] *a.* punishable by death म त्युदंड-योग्य; chief मुख्य; excellent उत्तम, उत्क ष्ट।

capitalist *कै पि टॅ लिस्ट* *n.* owner of capital पूंजीपति।

capitulate *कै-पिट्-यू-लेट्* *v. t.* to surrender on terms किसी शर्त पर शत्रु के अधीन हो जाना।

caprice *कॅ प्रीस* *n.* whim, freak मौज, सनक।

capricious *कॅ प्रि शॅस* *a.* full of caprice सनकी, मनमौजी।

capricorn *केप्-रि-कार्न* *n.* the tenth sign of the zodiac मकर राशि।

capsicum *केप्'-साइज्'n.* a kind of tropical plant बड़ी लाल मिर्च।

capsize *कैप् सॉइज़* *v. i.* to be overturned उलट जाना।

capsular *कैप'-स्यूल्-अर्* *adj.* pertaining to capsule.बीजकोष-सम्बन्धी।

captain *कैप् टिन* *n.* leader, commander कप्तान।

captaincy *कैप् टिन् सि* *n.* the rank, post or commission of a captain कप्तान का पद, कप्तानी।

caption *कैप् शॅन* *n.* heading or short title शीर्षक।

captivate *कैप् टि वेट* *v. t.* to charm, to fascinate मुग्ध करना, आकर्षित करना।

captive[1] *कैप् टिव* *n.* one taken prisoner in war बंदी।

captive[2] *a.* kept in bondage बंदी बना हुआ।

captivity *कैप् टि वि टि* *n.* state of being a captive बंदी दशा।

capture[1] *कैप् चॅः* *v. t.* to make prisoner बंदी बनाना।

capture[2] *n.* act of taking prisoner बंदीकरण।

car *काः* *n.* motorcar मोटरगाड़ी; coach

गाड़ी का डिब्बा, कोच।

carat *कै रॅट n.* a measure of the purity of gold करात, कैरट।

caravan *कै रॅ वैन, n.* a company of travellers कारवाँ, काफ़िला।

carbide *कार्'-बाइड् n.* a compound of carbon with other elements दूसरे तत्वों के साथ कार्बन का यौगिक।

carbon *काः बॅन n.* pure charcoal कारबन।

card *काःड n.* a thick stiff paper पत्रक; a playing card ताश का पत्ता।

cardamom *कार्डा-मम् n.* an aromatic pungent spice एला, इलायची।

cardboard *काःड् बौःड n.* thin, stiff board made of paper pulp गत्ता।

cardiac (al) *कार्'-डि-एक् (-अल) adjs.* pertaining to the heart. हृदय सम्बन्धी।

cardinal[1] *काः डि नॅल a.* chief प्रधान।

cardinal[2] *n.* a dignitary in the Roman Catholic church next to the pope कार्डिनल।

care[1] *कै ॅअः n.* attention सावधानी; worry चिंता; charge देखरेख।

care[2] *v. i.* to be concerned चिंतित होना; to look after देखरेख करना।

career *कॅ रिॲः n.* progress through life प्रगति; profession व्यवसाय; rapid motion तीव्र गति।

careful *कै ॅ ॲः फुल a.* solicitous चिंतित; cautious सावधान, सचेत।

careless *के ॅ ॲः लिस a.* heedless लापरवाह; incautious असावधान।

caress *कॅ रै ॅस v. t.* to fondle पुचकारना।

cargo *काः गो n.* the goods in a ship पोतभार।

caricature *कै रि कॅ ट्युॲः n.* a portrait or description so exaggerated as to excite ridicule व्यंग्य-चित्र।

carious *केरि-अस् adj.* rotten, ulcerated सड़ा हुआ, गलित।

carl *कार्ल् n.* a mean fellow, a rustic, a husbandman, a clown नीच पुरुष, गँवार मनुष्य, किसान, खेतिहर, विदूषक, भांड।

carnage *कार्-नेज् n.* great slaughter of men संहार, हत्याकाण्ड।

carnival *कार्नि-वल् n.* a riotous festival, revelry आनन्द उत्सव।

carol *कारोल् n.* joyous song आनन्द का गीत, स्त्रोत।

carpal *कार्-पल् adj.* pertaining to wrist कलाई का।

carpenter *काः पिन् टॅः n.* one who works in timber बढ़ई।

carpentry *काः पिन् ट्रि n.* the trade, art or work of a carpenter बढ़ईगीरी।

carpet *काः पिट n.* a woven fabric for covering floors क़ालीन, दरी।

carriage *कै रिज n.* act of carrying ढुलाई; vehicle गाड़ी; cost of carrying भाड़ा।

carrier *कै रि ॲः n.* one who carries for hire वाहक; an attachment fixed to a bicycle साइकिल का कैरियर।

carrot *कै रॅट n.* a yellowish or reddish esculent root of a tapering form गाजर।

carry *कै रि v. t.* to bear ले जाना; to transport पहुंचाना; to support संभालना; to have with one साथ रखना।

cart *का:ट* *n.* a carriage of burden with two wheels छकड़ा।

cartage *का: टिज* *n.* act of carrying in a cart ढुलाई का काम; price paid for carting भाड़ा।

carton *कार्टन्* *n.* a cardboard (pasteboard) box for holding goods सामान रखने का दफ्ती का बक्स।

cartoon *का: टून* *n.* a humorous or satirical drawing व्यंग्य-चित्र, हास्य चित्र; a sequence of drawings telling a story कार्टून-कथा।

cartridge *का: ट्रिज* *n.* a case containing charge of a gun कारतूस।

carve *का:व* *v. t.* to engrave उत्कीर्ण करना; to cut काटना; to sculpture मूर्ति का रूप देना।

cascade *कैस् केड* *n.* waterfall जलप्रताप।

case *केस* *n.* suit मुक़दमा; matter मामला; problem समस्या; box संदूक; state of affairs स्थिति; *(gram.)* relation of words in a sentence कारक।

cash[1] *कैश* *n.* ready money नक़द धन।

cash[2] *v. t.* to turn into money नगदी में बदलना।

cashier *कै शिऑ:* *n.* one who has charge of money कोषाध्यक्ष, खज़ांची।

casing *केस्'-इड़्ग्* *n.* a covering ढ़प्पन, ढकना।

cask *कास्क्'* *n.* a wooden vessel for holding liquors पीपा, कठवत।

casket *कास्क्'-इट्* *n.* a small box used for keeping jewels, letter or cremated ashes जवाहरात, पत्र या शव की राख रखने का बक्स।

cassette *कै सै ̆ट* *n.* a plastic container of film कैसिट।

cast[1] *कास्ट* *v. t.* to throw फेंकना; to scatter छितराना; to mould ढालना।

cast[2] *n.* a throw निक्षेपण; a mould ढांचा; set of actors अभिनेतावृंद; squint भेंगापन।

caste *कास्ट* *n.* social rank जाति।

castigate *कैस् टि गेट* *v. t.* to chastise फटकारना; to punish दंड देना।

casting *कास्ट्'-इड़्ग्* *n.* a moulding धातु को गलाकर ढलाई।

cast-iron *कास्ट्'-आयरन्* *n.* iron melted and cast in moulds कान्ती लोहा, ढला हुआ लोहा।

castle *का स्ल* *n.* a fortified building दुर्ग; (chess) a piece (शतरंज) हाथी।

castor oil *कास् टॅः औ ̆इल* *n.* a medicinal oil obtained from tropical plant रेंडी का तेल।

castral *कास्-ट्रल्* *adj.* pertaining or belonging to a camp खेमे का।

casual *कै ज़्यु ॲल्* *a.* happening by chance आकस्मिक।

casualty *कै ज़्यु ॲल् टि* *n.* accident दुर्घटना; the victim of an accident दुर्घटना का शिकार।

cat *कैट* *n.* a domestic animal of the feline tribe बिल्ली।

catalogue *कै टॅ लौगॅ* *n.* a list सूचीपत्र।

cataract *कै टॅ रैक्ट* *n.* waterfall जलप्रताप; an eye-disease मोतियाबिंद।

catch[1] *कैच* *v. t.* to take hold of पकड़ना; to be in time for (bus etc.) (बस आदि) पकड़ना; to hear

सुनना; to find out पाना; to contract (cold etc.) (कोई रोग) ग्रहण करना।

catch[2] *n.* act of catching पकड़ने की क्रिया; what is caught शिकार; trick, deception चाल, धोखा; device for holding the door shut अर्गला।

categorical *कै टि गौ ˘ रि कॅल a.* pertaining to a category श्रेणीगत; unqualified and unconditional सुनिश्चित, निरपेक्ष।

category *कै टि गॅ रि n.* class, division श्रेणी, पद।

cater *के-टर् v. i.* to provide food or amusement भोजन या मनोरंजन का प्रबंध करना।

caterpillar *कैट्'-अर्-पिल्-लर् n.* the larva of a moth or insect, a rapacious person कीड़ा, झिनगा, लोभी आदमी।

cathedral *कॅ थी ड्रॅल n.* the principal church प्रधान गिरजाघर।

catholic *कै थॅ लिक a.* liberal उदार।

cattle *कै ट्ल n. pl.* animals like cows, bulls मवेशी।

cauliflower *कौ ˘ लि फ़्लॉउ अ: n.* a variety of cabbage फूलगोभी।

causal *कॉ'-जल् adj.* expressing cause हेतुक, कारण बतलाने वाला।

causality *कॉज्'-एल्-इट्-ई n.* the agency of a cause, relation of cause and effect कारणत्व, कारण और परिणाम का परस्पर सम्बन्ध।

cause[1] *कौज़* reason कारण; purpose उद्देश्य।

cause[2] *v.t.* to bring about उत्पन्न करना, का कारण बनना।

causeway *काज्'-वे n.* a raised road over water or through a marsh बाँध, पुल।

caustic *कौस् टिक a.* burning or corrosive दाहक; biting तीखा।

caution[1] *कौ शॅन n.* warning चेतावनी; care सतर्कता।

caution[2] *v. t.* to warn चेतावनी देना।

cautious *कौ शॅस a.* having caution सतर्क।

cavalry *कै वॅल् रि n.* mounted troops वख्तरबंद सेना।

cave *केव n.* den गुफा।

cavern *कै वॅ:न n.* a large cave गुफ़ा।

cavil *काव्'-इल् v. t.* to raise captious objection झूठी निन्दा करना, दोष निकालना।

cavity *के वि टि n.* a hollow place रंध्र, गुहा।

caw[1] *कौ n.* cry of crow काँव-काँव।

caw[2] *v. i.* to cry like a crow काँव-काँव करना।

cease *सीस v. i.* to stop बंद होना; *v. t.* to put a stop to बंद करना।

ceaseless *सीस् लिस a.* without end, incessant निरंतर, निर्विराम।

cedar *सी'-डार् n.* a kind of tree देवदार का व क्ष।

ceiling *सी लिङ्ग n.* the upper inside surface of a room भीतरी छत।

celebrate *सै ˘ लि ब्रेट v. t. & i.* to honour by solemn rites उत्सव या त्योहार मनाना।

celebrated *सै ˘ लि ब्रे टिड a.* famous प्रसिद्ध।

celebration *सै ˘ लि ब्रे शॅन n.* the act of celebration उत्सव, समारोह; ceremonious performance अनुष्ठान।

celebrity *से-लेब्-रिट्-इ n.* fame,

reknown कीर्ति, प्रसिद्धि, प्रशंसा, यश।

celestial *सि-लेस्ट्-इअल् adj.* heavenly, divine, beautiful दिव्य, स्वर्गीय, सुन्दर।

celibacy[1] *सेल्-इब्'-एस्-ई n.* unmarried life अविवाहित जीवन, कुँआरापन, ब्रह्मचर्य।

celibacy[2] *सै˘ लि बॅ सि n.* unmarried state ब्रह्मचर्य, अविवाहित जीवन।

cell *सै˘ल n.* a small room कोठरी; cavity कोटर; a group of people गुट; minute basic unit of living matter कोशिका; device converting chemical energy into electric energy बैटरी।

cellar *सै˘ लॅः n.* an underground apartment used for storage तहख़ाना।

cellular *सेल्'-ल्यू-लर् adj.* having small cavities छोटे छिद्रवाला, जालीदार।

cement[1] *सि मैन्ट n.* fine mortar सीमेंट।

cement[2] *v. t.* to join firmly together जोड़ना।

cemetery *सै˘ मि टॅ रि n.* a burial place क़ब्रिस्तान।

cense *सेन्स् v. t.* to perfume with burming incense धूप देना।

censer *सेन्स्'-सर् n.* a licensing officer, a harsh critic दोष, निरीक्षक, गुण-दोष विवेचक।

censor[1] *सैन्सॅ सॅः n.* one who examines manuscripts etc. before they are published निरीक्षक, नियंत्रक।

censor[2] *v. t.* to examine निरीक्षण करना।

censorious *सेन्-सोर्-'इ-अस् adj.* fault-finding दोष निकालने वाला।

censorship *सेन्-सर्'-शिप् n.* the office of a censor लाइसेन्स देने वाले का पद।

censure[1] *सैन्सॅ शॅः n.* reproof निंदा।

censure[2] *v. t.* to blame निंदा करना।

census *सैˇन् सॅस n.* an official count of population जनगणना।

cent *सेन्ट् n.* a hundred, a coin which is the hundredth part of a dollar सौ, एक सिक्का।

centenarian *सैन्सॅ टि नै˘ अॅ रि अॅन n.* a person who is a hundred years completed of age शतायु व्यक्ति।

centenary *सैन्सॅ टि नॅ रि n.* period of a hundred years सौ वर्ष का समय; commemoration of an event a hundred years earlier शताब्दी महोत्सव।

centennial *सेन्ट्-ए-नि-यल् adj. n.* hundredth anniversary सौवीं वर्षगाँठ।

center *सेन्-टर् n.* a waist-belt कमरबन्द, कमर की पेटी।

centigrade *सैन्सॅ टि ग्रेड a.* divided into a hundred degrees सौ अंशों में विभाजित।

centipede *सेन्ट्-इ-पीड् n.* a many footed crawling insect गोजर, कनखजूरा।

central *सैन्सॅ ट्रॅल a.* placed in the centre केंद्रीय; chief मुख्य।

centre *सैन्सॅ टॅः* middle point केंद्र।

centrifugal *सेन्-ट्रिफ्'-यू-गल् adj.* tending to fly off form centre केन्द्र से हट जाने वाली (प्रव त्ति)।

centuple *सेन्'-ट्यू-पल् n. & adj.* hundredfold सौगुना।

century *सैन्‌ चु रि n.* hundred सौ, शतक; a hundred years शताब्दी।

ceramics *से-रेम्-इक्स् n.* the art of pottery, objects made of clay कुम्हारी विद्या, मिट्टी के पात्र।

cerated *सेर्'-एट्-एड् adj.* covered with wax मोम से ढँका हुआ।

cereal[1] *सिअॅ रि अॅल n.* grain used as food अन्न।

cereal[2] *a.* pertaining to corn अन्नमय।

cerebral *सेर्-रि-ब्रल् adj.* pertaining to cerebrum प्रधान मस्तिष्क सम्बन्धी।

ceremonial *सै ˘ रि मो नि अॅल a.* relating to ceremony समारोहपूर्ण।

ceremonious *सै ˘ रि मो नि अॅस a.* formal औपचारिक।

ceremony *सै ˘ रि मॅ नि n.* religious rites धर्मक्रिया; solemnity समारोह; formalism शिष्टाचार।

certain *सॅः टॅन a.* fixed निश्चित; inevitable अवश्यंभावी; unquestionable निर्विवाद; reliable विश्वसनीय।

certainly *सॅः टॅन् लि adv.* without doubt निःसंदेह।

certainty *सॅः टॅन् टि n.* fixed or real state निश्चितता; truth सत्य; fact तथ्य; inevitability अवश्यंभाविता।

certificate *सॅः टि फ़ि किट n.* a written testimony प्रमाण पत्र।

certify *सॅः टि फॉइ v. t.* to testify प्रमाणित करना।

ccrumcn *सि-रु'-मेन् n.* wax secreted by the ear कान का खूँट।

cession *सेशन् n.* giving up, yielding, परित्याग, समर्पण।

cesspool *सैस् पूल n.* a pit into which drains empty हौदी।

chain *चेन n.* a series of links ज़ंजीर; a line of things connected श्रंखला; that which binds बेड़ी, बंधन।

chair *चे ˘ अॅः n.* a seat कुर्सी; an official seat पद।

chairman *चेअर्'-मेन् n.* one who controls a committee सभापति।

chaice *चे-इस् n.* goblet, a cup of bowl प्याला, पात्र।

chaise *चेज् n.* a pleasure-carriage आनन्द की सवारी, गाड़ी।

chalk *चौक n.* white calcareous earth of carbonate of lime चाक।

challenge[1] *चै लिन्ज n.* summons to fight चुनौती; objection आपत्ति।

challenge[2] *v. t.* to summon to fight चुनौती देना।

chamber *चैम् बॅः n.* an apartment कक्ष; an office कार्यालय; a hall of justice of legislation सदन।

chamberlain *चेम्'-बर्-लेन् n.* a high officer in a king's court राजमहल का एक प्रधान कर्मचारी।

champion[1] *चैम् पि अॅन n.* supporter समर्थक; winner सर्वजेता।

champion[2] *v. t.* to support समर्थन करना।

chance *चान्स n.* that which happens unawares संयोग; luck, fortune भाग्य; opportunity अवसर।

chancellor *चान् सि लॅः n.* highest authority of a university कुलाधिपति।

chancery *चान्सरी n.* the highest court of justice प्रधान न्यायालय, दीवानी की बड़ी अदालत।

change[1] *चेन्ज v. t.* to make different बदल देना; to exchange विनिमय

करना; *v. i.* to become different बदल जाना।

change[2] *n.* alteration परिवर्तन।

channel *चैन्'-नल्* *n.* a bed of running water स्त्रोत, नाला, समुद्रस्त्रोत, तरल पदार्थ का मार्ग, दिशा, द्वार।

chant *चान्ट्'* *n.* song गीत, स्तोत्र, भजन।

chaos *के औसॅ* *n.* utter confusion अव्यवस्था।

chaotic *कै औ ˘ टिक* a pertaining to chaos अव्यवस्था-संबंधी।

chapel *चै पॅल* *n.* place of worship पूजास्थल।

chapter *चैप् टॅः* *n.* a division of a book अध्याय।

character *कै रिक् टॅः* *n.* distinctive qualities of a person or thing चरित्र, लक्षण; a person in fiction or drama पात्र।

charge[1] *चाःज* *v. t.* to load आवेशित करना; to put a price on (के) दाम मांगना; to lay a responsibility on (पर) दायित्व डालना; to command आदेश देना; to accuse दोष देना।

charge[2] *n.* an assault धावा; order आदेश; price मूल्य; accusation दोषारोपण; accumulation of electricity आवेश।

chariot *चे रि ॲट* *n.* a stately carriage with two or four wheels रथ।

charitable *चै रि टॅ ब्ल* *a.* characterised by charity दानशील; for charity दानार्थ; kindly दयावान।

charity *चै रि टि* *n.* kindness दयाभाव; almsgiving भिक्षादान; benefaction परोपकार; charitable institution दानी संस्था।

charm[1] *चाः म* *n.* attractiveness आकर्षण; magic spell जादू-टोना।

charm[2] *v. t.* to attract लुभाना; to delight आनंद देना।

chart *चाःट* *n.* map मानचित्र, नक़्शा; graph, table चार्ट, लेखा।

charter *चाः टॅः* *n.* declaration घोषणापत्र; privilege प्राधिकार; deed of hire अवक्रय-पत्र।

chase[1] *चेस* *v. t.* to pursue पीछा करना।

chase[2] *n.* pursuit पीछा।

chaste *चेस्ट* *a.* pure शुद्ध, पवित्र; undefiled अभ्रष्ट; simple सादा।

chastity *चैस् टि टि* *n.* quality of being chaste शुचिता, शुद्धता।

chat[1] *चैट* *n.* familiar talk बातचीत, गपशप।

chat[2] *(-tt-)* *v. i.* to talk familiarly बातचीत करना, गपशप करना।

chatter *चै टॅः* *v. t.* to talk idly बकवास करना; to chirp rapidly चहचहाना; (of teeth) to rattle or knock together कटकटाना।

chauffeur *शौ फ़ॅः* *n.* a private car-driver कार-चालक।

cheap *चीप* *a.* low in price सस्ता; inferior घटिया।

cheapen *ची पॅन* *v. t.* to reduce price of सस्ता करना; to degrade (का) स्तर गिराना; *v. i.* to be reduced in price or worth सस्ता या घटिया होना।

cheat[1] *चीट* *v. t.* to defraud ठगना।

cheat[2] *n.* one who deceives छलिया, ठग।

check[1] *चै कॅ* *v. t.* to verify जांचना; to restrain नियंत्रित करना।

check[2] *n.* a stop रोक, अवरोध; control नियंत्रण।

checkmate चैक् मेट *n.* winning situation in chess शहमात; complete defeat करारी हार।

cheek चीक *n.* side of face below the eye कपोल, गाल।

cheep चीप् *v. i.* to chirp or pipe like a young bird चिड़िया के बच्चे की तरह चीं-चीं करना या सीटी बजाना।

cheer[1] चिअॅ: *n.* shout of applause जयजयकार; gladness प्रसन्नता; encouragement प्रोत्साहन।

cheer[2] *v. t.* to comfort धैर्य बंधाना; to gladden आनंदित करना; to encourage by shouts (की) जयजयकार करना।

cheerful चिअॅ: फुल *a.* gay प्रसन्न।

cheerless चिअॅ: लिस *a.* gloomy उदास; dejected निराश।

cheese चीज़ *n.* coagulated milk pressed into a firm mass and used as food पनीर।

chemical[1] कै ˘ मि कॅल *a.* pertaining to chemistry रसायन-संबंधी।

chemical[2] *n.* substance obtained by a chemical process रासायनिक पदार्थ।

chemise शि मीज़ *n.* a girl's undergarment शमीज़।

chemist कै ˘ मिस्ट *n.* pharmacist भेषजज्ञ; dealer in medicinal drugs औषध-विक्रेता।

chemistry कै ˘ मिस् ट्रि *n.* science of elements and compounds रसायन-शास्त्र।

cheque चैकॅ *n.* an order for money चेक।

cherish चै ˘ रिश *v. t.* to treat with tenderness दुलारना; to foster पोसना।

cheroot शै ˘ रूट *n.* small cigar सिगार।

chess चैसॅ *n.* a game played by two on a board divided into sixty four squares शतरंज का खेल।

chest चैस्ट *n.* the part of the body containing the heart and lungs वक्षस्थल; a big strong box तिजोरी।

chestnut चैस्ट् नॅट *n.* large, reddish brown nut or its tree पांगर।

chew चू *v. t.* to crush with teeth चबाना।

chevalier शेव्-अ-लिअर् *n.* a knight, a gallant. महावीर, अश्वारोही।

chicken चि किन *n.* a young hen चूजा।

chide चॉइड *v. t.* to scold, to rebuke झिड़की देना।

chief[1] चीफ़ *n.* leader मुखिया।

chief[2] *a.* principal मुख्य।

chieftain चीफ़् टॅन *n.* chief of a clan or tribe मुखिया।

child चॉइल्ड *(pl.* children) *n.* infant बच्चा; offspring संतान।

childhood चॉइल्ड् हुड *n.* state of being a child शैशव; time when one is a child शैशवकाल।

childish चॉइल् डिश *a.* of or like a child बचकाना; silly मूर्खतापूर्ण।

chill चिल *n.* unpleasant coldness ठिठुरन।

chilli चि लि *n.* dry red pepper लाल मिर्च।

chilly चि लि *a.* cold ठंडा।

chiliad किल्-इ-आड् *n.* a thousand years. एक हजार वर्ष का काल।

chimney चिम् नि *n.* a passage for smoke चिमनी।

chimpanzee चिम् पैन् ज़ी *n.* an anthropoid ape वनमानुष।

chin *चिन* *n.* part of the face under the mouth ठोड़ी।

china *चॉइ नॅ* *n.* fine earthenware चीनी मिट्टी के बरतन।

chirp[1] *चःप* *v.i.* to make a short shrill sound चींचीं करना।

chirp[2] *n.* short shrill sound चींचीं।

chisel[1] *चि ज़ॅल* *n.* a steel tool छेनी।

chisel[2] *(-ll-)* *v. t.* to cut with a chisel छेनी से काटना।

chit *चिट* *n.* informal note पर्ची।

chivalrous *शि वॅल् रॅस्* *a.* full of valour शौर्यवान; courteous शिष्ट; generous उदार।

chivalry *शिवॅल् रि* *n.* bravery शौर्य; courtesy शिष्टता; system of knighthood क्षात्र-परंपरा।

chlorine *क्लार्'-इन्* *n.* a suffocating gas. साँस घुटाने वाली एक गैस।

chloroform *क्लोरो-फॉर्म्* *n.* a liquid for producing insensibility बेहोश करने की एक प्रसिद्ध तरल औषधि।

choice *चौ ॅइस* *n.* selection पसंद; option विकल्प।

choir *क्वॉइॲः* *n.* a group of singers गायक-मंडली।

choke *चोक* *v. t.* to block up अवरुद्ध करना; to stop breathing of गला घोंटना; *v. i.* to suffer choking गला घुटना।

cholera *कौ ॅ लॅ रॅ* *n.* a disease accompanied by diarrhoea and vomiting हैज़ा।

chocolate *चॉकलेट्* *n.* a kind of sweatmeat containing sugar, coco and flour चीनी, कोको और मैदा की एक प्रकार की मिठाई।

choose *चूज़* *v. t.* to take by preference चुनना, छांटना।

chop *चौपॅ* *(-pp-)* *v. t.* to cut into small pieces काटना।

chord *कौःड* *n.* string of a musical instrument तार, तंत्री, emotional response भावनात्मक प्रतिक्रिया।

choroid *को-रॉइड्* *n.* the membrane which lines the eye-ball आँख की पुतली की भीतर की झिल्ली।

chorus *कौ रॅस* *n.* a company of singers गायक-दल; a refrain टेक; a song is sung by a band of singers व दगान।

Christ *क्राइस्ट* *n.* Jesus of Nazarath मसीहा।

Christendom *क्रि सन् डॅम* *n.* the Christian world ईसाई जगत्।

Christian[1] *क्रिस् ट्यॅन* *n.* follower of Christ ईसाई।

Christian[2] *a.* following Christ ईसाई मतानुयायी; relating to Christ or His religion ईसाई धर्म-सबंधी।

Christianity *क्रिस् टि ऐ नि टि* *n.* the religion of Christ ईसाई धर्म।

Christmas *क्रिस् मॅस* *n* festival of the birth of Christ ईसा-जन्मोत्सव।

chrome *क्रोम्* *n.* a yellow pigment and colour पीला रंग।

chronic *क्रौ ॅ निक* *a.* continuing a long time जीर्ण, पुराना।

chronicle *क्रौ ॅ नि क्ल* *n.* an historical account of events in order of time इतिहास।

chronology *क्रॅ नौ ॅ लॅ जि* *n.* arrangement of events according to their dates घटनाक्रम, कालक्रम।

chronograph *क्रान-ओ-ग्राफ्* *n.* an

instrument to record time with great accuracy सूक्ष्म रीति से समय नापने का एक प्रकार यन्त्र।

chuckle *चक्'-क्ल् v. i.* to laugh in a suppressed manner, to cackle; to show signs of glee मुँह बन्द करके हँसना, प्रसन्नता के चिन्ह दिखलाना।

chum *चम् n.* a familiar friend, a chamber fellow, a kind of fish लँगोटिया यार, पुराना मित्र, एक प्रकार की मछली।

church *च:च n.* building for Christian public worship गिरजाघर।

churchyard *च:च् या:ड n.* a burial ground attached to a church क़ब्रिस्तान।

churl *चर्ल् n.* an ill-bred fellow, a rustic देहाती, गँवार मनुष्य।

churn[1] *चॅ:न v. t. & i.* to stir (something) vigorously बिलोना, मथना।

churn[2] *n.* large milk can दूध का मटका; vessel for making butter दूध मथने का पात्र।

cigar *सि गा: n.* a tobacco roll for smoking सिगार।

cigarette *सि गॅ रै ॅट n.* finely cut tobacco rolled in paper for smoking सिगरेट।

cinema *सि नि मॅ n.* building used for showing of films सिनेमाघर; art of making movies चलचित्र।

cinnabar *सिन्'-नाबार् n.* vermilion सिंगारिफ, सिन्दूर।

cinnamon *सिन्-नामन् n.* the aromatic inner bark of a tree. दालचीनी, दालचीनी का व क्ष।

cipher, cypher *सॉइ फ़ॅ: n.* the figure 0 शून्य का अंक; secret writing बीज लेख; a person of no importance नगण्य व्यक्ति।

circle *सॅ: क्ल n.* a perfectly round flat figure व त्त something like a circle घेरा; cycle परिक्रमा।

circuit *सॅ: किट n.* circumference परिधि; area क्षेत्र, going round परिक्रमा; path of an electric current परिपथ।

circumfluence *सर्-कम'-फ्लु-एन्स् n.* flowing round on all sides जल का चौफेर बहाव।

circumspect *सर्'-कम्-स्पेक्ट् adj.* cautious, wary सावधान, जाग्रत, चौकन्ना।

circular[1] *सॅ: क्यु लॅ: a.* round गोल।

circular[2] *n.* a paper addressed to a number of persons परिपत्र।

circulate *सॅ: क्यु लेट v. i.* to move round प्रसारित होना, *v. t.* to send round प्रसारित करना।

circulation *सॅ: क्यु ले शॅन n.* act of circulating प्रसारण; flow of blood रक्त-संचार; extent of sale of a newspaper समाचार-पत्र का प्रसार।

circumference *सॅ: कम् फ़ॅ रॅन्स n.* the bounding line of a circle परिधि।

circumstance *सॅ: कॅम्स् टॅन्स n.* a particular fact or event घटना; *(pl.)* conditions connected with an event or person परिस्थितियां।

circus *सॅ: कॅस n.* arena for sports and games अखाड़ा; a travelling show of trained animals, clowns, acrobats, etc.सर्कस।

cist *सिस्ट् n.* a stone chest, a grave of prehistoric times पत्थर का सन्दूक, प्राचीन काल की समाधि, कब्र।

citadel *सि टॅ डॅल n.* a fortress in or near a city नगर-दुर्ग, गढ़ी।

cite *सॉइट v. t.* to summon to appear in a court अदालत में तलब करना; to quote उद्ध त करना।

citizen *सि टि ज़ॅन n.* an inhabitant of a city नगर-निवासी; an inhabitant of a state नागरिक।

citizenship *सि टि ज़ॅन् शिप n.* the rank of a citizen नागरिकता।

citric *सि-ट्रिक् adj.* pertaining to citron or lemon नींबू की खटाई का।

city *सि टि n.* a large town शहर, नगर।

civic *सि विक a.* relating to civil affairs नागरिक; of a city नगर का।

civics *सि विक्स n.* study of civic life and affairs नागरिकशास्त्र।

civil *सि विल a.* relating to people मानव-समाज-संबंधी; not military असैनिक; cultured सभ्य।

civilian *सि वि लि अॅन n.* non-military person असैनिक व्यक्ति।

civilization *सि वि लॉइ ज़ेशॅन n.* state of being civilized सभ्यता, शिष्टता।

civilize *सि वि लॉइज़ v. t.* to bring out of barbarity; सभ्य बनाना।

clack *क्लाक् n. & v. i.* a clattering noise, to make a sudden sharp noise कर्कश शब्द, खड़खड़ाहट, एकाएक खड़खड़ाहट का शब्द करना।

claim[1] *क्लेम n.* act of claiming दावा; assertion द ढ़ कथन।

claim[2] *v. t.* to demand as a right दावा करना; to assert द ढ़तापूर्वक कहना।

claimant *क्ले मॅन्ट n.* the person making a claim दावेदार।

clamber *क्लेम्-बर v. i.* to climb with difficulty कठिनता से चढ़ना।

clamour[1] *क्लै मॅः n.* loud noise कोलाहल।

clamour[2] *v. i.* to engage in noisy shouting कोलाहल करना।

clamp *क्लैम्प् n.* a clasp or hand used to hold things together पाहू, कोनिया, शिकंजा,

clan *क्लैन n.* a tribe आदिम जाति, कबीला।

clandestine *क्लेन्-डेस्'-टाइन् adj.* hidden, secret छिपा हुआ, गूढ़ गुप्त।

clap[1] *क्लैप (-pp-) v. i.*, to strike the hands together ताली बजाना; *v.t.* to strike gently थपथपाना।

clap[2] *n.* loud explosive noise कड़क; sound of the palms of the hands struck together करतल ध्वनि।

clarify *क्लै रि फॉइ v. t.* to make clear स्पष्ट करना; *v. i.* to become clear स्पष्ट होना।

clarification *n.* स्पष्टीकरण।

clarion *क्लैरिअॅन n.* a kind of trumpet तुरही।

clarity *क्ले-रिट्'ई n.* purity, clearness सफाई, स्वच्छता, शुद्धता।

clash[1] *क्लैश n.* encounter मुठभेड़; collision टक्कर; conflict संघर्ष।

clash[2] *v. t.* to strike against someone टकराना; *v.i.* to disagree violently असहमत होना; to coincide एक ही समय होना।

clasp *क्लास्प् n.* a contrivance for fastening, embrace, reach अँकुरा (बलकस), आलिगंन, पहुँच।

class *क्लास n.* rank of persons or

things श्रेणी; group of students taught together कक्षा।

classic[1] क्लै सिक *a*. of the first rank उत्कष्टः of the highest quality सर्वोत्तम।

classic[2] *n*. a literary work or writer of recognised excellence उत्क ष्ट क ति अथवा लेखक।

classical क्लै सि कॅल *a*. pertaining to best art and literature शास्त्रीय; of the highest quality अति उत्क ष्ट; pertaining to the ancient times प्राचीनकाल-संबंधी।

classification क्लै सि फ़ि के शॅन *n*. act of classifying वर्गीकरण।

classify क्लै सि फ़ॉइ *v. t.* to categorise वर्गीक त करना।

clause क्लौज़ *n*. component part of a sentence वाक्यांश; a single proviso in law धारा, अनुच्छेद।

claw क्लौ *n*. foot with pointed nails पंजा।

clay क्ले *n*. earth मिट्टी।

clean[1] क्लीन a. neat साफ़-सुथरा; clear-cut स्वच्छ; pure पवित्र।

clean[2] *v. t.* to purify साफ़ करना।

cleanliness क्लीन् लि निस *n*. purity; स्वच्छता।

cleanse क्लैन्ज़ *v. t.* to make clean परिमार्जन करना।

clear[1] क्लिअः *a*. neat साफ़-सुथरा; pure शुद्ध; distinct स्पष्ट।

clear[2] *v. t.* to make clear साफ़ करना; to remove हटाना; to pass over लांघना *v. i.* to become clear स्वच्छ होना।

clearance क्लिअॅ रॅन्स *n*. making clear निकासी।

clearly क्लिअँः लि *adv*. obviously स्पष्ट रूप से।

cleft क्लफ़ट् *n*. a fissure, a crack, a split फाँक, फटन, दरार।

clergy क्लॅः जि *n*. body of ministers of Gospel याजकगण।

clerical क्लै ॅ रि कॅल *a*. pertaining to clergy याजकीय; pertaining to a clerk लिपिक-विषयक।

clerk क्लःक *n*. an office worker क्लर्क, लिपिक।

clever क्लै ॅ वॅः *a*. skilful चतुर, होशियार।

clew क्लू *n*. a ball of thread or yarn, the corner of a sail डोरे की रील या गोली, पाल का कोना।

click क्लिक् *n*. a catch in machinery, a sharp short sound खटका, चटखनी, खटके का शब्द।

client क्लॉइ ॲन्ट *n*. the employer of a lawyer मुवक्किल; a customer ग्राहक।

cliff क्लिफ़ *n*. a steep rock खाड़ी चट्टान।

climate क्लॉइ मिट *n*. weather conditions जलवायु।

climax क्लॉइ मैक्स *n*. apex शिखर; culmination चरम, उत्कर्ष।

climb[1] क्लॉइम *n*. act of climbing चढ़ाई।

climb[2] *v.i.* to mount चढ़ाई पर जाना; to progress प्रगति करना; *v. t.* to ascend (पर) चढ़ना।

cling क्लिङ्ग *v. i.* to stick, to adhere चिपटना; to be firmly attached लगाव मानना।

clinic क्लि निक *n*. place for medical treatment चिकित्सालय।

clink क्लिङ्क *n*. a sharp ringing sound, a prison झनझन शब्द,

कारागृह।

cloak *क्लोक* *n.* a loose upper garment चोग़ा।

clock *क्लौकॅ* *n.* time measuring instrument घड़ी।

clod *क्लॉड़* *n.* a lump of earth, a lout मिट्टी का ढोंका, मूर्ख।

cloister *क्लॉयस्ट्-अर्* *n.* a convent, a monastery, a covered walk, a nunnery, मठ, विहार (आश्रम), व क्षों से ढका हुआ मार्ग, संन्यासिनियों का आश्रम।

close[1] *क्लोज़* *n.* end अंत, समाप्ति।

close[2] *a.* near समीप; intimate घनिष्ट; careful सावधानीपूर्ण।

close[3] *v. t.* to shut बंद करना; to end समाप्त करना।

closet *क्लौ ॅ ज़िट* *n.* small room कोठरी।

closure *क्लो ज़ॅः* *n.* act of closing समापन।

clot[1] *क्लौ ॅट* *n.* semi-solid lump थक्का।

clot[2] *(-tt-)* *v. t.* to form into clots थक्का बनाना; *v. i.* coagulate थक्का बनना।

cloth *क्लौथॅ* *n.* a woven material or fabric कपड़ा।

clothe *क्लोद* *v. t.* to put clothes on कपड़े पहनाना।

clothes *क्लोद्ज़* *n. pl.* garments परिधान।

clothing *क्लो दिङ्ग* *n.* garments collectively परिधान।

cloud *क्लॉउड* *n.* condensed visible water vapour बादल।

cloudy *क्लॉउ डि* *a.* overcast with clouds मेघाच्छादित; not clear धुंधला।

clove *क्लोव्* *n.* a kind of pungent, aromatic spice लवंग।

clown *क्लॉउन* *n.* jester or buffoon विदूषक, मसख़रा।

club *क्लब* *n.* an association of persons सभा, गोष्ठी; a cudgel गदा; one of the suits at cards चिड़ी।

clue *क्लू* *n.* hint सूत्र, संकेत।

clumsy *क्लम् ज़ि* *a.* unskilled अनाड़ी; ill-made भौंडा; shapeless बेडौल।

cluster[1] *क्लस् टॅः* *n.* bunch गुच्छा।

cluster[2] *v. i.* to gather in a cluster समूहबद्ध होना।

clutch *क्लच* *n.* tight grasp पकड़, चंगुल; a mechanical device in automobiles क्लच।

clutter *क्लट्'-अरॅ* *v. t.* to run with confused noise चिल्लाकर दौड़ना।

co *कॉ* *n.* an *abbr.* for Company. 'कम्पनी' शब्द का संक्षिप्त रूप।

coach *कोच* *n.* a large four wheeled carriage बग्घी; railway carriage रेलगाड़ी का डिब्बा; tutor, instructor प्रशिक्षक।

coachman *कोच् मॅन* *n.* driver of a coach गाड़ीवान।

coal *कोल* *n.* a black mineral used as fuel कोयला।

coalition *को ॲ लि शॅन* *n.* union, alliance सम्मिलन, मेल।

coarse *कौःस* *a.* inferior घटिया; rough खुरदुरा; unrefined अशिष्ट।

coast *कोस्ट* *n.* sea-shore समुद्र-तट।

coat *कोट* *n.* man's upper garment कोट; layer तह, परत।

coating *कोटिङ्ग* a layer of paint, cloth for coats रंग की तह, कोट बनाने का कपड़ा।

coax *कोक्स v. t.* to persuade बहलाना; to wheedle मनाना।

cobalt *को-बॉल्ट् n.* a metal like nickel गिलट के समान एक सफेद धातु।

cobbler *कौबॅ् लॅः n.* shoe-mender मोची।

cobra *को ब्रॅ n.* a venomous snake with a hood फनदार विषैला साँप।

cobweb *कौबॅ् वैबॅ n.* spider's web मकड़ी का जाला।

cocaine *को-केन्' n.* a drug producing local insensibility कोकीन।

cock *कौकॅ n.* male of a domestic fowl मुर्गा; tapped spout टोंटी; lever in a gun बंदूक का घोड़ा।

cocker *कॉक्-अर् v. t.* to pamper, to cuddle लाड़ करना, दुलार करना।

cockle *कॉक्-क्ल् v. i.* to bulge, to pucker or wrinkle फूलना, झुर्री पड़ना।

cock-pit *कौकॅ् पिट n.* pilot's seat or compartment in an aircraft वायुयान में चालक-कक्ष।

cockroach *कौकॅ् रोच n.* the black beetle तिलचट्टा।

coconut *को को नॅट n.* large edible nut नारियल।

code *कोड n.* systematic collection of laws संहिता; a secret language संकेत–लिपि।

co-education *को ऐ˘ ड्यु के शॅन n.* education of boys and girls together सहशिक्षा।

coefficient *को-एफ'-इश्-इअन्ट् n* a joint factor, a number or quantity that multiplies another number गुणक, गुणा करने वाली संख्या।

co-exist *को ऐगॅ् ज़िस्ट v. i.* to exist at the same time सहवर्ती होना।

co-existence *को ऐगॅ् ज़िस् टॅन्स n.* existence at the same time सहअस्तित्व।

coffee *कौ ˘ फि n.* seeds of coffee tree कॉफ़ी के बीज़; drink made from them इनसे बना पेय।

coffin *कौ ˘ फ़िन n.* box for corpse शव-पेटिका, ताबूत।

cog *कॉग् n.* the catch or tooth of a wheel by which it drives another wheel पहिये का दाँता।

cogent *को'-जेन्ट् adj.* forcible, convincing, powerful प्रबल, निश्चित, विश्वस्त, बलवान।

cognate *कॉग्-नेट् adj.* skin in origin, related of allied to सगोत्री, सम्बन्धी।

cognizance *कौगॅ् नि ज़ॅन्स n.* (law) knowledge जानकारी।

cohabit *को-हैब्-इट् v. t.* to dwell together as husband and wife. पति-पत्नी के समान सहवास करना।

coherent *को हिअॅ रॅन्ट a.* showing logical consistency सुसंगत; sticking together संस्क्त।

cohesive *को-हे'-सिव् adj.* producing union एकता लाने वाला, संयुक्त होने वाला।

coif *कॉइफ् n.* a cap or covering for the head टोपी, टोप।

coin *कौ इन n.* metal money सिक्का, मुद्रा।

coinage *कौ ˘इ निज n.* currency सिक्का, मुद्रा; act of coining money सिक्का-ढलाई।

coincide *कॉइन्-साइड्' v. i.* to occupy the same position, to agree

समान या अनुरूप होना, ठीक-ठीक बैठना, सहमत होना।

coir *कॉइर्* *n.* coconut fibre which is used for making ropes, matting नारियल की जटा जो रस्सी, चटाई आदि बनाने के लिये काम में लाई जाती है।

coke *कोक्* *v. t.* to convert coal in to solid substance पत्थर के कोयले को ठोस बनाना।

cold[1] *कोल्ड* *a.* chilly शीतल, ठंडा; indifferent उदासीन।

cold[2] *n.* absence of heat ठंडक, शीत; catarrh सर्दी, जुकाम।

collaborate *कॅ लै बॅ रेट* *v. i.* to work conjointly सहयोग करना।

collaboration *कॅ लै बॅ रे शॅन* *n.* cooperation सहयोग।

collapse *कॅ लैप्स* *v. i.* to fall to pieces एकाएक गिरना; to lose heart हिम्मत हारना।

collar *कौ ॅ लॅः* *n.* neckband कॉलर।

colleague *कौ ॅ लीग* *n.* co-worker सहकर्मी।

collect *कॅ लैक्ट* *v. t.* to gather संग्रह करना, इकट्ठा करना; *v. i.* to come together इकट्ठा होना।

collection *कॅ लैक् शॅन* *n.* act of collection संचयन, संकलन; the thing collected संचित वस्तु।

collective *कॅ लैक् टिव* *a.* of a group सामूहिक।

collector *कॅ लैक् टॅः* *n.* one who collects संग्राहक, वसूल करनेवाला।

college *कौ ॅ लिज* *n.* institution for higher education महाविद्यालय।

collide *कॅ लॉइड* *v. i.* to strike against one-another टकराना, भिड़ना।

collision *कॅ लि ज़्ॅन* *n.* act of colliding भिंड़त; conflict संघर्ष।

collusion *कॉल्यूजन* *n.* a secret compact for a fraudulent purpose, deceit जाल, कपट, दलबन्दी।

colon[1] *को लॅन* *n.* a punctuation mark (;) अपूर्ण विराम।

colon[2] large intestine बड़ी अंतड़ी।

colonel *कॅः नॅल* *n.* an army officer कर्नल।

colonial *कॅ लो नि ॲल* *a.* pertaining to colonies औपनिवेशिक।

colony *कौ ॅ लॅ नि* *n.* body of people who settle in a new country उपनिवेश; country so settled बस्ती।

colour[1] *क लॅः* *n.*, hue, tint रंग; paint रोग़न।

colour[2] *v. t.* to paint रंगना; to disguise (का) रूप बदल देना; to distort तोड़-मरोड़ देना।

colter *कोल्टर्* *n.* the cutting iron of a plough हल का फार।

column *कौ ॅ लॅम* *n.* a tall, erect pillar स्तंभ; upright division of a printed page कॉलम।

coma *को मॅ* *n.* unnatural deep sleep लंबी मूर्च्छा, अचेतन अवस्था।

comb *कोम* *n.* an instrument for arranging hair कंघा; the crest of a cock कलग़ी; mass of honey cells मधुमक्खियों का छत्ता।

combat[1] *कौम्ॅ बॅट* *n.* fight संग्राम, युद्ध।

combat[2] *(-tt-)* *v. t.* to oppose विरोध करना।

combatant[1] *कौम्ॅ बॅ टॅन्ट* *n.* a fighter योद्धा।

combatant[2] *a.* fighting युद्धशील।

combination *कौम्ँ बि ने शॅन n.* union सम्मिलन; association संगठन।

combine *कॅम् बॉइन v. t.* to unite मिलाना; to join together जोड़ना; *v. i.* to come together मिल जाना।

come *कम v. i.* to arrive पहुंचना; to move towards a person or place आना।

comedian *कॅ मी डि ॲन n.* a comic actor हास्य-अभिनेता।

comedy *कौ˘ मि डि n.* a stage play with happy ending सुखांतकी।

comet *कौ˘ मिट n.* a heavenly body with a tail of light धूमकेतू, पुच्छलतारा।

comfit *कम्'-फिट् n.* a sweetmeat, sugarplum, confection. मिठाई, लायचीदाना, मेवों की मिठाई।

comfort[1] *कम् फ़ःट n.* relief आराम; consolation सांत्वना।

comfort[2] *v. t.* to console सांत्वना देना।

comfortable *कम् फॅः टॅ ब्ल a.* free from hardship शांतिप्रद, सुखद; full of comfort आरामदायक।

comic[1] *कौ˘ मिक a.* amusing आनंदप्रद; pertaining to comedy सुखांतकी–संबंधी।

comic[2] *n.* magazine full of strip cartoons हास्यरस की पत्रिका।

comical *कौ ˘मि कॅल a.* funny मज़ाकिया, हास्यपूर्ण

comma *कौ ˘ मॅ n.* punctuation mark (,) अल्पविराम-चिह्न।

command[1] *कॅ मान्ड n.* order आदेश, आज्ञा; control नियंत्रण।

command[2] *v. t.* to order आदेश देना; to control वश में रखना।

commandant *कौ˘ मॅन् डैन्ट n.* commanding officer of a military organization सेनानायक।

commander *कॅ मान् डॅः n.* person who commands नायक; rank below captain in the navy सेनानायक।

commemorate *कॅ मै˘ मॅ रेट v. t.* to serve as a memorial of (का) कीर्तिमान होना; to honour the memory of (का) पुण्यस्मरण करना।

commemoration *कॅ मै ˘ मॅ रे शॅन n.* act of commemorating स्मरणोत्सव।

commence *कॅ मैन्स v. t.* to begin प्रांरभ करना; *v. i.* make a beginning प्रारंभ होना।

commencement *कॅ मैन्स् मॅन्ट n.* beginning प्रारंभ।

commend *कॅ मैन्ड v. t.* to speak good of (की) प्रशंसा करना; to entrust सौंपना।

commendable *कॅ मैनॅ् डॅ ब्ल a.* praiseworthy प्रशंसनीय।

commendation *कॅ मैनॅ् डे शॅन n.* admiration प्रशस्ति, प्रशंसा।

comment[1] *कौ ˘ मैन्ट v. i.* to make remarks टिप्पणी करना; *v. t.* to say by way of remarks टिप्पणी के रूप में कहना।

comment[2] *n.* explanatory remarks टीका–टिप्पणी।

commentary *कौ ˘ मैनॅ् टॅ रि n.* a series of comments टीका-टिप्पणी; an explanatory essay व्याख्यात्मक निबंध।

commentator *कौ˘ मैनॅ् टे टॅः n.* an annotator भाष्यकार, टीकाकार; person who relays commentary विवरणकार।

commerce कौ ˘ मॅ:स *n.* trade वाणिज्य।

commercial कॅ मॅ: शॅल *a.* pertaining to commerce वाणिज्यक; with a profit motive लाभ के उद्देश्यवाला।

commiserate कम्-मिज्'-एरेट् *v. t.* to feel or show pity for दया करना, करुणा दिखाना।

commission कॅ मि शॅन *n.* a body entrusted with some special duty आयोग; act of performing कृत्य; payment by percentage for doing something दलाली; delegated authority कार्याधिकार।

commissioner कॅ मि शॅ नॅ: *n.* supreme authority of a commissionery आयुक्त, मंडलायुक्त।

commissure कॉम्-मि'-श्योर् *n.* a place where two bodies unite दो पदार्थों का मिलन-स्थल।

commit कॅ मिट *v. t.* to entrust सौंपना; to do (an offence or mistake) (अपराध आदि) करना; to pledge प्रतिज्ञा करना।

committee कॅ मि टि *n.* a select body made for some special business समिति।

commodity कॅ मौ ˘ डि टि *n.* anything useful माल, वस्तु।

common कौ ˘ मॅन *a.* belonging to all or several सामान्य, साधारण; public सार्वजनिक; ordinary मामूली।

commoner कौ ˘ मॅ नॅ: *n.* one of the common people सामान्य व्यक्ति।

commonplace कौ ˘ मॅन् प्लेस *a.* ordinary सामान्य।

commonwealth कौ ˘ मॅन् वैल्थ *n.* republic गणतंत्र; (cap.) federation of self governing states राष्ट्रमंडल।

commotion कॅ मो शॅन *n.* agitation उत्तेजना; noisy confusion शोरगुल।

commove कॅमाव *v. t.* to excite, to agitate उत्तेजित करना।

communal कौ ˘ म्यु नॅल *a.* sectarian सांप्रदायिक।

commune कॉम्-म्यून *v. t.* to hold intimate intercourse with सम्भाषण करना, बातचीत करना।

communicate कॅ म्यु नि केट *v. t.* to impart देना, पहुंचाना; to reveal प्रकट करना, सूचित करना।

communication कॅ म्यु नि के शॅन *n.* act of communicating संप्रेषण; information सूचना; means of exchanging message संचार-व्यवस्था।

communique कॉम्-म्यूनीक् *n.* an official statement which is given to the press सरकारी विज्ञप्ति।

communism कौ ˘ म्यु निज़्म *n.* vesting of property in the community साम्यवाद।

community कॅ म्यु नि टि *n.* society समाज; social group संप्रदाय; similarity सामान्यता।

commute कम्यूट् *v. t.* to interchange or exchange अदल-बदल करना।

compact[1] कॅम् पैक्ट *a.* closely packed together सघन, ठोस; neatly fitted सुगठित।

compact[2] कौम् पैक्ट *n.* agreement संविदा, समझौता।

companion कॅम् पै न्यॅन *n.* comrade साथी; associate सहचर।

company *कम् पॅ नि n.* association संगठन; party टोली; group of persons assembled समवाय।

comparative *कॅम पै रॅ टिव a.* estimated by comparison तुलनात्मक।

compare *कॅम् पे˘ अॅः v. t.* to liken समान बताना; *v. i.* to be like or equal समान होना।

comparison *कॅम् पै रि सॅन n.* act of comparing तुलना; comparative estimate मिलान।

compartment *कॅम् पाःट् मॅन्ट n.* section कक्ष, विभाग; partition of a railway carriage रेलगाड़ी का डिब्बा।

compass *कॅम् पॅस n.* instrument for showing north दिक् सूचक, कुतुबनुमा; *(pl.)* instrument for drawing circles परकार।

compassion *कॅम पै शॅन n.* sympathy सहानुभूति।

compel *कॅम् पैलॅ (-ll-) v. t.* to overpower विवश करना; to force (पर) दबाव डालना।

compensate *कौमॅ् पैनॅ् सेट v.t.* to make up for (की) क्षतिपूर्ति करना।

compensation *कौमॅ् पैनॅ् से शॅन n.* recompense क्षतिपूर्ति।

compete *कॅम् पीट v. i.* to be in rivalry प्रतिस्पर्धा करना।

competence *कौ मॅ् पि टॅन्स n.* capability सामर्थ्य, क्षमता।

competent *कौमॅ् पि टॅन्ट a.* capable सक्षम, समर्थ।

competition *कौमॅ् पि टि शॅन n.* act of competing प्रतियोगिता; rivalry प्रतिस्पर्धा।

competitive *कॅम् पै˘ टि टिव a.* of the nature of competition प्रतियोगी।

compile *कम्पाइल् v. t.* to collect materials from various authors, to amass संकलित करना, संग्रह करना।

complacent *कम्-प्ले-सेन्ट् adj.* self-satisfied सन्तुष्ट।

complain *कॅम् प्लेन v. i.* to express feelings of discontent शिकायत करना।

complaint *कॅम् प्लेन्ट n.* act of complaining फ़रियाद; an ailment कष्ट, रोग; grievance उलाहना।

complaisance *कॉम्पलेजैन्स् n.* politeness, civility शिष्टाचार, भलमन्सी।

complaisant *कॉम्-प्ले-जान्ट् adj.* desirous or pleasing, obliging अनुरोधी, आज्ञानुकूल।

complement *कौमॅ् प्लि मॅन्ट n.* that which completes पूरक।

complementary *कौमॅ् प्लि मैनॅ् टॅ रि a.* acting as a complement अनुपूरक।

complete[1] *कॅम् प्लीट a.* entire पूर्ण; finished समाप्त।

complete[2] *v. t.* to finish पूरा करना; to make perfect पूर्णता प्रदान करना।

completion *कॅम् प्ली शॅन* the act of being finished समापन; accomplishment पूर्ति।

complex[1] *कौमॅ् प्लैक्स a.* complicated जटिल; composite मिश्रित।

complex[2] *n.* obsession मनोग्रंथि; group of related buildings भवन-समूह।

complexion *कॅम् प्लैकॅ् शॅन n.* colour

of the face वर्ण।

compliance *कम्-प्लाई-एन्स् n.* consent, submission स्वीक ति, आज्ञानुकूलता, आज्ञाकारिता।

compliant *कम्-प्लाइ-एन्ट् adj.* yielding obliging सरल प्रक ति का, आज्ञाकारी, संकोची।

complicate *कौम्ँ प्लि केट v. t.* to make complex उलझाना।

complication *कौम्ँ प्लि के शॅन n.* entangled condition उलझन।

compliment[1] *कौम्ँ प्लि मॅन्ट n.* praise प्रशंसा; *(pl.)* greetings अभिवादन।

compliment[2] *कौम्ँ प्लि मैन्ट v. t.* to praise प्रशंसा करना।

comply *कॅम् प्लॉइ v. i.* to act in accordance पालन करना।

component *कम्पॉनेन्ट् adj.* forming part of a whole साधक, अंगभूत।

compose *कॅम् पोज़ v. t.* to constitute निर्मित करना; to write लिखना; to settle तय करना; to calm (oneself) शांत होना।

composition *कौम्ँ पॅ ज़ि शॅन n.* act of composing संयोजन; literary or musical work रचना; act of setting types मुद्रायोजन, अक्षर-योजन।

compositor *कॅम् पौ˘ ज़ि टॅः* person who sets types for printing अक्षर-योजक।

compost *कौम्ँ पौस्ॅट n.* compound manure मिश्रित खाद।

composure *कम्पोजर् n.* calmness, tranquility शान्ति।

compound[1] *कौम्ँ पॉउन्ड n.* enclosed area अहाता।

compound[2] *a.* made up of two or more combined parts यौगिक।

compound[3] *n.* something made up of two or more combined parts यौगिक; *(gram.)* word composed of two or more smaller words समास।

compound[4] *कॅम् पॉउन्ड v. i.* to mix together मिलाना; to settle तय करना।

compounder *कम्पाउण्डर् n.* one who compounds or mixes things पदार्थों को मिलाने वाला, औषधि बनाने वाला।

comprehend *कौम्ँ प्रि हैन्ॅड v. t.* to understand समझना; to include सम्मिलित करना।

comprehension *कौम्ँ प्रि हैन्ॅ शॅन n.* faculty of understanding बोध, समझ, धारणा।

comprehensive *कौम्ँ प्रि हैन्ॅ सिव a.* extensive व्यापक।

compress *कॅम् प्रैसॅ v. t.* to press दबाना; to condense संक्षिप्त करना।

compromise[1] *कौम्ँ प्रॅ मॉइज़ n.* settlement समझौता।

compromise[2] *v. t.* to settle by mutual agreement निपटारा करना।

compulsion *कॅम् पल् शॅन n.* act of compelling बाध्यकरण; state of being compelled बाध्यता।

compulsory *कॅम् पल् सॅ रि a.* constraining बाध्यकर; obligatory अनिवार्य।

compunction *कम्पङ्क्शन् n* the pricking of conscience, regret मनोव्यथ, पश्चाताप।

computation *कम्यूटेशन् n.* estimate, reckoning गणना, गिनती।

compute *कम्-पयूट्* *v.t.* to reckon to number, to calculate गणना करना, गिनना, लेखा करना।

comrade *कौम्ँ रिड* *n.* companion साथी; an associate सहयोगी।

conation *को-ने-शन्* *n.* the effort of will-power इच्छा शक्ति का प्रयत्न।

concave *कॉन्-केव्* *adj.* curved, hollow, vaulted or arched नतोदर, खोखला।

conceal *कॅन् सील* *v. t.* to hide छिपाना।

concede *कन्सीड्* *v.t.* to allow, to admit स्वीकार करना, अंगीकार करना।

conceit *कॅन् सीट* *n.* self flattering opinion आत्मश्लाघा।

conceive *कॅन् सीव* *v. t.* to form in the womb गर्भ प्रदान करना; to take into mind विचार करना; *v. i.* to become pregnant गर्भवती होना।

concentrate *कौन्ँ सैन्ँ ट्रेट* *v. t.* to condense गाढ़ा करना; to bring together इकट्ठा करना; to focus केंद्रित करना।

concentration *कौन्ँ सैन्ँ ट्रे शॅन* *n.* act of concentrating एकाग्रता; state of being concentrated संकेंद्रण।

concept *कौन्ँ सैप्ँट* *n.* an object conceived by the mind संकल्पना।

conception *कॅन् सैप्ँ शॅन* *n.* act of conceiving अवधारण; inception of pregnancy गर्भधारण।

concern[1] *कॅन् सःन* *v. t.* to have a relation to (से) संबंधित होना; to make anxious चिंतित करना।

concern[2] *n.* care, anxiety चिंता; affair मामला; a business व्यवसाय।

concert[1] *कौन्ँ सॅःट* *n.* a programme of music संगीत-गोष्ठी।

concert[2] *कॅन् सॅःट* *v. t.* to arrange (में) सामंजस्य स्थापित करना।

concession *कॅन् सै ॅ शॅन* *n.* act of conceding छूट, रियायत; thing conceded रियायत में दी गई वस्तु; special privilege विशेष सुविधा।

conch *कौ ॅङ्क, कौन्ॅच* *n.* sea-shell शंख।

conciliate *कन्सिलिएट* *v.t.* to pacify, to win over, to reconcile शान्त करना, सान्त्वना देना, मनाना।

concise *कॅन् सॉइस* *a.* brief संक्षिप्त, सारगर्भित।

conclude *कॅन् क्लूड* *v. t.* to deduce निष्कर्ष निकालना; to end समापन करना; *v. i.* to come to an end समाप्त होना।

conclusion *कॅन् क्लू ज़ॅन* *n.* decision निर्णय; end उपसंहार।

conclusive *कॅ क्लू सिव* *a.* decisive निर्णायक।

concoct *कॅन् कौक्ॅट* *v. t.* to make up (a dish) पकाना; to plan (की) योजना बनाना; to fabricate गढ़ना।

concoction *कॅन् कौक्ॅ शॅन* *n.* fabrication मनगढ़ंत कहानी।

concord *कौ ॅङ् कौःड* *n.* agreement समझौता; harmony सामंजस्य।

concrescence *कन्-क्रे-सन्स्* *n.* growing together एक साथ उगना या बढ़ना, सहव द्धि।

concrete[1] *कौन्ँ क्रीट, कौङ्* –*n.* mixture of cement, sand etc. used in building कंकरीट।

concrete[2] *a.* actual यथार्थपूर्ण; not abstract मूर्त; solid ठोस।

concrete[3] *कंड् क्रीट v. t.* to cover with concrete कंकरीट से भरना; to solidify ठोस रूप देना।

concubinage *कॅन्-क्यु-बिन्-एज् n.* the state of being a concubine वेश्यापन।

concubine *कौनॅं क्यु बॉइन n.* woman kept as wife उपपत्नी।

conculcate *कॉन्-कल्-केट् v.t.* to trample under feet पैरों से कुचलना।

condemn *कॅन् डैमॅं v. t.* to blame निंदा करना; to declare unfit for use निकम्मा ठहराना।

condemnation *कॅन् डैमॅं ने शॅन n.* act of condemning निंदा; state of being condemned तिरस्कार।

condense *कॅन् डैन्स v. t.* to concentrate गाढ़ा करना; to abridge संक्षिप्त करना; *v. t.* to become dense गाढ़ा होना।

condite *कॉन-डाइट् v.t.* to preserve, to pickle अचार, मुरब्बा इत्यादि बनाना।

condition *कॅन् डि शॅन n.* situation परिस्थिति; a modifying circumstance शर्त; state अवस्था।

conditional *कॅन् डि शॅं नॅल a.* depending on conditions प्रतिबंधात्मक; not absolute सशर्त।

condole *कॅन् डोल v. i.* to grieve with another शोक प्रकट करना।

condolence *कॅन डो लॅन्स n.* act of condoling शोक।

condonation *कॉन-डोनेशन् n.* act of forgiving, forgiveness अपराध क्षमा करने का कार्य, क्षमा-प्रदान।

conduct[1] *कौनॅं डक्ट n.* behaviour आचार-व्यवहार; management संचालन।

conduct[2] *कॅन् डक्ट v. t.* to lead नेतृत्व करना; to guide मार्ग दिखाना; to behave आचरण करना।

conductor *कॅन् डक् टॅः n.* a leader नेता; a director निर्देशक; a body that transmits heat, electricity etc. सुचालक; a person incharge of a bus कंडक्टर।

cone *कोन् n.* a solid circular figure tapering to a point शंकु, नोकदार आक ति।

confectioner *कॅन् फ़ैकॅं शॅं नॅः n.* one who makes and sells sweetmeats हलवाई।

confectionery *कॅन् फ़ैक् शॅं नॅं रि n.* sweetmeats in general मिष्ठान; place where sweetmeats are prepared हलवाईखाना, मिष्ठान ग ह।

confer *कॅन् फॅः v. i.* to consult together वार्तालाप करना *v. t.* to give or bestow प्रदान करना।

conference *कौनॅं फ़ॅ रॅन्स n.* assembly सभा, सम्मेलन; meeting for consultation परामर्श।

confess *कॅन् फ़ैॅस v. t.* to admit स्वीकार करना; to own as a crime, debt etc. मानना; *v. i.* to declare one's sins पापों को कह देना।

confession *कॅन् फ़ै॑ शॅन n.* admission of a fault पाप-स्वीकारोक्ति; act of confessing पाप-स्वीकरण।

confidant *कौनॅं फ़ि डैन्ट n.* a confidential विश्वासपात्र मित्र।

confide *कॅन् फ़ॉइड v. i.* to trust विश्वास करना; *v. t.* tell in confidence गुप्त रूप से बताना।

confidence *कौनॅं फ़ि डॅन्स n.* faith, trust विश्वास; self-reliance आत्मविश्वास; boldness साहस।

confident *कौनॅ् फ़ि डॅन्ट a.* having confidence आश्वस्त।

confidential *कौनॅ् फ़ि डैनॅ् शॅल a.* trustworthy विश्वस्त; secret गुप्त।

confine *कॅन् फ़ॉइन v. t.* to imprison क़ैद करना; to restrain प्रतिबंधित करना; to limit सीमित करना।

confinement *कॅन् फ़ॉइन् मॅन्ट n.* imprisonment कारावास; being in bed for child birth प्रसूति।

confirm *कॅन् फ़ॅ:म v. t.* to strengthen द ढ़ बनाना; to prove to be true पुष्टि करना; to administer confirmation स्थायी करना; to make sure विश्वस्त होना।

confirmation *कौनॅ् फॅ: मे शॅन n.* act of confirming पुष्टीकरण; proving right प्रमाणीकरण; corroboration समर्थन।

confiscate *कौनॅ् फ़िस् केट v. t.* to size by authority ज़ब्त करना।

confiscation *कौनॅ् फ़िस् के शॅन n.* forfeiture ज़ब्ती।

conflict[1] *कौनॅ् फ़्लिक्ट n.* struggle संघर्ष; clashing of views टकराव।

conflict[2] *कॅन् फ़्लिक्ट v. i.* to clash संघर्ष करना।

confluence *कौनॅ् फ़्लु ॲन्स n.* place where two rivers unite संगम।

confluent *कॉन्-फ्लू-अन्ट् adj.* flowing together एक साथ बहता हुआ।

conformity[1] *कॉन-फॉर्म्-इट्-इ n.* likeness, congruity, compliance अनुरूपता, समानता, आज्ञा पालन।

conformity[2] *कॅन् फौ:–मि टि n.* likeness समनुरूपता; compliance अनुपालन।

confraternity *कॉन्-फर-टर्-निटी n.* brotherhood बन्धुत्व, भाईचारा।

confrontation *कौनॅ् फ़्रॅन् टे शॅन n.* opposition विरोध, आमना-सामना।

confuse *कॅन फ़्यूज़ v. t.* to put into disorder अव्यवस्थित करना; to disconcert भ्रम में डालना।

confusion *कॅन् फ़्यू ज़ॅन n.* confoundment भ्रम; disorder अव्यवस्था।

confute *कन्फ्यूट् v.t.* to prove to be false, to disprove झूठा सिद्ध करना, असिद्ध करना।

conge *कॉन्-जे n.* farewell. विदाई

congenial *कॅन् जी नि ॲल a.* agreeable अनुकूल।

conglutinate *कॅन्-ग्लू-टिन्-एट् v.t.* to stick together with glue सरेस से चिपकाना या बैठाना।

congratulate *कॅन् ग्रै ट्यु लेट v. t.* to felicitate बधाई देना।

congratulation *कॅन् ग्रै ट्यु ले शॅन n.* act of congratulating बधाई।

congress *कौ ॅङ् ग्रैसॅ n.* assembly सभा, सम्मेलन।

conjecture[1] *कॅन् जैॅक् चॅः n.* guess अटकल, अनुमान।

conjecture[2] *v. t.* decide by guess अनुमान से निर्णय करना; *v. i.* to make a guess अटकल लगाना।

conjugal *कौनॅ् जु गॅल a.* pertaining to marriage वैवाहिक।

conjugate *कॉन्-जू-गेट् v.t. & i.* to inflect verbs, to marry, to unite sexually क्रियापद के रूप चलाना, विवाह करना, सम्भोग करना।

conjunct *कॉन्-जङ्क्ट् adj.* joined together, associated संयुक्त मिला हुआ।

conjunctiva *कॉन्-जङ्क्-टाइवा n.* the membrane which connects the inner eyeball with eyelid आंख के भीतरी भाग की झिल्ली।

conjuncture *कन्-जङ्क्ट-चर् n.* a combination of events, occasion, a crisis संयोग, घटना, अवसर।

conjure[1] *कंज्यूर v.t.* to appeal solemnly निष्ठापूर्वक अनुरोध करना।

conjure[2] *कंज्यूर v.i.* to act by magical influence जादू करना, मन्त्र वश करना।

connect *कॅ नैक्ट v. t.* to join जोड़ना; to unite संबद्ध करना; *v. i.* to associate मिलना।

connection *कॅ नैक् शॅन n.* act of connecting संयोजन; relationship संबंध, link कड़ी।

connivance *कनाइवान्स् n.* act of winking at a fault, collusion उपेक्षा, आनाकानी।

conquer *कौ ˘ङ् कॅः v. t.* to gain victory over जीतना *v. i.* to be victorious विजयी होना।

conquest *कौ ˘ङ्क्वैस्ट n.* victory विजय।

conscience *कौ ˘न्शॅन्स n.* sense of right and wrong पुण्य-अपुण्य-विवेक।

conscious *कौन्ँ शॅस a.* sensible सचेतन; wakeful जाग्रत।

consecrate *कॉन्सि-क्रेट् v.t.* to set apart as sacred, to hallow, to sanctify धार्मिक कार्य के लिए उत्सर्ग कर देना पवित्र करना (संस्कार करना), प्रतिष्ठा करना।

consecutive *कन्सिक्यूटिव् adj.* following in order निरन्तर (लगातार), क्रमागत।

consecutively *(टिव्-लि) adv.* in a consecutive manner यथाक्रम, क्रम से।

consensus *कन्सेन्सस् n.* agreement, unanimity अनुकूलता, एकमत।

consent[1] *कॅन् सैन्ट n.* permission अनुज्ञा; agreement सहमति।

consent[2] *v. i.* to agree सहमत होना।

consent[3] *कन्सेन्ट् v.t.* to agree, to yield, to comply सहमत होना, मान लेना, स्वीकार करना।

consequence *कौन्ँ सि क्वॅन्स n.* result परिणाम; significance महत्व।

consequent *कौन्ँ सि क्वॅन्ट a.* following as a consequence अनुगामी, अनुवर्ती।

conservative[1] *कॅन् सॅः वॅ टिव a.* opposed to great or sudden change रूढ़िवादी।

conservative[2] *n.* a conservative person रूढ़िवादी व्यक्ति।

conserve *कॅन् सॅःव v. t.* to save from damage सुरक्षित रखना; to preserve संरक्षित करना।

consider *कॅन् सि डॅः v. t.* to think over विचार करना; to regard मानना; to contemplate सोचना; to make allowance for (का) ध्यान रखना।

considerable *कॅन सि डॅ रॅ ब्ल a.* important महत्वपूर्ण; adequate यथेष्ट।

considerate *कॅन् सि डॅ रिट a.* having consideration for others दूसरे का ध्यान रखने वाला।

consideration *कॅन् सि डॅ रे शॅन n.* careful thought विचार, मनन; something kept in mind लिहाज़, ध्यान; compensation क्षतिपूर्ति; importance महत्व।

considering *कन्सिडरिंग् prep.* in view of विचार करते हुए, समझते हुए।

consign[1] *कन्साइन् v.t.* to hand over,

to deliver, to transmit सौंपना, देना (अर्पण करना), भेजना।

consign[2] *कॅन् सॉइन v. t.* to send भेजना; to entrust सुपुर्द करना।

consignment *कॅन् सॉइन् मॅन्ट n.* consigning प्रेषण; goods consigned प्रेषित माल !

consist *कॅन् सिस्ट v. i.* to be composed (of) (का) बना होना, (में) निहित होना।

consistence,-cy *कॅन् सिस् टॅन्स, –टॅन् सि n.* degree of density घनापन; harmony सामंजस्य।

consistent *कॅन् सिस् टॅन्ट a.* compatible युक्तिसंगत; not contradictory अविरोधी।

consolation *कौनँ् सॅ ले शॅन n.* solace सांत्वना।

console *कॅन् सोल v. t.* to give comfort सांत्वना देना।

consolidate *कॅन् सौ˘ लि डेट v. t.* to make solid संघटित करना; to unite into one समेकन करना।

consolidation *कॅन् सौ˘ लि डे शॅन n.* act of consolidating चकबंदी; state of being consolidated घनी भवन।

consonance *कॉन्सॅनन्स् n.* agreement, harmony, concord अविरोध, अनुरूपता, एकलय, मेल।

consonant *कौनँ् सॅ नॅन्ट n.* letter always sounded with a vowel व्यंजन।

consort *कॉनसॅर्ट् n.* husband or wife, companion पति या पत्नी, संगी, साथी।

conspectus *कन्स्पेक्ट्-अस् n.* general view, synopsis सामान्य द श्य, सारांश, रूपरेखा।

conspicuous *कॅन् स्पि क्यु अॅस a.* remarkable सुस्पष्ट; eminent विशिष्ट।

conspiracy *कॅन् स्पि रॅ सि n.* a plot षड्यंत्र।

conspirator *कॅन् स्पि रॅ टॅः n.* a plotter षड्यंत्रकर्त्ता।

conspire *कॅन् स्पॉइअॅः v. i.* to make secret plans षड्यंत्र रचना; to work together मिल जाना।

constable *कन् स्टॅ ब्‌ल n.* a policeman सिपाही।

constant *कौनँ् स्टॅन्ट a.* uninterrupted निर्बाध, सतत्; invariable स्थिर।

constellation *कॉन्स्टलेशन n.* a number of fixed stars grouped together नक्षत्रों का समूह, नक्षत्रमण्डल।

constipation *कौनँ् स्टि पे शॅन n.* costiveness क़ब्ज़, मलावरोध।

constituency *कॅन् स्टि ट्यु अॅन् सि n.* body of electors मतदाता-क्षेत्र।

constituent[1] *कॅन् स्टि ट्यु अॅन्ट n.* a component part घटक; elector मतदाता, निर्वाचक व्यक्ति।

constituent[2] helping to form a whole अंशभूत, संघटक; having the power to make a constitution संविधान-निर्माणकारी।

constitute *कौनँ् स्टि ट्यूट v. t.* to form निर्मित करना; to appoint नियुक्त करना।

constitution *कौनँ् स्टि ट्यू शॅन n.* a system of fundamental laws विधान; general physical structure of a person शारीरिक गठन।

constrict *कॉन्स्ट्रिक्ट् v.t.* to compress, to contract दबाना, सिकोड़ना।

construct *कॅन् स्ट्रक्ट v. t.* to build निर्माण करना; to form रचना करना।

construction *कॅन् स्ट्रक् शॅन n.* act of constructing निर्माण; structure बनावट; something constructed निर्मित वस्तु।

consult *कॅन् सल्ट v. t.* to take advice from (से) परामर्श लेना।

consultation *कौनॅ् सल् टे शॅन n.* act of consulting परामर्श।

consume *कॅन् स्यूम v. t.* to use up उपयोग में लाकर समाप्त कर देना; to destroy नष्ट करना।

consumption[1] *कॅन् सम्प् शॅन n.* act of consuming उपयोग।

consumption[2] Tuberculosis *n.* तपेदिक, क्षयरोग।

contact[1] *कौनॅ् टैक्ट n.* touch स्पर्श; coming together संपर्क; close union or juncture of bodies संयोग।

contact[2] *कॅन् टैक्ट, कौनॅ् टैक्ट v. t.* to get into touch with (से) संपर्क स्थापित करना।

contagious *कॅन् टै जॅस a.* caught or communicated by contact संसर्गज, संक्रामक।

contain *कॅन् टेन v. t.* to hold अंतर्विष्ट करना; to restrain नियंत्रित करना; to include समाविष्ट करना।

contaminate *कन्टामिनेट् v.t.* to pollute, to corrupt दूषित करना (भ्रष्ट करना), अपवित्र या कलंकित करना।

contemplate *कौनॅ् टैमॅ् प्लेट v. t.* to consider विचार करना; to meditate on (पर) मनन या चिंतन करना; to intend इरादा रखना।

contemplation *कौनॅ् टैमॅ् प्ले शॅन n.* deep thought मनन, चिंतन; thoughtful view अवलोकन।

contemporary *कॅन् टैमॅ् पॅ रॅ रि a.* belonging to the same time समकालीन; of the present time समसामयिक।

contempt *कॅन् टैम्प्ट n.* disrespect अपमान; disobedience to rules अवज्ञा; scorn घ णा।

contemptuous *कॅन् टैम्पॅ ट्यु अॅस a.* full of contempt तिरस्कारपूर्ण।

contend *कॅन् टैॅन्ड v. i.* to oppose विरोध करना; to strive संघर्ष करना; to argue बहस करना; *v. t.* to assert earnestly द ढ़तापूर्वक कहना।

content[1] *कॅन् टैन्ट a.* satisfied संतुष्ट; pleased आनंदित।

content[2] *v. t.* to satisfy संतुष्टि प्रदान करना।

content[3] *n.* satisfaction संतुष्टि।

content[4] *कौनॅ् टैन्ट n. (pl.)* that which is contained अंतर्वस्तु; index of topics in a book विषय-सूची।

contention *कॅन् टैनॅ् शॅन n.* dispute विवाद कलह; argument तर्क।

contentment *कॅन् टैन्ट् मॅन्ट n.* state of being contented संतोष।

contest[1] *कॅन् टैस्ट v. t.* to strive for प्राप्त करने का दावा करना; *v. i.* to strive संघर्ष करना; to participate in competition प्रतियोगिता में भाग लेना।

contest[2] *कौनॅ् टैस्ट n.* competition प्रतियोगिता; struggle संघर्ष।

context *कौनॅ् टैक्स्ट n.* the part which precedes or follows a passage quoted प्रसंग।

continent *कौनॅ् टि नॅन्ट n.* one of the main land masses महाद्वीप।

continental *कौनॅ् टि नैनॅ् ट्ल a.* pertaining to a continent महाद्वीपीय।

contingency *कन्-टिन्-जेन्-सि n.* a fortuitous event आकस्मिक घटना।

continual *कन्टिन्युअल् adj.* without interruption, incessant सतत, निरन्तर।

continuation *कॅन् टि न्यु ए शॅन n.* succession, prolongation जारी रखने या रहने की स्थिति; extension विस्तार; resumption पुनरारंभ।

continue *कॅन् टि न्यु v. i.* to remain in a state or place रहना; to go on जारी रहना; *v. t.* to carry on जारी रखना; to resume पुन; प्रारंभ करना; to prolong बनाए रखना।

continuity *कौनॅ् टि न्यु इ टि n.* state of being continuous निरंतरता।

continuous *कॅन् टि न्यु अॅस a.* going on without break अविरत, निरंतरत।

contour *कौनॅ् टुअः n.* outline रूपरेखा।

contra *कॉन्-ट्रा pref.* in the sense of against विमुख, विपरीत अर्थ का उपसर्ग।

contraception *कॉन्ट्रेसेप्शन् n.* prevention of conception. गर्भधारण न करना, गर्भ अवरोध।

contract[1] *कौनॅ् ट्रैक्ट n.* agreement संविदा।

contract[2] *कॅन ट्रैक्ट v. t.* to make shorter सिकोड़ना; to make a contract for (का) ठेका लेना; to become liable for (का) ज़िम्मा लेना; to catch, to acquire ग्रहण करना; *v. i.* to become shorter सिकुड़ना।

contrapose *कॉन्ट्रपोज v.t.* to place over against a thing विपरीत स्थिति या अवस्था में रखना।

contractor *कॅन् ट्रैक् टः n.* person that enters into contracts ठेकेदार।

contradict *कौनॅ् ट्रॅ डिक्ट v. t.* to oppose विरोध करना; to assert the contrary of खंडन करना।

contradiction *कौनॅ् ट्रॅ डिक् शॅन n.* a contrary assertion प्रतिवाद; inconsistency with itself अंतर्विरोध।

contrary *कौनॅ् ट्रॅ रि a.* opposite विरोधी; unfavourable प्रतिकूल।

contrast[1] *कॅन् ट्रास्ट, –ट्रैस्ट v. t.* to set in opposition विषमता दिखाना; *v. i.* to stand in contrast विषम होना।

contrast[2] *कौनॅ् ट्रास्टं, –ट्रैस्ट n.* opposition विरोध, विषमता।

contribute *कॅन् ट्रि ब्यूट v. t.* to give in common with others देना; *v.i.* to give a part अंशदान करना।

contribution *कौनॅ् ट्रि ब्यू शॅन n.* act of contributing योगदान; that which is contributed चंदा, अंशदान।

control[1] *कॅन् ट्रोल n.* restraint संयम, नियंत्रण; superintendence संचालन।

control[2] *(-ll-) v. t.* to restrain (पर) नियंत्रण करना; to regulate संचालित करना।

controller *कन्ट्रोलए n.* one who has authority to control, one who checks expenditure अध्यक्ष, हिसाब-किताब जांचने वाला।

controversy *कौनॅ् ट्रॅ वॅः सि, कॅन् ट्रौ वॅः सि n.* dispute, debate विवाद।

contuse *कन्ट्यूज् v.t.* to injure with out breaking skin, to beat and bruise कुचलना, भीतरी घाव करना।

conundrum *कनण्ड्रम् n.* a riddle, a puzzle प्रहेलिका, पहेली।

convene *कनॅ वीन v. t.* to cause to assemble आयोजित करना, बुलाना।

convener *कॅन् वी नॅः n.* one who calls an assembly together संयोजक।

convenience *कॅन् वी नि अॅन्स n.* ease सुविधा; comfort आराम।

convenient *कॅन् वी नि अॅन्ट a.* suitable उपयुक्त; providing convenience सुविधाजनक; comfortable आरामदायक।

convent *कौनॅ वैन्टॅ n.* a body of monks or nuns धर्मसंघ; a monastery मठ।

convention *कॅन् वैनॅ शॅन n.* recognised social custom प्रथा; assembly सभा, सम्मेलन।

conversant[1] *कौनॅ वॅः सॅन्ट, कॅन् वॅः–* *a.* proficient प्रवीण, दक्ष।

conversant[2] *कनवर्सेन्ट् adj.* well-acquainted versed, proficient परिचित, निपुण (कुशल)।

conversation *कौनॅ वॅः सेशॅन n.* talk वार्तालाप, संवाद।

converse *कन्वर्स् v.t.* to talk, to hold intercourse with सम्भाषण करना, बोलना, वार्तालाप करना।

conversion *कॅन् वॅः शॅन n.* act of converting रूपांतरण; change of religion धर्म-परिवर्तन।

convert[1] *कॅन् वॅःट v. t.* to change रूपांतरित करना; to change the religion of (का) मत-परिवर्तन करना।

convert[2] *कौनॅ वॅःट n.* person who has changed his religion धर्मपरिवर्तित व्यक्ति।

convey *कॅन् वे v. t.* to communicate सूचित करना; to deliver सौंपना; to carry पहुंचाना।

conveyance *कॅन् वे अन्स n.* vehicle सवारी, वाहन; act of conveying संप्रेषण।

convict[1] *कॅन विक्ट v. t.* to declare guilty अपराधी घोषित करना।

convict[2] *कौनॅ विक्ट n.* a convicted person सिद्धदोष, अपराधी।

conviction *कॅन् विक् शॅन n.* finding someone guilty दोषसिद्धि; a settled belief धारणा, आस्था।

convince *कॅन् विन्स v. t.* to persuade by argument or proof विश्वास दिलाना।

convivial *कन्विविअल् adj.* befitting a feast jovial उत्सव-सम्बंधी, प्रफुल्ल।

convocation *कॉन्-वो-के-शन् n.* a calling together an assembly of cleargy or members of a university समागम, सभा (समाज), पादरियों का संघ, विश्वविद्यालय के सदस्यों की सभा, दीक्षान्त समारोह।

convoke *कन्वोक् v.t.* to call together, to assemble पुकारना, बुलाना, इकट्ठा करना।

convolve *कन्वाल्व् v.t.* to roll or wind together लपेटना।

coo[1] *कू n.* cry of doves कूजन।

coo[2] *v. i.* to make a cry of doves कूजना।

cook[1] *कुक v. t.* to prepare (food) by heating (भोजनादि) पकाना।

cook[2] *n.* person who cooks food रसोइया।

cooker *कु कॅः* *n.* apparatus for cooking कुकर।

cool[1] *कूल* *a.* moderately cold शीतल; unexcited उत्तेजनाहीन; uninterested उदासीन।

cool[2] *v. i.* to lose heat ठंडा होना; *v.t.* to make cool ठंडा करना।

cooler *कू लॅः* *n.* vessel for cooling शीतलक, कूलर।

coolie *कू लि* *n.* unskilled workman or porter मज़दूर, कुली।

co-operate *को औ ॅ पॅ रेट* *v. i.* to work together मिलकर काम करना।

co-operation *को औ ॅ पॅ रे शॅन* *n.* working together सहकारिता।

co-operative *को औ ॅ पॅ रॅ टिव* *a.* pertaining to co-operation सहकारी, सहयोगी।

co-ordinate[1] *को औॅः डि नेट* *a.* equal in degree, status etc. समकक्ष।

co-ordinate[2] *कौ औॅः डि नेट* *v. t.* to arrange in due order समायोजन करना।

co-ordination *को औॅः डि ने शॅन* *n.* act of co-ordinating समायोजन, सामंजस्य।

coot *कूट्* *n.* a water fowl, a stupid fellow जल पक्षी, मूर्ख व्यक्ति।

co-partner *को पाःट् नॅः* *n.* joint partner सहभागी।

cope *कोप* *v. i.* to deal successfully डटकर मुकाबला करना।

coper *कोप्-अर्* *n.* a horse-dealer घोड़ों का सौदागर, घोड़ों का व्यापारी।

copper *कौ ॅ पॅः* *n.* reddish-brown metal तांबा।

coppice *कॉप्-पिस्* *n.* small trees grown for periodical cutting a thicket जंगल, झाड़ी (टट्टी)।

coprology *कॉप्-रॉ-लॉ-जि* *n.* moral impurity in art and literature कला-कौशल या साहित्य की अश्लीलता।

copulate *कॉप्-यू-लेट* *v.i.* to unite sexually मैथुन करना।

copy[1] *कौ ॅ पि* *n.* reproduction of a thing प्रतिलिपि; imitation अनुक ति।

copy[2] *v. t.* to reproduce (की) नक़ल करना; to imitate अनुकरण करना।

coral *कौ ॅ रॅल* *n.* a hard red substance मूंगा।

cord *कौःड* *n.* string, a thin rope डोरी।

cordial *कौः डि अॅल* *a.* hearty हार्दिक।

corbel *कॉर्-बेल्* *n.* a projection of stone, timber or iron in a building, a niche घोड़िया, ताखा।

cordate *कॉर्डेट्* *adj.* heart-shaped हृदय (पान) के आकार का।

core *कोर्* *n.* a homy capsule, the central part of anything, the heart अन्तर्भाग, भीतरी हिस्सा (गुद्दा), हृदय।

coriander *कॉर्-रि-एन्-डर्* *n.* an annual plant whose fruits are aromatic and carminative धनियां।

corinth *कॉ-रिन्थ* *n.* a small fruit, currant, a fine city of Greece, a prostitute house किसमिस, मुनक्का, यूनान का सुन्दर नगर, वेश्यालय।

cork *कॉर्क्* *n.* bark of cork-oak, a bottle-stopper काग, बोतल का डट्टा।

cormorant *कॉरमॉरेण्ट्* *n.* a voracious sea-bird, a rapacious man एक प्रकार की बड़ी समुद्री चिड़िया, पेटू मनुष्य, भुक्खड़ आदमी।

corn *कौ:न n.* seed बीज; grain अनाज; painful horny growth on foot or toe घट्टा।

cornea *कॉर्निआ n.* the interior transparent membrane of the eye-ball कनीनिका, आंखों की पुतली।

corner *कौ: नॅ: n.* angle enclosed by two walls, sides etc. कोण, कोना; region भूभाग।

cornet *कॉर्निट् n.* a brass wind musical instrument like trumpet, an ice-cream cone, a lady's head dress, a troop of cavalary, a cavalry officer तुरही के प्रकार का एक बाजा, मलाई की कुल्फी, औरतों की कुल्फी-नुमा टोपी, घुड़सवार पलटन, पलटन का अफसर।

cornicle *कॉर्-नि-क्ल् n.* a little horn छोटा सींग।

coronation *कौ˘ रॅ ने शॅन n.* crowning ceremony of a king राज्याभिषेक।

coronet *कॉर्-अ-निट् n.* a small crown, a garland छोटा, मुकुट, माला।

corporal *कौ: पॅ रॅल a.* bodily दैहिक, शारीरिक।

corporate *कॉर्-पॅ-रेट् adj.* forming a body united मिला हुआ, संयुक्त।

corporation *कौ : पॅ रे शॅन n.* body governing a town निगम; a large trading concern व्यापार संघ।

corps *कौ: n.* body of troops सैन्य निकाय।

corpse *कौ:प्स n.* dead body शव।

correct[1] *कॅ रैक्ट a.* without a mistake दोष-रहित; right सही, शुद्ध।

correct[2] *v. t.* to make correct संशोधन करना।

correction *कॅ रैक् शॅन n.* act of correcting संशोधन, सुधार; something put in place of what is wrong शुद्धि।

correlate *कौ˘ रि लेट v. t.* to bring into reciprocal relation सहसंबंधी बनाना।

correlation *कौ˘ रि ले शॅन n.* mutual relationship पारस्परिक संबंध।

correspond *कौ˘ रिस् पौन्ड v. i.* to write and receive letters पत्र-व्यवहार करना; to be in agreement मेल खाना; to be similar समान होना।

correspondence *कौ˘रिस् पौनॅ डॅन्स n.* state of corresponding सामंजस्य; intercourse by letters पत्र-व्यवहार; similarity समानता।

correspondent *कौ˘ रिस् पौनॅ टॅन्ट n.* a writer of letters पत्र-व्यवहारी; news-paper-reporter संवाददाता।

corridor *कौ˘ रि डौ: n.* a passage in the building, train, etc. गलियारा।

corroborate *कॉरॉबॅरेट् v.t.* to confirm by evidence, to strengthen प्रमाणित करना, पुष्ट करना।

corrosive *कॉरोजिव adj.* tending to corrode (तीव्र नाशक) खाने वाला।

corrupt[1] *कॅ रप्ट v. t.* to make rotten दूषित करना; to cause moral decay in भ्रष्ट करना।

corrupt[2] *a.* rotten दूषित; lacking moral values भ्रष्ट; dishonest बेईमान।

corruption *कॅ रप् शॅन n.* act or process of corrupting दूषण; state of being corrupt भ्रष्टता; moral debasement नैतिक पतन।

cosier *कोजिअर्* *n.* cobbler मोची।

cosmetic[1] *कौज़्ॅ मैॅ टिक* *a.* designed to increase beauty सौंदर्यवर्धक।

cosmetic[2] *n.* preparation designed to increase beauty अंगराग।

cosmic *कॉज्-मिक्* *adj.* of the universe, rising or settig with the sun. जगत्-संबंधी, सूर्य के साथ उदय या अस्त होने वाली।

cost[1] *कौॅस्ट* *v. t.* to have as price के मूल्य का होना; to entail loss or sacrifice of (की) हानि सहना या बलिदान करना।

cost[2] *n.* price मूल्य, लागत।

costal *कॉस्ट्-अल्* *adj.* pertaining to ribs or side of body पसली संबंधी।

cote *कोट्* *n.* a shed, a shelter for animals झोंपड़ी, पशुओं के लिये घेरा, बाड़ा।

costly *कौस्ट्लि* *a.* of a high price महंगा; valuable मूल्यवान।

costume *कौस्ॅ ट्यूम* *n.* an established mode of dress पोशाक, पहनावा।

cosy *कौ ज़ि* *a.* comfortable आरामदायक।

cot *कौॅट* *n.* small bed खटिया, चारपाई।

cottage *कौॅ टिज* *n.* small country house झोंपड़ी, कुटिया।

cotton *कौॅ टॅन* *n.* soft substance like wool कपास, रूई; thread or cloth made of this सूती धागा या कपड़ा।

couch *कॉउच* *n.* a sofa सोफ़ा।

cough[1] *कौफ़ॅ* *n.* act of coughing खांसी।

cough[2] *v. i.* to expel air from lungs suddenly with a harsh noise खांसना।

council *कॉउन् सिल* *n.* an assembly for consultation परिषद्, समिति।

councillor *कॉउन् सि लॅः* *n.* a member of a council पार्षद, सभासद।

counsel[1] *काउन् सॅल* *n.* advice परामर्श, मंत्रणा; advocate अधिवक्ता।

counsel[2] *v. t.* to advise परामर्श देना।

counsellor *कॉउन् सॅ लॅः* *n.* one who counsels सलाहकार, परामर्शदाता।

count[1] *कॉउन्ट* *n.* act of counting गणना; the number counted संख्या।

count[2] *v. t.* to reckon, to calculate गिनना; to include सम्मिलित करना; to consider to be मानना; *v. i.* to name the numerals in order गिनती गिनना; to have merit or value महत्वपूर्ण होना।

countenance *कॉउन् टि नॅन्स* *n.* the human face मुखाक ति; favour, support समर्थन।

counter[1] *कॉउन् टॅः* *n.* a table on which money is counted पटल, काउंटर।

counter[2] *v. t.* to act in opposition to (का) विरोध करना।

counteract *काउन्ट्-अर्-एक्ट्* *v.t.* to hinder, to defeat, to neutralize रोकना, हराना, निष्फल करना।

countercharge *काउन्ट्-अर्-चार्ज्* *n.* a charge brought against an accuser अभियोक्ता (फरियादी) के विरुद्ध अभियोग या नालिश।

counterfeit *कॉउन् टॅः फ़िट* *a.* sham, not genuine खोटा, क त्रिम; made in imitation नक़ली।

counterfeiter *काउन्ट्-अर्-फीटर्* *n.* a forger, a cheat जालसाज, नकली सिक्का बनाने वाला, ठग।

countermand *काउन्ट्-अर्-मान्ड्* *v.t.* to revoke, to cancel a previous order प्रतिकूल आदेश देना, पहिली आज्ञा को काट देना।

counterpart *कॉउन् टॅः पॉःट* *n.* a person or thing identical to another प्रतिवस्तु।

countersign *कॉउन् टॅः सॉइन* *v. t.* to sign (a document) already signed प्रतिहस्ताक्षरित करना।

countess *काउनट्-ऐस्* *n.* the wife of a count or Earl इंग्लैंड के काउन्ट या अर्ल (उपाधिधारियों) की स्त्री, बेगम।

countless *कॉउन्ट् लिस* *a.* innumerable अनगिनत।

country *कन् ट्रि* *n.* a state or kingdom देश; a large tract of land भूभाग; rural parts देहात, गांव।

county *कॉउन् टि* *n.* a division of a country प्रदेश, ज़िला; a shire प्रबंध-मंडल।

coup *कू* *n.* a blow, a successful stroke चोट, सच्चा आघात।

couple[1] *क पल* *n.* a pair जोड़ा; husband and wife पति-पत्नी।

couple[2] *v. t.* to join together जोड़ना; to unite संयोजित करना; *v. i.* to associate मिल जाना।

couplet *कप् लिट* *n.* two lines of rhymed verse दोहा।

coupon *कू पॅन* *n.* ticket etc. entitling the holder to receive something कूपन, पर्णिका।

courage *क रिज* *n.* bravery बहादुरी, पराक्रम, साहस।

courageous *कॅ रे जॅस* *a.* bold, fearless निडर।

courier *कु रि अॅः* *n.* a messenger संदेशवाहक।

course *कौःस* *n.* syllabus पाठ्यक्रम; channel of water जलमार्ग; path रास्ता; line of action कार्यप्रणाली; series श ंखला।

court[1] *कौःट* *n.* hall of justice न्यायालय; a royal palace राजदरबार; playground for certain games खेल का मैदान; wooing प्रणय-निवेदन।

court[2] *v. t.* to woo प्रणय-निवेदन करना; to seek, to invite निवेदन करना, आमंत्रित करना।

courteous *कॅ ट्यॅस* *a.* polite विनम्र, शिष्ट।

courtesan *कौः टि ज़ैन* *n.* a prostitute वेश्या, गणिका।

courtesy *कॅः टॅ सि* *n.* quality of being courteous सौजन्य; polite behaviour शिष्टाचार।

courtier *कौः ट्यॅः* *n.* member of a sovereign's court दरबारी।

courtship *कौःट् शिप* *n.* wooing प्रणय-निवेदन, प्रेमालाप।

courtyard *कौःट् याःड* *n.* an enclosure round or near a house आंगन, चौक।

cousin *क ज़्न* *n.* the son or daughter of an uncle or aunt चचेरा, ममेरा, फुफेरा या मौसेरा भाई या बहिन।

covenant *कव्नेण्ट्* *n.* a compact, a bargain, a mutual agreement or contract पारस्परिक स्वीक ति, पण, सौदा, सट्टा, ठीका।

cover[1] *क वॅः* *v. t.* to place or spread over ढंकना; to include सम्मिलित करना; to be sufficient for के लिए पर्याप्त होना; to travel over (की) यात्रा करना; to hide छिपा लेना।

cover[2] *n.* something that covers आवरण, आच्छादन; concealment

छिपाव; lid ढक्कन; shelter आड़; protection बचाव।

coverlet *क वॅः लिट n.* bed-cover पलंगपोश।

covet *क. वि-ट् v.t.* to desire eagerly लोभ करना, लालच करना।

cow[1] *कॉउ n.* the female of a bull गाय।

cow[2] *v. t.* to frighten डराना।

coward *कॉउ अॅःड n.* a timid person कायर।

cowardice *कॉउ अॅः डिस n.* want of courage कायरता।

cower *काउ्-अर् v.i.* to stand in a bent position, to crouch from fear दबकना, भय से सिकुड़ना।

coy *कौ ॅइ a.* modest विनीत।

cozy *को-जि* comfortable सुखकर।

crab *क्रैब n.* a crustaceous fish with strong claws केकड़ा।

crack[1] *क्रैक n.* a split दरार; a sudden sound कड़क; flaw दोष, कमी।

crack[2] *v. i.* to make a sudden sharp sound कड़कना; to split टूटना, दरार पड़ना; to break with a sound टूटना; *v. t.* to break with a sharp noise तोड़ना।

cracker *क्रै कॅः n.* firework पटाखा।

crackle *क्राक्-क्ल् v.t.* to make a cracking sound कड़ाके का शब्द करना।

cradle *क्रै ड्ल n.* an infant's bed पालना।

craft *क्राफ़्ट n.* skilled trade दस्त-कौशल; art कारीगरी; trickery चालाकी।

craftsman *क्राफ़्ट्स् मॅन n.* one skilled in a craft शिल्पी।

crafty *क्राफ़् टि a.* cunning कुटिल, चालाक।

cram *क्रैम (-mm-) v. t.* to stuff ठूंसना; to memorise रटना; *v. i.* to feed to excess ठूंस-ठूंस कर खाना।

crambo *क्राम-बो n.* a game of rhyming तुकबंदी का खेल।

crane *क्रेन n.* a large wading bird with long legs सारस; a machine for lifting heavy weights क्रेन, भारोत्तोलन यंत्र।

crankle *क्राङ्क्-क्ल् v.t.* to twist, to turn ऐंठना, घुमाना।

crash[1] *क्रैश v. i.* to fall to pieces with a loud noise धमाके के साथ ध्वस्त होना; to collide टकराना; to fall with a crash धमाके के साथ गिरना; to make a loud noise धमाका करना; *v. t.* to cause to fall and break गिराकर ध्वस्त करना।

crash[2] *n.* sudden loud noise धमाका; collision टक्कर; loud, violent fall धमाके के साथ पतन।

crass *क्रास् adj.* thick, gross, stupid घना, मूर्ख, अनाड़ी।

crate *क्रेट् n.* a large framework, a case or basket for carrying glass, fruit ढाँचा, झाँप, टोकरी।

crave *क्रेव v.t.* to beg earnestly, to long for याचना करना, मांगना।

craw *क्रॉ n.* the crop or throat or stomach of insects or birds पक्षियों या कीड़ों का सिर या गला या पेट।

crawl[1] *क्रौल v. t.* to creep रेंगना, to advance slowly घिराटना।

crawl[2] *n.* crawling movement रेंग; slow pace मंदगति।

craze *क्रेज़ n.* insanity, mania उन्माद, पागलपन।

crazy *क्रे ज़ि a.* insane सनकी, झक्की;

madly eager अत्यंत उत्साहपूर्ण।

creak[1] *क्रीक v. i.* to make a sharp grating sound चरमराना।

creak[2] *n.* sharp grating sound चरमराहट।

cream *क्रीम n.* the fatty part of milk मलाई; the best part of anything सार; a cosmetics for the face क्रीम।

crease *क्रीस n.* line made by folding तह का निशान; wrinkle सिकुड़न।

create *क्रि एट v. t.* to bring into existence सर्जन करना।

creation *क्रि ए शॅन n.* the act of creating सर्जन; the universe स ष्टि; created things रचना।

creative *क्रि-एट्-इव् adj.* having power to create, that creates उत्पन्न करने की शक्ति वाला, उत्पादक।

creator *क्रि ए टः n.* maker निर्माता; (cap.) the Supreme Being विधाता।

creature *क्री चॅः n.* an animate being प्राणी।

credible *क्रै ॅ ड॑ ब्‌ल a.* worthy of belief प्रामाणिक, विश्वसनीय।

credit *क्रै ॅ डिट n.* good name प्रसिद्धि, साख; faith, belief विश्वास; money due जमा धन।

creditable *क्रै ॅ डि टॅ ब्‌ल a.* bringing honour श्रेयस्कर।

creditor *क्रै ॅ डि टॅः n.* one to whom a debt is due ऋणदाता।

credulity *क्रेड्-यू-लिटि adj.* too ready to believe, unsuspecting सहज में विश्वास करने योग्य, सन्देह शून्य।

creed[1] *क्रीड् n.* a religious belief, a set opinion on any subject धर्म, स्वीक त मत।

creed[2] *क्रीड n.* any system of belief मत, पंथ।

creek *क्रीक् n.* a small inlet on the sea-coast a small harbour खाड़ी, बन्दरगाह।

creep *क्रीप v. i.* to move as a reptile रेंगना; to crawl पेट के बल खिसकना।

creeper *क्री पॅः n.* a creeping plant लता।

cremate *क्रि मेट v. t.* to dispose of (a human body) by the burning दाहसंस्कार करना।

cremation *क्रिमेशन n.* act of cremating दाहसंस्कार।

crest *क्रैस्ट n.* a tuft on the head of certain birds कलग़ी।

crevet *क्रेव्-ऍट् n.* a melting pot used by goldsmiths सोना-चांदी गलाने की सुनार की घरिया।

crew *क्रू n.* ship's, boat's or aircraft's company चालकदल; a gang कर्मीदल।

crib *क्रिब् n.* a receptacle for fodder, a but, a small bed for children, situation चरनी, झोपड़ी, पालना, स्थिति।

cricket *क्रि किट n.* a small jumping insect झींगुर; a game played with bat and ball क्रिकेट।

crime *क्राइम n.* act or offence punishable by law अपराध।

crimp *क्रिम्प् n.* an agent who entraps men for soldiers सिपाहियों की भरती करने वाला।

crimple *क्रिम्-प्ल् v.t.* to contract or chrink, to curl सिकोड़ना, मोड़ना।

criminal[1] *क्रि मि नॅल n.* person committing a crime अपराधी व्यक्ति।

criminal[2] *a.* guilty of crime अपराधी; of crime आपराधिक।

crimson *क्रिम् ज़ॅन* a deep red गहरा लाल।

cringe *क्रिन्ज v. i.* to flatter with mean servility चापलूसी करना।

cripple *क्रि पल n.* a lame person विकलांग व्यक्ति।

crisis *क्रॉइ सिस n.* difficult and dangerous time संकटकाल।

crisp *क्रिस्प a.* brisk फुरतीला; brittle ख़स्ता।

criterion *क्रॉइ टिअॅरि अॅन n.* standard of judgement मापदंड।

critic *क्रि टिक n.* one skilled in judging literary or artistic work समालोचक; a reviewer समीक्षक; fault-finder छिद्रान्वेषी।

critical *क्रि टि कॅल a.* relating to criticism समालोचनात्मक; fault-finding दोषदर्शी; relating to crisis संकटपूर्ण।

criticism *क्रि टि सिज़्म n.* the art of criticising आलोचना; censure छिद्रान्वेषण।

criticize *क्रि टि सॉइज़ v. t.* to judge critically (की) समालोचना करना; to find fault with (की) निंदा करना।

croak *क्रोक् n.* a deep hoarse sound of a frog or crow कौवे के कांव-कांव या मेंडक के टरटों का शब्द।

crockery *क्रौ ॅ कॅ रि n.* vessels formed of clay मिट्टी के बरतन।

crocodile *क्रौ ॅ कॅ डॉइल n.* a large aquatic reptile घड़ियाल।

croesus *क्रो-सस् n.* a wealthy or rich person धनी, अमीर आदमी।

crook *क्रुक a* hook, bend, curve, a shepherd's hooked staff. झुकाव, घुमाव, कमान, गडरिया की लग्गी।

crop *क्रॉप n.* agricultural production फ़सल, उपज।

cross[1] *क्रौसॅ v. t.* to move or go across पार करना; to intersect काटना; to oppose विरोध करना; to cancel by marking with a cross काट-कूट देना।

cross[2] *n.* mark made by drawing one line across another गुणा अथवा जमा का चिन्ह; symbol of Christianity सलीब; hybrid संकर।

cross[3] *a.* angry अप्रसन्न; peevish चिड़चिड़ा; transverse तिरछा।

crossing *क्रौ ॅ सिङ्ग n.* act of going across पार जाने की क्रिया; place where two roads, railways, etc. cross चौराहा।

crotchet *क्रॉचेट् n.* a musical note, half of a minim, a whimsical fancy संगीत विद्या का चिन्ह, झक।

crouch *क्रॉउच v. i.* to bend low, to lie close to the ground झुकना, ज़मीन से सट जाना।

crow[1] *क्रो n.* a black bird कौआ; cry of a cock मुर्गे की बांग।

crow[2] *v. i.* to cry as a cock बांग देना, to boast डींग मारना।

crowd *क्रॉउड n.* unorganized collection of people or things भीड़, जनसमूह।

crown[1] *क्रॉउन n.* an ornament for the head in the form of a wreath राजमुकुट; head शीर्ष; perfection पूर्णता।

crown[2] *v. t.* to make (someone) wear a crown मुकुट पहनाना; to adorn गौरवान्वित करना।

crucial *क्रू-श्ल्* *adj.* searching, critical छानबीन करने वाला, प्रामाणिक।

crude *क्रूड* *a.* unrefined अशोधित; wanting in culture अशिष्ट।

cruel *क्रु ॲल* *a.* savage, brutal न शंस।

cruelty *क्रु ॲल टि* *n.* quality of being cruel न शंसता; merciless-ness दयाहीनता।

cruise *क्रूज़्* *v.i.* to sail to and for making no particular port. समुद्र में इधर-उधर यात्रा करना।

cruiser *क्रू ज़ॅः* *n.* speedy warship युद्धपोत।

crumb *क्रम* *n.* the soft part of bread रोटी का गूदेदार भाग; a fragment टुकड़ा।

crumble *क्रम् ब्ल* *v. t.* to break into small pieces टुकड़े-टुकड़े करना; *v. i.* to become small pieces टुकड़े-टुकड़े होना।

crump *क्रम्प्* *adj.* crooked ऐंठा टेढ़ा।

crusade *क्रू सेड* *n.* war on religious ground धर्मयुद्ध।

crush *क्रश* *v. t.* to press with force दबाना; to squeeze भींचना; to force out by squeezing निचोड़ना; to pound पीसना; to subdue परास्त करना।

crust *क्रस्ट* *n.* the hard outer coat of anything छाल; the hard surface of a loaf पपड़ी, छिलका।

crutch *क्रच* *n.* support आधार; support for a lame person बैसाखी।

cry[1] *क्रॉइ* *n.* scream क्रंदन; loud utterance चिल्लाहट; clamour कोलाहल; call of animal पशु की बोली।

cry[2] *v. i.* to utter a shrill loud sound चिल्लाना; to weep रोना।

cryptography *क्रिप्टोग्राफ़ि* *n.* the art of writing in secret characters गुप्त (सांकेतिक) लिखन की विद्या।

crystal *क्रिस् टॅल* *n.* pure transparent quartz मणिभ, स्फटिक; a superior kind of glass बढ़िया कांच।

cub *कब* *n.* the young of certain animals पुशुशावक।

cube *क्यूब* *n.* a regular solid body with six equal square sides घनक्षेत्र।

cubic, *–al* *क्यू बिक, क्यू बि कॅल* *a.* having the shape of a cube घनीय।

cubiform *क्यूब-इ-फार्म* *adj.* of the form of cube घनाकार।

cuckold *कक्-ओल्ड्* *n.* the husband of an unfaithful wife व्यभिचारिणी स्त्री का पति।

cuckoo *कु कू* *n.* a singing bird of black colour कोयल।

cucumber *क्यू कम् बॅः* *n.* a plant of the gourd family and its fruit खीरा, ककड़ी।

cudgel *क जॅल* *n.* a short and thick stick गदा।

cue *क्यू* *n.* hint संकेत; the last words of an actor's speech अभिनेता के संवाद के अंतिम शब्द।

cuff[1] *कफ़* *n.* a stroke with the open hand तमाचा; wrist band कफ़, कलाई-बंद।

cuff[2] *v. t.* strike with the open hand तमाचा मारना।

cuisine *क्वी-जीन्* *n.* style of cooking, cookery पकाने की विधि।

cullet *कल्-लिट्* *n.* refuse glass for remelting दुबारा गलाने के लिये कांच के टुकड़े।

culminate *कल्-मिन्-ऍट्* *v.i.* to reach the highest point उच्चतम स्थान पर पहुंचना, परम कोटि को प्राप्त करना।

culpable *कल् पॅ ब्ल* *a.* blame-worthy सदोष, आपराधिक।

culprit *कल् प्रिट* *n.* offender, guilty person अपराधी।

cult *कल्ट* *n.* sect पंथ; संप्रदाय; a system of religious belief धर्म-संप्रदाय।

cultivate *कल् टि वेट* *v. t.* to till (ground) जोतना; to develop विकसित करना।

cultrate *कल्-ट्रेट्* *adj.* shaped like the edge of a knife छुरी की धार के समान बना हुआ।

cultural *कल् चॅ रॅल* *a.* pertaining to culture सांस्क तिक।

culture *कल् चॅ:* *n.* pattern of social behaviour संस्क ति; cultivating खेती; artificial rearing पालन; growth of bacteria जीवाणुओं की व द्धि।

culvert *कल-वर्ट्* *n.* an arched channel carrying water under or over a road सड़क के नीचे से या ऊपर से पानी के जाने की मेहराबदार नाली या पुलिया।

cunning[1] *क निङ्ग* *a* artful, crafty चालाक, मक्कार।

cunning[2] *n.* artifice, craftiness चालाकी, चतुरता।

cup *कप* *n.* a drinking vessel प्याला।

cupboard *क बॅ: ड* *n.* an enclosed set of shelves in the kitchen अलमारी।

Cupid *क्यू पिड* *n.* the Roman love-god कामदेव।

cupidity *क्यू पि डि टि* *n.* covetousness अर्थलिप्सा।

curable *क्युअॅ रॅ ब्ल* *a.* that may be cured आरोग्य-साध्य।

curative *क्युअॅ रॅ टिव* *a.* tending to cure रोगनिवारक।

curb[1] *कॅ:ब* *n.* check, control निग्रह, नियंत्रण।

curb[2] *v. t.* to control नियंत्रण करना।

curcuma *कुर्क्यूमा* *n.* turmeric हल्दी।

curd *कॅ:ड* *n.* coagulated milk दही।

cure[1] *क्युअॅ:* *n.* medical treatment इलाज; remedy दवाई, औषध।

cure[2] *v. t.* to heal उपचार करना।

curfew *कॅ: फ़्यू* *n.* order for people to remain indoors निषेधाज्ञा।

curiosity *क्युअॅ रि औँ सि टि* *n.* state of being curious जिज्ञासा; inquisitiveness कुतूहल।

curious *क्युअॅ रि अॅस* *a.* having eagerness to know जिज्ञासु; strange अद्‌भुत।

curl *कर्ल्* *n.* a spiral lock of hair, act of curling घुंघराला बाल, ऐंठन।

currant *कर्-ऍन्ट्* *n.* dried fruit of grape सूखा अंगूर, दाख, मुनक्का, किशगिश।

currency *क रॅन् सि* *n.* money in circulation in a country मुद्रा; state of being in use चलन।

current[1] *क रॅन्ट* *n.* flow of electricity विद्युत्‌धारा; stream of water धारा; flow प्रवाह।

current[2] *a.* of the present time वर्तमान, सामयिक; in general use प्रचलित।

curriculum *कॅ रि क्यु लॅम n.* prescribed course of study पाठ्यक्रम।

curse[1] *कॅ:स n.* invocation of evil अभिशाप; misfortune दुर्भाग्य।

curse[2] *v. t.* to wish for a curse (for someone) अभिशाप देना।

cursory *कॅ: सॅ रि a.* superficial सतही, सरसरी।

curt *कॅ:ट a.* brief संक्षिप्त; rude अशिष्टतापूर्ण।

curtail *कॅ: टेल v. t.* to shorten संक्षिप्त करना; to reduce घटाना।

curtain *कॅ: ट्न n.* piece of cloth hung at a window etc. आवरण, परदा; a screen in a theatre यवनिका।

curve[1] *कॅ: व n.* bending without angles वक्र, घुमाव।

curve[2] *v. t.* to bend into a curve मोड़ना; *v. i.* to be bent into a curve मुड़ना।

cushion[1] *कु शॅन n.* a kind of pillow मसनद।

cushion[2] *v. t.* to provide cushion गद्दों से सजाना।

custard *कस् टॅ:ड n.* a composition of mild and eggs, sweetened and baked or boiled दूध की लपसी।

custodian *कस् टो ड्यॅन n.* guardian संरक्षक; care-taker निधिपाल।

custody *कस् टॅ डि n.* detention हिरासत; guarding निगरानी।

custom *कस् टॅम n.* established usage रीति, प्रथा; toll tax सीमा-शुल्क।

customary *कस् टॅ मॅ रि a.* habitual, usual प्रथागत।

customer *कस् टॅ मॅ: n.* person who purchases things ख़रीददार, ग्राहक।

cut[1] *कट (-tt-) v. t.* to hew and fell काटकर गिरा देना; to reap (फ़सल) काटना; to trim or pare कुतरना, छांटना; to abridge कम करना; to injure घाव करना; to intersect द्विभाजित करना।

cut[2] *n.* act of cutting कटाव, कटाई; a blow प्रहार; wound caused by a sharp edge घाव, चोट; reduction कमी।

cutis *क्यूट्-इस् n.* true skin भीतरी त्वचा।

cuvette *कूव्-ऍट् n.* a trench sunk along the middle of a dry ditch सूखी खाई के बीच में खोदा हुआ गड्ढ़ा।

cycle *सॉइक्ल n.* a bicycle साइकिल; circle चक्र; recurrence आवर्तन।

cyclic *सॉइ क्लिक a.* recurring in cycles चक्रीय।

cyclist *सॉइ क्लिस्ट n.* the rider of a cycle साइकिल-सवार।

cyclone *सॉइ क्लोन n.* a circular storm चक्रवात।

cyclostyle[1] *सॉइ क्लॅ स्टॉइल n.* apparatus for printing copies from a stensil चक्रलेखित्र।

cyclostyle[2] *v. t.* to produce (copies) from stensil चक्रलिपित करना।

cylinder *सि लिन् डॅ: n.* a roller-shaped object of uniform diameter बेलन।

cynic *सि निक n.* person who sees no good in anything निंदक, मानवद्वेषी।

cypher see cipher.

cypress *सॉइ प्रॅस n.* an evergreen tree with very dark foliage सरू।

Dd

D डी the fourth letter of the English alphabet *(mus.)* the second note of natural major scale. अंग्रेजी वर्णमाला का चौथा अक्षर, (सं.) द्वितीय स्वर, रे (ऋषभ); **D Block** *n.* डी अक्षर की आक ति का टुकड़ा d-contraction for the words 'had' and 'would' 'हाड्' तथा 'वुड्' शब्द का छोटा रूप।

dabble *डै ब्ल v. i.* to splash about in liquid with hands or feet इधर-उधर पानी उलीचना; to do something as a hobby शौक़िया कुछ काम करना।

dacoit *डॅ कौ ˘ इट n.* robber डाकू।

dacoity *डॅ कौ ˘ इ टि n.* robbery डकैती।

dad, daddy *डैड, डै डि n.* a child's word for father पिता।

daffodil *डै फ़ॅ डिल n.* yellow narcissus पीला नरगिस।

daft *डाफ़्ट् adj.* foolish, insane, crazy मूर्ख, पागल, झक्की।

dagger *डै गॅः n.* a short sharp-pointed sword खंजर।

daily[1] *डे लि a.* happening or being everyday दैनिक।

daily[2] *adv.* everyday प्रतिदिन।

daily[3] *n.* a newspaper published everyday दैनिक समाचार-पत्र।

dainty[1] *डेन् टि a.* nice सुरुचिपूर्ण; delicate नाजुक; elegant रमणीय।

dainty[2] *n.* something nice लालित्यपूर्ण वस्तु; a delicacy स्वादिष्ट खाद्य।

dairy *डे ॅ अॅ रि n.* a shop where milk, butter etc. are sold दुग्धशाला।

dais *डे इस, डेस n.* raised platform मंच।

daisy *डे ज़ि n.* a small white flower with a yellow centre एक श्वेत पुष्प।

dale *डेल n.* a place between hills घाटी।

dam *डैम n.* a bank to confine or raise water बांध।

damage[1] *डै मिज n.* harm हानि; money claimed as compensation हरजाना।

damage[2] *v. t.* to cause damage क्षति पहुंचाना।

dame *डेम् n.* a lady-keeper of a boarding house, the wife of a knight or a baronet स्त्री (महिला), ग हिणी, नवाबिन।

damn *डैम v. t.* to condemn to hell शाप देना।

damnation *डाम्-ने-शन् n.* eternal punishment in hell नरक-दण्ड, नरक-यातना।

damp[1] *डैम्प a.* moist आर्द्र।

damp[2] *n.* moist air नम हवा; fog कोहरा।

damp[3] *v. t.* to moisten गीला करना; to dispirit निरुत्साह करना।

damsel *डाम्-ज़ल् n.* a young unmarried woman; a girl कुमारी कन्या, युवती, कुमारी, बालिका, लड़की।

dance[1] *डान्स* rhythmical movement of body and feet न त्य।

dance[2] *v. t.* to cause to dance नचाना; *v. i.* to move with measured steps नाचना।

dandelion *डाण्डिलायन्* *n.* a common yellow flowered plant पीले फूल का एक प्रकार का पौधा।

dandle *डान्-इल्* *v.t.* to fondle or toss a child on knee or arms, to pet, to play with बच्चे को घुटनों पर या गोद में झुलाना, लाड करना।

dandruff *डैन् ड्रॅफ्* *n.* dead skin in small scales among the hair रूसी।

dandy *डैन् डि* *n.* a fop छैला।

danger *डेन् जॅः* *n.* risk संकट, जोखिम; something likely to cause harm भय का कारण।

dangerous *डेन् जॅ रॅस* *a.* full of danger खतरनाक, भयंकर।

dangle *डैङ् ग्ल* *v. t.* to swing झुलाना।

dank *डाङ्क्* *adj.* damp, oozy, moist पानी रसता हुआ, तर, गीला।

dap *डाप्* *v.i.* (p.t. dapped.) to dip lightly, to bounce जल में थोड़ा-सा डुबाना, कूदना।

dare *डे˘ अॅः* *v. i.* to be bold enough हिम्मत रखना; *v. t.* to offer a challenge चुनौती देना।

daring[1] *डे˘ अॅ रिङ्ग* *n.* boldness निर्भीकता।

daring[2] *a.* bold निर्भीक, हिम्मत वाला।

dark[1] *डाःक* *a.* blackish सांवला; clouded अंधकारमय।

dark[2] *n.* absence of light अंधकार; ignorance अज्ञानता।

darkle *डार्-कल्* *v.i.* to lie concealed छिपे रहना।

darling[1] *डाः लिङ्ग* *n.* one dearly beloved प्रियतम।

darling[2] *a.* dearly beloved प्यारा, चहेता।

dart *डार्ट्* *n.* a light javelin a pointed missile, a rapid motion, the sting of a poisonous insect बर्छी, शंकु, तीव्र गति, जहरीले कीड़े का डंक।

dash[1] *डैश* *v. i.* to rush forward झपटना; *v. t.* to smash तोड़ देना; to throw फेंक देना, पटक देना; to destroy नष्ट करना; to discourage हतोत्साह करना।

dash[2] *n.* a sudden rush झपट्टा; vigour उत्साह; smartness फुरती; a stroke of the pen पड़ी रेखा (–); short race छोटी दौड़; striking टक्कर।

date[1] *डेट* *n.* statement of time दिनांक; age काल; period समय; a datepalm or its fruit खजूर।

date[2] *v. t.* to mark with date तिथ्यंकित करना।

daub[1] *डौब* *n.* a smear पुताई।

daub[2] *v. t.* to smear पोतना।

daughter *डौ टॅः* *n.* one's female child आत्मजा, पुत्री।

daunt *डौन्ट* *v. t.* to frighten भयभीत करना।

dauntless *डौन्ट् लिस* *a.* fearless निर्भीक।

dawdle *डा ड्ल्* *v.i.* to idle विलम्ब करना।

dawn[1] *डौन* *n.* a day-break प्रभात, उषा।

dawn[2] *v. i.* to become day सुबह होना; to appear प्रकट होना।

day *डे* *n.* the time of light दिन; date तिथि; time from sunrise to sunset दिन का समय; period काल।

daze[1] डेज़ *n.* bewilderment स्तब्धता।

daze[2] *v. t.* to bewilder स्तब्ध करना।

dazzle[1] डै ज़्ल *n.* dazzling light चकाचौंध।

dazzle[2] *v. t.* to daze or overpower with strong light चकाचौंध करना।

deacon डी-क्न *n.* an order of clergy below bishop and priest छोटा पादरी।

dead डै ॅड *a.* lifeless म त, निर्जीव; motionless गतिहीन; inactive निष्चेष्ट; no longer functioning बंद पड़ा हुआ।

deadlock डै ॅड् लौकॅ *n;.* complete failure to reach agreement गतिरोध।

deadly डै ॅड् लि *a.* fatal घातक; implacable कठोर; fearful भयंकर।

deaf डैफ़ॅ *a.* incapable of hearing बधिर, बहरा।

deal[1] डील *n.* quantity मात्रा; bargain सौदा; business transaction व्यापारिक लेन-देन।

deal[2] *v. i.* to transact business व्यापार करना; to act कार्य करना।

dealer डी लॅः *n.* distributer बांटनेवाला; trader व्यापारी।

dealing डी लिङ्ग *n. (pl.)* transaction व्यापार-संबंध; behaviour व्यवहार।

dean *n.* the head of a cathedral, the head of a faculty in a college गिरजाघर या कालेज का अध्यक्ष।

dear डिअॅः *a.* beloved प्रिय, प्यारा; costly महंगा; precious मूल्यवान।

dearth डॅःथ *n.* scarcity दुर्लभता।

death डै ॅथ *n.* decease देहांत; murder वध; end अंत।

debar डि बाः *(-rr-) v. t.* to prevent (पर) रोक लगाना; to prohibit वर्जित करना।

debase डि बेस *v. t.* to lower in quality or value (का) अवमूल्यन करना; to degrade पतित करना।

debate[1] डि बेट *n.* discussion विचार-विमर्श; controversy विवाद।

debate[2] *v. t.* to dicuss (पर) बहस करना; to argue तर्क-वितर्क करना।

debauch[1] डि बौच *v. t.* to corrupt भ्रष्ट करना; to pervert व्यभिचारी बनाना।

debauch[2] *n.* lewdness लंपटता, व्यभिचारिता।

debauchee डि बौ ची *n.* a dissipated person विषयी।

debauchery डि बौ चॅ रि *n.* lewdness व्यभिचारिता।

debility डि बि लि टि *n.* physical weakness क शता, क्षीणता।

debit[1] डै ॅ बिट *n.* the left hand side of an account नामखाता; entry in account of sum owed ऋणांकन।

debit[2] *v. t.* to enter as due (का) ऋणांकन करना।

debris डे ब्रि *n.* rubbish कूड़ा-करकट; wreckage मलबा।

debt डै ॅट *n.* what is owed ऋण, उधार; obligation आभार।

debtor डै ॅ टॅः *n.* one indebted क़र्जदार।

decade डै ॅ केड *n.* period of ten years दशाब्दी।

decadent डै ॅ कॅ डॅन्ट, डि के डॅन्ट *a.* declining पतनोन्मुख।

decamp डि कैम्प *v. i.* to make off secretly चुप-चुप भाग जाना।

decay[1] *डि के* putrefaction क्षय; decomposition सड़न।

decay[2] *v. i.* to waste नष्ट होना; to decline ह्रास होना।

decease[1] *डि सीस n.* departure from this life मत्यु।

decease[2] *v. i.* to die मर जाना।

deceit *डि सीट n.* fraud धोखा; a lie झूठ।

deceive *डि सीव v. t.* to mislead धोखा देना; to delude बहकाना, ठगना।

December *डि सैम् बॅ: n.* last month of the year वर्ष का अंतिम माह, दिसंबर।

decency *डी सॅन् सि n.* state or quality of being decent शालीनता; decorum औचित्य।

decennary *डि-सेन्-रि n.* a period of ten years दस वर्ष का काल।

decent *डी सॅन्ट a.* proper उचित, शोभनीय; respectable सम्माननीय।

deception *डि सैपॅ शॅन n.* act of deceiving ठगी; artifice practised चालाकी; fraud धोखा।

decide *डि सॉइड v. t.* to settle (का) निबटारा करना; to determine निर्णय पर पहुंचना।

decillion *डि-सिलियन n.* the tenth power of a million दस लाख को इसी से दस बार गुणा करके बनी हुई संख्या।

decimal *डैˇ सि मॅल a.* tenth दसवां, दशम; reckoned by ten दशमलव।

decimate *डेस्-सि-मेट् v.t.* to destroy a tenth part दशम भाग नष्ट करना।

decision *डि सि ज़ॅन n.* judgement निर्णय; determination निश्चय।

decisive *डि सॉइ सिव a.* conclusive निर्णयात्मक; showing firmness द ढ़तापूर्ण।

deck[1] *डैकॅ n.* the platform or floor of a ship जहाज़ का फ़र्श।

deck[2] *v. t.* to adorn सजाना।

declaration *डैकॅ लॅ रे शॅन n.* act of declaring घोषणा।

declare *डि क्लेˇ ॲ: v. t.* to announce formally घोषित करना; to tell explicitly स्पष्ट बता देना; to testify प्रमाणित करना; to reveal प्रकट करना।

decline[1] *डि क्लॉइन n.* decay ह्रास; deterioration घटाव।

decline[2] *v. t.* to refuse इंकार करना; *v. i.* to slope down झुकना, नीचा होना; to grow weaker कमज़ोर होना; to go down ढलना; to decay क्षीण होना।

declivous *डि-क्लिव्-अस् adj.* bent down-wards नीचे को झुका हुआ।

decompose *डी कॅम् पोज़ v. t.* to separate into original elements (का) अपघटन करना; *v. i.* to decay सड़ना।

decomposition *डि कौमॅ पॅ ज़ि शॅन n.* decay सड़न।

decontrol *डी-कण्ट्रोल् v.t.* to release from government control सरकारी नियन्त्रण हटाना।

decorate *डैˇ कॅ रेट v. t.* to ornament अलंक त करना; to honour with a badge or medal पदक से सम्मानित करना।

decoration *डैˇ कॅ रे शॅन n.* act of decorating अलंकरण; that which adorns अलंकार; a badge or medal पदक।

decorum *डि कौ रॅम n.* propriety of speech or behaviour शिष्टाचार।

decrease[1] *डी क्रीस v. t.* to make less कम करना; *v. t.* to grow less कम होना।

decrease[2] *डी क्रीस n.* gradual diminution ह्रास।

decree[1] *डि क्री n.* an edict राजाज्ञा, आज्ञप्ति; a judicial decision न्यायिक निर्णय।

decree[2] *v. i.* to issue an order आज्ञप्ति देना; *v. t.* to determine judicially निर्णय करना।

decrement *डे-क्रिमेन्ट् n.* decrease, waste कमी, नाश।

dedicate *डै ॅ डि केट v. t.* to devote wholly समर्पण करना; to inscribe (a book etc.) to a person or cause (पुस्तक आदि) समर्पित करना।

dedication *डै ॅ डि के शॅन n.* act of devoting to some person समर्पण।

deduct *डि-डक्ट् v.t.* to take away, to subtract हटाना (कम करना) घटाना।

deed *डीड n.* action कृत्य; a written agreement प्रसंविदा; document दस्तावेज़; feat करतब।

deem *डीम् v.i.* to believe, to consider, to determine, to judge विश्वास करना, विचारना, इरादा, निर्णय करना।

deep *डीप a.* being far below the surface गहरा; not obvious गहन, रहस्यपूर्ण; grave in sound भारी; mysterious रहस्यमय।

deer *डिअॅः n.* a quadruped with horns हरिण।

defamation *डै ॅ फ़ॅ मे शॅन n.* act of defaming मान-हानि।

defame *डि फ़ेम v. t.* to slander बदनाम करना।

default *डि-फ़ॉल्ट् n.* defect, neglect of duty, failure to act or appear दोष, अपराध, अनुपस्थिति।

defeat[1] *डि फ़ीट n.* loss of battle पराजय।

defeat[2] *v. t.* to win a victory over परास्त करना।

defect *डि फ़ैक्ट, डी फ़ैक्ट n.* want अभाव; a blemish दोष।

defence *डि फ़ैन्स n.* a guarding against danger रक्षा; protection बचाव; fortification मोर्चाबंदी; a defendant's plea सफ़ाई।

defend *डि फ़ैन्ड v. t.* to guard रक्षा करना; to support पक्ष लेना।

defendant *डि फ़ैन् डॅन्ट n.* a defender प्रतिवादी।

defensive *डि फ़ैन् सिव* serving for defence सुरक्षात्मक।

deference *डै ॅ फ़ॅ रॅन्स n.* respect, regard सम्मान।

defiance *डि फ़ॉइ अॅन्स n.* act of defying अवज्ञा; a challenge चुनौती।

deficit *डै ॅ फ़ि सिट n.* deficiency of revenue घाटा।

deficient *डिफ़िशन्ट् adj.* incomplete, wanting, defective अपूर्ण, न्यून, हीन।

defile *डि-फ़ाइल् n.* a narrow way, a gorge संकुचित मार्ग, दर्रा।

define *डि फ़ॉइन v. t.* to explain exactly परिभाषा देना।

definite *डै ॅ फ़ि निट a.* having fixed limits सीमांकित; precise निश्चित; clear सुस्पष्ट।

definition *डै ॅ फ़ि नि शॅन n.* the act

of defining निश्चयन; a brief description of a thing by its properties परिभाषा।

deflation *डि-फ्ले-शन्* *n.* reducing the value of paper money (करेन्सी) नोट का मूल्य कम करना।

deflect *डि-फ्लेक्ट्* *v.t. & i.* to turn aside, to bend down, to deviate from the right path हटाना, झुकाना (मोड़ना) बुरे मार्ग पर जाना।

deft डेफ़्ट् *adj.* skilful, clever, dexterous कुशल, चतुर, निपुण।

degrade *डि ग्रेड* *v. t.* to reduce to a lower rank (का) दरजा घटाना; to debase भ्रष्ट करना।

degree *डि ग्री* *n.* a title awarded by a university उपाधि; measure मात्रा; rank कोटि, श्रेणी।

dehort *डिहॉर्ट्* *v.i.* to dissuade, to exhort बहकाना।

deist *डी-इस्ट्* *n.* one who professes deism ईश्वरवादी, आस्तिक।

deity *डी-इ-टि* *n.* divinity, a god or goddess ईश्वर, देवता या देवी।

deject *डि जैक्ट* *v. t.* to dishearten हतोत्साह करना।

dejection *डि जैक् शॅन* *n.* depression निराशा।

delay *डि-ले* *v.t. & i.* (p.t. delayed) to postpone, to hinder, to linger, to put off time विलम्ब करना, समय बिताना, देर करना।

delibate *डेल्-इ-बेट्* *v.t.* to taste, to sip स्वाद लेना, चूसना।

deligate[1] डै ˘ *लि गिट* *n.* a representative प्रतिनिधि।

delegate[2] डै ˘ *लि गेट* *v. t.* to send as deputy प्रतिनिधि के रूप में भेजना; to entrust (duties, rights etc.) (कर्त्तव्य, अधिकार आदि) सौंपना।

delegation डै ˘ *लि गे शॅन* *n.* deputation प्रतिनिधान; a body of delegates प्रतिनिधिमंडल।

delete *डि लीट* *v. t.* to eliminate काट देना।

deliberate[1] *डि लि बॅ रेट* *v. i.* to weigh well in one's mind विचारना; to discuss विचार-विमर्श करना।

deliberate[2] *डि लि बॅ रिट* *a.* done on purpose जानबूझ कर किया हुआ।

deliberation *डि लि बॅ रे शॅन* *n.* careful consideration and discussion विचार-विमर्श।

delicate डै ˘ *लि किट* *a.* soft, tender मुलायम; fine उत्तम, बढ़िया; needing great care नाजुक; critical संकटपूर्ण।

delicious *डि लि शॅस* *a.* highly pleasing to the taste स्वादिष्ट।

delight[1] *डि लॉइट* *n.* that which yields great pleasure आनंद का साधन; a high degree of pleasure आनंद।

delight[2] *v. t.* to affect with great pleasure आनंद देना; *v.i.* to take great pleasure आनंद लेना।

deliver *डि लि वॅ:* *v. t.* to hand over सौंपना; to give birth जन्म देना; to utter or present (speech etc.) बोलना; to release मुक्त करना।

delivery *डि लि वॅ: रि* *n.* distribution वितरण; child-birth प्रसव; handing over सुपुर्दगी; style of speaking भाषण-शैली।

delta डैल्॑ *टॅ* *n.* a space between diverging mouths of a river नदी मुख-भूमि।

delude *डि-ल्यूड्* *n.t.* to impose upon, to deceive मोहित करना, ठगना (छलना)।

delusion *डि-ल्यू-जन्* *n.* a false impression or opinion, deception fallacy मोह, भ्रम, इन्द्रजाल, माया।

demand[1] *डि मान्ड* *n.* requirement आवश्यकता; claim दावा; desire इच्छा; act of demanding अभ्यर्थना।

demand[2] *v. t.* to ask authoritatively मांग करना; to require चाहना।

demarcation *डी-मार्क्-ऍ-शन्* *n.* the marking of boundaries, division, a fixed limit सीमा रेखा का निर्धारण, विभाग, निश्चित सीमा।

dement *डि मेन्ट्* *v.t.* to drive mad उनमत्त करना, पागल करना।

demerit *डी मै ˘ रिट* *n.* fault दोष; undesirable quality अवगुण।

democracy *डि मौ ˘ क्रॅ सि* *n.* a government by the people प्रजातंत्र, लोकतंत्र।

democratic *डै ˘ मॅ क्रै टिक* *a.* connected with democracy प्रजातंत्रात्मक।

demolish *डि मौ ˘ लिश* *v. t.* to destroy ध्वस्त करना; to put an end to समाप्त करना।

demon *डी मॅन* *n.* ghost प्रेत; devil राक्षस; evil-minded person नरपिशाच।

demonetize *डीमॉनिटाइज्* *v.t.* to deprive of standard value as money धातु के सिक्कों का मूल्य घटना।

demonstrate *डै ˘ मॅन् स्ट्रेट* *v. t.* to exhibit प्रदर्शन करना; to give proof of (का) प्रमाण देना।

demonstration *डै ˘ मॅन् स्ट्रे शॅन* *n.* act or process of demonstrating प्रदर्शन।

demoralize *डि मौ ˘ रॅ लॉइज़* *v. t.* to corrupt the moral of नैतिक पतन करना; to deprave उत्साह भंग करना।

demur[1] *डि मॅः* *n.* objection आपत्ति।

demur[2] *(-rr-)* *v. t.* to object आपत्ति करना।

demurrage *डि-मर्-रेज्* *n.* an allowance made for undue detention of goods माल का समय से अधिक रुकावट का हरजाना।

den *डैनॅ* *n.* a cave गुहा; a lair मांद; a haunt अड्डा।

dengue *डेङ्ग्-गू* *n.* a severe tropical fever accompanied by acute pain in the joints. लंगड़ा ज्वर।

denial *डि नॉइ ॲल* *n.* denying नकार; refusing a request अस्वीकृति; statement that something is not true खंडन।

denote *डि नोट* *v. i.* to indicate घोषित करना; to imply (का) अर्थ रखना।

denounce *डि नॉउन्स* *v. t.* to accuse publicly दोषारोपण करना; to stigmatize निंदा करना।

dense *डैन्स* *a.* thick, compact घना, सघन।

density *डैनॅ सि टि* *n.* closeness, compactness सघनता; mass per unit of volume घनत्व।

dentist *डैनॅ टिस्ट* *n.* a dental surgeon दंत-चिकित्सक।

denude *डि-नयूड़* *v.t.* to make nude or naked नंगा करना।

denunciation *डि-नन्-सि-ऍ-शनं* *n.* act of denouncing a public menace, a threat अनिष्ट प्रकाशन, सार्वजनिक भर्त्सना।

deny *डि नॉइ v. t.* to refuse to admit अस्वीकार करना; to contradict खंडन करना।

depart *डि पा:ट v. i.* to leave प्रयाण करना; to start प्रस्थान करना; to die परलोक सिधारना।

department *डि पा:ट् मॅन्ट n.* a separate part भाग; a distinct branch विभाग।

departure *डि पा: चॅ: n.* act of leaving a place प्रस्थान, प्रयाण; going away विचलन; death देहत्याग।

depauperate *डि-पॉ-पर-ऍट् v.t.* to impoverish दरिद्र करना या बनाना।

depend *डि पैन्ड v. i.* to rest or rely solely निर्भर होना; to trust भरोसा करना।

dependant *डि पैनॅ् डॅन्ट n.* one who depends on another आश्रित; follower अनुचर।

dependence *डि पैनॅ् डॅन्स n.* state of being dependent पराधीनता।

dependent *डि पैनॅ् डॅन्ट a.* depending निर्भर।

depict *डि पिक्ट v. t.* to paint carefully चित्रांकित करना; to describe in words वर्णन करना।

deplorable *डि प्लौ रॅ बल a.* lamentable शोचनीय; grievous खेदजनक।

deploy *डि-प्लॉय् v.t.* to open out or extend in a line, to spread out पंक्ति में रखना, फैलाना।

deponent *डि-पो-नेन्ट् n.* one who gives testimony in a court, a witness अदालत में साक्षी देने वाला व्यक्ति, गवाह।

deport *डि-पोर्ट् v.t.* to behave, to transport or banish व्यवहार करना (चेष्टा करना), देश बाहर निकालना।

depose *डि पोज़ v. t.* to dethrone पदच्युत करना; to divest of office अपदस्थ करना; *v. i.* to bear witness गवाही देना।

deposit[1] *डि पौँ ज़िट n.* thing deposited जमा; anything given as security प्रतिभूति।

deposit[2] *v. t.* to give as deposit निक्षेप करना।

depot *डैँ पो n.* a store-house संग्रहागार।

depreciate *डि-प्री-शि-एट् v.t. & i* to diminish value of, to fall in value, to regret. मूल्य घटना, दाम कम होना, पछताना।

depredate *डे-प्रि-डेट् v.t.* to plunder, to prey upon, to devour लूटना, शिकार करना, खा जाना।

depress *डि प्रैसॅ v. t.* to cast a gloom over उदास करना; to press down अवनत करना।

depression *डि प्रैँ शॅन n.* state of being depressed उदासी; dejection विषाद; a hollow गर्त।

deprive *डि प्रॉइव v. t.* to dispossess, to take from (से) वंचित करना।

depth *डैँथ n.* distance downwards गहराई; deep place गहरा स्थान; abstruseness विदग्धता; intensity विचार-गांभीर्य।

deputation *डैँ प्यु टे शॅन n.* a body of persons sent on a mission शिष्टमंडल।

depute *डि प्यूट v. t.* to appoint as a substitute प्रतिनिधि के रूप में नियुक्त करना; to send with a special commission किसी विशेष कार्य के लिए भेजना।

deputy *डै ॅ प्यु टि n.* a person appointed to act for another प्रतिनिधि।

derail *डि रेल v. t.* to cause to leave the rails पटरी से उतारना; *v.i.* to go off the rails पटरी से उतर जाना।

derive *डि रॉइव v. t.* to draw or receive प्राप्त करना; to trace the etymology of (का) मूल खोजना।

descend *डि सैन्ड v. i.* to come or go down नीचे आना या जाना; to slope down ढालू होना; to spring (from) वंशज होना।

descendant *डि सैन् डॅन्ट n.* offspring from an ancestor वंशज।

descent *डि सैन्ट n.* coming down उतार; ancestry वंश; sudden attack आक्रमण; handing down हस्तांतरण।

describe *डिस् क्रॉइब v. t.* to trace out चित्रण करना; to give an account of वर्णन करना।

description *डिस् क्रिप् शॅन n.* act of describing निरूपण; account विवरण।

descriptive *डि स्क्रिप् टिव a.* serving to describe वर्णनात्मक।

desert[1] *डि ज़ॅःट v. t.* to leave, to forsake त्यागना; *v. i.* to quit हट जाना।

desert[2] *डै ॅ ज़ॅःट n.* vast sandy plane रेगिस्तान; uninhabited tract निर्जन स्थान।

deserve *डि ज़ॅःव v. t.* to be worthy of (का) अधिकारी होना।

design[1] *डि ज़ॉइन v. t.* to make a plan of (की) योजना बनाना; to intend इरादा रखना; to plot षड्यंत्र रचना; to sketch खाका बनाना।

design[2] *n.* an outline sketch रूपरेखा, खाका; working plan योजना; a pattern नमूना; purpose, intention उद्देश्य, इरादा।

desirable *डि ज़ॉइअॅ रॅ ब्‌ल a.* worthy of desire वांछनीय; pleasing, attractive आकर्षक।

desire[1] *डि ज़ॉइअॅः n.* eagerness to obtain or enjoy अभिलाषा; longing इच्छा; lust वासना।

desire[2] *v.t.* to wish for the possession or enjoyment of (की) कामना करना; to ask मांगना।

desirous *डि ज़ॉइअॅ रॅस a.* full of desire इच्छुक।

desk *डै ॅस्क n.* an inclining table to write or read upon डैस्क, मेज़।

despair[1] *डिस् पे ॅ अॅः n.* a hopeless state निराशा।

despair[2] *v. i.* to give up all hope निराश होना।

desperate *डैस्‌ पॅ रिट a.* reckless, ready to do anything दुःसाहसी; beyond hope निराशाजनक।

despicable *डैस्‌ पि कॅ ब्‌ल a.* contemptible घ णित, तिरस्कार-योग्य।

despise *डिस् पॉइज़ v. t.* to hold in contempt घ णा करना।

despot *डैस्‌ पौ ॅट n.* an absolute ruler निरंकुश शासक।

destination *डैस्‌ टि ने शॅन n.* goal गंतव्य; purpose उद्देश्य।

destiny *डैस्‌ टि नि n.* predetermined fate नियति, भवितव्यता।

destroy *डिस् ट्रौॅइ v. t.* to pull down नष्ट करना, ध्वसत करना; to kill मारना।

destruction *डिस् ट्रक् शॅन n.* ruin विनाश; death म त्यु।

detach *डि टैच v. t.* to separate अलग करना।

detachment *डि टैच् मॅन्ट n.* act of detaching अलग करने की क्रिया; aloofness अलगाव; absence of attachment अनासक्ति।

detail[1] *डी टेल n.* particular ब्यौरा; small or unimportant part गौण बात।

detail[2] *डि टैल v. t.* to relate in full विस्त त विवरण देना।

detain *डि टेन v. t.* to withhold, to prevent from leaving रोके रखना।

detect *डि टैक्ट v. t.* to discover, to find out खोजना, पता लगाना।

detective[1] *डि टैक् टिव a.* employed in detecting जासूसी।

detective[2] *n.* a police officer whose duty is to detect criminals जासूस।

determination *डि टॅः मि ने शॅन n.* firmness of purpose द ढ़ संकल्प; act of determining निश्चयन।

determine *डि टॅः मिन v. t.* to decide निश्चय करना; to establish निर्धारित करना; to settle तय करना।

dethrone *डि थ्रोन v. t.* to depose, to remove from throne गद्दी से उतारना।

develop *डि वै ॅ लॅप v. t.* to cause to grow विकसित करना; to elaborate विस्त त करना; to treat (film) with chemicals to bring out image (चित्र) उभारना; *v. i.* to grow विकसित होना।

development *डि वै ॅ लॅप् मॅन्ट n.* act or process of developing विकास; expansion विस्तार; growth व द्धि।

deviate *डी वि एट v. i.* to stray, to turn away भटकना, विचलित होना।

deviation *डी वि ए शॅन n.* turning aside विचलन।

device *डि वॉइस n.* contrivance जुगत, तरकीब, जुगाड़; scheme योजना।

devil *डै ॅ विल n.* an evil spirit शैतान; a very wicked person नर-पिशाच।

devise *डि वॉइज़ v. t.* to think out सोच लेना; to contrive (की) जुगत निकालना।

devoid *डि वौ ॅइड a.* destitute, empty (of) रहित, विहीन।

devote *डि वोट v. t.* to set apart by vow अर्पित करना; to apply closely to लगाना।

devotee *डै ॅ वो ॅ टी n.* one wholly devoted समर्पित व्यक्ति; a zealous worshipper भक्त।

devotion *डि वो शॅन n.* act of devoting or state of being devoted समर्पण; (*pl.*) prayers प्रार्थनाएं; devoutness भक्तिभाव।

devour *डि वॉउअॅ; v. t.* to swallow up निगल जाना; to read eagerly धुन के साथ पढ़ना।

dew *ड्यू n.* moisture from atmosphere condensed into drops on the surface, grass etc. ओस।

diabetes *डॉइअॅ बी टीज़ n.* disease characterized by sugar in blood मधुमेह।

diagnose *डॉइ अॅग् नोज़ v. t.* to ascertain from symptoms the true nature of (disease) (का) निदान करना।

diagnosis *डॉइ अॅग् नो सिस n.* process of diagnosing निदान।

diagram *डॉइ अॅ ग्रैम n.* drawing to explain something आरेख, रेखा-लेख।

dial *डॉइ अॅल n.* face of a clock etc. डायल, अंकपट्ट।

dialect *डॉइ अॅ लैक्ट n.* spoken language peculiar to a region उपभाषा, बोली।

dialogue *डॉइ अॅ लौगॅ n.* conversation संवाद; discussion विचार-विमर्श।

diameter *डॉइ ऐ मि टॅः n.* straight line drawn from side to side through the centre of a circle व्यास।

diamond *डॉइ अॅ मॅन्ड n.* a very hard precious stone हीरा।

diarrhoea *डॉइ अॅ रि अॅ n.* excessive frequency of bowel movements अतिसार, दस्त।

diary *डॉइ अॅ रि n.* a register of daily events दैनंदिनी, डायरी।

dice[1] *डॉइस n. pl.* small cubes marked with spots (1 to 6) on the sides पासे।

dice[2] *v. i.* to play with dice पासे का खेल खेलना।

dictate *डिक् टेट v. t.* to deliver as an order आदेश देना; to say or read for another, to transcribe लिखवाना।

dictation *डिक् टे शॅन n* dictating श्रुतलेख; order or direction आदेश।

dictator *डिक् टे टॅः n.* one invested with absolute authority तानाशाह, अधिनायक।

diction *डिक् शॅन n.* choice of words शब्द-चयन।

dictionary *डिक् शॅ नॅ रि n.* a book containing the words arranged alphabetically with their meanings शब्दकोश।

dictum *डिक् टॅम n.* an authoritative saying आदेश-वाक्य; maxim सिद्धांत-वाक्य।

didactic *डॉइ डैक् टिक a.* designed to teach उपदेशात्मक।

die[1] *डॉइ v. i.* to come to the end of life मरना; to come to an end नष्ट होना।

die[2] *n.* small cube with numbered faces पासा।

diet *डॉइ अॅट n.* food भोजन; food prescribed medically पथ्य।

differ *डि फ़ॅः v. i.* to vary पृथक् होना; to disagree असहमत होना; to be unlike असमान होना।

difference *डि फ़ॅ रॅन्स n.* discrimination भेदभाव; unlikeness असमानता; dissimilarity भिन्नता; disagreement मतभेद।

different *डि फ़ॅ रॅन्ट a.* separate भिन्न; dissimilar असमान।

difficult *डि फ़ि कॅल्ट a.* not easy दुर्बोध, जटिल hard to please कठिनाई से प्रसन्न होने वाला।

difficulty *डि फ़ि कॅल् टि n.* hardness to be done कठिनाई; obstacle बाधा।

dig[1] *डिग n.* excavation खुदाई।

dig[2] *(-gg-) v.t.* to break up (ground) with a spade खोदना।

digest[1] *डॉइ जैस्ट; डि v. t.* prepare (food) in the stomach for assimilation पचाना; to think over carefully and take into the mind आत्मसात करना।

digest² *डॉइ जैस्ट* *n.* a collection (of laws) संकलन, संग्रह; systematic summary सार, संकलन।

digestion *डि जै ॅ श्ँन* *n.* act of digesting पाचन; process or power of digesting food पाचन-क्रिया।

digit *डि जिट* *n.* a finger उंगली; anyone of the figures (0 to 9) अंक।

dignify *डिग् नि फ़ॉइ* *v.t.* to invest with dignity शोभायुक्त करना, गौरवान्वित करना।

dignity *डिग् नि टि* *n.* honourable place गौरवपूर्ण स्थान।

dilemma *डि लै ॅ मॅं, डॉइ–* *n.* a situation of difficult or doubtful choice दुविधा।

diligence *डि लि जॅन्स* *n.* steady application परिश्रम, उद्यम।

diligent *डि लि जॅन्ट* *a.* steady in application, industrious परिश्रमी।

dilute¹ *डॉइ ल्यूट* *v. t.* to make thinner पतला करना; *v.i.* to become thinner पतला होना।

dilute² *a.* weakened by diluting पतला।

dim¹ *डिम* *a.* not bright धुंधला; not seen clearly अस्पष्ट।

dim² *(-mm-)* *v. t.* to make dim धुंधला करना; *v.i.* to become dim धुंधला होना।

dimension *डि मैन्ॅ शॅन, डॉइ–* *n.* extention in a single direction आयाम; (*pl.*) measure of a thing, its size, capacity etc. लंबाई-चौड़ाई।

diminish *डि मि निश* *v. t.* to make less कम करना; *v.i.* to grow less कम होना।

din *डिन* *n.* loud continued noise कोलाहल।

dine *डॉइन* *v. t.* to host dinner खाना खिलाना; *v.i.* to have dinner भोजन करना।

dinner *डि नँः* *n.* banquet प्रीतिभोज; main meal of the day भोजन।

dip¹ *डिप* *n.* act of dipping ग़ोता; hollow गड्ढा।

dip² *(-pp-)* *v. t.* to put (something) into liquid डुबकी देना; *v.i.* to plunge ग़ोता लगाना।

diploma *डि प्लो मॅं* *n.* educational certificate प्रमाण-पत्र।

diplomacy *डि प्लो मॅं सि* *n.* the art or practice of conducting international negotiations कूटनीति; skill in dealing with people व्यवहार-कुशलता।

diplomat *डिप् लॅं मैट* *n.* one engaged in official diplomacy राजनयिक; person clever at dealing with people कूटनीतिज्ञ।

diplomatic *डिप् लॅं मै टिक* *a.* pertaining to diplomacy कूट-नीतिक।

dire *डॉइअँः* *a.* terrible, dreadful भयानक, भीषण।

direct¹ *डि रैक्ट, डॉइ–, डॅ–* *a.* straight सीधा; not ambiguous सुस्पष्ट; immediate तात्कालिक।

direct² *v. t.* to point or aim at (की ओर) संकेत या लक्ष्य करना; to show the right course to मार्ग दिखाना; to conduct संचालन करना; to order आदेश देना।

direction *डि रैक्ॅ शॅन, डॉइ–* *n.* act of directing संचालन; guidance मार्गदर्शन; command निर्देश; control नियंत्रण।

director *डि रैक् टः, डॉइ–* *n.* one who directs निर्देशक।

directory *डि रैक् टॅ रि* *n.* reference book with the list of persons with various details निर्देशिका।

dirt *डॅःट* *n.* mud कीचड़; dust धूल; any filthy substance गंदगी।

dirty *डॅः टि* *a.* unclean मलिन; filthy गंदा।

disability *डिस् ॲ बि लि टि* *n.* lack of ability अक्षमता; state of being disabled विकलांगता।

disable *डिस् ए ब्ल* *v. t.* to make unable अक्षम बनाना; to cripple विकलांग बनाना।

disabled *डिस् ए ब्ल्ड* *a.* crippled विकलांग।

disadvantage *डिस् ॲड् वान् टिज* *n.* unfavourable circumstance प्रतिकूल अवस्था; hindrance बाधा।

disagree *डिस् ॲ ग्री* *v. i.* to have different opinions असहमत होना; to prove unsuitable अनुपयुक्त सिद्ध होना।

disagreeable *डिस् ॲ ग्रि ॲ ब्ल* *a.* unpleasant अरुचिकर, अप्रिय; unsuitable प्रतिकूल।

disagreement *डिस् ॲ ग्री मॅन्ट* *n.* absence of agreement असहमति; difference of opinion मतभेद।

disappear *डिस् ॲ पिॲः* *v. i.* to vanish from sight अद श्य होना।

disappearance *डिस् ॲ पिॲ रॅन्स* *n.* disappearing लोप, तिरोभाव।

disappoint *डिस् ॲ पौ ॅइन्ट* *v. t.* to frustrate हताश करना to defeat the fulfilment of निष्फल करना।

disapproval *डिस् ॲ प्रू वॅल* *n.* disapproving निरनुमोदन, अस्वीकार।

disapprove *डिस् ॲ प्रूव* *v. t.* to reject अस्वीक त करना; to censure (की) निंदा करना।

disarm *डिस् आःम* *v. t.* to deprive of arms निःशस्त्र करना।

disarmament *डिस् आः मॅ मॅन्ट* *n.* act or state of being disarmed निःशस्त्रीकरण।

disaster *डि ज़ास् टॅः* *n.* calamity आपदा; sudden misfortune दुर्भाग्य।

disastrous *डि ज़ास् ट्रॅस* *a.* calamitous संकटपूर्ण; ruinous विनाशपूर्ण।

disc *डिस्क* *n.* thin, flat, circular object like a coin चकती।

discard *डिस् कॉःड* *v. t.* to throw away निकाल फेंकना; to reject रद्द करना।

discharge[1] *डिस् चाःज* *v. t.* to unload भारमुक्त करना; to relieve of a charge सेवा मुक्त करना; to fire (a gun) (गोली) चलाना; to perform अदा या पूरा करना।

discharge[2] *n.* release मुक्ति; unloading अवतारण; dismissal बरखास्तगी; emission रिसाव, बहाव; performance पालन, संपादन; payment अदायगी।

disciple *डि सॉइ प्ल* *n.* follower अनुयायी।

discipline *डि सि प्लिन* *n.* slef-control आत्मसंयम; training शिक्षण; orderly conduct अनुशासन; a subject or field of study अध्ययन का विषय या क्षेत्र।

disclose *डिस् क्लोज़* *v. t.* to reveal प्रकट करना।

discomfort *डिस् कर्मफॅःट* *n.* uneasiness असुविधा, बेचैनी।

disconnect *डिस् कॅ नैक्ट* *v. t.* to detach वियोजित करना।

discontent *डिस् कॅन् टैन्ट* *n.* dissatisfaction असंतोष।

discontinue *डिस् कॅन् टि न्यू* *v. t.* to give up त्याग देना; to put an end to समाप्त कर देना; *v. i.* to come to an end समाप्त हो जाना, रुक जाना।

discord *डिस् कौःड* *n.* strife अनबन, कलह; disagreement विसंगति; dissonance बेसुरापन।

discount *डिस् कॉउन्ट* *n.* reduction छूट।

discourage *डिस् कॅ रिज* *v. t.* to dissuade हतोत्साह करना।

discourse *डिस् कौःस्* *n.* a speech or lecture प्रवचन।

discourteous *डिस् कॅः टि ॲस* *a.* impolite अविनीत; rude अभद्र।

discover *डिस् कवॅः* *v. t.* to find out पता लगाना, खोजना।

discovery *डिस् क वॅ रि* *n.* act of discovering अन्वेषण; thing discovered खोजी गई वस्तु।

discretion *डिस् क्रै ॅ शॅन* *n.* prudence समझदारी; freedom to act as one thinks fit स्वविवेक।

discriminate *डिस् क्रि मि नेट* *v. t.* to distinguish between (में) भेद करना; to single out for special favour पक्षपात करना; *v.i.* to be discerning पहचान करना।

discrimination *डिस् क्रि मि ने शॅन* *n.* ability to discriminate विभेदन-क्षमता; partiality पक्षपात।

discuss *डिस् कस* *v. t.* to hold conversation about (पर) विचार-विनिमय करना।

disdain[1] *डिस् डेन* *n.* scorn घ णा।

disdain[2] *v. t.* to scorn घ णा करना।

disease *डि ज़ीज़* *n.* sickness बीमारी।

disguise[1] *डिस् गॉइज़* *n.* disguised state छद्मवेश।

disguise[2] *v. t.* to change the appearance of (का) वेश बदलना; to hide the truth of छिपाना।

dish *डिश* *n.* plate, bowl etc. used for serving food तश्तरी; contents of dish तश्तरी-भर।

dishearten *डिस् हाः ट्न* *v. t.* to cause to lose courage or confidence हतोत्साह करना।

dishonest *डिस् औॅ निस्ट* *a.* not honest बेईमान।

dishonesty *डिस् औॅ निस् टि* *n.* being dishonest बेईमानी।

dishonour[1] *डिस् औॅ नॅः* *v. t.* to treat disgracefully अनादर करना; to refuse to pay (a cheque) (चेक को) अस्वीक त करना।

dishonour[2] *n.* want of honour अनादर; person or thing that brings disgrace अनादर का कारण।

dislike[1] *डिस् लॉइक* *v. t.* not to like नापसंद करना।

dislike[2] *n.* feeling of not liking अरुचि, नफ़रत।

disloyal *डिस् लौॅइ ॲल* *a.* unfaithful विश्वासघाती।

dismiss *डिस् मिस* *v. t.* to reject (law suit) without further hearing खारिज़ करना; to send away बर्खास्त करना।

dismissal *डिस् मि सॅल* *n.* dismissing or being dismissed बरख़ास्तगी।

disobey *डिस् ॲ बे* *v. t.* to refuse or fail to obey अवज्ञा करना।

disorder *डिस् औः डॅः n.* confusion अव्यवस्था; slight illness विकार; rioting उपद्रव।

disparity *डिस् पै रि टि n.* inequality असमानता; great difference अंतर।

dispensary *डिस् पैन्ँ सॅ रि n.* a place where medicines are dispensed औषधालय, दवाखाना।

disperse *डिस् पॅःस v. t.* to scatter बिखेरना; to diffuse छितराना।

displace *डिस् प्लेस v. t.* to remove from its place विस्थापित करना; to remove from office पदच्युत करना।

display[1] *डिस प्ले v. t.* to exhibit प्रदर्शित करना।

display[2] *n.* exhibition प्रदर्शन।

displease *डिस प्लीज़ v. t.* to annoy, to offend नाराज़ करना।

displeasure *डिस् प्लै ˘ ज़ॅः n.* annoyance, anger नाराज़गी, क्रोध।

disposal *डिस् पो ज़ॅल n.* act or power of disposing व्यवस्था; selling विक्रय; control नियंत्रण; getting rid of निपटारा।

dispose *डिस् पोज़ v. t.* to arrange व्यवस्थित करना; to settle मामला निपटाना; to incline प्रव त्त करना।

disprove *डिस् प्रूव v. t.* to prove false असत्य सिद्ध करना।

dispute[1] *डिस् प्यूट n.* controversy विवाद; quarrel झगड़ा।

dispute[2] *v. i.* to discuss विचार–विमर्श करना; *v.t.* to call in question संदेह करना; to argue तर्क-वितर्क करना।

disqualification *डिस क्वौ ˘ लि फ़ि के शॅन n.* disqualifying or being disqualified अयोग्यता; that which disqualifies अयोग्यता का आधार।

disqualify *डिस् क्वौ ˘ लि फ़ॉइ v. t.* to make ineligible अयोग्य ठहराना या बनाना।

disquiet *डिस् क्वॉइ ॲट n.* uneasiness बेचैनी; anxiety चिंता।

disregard[1] *डिस् रि गाःड n.* neglect उपेक्षा; insult अपमान।

disregard[2] *v. t.* to pay no attention to उपेक्षा करना।

disrepute *डिस् रि प्यूट n.* bad name, disgrace अपयश, बदनामी।

disrespect *डिस् रिस् पैक्ट n.* want of respect अनादर।

disrupt *डिस रप्ट v. t.* to break up भंग करना।

dissatisfaction *डिस् सै टिस् फ़ैक् शॅन n.* state of being dissatisfied असंतोष।

dissatisfy *डिस् सै टिस् फ़ॉइ v. t.* to fail to satisfy असंतुष्ट करना, नाराज़ करना।

dissect *डि सैक्ट v. t.* to cut apart काटना, विच्छेदन करना; to examine or criticise in detail अवलोकन अथवा आलोचना करना।

dissection *डि सैक् शॅन n.* act of cutting up anatomically विच्छेदन; act of separating into parts for the purpose of critical examination विश्लेषण।

dissimilar *डि सि मि लॅः a.* not similar असमान।

dissolve *डि ज़ौल्व v.t.* to melt पिघलाना; to put an end to समाप्त करना; *v. i.* to be melted पिघलना; to disappear लुप्त होना।

dissuade *डि स्वेड v. t.* to exhort

against, to persuade not to न करने के लिए समझाना।

distance *डिस् टॅन्स n.* extent of interval between two things दूरी, फ़ासला; aloofness अलगाव।

distant *डिस् टॅन्ट a.* not close दूर का; lying at a distance दूरस्थ।

distil *डिस् टिल (-ll-) v. t.* to vaporise and recondense (a liquid) आसवन करना; to purify शुद्ध करना; *v.i.* to tickle down, to fall in drops टपकना।

distillery *डिस् टि लॅ रि n.* the building where distilling is carried on आसवनी।

distinct *डिस् टिङ्क्ट a.* separated by some mark प थक्, अलग; definite निश्चित; clear स्पष्ट।

distinction *डिस् टिङ्क् शॅन n.* difference अंतर; special honour विशेष सम्मान; unusual quality विशिष्टता।

distinguish *डिस् टिङग्विश v. i.* to recognize difference अंतर लाना या समझना; *v.t.* to recognise पहचानना; to honour सम्मानित करना।

distort *डिस् टौःट v. t.* to twist तोड़-मरोड़ देना; to put out of shape विक त करना।

distress[1] *डिस् ट्रैसॅ n.* anguish of body or mind कष्ट, परेशानी; affliction मुसीबत।

distress[2] *v. t.* to afflict with pain or anguish परेशान करना।

distribute *डिस् ट्रि ब्यूट v. t.* to deal out बांटना, वितरित करना; to spread फैलाना।

distribution *डिस् ट्रिब्यू शॅन n.* act of distributing वितरण; spreading over a large area फैलाव, विस्तार; division विभाजन।

district *डिस् ट्रिक्ट n.* an administrative unit जनपद, ज़िला।

distrust[1] *डिस् ट्रस्ट n.* lack of trust अविश्वास।

distrust[2] *v. t.* to have no trust in (में) विश्वास न रखना।

disturb *डिस् टःब v. t.* to throw into disorder अस्तव्यस्त करना; to agitate उत्तेजित करना; to interrupt बाधा डालना।

ditch डिच *n.* a long narrow channel dug into the earth खाई।

ditto *डि टो n.* the same (as stated before) यथोपरि; ditto mark („) तथैव चिह्न (")।

dive[1] *डॉइव v. i.* to plunge under surface of water ग़ोता लगाना; to go under water पानी के नीचे जाना; to go to a lower level नीचे स्तर पर आ जाना।

dive[2] *n.* act of diving गोता; a descent under water पानी के नीचे पैठ; a plunge down through the air हवा में नीचे की ओर झपट्टा।

diverse *डॉइ वॅःस,* ***डॉइ*** *वॅःस a.* various, different विविध।

divert *डॉइ वॅःट v. t.* to turn aside मोड़ना, ध्यान हटाना; to amuse मनोरंजन करना।

divide *डि वॉइड v. t.* to separate into parts विभक्त करना; to cause to disagree मतभेद पैदा करना; to distribute बांटना; *v. i.* to be separated विभक्त होना।

divine *डि वॉइन a.* heavenly, like a god दैवी, दिव्य; excellent उत्क ष्ट।

divinity *डि वि नि टि* *n.* the state of being divine दिव्यता; the study of theology धर्मशास्त्र; a god or deity देवता।

division *डि वि ज़ॅन* *n.* act of dividing विभाजन; separation अलगाव; partition बंटवारा; disagreement मतभेद; part of an army (सेना में) डिवीज़न।

divorce[1] *डिवौःस* legal dissolution of marriage तलाक; separation अलगाव।

divorce[2] *v. t.* to put away by divorce तलाक़ देना।

divulge *डॉइ वॅल्ज* *v. t.* to disclose प्रकट करना।

do *डू, डु* *v. t.* to perform करना; to finish पूरा करना; to work out हल करना; to suit (के लिए) उपयुक्त होना; to have as a job पेशे के रूप में करना।

docile *डो सॉइल* *a.* submissive विनम्र; easily managed वश्य।

dock *डौकॅ* *n. (pl.)* dockyard गोदी; place in court where a prisoner stands कटघरा।

doctor *डौकॅ टॅः* *n.* a qualified practitioner of medicine चिकित्सक; person who holds doctorate विद्यावारिधि।

doctorate *डौकॅ टॅ रिट* *n.* the degree of a doctor डॉक्टर की उपाधि।

doctrine *डौकॅ ट्रिन* *n.* set of principles सिद्धांत, मत।

document *डौ ॅ क्यु मॅन्ट* *n.* written proof or evidence दस्तावेज़।

dodge[1] *डौ ॅ ज* *n.* dodging चकमा।

dodge[2] *v. t.* to evade by cunning चकमा देना।

doe *डो* *n.* the female of deer, rabbit etc. म ग, ख़रगोश आदि की मादा।

dog[1] *डौगॅ* *n.* a domesticated animal of the wolf family कुत्ता।

dog[2] *(-gg-)* *v. t.* to keep close behind पीछा करना।

dogma *डौगॅ मॅ* *n.* a doctrine or belief धर्ममत।

dogmatic *डौगॅ मै टिक* *a.* relating to dogma धर्ममत-संबंधी।

doll *डौ ॅल* *n.* a child's toy गुड़िया।

dollar *डौ ॅ लॅः* *n.* the unit of money in U.S.A. and some other countries डॉलर।

domain *डॅ मेन* *n.* territory under one government शासन-क्षेत्र; field of knowledge ज्ञानक्षेत्र।

dome *डोम* *n.* hemispherical roof गुंबद।

domestic[1] *डॅ मैसॅ टिक, डो ॅ–* *a.* of the household घरेलू; not foreign देशीय; tamed (animals) पालतू।

domestic[2] *n.* a household servant घरेलू नौकर।

domicile *डौ ॅ मि सॉइल, – सिल* *n.* family residence आवास।

dominant *डौ ॅ मि नॅन्ट* *a.* governing प्रमुख; ascendant ऊर्ध्वगामी।

dominate *डौ ॅ मि नेट* *v. t.* to rule शासन करना; to predominate over (से) श्रेष्ठ होना।

domination *डौ ॅ मि ने शॅन* *n.* rule शासन; superiority श्रेष्ठता।

dominion *डॅ मि नि ऑन* *n.* sovereign authority प्रभुत्व; a governed territory उपनिवेश।

donate *डॉ ॅ नेट* *v. t.* to make a donation of दानस्वरूप देना।

donation *डों ने शॅन n.* (act of) giving दान।

donkey *डौ ङ् कि n.* ass गधा।

donor *डोनॅः n.* one who donates दाता, दानी।

doom[1] *डूम n.* fate भाग्य; ruin विनाश; judicial sentence सज़ा।

doom[2] *v. t.* to condemn to punishment दंड देना; to destine to destrucrtion (के) भाग्य में विनाश बदा होना।

door *डौः, डौ ːः n.* the entrance of a house or room दरवाज़ा; means of approach प्रवेश-मार्ग।

dose *डोज़ n.* the quantity of medicine given at one time खुराक।

dot[1] *डौ ट n.* a small round spot बिंदु।

dot[2] *(-tt-) v. t.* to mark with a dot or dots बिंदु लगाना; to sprinkle छितराना।

double[1] *ड ब्ल a.* twofold दोगुना; forming a pair युग्मित; deceitful धोखेबाज़।

double[2] *v. t.* to make two-fold दोहरा करना; to increase by adding an equal amount to दोगुना करना।

double[3] *n.* twice as much दोगुनी मात्रा; a duplicate प्रतिरूप।

doubt[1] *डॉउट v. i.* to waver in opinion of judgment संदेह करना; to suspect शंका करना; *v.t.* to deem uncertain अनिश्चित मानना; to distrust विश्वास न करना।

doubt[2] *n.* a wavering in opinion ऊहापोह; uncertainty अनिश्चितता; suspicion शंका, संदेह।

dough *डो n.* pasty mass of flour गुँथा हुआ आटा।

dove *डव n.* a pigeon पड़की, फ़ाखता।

down[1] *डॉउन adv.* to, in or towards a lower position नीचे की ओर; immediately तुरंत।

down[2] *prep.* from a higher part to a lower part of के नीचे की ओर; at a lower part of के निचले भाग में; along के किनारे।

down[3] *v. t.* to hit and make fall मारकर गिरा देना।

downfall *डॉउन्. फौल n.* a fall from power पतन; cause of ruin बर्बादी का कारण।

downpour *डॉउन् पौः n.* heavy rainfall भारी वर्षा।

downright[1] *डॉउन् रॉइट adv.* completely पूरी तरह से।

downright[2] *a.* straight forward स्पष्टवादी।

downward *डॉउन् वॅःड a.* moving, going, to what is low अधोगामी।

downward, downwards *डॉउन् वॅःड्ज़ adv.* towards what is lower नीचे की ओर।

dowry *डॉउ रि n.* property which a woman brings to her husband in marriage दहेज।

doze[1] *डोज़ n.* a nap ऊँघ, झपकी।

doze[2] *v. i.* to sleep lightly ऊँघना।

dozen *ड ज़न n.* a set of twelve दर्जन।

draft[1] *ड्राफ्ट v. t.* to draw the preliminary version or plan of (का) प्रारूप तैयार करना।

draft[2] *n.* a written order for payment of money बैंक ड्राफ्ट; a preliminary version मसविदा।

draftsman *ड्राफ़्ट्स् मॅन a.* one who

drafts documents or makes plans दस्तावेज़-लेखक, नक़्शानवीस।

drag[1] *ड्रैग* *n.* obstruction to progress बाधा।

drag[2] *(-gg-) v. t.* to pull along with effort घसीटना।

dragon *ड्रै गॅन* *n.* a mythical winged reptile सपक्ष नाग; a fierce person खूंखार व्यक्ति।

drain[1] *ड्रेन* *n.* a channel for removing liquid अपवाहिका; sewer गंदी नाली।

drain[2] *v. t.* to draw off gradually धीरे-धीरे निकालना; *v.i.* to flow off बह जाना।

drainage *ड्रे निज* *n.* draining जलनिकास; system of drains जल-प्रणाली।

dram *ड्रैम* *n.* a small drink of liquor (मदिरा का) छोटा घूंट; a unit of measure (1/16 or 1/8 of an ounce) ड्राम (1/16 या 1/8) औंस।

drama *ड्रा मॅ* *n.* stage-play नाटक; series of events घटनाचक्र।

dramatic *ड्रॅ मै टिक* *a.* pertaining to drama नाटक-संबंधी; exciting उत्तेजक; sudden आकस्मिक।

dramatist *ड्रै मॅ टिस्ट* *n.* a writer of plays नाटककार।

draper *ड्रे पॅ:* *n.* dealer in cloth and cloth goods वस्त्र विक्रेता।

drastic *ड्रैस् टिक* *a.* forceful, severe कठोर, प्रबल।

draught[1] *ड्राफ़्ट* *n.* current of air through apertures झिरियों में से आने वाली हवा; act of drawing खिंचाव; dose of medicine दवा की खुराक; act of drinking पान, पीने की क्रिया; quantity drunk at once घूंट; plan or layout मसौदा; quantity of fish caught in a net एक बार में जाल में फंसी मछली।

draught[2] *v.t.* see draft.

draw[1] *ड्रौ* *v.t.* to pull along खींचना, घसीटना; to inhale (सांस) लेना; to sketch अंकित करना; to attract आकर्षित करना; to take from (well, etc.) निकालना; to receive (from bank) (बैंक से) निकालना।

draw[2] *n.* act of drawing कर्षण; unfinished game अनिर्णीत खेल।

drawback *ड्रौ बैक* *n.* shortcoming कमी, त्रुटि; disadvantage असुविधा।

drawer *डौ:, ड्रौ ॅ अ:* *n.* a box-like container which slides in and out of furniture दराज; one who draws pictures चित्रकार; one who draws money धन निकालने वाला; (*pl.*) an undergarment जांघिया।

drawing *ड्रौ इंङ्ग* *n.* art of drawing by lines चित्रांकन; a picture in lines चित्रकारी।

drawing-room *ड्रौ इङ्ग् रूम* *n.* a sitting room बैठक।

dread[1] *ड्रैॅड* *n.* object of fear विभीषिका; great fear भय, आशंका।

dread[2] *v.t.* to fear greatly (से) भयभीत होना।

dread[3] *a.* exciting fear आतंकमय।

dream[1] *ड्रीम* *n.* vision during sleep स्वप्न; reverie दिवास्वप्न।

dream[2] *v. i.* to fancy things during sleep स्वप्न देखना; *v.t.* to see or imagine in a dream स्वप्न में देखना।

drench *ड्रैन्च* *v. t.* to make thoroughly wet सराबोर कर देना।

dress[1] *ड्रैसॅ* *n.* clothing, garment पोशाक, परिधान।

dress[2] *v. t.* to clothe (वस्त्र) पहनाना; to apply dressing to (पर) पट्टी बांधना; to prepare (food) for table (भोजन) तैयार करना; *v.i.* to put on clothes वस्त्र पहनना।

dressing *ड्रै ˘ सिङ्ग* *n.* dress or clothes वस्त्र, परिधान; bandage मरहमपट्टी।

drill[1] *ड्रिल* *n.* pointed instrument for making holes बरमा, बेधनी; physical training क़वायद, ड्रिल।

drill[2] *v. t.* to bore (में) छेद करना।

drink[1] *ड्रिङ्क* *n.* liquid for drinking पेयपदार्थ; liquor शराब।

drink[2] *v. t.* to take in (liquid) पीना; *v.i.* to take alcohol शराबी होना।

drip[1] *ड्रिप* *n.* action or sound of falling in drops टपकन, चुअन।

drip[2] *(-pp-)* *v. i.* to fall in drops टपकना; *v. t.* to cause to fall in drops टपकाना।

drive[1] *ड्रॉइव* *v. t.* to cause to move हांकना; to operate and steer (car etc.) (कार आदि) चलाना; to force (a nail etc.) ठोंकना; to convey in vehicle वाहन-द्वारा ले जाना; to urge, to impel बाध्य करना; *v.i.* to keep car etc. going कार चलाना; to go by car etc. कार आदि द्वारा जाना।

drive[2] *n.* act of driving संचालन; journey in a vehicle; सवारी से यात्रा; campaign आंदोलन।

driver *ड्रॉइ वॅः* *n.* one who drives चालक।

drizzle[1] *ड्रि ज़्ल* *n.* rain in fine drops फुहार।

drizzle[2] *v. i.* to rain in small drops फुहार पड़ना।

drop[1] *ड्रौपॅ* *n.* tiny ball of liquid बूंद; fall पतन।

drop[2] *(-pp-)* *v. i.* to fall in drops टपकना; to fall गिरना; *v. t.* to cause to fall in drops टपकाना; to allow to fall गिराना।

drought *ड्रॉउट* *n.* continuous failure of rain अनाव ष्टि, सूखा।

drown *ड्रॉउन* *v.i.* to die by suffocation in water डूबकर मरना; *v.t.* to kill by suffocation in water डुबाकर मारना; to submerge डुबा देना।

drug *ड्रग* *n.* medical substance औषधि; narcotic नशीली वस्तु।

druggist *ड्र गिस्ट* *n.* person who sells drugs औषध-विक्रेता।

drum[1] *ड्रम* *n.* musical instrument sounded by beating ढोल, नगाड़ा; tympanum of the ear कान का परदा; cylindrical barrel पीपा।

drum[2] *(-mm-)* *v.i.* to play a drum ढोल बजाना।

drunkard *ड्रङ्कॅःड* *n.* drunken person शराबी।

dry[1] *ड्रॉइ* *a.* not wet सूखा; not interesting नीरस; indifferent उदासीन; having prohibition शराबबंदी वाला।

dry[2] *v. i.* to become dry सूखना; *v.t.* to remove the moisture from सुखाना।

dual *ड्यूअॅल* *a.* two- fold दोहरा; of two द्वैत।

duck[1] *डक* *n.* common water-bird बतख़।

duck[2] *v.i.* to dip under water डुबकी लगाना; to escape by hiding छिपकर भाग निकलना।

due[1] *ड्यू a.* payable देय; that ought to be paid प्राप्य; proper उचित।

due[2] *n.* that which is owed उधार, ऋण; anything due दातव्यधन; right अधिकार; *(pl.)* fees शुल्क।

due[3] *adv.* exactly बिल्कुल; directly सीधा।

duel[1] *ड्यु अॅल, ड्यू– n.* two-sided contest द्वंद्वयुद्ध।

duel[2] *ड्यु अॅल (-ll-) v. i.* to fight a duel द्वंद्वयुद्ध करना।

duke *ड्यूक n.* sovereign of a small state शासक, राजा।

dull[1] *डल a.* sluggish मंद; dim निष्प्रभ; cheerless उदास; blunt कुंठित; not brisk निष्क्रिय।

dull[2] *v. t.* to make dull मंद बनाना; to make dim धुंधला करना; *v.i.* to become dull मंद होना।

duly *ड्यू लि adv.* in a proper way विधिवत्।

dumb *डम a.* unable to speak गूंगा।

dunce *डन्स n.* stupid person मूर्ख आदमी।

dung *डङ्ग n.* animal excreta गोबर।

duplicate[1] *ड्यू प्लि किट a.* exactly like मिलता-जुलता।

duplicate[2] *n.* exact copy प्रतिलिपि।

duplicate[3] *ड्यू प्लि केट v. t.* to make an exact copy of (की) प्रतिलिपि बनाना।

duplicity *ड्यु प्लि सि टि n.* double dealing दुरंगापन, कपट।

durable *ड्यूअॅ रॅ ब्ल a.* long lasting स्थायी, टिकाऊ।

duration *ड्युअॅ रे शॅन n.* time a thing continues कालावधि।

during *ड्यूअॅ रिङ्ग prep.* in the course of पर्यंत।

dusk *डस्क n.* twilight गोधूलि।

dust[1] *डस्ट n.* finely powdered dirt धूल।

dust[2] *v.t.* to remove dust form (से) धूल झाड़ना।

duster *डस् टॅः n.* a cloth for removing dust झाड़न।

dutiful *ड्यू टि फुल a.* attentive to duty कर्त्तव्यनिष्ठ।

duty *ड्यू टि n.* moral or legal obligation कर्त्तव्य; tax on import or export शुल्क, कर।

dwarf *ड्वौःफ n.* very undersized person बौना।

dwell *ड्वै॑ल v. i.* to live in a place रहना, बसना।

dwelling *ड्वै॑ लिङ्ग n.* habitation, house घर, निवास-स्थान।

dwindle *डिविन् ड्ल v. t.* to diminish gradually, to decline क्षीण होना।

dye[1] *डॉइ v. t.* to give a new and permanent colour to रंगना।

dye[2] *n.* a colouring substance रंग।

dynamic *डॉइ नै मिक a.* concerned with force गत्यात्मक; very energetic स्फूर्त।

dynamics *डॉइ नै मिक्स n. pl.* the science which investigates the action of force गतिविज्ञान।

dynamite *डॉइ नॅ मॉइट n.* powerful explosive बारूद।

dynamo *डॉइ नॅ मो n.* machine that generates electricity विद्युत शक्ति-यंत्र।

dynasty *डि नॅस् टि, डॉइ–* *n.* succession of rulers belonging to one family राजवंश।

dysentery *डि सॅन् ट्रि* *n.* disease characterized by diarrhoea with blood and mucus पेचिश।

Ee

E *ई* the fifith letter of the English alphabet, the third note of the natural diatonic scale. अंग्रेजी वर्णमाला का पाँचवाँ अक्षर, गायन में त तीय स्वर।

each[1] *ईच* *a.* every one separately considered प्रत्येक।

each[2] *pron.* each thing, person, group etc. प्रत्येक।

eager *ई गँ:* *a.* excited by desire व्यग्र; keen इच्छुक।

eagle *ई ग्ल* *n.* a large bird of prey गरुड़।

ear *इअँ:* *n.* organ of hearing कान; a spike, as of corn बाली।

early[1] *अँ: लि* *adv.* before the usual time सामान्य समय से पूर्व; in the first part of the day सवेरे के समय।

early[2] *a.* appearing before expected आशा से पूर्व होनेवाला; belonging to the first part of the day सवेरे-सवेरे होनेवाला; referring to the near future निकट भविष्य से संबद्ध।

earn *अँ:न* *v. t.* to gain by labour अर्जित करना; to deserve (के) योग्य होना।

earnest *अँ: निस्ट* *a.* ardent, zealous जोशीला; serious गंभीर।

earth *अँ:थ* *n.* the globe we inhabit प थ्वी; the world स ष्टि; dry land स्थल; the soil मिट्टी।

earthen *अँ: थॅन* *a.* made of earth म ण्मय।

earthly *अँ:थ् लि* *a.* worldly सांसारिक।

earthquake *अँ:थ् क्वेक* *n.* a shaking of the earth भूकंप।

ease[1] *ईज़* *n.* freedom from difficulty चैन; rest आराम; facility सुगमता।

ease[2] *v. t.* to give ease to सुविधा देना; to free from pain (का) दुःख दूर करना; to free from trouble (का) कष्ट निवारण करना।

east[1] *ईस्ट* *n.* the part of the sky where the sun rises पूर्व दिशा।

east[2] *adv.* in or toward the east पूर्व की ओर।

east[3] *a.* of the east पूर्वीय।

easter *ईस् टॅ:,* *n.* Christian festival held on Sunday after Good Friday ईस्टर, पुनरुत्थान पर्व।

eastern *ईस् टॅ:न* *a.* belonging to the east पूर्व-संबंधी; oriental प्राच्य।

easy *ई ज़ि* *a.* not difficult सरल; carefree निश्चित; comfortable आरामदेह।

eat *ईट* *v. t.* to chew and swallow (food) खाना; to destroy नष्ट करना; *v.i.* to take food भोजन करना।

eatable[1] *ईटॅ ब्ल* *n.* (*pl.*) anything used as food खाद्य पदार्थ।

eatable[2] *a.* fit to be eaten खानेयोग्य।

ebb[1] *ऐ ॅब* *n.* flowing back of tide भाटा, उतार; decline अवनति।

ebb[2] *v. i.* to flow back उतर जाना; to decay क्षीण हो जाना, कमज़ोर पड़ना।

ebony *ऐॅ बॅ नि* *n.* black wood आबनूस।

echo[1] *ऐ ॅ को* *n.* repetition of a sound by reflection प्रतिध्वनि ।

echo[2] *v. t.* to repeat, as echo प्रतिध्वनित करना; to imitate closely (की) अनुक ति करना; *v.i.* to resound गूंजना; to be repeated दोहराया जाना।

eclipse *इ क्लिप्स* *n.* obscuring of light from one heavenly body by another ग्रहण।

economic *ई कॅ नौ ॅ मिक, ऐ ॅ–* *a.* pertaining to economy आर्थिक।

economical *ई कॅ नौ ॅ मि कॅल* *a.* frugal मितव्ययी।

economics *ई कॅ नौ ॅ मिक्स, ऐ ॅ–* *n.* (*sing.*) science dealing with wealth अर्थशास्त्र।

economy *ई कौ ॅ नॅ मि* *n.* structure of economic life अर्थव्यवस्था; thrifty use of resourses मितव्ययिता।

edge *ऐॅज* *n.* cutting side of a blade धार; border किनारा।

edible *ऐ ॅ डि ब्ल* *a.* fit to be eaten भोज्य।

edifice *ऐ ॅ डि फ़िस* *n.* large building भवन।

edit *ऐॅ डिट* *v. t.* to prepare (book, film, etc.) for publication संपादन करना।

edition *इ डि शॅन* *n.* form in which something is published संपादन का स्वरूप; number of copies of a new publication संस्करण।

editor *ऐ ॅ डि टॅ:* *n.* one who edits a book, film, etc. संपादक।

editorial[1] *ऐ ॅ डि टौ रि ॲल* *a.* pertaining to or written by an editor संपादकीय।

editorial[2] *n.* an article written by an editor संपादकीय लेख।

educate *ऐ ॅ ड्यु केट* *v. t.* to teach, train or develop by schooling शिक्षा देना।

education *ऐ ॅ ड्यु के शॅन* *n.* act of educating शिक्षण; instruction and discipline शिक्षा।

efface *इ फ़ेस* *v. t.* to rub or wipe out रगड़कर मिटा देना।

effect[1] *इ फ़ैक्ट* *n.* impression प्रभाव; result परिणाम; (*pl.*) property संपत्ति।

effect[2] *v. t.* to produce उत्पन्न करना; to execute अमल में लाना।

effective *इ फ़ैक् टिव* *a.* producing the effect desired or intended प्रभावशाली।

effeminate *इ फ़ै ॅ मि निट* *a.* womanish, unmanly स्त्रैण, पौरुषहीन, कायर।

efficacy *ऐ ॅ फ़ि कॅ सि* *n.* power to produce effect प्रभावोत्पादकता।

efficiency *इ फ़ि शॅन् सि* *n.* competence निपुणता, क्षमता।

efficient *इ फ़ि शॅन्ट* *a.* capable योग्य, निपुण; producing a result फलोत्पादक।

effigy *ऐ ॅ फ़ि जि* *n.* the image or likeness of a person पुतला।

effort *ऐ ॅ फ़ॅ:ट* *n.* endeavour, exertion प्रयास।

egg *ऐॅग* *n.* an oval body laid by a female bird or fish अंडा; ovum डिंब।

ego *ई गो, ऐ˘ गो n.* the self अहंकार, दंभ।

egotism *ऐ˘गो˘ टिज़्म n.* an exaggerated love of self, self-exaltation अहंभाव।

eight *एट n.* the number next above seven आठ (8)।

eighteen *ए टीन a.* the number next above seventeen अठारह (18)।

eighty *ए टि n.* the number equal to ten times eight अस्सी (80)।

either[1] *ऑइ दॅः, ई– a., pron.* one or the other दो में से कोई; one of two दो में से एक; each प्रत्येक।

either[2] *adv.* (used after a negative phrase) moreover इसके साथ-साथ।

eject *इ जैक्ट v. t.* to throw out बाहर फेंकना।

elaborate[1] *इ लै बॅ रेट v. t.* to state in details विस्तार से कहना।

elaborate[2] *इ लै बॅ रिट a.* detailed विस्त त; complicated जटिल।

elapse *इ लैप्स v. t.* to slip or glide away गुज़रना।

elastic *इ लैस् टिक a.* flexible लचीला।

elbow *ऐ˘ल् बो n.* joint where the arm bends कोहनी; angle, bend मोड़।

elder[1] *ऐ˘ल् डॅः a.* of earlier birth ज्येष्ठ, अग्रज।

elder[2] *n.* person of greater age आयु में बड़ा व्यक्ति; an old person वद्ध व्यक्ति।

elderly *ऐ˘ल् डॅः लि a.* somewhat old सयाना, वयोव द्ध।

elect *इ लैक्ट v. t.* to choose by vote निर्वाचित करना; to select चयन करना।

election *इ लैक् शॅन n.* act of choosing by vote चुनाव, निर्वाचन।

electorate *इ लैक् टॅ रिट n.* a body of electors निर्वाचक मंडल।

electric *इ लैक् ट्रिक a.* containing, conveying or produced by eletricity विद्युतीय।

electricity *इ लैक् ट्रि सि टि n.* the electric power विद्युत्।

electrify *इ लै˘क् ट्रि फ़ाइ v. t.* to communicate elecricity to (का) विद्युतीकरण करना।

elegance *ऐ˘ लि गॅन्स n.* quality of being elegant प्रांजलता; refinement शिष्टता।

elegant *ऐ˘ लि गॅन्ट a* graceful रमणीय; refined परिष्क त।

elegy *ऐ˘ लि जि n.* a poem or a song expressive of sorrow and lamentation शोकगीत।

element *ऐ˘ लि मॅन्ट n.* basic thing मूलवस्तु; ingredient मूलतत्त्व।

elementary *ऐ˘लि मैन् टॅ रि a.* simple, ordinary सामान्य।

elephant *ऐ˘ लि फ़ॅन्ट n.* a huge quadruped having a long trunk and tusks हाथी।

elevate *ऐ˘ लि वेट v. t.* to raise उन्नत करना; to refine or dignify शुद्ध अथवा गरिमामय बनाना।

elevation *ऐ˘ लि वे शॅन n.* act of raising उन्नयन; a rise in rank उन्नति; a height ऊंचाई।

eleven *इ लै˘ व्न n.* number next above ten ग्यारह (11)।

elf *ऐल्फ़ n.* a fairy परी; a mischievous little creature बौना प्राणी।

eligible *ऐ˘ लि जि ब्ल a.* fit to be

chosen ग्राह्य, वरणीय; suitable उपयुक्त।

eliminate *इ लि मि नेट v. t.* to set aside, to throw off हटाना।

elimination *इ लि मि ने शॅन n.* leaving out निष्कासन, हटाव।

elope *इ लोप v. i.* to run away with a lover सहपलायन करना।

eloquence *ऐ˘ लॅ क्वॅन्स n.* power of making a moving speech वाक्पटुता।

eloquent *ऐ˘ लॅ क्वॅन्ट a.* having eloquence वाक्पटु; fluent in speech भाषणपटु।

else[1] *ऐ˘ल्स a.* other अन्य; additional अतिरिक्त।

else[2] *adv.* otherwise अन्यथा।

elucidate *इ ल्यू सि डेट v. t.* to make clear स्पष्ट करना।

elude *इ ल्यूड v. t.* to avoid से बचना; to baffle (की) समझ में न आना।

elusion *इ ल्यू ज़ॅन n.* act of eluding छल, कपट; evasion टालमटोल।

elusive *इ ल्यू सिव a.* practising elusion मायावी; evasive टालमटोल वाला।

emancipation *इ मैन् सि पे शॅन n.* liberation मुक्ति।

embalm *इम् बाम v. t.* to preserve (a dead body) by aromatics शवलेप करना।

embankment *इम् बैङ्क् मॅन्ट n.* act of embanking तटबंधन; artificial mound तटबंध।

embark *इम् बाःक, ऐमॅ् v. t.* to put on board a ship पोतारोहण करना; *v. i.* (with 'on') to engage in (में) लगना।

embarrass *इम् बै रॅस v. t.* to involve in difficulties मुश्किल में डालना; to hamper बाधा डालना।

embassy *ऐमॅ् बॅ सि n.* the mission, charge or residence of an ambassador दूतावास।

embitter *इम् बि टॅः, ऐमॅ्– v. t.* to make bitter कड़वा बनाना।

emblem *ऐमॅ् ब्लॅम n.* symbol प्रतीक।

embodiment *इम् बौ˘ डि मॅन्ट, ऐमॅ्– n.* representation in bodily form मूर्तरूप।

embody *इम् बौ˘ डि, ऐमॅ्– v. t.* to give bodily form मूर्तरूप देना; to give a definite form निश्चित रूप देना।

embolden *इम् बोल् डॅन, ऐमॅ्- v. t.* to encourage प्रोत्साहित करना।

embrace[1] *इम् ब्रेस, ऐमॅ्– v. t.* to take within the arms आलिंगन करना; to include सम्मिलित करना।

embrace[2] *n.* act of embracing आलिंगन।

embroidery *इम् ब्रौ˘इ डॅ रि, ऐमॅ्– n.* ornamental needle-work क़सीदाकारी।

embryo *ऐमॅ् ब्रि ओ n.* unborn offspring भ्रूण।

emerald *ऐ˘ मॅ रॅल्ड n.* green precious stone पन्ना।

emerge *इ मॅःज v. i.* to become manifest प्रकट होना।

emergency *इ मॅः जॅन् सि n.* an unexpected situation demanding urgent action आपातकाल।

eminance *ऐ˘ मि नॅन्स n.* state of being eminent श्रेष्ठता; superiority उच्चता।

eminent *ऐ˘ मि नॅन्ट a.* distinguished, outstanding प्रतिष्ठित।

emissary *ऐँ मि सॅ रि* *n.* one sent on private business दूत।

emit *इ मिट (-tt-)* *v. t.* to send out बाहर भेजना।

emolument *इ मौँ ल्यु मॅन्ट* *n.* profit arising from office or employment परिलाभ; salary वेतन।

emotion *इ मो शॅन* *n.* strong feeling भावावेश।

emotional *इ मो श नॅल* *a.* given to emotion भावुक; appealing to the emotions भावोत्तेजक; emotion-charged भावपूर्ण।

emperor *ऐम् पॅ रॅः* *n.* ruler of an empire सम्राट्।

emphasis *ऐम् फॅ सिस* *n.* stress बलाघात; importance महत्व; vigour of speech ओजपूर्ण कथन।

emphasize *ऐम् फॅ सॉइज़* *v. t.* to place emphasis on महत्व देना।

emphatic *इम् फै टिक, ऐम्–* *a.* impressive प्रभावी; strong मज़बूत।

empire *ऐम् पॉइअॅः* *n.* dominion of an emperor साम्राज्य।

employ *इम् प्लौँइ, ऐम्–* *v. t.* to keep at work नियोजित करना; to make use of काम में लाना।

employee *ऐम् प्लौँइ ई* *n.* one who works for an employer कर्मचारी।

employer *ऐम् प्लौँइ अॅः* *n.* one who employs नियोजक।

employment *ऐम् प्लौँइ मॅन्ट* *n.* act of employing नियोजन; appointment नियुक्ति।

empower *इम् पॉउ अॅः, ऐम्–* *v. t.* to authorise अधिकार देना; to enable समर्थ बनाना।

empress *ऐम् प्रिस* *n.* the consort of an emperor महारानी, साम्राज्ञी।

empty[1] *ऐम्प् टि* *a.* containing nothing खाली।

empty[2] *v. t.* to make empty खाली करना; *v. i.* to become empty खाली होना।

emulate *ऐ म्यु लेट* *v. t.* to strive to equal or excel (की) बराबरी की चेष्टा करना; to imitate अनुकरण करना।

enable *इ ने ब्ल* *v. t.* to make able योग्य बनाना; to empower शक्ति देना; to authorise अधिकार देना।

enact *इ नैक्ट* *v. t.* to make into law कानून का रूप देना; to act the part of (का) अभिनय करना।

enamel *इ नै मॅल* *n.* preservative coating on metal तामचीनी; hard coating on teeth दंतवल्क।

enamour *इ नै मॅः* *v. t.* to inspire with love प्रेमासक्त करना; to charm अनुरक्त करना।

encase *इन् केस, ऐन्–* *v. t.* to enclose in a case डिब्बे में बंद करना।

enchant *इन् चान्ट, ऐन्–* *v. t.* to fill with delight प्रसन्न करना; to put a spell on (पर) जादू करना।

encircle *इन् सॅः क्ल, ऐन्–* *v. t.* to surround घेरना।

enclose *इन् क्लोज़* *v. t.* to shut in on all sides चारों ओर से घेरना; to envelope लिफ़ाफे में बंद करना।

enclosure *इन् क्लो ज़ॅः ऐन्–* *n.* that which is enclosed (in a letter) संलग्नक; space fenced off अहाता, घेरा।

encompass *इन् कम् पॅस, ऐन्–* *v. t.* to surround घेरना; to go round (की) प्रदक्षिणा करना।

encounter[1] इन् कॉउन् टॅः, ऐन्ॅ– *n.* clash between hostile factions भिड़ंत।

encounter[2] *v. t.* to meet unexpectedly अनायास भेंट होना; to meet in conflict से भिड़त होना।

encourage इन् क रिज *v. t.* to give courage प्रोत्साहित करना।

encroach इन् क्रोच, ऐन्ॅ– *v. i.* to advance beyond the proper limits अतिक्रमण करना।

encumber इन् कम् बॅः, ऐन्ॅ– *v. t.* to load, to burden भाराक्रान्त करना।

encyclopaedia ऐन्ॅ सॉइ क्लोॅ पी ड्यॅ *n.* a collection of articles on one or more branches of knowledge विश्वकोश।

end[1] ऐन्ॅड *v. t.* to put an end to समाप्त करना; *v.i.* to come to an end समाप्त होना।

end[2] *n.* limit सीमा; extremity किनारा; conclusion समाप्ति; death मृत्यु; result परिणाम; purpose उद्देश्य।

endanger इन् डे न् जॅः, ऐॅन्– *v. t.* to bring into danger विपत्ति में डालना।

endear इन् डिअॅः ऐन्ॅ– *v.t.* to make dear प्यारा बनाना।

endearment इन् डिअॅः मॅन्ट, ऐन्ॅ– *n.* tender affection प्रीति; *(pl.)* affectionate embrace प्रेमालिंगन।

endeavour[1] इन् डैॅ वॅः, ऐन्ॅ– *n.* earnest effort प्रयास, प्रयत्न।

endeavour[2] *v.i.* to try earnestly प्रयत्न करना।

endorse इन् डौःस, ऐन्ॅ– *v. t.* to confirm समर्थन करना; to write one's name on the back of पृष्ठांकित करना, पृष्ठांकन करना।

endow इन् डॉउ, ऐन्ॅ– *v. t.* to give (money property etc.) to provide regular income वृत्तिदान करना; to furnish (with) प्रदान करना।

endurable इन् ड्युअॅ रॅ ब्ल *a.* that can be endured सहनीय।

endurance इन् ड्युअॅ रॅन्स *n.* ability to last स्थायित्व; ability to stand hardship सहनशीलता।

endure इन् ड्युअॅः, ऐन्ॅ– *v.t.* to tolerate सहन करना; *v.i.* to last टिकना, चालू रहना।

enemy ऐॅ नि मि *n.* one who is unfriendly शत्रु; an opponent विरोधी; hostile force शत्रु सेना।

energetic ऐॅ नॅः जैॅ टिक *a.* vigorous शक्तिशाली; full of energy ऊर्जायुक्त।

energy ऐॅ नॅः जि *n.* power (electrical, atomic etc.) ऊर्जा; vigour शक्ति; force बल।

enfeeble इन् फ़ी ब्ल, ऐन्ॅ– *v. t.* to weaken दुर्बल करना।

enforce इन् फ़ौःस, ऐन्ॅ– *v. t.* to compel बाध्य करना; to strengthen बल प्रदान करना।

enfranchise इन् फ्रैन् चॉइज़, ऐन्ॅ– *v.t.* to admit to the right of voting मताधिकार देना; to set free मुक्त करना।

engage इन् गेज, ऐन्ॅ– *v. t.* to employ काम पर लगाना, to hire किराये पर करना; to betroth सगाई या वाग्दान करना; to attract आकर्षित करना; to occupy घेरना; to begin fighting with से लड़ना; *v.i.* to promise वचन देना; to busy oneself (with) (में) व्यस्त रखना।

engagement *इन् गेज् मॅन्ट, ऐनॅं– n.* agreement to marry वाग्दान; social or business commitment कार्यक्रम; promise वादा, देनदारी; battle, conflict मुठभेड़।

engine *ऐनॅं जिन n.* a machine worked by heat or other energy यंत्र, इंजन।

engineer *ऐनॅं जि निअॅः n.* person skilled in a branch of engineering अभियंता।

English[1] *इङ्ग् लिश a.* relating to England आंग्ल, बरतानवी।

English[2] *n.* the people of England अंग्रेज़ लोग; language of England अंग्रेजी भाषा।

engrave *इन् ग्रेव, ऐनॅं– v. t.* to carve उत्कीर्ण करना।

engross *इन् ग्रौ ॅस, ऐनॅं– v.t.* to occupy completely बुरी तरह व्यस्त रखना।

engulf *इन् गल्फ़, ऐनॅं– v.t.* to swallow निगलना; to submerge निमग्न करना।

enigma *इ निग् मॅ n.* riddle पहेली; mystery रहस्य।

enjoy *इन् जौ ॅइ, ऐनॅं– v. t.* to take pleasure in (का) रस लेना; to have use or benefit of (का) प्रयोग या लाभ भोगना।

enjoyment *इन् जौ ॅइ मॅन्ट, ऐनॅं– n.* pleasure आनंद; satisfaction संतुष्टि; possession and use उपभोग।

enlarge *इन् लाःज, ऐनॅं– v. t.* to make larger (का) विस्तार करना; to amplify बढ़ाना।

enlighten *इन् लॉइ टॅन, ऐनॅं– v. t.* to elevate by knowledge प्रबुद्ध करना; to cause to understand सूचित करना।

enlist *इन् लिस्ट, ऐनॅं– v. t.* to enrol (का) नाम लिखना; to obtain प्राप्त करना।

enliven *इन् लॉइ वॅन, ऐनॅं– v. t.* to make lively सजीव करना; to put life into (में) जान डालना।

enmity *ऐनॅं मि टि n.* hostility शत्रुता; ill-will विद्वेष।

ennoble *इ नो ब्ल, ऐ ॅ– v. t.* to make noble उदात्त बनाना; to make a member of the nobility अभिजात वर्ग का सदस्य बनाना।

enormous *इ नौः मॅस a.* huge विशाल।

enough[1] *इ नफ़ a.* adequate यथेष्ट; sufficient पर्याप्त।

enough[2] *adv.* sufficiently पर्याप्त मात्रा में।

enquire *इन् क्वॉइअॅः* see inquire.

enquiry *इन् क्वॉइअॅ रि* see inquiry.

enrage *इन् रेज़, ऐनॅं– v. t.* to make angry क्रुद्ध करना।

enrapture *इन् रैप् चॅः, ऐनॅं– v. t.* to transport with pleasure or delight प्रफुल्ल करना।

enrich *इन् रिच, ऐनॅं– v. t.* to make rich संपन्न बनाना; to add to बढ़ाना।

enrol *इन् रोल (-ll-) v. t.* to enlist भरती करना।

enshrine *इन् श्रॉइन, ऐनॅं– v. t.* to enclose in a shrine प्रतिष्ठापित करना; to preserve with great care संजोना।

enslave *इन् स्लेव, ऐनॅं– v.t.* to reduce to slavery दास बनाना।

ensue *इन् स्यू, ऐनॅं– v.i.* to follow, to come after पीछे घटित होना।

ensure *इन् श्युअॅ; ऐनॅ्–* *v. t.* to make safe सुरक्षित रखना; to make sure सुनिश्चित करना।

entangle *इन् टैङ् ग्ल, ऐनॅ्–* *v. t.* to ensnare फंदे में फंसाना; to perplex उलझाना।

enter *ऐनॅ् टॅ:* *v. t.* to go (come) into प्रवेश करना; to penetrate प्रविष्ट करना; to join का सदस्य बनना; to write, to register लिखना।

enterprise *ऐनॅ् टॅ: प्रॉइज़* *n.* undertaking उद्यम; business उपक्रम; bold or dangerous undertaking जोखिम का काम।

entertain *ऐनॅ् टॅ: टेन* *v. t.* to amuse (का) मनोरंजन करना; to keep in mind ध्यान में रखना; to consider पर विचार करना।

entertainment *ऐनॅ् टॅ: टेन् मॅन्ट* *n.* recreation मनोरंजन।

enthrone *इन् थ्रोन, ऐनॅ्–* *v. t.* to place on a throne सिंहासनारूढ़ करना।

enthusiasm *इन् थ्यू ज़ि ऐज़्म, ऐनॅ्–* *n.* keen interest, eagerness उत्साह, उमंग।

enthusiastic *इन् थ्यू ज़ि ऐस् टिक, ऐनॅ्–* *a.* full of enthusiasm उत्साही।

entice *इन् टॉइस, ऐनॅ्–* *v. t.* to tempt लुभाना।

entire *इन् टॉइअॅ:, ऐनॅ्–* *a.* whole, complete संपूर्ण।

entirely *इन् टॉइअॅ: लि, ऐनॅ्–* *adv.* completely संपूर्णतः।

entitle *इन् टॉइ ट्ल, ऐनॅ्–* *v. t.* to give claim to दावेदार बनाना; to qualify समर्थ बनाना; to give title to उपाधि देना।

entity *ऐनॅ् टि टि* *n.* being सत्ता, अस्तित्व; reality वास्तविकता।

entomology *ऐनॅ् टॅ मौ ˘ लॅ जि* *n.* science of insects कीटविज्ञान।

entrails *ऐनॅ् ट्रेल्ज़* *n. pl.* intestines अंतड़ियां।

entrance *ऐनॅ् ट्रॅन्स* *n.* act of entering प्रवेश; door, gate प्रवेश-द्वार।

entrap *इन् ट्रैप, ऐनॅ्–* *(-pp-)* *v. t.* to trick बहकाना; to catch as if in a trap फंसाना।

entreat *इन् ट्रीट, ऐनॅ्–* *v. t.* to beg earnestly अनुनय करना।

entreaty *इन् ट्री टि, ऐनॅ्–* *n.* earnest request विनती।

entrust *इन् ट्रस्ट* *v. t.* to put into care of (की) देख-रेख में रखना; to trust (someone) with सौंपना।

entry *ऐनॅ् ट्रि* *n.* act of entering प्रवेश; entrance प्रवेश-द्वारः; an item recorded प्रविष्टि।

enumerate *इ न्यू मॅ रेट* *v. t.* to count गिनना; to mention one by one एक-एक करके बताना।

envelop *इन् वै ˘ लॅप, ऐनॅ्–* *v. t.* to cover आव त्त करना, ढकना; to surround entirely पूरी तरह घेरना।

envelope *ऐनॅ् वि लोप, औनॅ्–* *n.* cover for letter लिफ़ाफ़ा।

enviable *ऐनॅ् वि अॅ ब्ल* *a.*, causing envy ईर्ष्या-योग्य।

envious *ऐनॅ् वि अॅस* *a.* full of envy ईर्ष्यालु।

environment *इन् वॉइअॅ रॅन् मॅन्ट* *n.* physical surroundings पर्यावरण; conditions of life परिवेश।

envy[1] *ऐनॅ् वि* *v.* jealousy ईर्ष्याः a desired object चाह की वस्तु।

envy[2] *v. t.* to feel jealous of (से) ईर्ष्या रखना।

epic *ऐ˘ पिक n.* poetic account of the deeds of a legendary hero महाकाव्य।

epidemic *ऐ˘ पि डै˘ मिक n.* widespread occurrence of disease महामारी।

epigram *ऐ˘ पि ग्रैम n.* short witty saying विदग्धोक्ति।

epilepsy *ऐ˘ पि लैप् सि n.* a disease of nervous system अपस्मार, मिरगी।

epilogue *ऐ˘ पि लौगॅ n.* conclusion उपसंहार।

episode *ऐ˘ पि सोड n.* interesting incident घटना।

epitaph *ऐ˘ पि टाफ़ n.* inscription on a tombstone समाधिलेख।

epoch *ई पौकॅ n.* period of history marked by notable events युग।

equal[1] *ई क्वॅल a.* the same in size, quantity, degree, etc. समान; identical समरूप।

equal[2] *(-ll-) v. t.* to be equal to के समान होना।

equal[3] *n.* person or thing equal to another समकक्ष व्यक्ति या वस्तु।

equality *ई क्वौ˘ लि टि n.* state of being equal समानता; uniformity समरूपता।

equalize *ई क्वॅ लॉइज़ v. t.* to make equal बराबर करना।

equate *इ क्वेट v. t.* treat as equal समान मानना; to make equal समान बनाना।

equation *इ क्वे शॅन n.* balancing संतुलन; mathematical expression समीकरण।

equator *इ क्वे टॅः n.* an imaginary line round the earth विषुवत् रेखा।

equilateral *ई क्वि लै टॅ रॅल a.* having all sides equal समबाहु।

equip *इ क्विप (-pp-) v. t.* to fit out सज्जित या लैस करना।

equipment *इ क्विप् मॅन्ट n.* necessary apparatus उपस्कर, साज़-सामान।

equitable *ऐ˘ क्वि टॅ ब्ल a.* fair, just न्यायोचित।

equivalent *इ क्वि वॅ लॅन्ट a.* equal in value, amount, etc. सम, तुल्य; of the same meaning समानार्थी।

equivocal *इ क्वि वॅ कॅल a.* of double meaning द्वयर्थक; of doubtful meaning भ्रमात्मक।

era *इॅ अॅ रॅ n.* epoch काल, युग।

eradicate *इ रै डि केट v. t.* to wipe out उन्मूलन करना।

erase *इ रेज़ v. t.* to scrape out (रगड़कर) मिटाना।

erect[1] *इ रैक्ट v. t.* to build निर्माण करना; to found स्थापित करना; to fix in an upright position सीधा खड़ा करना।

erect[2] *a.* upright सीधा खड़ा हुआ।

erection *इ रैक् शॅन n.* act of erecting उत्थापन; a building, a structure निर्माण।

erode *इ रोड v. t.* to wear away क्षय करना to eat into खा जाना, काट देना।

erosion *इ रो ज़ॅन n.* act of eroding क्षरण, कटाव।

erotic *इ रौ˘ टिक a.* amorous शृंगारिक।

err *ऐॅः v. i.* to make a mistake भूल करना।

errand ऐ˘ रॅन्ड *n.* verbal message संदेश; purpose of a journey यात्रा का उद्देश्य।

erroneous इ रो नि ॲस *a.* wrong, अशुद्ध, गलत; mistaken भ्रमपूर्ण।

error ऐ˘ रॅः *n.* mistake भूल।

erupt इ रप्ट *v. i.* to break out suddenly प्रस्फुटित होना।

eruption इ रप् शॅन *n.* outbreak प्रस्फुटन, विस्फोट; rash on the skin फोड़े-फुंसी।

escape[1] इस् केप *n.* outlet निकास; flight पलायन।

escape[2] *v.i.* to get free मुक्त होना; to get off safely सुरक्षित निकल जाना; to go unpunished अदंडित बच जाना; *v.t.* to elude (से) बचना; to be forgotten by (से) भुला दिया जाना।

escort[1] ऐसॅ् कौःट *n.* guard अनुरक्षी।

escort[2] इस् कौःट *v. t.* to accompany as an escort (की) रक्षार्थ साथ जाना।

especial इस् पै˘ शॅल ऐसॅ्– *a.* particular विशिष्ट।

essay[1] ऐ˘ से *n.* piece of prose written on a given topic निबंध।

essay[2] *v. t.* to try to do (का) प्रयत्न करना; to make experiment of परखना।

essayist ऐ˘ से इस्ट *n.* a writer of essays निबंधकार।

essence ऐ˘ सॅन्स *n.* distinctive element of a thing सार, तत्व, concentrated extract of a substance आसव।

essential इ सैनॅ् शॅल, ऐ˘– *a.* necessary आवश्यक; fundamental मूलभूत; मौलिक।

establish इस् टैब् लिश, ऐसॅ्– *v. t.* to set up (की) स्थापना करना; to prove प्रमाणित करना; to settle स्थिर करना।

establishment इस् टैब् लिश मॅन्ट, ऐसॅ्– *n.* act of establishing स्थापना; business settlement अधिष्ठान।

estate इस् टेट, ऐसॅ् *n.* landed property भूसंपत्ति।

esteem[1] इस् टीम, ऐसॅ्– *n.* regard आदर, मान; recognition मान्यता।

esteem[2] *v. t.* to respect आदर करना; to consider मान्यता देना।

estimate[1] ऐसॅ् टि मिट,–मेट *n.* valuing in mind अनुमान; rough calculation आकलन।

estimate[2] ऐसॅ् टि मेट *v. t.* to evaluate मूल्यांकन करना।

estimation ऐसॅ् टि मे शॅन *n.* opinion, judgement मत; reckoning आकलन; regard सम्मान।

etcetera ऐ˘ट सै˘ट्रॅ (usually written etc.) and other things तथा अन्य वस्तुएं; and so on इत्यादि।

eternal इ टॅः नॅल perpetual, everlasting शाश्वत, सनातन।

eternity इ टॅः नि टि *n.* time without end अनंत काल।

ether ई थॅः *n.* a colourless liquid made from alcohol ईथर, outer space व्योम।

ethical ऐ˘ थि कॅल *a.* relating to morals नैतिक।

ethics ऐ˘ थिक्स *n. (pl.)* treatise on morals नीतिग्रंथ।

etiquette ऐ˘ टि कैट *n.* customary rules of behaviour शिष्टाचार।

etymology ऐ˘ टि मौ˘ लॅ जि *n.* study or science of origin of words व्युत्पत्तिशास्त्र।

eunuch *यू नॅक n.* castrated man नपुसंक, हिजड़ा।

evacuate *इवै क्यु एट v. t.* to vacate खाली करना; to remove हटा देना।

evacuation *इ वै क्यु ए शॅन n.* being or getting vacated शून्यीभवन, शून्यीकरण; withdrawal परित्याग; removal निकास।

evade *इ वेड v. t.* to avoid टालना; to escape from (से) बचना।

evaluate *इ वै ल्यु एट v. t.* to find out the value of (का) मूल्यांकन करना।

evaporate *इ वै पॅ रेट v. i.* to turn to vapour भाप बनाना; to vanish लुप्त हो जाना; *v. t.* to convert into vapour भाप बनाना; to extract moisture from सुखाना।

evasion *इ वे ज़ॅन n.* act of evading अपवंचन; excuse बहाना; equivocation अस्पष्ट कथन।

even[1] *ई वॅन a.* uniform सम, एकरूप; level समतल; equal समगुण।

even[2] *v. t.* to make even or smooth सम करना।

even[3] *adv.* still और भी; equally समान रूप से।

evening *ईव् निङ्ग n.* close of the day संध्या।

event *ई वैन्ट n.* important happening घटना।

eventually *ई वैन्ॅ ट्यु अॅ लि adv.* ultimately, in the end अंततः।

ever *ई॑ वॅः adv.* always, at all times सर्वदा; at any time किसी भी समय।

evergreen[1] *ऐ॑ वॅः ग्रीन a.* always fresh सदाबहार।

evergreen[2] *n.* tree or shrub having foliage throughout the year सदाबहार पेड़, पौधा आदि।

everlasting *ऐ॑ वॅः लास् टिङ्ग a.* eternal चिरस्थायी।

every *ऐवॅ् रि a.* each प्रत्येक।

evict *इ विक्ट v. t.* to expel by legal process बेदख़ल करना।

eviction *इ विक् शॅन n.* expulsion बेदख़ली।

evidence *ऐ॑ वि डॅन्स n.* testimony साक्ष्य, गवाही; proof प्रमाण।

evident *ऐ॑ वि डॅन्ट a.* obvious सुस्पष्ट।

evil[1] *ई व्ल n.* that which is not good अशुभ।

evil[2] *a.* wicked दुष्ट; bad निंद्य।

evoke *इ वोक v. t.* to call up, to summon पुकारना, आह्वान करना।

evolution *ई वॅ ल्यू शॅन n.* gradual development विकास।

evolve *इ वौ॑ ल्व v.t.* to develop विकसित करना; *v.i.* to be developed विकसित होना; to undergo slow changes धीरे-धीरे परिवर्तित होना।

ewe *यू n.* a female sheep भेड़।

exact *इग् ज़ैक्ट a.* precise यथार्थ; absolutely correct ठीक।

exaggerate *इग् ज़ै जॅ रेट, ऐग्– v. t.* to magnify unduly अतिरंजना करना।

exaggeration *इग् ज़ै जॅ रे शॅन n.* statement in excess of the truth अतिशयोक्ति।

exalt *इग् ज़ौल्ट v. t.* to raise in rank पदोन्नत करना; to extol सराहना करना।

examination *इग् ज़ै मि ने शॅन, ऐग्– n.* test of knowledge परीक्षा; close inspection जांच-पड़ताल।

examine *इग् ज़ैं मिन, ऐग्–* *v. t.* to test परीक्षा करना; to inspect (की) जांच करना।

examinee *इग् ज़ै मि नी* *n.* one under examination परीक्षार्थी।

examiner *इग् ज़ै मि नॅः* *n.* one who examines परीक्षक।

example *इग् ज़ाम् पल, ऐग्–* *n.* instance उदाहरण; specimen नमूना।

excavate *ऐक्स कॅ वेट* *v. t.* to hollow खोखला करना; to dig out खोदना।

excavation *ऐक्स् कॅ वे शॅन* *n.* excavating or being excavated उत्खनन।

exceed *इक् सीड, ऐक्–* *v.t.* to go beyond (से) अधिक होना।

excel *इक् सैॅल, ऐक्–* *v.i.* to be leading अग्रगण्य होना; *v.t.* to be superior to (से) श्रेष्ठ होना।

excellence *ऐक् सॅ लॅन्स* *n.* superiority उत्क ष्टता।

excellency *ऐक् सॅ लॅन् सि* *n.* title of honour मान्यवर।

excellent *ऐक् सॅ लॅन्ट* *a.* of great virtue or worth उत्क ष्ट।

except[1] *इक् सैप्ट, ऐक्–* *v. t.* to leave out छोड़ देना।

except[2] *prep.* leaving out के अतिरिक्त।

exception *इक् सैप् शॅन, ऐक्–* *n.* exclusion अपवाद; objection आपत्ति।

excess[1] *इक् सैस* *n.* superabundance अति, बाहुल्य; surplus अधिशेष; intemperance असंयम।

excess[2] *a.* additional अतिरिक्त, फ़ालतू।

exchange[1] *इक्स् चेन्ज, ऐक्स–* *n.* giving and taking of one thing for another विनिमय; (cap.) stock exchange विनिमय-केंद्र; central telephone exchange दूरभाष केंद्र।

exchange[2] *v. t.* to change for another विनिमय करना।

excise *ऐक् सॉइज इक्–* *n.* tax on certain home commodities उत्पादन-शुल्क, आबकारी।

excite *इक् साइट, ऐक्–* *v. t.* to rouse उत्तेजित करना; to call into activity जाग्रत करना।

exclaim *इक्स् क्लेम, ऐक्स्–* *v.i.* to speak suddenly चिल्लाना; *v.t.* to say suddenly चिल्लाकर कहना।

exclamation *ऐक्स् क्लॅ मे शॅन* *n.* uttered expression of surprise विस्मयोद्‌गार।

exclude *इक्स् क्लूड, ऐक्स्–* *v. t.* to leave out निकालना।

exclusive *इक्स् क्लू सिव, ऐक्स्–* *a.* admitting no others अनन्य singular, sole एकमात्र; reserved to a few विशिष्ट।

excommunicate *ऐक्स् कॅ म्यू नि केट* *v. t.* to expel from the community समाज से बहिष्क त करना।

excursion *इक्स् कॅः शॅन् ऐक्स्–* *n.* outgoing पर्यटन; pleasure trip आमोद-विहार।

excuse[1] *इक्स् क्यूस* *v.t.* to pardon क्षमा करना; to free from blame दोषमुक्त करना।

excuse[2] *n.* ground for being excused बहाना।

execute *ऐक् सि क्यूट* *v. t.* to carry out पालन करना; to put to death judicially फांसी देना; to give effect to कार्यान्वित करना।

execution *ऐक् सि क्यू शॅन* *n.* putting into effect क्रियान्वयन; putting to death judicially फांसी का दंड।

executioner *ऐक् सि क्यू शॅ नॅः n.* one employed to execute criminals जल्लाद, फांसी देने वाला।

exempt[1] *इग् ज़ैम्प्ट, ऐगॅ– v. t.* to free मुक्त करना; to grant immunity माफ़ करना।

exempt[2] a not liable शुल्क से मुक्त।

exercise[1] *ऐकॅ सॅः सॉइज़ n.* putting in practice प्रयोग; exertion of the body for health कसरत; military drill क़वायद; a school task for practice अभ्यास।

exercise[2] *v. t.* to put into practice प्रयोग करना; to improve by practice अभ्यास द्वारा विकसित करना; *v.i.* to take exercise व्यायाम करना।

exhaust *इग् ज़ौस्ट, ऐगॅ– v. t.* to tire out थका देना; to use up समाप्त कर देना; to draw off बाहर निकालना; to discuss thoroughly विस्त त व्याख्या करना।

exhibit[1] *इग् ज़ि बिट, ऐगॅ– n.* something exhibited प्रदर्शनीय वस्तु।

exhibit[2] *v. t.* to show दिखाना, प्रदर्शित करना।

exhibition *ऐकॅ सि बि शॅन n.* public show प्रदर्शनी; display प्रदर्शन।

exile[1] *ऐकॅ सॉइल, ऐगॅ ज़ॉइल n.* expulsion from one's country देश-निष्कासन।

exile[2] *v. t.* to expel from one's country देश से निकालना।

exist *इग् ज़िस्ट, ऐगॅ– v.i.* to be in existence अस्तित्व रखना; to live जीवित होना।

existence *इग् ज़िस् टॅन्स, ऐगॅ– n.* state of being अस्तित्व; life जीवन।

exit *ऐकॅ सिट, ऐगॅ ज़िट n.* departure प्रस्थान; passage out बहिर्गमन-द्वार।

expand *इक्स् पैन्ड, ऐक्स्– v.t.* to spread out फैलाना; to enlarge फुलाना; *v.i.* to increase बढ़ना; to spread फैलना।

expansion *इक्स् पैन् शॅन, ऐकॅस्– n.* spread फैलाव; extension विस्तार, प्रसार; increase व द्धि।

ex-parte[1] *ऐकॅस् पाः टि a.* one sided एकपक्षीय।

ex-parte[2] *adv.* in the interest of one side only एक के पक्ष में।

expect *इक्स् पैकॅट, ऐकॅस्– v. t.* to hope for आशा करना; to await प्रतीक्षा करना।

expectation *ऐकॅस् पै कॅ टे शॅन n.* expecting उम्मीद; future prospects अपेक्षा, आशा।

expedient *इक्स् पी ड्यॅन्ट, ऐकॅस्– a.* suitable उपयुक्त; advantageous लाभकारी।

expedite *ऐकॅस् पि डॉइट v. t.* to hasten जल्दी करना।

expedition *ऐकॅस् पि डि शॅन n.* exploration खोजयात्रा; organised march or journey अभियान; promptness शीघ्रता।

expel *इक्स् पैलॅ, ऐक्सॅ– (-ll-) v. t.* to discharge in disgrace निकाल देना; to banish निष्कासित करना।

expend *इक्स् पैन्ड, ऐकॅस्– v. t.* to spend खर्च करना; to consume उपभोग करना।

expenditure *इक्स् पॅन् डि चॅः, ऐकॅस्– n.* money spent लागत; expense खर्च।

expense *इक्स् पॅन्स, ऐक्स्–* *n.* expenditure खर्च; cost लागत।

expensive *इक्स् पैन् सिव, ऐक्स्–* *a.* costly महंगा।

experience[1] *इक्स् पिअॅ रि अॅन्स, ऐक्स्–* *n.* the gaining of knowledge and skill on the basis of practical life and observation अनुभव; observation निरीक्षण, अवलोकन; the event घटना।

experience[2] *v. t.* to undergo, to have an experience of झेलना, भोगना।

experiment *इक्स् पै ˘ रि मॅन्ट, ऐक्स्–* *n.* something done to test a theory परीक्षण।

expert[1] *ऐक्स् पॅःट* *a.* having familiar knowledge विशेषज्ञ।

expert[2] *n.* one skilful in something कुशल व्यक्ति।

expire *इक्स् पॉइअॅः, ऐक्स्–* *v.i.* to lapse (अवधि) समाप्त होना; to die मरना।

expiry *इॅक्स् पॉइअॅ रि, ऐक्सॅ्–* *n.* end or termination (of a period of time) अवसान।

explain *इक्स् प्लेन, ऐक्स्–* *v. t.* to account for (का) कारण बताना; to make plain स्पष्ट करना; to illustrate the meaning of (का) अर्थ बताना।

explanation *ऐक्स् प्लॅ ने शॅन* *n.* exposition व्याख्या; meaning अर्थ।

explicit *इक्स् प्लि सिट, ऐक्स्–* *a.* clearly stated सुस्पष्ट, definite सुनिश्चित।

explode *इक्स् प्लोड, ऐक्स्–* *v. t.* to cause to blow up (का) विस्फोट करना; *v.i.* to burst with a loud report फटना।

exploit[1] *ऐक्स् प्लौ ˘इट* *n.* a heroic act पराक्रम।

exploit[2] *इक्स् प्लौ ˘इट, ऐक्स्–* *v. t.* to make gain out of (से) लाभ उठाना; to turn to use उपयोग करना; to make gain at the expense of (का) शोषण करना।

exploration *ऐक्स् प्लॅ रे शॅन* *n.* travel for the sake of discovery अन्वेषण; act of searching thoroughly जांच-पड़ताल।

explore *इक्स् प्लौः, ऐक्स्–* *v.t.* to search खोजना; to examine thoroughly छानबीन करना।

explosion *इक्स् प्लो ज़ॅन, ऐक्स्–* *n.* blast विस्फोट; loud report धमाका; sudden increase अचानक व द्धि।

explosive[1] *इक्स् प्लो सिव, ऐक्स्–* *n.* explosive material विस्फोटक पदार्थ।

explosive[2] *a.* causing explosion विस्फोटक।

exponent *ऐक्स् पो नॅन्ट, इक्स्–* *n.* expounder प्रतिपादक।

export[1] *ऐक्स् पौःट* *n.* act of exporting निर्यात; goods that are exported निर्यात की जाने वाली वस्तुएं।

export[2] *ऐक्स् पौः ट* *v. t.* to send out of a country निर्यात करना।

expose *इक्स् पोज़, ऐक्स्–* *v. t.* to uncover उघाड़ना; to display प्रदर्शित करना; to disclose प्रकट करना।

express[1] *इक्स् प्रैसॅ, ऐक्स्–* *v. t.* to put into words कहना, वर्णन करना; to make known अभिव्यक्त करना।

express[2] *a.* definitely stated स्पष्ट रूप से कथित; speedy तीव्रगामी।

express[3] *n.* express train द्रुतगामी रेलगाड़ी।

expression *इक्स् प्रै ˘ शॅन, ऐक्स्–* *n.* act, power or mode of representing अभिव्यंजना; features मुखाक ति।

expressive *इक्स् प्रै ˘ सिव, ऐक्स्–* *a.* vividly representing अभिव्यंजनापूर्ण; full of expression भावाभिव्यक्तिपूर्ण।

expulsion *इक्स् पल् शॅन, ऐक्स्–* *n.* banishment निष्कासन।

extend *इक्स् टैन्ड, ऐक्स्–* *v. t.* to stretch out विस्त त करना; to exert to the full तानना; to widen चौड़ा करना।

extent *इक्स् टैन्ट, ऐक्स्–* *n.* size आकार; scope क्षेत्र; degree सीमा।

external *ऐक्स् टॅ: नॅल* *a.* exterior बाह्य; foreign विदेशी।

extinct *इक्स् टिङ्क्ट, ऐक्स्–* *a.* extinguished बुझा हुआ; no longer existing विलुप्त।

extinguish *इक्स् टिङ् ग्विश, ऐक्सॅ–* *v.t.* to put out बुझाना; to destroy नष्ट करना।

extol *इक्स् टौ ˘ल, ऐक्स्–* *v. t.* to praise highly प्रशंसा करना।

extra[1] *ऐक्स् ट्रॅ* *a.* additional अतिरिक्त; more than usual फ़ालतू।

extra[2] *adv.* additionally, more than usually असामान्य रूप से।

extract[1] *ऐक्स् ट्रैक्ट* *n.* distilled substance निचोड़; essence सार।

extract[2] *इक्स् ट्रैक्ट, ऐक्स्–* *v. t.* to draw out by distillation अर्क़ निकालना; to extort ऐंठना।

extraordinary *इक्स् ट्रौ: डि नॅ रि* *a.* unusual असाधारण; exceptional अपूर्व।

extravagance *इक्स् ट्रै वि गॅन्स, ऐक्स्–* *n.* immoderation उच्छंखलता; lavish expenditure फ़िजूलख़र्ची।

extravagant *इक्स् ट्रै वि गॅन्ट, ऐक्स्–* *a.* wasteful अपव्ययी; immoderate असंयमी; excessive अत्यधिक।

extreme[1] *इक्स् ट्रीम्, ऐक्स्–* *a.* farthest दूरतम; excessive अति अधिक; far from moderate उग्र क्रांतिकारी।

extreme[2] *n.* utmost degree अधिकतम मात्रा; one of opposite ends सिरा, किनारा।

extremist *इक्स् ट्री मिस्ट, ऐक्स्–* *n.* holder of extreme opinion अतिवादी।

exult *इग् ज़ल्ट, ऐग्–* *v. i.* to rejoice exceedingly उल्लसित होना।

eye *ऑइ* *n.* organ of sight आंख।

eyeball *ऑइ बौल* *n.* globe of the eye नेत्र-गोलक।

eyelash *ऑइ लैश* *n.* hair fringing the eyelid बरौनी।

eyelet *ऑइ लिट* *n.* a small hole for a rope etc. to pass through सूराख़।

eyewash *ऑइ वौश* *n.* lotion for the eyes नेत्रधावन; pretence बहाना।

Ff

F ऍफ़ the sixth letter of the English and Latin alphabet, the fourth note of the natural diatonic scale. अंग्रेजी या रोम की वर्णमाला का छठा अक्षर, गायन में चौथा सुर।

fable फ़े बल *n.* a tale with a moral नीति कथा; legend पौराणिक कथा; an untrue statement झूठी बात।

fabric फ़ै ब्रिक *n.* cloth कपड़ा; framework, structure भवन।

fabricate फ़ैब् रि केट *v.t.* to forge जालसाज़ी के रूप में करना; to construct निर्माण करना; to invent गढ़ना।

fabrication फ़ैब् रि के शॅन *n.* fabricating गढ़ाई, संरचना; forgery जालसाज़ी; invention छल रचना, गढ़त; something fabricated गढ़ी गई वस्तु।

fabulous फ़ै ब्यू लॅस *a.* unbelievable अविश्वसनीय; amazing आश्चर्यजनक।

facade फ़ॅ साड *n.* false appearance मुखौटा; front face of building मकान का अग्रभाग।

face[1] फ़ेस *n.* front of head चेहरा; front part of anything अग्रभाग।

face[2] *v.t.* to be opposite to (के) आमने-सामने होना; to meet boldly सामना करना।

facet फ़ैसिट *n.* aspect पहलू।

facial फ़े शॅल *a.* pertaining to face मुख-संबंधी।

facile फ़ै सॉइल *a.* easy सुगम।

facilitate फ़ॅ सि लि टेट *v.t.* to make easier आसान कर देना।

facility फ़ॅ सि लि टि *n.* convenience सुविधा।

fac-simile फ़ैक् सि मि लि *n.* exact copy प्रतिक ति।

fact फ़ैक्ट *n.* truth सत्य; reality यथार्थ।

faction फ़ैक्शॅन *n.* strife within a party दलबंदी।

factious फ़ैक् शॅस *a.* quarrelsome झगड़ालू।

factor फ़ैक् टॅः *n.* an agent अभिकर्त्ता; cause कारण; any of the numbers which, when multiplied, form a product गुणक।

factory फ़ैक् टॅ रि *n.* building where things are manufactured कारख़ाना।

faculty फ़ै कॅल् टि *n.* department of learning संकाय; mental and physical ability क्षमता।

fad फ़ैड *n.* craze सनक।

fade फ़ेड *v.i.* to grow pale or dim धीमा पड़ना; to lose colour रंग का उड़ना।

faggot फ़ै गॅट *n.* bundle of sticks for fuel ईंधन की लकड़ियों का गट्ठर।

fail फ़ेल *v.i.* to be unsuccessful असफल होना; to stop functioning काम बंद कर देना।

failure फ़ेल् यॅः *n.* lack of success असफलता।

faint[1] फ़ेन्ट *a.* dim धुंधला; weak कमज़ोर।

faint[2] *v.i.* to swoon मूर्च्छित होना।

fair[1] फ़ेअॅः *a.* beautiful सुंदर; clear साफ़; impartial निष्पक्ष; white-complexioned गौरवर्ण।

fair[2] *n.* periodical market पैंठ, मेला; exhibition प्रदर्शनी।

fairly फ़े˘ अॅः लि *adv.* justly निष्पक्ष रूप से; reasonably न्यायसंगत ढंग से; in a satisfactory degree पर्याप्त मात्रा में।

fairy फ़े˘ अॅ रि *n.* small mythical being परी।

faith फ़ेथ *n.* confidence, trust विश्वास; belief निष्ठा; religion धर्म।

faithful फ़ेथ् फुल *a.* loyal वफ़ादार; accurate यथार्थ।

falcon फ़ौल् कॅन *n.* a bird of prey of the hawk family बाज़, श्येन।

fall[1] फ़ौल *v.i.* to drop, to come down freely गिरना; to become lower कम होना; to decrease घटना; to hang down लटकना; to perish नष्ट होना; to collapse ढहना; to happen घटित होना; to lose power पतन होना।

fall[2] *n.* falling पतन; coming down, decrease पतन; collapse विनाश; defeat पराजय; moral debasement नैतिक पतन।

fallacy फ़ै लॅ सि *n.* a mistaken idea or argument भ्रांति, तर्काभास।

fallow फ़ैलो *n.* (of land) ploughed but not planted परती।

false फ़ौल्स *a.* wrong ग़लत; deceptive भ्रामक; not real अवास्तविक; faithless निष्ठाहीन; sham नक़ली।

falter फ़ौल् टॅः *v.i.* to walk or move unsteadily लड़खड़ाना; to speak in a shaky voice हकलाना।

fame फ़ेम *n.* reputation यश, कीर्ति।

familiar फ़ॅ मि लि अॅः *a.* well-known जाना-पहचाना; knowing something or someone well जानकार।

family फ़ै मि लि *n.* parents and children taken together परिवार; a group of related things श्रेणी, वर्ग।

famine फ़ै मिन *n.* serious shortage of food अकाल, दुर्भिक्ष।

famous फ़े मॅस *a.* very well-known प्रसिद्ध, विख्यात।

fan फ़ैन *n.* device of giving air पंखा।

fanatic[1] फ़ॅ नै टिक *a.* unreasonably zealous in religion मतांध।

fanatic[2] *n.* a person filled with unreasonable enthusiasm धर्मांध व्यक्ति।

fancy[1] फ़ैन् सि *n.* imagination कल्पना; whim सनक।

fancy[2] *v.t.* to imagine कल्पना करना; to like पसंद करना।

fantastic फ़ॅन् टैस् टिक *a.* wildly wonderful विलक्षण।

far[1] फ़ाः *adv.* at or to a great distance दूर; very much कहीं अधिक।

far[2] *a.* distant दूरस्थ।

far[3] *n.* distance दूरी।

farce फ़ाःस *n.* comedy of extravagant humour प्रहसन; absurd and pointless proceedings, mockery मज़ाक़, तमाशा।

fare फ़े˘अॅः *n.* price for passage भाड़ा, किराया; food खाना; passenger सवारी।

farewell[1] फ़े˘अॅः वैलॅ *n.* well-wishing at parting विदा।

farewell[2] *interj.* good-bye अलविदा।

farm फ़ाःम *n.* agricultural land

क षि-भूमि।

farmer *फ़ा:मॅ:* *n.* cultivator किसान।

fascinate *फ़ै सि नेट* *v.t.* to charm मोहित करना; to render motionless वशीभूत करना।

fascination *फ़ै सि ने शॅन* *n.* act of fascinating आकर्षण, सम्मोहन।

fashion *फ़ै शॅन* *n.* style of dress भूषाचार, फ़ैशन; mode, manner तरीक़ा, रीति।

fashionable *फ़ै शॅ नॅ ब्ल* *a.* fond of fashion फ़ैशनपरस्त, शौक़ीन मिजाज़।

fast[1] *फ़ास्ट* *a.* rapid तीव्र; ahead of time तेज़, आगे; loyal पक्का, सच्चा; unfading (colour) पक्का (रंग)।

fast[2] *adv.* rapidly तेज़ी से।

fast[3] *n.* going without food उपवास।

fast[4] *v.i.* to go without food उपवास करना।

fasten *फ़ा सॅन* *v.t.* to tie बांधना; to fix firmly जकड़ना।

fat[1] *फ़ैट* *a.* fleshy मांसल; oily स्निग्ध; thick मोटा।

fat[2] *n.* oily substance चिकनाई; substance found in animal bodies वसा, चर्बी।

fatal *फ़े टॅल* *a.* causing destruction or death घातक।

fate *फ़ेट* *n.* destiny भाग्य; final issue अंतिम परिणाम।

father *फ़ा दॅ:* *n.* a male parent पिता।

fathom[1] *फ़ै दॅम* *v.t.* to measure depth थाह लेना, to comprehend भलीभांति समझ लेना।

fathom[2] *n.* a measure of depth (6 feet) फ़ैदम, गहराई का माप (6 फुट)।

fatigue[1] *फ़ॅ टीग* *n.* weariness थकान।

fatigue[2] *v.t.* to cause fatigue थकाना।

fault *फ़ौल्ट* *n.* error भूल; mistake ग़लती; blemish अवगुण।

faulty *फ़ौल् टि* *a.* having a fault or faults दोषपूर्ण।

fauna *फ़ौनॅ* *n.* animal world प्राणि-जगत्, जीव-जंतु।

favour[1] *फ़े वॅ:* *n.* partiality पक्षपात; help सहायता; support अनुमोदन।

favour[2] *v.t.* to give support to समर्थन करना; to give unfair help or advantage पक्षपात करना।

favourable *फ़े वॅ रॅ ब्ल* *a.* conducive अनुकूल।

favourite[1] *फ़े वॅ रिट* *a.* esteemed प्रीतिभाजन।

favourite[2] *n.* a darling प्रेमपात्र; a minion चहेता।

fear[1] *फ़िअॅ:* *n.* dread भय; anxiety चिंता; apprehension आशंका।

fear[2] *v.i.* to have fear, to be afraid डरना; *v.t.* to regard with fear (से) डरना; to have an uneasy feeling of आशंकित होना।

fearful *फ़िअॅ: फुल* *a.* causing fear भयानक, भयावह; frightened भयभीत।

feasible *फ़ी ज़ॅ ब्ल* *a.* possible संभव; practicable शक्य।

feast[1] *फ़ीस्ट* *n.* festivity उत्सव; banquet प्रीतिभोज।

feast[2] *v.i.* to hold a feast दावत का आयोजन करना; *v.t.* to entertain sumptuously दावत देना।

feat *फ़ीट* *n.* a deed of great courage or skill साहसिक कार्य।

feather *फ़ै दॅ:* *n.* one of the light coverings that grow from a bird's skin पंख।

feature *फ़ी चॅ:* *n.* characteristic लक्षण; prominent trait वैशिष्ट्य;

face मुखाक ति।

February *फै˘ ब् रू ॲ रि* *n.* second month of the year फ़रवरी।

federal *फै˘ ड रॅल* *a.* pertaining to union of states संघीय।

federation *फै˘ डॅ रे शॅन* *n.* union of states संघ, राज्य संघ।

fee *फ़ी* *n.* the money paid for help or advice received शुल्क।

feeble *फ़ी ब्‌ल* *a.* weak कमज़ोर।

feed[1] *फ़ीड* *v.t.* to give food to भोजन देना; to foster पालन-पोषण करना।

feed[2] *n.* plentiful meal भोजन; fodder चारा।

feel *फ़ील* *v.t.* to touch स्पर्श करना; to examine by touching छूकर परखना; to consider मानना; to be sensitive to महसूस करना; *v.i.* to take ill बुरा मान जाना; to come to know जानकारी होना।

feeling *फ़ी लिङ्ग* *n.* the sense of touch स्पर्श; ability to feel स्पर्श क्षमता; physical sensation शारीरिक अनुभूति; emotion भावना; sympathy सहानुभूति, opinion मत, धारणा।

feign *फ़ेन* *v.t.* to make a show or pretence of बहाना करना।

felicitate *फ़ि लि सि टेट* *v.t.* to congratulate बधाई देना।

felicity *फ़ि लि सि टि* *n.* good fortune सौभाग्य।

fell *फ़ैलॅ* *v.t.* to cause to fall गिराना; to cut down (a tree) (पेड़) काट डालना।

fellow *फै˘ लौ* *n.* companion साथी; member सदस्य; partner सहभागी; research student शोधछात्र।

female[1] *फ़ी मेल* *a.* pertaining to woman kind स्त्री-जाति-विषयक।

female[2] *n.* a female animal मादा।

feminine *फ़ै˘ मि निन* *a.* pertaining to women नारी-सुलभ; (*gram.*) of the gender to which female names belong स्त्रीलिंग।

fence[1] *फ़ैन्स* *n.* enclosure चहारदीवारी; barrier for enclosing घेरा, बाड़ा।

fence[2] *v.t.* to enclose घेरना; to defend रक्षा करना।

fend *फ़ैन्डॅ* *v.t.* to ward off बाहर रोक देना; to defend रक्षा करना।

ferment[1] *फ़ॅः मैन्टॅ* *n.* agitation हंगामा; substance that excites fermentation ख़मीर।

ferment[2] *v.t.* to excite उत्तेजित करना; to excite fermentation in (में) ख़मीर उठाना।

fermentation *फ़ॅः मैन्‌ टे शॅन* *n.* fermenting or being fermented किण्वन; unrest, excitement उपद्रव, उत्तेजना।

ferocious *फ़ॅ रो शॅस* *a.* savage, fierce क्रूर, ख़ूंखार।

ferry[1] *फ़ै˘ रि* *n.* boat नाव।

ferry[2] *v.t.* to carry or convey over water नाव से पार उतारना।

fertile *फ़ॅः टॉइल* *a.* fruitful फलदायक; able to produce abundantly उपजाऊ।

fertility *फ़ॅः टि लि टि* *n.* quality of being fertile उर्वरता।

fertilize *फ़ॅः टि लॉइज़* *v.t.* to make fertile उर्वर बनाना।

fertilizer *फ़ॅः टि लॉइ ज़ॅः* *n.* manure खाद, उर्वरक।

fervent *फ़ॅः वैन्ट* *a.* zealous उत्साही; burning उत्तप्त।

fervour फ़: वें: *n.* warmth of feeling, zeal जोश।

festival फ़ैस् टि वॅल, –टॅ– *n.* joyful cele-bration आनंदोत्सव; a day or period of public rejoicing त्यौहार, पर्व।

festive फ़ैसॅ् टिव *a.* joyous, mirthful उल्लासमय।

festivity फ़ैंस् टि वि टि *n.* social mirth आनंदमंगल; joyfulness हर्षोल्लास।

festoon फ़ैसॅ् टून *n.* a string of flowers, foliage etc. suspended in a curve or curves बंदनवार।

fetch फ़ैचॅ *v.t.* to bring लाना; to obtain as price मूल्य के रूप में प्राप्त करना।

fetter[1] फ़ै ॅ टॅ: *n.* chain ज़ंजीर; *(pl.)* chain for the feet बेड़ी।

fetter[2] *v.t.* to put fetters on बेड़ी डालना; to restrain बंधन लगाना।

feud फ़्यूड *n.* hostility वैमनस्य, वैर; a fief सामंत।

feudal फ़्यू डॅल *a.* pertaining to feuds सामंती।

fever फ़ी वें: *n.* disease marked by great bodily heat ज्वर; agitation अशांति।

few फ़्यू *a.* not many थोड़े से।

fiasco फ़ि ऐस् को *n.* an ignominious failure पूर्ण असफलता।

fibre फ़ॉइ बॅ: *n.* a thread रेशम, तंतु; nature प्रकृति; texture बनावट।

fickle फ़ि क्ल *a.* changeable चंचल, अस्थिर।

fiction फ़िक् शॅन *n.* literature in the form of novels, tales etc. कथा-साहित्य; falsehood झूठ, मनगढ़ंत बात।

fictitious फ़िक् टि शॅस *a.* imaginary काल्पनिक; counterfeit मनगढ़ंत।

fiddle[1] फ़ि ड्ल *n.* violin सारंगी, बेला।

fiddle[2] *v.i.* to play on a violin सारंगी बजाना; to waste time समय बरबाद करना।

fidelity फ़ि डै ॅ लि टी, फ़ॉइ– *n.* faithfulness निष्ठा।

fie फ़ॉइ *interj.* an exclamation denoting disapprobation धिक्कार।

field फ़ील्ड *n.* a piece of land suitable for tillage कृषि-भूमि; playground खेल का मैदान; battle ground युद्ध का मैदान; area of knowledge or interest कार्य-क्षेत्र।

fiend फ़ीन्ड *n.* devil प्रेत; cruel person क्रूर व्यक्ति।

fierce फ़िॲ:स *a.* ferocious उग्र, प्रचंड; savage हिंस्र; violent प्रबल।

fiery फ़ॉइ ॲ रि *a.* consisting of fire आग्नेय; like fire अग्निवत्; impetuous जोशीला; fierce प्रचंड।

fifteen फ़िफ़् टीन *n.* ten plus five पंद्रह (15)।

fifty फ़िफ़् टि *n.* the number next above 49 पचास (50)।

fig फ़िग *n.* kind of fruit अंजीर।

fight[1] फ़ॉइट *n.* struggle लड़ाई, झगड़ा; fighting spirit लड़ने की चाह।

fight[2] *v.t.* to engage in conflict with किसी के विरुद्ध लड़ना; to contend against विरोध करना; *v.i.* to strive प्रयत्न करना।

figment फ़िग् मॅन्ट *n.* fabrication काल्पनिक वस्तु।

figurative फ़िग् यू रॅ टिव *a.* metaphorical लाक्षणिक; full of figures of speech आलंकारिक।

figure[1] फ़ि गॅ: *n.* a numerical symbol अंक; shape, form आकार, रूप;

human shape मानव-आक ति; a diagram रेखाचित्र; ornament of speech अलंकार।

figure[2] *v.t.* to picture in the mind कल्पना करना; to appear in में प्रदर्शित होना।

file[1] *फ़ॉइल n.* record संचिका; collection of data आंकड़ों का संग्रह।

file[2] *v.t.* to put in a file फ़ाइल में रखना; to refer to a court मुक़दमा चलाना।

file[3] *n.* a roughened tool for smoothing or shaping रेती।

file[4] *v.t.* to apply file to रेती लगाना।

file[5] *n.* row of people मनुष्यों की पंक्ति।

file[6] *v.i.* to march one behind the other पंक्ति में चलना।

fill *फ़िल v.t.* to make full पूरा भरना; to furnish (an office) with an occupant (पद) ग्रहण करना; *v. i.* to become full भर जाना।

film[1] *फ़िल्म n.* motion picture चलचित्र; membrane झिल्ली।

film[2] *v.t.* to make a motion picture of चलचित्र का रूप देना।

filter[1] *फ़िल् टॅ: n.* a device through which air, water etc. can pass in order to remove solid particles निस्यंदक, छन्ना।

filter[2] *v.t.* to cause to pass through a filter छानना; *v.i.* to pass through a filter छनना।

filth *फ़िल्थ n.* foul matter कचरा, गंदगी; obscenity अश्लीलता।

filthy *फ़िल् थि a.* unclean अस्वच्छ; foul गंदा, मैला।

fin *फ़िन n.* propelling organ of fish मीनपक्ष।

final *फ़ॉइ नॅल a.* last अंतिम; definite सुनिश्चित; conclusive समापक।

finance[1] *फ़ॉइ नैन्स, फ़ि– n.* revenue वित्त, अर्थ; money affairs अर्थ-व्यवस्था।

finance[2] *v.t.* to manage financially (की) अर्थ-व्यवस्था करना।

financial *फ़ॉइ नैन् शॅल a.* pertaining to finance वित्तीय, आर्थिक।

financier *फ़ॉइ नैन् सि अॅ:, फ़ि– n.* one who administers public revenue वित्त-प्रबंधक।

find *फ़ॉइन्ड v.t.* to come across प्राप्त करना; to discover खोजना; to experience अनुभव करना।

fine[1] *फ़ॉइन n.* a sum of money to be paid as a penalty जुर्माना।

fine[2] *v.t.* to impose a fine on जुर्माना करना।

fine[3] *a.* of very good quality उत्तम, उत्क ष्ट; delicate, thin पतला, महीन; enjoyable आनंददायक; pleasant सुहावना; healthy स्वस्थ।

finger[1] *फ़िङ्गॅ: n.* one of the five parts at the end of the hand उंगली।

finger[2] *v.t.* to touch with fingers उंगलियों से छूना।

finish[1] *फ़ि निश v.t.* to end समाप्त करना; to complete पूरा करना; to refine परिष्क त करना; *v.i.* to come to an end समाप्त होना; to be completed पूरा होना।

finish[2] *n.* the last part अंत; perfection पूर्णता; polish परिष्कार।

finite *फ़ॉइ नॉइट a.* having an end or limit सीमित; (*gram.*) a form of verb एक प्रकार की क्रिया।

fir *फ़ॅ: n.* kind of timber देवदारू।

fire[1] *फ़ाइअॅ: n.* state of burning अग्नि; conflagration अग्निकांड; ardour जोश; shooting of fire arms गोलाबारी।

fire[2] *v.t.* to discharge (गोली) छोड़ना; to cause to burn जलाना; to bake सेंकना; पकाना।

firm[1] *फ़ॅ:म* *a.* stable स्थायी; strong मज़बूत; steady दृढ़; hard कठोर; fixed निश्चित।

firm[2] *n.* a commercial house व्यवसाय–संघ।

first[1] *फ़ॅ:स्ट* *a.* chief प्रमुख; foremost सबसे आगेवाला।

first[2] *n.* first place प्रथम स्थान; first class प्रथम श्रेणी।

first[3] *adv.* in the first place प्रथमतः।

fiscal *फ़िस् कॅल* *a.* pertaining to the public treasury राजकोषीय; financial वित्तीय।

fish[1] *फ़िश* *n.* a well-known aquatic vertebrate मछली; the flesh of this animal used as food मछली का मांस।

fish[2] *v.i.* to catch fish मछली पकड़ना; to search for तलाश करना।

fisherman *फ़ि शॅ: मॅन* *n.* one whose occupation is to catch fish मछुआरा।

fissure *फ़ि शॅ:* *n.* a cleft, a cleavage दरार।

fist *फ़िस्ट* *n.* closed and clenched hand घूंसा।

fistula *फ़िस् ट्यु लॅ* *n.* a deep, narrow, sinuous ulcer नासूर, नाड़ी–व्रण।

fit[1] *फ़िट (-tt-)* *v.t.* to be suited to के लिए उपयुक्त होना; to be properly adjusted to में ठीक से बैठ जाना; to arrange or adjust बैठाना; *v.i.* to be correctly adjusted ठीक से बैठना; to be of the right size उचित आकार का होना।

fit[2] *a.* well-suited उपयुक्त; proper उचित; ready तैयार; in good condition अच्छी हालत में।

fit[3] *n.* a sudden attack of illness दौरा; a passing state, mood लहर, तरंग, सनक।

fitful *फ़िट् फुल* *a.* irregular अस्थिर।

fitter *फ़ि टॅ:* *n.* one who assembles the parts of a machine मिस्तरी।

five *फ़ाइव* *n.* the number next after four पांच (5)।

fix[1] *फ़िक्स* *v.t.* to set जमा देना; to assign, to appoint निर्धारित करना, तय करना; *v.i.* to become firm or solidified पक्का या कड़ा हो जाना।

fix[2] *n.* a difficult situation परेशानी।

flabby *फ़्लै बि* *a.* weak दुर्बल; soft शिथिल।

flag *फ़्लैग* *n.* bunting, piece of cloth with a design used as an emblem ध्वज, झंडा।

flagrant *फ़्ले ग्रॅन्ट* *a.* enormous अति, घोर; outrageous दारुण।

flame[1] *फ़्लेम* *n.* blaze of fire ज्वाला; beam of lilght तेज़ लपट; rage क्रोध।

flame[2] *v.i.* to kindle प्रदीप्त होना; to take fire दहकना; to be angry क्रुद्ध होना।

flannel *फ़्लै न्ल* *n.* kind of woollen cloth फ़लालेन।

flare[1] *फ़्ले ॅ अॅ:* *v.i.* to spread फैलना; to widen out चौड़ा होना; to blaze up भभक उठना।

flare[2] *n.* sudden blaze भड़क, भभक।

flash[1] *फ़्लैश* *n.* momentary gleam of light कौंध, दमक; sudden burst of feelings भाव-स्फुरण।

flash² *v.t.* to cause to flash चमकाना; to send by sudden means तत्क्षण प्रसारित करना; *v.i.* to sparkle brilliantly कौंधना।

flask *फ़्लास्क* *n.* narrow-necked bottle सुराही।

flat¹ *फ़्लैट* *a.* smooth and level चौपट, चौरस; spread out फैला हुआ; dull नीरस; uniform एक समान; downright साफ़-साफ़, कोरा।

flat² *n.* suite of rooms on one floor of a building भवन-खंड, कमरों का सैट; flat part of anything चपटा भाग।

flatter *फ़्लै टॅ* *v.t.* to overpraise चापलूसी करना; to coax फुसलाना।

flattery *फ़्लै टॅ रि* *n.* insincere praise चापलूसी।

flavour *फ़्लै वॅ:* *n.* sweet smell सुवास, सुगंध; taste आस्वाद।

flaw *फ़्लौ* *n.* defect दोष।

flea *फ़्ली* *n.* a small blood-sucking insect पिस्सू।

flee *फ़्ली* *v.i.* to run away रफूचक्कर होना।

fleece¹ *फ़्लीस* *n.* sheep's wool ऊन।

fleece² *v.t.* to shear (की) ऊन कतरना; to plunder लूटना।

fleet *फ़्लीट* *n.* a number of warships under one commander जहाज़ी बेड़ा; a number of vehicles working under one command जत्था, बेड़ा।

flesh *फ़्लैशॅ* *n.* soft part between skin and bone मांस; soft substance of fruit गूदा; the body शरीर; sensual appetite दुर्वासना।

flexible *फ़्लै ॅक् सॅ बॅल* *a.* pliant लचीला; adaptable अनुकूलनीय।

flicker¹ *फ़्लि कॅ:* *n.* an unsteady light टिमटिमाहट, झिलमिलाहट।

flicker² *v.t.* to burn unsteadily टिमटिमाना।

flight *फ़्लॉइट* *n.* passing through the air उड़ान; fleeing पलायन; ladder सीढ़ी।

flimsy *फ़िलम् ज़ि* *a.* thin पतला, झीना; weak क्षीण।

fling *फ़्लिङ्ग* *v.t.* to throw violently फेंकना।

flippancy *फ़्लि पॅन् सि* *n.* undue levity छिछोरापन।

flirt¹ *फ़्लॅ:ट* *n.* person who flirts चोचलेबाज़ व्यक्ति।

flirt² *v.i.* to make a show of love दिखावटी प्रेम करना।

float *फ़्लोट* *v.i.* to be borne on water उतरना, तैरना; to flow बहना; to hang around मंडराना; *v.t.* to cause to be conveyed on water प्रवाहित करना।

flock¹ *फ़्लौकॅ* *n.* company of animals or birds झुंड; group समूह।

flock² *v.i.* to gather or go in crowds एकत्र होना।

flog *फ़्लौगॅ* *(-gg-)* *v.t.* to beat or strike पीटना, प्रहार करना; to lash कोड़े लगाना।

flood¹ *फ़्लड* *n.* a great flow of water जलप्लावन; a deluge बाढ़; abundance प्रचुरता।

flood² *v.t.* to overflow जलमग्न करना; to deluge बाढ़ग्रस्त करना।

floor¹ *फ़्लौ:* *n.* surface तल; bottom of the room फ़र्श; storey in a building मंज़िल, तल्ला।

floor² *v.t.* to furnish with a floor (में) फ़र्श बनाना।

flora *फ़्लौ रॅ* *n.* vegetation in a region वनस्पति।

florist *फ़्लौ ॅ रिस्ट* *n.* seller of flowers फूल-विक्रेता; producer of flowers पुष्पोत्पादक।

flour *फ़्लॉउॲ:* *n.* finely ground meal आटा।

flourish *फ़्ल रिश* *v.i.* to thrive फलना-फूलना।

flow[1] *फ़्लो* *n.* stream प्रवाह; rise of tide ज्वार।

flow[2] *v.i.* to run (as water) प्रवाहित होना; to move in a stream घूमना।

flower *फ़्लॉउ ॲ:* *n.* a blossom पुष्प; choicest part सर्वोत्तम भाग।

flowery *फ़्लॉउ ॲ रि* *a.* full of flowers पुष्पमय; embellished with figurative language अलंक त।

fluent *फ़्लु ॲन्ट* *a.* flowing प्रवाह-युक्त।

fluid[1] *फ़्लु इड, फ़्लू–* *a.* capable of flowing तरल; changeable परिवर्तनीय।

fluid[2] *n.* substance capable of flowing द्रव्य।

flush[1] *फ़्लश* *v.i.* to blush लज्जा से लाल हो जाना; to flow suddenly or violently तेज़ी से या अचानक बहना; to be excited उत्तेजित होना; *v. t.* to cleanse by rush of water पानी के बहाव द्वारा साफ करना; to excite उत्तेजित करना।

flush[2] *n.* sudden flow of blood to the face लज्जा भाव-जनित चेहरे की लाली; excitement उत्तेजना; flow of water प्रवाह, elation आनंदातिरेक।

flute[1] *फ़्लूट* *n.* a small wind-instrument with holes and keys बांसुरी।

flute[2] *v.i.* to play on a flute बांसुरी बजाना।

flutter[1] *फ़्ल टॅ:* *n.* flapping movement फड़फड़ाहट।

flutter[2] *v.t.* to flap rapidly फड़फड़ाना, फड़फड़ करना।

fly[1] *फ़्लॉइ* *n.* a two-winged insect मक्खी।

fly[2] *v.i.* to move through the air on wings उड़ना; to travel by an aircraft वायुयान-द्वारा यात्रा करना; to pilot an aircraft वायुयान उड़ाना; to move swiftly तेज़ी से गुज़रना।

foam[1] *फ़ोम* *n.* froth फेन, झाग।

foam[2] *v.t.* to froth झाग पैदा करना।

focal *फ़ो कॅल* *a.* belonging to a focus नाभीय।

focus[1] *फ़ोकॅस* *n.* point at which rays of light, heat, etc. meet किरण-केंद्र; centre of interest अभिरुचि-केंद्र, केंद्र-बिंदु।

focus[2] *(-s-or-ss-)* *v.t.* to bring to focus फ़ोकस करना; to concentrate संकेंद्रित करना।

fodder *फ़ौ ॅ डॅ:* *n.* food for cattle चारा।

foe *फ़ो* *n.* enemy शत्रु।

fog *फ़ौगॅ* *n.* thich mist कोहरा।

foil *फ़ौ ॅ इल* *v.t.* to frustrate निष्फल करना; to baffle हरा देना।

fold[1] *फ़ोल्ड* *n.* the doubling or doubled part of any flexible substance तह, परत, enclosure for sheep भेड़शाला, बाड़ा।

fold[2] *v.t.* to double मोड़ना; to embrace बांहों में भरना; *v.i.* to become folded मुड़ना।

foliage *फ़ो लि इज* *n.* leaves collectively पर्णसमूह।

folk *फ़ोक* *n.* people in general.

follow *फ़ौ ॅ लो* *v.t.* to attend on

अनुगमन करना; to conform to अनुसरण करना; to understand समझना; to engage in पेशे के रूप में करना; to result from (का) परिणाम होना; to pursue पीछा करना; to come after के बाद आना।

follower *फ़ॉ˘ लो अ़ः* *n.* disciple शिष्य; attendant अनुचर; imitator अनुकर्ता।

folly *फ़ौ˘ लि* *n.* foolishness मूर्खता।

foment *फ़ों˘ मैन्ट* *v.t.* to apply warm lotions to सेंकना; to stir up भड़काना।

fond *फ़ॉन्ड* *a.* having a liking शौकीन; doting चाहनेवाला; foolish मूर्खतापूर्ण।

fondle *फ़ौ˘न् ड्ल* *v.t.* to caress दुलारना, पुचकारना।

food *फ़ूड* *n.* what one feeds on भोजन।

fool *फ़ूल* *n.* stupid person मूर्ख व्यक्ति; jester मसखरा।

foolish *फ़ुलिश* *a.* stupid मूर्ख; marked with folly मूर्खतापूर्ण।

foolscap *फ़ूल्ज़ कैप* *n.* printing paper measuring 17" × 131/2" 17"×131/2" नाप का कागज।

foot *फ़ुट* *n.* part of the body used for standing पांव, पैर; base आधार; lower end निचला सिरा; measure of 12 inches फ़ुट।

for[1] *फ़ौः* *prep.* with the prupose of के हेतु; in exchange for के बदले में; in support of के पक्ष में; because of के कारण; meant for के लिए; in respect of के उपलक्ष्य में; for the length or duration of की दूरी अथवा अवधि के लिए; in spite of के बावजूद; in search of की तलाश में, towards की ओर।

for[2] *conj.* because क्योंकि।

forbid *फ़ॅः बिड* *v.t.* to prohibit निषिद्ध करना।

force[1] *फ़ौःस* *n.* strength शक्ति; compulsion अनिवार्यता, body of troops सैन्य-बल; violence बल प्रयोग।

force[2] *v.t.* to compel बाध्य करना; to break open तोड़ना।

forceful *फ़ौःस् फ़ुल* *a.* full of force सशक्त, बलशाली।

forcible *फ़ौःस् सॅ ब्ल* *a.* done by force बलात संपादित।

forearm[1] *फ़ौरः आःम* *n.* arm between elbow and the wrist प्रबाहु।

forearm[2] *v.t.* to arm beforehand पहले से शस्त्रसज्जित करना।

forecast[1] *फ़ौः कास्ट* *n.* prediction पूर्वानुमान।

forecast[2] *फ़ौः कास्ट* *v.t.* to foresee पूर्वानुमान करना; to predict भविष्यवाणी करना।

forefather *फ़ौः फ़ादॅ* *n.* ancestor पूर्वज।

forefinger *फ़ौः फ़िङ्गॅः* *n.* finger next to thumb तर्जनी।

forehead *फ़ॉः हेड* *n.* forepart of the head माथा, मस्तक।

foreign *फ़ौ˘ रिन* *a.* belonging to another country विदेशीय; alien पराया; inappropriate असंगत; irrelevant अप्रासंगिक।

foreigner *फ़ौ रिनॅः* *n.* one who belongs to another country विदेशी व्यक्ति।

foreknowledge *फ़ौः नौ˘ लिज* *n.* knowledge beforehand अग्रज्ञान, पूर्वज्ञान।

foreleg *फ़ौः लैगॅ* *n.* a quadruped's

front leg अगली टांग।

forelock *फ़ौ: लौकॅ* *n.* lock of hair on the forehead माथे पर की अलक।

foreman *फ़ौ: मॅन* *n.* workman in charge of other workers अग्रणी, अगुआ।

foremost *फ़ौ: मोस्ट* *a.* first in rank or dignity सर्वोत्तम, सर्वोपरि।

forenoon *फ़ौ: नून* *n.* morning पूर्वाह।

forerunner *फ़ो: र नॅ:* *n.* precursor अग्रदूत।

foresee *फ़ौ:सी* *v.t.* to see or know beforehand पहले से ही देख या जान लेना।

foresight *फ़ौ: सॉइट* *n.* act or power of foreseeing दूरदर्शिता; prudence अग्रद ष्टि।

forest *फ़ौ: रिस्ट* *n.* wood, jungle जंगल, वन।

forestall *फ़ौ: स्टौल* *v.t.* to guard against in advance रोकथाम करना; to anticipate पूर्व से ही देख या जान लेना।

forester *फ़ौ रिस् टॅ:* *n.* one who watches a forest वनरक्षक।

forestry *फ़ौ रिस् ट्रि* *n.* science of caring for forests वानिकी, वनविज्ञान।

foretell *फ़ौ: टैलॅ* *v.t.* to predict भविष्यवाणी करना।

forethought *फ़ौ: थौ ॅट* *n.* a thinking beforehand पूर्व विचार; foresight दूरद ष्टि।

forever *फ़ॅ रै ॅ वॅ:* *adv.* for always सदैव के लिए।

forewarn *फ़ौ: वौ:न* *v.t.* to warn beforehand पूर्व चेतावनी देना; to give previous notice to पूर्व सूचना देना।

foreword *फ़ौ: वॅ:ड* *n.* preface भूमिका।

forfeit[1] *फ़ौ: फ़िट* *v.t.* to lose by penalty ज़ब्त हो जाना।

forfeit[2] *n.* penalty, fine जुरमाना; thing forfeited अपवर्तित वस्तु।

forfeiture *फ़ौ: फि चॅ:* *n.* act of forfeiting अपवर्तन, ज़ब्ती।

forge[1] *फ़ौ:ज* *n.* place where metal is worked मिस्तरी-खाना; smithy लोहार की दुकान; furnace भट्ठी।

forge[2] *v.t.* to shape (metal) by heating (धातु को) तपाकर गढ़ना; to make बनाना; to make a fraudulent copy of (की) जाली नक़ल करना।

forgery *फ़ौ: जॅ रि* *n.* forging of a document etc. जालसाज़ी; forged document जालसाज़ी वाला दस्तावेज़।

forget *फ़ॅ: गै ॅट* *v.t.* to lose the remembrance of भूल जाना; to neglect की उपेक्षा करना।

forgetful *फ़ॅ: गै ॅट् फुल* *a.* apt to forget भुलक्कड़; neglectful लापरवाह।

forgive *फ़ॅ: गिव* *v.t.* to pardon क्षमा करना।

forgo *फ़ौ: गो* *v.t.* to renounce त्याग देना; to do without के बिना काम चलाना।

forlorn *फ़ॅ: लौ:न* *a.* deserted परित्यक्त; miserable दुःखी, अभागा।

form[1] *फ़ौ:म* *n.* shape आकार; type, kind प्रकार; structure ढांचा; style शैली; condition दशा; formality औपचारिकता, शिष्टाचार; printed paper with spaces to be filled in प्रपत्र; class कक्षा।

form[2] *v.t.* to shape बनाना; to develop विकसित करना; to organise गठित करना; *v.i.* to take shape निर्मित होना, बनना।

formal *फ़ौ: मॅल a.* ceremonious औपचारिक; apparent दिखाऊ, ऊपरी; related to form आकारिक।

format *फ़ौ: मैट n.* get-up of a book ग्रंथ का आकार।

formation *फ़ौ: मे शॅन n.* forming निर्माण; thing formed निर्मित वस्तु; structure रचना, बनावट।

former[1] *फ़ौ: मॅ: a.* earlier in time पूर्वकालिक; first named पहला।

former[2] *pron.* first named thing or person पूर्वोक्त वस्तु या व्यक्ति।

formerly *फ़ौ: मॅ: लि adv.* in time past गतकाल में।

formidable *फ़ौ: मि डॅ ब्ल a.* exciting fear or apprehension भयावह; difficult कठिन।

formula *फ़ौ: म्यु लॅ n.* rule नियम, सूत्र; recipe नुसखा।

formulate *फ़ौ: म्यु लेट v.t.* to express in a formula सूत्रबद्ध करना; to put into a precise and comprehensive statement निश्चित व शुद्ध रूप में प्रस्तुत करना।

forsake *फ़ॅ: सेक v.t.* to abandon त्याग देना।

forswear *फ़ौ: स्वे ॅ ॲ: v.t.* to renounce upon oath त्यागना; to deny on oath क़सम खाकर इनकार करना।

fort *फ़ौ:ट n.* a fortified place क़िला।

forte *फ़ौ: टि n.* something in which a person excels विशिष्टता।

forth *फ़ौ:थ adv.* forward आगे; out बाहर।

forthcoming *फ़ौ:थ् क मिङ्ग a.* coming forth आगामी; ready for use, available उपलब्ध।

forthwith *फ़ौ:थ् विद adv.* without delay तुरंत।

fortify *फ़ौ: टि फ़ॉइ v.t.* to strengthen मज़बूत करना।

fortitude *फ़ौ: टि ट्यूड n.* patient courage धैर्य।

fort-night *फ़ौ:ट् नॉइट n.* two weeks पखवारा।

fortress *फ़ौ: ट्रिस n.* a fort क़िला।

fortunate *फ़ौ: चॅ निट a.* having good fortune भाग्यशाली; coming by good luck भाग्य-जनित।

fortune *फ़ौ: चॅन n.* luck, chance भाग्य, दैवयोग; wealth धन, संपत्ति।

forty *फ़ौ:टि n.* four tens चालीस (40)।

forum *फ़ौ: रॅम n.* a place for open discussion मंच।

forward[1] *फ़ौ: वॅ:ड a.* lying in front अग्रिम; advanced अग्रवर्ती; impudent ढीठ।

forward[2] *adv.* onward आगे की ओर; towards the future भविष्य में; to the front आगे।

forward[3] *v.t.* to send forward अग्रसारित करना; to send भेजना।

fossil *फ़ौ ॅ सिल n.* remains of a prehistoric animal or plant जीवाश्म।

foster *फ़ौ ॅस् टॅ: v.t.* to encourage प्रोत्साहन देना; to bring up पोषण करना।

foul *फ़ॉउल a.* unfair नियमविरूद्ध; dishonest बेईमान; evil smelling बदबूदार; abusive गाली-भरा।

found *फ़ॉउन्ड v.t.* to establish स्थापित करना; to start building

(की) बुनियाद रखना।

foundation *फ़ॉउन् डै शॅन n.* basis आधार; solid ground or base on which a building rests बुनियाद, नींव; act of founding संस्थापन।

founder *फ़ॉउन् डॅः n.* one who lays a foundation stone संस्थापक।

foundry *फ़ॉउन् ड्रि n.* art of casting ढलाई की कला; the place of casting ढलाई-घर।

fountain *फ़ाउन् टिन n.* spring of water झरना; artificial jet of water फ़व्वारा।

four *फ़ौः n.* the number next after three (4) चार।

fourteen *फ़ौः टीन n.* the number next after thirteen (14) चौदह।

fowl *फ़ॉउल n.* domestic cock or hen पालतू मुर्गा या मुर्गी।

fowler *फ़ॉउ लॅः n.* one who kills or traps birds चिड़ीमार।

fox *फ़ौक्स n.* a small animal of the dog family लोमड़ी।

fraction *फ़ैक् शॅन n.* small part of a whole अंश; (maths) any part of a unit भिन्न।

fracture[1] *फ़्रैक्चॅः n.* breaking of a bone अस्थिभंग।

fracture[2] *v.t.* to cause to break तोड़ना।

fragile *फ़्रै जॉइल a.* easily broken or damaged भंगुर।

fragment *फ़्रैग् मॅन्ट n.* piece broken off खंडित अंश; an incomplete part अंश।

fragrance *फ़्रेग् रॅन्स n.* sweet smell सुवास, खुशबू।

fragrant *फ़्रैग् रॅन्ट a.* swoot smelling सुगंधित।

frail *फ़्रेल a.* weak, delicate कमज़ोर, सुकुमार।

frame[1] *फ़्रैम v.t.* to make बनाना; to surround with a frame (पर) चौखट लगाना।

frame[2] *n.* main structure of a building ढांचा; human or animal shape पंजर; surrounding part चौखटा; part of spectacles फ्रेम।

frachise *फ़्रैन् चॉइज़ n.* right to vote मताधिकार।

frank *फ़्रैङ्क a.* outspoken निष्कपट, स्पष्टवादी।

frantic *फ़्रैन् टिक a.* wildly excited उत्तेजित।

fraternal *फ्र ˘ टॅः नॅल a.* brotherly भ्रात्रीय।

fraternity *फ्रॅ टॅः नि टि n.* brotherly feeling भ्रात त्व; a body of men associated by a common interest भ्रात संघ।

fratricide *फ़्रै ट्रि सॉइट n.* the act of killing one's brother or sister भाई/बहिन की हत्या; one who does so भ्रात हंता।

fraud *फ़्रोड n.* deceit धोखा; trickery चालबाज़ी।

fraudulent *फ़्रौ ड्यु लॅन्ट a.* using fraud कपटी, कपटपूर्ण।

fraught *फ़्रौट a.* full (of) भरा हुआ।

fray *फ़्रे n.* a fight लड़ाई, मुकाबला।

free[1] *फ़्री a.* independent आत्मनिर्भर; not controlled by others स्वाधीन; not occupied खाली, अव्यस्त; not subject to cost or tax मुफ्त, निःशुल्क; unhindered निर्बाध; exempt मुक्त; not literal स्वतंत्र।

free[2] *v.t.* to set at liberty मुक्त करना।

freedom *फ्री डॅम n.* state of being free स्वतंत्रता।

freeze *फ्रीज v.i.* to be congealed by cold जम जाना; to be hardened into ice बर्फ बनना; *v.t.* to chill ठिठुराना; to change into ice बर्फ में बदलना; to fix स्थिर करना।

freight *फ्रेट n.* charge for the transportation of goods भाड़ा।

French[1] *फ्रैन्च a.* pertaining to France. फ्रॉन्स-संबंधी।

French[2] *n.* the language of France फ्रॉन्स की भाषा।

frenzy *फ्रैन् ज़ि n.* violent agitation of the mind उन्माद।

frequency *फ्री क्वॅन् सि n.* frequent occurrence बारंबारता।

frequent *फ्री क्वॅन्ट n.* that takes place repeatedly बार-बार होने वाला।

fresh *फ्रॅश a.* unused अप्रयुक्त; new नया, ताज़ा; full of health, not tired अश्रांत; additional अतिरिक्त; inexperienced अनुभवहीन।

fret[1] *फ्रैटॅ n.* irritation चिड़चिड़ापन।

fret[2] *(-tt-) v.t.* to cause to worry चिंतित करना; *v.i.* to worry चिंतित होना।

friction *फ्रिक् शॅन n.* rubbing रगड़; disagreement मनमुटाव।

Friday *फ्रॉइ डे, –डि n.* sixth day of the week शुक्रवार।

fridge *फ्रिज n.* refrigerator प्रशीतियंत्र।

friend *फ्रैन्ड n.* intimate associate मित्र; an ally सहायक।

fright *फ्रॉइट n.* terror, sudden fear भीति, भय।

frighten *फ्रॉइ ट्न v.t.* to make afraid भयभीत करना।

frigid *फ्रि जिड a.* cold ठंडा; without feeling or spirit भावशून्य, उदासीन।

frill *फ्रिल n.* an ornamental edging झालर।

fringe[1] *फ्रिन्ज n.* an ornamental border of hanging threads झब्बेदार किनारा।

fringe[2] *v.t.* to furnish with frill झब्बा लगाना।

frivolous *फ्रि वॅ लॅस a.* trifling तुच्छ; not serious छिछोरा।

frock *फ्रौकॅ n.* a monk's robe चोग़ा, लबादा; a dress worn by a woman or a baby फ्रॉक।

frog *फ्रौगॅ n.* an amphibious animal मेढक।

frolic[1] *फ्रौ ॅ लिक n.* gaiety प्रसन्नता; merry making उछलकूद।

frolic[2] *(-ck-) v.i.* to jump playfully उछलकूद करना।

from *फ्रौम, फ्रॅम prep.* expressing point of departure, source, distance, cause, change of state etc. से।

front[1] *फ्रन्ट n.* fore part अग्रभाग; position directly ahead अगवाड़ा, आगा; battle line or area मोरचा।

front[2] *a.* at the front of सामने का, सामने वाला।

front[3] *v.t.* to face के सामने होना।

frontier *फ्रन् टिअँः n.* border of a country सीमांत।

frost *फ्रौस्ट n.* snow तुषार, हिम; cold शीत; frozen dew जमी ओस।

frown[1] *फ्राउॅन n.* stern look तेवर।

frown[2] *v.i.* to winkle eyebrows भौहें चढ़ाना।

frugal *फ्रू गॅल a.* economical मितव्ययी; cheap सस्ता।

fruit *फ्रूट n.* seed and its envelope फल; advantage लाभ।

fruitful *फ्रूट् फुल a.* very productive फलोत्पादक; profitable लाभकारी।

frustrate *फ्रस् ट्रेट v.t.* to balk कुंठित करना; to make vain विफल करना।

frustration *फ्रस् ट्रे शॅन n.* despondency हताशा।

fry[1] *फ्रॉइ v.t.* to cook with fat घी आदि में छोंकना; *v.i.* to be cooked in fat छुंकना।

fry[2] *n.* young fish पोना।

fuel *फ्यू ॲल n.* material for burning ईंधन; something that feeds passion उद्दीपक वस्तु।

fugitive[1] *फ्यू जि टिव a.* fleeting भगोड़ा; transitory क्षणभंगुर।

fugitive[2] *n.* absconder भगोड़ा।

fulfil *फुल् फ़िल v.t.* to complete पूर्ण करना; to comply with कार्यरूप में परिणत करना।

fulfilment *फुल् फिल मॅन्ट n.* completion पूर्ति; accomplishment निर्वाह।

full[1] *फुल a.* filled up भरपूर, पूरा; entire समग्र, अशेष; abundant भरपूर।

full[2] *adv.* fully पूर्णतया; very अत्यंत।

fullness *फुल् निस n.* completion परिपूर्णता; abundance प्रचुरता।

fully *फु लि adv.* entirely पूर्ण रूप से।

fumble *फम् ब्ल v.i.* to grope about awakwardly टटोलना; to attempt or handle something bunglingly गड़बड़ कर देना।

fun *फ़न n.* merriment आमोद-प्रमोद।

function[1] *फ़ङ् क् शॅन n.* performance उत्सव; duty, work कर्त्तव्य, कार्य।

function[2] *v.i.* to operate, to work काम करना।

functionary *फ़ङ् क् शॅ नॅ रि n.* an official अधिकारी।

fund *फन्ड n.* treasure ख़ज़ाना, निधि; stock, supply भंडार, आपूर्ति।

fundamental *फन् डॅ मैन् टॅल a.* basic आधारभूत; essential तात्विक।

funeral *फ्यू नॅ रॅल n.* disposal of the dead अंत्येष्टि; the procession taking a dead body to a cemetery शव-यात्रा।

fungus *फ़ङ् गॅस n.* toadstool कवक, फफूंद।

funny *फ नि n.* full of fun मज़ाकिया।

fur *फ़ॅः n.* soft fine hair of certain animals पशुलोम।

furious *फ्युॲ रि ॲस a.* wild, savage उग्र; enraged क्रोधोन्मत्त।

furl *फ़ॅः ल v.t.* to roll up लपेटना; to wind up समेटना।

furlong *फ़ॅः लौ ङ्ग n.* an eighth of a mile फर्लांग।

furnace *फ़ॅः निस n.* enclosed structure for producing great heat अग्निकुंड, भट्टी।

furnish *फ़ॅः निश v.t.* to equip सुसज्जित करना; to supply उपलब्ध कराना।

furniture *फ़ॅः नि चॅः n.* decorative household equipment साज-सज्जा, फर्नीचर।

furrow *फ रो n.* trench made by a plough हलरेखा, कूंड़।

further[1] *फ़ॅः दॅः adv.* more और अधिक; in addition इसके अतिरिक्त; to a greater distance और आगे की ओर।

further[2] *a.* additional अतिरिक्त, और अधिक; more distant और आगे स्थित।

further[3] *v.t.* to help forward आगे बढ़ाना।

fury *फ्युअ रि n.* violent passion उन्माद।

fuse[1] *फ्यूज़ v.t.* to melt पिघला देना; to blend मिला देना; *v.i.* to be melted पिघल जाना।

fuse[2] *n.* wire inserted in an electric circuit as a safety device फ़्यूज़ तार।

fusion *फ़्यू ज़ॅन n.* blending, melting विलयन, संलयन।

fuss[1] *फ़स n.* flurry गड़बड़ी।

fuss[2] *v.i.* to make fuss गड़बड़ी करना।

futile *फ्यू टॉइल a.* worthless निरर्थक; serving no useful end व्यर्थ।

futility *फ्यू टि लि टि n.* quality of being futile निरर्थकता।

future[1] *फ्यू चॅः a.* that is to be भावी; (*gram.*) pertaining to the time to come भविष्यत्कालिक।

future[2] *n.* the time to come भविष्य।

Gg

G जी the seventh letter of the English alphabet, the fifth note of the diatonic scale. अंग्रेजी वर्णमाला का सातवाँ अक्षर, गायन में पाँचवाँ स्वर; It has a hard sound before a, o, u, l and r and is sounded soft before e, i, y इसका उच्चारण a, o, u, l तथा r के पूर्व रहने पर 'ग' तथा e, i, y के पूर्व रहने पर 'ज' होता है; it is silent in some words, कुछ शब्दों में इसका उच्चारण नहीं होता, यथा, "gnat-नॉट्" "gnaw-नॉ" इत्यादि में।

gabble *गै ब्ल v.i.* to talk fast or without meaning ऊलजलूल बातें करना।

gadfly *गैड़ फ्लॉइ n.* a fly which stings cattle डांस।

gag[1] *गैग (-gg-) v.t.* to stop up (somebody's mouth) with cloth etc. (किसी के मुंह) में कपड़ा ठूंसना; to deprive of free speech अभिव्यक्ति की स्वतंत्रता से वंचित करना।

gag[2] *n.* cloth etc. used to stop up somebody's mouth कपड़ा आदि जो किसी के मुंह में ठूंसा जाय।

gaiety *गे अ टि n.* cheerfulness, liveliness प्रफुल्लता, आमोद-प्रमोद, मौज-मस्ती।

gain[1] *गेन v.t.* to obtain प्राप्त करना; to get as advantage लाभ के रूप में प्राप्त करना; to earn कमाना; to reach पहुंचना।

gain[2] *n.* profit लाभ; increase वद्धि।

gainsay *गेन् से v.t.* to deny प्रतिवाद करना।

gait *गेट n.* manner of walking चाल।

galaxy *गै लॅक् सि n.* milky way आकाश गंगा; an assemblage of splendid persons विशिष्ट व्यक्तियों की मंडली।

gale *गेल* *n.* a strong wind तेज़ हवा, अंधड़।

gallant[1] *गै लॅन्ट* *a.* handsome सुंदर; brave बहादुर; attentive to ladies रमणीरंजक।

gallant[2] *n.* lover प्रेमी; fashionable young man छबीला नौजवान।

gallantry *गै लॅन् ट्रि* *n.* bravery बहादुरी; courtesy शिष्टता; attentiveness to ladies नारी भक्ति।

gallery *गै लॅ रि* *n.* a covered passage दीर्घा; room for the exhibition of works of art चित्रशाला।

gallon *गै लॅन* *n.* a liquid measure of four quarts or eight points गैलन।

gallop[1] *गै लॅप* *n.* fastest pace of horse चौकड़ी।

gallop[2] *v.t.* to cause to move fast सरपट दौड़ाना; *v.i.* to move very fast सरपट दौड़ना।

gallows *गै लौज़* *n. sing.* wooden frame for hanging criminals फांसी का तख़्ता; hanging फांसी।

galore *गॅ लौः* *adv.* in abundance प्रचुर मात्रा में।

galvanize *गैल् वॅ नॉइज़* *v.t.* to coat with zinc जस्ता या क़लई चढ़ाना; to stimulate प्रेरित करना।

gamble[1] *गैम् बल* *v.i.* to play for high stakes जुआ खेलना; to take a chance दांव लगाना।

gamble[2] *n.* game of chance for money जुआ, द्यूतक्रीड़ा।

gambler *गैम् ब्लॅः* *n.* one who gambles जुआरी।

game[1] *गेम* *n.* sport of any kind खेल, क्रीड़ा; trick चाल, छल; animals or birds hunted शिकार।

game[2] *v.i.* to gamble जुआ खेलना।

gander *गैॅन् डॅः* *n.* a male goose हंस।

gang *गैङ्ग* *n.* band of criminals गिरोह।

gangster *गैङ्ग् स्टॅ* *n.* member of a criminal gang लुटेरों के गिरोह का सदस्य।

gap *गैप* *n.* opening दरार; breach in continuity क्रमभंग; interval अंतराल।

gape *गेप* *v.i.* to open the mouth wide मुंह फाड़ना; to yawn जम्हाई लेना; to stare with open mouth देखते रह जाना।

garage *गैॅराःज़, –रिज* *n.* building in which motor-vehicles are housed यानशाला, गैरेज।

garb[1] *गाःब* *n.* dress परिधान।

garb[2] *v.t.* to clothe परिधान पहनाना।

garbage *गाः बिज* *n.* refuse कूड़ा-कचरा।

garden *गाः ड्न* *n.* park, ground on which flowers are cultivated उद्यान, बाग़।

gardener *गाःड् नॅः* *n.* one engaged in gardening माली।

gargle *गाः ग्ल* *v.i.* to wash the throat ग़रारे करना; *v.t.* to wash (the throat) ग़रारे-द्वारा (गला) साफ़ करना।

garland[1] *गाः लॅन्ड* *n.* wreath of flowers माला, हार।

garland[2] *v.t.* to deck with garland माला पहनाना।

garlic *गाः लिक* *n.* strongly flavoured onion-like bulb लहसुन।

garment *गा: मॅन्ट* *n.* an article of clothing वस्त्र, परिधान।

garter *गा: टॅ:* *n.* band used to support a stocking मोज़ाबंध।

gas *गैस* *n.* any air-like substance गैस; gasoline पैट्रोल।

gasket *गैस् किट* *n.* a piece of metal or rubber used for sealing गैसकेट अवरोधक डोरी।

gasp[1] *गास्प* *n.* a sudden, sharp intake of breath हाँफा।

gasp[2] *v.i.* to struggle for breath हांफना।

gassy *गै ॅसि* *a.* full of gas गैस-युक्त।

gastric *गैॅस् ट्रिक* *a.* belonging to the stomach जठर-संबंधी।

gate *गेट* *n.* entrance द्वार; passage into a building, city or enclosure फाटक।

gather *गै दॅ:* *v.t.* to collect एकत्र करना; to pick तोड़ना; to conclude निष्कर्ष निकालना; *v.i.* to assemble इकट्ठा होना।

gaudy *गौ डि* *a.* showy दिखाऊ; gay भड़कीला।

gauge *गेज* *n.* a measuring instrument पैमाना; a device for measuring rain वर्षामापी यंत्र।

gauntlet *गौन्ट् लिट* *n.* iron glove of armour हस्तत्राण।

gay *गे* *a.* gaudy भड़कीला; merry प्रफुल्लित; lively ज़िंदादिल।

gaze[1] *गेज़* *v.t.* to look fixedly एकटक देखना।

gaze[2] *n.* fixed look टकटकी।

gazette *गॅ ज़ैॅट* *n.* official newspaper containing list of government appointments etc. गज़ट, राजपत्र।

gear *गिअॅ:* *n.* cogged wheel गरारी; equipment उपस्कर।

geld *गैल्ड* *v.t.* to castrate बधिया करना।

gem *जै मॅ* *n.* any precious stone रत्न।

gender *जैन्ॅ डॅ:* *n.* grammatical classification of sexes लिंग।

general *जैॅ नॅ रॅ ल* *a.* ordinary साधारण; belonging to all सार्वजनिक।

generally *जै ॅ नॅ रॅ लि* *adv.* in a general or collective manner सामान्यतः।

generate *जैॅ नॅ रेट* *v.t.* to produce पैदा करना।

generation *जै ॅ नॅ रे शॅन* *n.* descendants, race पीढ़ी; production उत्पादन।

generator *जैॅ नॅ रे टॅ:* *n.* producer उत्पादक, जनित्र।

generosity *जै ॅ नॅ रौ ॅ सि टि* *n.* nobleness उदारता।

generous *जैॅ नॅ रॅस* *a.* liberal उदार; ample प्रचुर।

genius *जी नि अॅस, जी न्यॅस* *n.* special inborn faculty of any individual प्रतिभा; person endowed with natural talent प्रतिभाशाली व्यक्ति।

gentle *जैन्ॅ ट्ल* *a.* noble कुलीन; refined भद्र; mild, moderate मंद।

gentleman *जैन्ॅ ट्ल् मॅन* *n.* a man of good social position भद्रपुरुष।

gentry *जैन्ॅ ट्रि* *n.* class of gentle people कुलीनलोग।

genuine *जै ॅ न्यु इन* *a.* original असली; natural अकत्रिम; real यथार्थ।

geographer *जि औ ॅ ग्रॅ फ़:* *n.* person having knowledge of geography भूगोलवेत्ता।

geographical *जि अॅ ग्रै फ़ि कॅल* *a.* pertaining to geography भौगोलिक।

geography *जि औ ॅ ग्रॅ फ़ि* *n.* science of sufrace of the earth and its inhabitants भूगोल।

geological *जि अॅ लौ ॅ जि कॅल* *a.* pertaining to geology भूविज्ञानीय।

geologist *जि औ ॅ लॅ जिस्ट* *n.* person having the knowledge of geology भूविज्ञान-वेत्ता।

geology *जि औ ॅ लॅ जि* *n.* science relating to the history and development of the earth's crust भूविज्ञान।

geometrical *जि अॅ मै ॅ ट्रि कॅल* *a.* relating to geometry रेखागणितीय।

geometry *जि औ ॅ मॅ ट्रि* *n.* study of lines, angles and figures रेखागणित।

germ *जॅ :म* *n.* origin स्रोत; microbe जीवाणु; bacillus रोगाणु।

germicide *जॅ: मि सॉइड* *n.* substance that kills germs जीवाणुनाशी।

germinate *जॅ: मि नेट* *v.i.* to sprout अंकुरित होना; to begin to grow as seeds बढ़ना।

germination *जॅ: मि ने शॅन* *n.* act of germinating अंकुरण।

gerund *जै ॅ रॅन्ड* *n.* a kind of verbal noun क्रियावाचक संज्ञा।

gesture *जैसॅ् चॅ:* *n.* a posture or motion of the body or limbs चेष्टा, संकेत।

get *गै ॅट* *v.t.* to obtain प्राप्त करना; to earn कमाना; to catch ग्रहण करना; to receive प्राप्त करना; *v.i.* to become होना।

ghastly *गाःस्ट् लि* *a.* hideous घिनावना; frightful भयानक।

ghost *गोस्ट* *n.* the soul of man प्रेतात्मा; disembodied spirit भूत।

giant *जॉइ अॅन्ट* *n.* demon दैत्य; man of extraordinary stature भीमकाय व्यक्ति।

gibbon *गि बॅन* *n.* a type of ape लंगूर।

gibe[1] *जॉइब* *v.i.* to scoff ताना मारना; to mock हंसी उड़ाना।

gibe[2] *n.* a scoff उपहास; taunt ताना।

giddy *गि डि* *a.* dizzy चक्कर से आक्रांत; causing giddiness चकरानेवाला; flighty अत्यधिक, चपल।

gift *गिफ्ट* *n.* present उपहार; talent प्रतिभा।

gifted *गिफ़् टिड* *a.* talented प्रतिभाशाली।

gigantic *जॉइ गैन् टिक* *a.* of immense size भीमकाय।

giggle *गि ग्ल* *v.i.* to laugh in a silly manner फूहड़ढंग से हंसना।

gild *गिल्ड* *v.t.* to cover with gold (पर) सोना चढ़ाना; to adorn with lustre चमकाना।

gilt *गिल्ट* *a.* gold-coloured सुनहरा।

ginger *जिन्जॅ:* *n.* the root of a tropical plant अदरक।

gipsy *जिप् सि* *n.* see gypsy.

giraffe *जि राफ़, –रैफ़* *n.* a ruminant animal with spotted coat and very long neck and legs जिराफ़।

gird *गॅःड* *v.t.* to put belt round पेटी से बांधना; to encircle घेर लेना।

girder *गॅः डॅः* *n.* beam of wood or steel शहतीर, गर्डर।

girdle[1] *गॅः ड्ल* *n.* waist belt मेखला, करधनी।

girdle[2] *v.t.* to bind with girdle पेटी से बांधना।

girl *गॅःल* *n.* a female child कन्या, लड़की; maid servant सेविका।

girlish *गॅः लिश* *a.* like a girl बालिकावत्।

gist *जिस्ट* *n.* summary सारांश, सार।

give *गिव* *v.t.* to bestow प्रदान करना; to offer सौंपना; to present प्रस्तुत करना; to pay चुकाना; to donate दान करना; to communicate भेजना।

glacier *ग्लै सिऑः* *n.* a mobile mass of ice or snow हिमनद।

glad *ग्लैड* *a.* pleased प्रसन्न; cheerful प्रसन्नचित; giving pleasure आनंदकारी।

gladden *ग्लै ड्न* *v.t.* to make glad प्रसन्न करना।

glamour *ग्लै मॅः* *n.* charm आकर्षण; fascination मोहकता।

glance[1] *ग्लान्स* *n.* momentary look झांकी, द ष्टिपात।

glance[2] *v.i.* to looke briefly द ष्टिपात करना; to allude संकेत करना; to fly off, to pass quickly तेज़ी से गुज़र जाना।

gland *ग्लैन्ड* *n.* secreting structure in plant or animal ग्रंथि, गांठ।

glare[1] *ग्लें ऑः* *n.* dazzling light दीप्ति, चमक; overpowering lustre चौंध।

glare[2] *v.i.* to give a very bright light चमकना, दमकना; to stare fiercely आंखे तरेरना।

glass *ग्लास* *n.* a hard brittle substance कांच; drinking glass गिलास; mirror दर्पण; (*pl.*) spectacles चश्मा।

glaucoma *ग्लौ कों मॅ* *n.* an eye-disease सबलबाय।

glaze[1] *ग्लेज़* *v.t.* to furnish with glass शीशा लगाना; to cover with a glass-like substance चमकीला पदार्थ चढ़ाना।

glaze[2] *n.* a glass like substance शीशे-जैसा पदार्थ।

glazier *ग्ले ज्यॅः* *n.* one who glazes windows कांच का काम करने वाला।

glee *ग्ली* *n.* feeling of joy or delight उल्लास।

glide *ग्लॉइड* *v.t.* to move along smoothly and slowly सरकना, फिसलना; (of an aircraft) to fly without use of engine विसर्पण करना।

glider *ग्लॉइ डॅः* *n.* motorless aircraft विसर्पक।

glimpse *ग्लिम्प्स* *n.* a fleeting view झलक।

glitter[1] *ग्लि टॅः* *v.i.* to shine with bright light चमचमाना।

glitter[2] *n.* lustre चमक।

global *ग्लो बॅल* *a.* relating to the whole world सार्वभौम, विश्वव्यापी; globe-shaped ग्लोब के आकार का।

globe *ग्लोब* *n.* the earth प थ्वी; something spherical or rounded गोलक; sphere with map of earth ग्लोब।

gloom *ग्लूम* *n.* feeling of sadness उदासी, विषाद; darkness अंधकार।

gloomy *ग्लू मि* *a.* dark अंधकारपूर्ण;

dejected उदास, खिन्न।

glorification ग्लौ रि फ़ि के शॅन *n.* exaltation to honour and dignity प्रशस्ति।

glorify ग्लौ रि फॉइ *v.t.* to make glorious महिमामंडित करना; to exalt गुणगान करना।

glorious ग्लौ रि ॲस *a.* exalted कीर्तिकर; splendid तेजस्वी; magnificent शोभायुक्त।

glory ग्लौ रि *n.* dignity महिमा; honour गौरव, यश।

gloss ग्लौसॅ *n.* surface shine ऊपरी चमक; shiny surface चमकदार सतह; deceptive appearance झूठा दिखावा।

glossary ग्लौ ॅ सॅ रि *n.* a list of words with their meanings शब्दावली।

glossy ग्लौ ॅ सि *a.* smooth and shining चमकदार।

glove ग्लव *n.* covering for the hand दस्ताना।

glow[1] ग्लो *v.i.* to shine चमकना।

glow[2] *n.* shining heat दीप्ति; brightness उज्ज्वलता।

glucose ग्लू कोस *n.* sugar found in fruit etc. फल-शर्करा, ग्लूकोज़।

glue ग्लू *n.* a sticky substance सरेस।

glut[1] ग्लट *(-tt-) v.t.* to feed to satiety छकाना, त प्त करना।

glut[2] *n.* surfeit आधिक्य।

glutton ग्ल ट्न *n.* one who eats too much पेटू, खाऊ।

gluttony ग्ल टॅ नि *n.* excessive eating पेटूपन।

glycerine ग्लि सॅ रीन, –रिन *n.* a sweet liquid used in chemistry and industry ग्लिसरीन।

go गो *v.i.* to proceed जाना; to depart विदा लेना; to function चलना, काम करना; to elapse गुज़र जाना; to reach पहुंचना; to start प्रस्थान करना; to become होना।

goad[1] गोड *n.* sharp pointed stick अंकुश।

goad[2] *v.t.* to drive with a goad अंकुश से हांकना; to urge forward प्रेरित करना।

goal गोल *n.* aim, end लक्ष्य, उद्देश्य।

goat गोट *n.* a horned quadruped बकरी।

gobble गौ ॅ ब्ल *n.* to swallow in lumps भकोसना।

goblet गोबॅ लिट *n.* large drinking cup without a handle चषक, पानपात्र।

god गौ ॅड *n. (cap.)* The Creater परमात्मा; superhuman being देवता।

goddess गौ ॅडिस *n.* a female god देवी।

godhead गो ॅड् है ॅड *n.* state of being a god देवत्व।

godly गौ ॅड् लि *a.* pious धार्मिक।

godown गो डॉउन *n.* warehouse गोदाम।

godsend गौ ॅड् सैन्ड *n.* a windfall वरदान।

goggles गौ ॅ ग्ल्ज़ *n. pl.* protective spectacles धूप का चश्मा।

gold गोल्ड *n.* a costly yellow metal स्वर्ण, सोना।

golden गोल् डॅन *a.* of gold, of the colour of gold सुनहरा, स्वर्णिम।

goldsmith गोल्ड् स्मिथ *n.* worker in gold स्वर्णकार।

golf *गौ ॅल्फ़* *n.* a game गॉल्फ़।

gong *गो ॅङ्ग* *n.* a metal disc which sounds when struck घंटा, घड़ियाल।

good[1] *गुड* *a.* comendable प्रशंसनीय; proper उचित; excellent उत्तम, श्रेष्ठ; well-behaved सदाचारी; adequate पर्याप्त; virtuous गुणवान।

good[2] *n.* benefit लाभ, हित; *(pl.)* wares सामान; property संपत्ति।

good-bye *गुड़ बॉइ* *interj.* farewell अलविदा।

goodness *गुड़ निस* *n.* excellence उत्तमता; benevolence उदारता।

goodwill *गुड़ विल* *n.* well-wishing सद्भावना; credit साख; reputation ख्याति।

goose *गूस* *n.* female swan हंसिनी; silly person मूर्ख व्यक्ति।

gooseberry *गुज़ बै ॅरि* *n.* a prickly bush एक झाड़ी।

gorgeous *गौः जॅस* *a.* splendid भव्य।

gorilla *गॅ रि लॅ* *n.* great African ape वनमानुष।

gospel *गौसॅ पॅल* *n.* set of noble doctrines सिद्धांतावलि; teaching of Christ ईसा का उपदेश।

gossip *गौ ॅसिप* *n.* idle talk गपशप; rumour अफ़वाह; a person who talks idly गप्पी।

gourd *गुअॅःड* *n.* a large fleshy vegetable लौकी।

gout *गॉउट* *n.* disease of swelling of the joints गठिया, वातरोग।

govern *ग वॅःन* *v.t.* to rule शासित करना; to direct निर्देशित करना; to control नियंत्रित करना।

governance *ग वॅः नॅन्स* *n.* act or manner of governing शासन, शासन-विधि।

governess *ग वॅः निस* *n.* a woman employed to teach the children of rich family and to live with them अध्यापिका।

government *ग वॅःन् मॅन्ट* *n.* ruling or managing body शासन, सरकार; system of governing शासन–पद्धति।

governor *ग वॅः नॅः* *n.* head of state राज्यपाल; controller नियंत्रक।

gown *गॉउन* *n.* loose flowing outer garment चोग़ा, लबादा।

grab *ग्रैब (-bb-)* *v.t.* to seize or grasp suddenly छीनना।

grace[1] *ग्रे ॅस* *n.* beauty सौंदर्य; charm आकर्षण; favour, mercy क पा; delay, postponement विलंब, स्थगन; a short prayer before a meal भोजन से पहले की प्रार्थना।

grace[2] *v.t.* to add grace to (की) शोभा बढ़ाना।

gracious *ग्रें शॅस* *a.* charming रमणीय; kind दयालु।

gradation *ग्रे डे शॅन* *n.* degree श्रेणी; state of being arranged in ranks श्रेणी-व्यवस्था।

grade[1] *ग्रेड* *n.* degree श्रेणी; rank पदक्रम; class कक्षा।

grade[2] *v.t.* to arrange according to grade वर्गीकरण करना।

gradual *ग्रै ड्यु अॅल* *a.* advancing by degrees क्रमिक।

graduate[1] *ग्रै ड्यु एट* *v.i.* to receive a university degree स्नातक होना।

graduate[2] *n.* one who has obtained a university degree स्नातक।

graft[1] *ग्रॉःफ़्ट* *n.* inserting of small piece of plant into another

कलम; planting रोपण।

graft² *v.t.* to insert a graft in (पर) क़लम लगाना।

grain *ग्रेन* *n.* seed of food plant अनाज; a tiny bit दाना।

grammar *ग्रै मॅः* *n.* science of language व्याकरण।

grammarian *ग्रॅ मे ॅ अॅ रि अॅन* *n.* one who is versed in grammar व्याकरणवेत्ता।

gramme *ग्रैम* *n.* a unit of mass in the metric system, gram ग्राम।

gramophone *ग्रै मॅ फ़ोन* *n.* machine for reproducing music etc. recorded on flat discs ग्रामोफ़ोन (वाद्य)।

grannary *ग्रै नॅ रि* *n.* store house for grain अन्नभंडार, कोठार।

grand *ग्रैन्ड* *a.* magnificent भव्य; great महान्।

grandeur *ग्रैन् जॅः* *n.* splendour उत्कर्ष; dignity शान, वैभव।

grant¹ *ग्रॉन्ट* *v.t.* to bestow प्रदान करना; to admit स्वीकार करना; to consent अनुमति देना।

grant² *n.* something bestowed अनुदान।

grape *ग्रेप* *n.* fruit of vine अंगूर।

graph *ग्रैफ़* *n.* a diagram रेखाचित्र।

graphic *ग्रै फ़िक* *a.* of graph आलेखी; pictorial चित्रात्मक; vivid स्पष्ट।

grapple¹ *ग्रै पल* *n.* a seizing पकड़; small anchor with several claws of arms कांटा।

grapple² *v.i.* to come to grips (with) भिड़ना; to cope (with) से निपटना।

grasp¹ *ग्रास्प* *v.t.* to seize and hold कसकर पकड़ लेना; to accept eagerly उत्सुकता से ग्रहण करना; to comprehend समझ लेना।

grasp² *n.* grip पकड़; comprehension समझ, बोध।

grass *ग्रॉस* *n.* common herbage घास।

grate¹ *ग्रेट* *n.* frame-work of bars जाली; frame-work for holding fire आतशदान।

grate² *v.t.* to rub hard घिसना; to grind (दांत) पीसना; to irritate चिढ़ाना।

grateful *ग्रेट् फुल* *a.* thankful आभारी, कृतज्ञ; pleasing सुखद।

gratification *ग्रे टि फ़ि के शॅन* *n.* feeling of satisfaction संतोष; gift पारितोषिक।

gratis *ग्रे टिस* *adv.* without payment निःशुल्क।

gratitude *ग्रै टि ट्यूड* *n.* thankfulness कृतज्ञता।

gratuity *ग्रॅ ट्यु इ टि* *n.* something given in return for service उपदान; a tip मुक्त भेंट; donation दान।

grave¹ *ग्रेव* *n.* a hole dug to bury the dead क़ब्र।

grave² *a.* serious गंभीर; dignified, solemn महत्त्वपूर्ण।

gravitate *ग्रै वि टेट* *v.i.* to be attracted आकर्षित होना।

gravitation *ग्रै वि टे शॅन* *n.* force of attraction between bodies गुरुत्वाकर्षण।

gravity *ग्रै वि टि* *n.* gravitational attraction गुरुत्वाकर्षण; seriousness गंभीरता।

graze¹ *ग्रेज़* *v.i.* to eat grass चरना; *v.t.* to eat or feed on (growing grass) चराना; to rub lightly हलका-सा रगड़ना।

graze[2] *n.* scratch खरोंच।

grease[1] *ग्रीस n.* oily matter ग्रीज़।

grease[2] *v.t.* to lubricate चिकना करना; to bribe घूस देना।

greasy *ग्री सि, –ज़ि a.* oily चिकना; fatty चर्बीदार।

great *ग्रेट a.* big, large विशाल; pre-eminent महान्; lofty उदात्त।

greed *ग्रीड n.* eager desire लोलुपता।

greedy *ग्री डि a.* eagerly desirous लालची।

Greek[1] *ग्रीक n.* language of Greece युनानी भाषा; native of Greece युनान-निवासी।

Greek[2] *a.* of Greece or Greek यूनान या यूनानी से संबंधित।

green[1] *ग्रीन a.* of the colour of leaves हरित, हरा-भरा; immature अनाड़ी; unripe अपक्व; fresh ताज़ा।

green[2] *n.* green colour हरा रंग; (*pl.*) green vegetables हरी सब्ज़ियां; area of grass घास का मैदान।

greenery *ग्री नॅ रि n.* vegetation वनस्पति की हरियाली।

greet *ग्रीट v.t.* to salute अभिवादन करना; to welcome स्वागत करना; to send good wishes शुभकामनाएं भेजना।

grenade *ग्रि नेड n.* small bomb thrown by the hand हथगोला।

grey *ग्रे a.* brown भूरा; dim धुंधला; aged वद्ध।

greyhound *ग्रे हॉउन्ड n.* swift, slender dog used for racing and hunting एक प्रकार का कुत्ता।

grief *ग्रीफ़ n.* sorrow शोक; affliction व्यथा; distress विपत्ति।

grievance *ग्री वॅन्स n.* cause for complaint शिकायत।

grieve *ग्रीव v.t.* to make sorrowful दुःख देना; *v.i.* to feel grief शोक मानना।

grievous *ग्री वॅस a.* painful कष्टदायक; severe गहरा।

grind *ग्रॉइन्ड v.i.* to be crushed or rubbed together पिसना; *v.t.* to reduce to powder by crushing पीसना; to oppress सताना।

grinder *ग्रॉइन् डॅः n.* apparatus for grinding पीसने का उपकरण।

grip[1] *ग्रिप (-pp-) v.t.* to hold fast पकड़ना।

grip[2] *n.* firm hold जकड़न; understanding समझ; handle मूठ।

groan[1] *ग्रोन v.i.* to utter deep rumbling sound in distress कराहना।

groan[2] *n.* deep moan कराह।

grocer *ग्रोसॅः n.* dealer in staple foods, general household supplies पंसारी।

grocery *ग्रो सॅ रि n.* articles sold by grocer किराना, पंसारी का सामान; trade of a grocer पंसारी का व्यवसाय।

groom[1] *ग्रूम n.* one incharge of horses साइस; bridegroom दूल्हा।

groom[2] *v.t.* to feed and look after (घोड़ों को) चारा देना व देखभाल करना; to train प्रशिक्षित करना।

groove[1] *ग्रूव n.* furrow नाली।

groove[2] *v.t.* to cut grooves in नालीदार बनाना।

grope *ग्रोप v.t.* to seek by groping टटोलकर तलाशना; *v.i.* to feel about टटोलना।

gross[1] *ग्रोस n.* twelve dozen बारह

दर्जन (144)।

gross² *a.* bulky मोटा; solid ठोस; heavy भारी; not refined, vulgar अशिष्टतापूर्ण।

grotesque *ग्रौ ˘ टैस्क a.* deformed भोंडा, विक त, absurd बेतुका।

ground *ग्राउंड n.* earth, land प थ्वी, भूमि; surface धरातल; basis आधार; reason कारण; bottom of sea समुद्रतल।

group¹ *ग्रुप n.* number of persons or things together समूह, section of a party समुदाय, टोली।

group² *v.t.* to place in groups वर्गीक त करना।

grow *ग्रो v.t.* to cause to grow उगाना; to produce पैदा करना; to develop विकसित करना; *v.i.* to develop विकसित होना; to increase बढ़ना; to be produced उत्पन्न होना।

grower *ग्रौ ॲ: n.* cultivator क षक, उत्पादक।

growl¹ *ग्रॉउल v.i.* to make guttural sound of anger गुर्राना।

growl² *n.* angry guttural sound गुर्राहट।

growth *ग्रोथ n.* growing वर्धन; development विकास; increase व द्धि; production उपज, उत्पादन।

grudge¹ *ग्रज v.t.* to be unwilling to give देने को तैयार न होना।

grudge² *n.* secret enmity वैमनस्य, द्रोह।

grumble *ग्रम् ब्ल v.i.* to murmur बड़बड़ाना; to express discontent असंतोष प्रकट करना।

grunt¹ *ग्रन्ट n.* pig's cry सुअर की आवाज़; gruff noise घुरघुर।

grunt² *v.i.* to make a gruff sound घुरघुराना।

guarantee¹ *गै ˋ रॅन् टी n.* assurance आश्वासन।

guarantee² *v.t.* to give guarantee of का आश्वासन देना; to agree to be responsible for का दायित्व लेना।

guard¹ *गॉ:ड v.i.* to be careful सतर्क रहना; to watch पहरा देना; *v.t.* to protect बचाना।

guard² *n.* watchman पहरेदार, protection बचाव; caution सतर्कता, watchfulness रखवाली, sentry संतरी; weariness चौकसी; official in charge of train रेलगाड़ी का गार्ड।

guardian *गॉ: ड्यॅन n.* one who guards or takes care अभिभावक।

guava *ग्वा वॅ n.* kind of fruit अमरूद।

guerilla *गॅ रि लॅ n.* one engages in irregular warfare छापामार सैनिक।

guess¹ *गैस n.* random surmise अनुमान, अटकल।

guess² *v.i.* to make a conjecture अनुमान लगाना; *v.t.* to conjecture अनुमान से कहना।

guest *गैस्ट n.* visitor received and entertained अतिथि।

guidance *गॉइ डॅन्स n.* leadership नेत त्व; direction निर्देशन।

guide¹ *गॉइड v.t.* to direct पथप्रदर्शन करना; to lead नेत त्व करना।

guide² *n.* one who or that which guides पथ प्रदर्शक; leader नेता, guide-book प्रदर्शिका।

guild *गिल्ड n.* corporation संघ, निकाय।

guile *गॉइल n.* deceit छल-कपट।

guilt *गिल्ट* *n.* offence अपराध; sin पाप।

guilty *गिल् टि* *a.* having done wrong अपराधी; showing guilt दोषमय।

guise *गॉइज़* *n.* external appearence बाह्य वेश; manner शैली, ढंग; dress वेश।

guitar *गि टा:* *n.* a musical instrument सितार, गिटार।

gulf *गल्फ़* *n.* indentation in coast खाड़ी; abyss खाई; a wide gap चौड़ा फासला।

gull[1] *गल* *n.* sea-bird जलमुर्गी।

gull[2] *n.* a dupe मूर्ख।

gull[3] *v.t.* to dupe, to cheat ठगना।

gulp *गल्प* *n.* quantity swallowed at a time कौर, ग्रास; mouthful घूंट।

gum *गम* *n.* firm fleshy tissue surrounding the bases if teeth मसूढ़ा; sticky substance गोंद।

gun *गन* *n.* firearm बंदूक।

gust *गस्ट* *n.* sudden blast of wind झोंका; violent burst of passion भावावेग।

gutter *गॅ टॅ:* *n.* channel नाली, मोरी।

guttural *ग टॅ रॅल* *a.* pertaining to the throat कंठ-संबंधी।

gymnasium *जिम् ने ज़्यॅम* *n.* place or building for gymnastics व्यायामशाला।

gymnast *जिम् नैस्ट* *n.* one skilled in gymnastics व्यायामी।

gymnastic *जिम् नैस् टिक* *a.* pertaining to atheletic exercises व्यायाम-संबंधी।

gymnastics *जिम् नैस् टिक्स* *n. pl.* atheletic exercises व्यायाम विद्या।

Hh

H एच (ऍइच्) the eighth letter of the English alphabet, a symbol for hydrogen in Chemistry. अंग्रेजी वर्णमाला का आठवाँ अक्षर, रसायन शास्त्र में 'हाइड्रोजन' नामक तत्व के लिए संकेत।

habeas corpus *हे बि ॲस कौः पॅस* *n.* a writ issued to produce a prisoner in court बंदी प्रत्यक्षीकरण।

habit *है बिट* *n.* custom आदत; dress पोशाक।

habitable *है बि टॅ ब्‌ल* *a.* fit to live in निवास्य, रहने-योग्य।

habitat *है बि टैट* *n.* natural dwelling (of plants, animals) प्राक तिक वास।

habitation *है बि टै शॅन* *n.* dwelling घर; act of living निवास।

habituate *हॅ बि ट्यु एट* *v. t.* to accustom आदी बनाना।

hack *हैक* *v.t.* to cut roughly बेरहमी से काटना।

hag *हैग* *n.* an ugly old woman डायन।

haggard *है गॅःड* *a.* exhausted थका-मांदा; wild-looking जंगली।

haggle *है ग्‌ल* *v.i.* to argue about price सौदेबाज़ी करना।

hail[1] *हेल* *n.* frozen rain ओला; intense shower बौछार।

hail[2] *v.i.* to falls as hail ओला गिरना।

hail[3] *v.t.* to greet अभिवादन करना; to call out to पुकारना; *v. i.* to come (from) आना।

hair *हे ॲः* filament issuing from the skin of an animal or human body बाल, केश।

hale *हेल a.* robust, healthy भला-चंगा।

half[1] *हाफ़ n.* one of two equal parts आधा भाग।

half[2] *a.* forming half आधा।

hall *हौल n.* large room बड़ा कमरा।

hallmark *हौल् मा:क n.* mark of excellence विशिष्टता-चिन्ह।

hallow *है लो v.t.* to make holy पवित्र करना।

halt[1] *हौल्ट v. t.* to bring to a halt रोकना; *v.i.* to stop marching रुकना।

halt[2] *n.* short stop रुकाव, ठहराव; stopping place पड़ाव।

halve *हाव v.t.* to divide into two equal parts आधा-आधा बांटना।

hamlet *हैम् लिट n.* small village खेड़ा, गांवड़ी।

hammer[1] *है मॅः n.* a tool with a heavy head हथौड़ा; the part of a gun that explodes the charge बंदूक का घोड़ा।

hammer[2] *v.t.* to beat with, or as with, a hammer पीटना।

hand[1] *हैन्ड n.* part of the arm below the wrist हाथ; worker कार्यकर्त्ता; style of writing लिखने का ढंग; signature हस्ताक्षर; help सहायता; pointer on the dial घड़ी आदि की सूई; applause प्रशंसा।

hand[2] *v.t.* to pass by hand देना, पहुंचाना।

handbill *हैन्ड् बिल n.* a loose printed sheet etc. to be circulated विज्ञप्ति, इश्तहार।

handbook *हैन्ड् बुक n.* manual, guide-book पुस्तिका, गुटका।

handcuff[1] *हैन्ड् कॅफ़ n.* a pair of metal rings हथकड़ी।

handcuff[2] *v.t.* to put handcuffs on हथकड़ी-लगाना।

handful *हैन्ड् फुल n.* as much as the hand will grasp or hold मुट्ठीभर; small quantity or number अल्पमात्रा या संख्या।

handicap[1] *हैन् डि कैप (-pp-) v.t.* to place at a disadvantage बाधा डालना।

handicap[2] *n.* disadvantage बाधा; physical disability अपंगता।

handicraft *हैन् डि क्राफ़्ट n.* work performed by the hand हस्तशिल्प।

handiwork *हैन् डि वॅःक n.* product of manual labour दस्तकारी।

handkerchief *हैङ् कॅः चिफ़ n.* a small piece of cloth रूमाल।

handle[1] *हैन् ड्ल n.* that part of an object which is held in the hand हत्था।

handle[2] *v.t.* to control नियंत्रण करना; to feel, use or hold with the hand छूना, छेड़-छाड़ करना।

handsome *हैन् सॅम a.* good-looking सुंदर; generous उदार।

handy *हैन् डि a.* convenient for use सुविधाजनक; skilled in using the hands सिद्धहस्त।

hang *हैङ्ग v.t.* to suspend लटकाना; to put to death by suspending by tho nock फांसी देना।

hanker *हैङ् कॅ:* *v.i.* to crave लालायित होना।

haphazard *हैप् है जॅ:ड* *a.* without order or planning अव्यवस्थित।

happen *है पॅन* *v.t.* to come by chance संयोगवश होना; to occur घटित होना।

happening *है पॅ निङ्ग* *n.* occurrence घटना।

happiness *है पि निस* *n.* state of being happy सुख; enjoyment of pleasure आनंद; good luck सौभाग्य।

happy *है पि* *a.* feeling pleasure प्रसन्न; feeling contentment संतुष्ट; lucky भाग्यशाली।

harass *हे रॅस* *v.t.* to vex तंग करना; to fatigue with importunity थका देना।

harassment *है रॅस् मॅन्ट* *n.* act of harassing उत्पीड़न, परेशानी।

harbour[1] *हा: बॅ:* *n.* shelter आश्रम; a haven for ships बंदरगाह।

harbour[2] *v.t.* to shelter शरण देना; to maintain बनाए रखना।

hard *हा:ड* *a.* not soft कड़ा; solid ठोस; firm दढ़; difficult to understand कठिन; difficult to do दुष्कर।

harden *हा: ड्न* *v.t.* to make hard कड़ा बनाना; to make unfeeling कठोर बनाना; *v.i.* to become hard कड़ा होना।

hardihood *हा: डि हुड* *n.* quality of being hardy साहसिकता।

hardly *हा: ड् लि* *adv.* scarcely मुश्किल से ही।

hardship *हा:ड् शिप* *n.* suffering मुसीबत; discomfort कष्ट।

hardy *हा: डि* *adj.* bold साहसी; tough, strong बलशाली।

hare *हैॅअ:* *n.* a swift rodent खरगोश।

harm[1] *हा:म* *n.* injury चोट; damage क्षति; evil बुराई।

harm[2] *v.t.* to hurt चोट पहुंचाना; to damage क्षति पहुंचाना।

harmonious *हा: मो नि ॲस* *a.* having harmony सामंजस्यपूर्ण; sweet sounding श्रुतिमधुर।

harmonium *हा: मो नि ॲम* *n.* a musical wind-instrument हारमोनियम।

harmony *हा: मॅ नि* *n.* concordance सामंजस्य; agreement in relation समरसता; pleasing combination of musical notes संगत, सुरीलापन; peace शांति।

harness[1] *हा: निस* *n.* equipment साज-सज्जा; apparatus उपकरण।

harness[2] *v.t.* to equip with armour साज़बद्ध करना; to utilise power or energy का उपयोग करना।

harp *हा:प* *n.* a musical instrument वीणा।

harsh *हा:श* *a.* rough रूखा, कठोर; jarring कर्कश; cruel निर्दयतापूर्ण।

harvest *हा: विस्ट* *n.* crops gathered in उपज; product of any act परिणाम।

haverster *हा: विस् टॅ:* *n.* reaper फ़सल काटने-वाला; reaping machine फ़सल काटने की मशीन।

haste *हेस्ट* *n.* quickness of movement, hurry शीघ्रता।

hasten *है सन* *v.i.* to hurry शीघ्रता करना; *v.t.* to cause (something) to happen sooner जल्दी कराना।

hasty *हैस् टि a.* characterised by haste शीघ्रतापूर्ण; quick-tempered हडबड़िया।

hat *हैट n.* covering for the head टोप।

hatchet *है चिट n.* small axe कुल्हाड़ी।

hate[1] *हेट n.* intense dislike घ णा।

hate[2] *v.t.* to dislike intensely घ णा करना।

haughty *हौ टि a.* proud दंभी, अभिमानी; arrogant उद्धत।

haunt[1] *हौन्ट v.t.* to frequent (में, पर) प्रायः जाना; to vex परेशान करना।

haunt[2] *n.* place frequently visited अड्डा।

have *हैव v.t.* to own, to possess (का) स्वामी होना; to be affected with (से) ग्रसित होना; to be obliged (to do) (के लिए) बाध्य होना; to contain रखना; to get प्राप्त करना।

haven *हे व़न n.* harbour बंदरगाह।

havoc *है वॅक n.* destruction विध्वंस।

hawk *हौक n.* a bird of falcon family बाज़।

hawker *हौ कॅः* pedlar फेरीवाला।

hawthorn *हौ थौःन n.* a thorny tree वन-संजली।

hay *हे n.* dried grass सूखी घास।

hazard[1] *है जॅः ड n.* chance संयोग; risk जोखिम।

hazard[2] *v.t.* to risk संकट में डालना; to venture (का) ख़तरा मोल लेना।

haze *हेज़ n.* vapour or mist कुहरा।

hazy *हे ज़ि a.* misty धुंधला; uncertain अनिश्चित; full of confusion उलझन-भरा।

he *ही pron.* a male person or animal already named वह, उसने।

head[1] *है ँड n.* the topmost part of the body सिर; mind मस्तिष्क; chief, leader मुखिया, नेता; top चोटी; that part of a weapon which is used for striking नोक; front अग्रभाग; climax चरम बिंदु; topic विषय।

head[2] *v.t.* to be the chief of का नेत त्व करना; *v.i.* to move forward आगे बढ़ना।

headache *है डेक n.* pain in the head सिरदर्द।

heading *है ँ डिङ्ग n.* title शीर्षक।

headlong *है ड् लौ ँ ङ्ग adv.* with the head foremost सिर के बल।

headstrong *हैड् स्ट्रौ ँ ङ्ग a.* self-willed स्वेच्छाचारी।

heal *हील v.i.* to grow well ठीक होना; *v.t.* to make well स्वस्थ बनाना।

health *हैल्थ n.* sound bodily and mental condition स्वास्थ्य; freedom from disease आरोग्य।

healthy *है लॅ थि a.* in good health स्वस्थ; wholesome स्वास्थ्यवर्धक।

heap[1] *हीप n.* mass of things ढेर; collection संग्रह।

heap[2] *v.t.* to amass संचय करना; to pile up ढेर लगाना।

hear *हिअॅः v.t.* to perceive by the ear सुनाई पड़ना; to listen ध्यान देना, कान लगाना; to be told बताया जाना; to try (a case) (मुक़दमे की) सुनवाई करना।

hearsay *हिअॅः से n.* rumour अफ़वाह।

heart *हाःट n.* organ which makes blood circulation हृदय; bosom उर; courage साहस; central part केंद्र; essence सार।

hearth *हाःथ* *n.* part of room where fire is made चूल्हा; home घर।

heartily *हाः टि लि* *adv.* sincerely हृदय से।

heat[1] *ही ट* *n.* warmth ऊष्मा, गर्मी; sensation of warmth हरारत; anger क्रोध; passion जोश।

heat[2] *v.t.* to make hot गर्म करना; to agitate उत्तेजित करना; *v.i.* to become hot गर्म होना।

heave *हीव* *v.i.* to lift उठाना; to throw फेंकना; to utter (a sigh) (आह) भरना।

heaven *हैˇ वृन* *n. (pl.)* sky आकाश; dwelling place of gods देवलोक।

heavenly *हैˇ वृन् लि* *a.* divine दिव्य; celestial स्वर्गीय।

hedge[1] *हैˇ ज* *n.* close row of bushes झाड़ी की बाड़।

hedge[2] *v.t.* to surround with hedge बाड़ लगाना; to obstruct रोकना।

heed[1] *हीड* *v.t.* to keep in mind ध्यान में रखना।

heed[2] *n.* care देखभाल; attention सावधानी।

heel *हील* *n.* back part of human foot एड़ी; part of shoe supporting this जूते का पिछला भाग।

hefty *हैˇ फ़् टि* *a.* heavy भारी; muscular हृष्ट-पुष्ट।

height *हॉइट* *n.* state of highness ऊंचाई; top चोटी; extremity पराकाष्ठा; quality of being high उच्चता।

heighten *हॉइ ट्न* *v.t.* to make higher ऊंचा करना।

heinous *ही नॅ स* *a.* odious घणित, जघन्य; atrocious नशंस।

heir *ऍ अँः* *n.* successor उत्तराधिकारी।

hell *हैˇल* *a.* the abode of the damned नरक; misery दुर्दशा।

helm *हैˇल्म* *n.* steering apparatus पतवार।

helmet *हैˇल्मिट* *n.* covering of armour for the head शिरस्त्राण।

help[1] *हैल्प* *v.t.* to assist सहायता करना।

help[2] *n.* assistance सहायता; one who assists सहायक।

helpful *हैˇल्प् फुल* *a.* giving help सहायक; useful लाभदायक।

helpless *हैˇ ल्प् लिस* *a.* wanting assistance असहाय।

helpmate *हैˇल्पमेट* *n.* assistant सहायक; wife सहधर्मिणी।

hemisphere *हैˇ मि स्फ़ि अँः* *n.* half of the globe or map गोलार्ध।

hemp *हैम्प* *n.* an intoxicating drug भांग; jute जूट, सनई।

hen *हैनॅ* *n.* female domestic fowl मुर्गी।

hence *हैˇन्स* *adv.* from here यहां से; from now अब से; for this reason इसी कारण से, अतः।

henceforth *हैˇन्स् फ़ौःथ* *adv.* from now onwards अब से आगे; in future भविष्य में।

henceforward *हैˇन्स् फ़ौः वॅःड* *adv.* from now onwards अब से आगे।

henchman *हैन्च् मॅन* *n.* trusty follower विश्वसनीय अनुचर।

henpecked *हैˇन् पैक्ड* *a.* governed by his wife जोरू का गुलाम।

her[1] *हॅः* *pron.* objective and possessive case of 'she' उस (स्त्री) को; उस (स्त्री); का।

her² *a.* belonging to her उसका।

herald¹ *है ˘ रॅल्ड n.* forerunner अग्रदूत; proclaimer उद्घोषक।

herald² *v.t.* to announce घोषित करना; to proclaim approach of (के) आगमन की सूचना देना।

herb *हॅ:ब n.* plant or shrub used in medicine जड़ी-बूटी।

herculean *हॅ: क्यु लि ॲन a.* requiring extraordinary strength अत्यंत कठिन।

herd *हॅ:ड n.* company of animals feeding or travelling together पशु-समूह।

herdsman *हॅ:ड्ज़् मॅन n.* keeper of a herd चरवाहा।

here *हिअॅ:* in this place यहां, इधर; in this present life इस लोक में।

hereabouts *हिअॅ रॅ बॉउट्स adv.* near this place आसपास।

hereafter *हिअॅर आफ़् टॅ: adv.* after this time इसके बाद।

hereditary *हि रै ˘ डि टॅ रि n.* discending or coming by inheritance वंशानुगत।

heredity *हि रै ˘ डि टि n.* hereditary transmission of qualities आनुवंशिकता।

heritable *है ˘ रि टॅ ब्ल a.* that may be inherited वंशागत।

heritage *है ˘ रि टिज n.* that which is inherited विरासत।

hermit *हॅ: मिट n.* saint संन्यासी; one who lives in solitude वानप्रस्थ, एकांतवासी।

hermitage *हॅ: मि टिज n.* hermit's cell कुटी।

hernia *हॅ: न्यॅ, n.* a rupture in the weak spot in the stomach wall हर्निया, अंत्रव द्धि।

hero *हिअॅ रो n.* distinguished brave person योद्धा; illustrious person नायक।

heroic *हि रो ˘ इक a.* befitting a hero वीरोचित; pertaining to hero नायक-संबंधी।

heroine *है ˘ रो ˘ इन n.* principal female figure नायिका, वीरांगना।

heroism *है ˘ रो ˘ इज़्म n.* bravery वीरता; boldness साहस।

herring *है ˘ रिङ्ग n.* a common, edible, sea-water fish हिलसा।

hesitant *है˘ ज़ि टॅन्ट a.* inclined to hesitate संशयशील।

hesitate *है˘ ज़ि टेट v.i.* to hold back or delay in making a dicision संकोच करना; to vacillate दुविधा में पड़ना।

hesitation *है˘ ज़ि टे शॅन n.* wavering संकोच, हिचकिचाहट; vacillation असमंजस।

hew *ह्यू v.t.* to cut with an axe कुल्हाड़ी से काटना।

heyday *है डे n.* time of greatest prosperity and power सर्वोत्तम समय।

hibernation *हॉइ बॅ: ने शॅन n.* passing winter in deep sleep शीतनिद्रा।

hiccup *हि कप n.* spasm of the breathing organs with an abrupt cough-like sound हिचकी।

hide¹ *हॉइड n.* skin of an animal पशुचर्म, चमड़ा।

hide² *v.t.* to conceal छिपाना।

hideous *हि डि ॲस a.* horrible भयंकर, भीषण; extremely ugly घिनौना।

hierarchy *हाॅ इ अँ राः कि* *n.* system of persons arranged in graded order पदक्रम, अनुक्रम।

high *हॉइ* *a.* tall, lofty ऊँचा।

highly *हॉइ लि* *adv.* to a high degree अत्यधिक मात्रा में।

Highness *हॉइ निस* *n.* (cap.) title of honour महाराज; the state of being High उच्चता।

highway *हाई वे* *n.* a public road राजपथ।

hilarious *हि ले ॅ अॅ रि अॅस* *a.* gay, extravagantly merry उल्लसित।

hilarity *हि लै रि टि* *n.* gaiety प्रफुल्लता।

hill *हिल* *n.* small mountain पहाड़ी; mound टीला।

hillock *हि लॅक* *n.* small hill टीला।

him *हिम* *pron.* objective of 'he' उसे, उसको।

hinder *हिन् डॅः* *v.t.* to prevent, to keep back बाधा पहुंचाना, अड़चन डालना।

hindrance *हिन् ड्रॅन्स* *n.* act of hindering अवरोध।

hint[1] *हिन्ट* *n.* distant or indirect indication संकेत।

hint[2] *v.i.* to indicate indirectly इशारा करना।

hip *हिप* *n.* either side of body below waist and above thigh नितंब, कूल्हा।

hire[1] *हॉइअॅः* *n.* wages for service पारिश्रमिक; price paid for the use of anything भाड़ा।

hire[2] *v.t.* to give on hire किराए पर देना।

hireling *हॉइअॅः लिङ्ग* *n.* one who serves for wages भाड़े से रोज़ी कमानेवाला।

his *हिज़* *pron.* belonging to him उसका।

hiss[1] *हिस* *n.* sibilant sound सिसकारी, फुफकार।

hiss[2] *v.i.* to make a sibilant sound फुफकारना।

historian *हिस् टौ रि अॅन* *n.* writer of history इतिहासकार।

historic *हिस् टौ ॅ रिक* *a.* famous in history इतिहास-प्रसिद्ध।

historical *हिस् टौ ॅ रि कॅल* *a.* relating to history ऐतिहासिक।

history *हिस् टॅ रि* *n.* knowledge of past events इतिहास; account of an event व त्तांत; life-story इतिव त्त।

hit[1] *हिट* *(-tt-)* *v.t.* to strike प्रहार करना; to come against with force टकराना; to wound the feelings of मर्माहत करना; to find पा लेना; to score (रन) बनाना।

hit[2] *n.* blow प्रहार; success सफलता; a taunting remark ताना, व्यंग्य।

hitch *हिच* *n.* an impediment अड़चन; a knot गांठ; a jerky movement झटकोला।

hither *हि दॅः* *adv.* to this place इस स्थान पर।

hitherto *हि दॅः टू* *adv.* to this time अब तक।

hive *हॉइव* *n.* a colony of bees मधुमक्खी का छत्ता।

hoarse *हौःस* *a.* discordant, harsh कर्कश, बेसुरा।

hoax[1] *हौक्स* *n.* deceptive trick चकमा।

hoax[2] *v.t.* to trick by a practical joke चकमा देना।

hobby *हौ ॅ बि* *n.* favourite pursuit

followed as an amusement शौक, अभिरुचि।

hobby-horse हॉ बि हौःस *n.* a wooden horse as a toy कठघोड़ा।

hockey हौ ˘ कि *n.* game played with a stick and ball हॉकी का खेल।

hoist हौ ˘ इस्ट *v.t.* to lift upward by means of a tackle फहराना; to heave up ऊपर उठाना।

hold[1] हौल्ड *n.* grasp पकड़; influence प्रभाव।

hold[2] *v.t.* to grasp पकड़ना, to have capacity for (की) क्षमता रखना; to carry on चालू रखना; to detain रोकना; to celebrate मनाना; to believe विश्वास करना; to occupy धारण करना।

hole[1] होल *n.* cavity छेद; hollow place ख़ाली स्थान, pit कुंड।

hole[2] *v.t.* to put into a hole छेद में डालना; to make a hole in खोदना।

holiday हौ ˘ लि डे *n.* day of exemption from labour अवकाश का दिन; a festival त्योहार।

hollow[1] हॉ˘ लो *a.* having an empty space खोखला; empty ख़ाली; unreal निरर्थक।

hollow[2] *n.* hole छेद, cavity गड्ढा।

hollow[3] *v.t.* to make hollow खोखला करना।

holocaust हौ ˘ लॅ कौस्ट *n.* complete destruction सर्वनाश।

holy हो लि *a.* sacred पावन, पवित्र; pure शुद्ध; saintly पुण्यात्मा।

homage हौ˘ मिज *n.* tribute श्रद्धांजलि; reverence श्रद्धा।

home होम *n.* residence निवास, house मकान; native place जन्म स्थान।

homicide हौ ˘ मि सॉइड *n.* manslaughter मानव-हत्या; killer हत्यारा।

homoeopath हो मि ओ˘ पैथ *n.* one who practices homeopathy समचिकित्सक।

homeopathy हो मि औ˘ पॅ थि *n.* a treatment of disease using drugs that in a healthy man would cause the disease मितव्ययी चिकित्सा।

homogeneous हौ˘ मो जी नॅस *a.* of the same kind or nature सजातीय।

honest औ ˘ निस्ट *a.* upright, just ईमानदार; truthful सत्यवादी।

honesty औ ˘ निस् टि *n.* uprightness ईमानदारी; truthfulness सत्यवादिता।

honey ह नि *n.* sweet thick fluid produced by bees शहद।

honeycomb ह नि कोम *n.* mass of waxy cells formed by bees मधुकोश।

honeymoon ह नि मून *n.* a holiday taken immediately after marriage प्रमोदकाल, सुहागरात।

honorarium औ˘ नॅ रे˘ अॅ रि अॅम *n.* voluntary fees paid to a professional man for his services मानदेय।

honorary औ˘ नॅ रॅ रि *a.* without salary अवैतनिक; conferring honour सम्मानार्थ।

honour[1] औ˘ नॅः *n.* respect आदर।

honour[2] *v. t.* to confer an honour on सम्मानित करना; to accept and pay when due भुगतान करना।

honourable औ˘ नॅ रॅ बल *a.* worthy of honour माननीय।

hood *हुड* *n.* covering for the head शिरोवेष्टन, टोप।

hoodwink *हुड़ विड़्क* *v.t.* to deceive आंख में धूल झोंकना।

hoof *हूफ़* *n.* part of an animal's foot खुर।

hook *हुक* *n.* an object of bent form अंकुश; curved cutting tool हंसिया।

hooligan *हू लि गॅन* *n.* a violent noisy person आवारा, गुंडा।

hoot[1] *हूट* *n.* owl's cry उल्लू की बोली; cry of disapproval or derision घ णासूचक शोर।

hoot[2] *v.i.* to make a hoot घ णा-सूचक शोर करना; *v.t.* to make hoots at शोर करके भगाना।

hop[1] *हौ ॅप (-pp-)* *v. i.* to leap on one leg फुदकना; to move in jumps कुलॉच मारते हुए चलना।

hop[2] *n.* the action of hopping कूद, उछाल; a short jump कुलॉच।

hope[1] *होप* *v.t.* to expect and desire (की) आशा रखना; *v.i.* to entertain hope आशावान होना।

hope[2] *n.* feeling of expectation and desire आशा; basis of hoping आशा का आधार।

hopeful *होप् फुल* *a.* having hope आशावान्; giving hope आशापूर्ण।

hopeless *होप् लिस* *a.* without hope निराश; worthless निकम्मा।

horde *हौ:ड* *n.* multitude भीड़, झुंड।

horizon *हॅ रॉइ ज़न्* *n.* circle in which earth and sky seem to meet क्षितिज; limit of knowledge etc. ज्ञान आदि की सीमा।

horn *हौ:न* *n.* outgrowth on the head सींग; funnel-shaped mouth piece श ंगी, तुरही।

hornet *हौ: निट* *n.* kind of wasp भिड़, बर्रे।

horrible *हौ ॅरि ब्ल* *a.* terrible भीषण; dreadful भयंकर।

horrify *हौ ॅरि फ़ॉइ* *v.t.* to strike with horror भयभीत करना।

horror *हौ ॅरॅ:* *n.* fear भय; intense repugnance घ णा, आतंक।

horse *हौ:स* *n.* hoofed animal used for riding and draught घोड़ा।

horticulture *हौ : टि कल् चॅ:* *n.* art of gardening बाग़बानी।

hose *होज़* *n.* covering for the legs or feet जुर्राब; flexible water pipe रबर का पाइप।

hosiery *हो ज़ॅ रि* *n.* knitted goods होज़री।

hospitable *हौ ॅस् पि टॅ ब्ल* *a.* welcoming and generous towards guests अतिथि-सत्कार करने वाला।

hospital *हौ ॅस् पि ट्ल* *n.* institution for treatment चिकित्सालय।

hospitality *हौ ॅस् पि टै लि टि* *n.* welcome or entertainment of guests आतिथ्य, अतिथि-सत्कार।

host *होस्ट* *n.* one who entertains a stranger or guest मेज़बान।

hostage *हौ ॅस् टिज* *n.* person held as a pledge until certain demands are met बंधक।

hostel *हौ ॅस् टॅल* *n.* residence for students छात्रावास।

hostile *हौ ॅस् टॉइल* *a.* opposed विरोधी; unfriendly शत्रुतापूर्ण।

hostility *हौ ॅस् टि लि टि* *n.* opposition विरोध; enmity शत्रुता।

hot *हौ ॅट* *a.* very warm गर्म, तप्त; violent उग्र, प्रचंड; excited उत्तेजित;

angry क्रुद्ध।

hotchpotch *हौचॅ् पौचॅ n.* jumble घालमेल।

hotel *हो टै ॅल, ओ– n.* commercial establishment providing lodging and meals होटल, विश्रामालय।

hound *हाउॅन्ड n.* dog used in hunting शिकारी कुत्ता।

hour *ऑउॲः n.* 60 minutes or 24th part of a day घंटा।

house[1] *हॉउस n.* dwelling place मकान; family परिवार।

house[2] *v.t.* to provide house for घर दिलाना; to shelter आश्रय देना।

how *हॉउ adv.* in what way कैसे; in what condition किस रूप में।

however[1] *हॉउ ऐ ॅ वॅः adv.* in whatever way चाहे जैसे।

however[2] *conj.* nevertheless, all the same तथापि, फिर भी।

howl[1] *हॉउल v.t.* to utter with outcry चिल्लाकर कहना; *v.i.* to cry चीख़ना।

howl[2] *n.* a yell चीख़।

hub *हब n.* nave of a wheel नाभि।

hubbub *ह बब n.* uproar कोलाहल; confused noise of many voices हुल्लड़।

huge *ह्यूज a.* enormous वहत्, विशाल।

hum[1] *हम (-mm-) v. i.* to make a sound like bees गुंजन करना; *v.t.* to sing with closed lips गुनगुनाना।

hum[2] *n.* humming गुंजन।

human *ह्यू मॅन a.* of man मानवीय।

humane *ह्यू मेन, ह्यु– a.* benevolent, kind दयालु।

humanitarian *ह्यू मै नि टे ॅ ॲ रि ॲन a.* benevolent लोकोपकारी।

humanity *ह्यू मै नि टि, ह्यु– n.* human beings in general मानव जाति; human nature मानवता, मानव-स्वभाव; kindness दयाभाव।

humanize *ह्यू मॅ नाइॅज़ v.t.* to make human मानवीय बनाना; to make humane दयावान बनाना; *v.i.* to become human मानवीय बनना; to become humane दयावान बनना।

humble *हम् ब्ल a.* modest विनम्र।

humdrum *हम् ड्रम a.* dull नीरस; commonplace घिसा-पिटा।

humid *ह्यू मिड a.* damp, moist नम, गीला।

humidity *ह्यू मि डि टि n.* moisture नमी, आर्द्रता।

humiliate *ह्यू मि लि एट, ह्यु– v.t.* to mortify (का) मान-मर्दन करना।

humiliation *ह्यू मि लि ए शॅन, ह्यु– n.* degradation मान-मर्दन।

humility *ह्यू मि लि टि n.* modesty विनम्रता।

humorist *ह यू मॅ रिस्ट n.* humorous talker or writer विनोदी, हास्यकार।

humorous *ह्यू मॅ रॅस a.* having a sense of humour विनोदपूर्ण, हास्यपूर्ण।

humour *ह्यू मॅः n.* amusement परिहास।

hunch *हन्च n.* hump कूबड़।

hundred *हन् ड्रॅड n.* ten times ten (100) सौ।

hunger *हङ् गॅः n.* need for food भूख; strong desire लालसा।

hungry *हङ् ग्रि a.* having desire for food भूखा; greedy लालची।

hunt[1] *हन्ट v.t.* to seek out to kill or capture (का) शिकार करना; to try to find ढूढंना; *v.i.* to go for hunt शिकार के लिए जाना।

hunt[2] *n.* the act of hunting आखेट; search तलाश।

hunter *हन् टॅः n.* one who hunts शिकारी।

huntsman *हन्ट्स् मॅन n.* hunter आखेटक; man incharge of the hounds during a hunt शिकारी कुत्तों की देखरेख करने वाला।

hurdle[1] *हः ड्ल n.* obstacle बाधा।

hurdle[2] *v.t.* to enclose with durdles (में) बाधा खड़ी करना।

hurl *हॅःल v.t.* to fling with violence उछालना।

hurrah *हु राः interj.* exclamation of joy or applause आनंद या प्रशंसासूचक उद्‌घोष।

hurricane *ह रि कॅन, –केन n.* cyclonic storm झंझावात।

hurry[1] *हरि v.t.* to hasten तेज़ी से करना; *v.i.* to move or act with impatient haste उतावली दिखाना।

hurry[2] *n.* undue haste अतिशीघ्रता; agitation व्यग्रता।

hurt[1] *हॅःट v.t.* to cause pain to चोट पहुंचाना; to damage क्षति पहुंचाना।

hurt[2] *n.* injury चोट, आघात; damage क्षति।

husband *हज़् बॅन्ड* man to whom a woman is married पति।

husbandry *हज़् बॅन् ड्रि n.* business of a farmer काश्तकारी; careful management सुव्यवस्था।

hush[1] *हश n.* silence निस्तब्धता।

hush[2] *v.i.* to become silent शांत होना; *v.t.* to make silent शांत करना।

husk *हस्क n.* dry thin covering of certain fruits भूसी, छिलका।

husky *हस् कि a.* full of husks छिलकेदार; dry शुष्क।

hut *हट n.* small temporary dwelling कुटीर।

hyaena, hyena *हॉइ ई नॅ n.* a wild animal related to dog लकड़बग्घा।

hybrid[1] *हॉइ ब्रिड a.* crossbred संकर जाति का।

hybrid[2] *n.* mongrel संकर, दोग़ला।

hydrogen *हॉइ ड्रि जॅन n.* a gas which produces water when combined with oxygen उदजन।

hygiene *हॉइ जीन n.* science or art of preserving health स्वास्थ्य-विज्ञान।

hygienic *हॉइ जी निक a.* pertaining to health स्वास्थ्यकर, स्वास्थ्य-संबंधी।

hymn *हिम n.* song of praise स्तुति; song or worship ईश-भजन।

hyperbole *हॉइ पॅः बॅ लि n.* exaggeration अतिशयोक्ति।

hypnotism *हिप् नॅ टिज़्म n.* a sleep-like condition caused by artificial means सम्मोहन।

hypnotize *हिप् नॅ टॉइज़ v.t.* to affect with hypnotism सम्मोहित करना।

hypocrisy *हि पौ˘ क्रॅ सि n.* concealment of true character or belief मिथ्याचार, आडंबर।

hypocrite *हि पॅ क्रिट n.* one who practises hypocrisy पाखंडी।

hypocritical *हि पॅ क्रि टि कॅल a.* pertaining to hypocrisy पाखंडी।

hypothesis *हॉ इ पौ˘ थि सिस n.*

supposition कल्पना; proposition परिकल्पना।

hypothetical *हॉइ पॅ थै ँ टि कॅल a.* conjectural काल्पनिक।

hysteria *हिस् टिअॅ रिअॅ n.* mental disorder with emotional outbursts हिस्टीरिया, वातोन्माद।

hysterical *हिस् टै ँ रि कॅल a.* suffering from hysteria हिस्टीरिया से प्रभावित; caused by hysteria हिस्टीरिया-जनित।

Ii

I आइ the ninth letter of the English alphabet, it is sounded as short or long 'i' or like the sound of the letter itself. In Roman numberals I represents 'one' in Chemistry I represents iodine. अंग्रेजी वर्णमाला का नवाँ अक्षर, इसका उच्चारण 'इ' 'ई' तथा 'आइ' होता है; रोम की संख्यामाला में यह 'एक' का सूचक होता है; रसायनशास्त्र में यह 'आयडिन' के लिये प्रयुक्त होता है।

I *ऑइ pron. (pl. we)* first person singular in the subjective case मैं, मैंने।

ice *ऑइस n.* frozen water बर्फ।

iceberg *ऑइस् बॅःग n.* floating mass of ice हिमशैल।

icicle *ऑइ सि कल n.* pointed piece of ice formed by the freezing of dripping water हिमलंब।

icy *ऑइ सि a.* very cold बरफ़ीला।

idea *ऑइ डि अॅ n.* opinion, belief विचार, मत; plan योजना; conception अवधारणा।

ideal[1] *ऑइ डि अॅल a.* existing in idea or fancy आदर्श; existing only in idea काल्पनिक।

ideal[2] *n.* conception of something that is perfect आदर्श।

idealism *ऑइ डिअॅ लिज्म n.* tendency to seek perfection in every thing आदर्शवाद।

idealist *ऑइ डिअॅ लिस्ट n.* one who holds the doctrine of idealism आदर्शवादी।

idealistic *ऑइ डिअॅ लिस् टिक a.* pertaining to idealism आदर्शात्मक।

idealize *ऑइ डिअॅ लॉइज v.t.* to make ideal आदर्श बनाना; to embody in an ideal form आदर्शरूप देना।

identical *ऑइ डैनॅ टि कॅल a.* the same वही; exactly alilke बिल्कुल समान।

indentification *ऑइ डैनॅ टि फि के शॅन n.* act of identifying अभिनिर्धारण; establishing identity पहचान।

identify *ऑइ डैनॅ टि फॉइ v.t.* to make to be the same (से) तादात्म्य स्थापित करना; to establish the identity of पहचानना।

identity *ऑइ डैनॅ टि टि n.* sameness समरूपता; proof of who the person or thing really is पहचान।

ideocy *इ डि अॅ सि n.* state of being an idiot मूर्खता।

idiom *इ डि अॅम n.* language of a

people or country बोली, भाषा; a group of words whose meaning must be taken together मुहावरा।

idiomatic *इ डि अॅ मै टिक a.* using idioms मुहावरेदार।

idiot *इ डि अॅट n.* a foolish person मूर्ख व्यक्ति।

idiotic *इ डि औ ˘ टिक a.* full of foolishness मूर्खतापूर्ण।

idle *ऑइ ड्ल a.* not working निष्क्रिय, बेकार; lazy आलसी; useless व्यर्थ का।

idleness *ऑइ ड्ल् निस n.* inaction निष्क्रियता; sloth आलस्य; uselessness व्यर्थता।

idler *ऑइ ड्लॅः n.* one who idles निष्क्रिय व्यक्ति; lazy person आलसी व्यक्ति।

idol *ऑइ डॅल n.* image of a deity देव-प्रतिमा; object of devotion भक्तिभाजन।

idolater *ऑइ डौ ˘ लॅ टॅः n.* a worshipper of idols मूर्तिपूजक।

if *इफ़ conj.* on condition that यदि; whether याकि।

ignoble *इग् नो ब्ल a.* shameful, dishonourable शर्मनाक।

ignorance *इग् नॅ रॅन्स n.* want of knowledge अज्ञान।

ignorant *इग् नॅ रॅन्ट a.* wanting knowledge or information अनजान।

ignore *इग् नौः v.t.* to take no notice of (की) उपेक्षा करना।

ill[1] *इल a.* sick बीमार; bad बुरा।

ill[2] *adv.* badly ग़लत ढंग से; imperfectly अपूर्णरूप से; unfavourably बुराई करते हुए।

ill[3] *n.* evil बुराई; misfortune दुर्भाग्य, मुसीबत।

illegal *इ ली गॅल a.* not legal अवैध; contrary to law कानून-विरोधी।

illegibility *इ लै ˘ जि बि लि टि n.* being illegible अपठनीयता।

illegible *इ लै ˘ जि ब्ल a.* that connot be read अपठनीय।

illegitimate *इ लै जी टि मिट a.* not legitimate अवैध; not authorized by law ग़ैरक़ानूनी।

illicit *इ लि सिट a.* not permitted निषिद्ध; unlawful, lawless अवैध।

illiteracy *इ ली टॅ रॅ सि n.* inability to read and write निरक्षरता।

illiterate *इ लि टॅ रिट a.* not able to read and write निरक्षर।

illness *इल् निस n.* state of being ill रूग्णता; ailment रोग।

illogical *इ लौ ˘ जि कॅल a.* not logical तर्कविरूद्ध।

illuminate *इ लू मि नेट v.t.* to light up जगमगा देना; to decorate अलंक त करना; to make clear स्पष्ट करना।

illumination *इ लू मि ने शॅन n.* act of illuminating प्रदीपन; the light provided प्रकाश; clarification व्याख्या, स्पष्टीकरण; (*pl.*) display of coloured lights for decoration प्रकाश-द्वारा सजावट।

illusion *इ लू ज़ॅन n.* false conception भ्रम; misleading appearance मरीचिका।

illustrate *इ लॅस् ट्रेट v.t.* to explain by example उदाहरण देकर स्पष्ट करना; to furnish (books etc.) with pictures सचित्र बनाना।

illustration *इ लॅस् ट्रे शॅन n.* act of illustrating चित्रण; an example उदाहरण; design to illustrate the text of a book चित्र।

image *इ मिज n.* representation of a person or thing made in wood or stone मूर्ति; a close likeness प्रतिरूप; a reflection बिंब, प्रतिबिंब।

imagery *इ मि जॅ रि n.* use of images or figures of speech बिंब-विधान।

imaginary *इ मै जि नॅ रि a.* existing only in imagination काल्पनिक; unreal अवास्तविक।

imagination *इ मै जि ने शॅन n.* power of imagining कल्पनाशक्ति; what is imagined कल्पित वस्तु।

imaginative *इ मै जि नॅ टिव a.* having or using imagination कल्पनाशील, कल्पनात्मक।

imagine *इ मै जिन v.t.* to form a picture of in the mind कल्पना करना।

imitate *इ मि टेट v.t.* to follow as a model or example अनुकरण करना; to copy नक़ल करना; to mimic नकल उतारना।

imitation *इ मि टे शॅन n.* copy नक़ल; act of imitating अनुकरण; counterfeit नक़ली रूप।

imitator *इ मि टि टॅः n.* one who imitates अनुकरण करनेवाला।

immaterial *इ मॅ टिअॅ रि अॅल a.* unimportant महत्वहीन; not having physical substance अभौतिक,अमूर्त।

immature *इ मॅ ट्युअॅः a.* not mature अपरिपक्व; not fully developed अविकसित।

immaturity *इ मॅ ट्युअॅ रि टि n.* state or quality of being immature अपरिपक्वता।

immeasurable *इ मै˘ ज़ॅ रॅ ब्ल a.* boundless अमित, असीमित।

immediate *इ मी डि अॅट a.* without delay तात्कालिक; relating to the present time वर्तमान संबंधी; nearest निकटस्थ।

immemorial *इ मि मौ रि अॅल a.* going back beyond the reach of memory अति प्राचीन।

immense *इ मैंन्स a.* very large विशाल।

immensity *इ मैनॅ् सि टि n.* vastness विशालता।

immerse *इ मॅः स v.t.* to put under the surface of liquid डुबाना; to involve, to engross तल्लीन करना।

immersion *इ मॅः शॅन n.* immersing or being immersed निमज्जन।

immigrant *इ मि ग्रॅन्ट n.* one who immigrates into a country आप्रवासी।

immigrate *इ मि ग्रेट v.i.* to come into a country for permanent residence आप्रवासन करना।

immigration *इ मि ग्रे शॅन n.* act of removing into a country for settlement आप्रवासन।

imminent *इ मि नॅन्ट a.* likely to come or happen soon निकटस्थ।

immodest *इ मौ˘ डिस्ट a.* not modest अविनीत, निर्लज्ज; indecent अशिष्ट।

immodesty *इ मौ˘ डिस् टि n.* want of modesty निर्लज्जता।

immoral *इ मौ ॅ रॅल* *a.* not moral अनैतिक; depraved भ्रष्ट, चरित्रहीन।

immorality *इ मौ ॅ रै लि टि* *n.* quality of being immoral अनैतिकता; immoral conduct अनैतिक आचरण।

immortal *इ मौ: टॅल* *a.* not mortal अमर; imperishable अमिट; never forgotten अविस्मरणीय।

immortality *इ मौ: टै लि टि* *n.* condition or quality of being immortal अमरता।

immortalize *इ मौ: टॅ लॉइज़* *v.t.* to render immortal अमर बनाना।

immovable *इ मू वॅ बल* *a.* motionless अचल; fixed (property) अडिग, स्थिर (संपत्ति)

immune *इ म्यून* *a.* safe, secure प्रतिरक्षित।

immunity *इ म्यू नि टि* *n.* protection बचाव, प्रतिरक्षा।

immunize *इ म्यू नॉइज़* *v.t.* to make immune प्रतिरक्षित करना।

impact *इम् पैक्ट* *n.* effect प्रभाव; the shock of a moving body that strikes against another संघात।

impart *इम् पा:ट* *v.t.* to give देना; to communicate बताना।

impartial *इम् पा: शॅल* *a.* not partial निष्पक्ष।

impartiality *इम् पा: शि ऐ लि टि* *n.* state or quality of being impartial निष्पक्षता।

impassable *इम् पा सॅ बल* *a.* that cannot be passed अलंघ्य।

impasse *इम् पास, ऐम्–* *n.* deadlock गतिरोध।

impatience *इम् पे शॅन्स* *n.* condition or quality of being impatient अधीरता, व्यग्रता।

impatient *इम् पे शॅन्ट* *a.* eager, restless अधीर, व्यग्र।

impeach *इम् पीच* *v.t.* to charge with a crime अभियोग लगाना; to call in question संदेह करना।

impeachment *इम् पीच् मॅन्ट* *n.* impeaching अभियोग।

impede *इम् पीड* *v.t.* to obstruct, to hinder (में) बाधा डालना।

impediment *इम् पै ॅ डि मॅन्ट* *n.* obstruction बाधा; a defect of speech हकलाहट।

impenetrable *इम् पै ॅ नि ट्रॅ बल* *a.* that cannot be penetrated अभेद्य।

imperative *इम् पै ॅ रॅ टिव* *a.* urgent अत्यावश्यक, अनिवार्य; obligatory आदेशात्मक।

imperfect *इम् पॅ: फिक्ट* *a.* not perfect अपूर्ण, अधूरा।

imperfection *इम् पॅ: फैकॅ शॅन* *n.* want of perfection अपूर्णता।

imperial *इम् पिअॅ रि अॅल* *a.* royal शाही; concerned with an empire साम्राज्यिक, साम्राज्य-संबंधी।

imperialism *इम् पिअॅ रि अॅ लिज्म* *n.* policy of extending a country's empire and influence साम्राज्यवाद।

imperil *इम् पै ॅ रिल (-ll-)* *v.t.* to put in danger संकट में डालना।

imperishable *इम् पै ॅ रि शॅ बल* *a.* that cannot perish अक्षय।

impersonal *इम् पॅ: सॅ नॅल* *a.* not personal अवैयक्तिक; having no existence as a person व्यक्तित्वहीन।

impersonate *इम् पॅ: सॅ नेट* *v.t.* to

pretend to be (another person) (का) छद्म रूप धारण करना; to act the part of (का) अभिनय करना।

impersonation *इम् पॅ: सॅ ने शॅन n.* act of impersonating पररूप धारण।

impertinence *इम् पॅ: टि नॅन्स n.* rudeness गुस्ताख़ी।

impertinent *इम् पॅ: टि नॅन्ट a.* rude गुस्ताख, ढीठ।

impetuosity *इम् पै ˘ ट्यु औ ˘ सि टि n.* quality of being empetuous प्रचंड, जल्दबाज़।

impetuous *इम् पै ˘ ट्यु अॅस a.* acting without consideration अविवेकी; rash जल्दबाज़; moving or acting energetically प्रचंड, तीव्र।

implement[1] *इम् प्लि मॅन्ट n.* tool उपकरण; instrument औज़ार।

implement[2] *इम् प्लि मॅन्ट v.t.* to carry out कार्यान्वित करना।

implicate *इम् प्लि केट v.t.* to involve फंसाना।

implication *इम् प्लि के शॅन n.* being involved in a crime उलझाव; something suggested निहितार्थ।

implicit *इम् प्लि सिट a.* implied अंतर्निहित; unquestioning निर्विवाद।

implore *इम् प्लौ: v.t.* to beg प्रार्थना करना, याचना करना।

imply *इम् प्लॉइ v.t.* to involve (में) अंतर्निहित होना।

impolitc *इम् पॅ लॉइट a.* discourteous, rude अशिष्ट अभद्र।

import[1] *इम् पौ:ट v.t.* to bring (goods) into the country (माल) आयात करना।

import[2] *इम् पौ:ट n. (pl.)* goods imported आयात; importance महत्व।

importance *इम् पौ: टॅन्स n.* being important महत्व।

important *इम् पौ: टॅन्ट a.* of great consequence महत्वपूर्ण।

impose *इम् पोज़ v.t.* to lay (penalties, tax etc.) लगाना; to enforce लागू करना।

imposing *इम् पो ज़िङग a.* impressive प्रभावशाली।

imposition *इम् पॅ ज़ि शॅन n.* act of imposing आरोपण; that which is imposed लागू की गई वस्तु; deception धोखा।

impossibility *इम् पौ ˘ सॅ बि लि टि n.* state of being impossible असंभवता।

impossible *इम् पौ ˘ सि ब्ल a.* that cannot be done असंभव।

impostor *इम् पौसॅ टॅ: n.* person pretending to be what he is not पाखंडी।

imposture *इम् पौसॅ चॅ: n.* fraud committed by an impostor पाखंड।

impotence *इम् पॅ टॅन्स n.* state of being impotent नपुसंकता।

impotent *इम् पॅ टॅन्ट a.* unable to copulate नपुंसक; powerless दूर्बल।

impoverish *इम् पौ ˘ वॅ रिश v.t.* to make poor निर्धन कर देना।

impracticability *इम् प्रैक् टि कॅ बि लि टि n.* state of being impracticable अव्यावहारिकता।

impracticable *इम् प्रैक् टि कॅ ब्ल a.* that cannot be put into effect अव्यवहार्य।

impress *इम् प्रैस् v.t.* to influence

deeply प्रभावित करना; to make a mark on (पर) चिन्ह लगाना।

impression *इम् प्रै ˘ शॅन n.* effect on mind प्रभाव; vague notion विचार, मत; mark made by pressing छाप, चिन्ह; separate printing of a book संस्करण।

impressive *इम् प्रै ˘ सिव a.* effective प्रभावशाली।

imprint[1] *इम्-प्रिन्ट v.t.* to mark by print or pressure छापना।

imprint[2] *इम् प्रिन्ट n.* lasting effect प्रभाव; mark छाप।

imprison *इम् प्रि ज़न v.t.* to put in prison बंदी बनाना।

improper *इम् प्रौ ˘ पॅ: a.* not suitable अनुचित; indecent अभद्र; incorrect असंगत, ग़लत।

impropriety *इम् प्रो ˘ प्रॉइ ॲ टि n.* unsuitability अनौचित्य; incorrectness ग़लती।

improve *इम् प्रूव् v.t.* to make better सुधारना; *v.t.* to become better सुधरना।

improvement *इम् प्रूव् मॅन्ट n.* state of being improved सुधार।

imprudence *इम् प्रू डॅन्स n.* state or quality of being imprudent अविवेक, नासमझी।

imprudent *इम् प्रू डॅन्ट a.* unwise अविवेकी।

impulse *इम् पल्स n.* sudden inclination of act अंतःप्रेरणा; impelling force आवेग।

impulsive *इम् पल् सिव a.* acting on impulse आवेगशील।

impunity *इम् प्यू नि टि n.* exemption from punishment दंड-मुक्ति।

impure *इम् पयुअॅ:, –प्यौ: a.* adulterated, polluted मिलावटी, प्रदूषित; defiled अशुद्ध।

impurity *इम् प्यूअॅ रि टि n.* adulteration मिलावट; unholiness अपवित्रता।

impute *इम् प्यूट v.t.* to ascribe (पर) लांछन लगाना।

in *इन prep.* a preposition that expresses inclusion within limits of space, time, circumstance, sphere etc. में, के भीतर।

inability *इन् ॲ बि लि टि n.* incapability अक्षमता; being unable असमर्थता।

inaccurate *इन् ऐ क्यु रिट a.* not accurate अशुद्ध, ग़लत।

inaction *इन् ऐक् शॅन n.* idleness आलस्य; lack of action अकर्मण्यता।

inactive *इन् ऐक् टिव a.* inert निष्क्रिय; idle आलसी।

inadmissible *इन् ॲड् मि सि ब्ल a.* not acceptable अस्वीकार्य; not allowable अमान्य।

inanimate *इन् ऐ नि मिट a.* lifeless निर्जीव; senseless अचेतन; dull सुस्त।

inapplicable *इन् ऐप् लि कॅ ब्ल a.* not applicable अप्रयोज्य।

inattentive *इन् ॲ टैनॅ टिव a.* careless, neglectful असावधान।

inaudible *इन् औ डि ब्ल a.* not able to be heard अश्राव्य।

inaugural *इन् औ ग्यु रॅल a.* pertaining to inauguration उद्घाटन-संबंधी।

inauguration *इन् औ ग्यु रे शॅन n.* beginning, opening उद्घाटन।

inauspicious *इन् औस् पि शॅस a.* ill-omened अशुभ, अमांगलिक।

inborn *अन् बोःन a.* implanted by nature सहज; born in जन्मजात।

incalculable *इन कैल् क्यु लॅ ब्ल a.* too great to be calculated गणनातीत; that cannot be reckoned beforehand जिसका पहले से अनुमान न हो सके।

incapable *इन् के पॅ ब्ल a.* incompetent अक्षम, असमर्थ; not capable अशक्त।

incapacity *इन् कॅ पै सि टि n.* powerlessness शक्तिहीनता; inability असमर्थता।

incarnate[1] *इन् काः निट a.* invested with body देहयुक्त, अवतारी; personified मूर्तिमान।

incarnate[2] *इन् काः नेट v.t.* to give human form to साकार रूप में रखना।

incarnation *इन् काः ने शॅन n.* incarnate form अवतार; the taking of human shape अवतरण।

incense[1] *इन् सैन्स v.t.* to make angry चिढ़ाना, क्रुद्ध करना।

incense[2] *इन् सैन्स n.* substance that gives off pleasant fumes when burnt सुगंध, हवन सामग्री।

incentive *इन् सैनॅ टिव n.* encouragement प्रोत्साहन; stimulus उद्दीपन।

inception *इन् सैपॅ शॅन n.* beginning आरंभ।

inch *इन्च n.* one-twelfth of a foot. इंच।

incident *इन् सि डॅन्ट n.* event घटना।

incidental *इन् सि डैनॅ टॅल a.* occasional आकस्मिक।

incite *इन सॉइट v.t.* to instigate उत्तेजित करना।

inclination *इन् क्लि ने शॅन n.* bent झुकाव; natural aptness अभिरुचि; desire इच्छा।

incline *इन् क्लॉइन v.i.* to lean झुकना; to be disposed रुझान होना; *v.t.* to bend मोड़ना; to cause to lean झुकाना।

include *इन् क्लूड v.t.* to add to, to take in सम्मिलित करना।

inclusion *इन् क्लू ज़ॅन n.* act of including अंतर्वेशन, समावेश।

inclusive *इन् क्लू सिव a.* including, enclosing सम्मिलित।

incoherent *इन् को ˘ हिअॅ रॅन्ट a.* inconsistent असंगत; irrelevant असंबद्ध।

income *इन कॅम् n.* profit लाभ; revenue आय।

incomparable *इन् कौमॅ पॅ रॅ ब्ल a.* matchless अनुपम; unique अनोखा।

incompetent *इन् कौमॅ पि टॅन्ट a.* wanting adequate power अक्षम; unqualified अयोग्य।

incomplete *इन् कॅम् प्लीट a .* not complete, imperfect अधूरा।

inconsiderate *इन् कॅन् सि डॅ रिट a.* thoughtless अविवेकी; lacking in regard for the feelings of others दूसरों का ध्यान न रखने वाला।

inconvenient *इन कॅन् वी न्यॅन्ट a.* causing uneasiness असुविधाजनक।

incorporate[1] *इन् कौ. पॅ रेट v.t.* to include सम्मिलित करना; to form into a corporation निगमित करना।

incorporate[2] *इन् कौः पॅ रिट a.* included सम्मिलित; corporated निगमित।

incorporation *इन कौः पॅ रे शॅन n.* act of incorporating संयोजन।

incorrect *इन कॅ रैक्ट a.* not correct, faulty अशुद्ध, ग़लत।

incorrigible *इन् कौ˘ रि जॅ ब्ल a.* beyond correction असंशोधनीय।

incorruptible *इन् कॅ रप् टॅ ब्ल a.* not capable of fault अदूषणीय; honest ईमानदार।

increase[1] *इन् क्रीस v.t.* to make greater in size, number etc. बढ़ाना; *v.i.* to grow in size etc. बढ़ना।

increase[2] *n.* growth विस्तार, व द्धि।

incredible *इन् क्रै˘ डॅ ब्ल a.* that cannot be believed, difficult to believe in अविश्वसनीय।

increment *इन् क्रि मॅन्ट n.* increase व द्धि; increase in salary वेतन-व द्धि।

incriminate *इन् क्रि मि नेट v.t.* to charge with a crime (पर) अभियोग लगाना; to blame (पर) दोष लगाना।

incubate *इन् क्यु बेट v.i.* to sit on eggs for hatching अंडे सेना; *v.t.* to hatch (eggs) by sitting on them (अंडे) सेना।

inculcate *इन् कल् केट v.t.* to impress on the mind मन में बैठाना।

incumbent[1] *इन् कम् बॅन्ट n.* one who holds an office पदग्राही।

incumbent[2] *a.* lying on आश्रित।

incur *इन कॅः v.t.* to become liable to (का) दायित्व लेना; to bring upon oneself to suffer झेलना।

incurable *इन क्युअॅ रॅ ब्ल a.* not admitting of cure अचिकित्स्य, असाध्य।

indebted *इन डैˇ टिड a.* owing money ऋणी; grateful आभारी।

indecency *इन् डी सॅन् सि n.* impudence अशिष्टता; unbecomingness अनौचित्य।

indecent *इन् डी सॅन्ट a.* immodest अभद्र; unbecoming अनुचित; obscene अश्लील।

indecision *इन् डि सि ज़ॅन n.* want of decision असमंजस।

indeed *इन् डीड adv.* in fact वास्तव में; undoubtedly निस्संदेह।

indefensible *इन् डि फ़ैन् सॅ ब्ल a.* that cannot be excused or justified असमर्थनीय; that cannot be defended अरक्षणीय।

indefinite *इन् डै˘ फ़ि निट a.* uncertain, undetermined अनिश्चित।

indemnity *इन् डैˇम् नि टि n.* security from damage or loss क्षति या हानि से सुरक्षा।

independence *इन् डि पैन् डॅन्स n.* freedom स्वतंत्रता; self- reliance स्वावलंबन।

independent *इन् डि पैन् डॅन्ट a.* free स्वतंत्र; self-governing स्वावलंबी।

indescribable *इन् डि स्क्रॉइ बॅ ब्ल a.* that cannot be described अवर्णनीय।

index *इन् डैक्स n. (pl. indices)* pointer सूचक, संकेत; list सूची; the forefinger तर्जनी।

Indian *इन् डि अॅन, इन् ड्यॅन a.* residing in India भारतीय।

indicate *इन् डि केट v.t.* to point out संकेत करना; to make known सूचित करना।

indication *इन् डि के शॅन n.* act of

indicating संकेत करना; hint संकेत।

indicative *इन् डि कॅ टिव a.* pointing out परिचायक।

indicator *इन् डि के टॅः n.* that which or one who indicates सूचक।

indict *इन् डॉइट v.t.* to charge with crime अभियोग लगाना।

indictment *इन् डॉइट् मॅन्ट n.* formal charge अभियोग।

indifference *इन् डि फ़ॅ रॅन्स n.* unconcern उदासीनता।

indifferent *इन् डि फ़ॅ रॅन्ट a.* unconcerned उदासीन; neutral निष्पक्ष।

indigenous *इन् डि जै ॅ नॅस a.* native born or produced देशज।

indigestible *इन् डि जैसॅ टॅ ब्ल a.* not digestible अपचनीय।

indigestion *इन् डि जैसॅ चॅन n.* want of digestion अपच, अजीर्ण।

indignant *इन डिग् नॅन्ट a.* feeling or showing justifiable anger क्रुद्ध।

indignation *इन् डिग् ने शॅन n.* anger क्रोध, क्षोभ।

indigo *इन् डि गो n.* violet blue dye नील।

indirect *इन् डि रैक्ट a.* not direct अप्रत्यक्ष; not straight to the point, round about घुमावदार; (gram.) reported (speech) प्रतिवेदित।

indiscipline *इन डि सि प्लिन n.* want of discipline अनुशासनहीनता।

indiscreet *इन् डिस् क्रीट a.* lacking in caution, not carefully considered असावधानीपूर्ण, नासमझी का।

indiscretion *इन् डिस् क्रै ॅ शॅन n.* inattention अनवधान; want of descretion अविवेक।

indiscriminate *इन् डिस् क्रि मि निट a.* disorderly विश्रंखल; lacking discrimination अंधाधुंध।

indispensable *इन् डिस् पैन् सॅ ब्ल a.* absolutely necessary अपरिहार्य।

indisposed *इन् डिस् पोज़्ड a.* unwell अस्वस्थ; not inclined अनच्छुिक।

indisputable *इन् डिस् प्यू टॅ ब्ल a.* beyond dispute निर्विवाद।

indistinct *इन् डिस् टिङ्क्ट a.* not distinct अस्पष्ट।

individual *इन् डि वि ड्यु ॲल a.* personal व्यक्तिगत।

individualism *इन् डि वि ड्यु ॲ लिज़्म n.* principle of asserting one's independence व्यक्तिवाद।

individuality *इन् डि वि ड्यु ऐ लि टि n.* separate and distinct existence वैयक्तिकता।

indivisible *इन् डि वि ज़ॅ ब्ल a.* that cannot be divided अविभाज्य।

indolent *इन् डॅ लॅन्ट a.* lazy, inactive आलसी, निष्क्रिय।

indomitable *इन् डौ ॅ मि टॅ ब्ल a.* not to be overcome दुर्दमनीय, अदम्य।

indoor *इन् डौः a.* practised or used within a building भीतरी, आभ्यंतरिक।

indoors *इन् डौःज़ adv.* in or into a building भवन के अंदर।

induce इन् ड्यूस *v.t.* to motivate प्रेरित करना; to instigate भड़काना।

inducement इन् डॅयूस् मॅन्ट *n.* incentive अभिप्रेरण; persuation प्रलोभन।

induct इन् डक्ट *v.t.* to install प्रतिष्ठापित करना।

induction इन् डक् शॅन *n.* installation अधिष्ठापन।

indulge इन् डल्ज *v.t.* to please प्रसन्न करना; to gratify त प्त करना; *v.i.* to yield to a desire लिप्त रहना या होना।

indulgence इन् डल् जॅन्स *n.* favour अनुग्रह, क पा; giving way to one's desires अतिभोग, लिप्तता।

indulgent इन् डल् जॅन्ट *a.* characterised by indulgence लिप्त; doing favour क पालु।

industrial इन् डस् ट्रि अॅल *a.* relating to industry औद्योगिक।

industrious इन् डस् ट्रि अॅस *a.* hardworking मेहनती।

industry इन् डस् ट्रि *n.* any branch of trade or manufacture उद्योग; assiduity अध्यवसाय।

ineffective इन् इ फ़ैक् टिव *a.* not effective अप्रभावी; useless निष्फल।

inert इ नॅःट *a.* inactive निष्क्रिय; having no power of motion गतिहीन, स्थिर।

inertia इ नॅः श्यॅ *n.* motionlessness निश्चेष्टता।

inevitable इन् ऐॅ वि टॅ ब्ल *a.* unavoidable अपरिहार्य।

inexact इन् इग् ज़ैक्ट *a.* not exact अशुद्ध।

inexorable इन् ऐकॅ सॅ रॅ ब्ल *a.* hard-hearted निष्ठुर; unbending अनमनीय।

inexpensive इन् इक्स् पै ॅन् सिव *a.* economical मितव्ययी; cheap सस्ता।

inexperience इन् इक्स् पिअॅ रि अॅन्स *n.* want of experience अनुभवहीनता।

inexplicable इन् ऐक्स् प्लि कॅ ब्ल *a.* that cannot be explained अव्याख्येय, अपरिभाष्य।

infallible इन् फ़ै लॅ ब्ल *a.* not liable to fail अचूक; not able to make a mistake त्रुटिरहित।

infamous इन् फ़ॅ मॅस *a.* notorious बदनाम।

infamy इन् फ़ॅ मि *n.* being infamous अपकीर्ति; public dishonour बदनामी।

infancy इन् फ़ॅन् सि *n.* early childhood बचपन; early stage प्रारंभिक अवस्था।

infant इन् फ़ॅन्ट *n.* baby बच्चा, शिशु।

infanticide इन् फ़ैन् टि सॉइड *n.* the murder of a child शिशुबध।

infantile इन् फ़ॅन् टॉइल *a.* pertaining to infant शिशु-संबंधी; having characteristics of infancy बालोचित।

infantry इन् फ़ॅन् ट्रि *n.* soldiers fighting on foot पैदल सेना।

infatuate इन् फ़ै ट्यु एट *v.t.* to turn to folly मूढ़ बनाना; to inspire with shallow love मोहित करना।

infatuation इन् फ़ै ट्यु ए शॅन *n.* enchantment सम्मोह।

infect इन् फ़ैक्ट *v.t.* to corrupt भ्रष्ट करना; to taint संदूषित करना; to fill with disease germs रोगाणु युक्त करना।

infection इन् फ़ैक् शॅन *n.* act of infecting संक्रमण; disease resulting from infection छूत की बीमारी।

infectious इन् फ़ैक् शॅस *a.* infecting with disease संक्रामक; quickly influencing others शीघ्र प्रभावी।

infer इन् फ़ॅः (-rr-) *v.t.* to conclude निष्कर्ष निकालना; to estimate अनुमान करना।

inference इन् फ़ॅ रॅन्स *n.* that which is inferred or deduced अनुमान; conclusion निष्कर्ष।

inferior इन् फ़िअॅ रि अॅः *a.* of poor quality घटिया; lower in rank अवर।

inferiority इन् फ़िअ रि औॅ रि टि *n.* poorness in quality घटियापन; degradation अपकर्ष।

infernal इन् फ़ॅः नॅल *a.* belonging to lower regions नारकीय।

infinite इन् फ़ि निट *a.* endless अनंत, असीम।

infinity इन् फ़ि नि टि *n.* (*maths.*) countless or indefinite number (गणित) अनंत संख्या।

infirm इन् फ़ॅःम *a.* physically weak कमज़ोर, अशक्त; irresolute अस्थिर।

infirmity इन् फ़ॅः मि टि *n.* despondency अवसन्नता; unstability अद ढ़ता; weakness दुर्बलता।

inflame इन् फ़्लेम *v.t.* to excite उत्तेजित करना; to cause to flame प्रज्वलित करना; *v.i.* to become excited उत्तेजित होना; to burst into flame जलना।

inflammable इन् फ़्लै मॅ ब्‌ल *a.* combustible ज्वलनशील; excitable उत्तेजनशील।

inflammation इन फ़्लॅ मे शॅन *n.* state of being inflamed प्रज्वलन; kindling of passions उत्तेजन; swelling with heat and pain प्रदाह, सूजन।

inflammatory इन् फ़्लै मॅ टॅ रि *a.* tending to inflame प्रज्वलनकारी; pertaining to swelling सूजन-संबंधी।

inflation इन् फ़्ले शॅन *n.* undue increase in the quantity of money मुद्रास्फीति, मुद्राप्रसार।

inflexible इन् फ़्लैक् सॅ ब्‌ल *a.* unbending अनमनीय; rigid कड़ा।

inflict इन् फ़्लिक्ट *v.t.* to impose forcibly थोपना; to cause suffering to पीड़ा पहुंचाना।

influence[1] इन् फ़्लु अॅन्स *n.* ability or power to affect others प्रभाव।

influence[2] *v.t.* to affect प्रभाव डालना।

influential इन फ़्लु ऐन् शॅल *a.* having much influence प्रभावशाली।

influenza इन फ़्लु ऐन् ज़ॅ *n.* epidemic virus disease श्लेष्मा ज्वर।

influx इन् फ़्लक्स *n.* flowing in अंतःप्रवाह।

inform इन् फ़ौःम *v.t.* to give information to सूचना देना; to tell बताना।

informal इन् फ़ौः मॅल *a.* unceremonious अनौपचारिक।

information इन् फ़ॅः मे शॅन *n.* news ख़बर, समाचार; act of informing सूचना।

informative इन फ़ॅः मॅ टिव *a.* affording information सूचनापूर्ण; instructive शिक्षाप्रद।

informer *इन फ़ौः मॅः* *n.* one who informs against another मुख़बिर।

infringe *इन फ़्रिन्ज* *v.t.* to violate उल्लंघन करना।

infringement *इन् फ़्रिन्ज् मॅन्ट* *n.* violation अतिक्रमण, उल्लंघन।

infuriate *इन् फ्युअॅ रि एट* *v.t.* to enrage क्रुद्ध करना।

infuse *इन फ़्यूज़* *v.t.* to inspire अनुप्राणित करना; to moisten तर करना, भिगोना।

infusion *इन् फ़्यू ज़ॅन* *n.* act of infusing निषेचन; liquid extract निषेचक।

ingrained *इन् ग्रेन्ड* *a.* inherent अंतर्निहित; deep-rooted गहरा।

ingratitude *इन् ग्रै टि ट्यूड* *n.* unthankfulness कृतघ्नता।

ingredient *इन् ग्री ड्यॅन्ट* *n.* component अवयव, घटक।

inhabit *इन् है बिट* *v.t.* to dwell in (में) वास करना।

inhabitable *इन् है बि टॅ ब्ल* *a.* that can be lived in आवास-योग्य।

inhabitant *इन् है बि टॅन्ट* *n.* resident निवासी।

inhale *इन् हेल* *v.i.* to breathe in सांस लेना *v.t.* to draw into the lungs सांस-द्वारा खींचना।

inherent *इन् हिअॅ रॅन्ट* *a.* in-born जन्मजात।

inherit *इन् है˘ रिट* *v.t.* to get as heir उत्तराधिकार में पाना; to derive from ancestors पूर्वजों से प्राप्त करना।

inheritance *इन् है˘ रि टॅन्स* *n.* that which is or may be inherited उत्तराधिकार, विरासत।

inhibit *इन् हि बिट* *v.t.* to prevent रोकना।

inhibition *इन् हि बि शॅन* *n.* act of restraining अवरोध।

inhospitable *इन हौसॅ पि टॅ ब्ल* *a.* not hospitable असत्कारशील।

inhuman *इन् ह्यू मॅन* *a.* brutal अमानवीय।

inimical *इ नि मि कॅल* *a.* unfriendly विरोधी; harmful हानिकर।

inimitable *इ नि मि टॅ ब्ल* *a.* unmatched अद्वितीय; not worth imitating अननुकरणीय।

initial[1] *इ नि शॅल* *a.* of or related to the beginning प्रारंभिक।

initial[2] *n. (usu. pl.)* first letters of a person's name आद्याक्षर।

initial[3] *(-ll-)* *v.t.* to put one's initials on आद्याक्षरित करना।

initiate *इ नि शि एट* *v.t.* to start, to begin सूत्रपात करना, आरंभ करना।

initiative *इ नि शि अॅ टिव* *n.* first step, lead पहल; ability to act independently स्वतंत्र रूप से कार्य करने की योग्यता।

inject *इन् जैक्ट* *v.t.* to force in अंतःक्षिप्त करना, इंजेक्शन देना।

injection *इन् जैकॅ शॅन* *n.* act of injecting अंतःक्षेप, इंजेक्शन।

injudicious *इन् जू डि शॅस, --जू–* *a.* not judicious अविवेकी।

injunction *इन् जङ्क् शॅन* *n.* judicial order आदेश।

injure *इन् जॅः* *v.t.* to damage क्षति करना; to inflict bodily hurt on घायल करना।

injurious *इन् जुअॅ रि अॅस* *a.* hurtful, wrongful हानिकर, अनिष्टकर।

injury *इन् जॅ रि* *n.* hurt क्षति, चोट।

injustice *इन् जस् टिस n.* act of unfairness अन्यायपूर्ण क त्य; want of justice अन्याय।

ink *इङ्क n.* coloured liquid used for writing and printing स्याही।

inkling *इङ्क लिङ्ग n.* dim notion, slight hint आभास, संकेत।

inland[1] *इन् लॅन्ड, –लैन्ड a.* confined to a country अंतर्देशीय; within a country आंतरिक।

inland[2] *इन् लैन्ड adv.* in the interior of a country अंदर-अंदर।

in-laws *इन् लौज़ n. (pl.)* relatives by marriage ससुरालवाले।

inmate *इन् मेट n.* one of a number of persons living together संवासी।

inmost *इन् मोस्ट a.* secret गुप्त; most inward अंतरतम।

inn *इन n.* public house सराय।

innate *इ नेट a.* inborn जन्मजात; inherent अंतर्भूत।

inner *इ नॅ: a.* internal अंदरूनी।

innermost *इ नॅ: मोस्ट a.* inmost अंतरतम।

innings *इ निङ्गज़ n. (sing.)* (cricket) duration of batting पारी; period of power प्रभुत्व की अवधि।

innocence *इ नॅ सॅन्स n.* freedom from legal guilt निरपराधता; blamelessness निर्दोषिता।

innocent *इ नॅ सॅन्ट a.* ignorant of evil निर्दोष; knowing nothing of evil or wrong भोला-भाला।

innovate *इ नो ˘ वेट v.t.* to renew नया बनाना; to improve सुधारना।

innovation *इ नो ˘ वे शॅन n.* act of innovating नवोन्मेष।

innovator *इ नो ˘ वे टॅ: n.* one who brings new changes प्रवर्तक।

innumerable *इ न्यू मॅ रॅ ब्ल a.* countless असंख्य।

inoculate *इ नौ ˘ क्यु लेट v.t.* to vaccinate टीका लगाना।

inoculation *इ नौ ˘ क्यु ले शॅन n.* vaccination टीकाकरण।

inoperative *इन् औ ˘ पॅ रॅ टिव a.* not working निष्क्रिय; having no effect अप्रभावी।

inopportune *इन् औ ˘ पॅ: ट्यून a.* unseasonable असामयिक।

input *इन् पुट n.* amount of power put in लगाई गई शक्ति का परिमाण; data fed into a computer कंप्यूटर में भरी गई सामग्री।

inquest *इङ् क्वैस्ट n.* judicial inquiry क़ानूनी जांच।

inquire *इन् क्वॉइअॅ: v.t.* to investigate जांच करना; *v.i.* to make an examination अनुसंधान करना।

inquiry *इन् क्वाइअॅ रि n.* investigation जांच; act of enquiring पूछताछ।

inquisition *इन् क्वि ज़ि शॅन n.* judicial inquiry न्यायिक जांच; searching examination परीक्षण।

inquisitive *इन् क्वि ज़ि टिव a.* eager to know जिज्ञासु।

insane *इन् सेन a.* crazy उन्मादी; of unsound mind भ्रांतचित।

insanity *इन् सै नि टि n.* mental disorder उन्माद, विक्षिप्तता।

insatiable *इन् से श्यॅ ब्ल a.* that cannot be satisfied अतोषणीय।

inscribe *इन् स्क्रॉइब v.t.* to engrave उत्कीर्ण करना; to mark चिह्नित करना।

inscription *इन् स्क्रिप् शॅन n.* act of inscribing उत्कीर्णन; record inscribed on stone etc. अभिलेख, शिलालेख।

insect *इन् सैक्ट n.* small invertebrate creature कीट, क मि।

insecticide *इन् सै ॅक् टि सॉइड n.* insect-killing substance कीटनाशी औषधि।

insecure *इन् सि कयुअ: a.* unsafe अरक्षित।

insecurity *इन् सि क्युअॅ रि टि n.* want of safety असुरक्षा।

insensibility *इन् सैन्ँ सि बि लि टि n.* lack of feeling असंवेदन; unconsciousness संज्ञाहीनता।

insensible *इन् सैन्ँ सि ब्ल a.* unconscious बेसुध; without sensation संवेदन-शून्य।

inseparable *इन् सै ॅ पॅ रॅ ब्ल a.* that cannot be separated अवियोज्य।

insert *इन् सॅ:ट v.t.* to put in सन्निविष्ट करना।

insertion *इन् सॅ: शॅन n.* act of putting in सन्निवेश।

inside[1] *इन् सॉइड n.* the inner side भीतरी भाग।

inside[2] *prep.* within के अंदर; into अंदर की ओर।

inside[3] *a.* of, in, on the inside अंदरूनी; secret गुप्त।

inside[4] *adv.* indoors, within अंदर।

insight *इन् सॉइट n.* imaginative penetration सूक्ष्मद ष्टि।

insignificance *इन् सिग् नि फ़ि कॅन्स n.* unimportance महत्वहीनता; meaninglessness निरर्थकता।

insignificant *इन् सिग् नि फ़ि कॅन्ट a.* unimportant महत्वहीन; meaningless निरर्थक।

insincere *इन् सिन् सिअ: a.* not sincere निष्ठाहीन।

insincerity *इन् सिन् सै ॅ रि टि n.* faithlessness निष्ठाहीनता।

insinuate *इन् सि न्यु एट v.t.* to hint इशारा करना; to suggest indirectly परोक्ष रूप से अथवा चालाकी से सुझाना।

insinuation *इन् सि न्यु ए शॅन n.* sarcasm कटाक्ष; coaxing उकसावा; indirect hint परोक्ष संकेत।

insipid *इन् सि पिड a.* tasteless स्वादहीन; uninteresting अरुचिकर।

insipidity *इन् सि पि डि टि n.* tastelessness स्वादहीनता; spiritlessness उत्साहहीनता।

insist *इन् सिस्ट v.t.* to persist in pressing आग्रह करना; to emphasise ज़ोर देना।

insistence *इन सिस् टॅन्स n.* persistence अनुरोध, आग्रह; emphasis बल।

insistent *इन सिस् टॅन्ट a.* persistent आग्रहपूर्ण।

insolence *इन् सॅ लॅन्स n.* impudence गुस्ताख़ी, अविनय।

insolent *इन् सॅ लॅन्ट a.* impudent गुस्ताख, अविनीत।

insoluble *इन् सौ ॅ ल्यु ब्ल n.* that cannot be solved असाध्य, असमाधेय; that cannot be dissolved अघुलनशील।

insolvency *इन् सौलॅ वॅन् सि n.* bankruptcy दिवालियापन।

insolvent *इन् सौलॅ वॅन्ट a.* not able to pay one's debt दिवालिया।

inspect इन् स्पै´क्ट *v.t.* to examine परीक्षण करना।

inspection इन् स्पैक् शॅन *n.* close examination निरीक्षण, परीक्षण।

inspector इन् स्पैक् टॅ: *n.* one who inspects निरीक्षक।

inspiration इन् स्पि रे शॅन *n.* stimulation प्रेरणा; source of inspiring प्रेरणा-स्रोत।

inspire इन् स्पॉइअॅ: *v.t.* to induce प्रेरित करना।

instability इन् स्टॅ बि लि टि *n.* want of stability अस्थिरता।

install इन् स्टौल *v.t.* to put in a position or rank नियुक्त करना; to place in an office ceremoniously पदारूढ़ करना।

installation इन् स्टौ ले शॅन् –स्टॅ– *n.* act of installing अधिष्ठापन।

instalment इन् स्टौल् मॅन्ट *n.* one of a series of partial payments किस्त।

instance इन् स्टॅन्स *n.* example द ष्टांत।

instant[1] इन् स्टॅन्ट *n.* moment निमिष, क्षण।

instant[2] *a.* urgent आवश्यक; immediate तात्कालिक।

instantaneous इन् स्टॅन् टे न्यॅस *a.* immediate तात्कालिक।

instantly इन् स्टॅन्ट् लि *adv.* at once तुरंत।

instigate इन् स्टि गेट *v.t.* to provoke उकसाना, भड़काना।

instigation इन् स्टि गे शॅन *n.* instigating, being instigated भड़कावा, उकसाहट।

instil इन् स्टिल (-*ll*-) *v.t.* to drop in टपकाना; to infuse into the mind चित्त में बैठाना।

instinct इन् स्टिङ्क्ट *n.* impulse प्रव त्ति; intuition अंतःप्रेरणा।

instinctive इन् स्टिङ्क् टिव *a.* based on instinct प्रव त्तिमूलक।

institute इन् स्टि ट्यूट *n.* organisation संस्था।

institution इन स्टि ट्यू शॅन *n.* act of establishing प्रतिष्ठापन; organisation संस्था।

instruct इन स्ट्रक्ट *v.t.* to direct हिदायत करना; to teach शिक्षा देना।

instruction इन स्ट्रक् शॅन *n.* direction अनुदेश, हिदायत; act of teaching शिक्षण।

instructor इन् स्ट्रक् टॅ: *n.* teacher शिक्षक; one who instructs अनुदेशक।

instrument इन् स्टु मॅन्ट *n.* tool औज़ार; apparatus उपकरण; document दस्तावेज़।

instrumental इन् स्ट्रु म´न् टॅल *a.* serving as a means सहायक; relating to musical instrument वाद्य-विषयक।

instrumentalist इन् स्ट्रु मैन्ँ टॅ लिस्ट *n.* player of a musical instrument वादक।

insubordinate इन् सॅ बौ: डि निट *a.* disobedient अवज्ञाकारी।

insubordination इन् सॅ बौ: डि ने शॅन *n.* disobedience अवज्ञा।

insufficient इन् सॅ फि शॅन्ट *a.* inadequate अपर्याप्त।

insular इन् स्यु लॅ: *a.* of an island द्वीपीय; narrow-minded संकीर्णमना।

insularity इन स्यु लै रि टी *n.* state of being insular द्वीपीयता; narrow-mindedness मानसिक संकीर्णता।

insulate *इन् स्यु लेट v.t.* to separate, to isolate पृथक् करना; to cover in order to prevent the passage of heat or electricity विद्युत्-ऊष्मारोधी बनाना।

insulation *इन् स्यु ले शॅन n.* act of separating पृथक्करण; resisting flow of heat or electricity तापावरोधन, विद्युत्रोधन।

insulator *इन् स्यु ले टॅः n.* separator पृथक्कारी; non conductor विसंवाहक।

insult[1] *इन् सल्ट n.* dishonour अपमान, तिरस्कार।

insult[2] *इन् सल्ट v.t.* to dishonour अनादर करना।

insupportable *इन् सॅ पौः टॅ ब्ल a.* unbearable असहनीय।

insurance *इन् शुअॅ रॅन्स, –शौ– n.* act or system of insuring बीमा।

insure *इन् शुअॅः, –शौः v.t.* to make sure सुनिश्चित करना; to secure बीमा करना।

insurgent[1] *इन सॅः जॅन्ट a.* rebellious विद्रोही।

insurgent[2] *n.* a rebel विद्रोही व्यक्ति।

insurmountable *इन् सॅः मॉउन् टॅ ब्ल a.* impassable दुस्तर, अलंघ्य।

insurrection *इन् सॅ रैकॅ शॅन n.* rebellion विद्रोह।

intact *इन् टैक्ट a.* undamaged अक्षुण्ण।

intangible *इन् टैन् जि ब्ल a.* that cannot be grasped or touched अमूर्त।

integral *इन् टि ग्रॅल a.* necessary for completeness संपूर्णता के लिए अनिवार्य, अविभाज्य।

integrity *इन् टैगॅ रि टि n.* unimpaired state समग्रता; wholeness संपूर्णता; honesty ईमानदारी।

intellect *इन् टि लैक्ट n.* intelligence प्रज्ञा, बुद्धि।

intellectual[1] *इन् टि लैकॅ ट्यु अॅल a.* of or relating to intellect बौद्धिक।

intellectual[2] *n.* intellectual person बुद्धिजीवी।

intelligence *इन् टै ˘ लि जॅन्स n.* intellectual skill प्रज्ञा; news, information सूचना।

intelligent *इन् टै˘ लि जॅन्ट a.* having intellect बुद्धिमान्।

intelligentsia *इन् टै˘ लि जैन्ट् सि अॅ n.* intellectuals as a class बुद्धिजीवी-वर्ग।

intelligible *इन् टै ˘ लि जॅ ब्ल a.* easy to understand सुबोध।

intend *इन् टैन्ड v.t.* to fix the mind upon इरादा करना; to purpose प्रयोजन रखना।

intense *इन् टैन्स a.* high in degree अत्यधिक; ardent जोशीला; violent प्रचंड।

intensify *इन् टैनॅ सि फ़ॉइ v.t.* to make intense घनीभूत करना; to become more intense घनीभूत होना।

intensity *इन टैनॅ सि टि n.* ardour उत्कटता; acuteness तीव्रता; quality of being intense आधिक्य।

intensive *इन् टैनॅ सिव a.* dense सघन; sharp प्रखर।

intent[1] *इन् टैन्ट n.* purpose अभिप्राय।

intent[2] *a.* concentrating दत्तचित्त; eager उत्सुक।

intention *इन् टैनॅ शॅन n.* purpose आशय; aim लक्ष्य।

intentional *इन् टैनॅ शॅ नॅल a.* done on purpose सोद्देश्य, जानबूझकर किया गया।

intercept *इन् टॅः सैप्ट v.t.* to stop and seize inpassage मार्ग में रोकना; to obstruct (में) बाधा डालना।

interception *इन् टॅः सैपॅ शॅन n.* act of intercepting अवरोधन।

interchange[1] *इन् टॅः चेन्ज n.* to give and take mutually परस्पर विनिमय करना; to exchange विनिमय करना।

interchange[2] *इन् टॅः चेन्ज v.* mutual exchange परस्पर विनिमय।

intercourse *इन् टॅः कौःस n.* copulation, coitus संभोग; meeting समागम।

interdependence *इन् टॅः डिपैनॅ डॅन्स n.* mutual dependence परस्पर निर्भरता।

interdependent *इन् टॅः डि पैनॅ डॅन्ट a.* mutually dependent परस्पर निर्भर।

interest *इन् ट्रिस्ट, – टॅ रॅस्ट n.* right अधिकार; benefit हित; concern सरोकार; disposition towards a thing दिलचस्पी; sum paid for the use of money ब्याज।

interested *इन् ट्रिस् टिड, इन् टॅ रॅस् टिड a.* taking interest रुचि लेने वाला; not impartial पक्षपातपूर्ण; having an interest हितबद्ध।

interesting *इन् ट्रिस् टिड्ग, इन् टॅ रॅस् टिड्ग a.* arousing interest रुचिकर।

interfere *इन् टॅः फ़िअॅः v.i.* to intervene हस्तक्षेप करना; to come in the way विघ्न डालना।

interference *इन् टॅः फ़िअॅ रॅन्स n.* act of interfering हस्तक्षेप।

interim *इन् टॅ रिम n.* provisional अंतरिम।

interior[1] *इन् टिअॅ रिअॅः a.* situated within आंतरिक।

interior[2] *n.* the inside आंतरिक भाग; inland areas भीतरी प्रदेश।

interjection *इन् टॅः जैकॅ शॅन n.* an exclamatory word or phrase विस्मयादिबोधक।

interlock *इन् टॅः लौकॅ v.t.* to clasp in each other गूंथना; *v.i.* to be locked together गुंथ जाना।

interlude *इन् टॅः ल्यूड n.* interval अंतराल; short piece introduced between the acts of a drama विष्कंभक।

intermediary *इन् टॅः मी ड्यॅ रि n.* mediator मध्यस्थ।

intermediate *इन् टॅः मी ड्यॅट a.* happening between two others मध्यवर्ती।

interminable *इन् टॅः मि नॅ बल a.* endless अनंत; very long बहुत लंबा।

intermingle *इन् टॅः मिड् ग्ल v.t.* to mix together परस्पर मिश्रित करना; *v.i.* to be mixed together परस्पर मिश्रित होना।

intern *इन् टॅःन v.t.* to confine within fixed bounds नज़रबंद कर देना।

internal *इन् टॅः नॅल a.* inner भीतरी, आंतरिक; of the home affairs of a country देशीय।

international *इन् टॅः नै शॅ नॅल a.* transcending national limits अंतर्राष्ट्रीय।

interplay इन् टॅः प्ले *n.* mutual action अन्योन्य क्रिया।

interpret इन् टॅः प्रिट *v.t.* to elucidate व्याख्या करना; to explain the meaning of (का) विवेचन करना।

interpreter इन् टॅः प्रि टॅः *n.* person who gives an immediate translation of words spoken in another language दुभाषिया।

interrogate इन् टैँ रॅ गेट *v.t.* to put question to प्रश्न करना।

interrogation इन् टै ॅ रॅ गे शॅन *n.* act of interrogating पूछताछ; question mark प्रश्नवाचक चिन्ह।

interrogative[1] इन् टॅ रौ ॅ गॅ टिव *a.* indicating a question प्रश्नात्मक; (*gram.*) expressed as a question प्रश्नवाचक।

interrogative[2] *n.* word used in asking question प्रश्नवाचक शब्द।

interrupt इन् टॅ रप्ट *v.t.* to break continuity of (का) क्रमभंग करना; to obstruct बाधा डालना।

interruption इन् टॅ रप् शॅन *n.* hindrance बाधा, अवरोध; break in continuity क्रमभंग।

intersect इन् टॅः सैक्ट *v.t.* to divide by cutting or crossing काटना; *v.i.* to cut or cross each other एक-दूसरे को काटना।

intersection इन् टॅः सैक् शॅन *n.* intersecting प्रतिच्छेदन; crossroads चौराहा।

interval इन् टॅः वॅल *n.* intermission मध्यांतर।

intervene इन् टॅः वीन *v.i.* to interfere हस्तक्षेप करना।

intervention इन् टॅः वैन् शॅन *n.* interference हस्तक्षेप; interposition व्यवधान।

interview[1] इन् टॅः व्यू *n.* meeting of persons face to face साक्षात्कार।

interview[2] *v.t.* to have an interview with (से) साक्षात्कार करना।

intestinal इन् टैसॅ टि नॅल *a.* pertaining to the intestines आंत्र-संबंधी।

intestine इन् टैसॅ टिन *n.* (*usu. pl.*) lower part of alimentary canal आंत, आंत्र।

intimacy इन् टि मॅ सि *n.* close familiarity घनिष्ठता।

intimate[1] इन् टि मिट *a.* close घनिष्ठ; innermost आभ्यंतर; closely acquainted परिचित।

intimate[2] इन् टि मेट *v.t.* to make known बताना; to show clearly स्पष्ट प्रदर्शित करना।

intimation इन् टि मे शॅन *n.* announcement सूचना, घोषणा; hint संकेत।

intimidate इन् टि मि डेट *v.t.* to frighten भयभीत करना।

intimidation इन् टि मि डे शॅन *n.* act of intimidating संत्रास।

into इन् टु *prep.* के अंदर, में।

intolerable इन् टौ ॅ लॅ रॅ बॅल *a.* that cannot be endured असह्य।

intolerance इन् टौ ॅ लॅ रॅन्स *n.* quality or state of being intolerant असहिष्णुता।

intolerant इन् टौ ॅ लॅ रॅन्ट *a.* not tolerant असहिष्णु।

intoxicant इन् टौक् सि कॅन्ट *n.* & *a.* intoxicating (agent) मादक (द्रव्य)।

intoxicate इन् टौक् सि केट *v.t.* to make drunk मदोन्मत्त करना; to elate excessively अत्यधिक उल्लासित करना।

intoxication *इन् टौकॅ सि के शॅन n.* drunkenness मादकता।

intransitive *इन् ट्रैन् सि टिव,– ट्रान्– a. (verb)* not taking an object अकर्मक।

interpid *इन् ट्रै ˘ पिड a.* without fear निडर; brave बहादुर।

intrepidity *इन् ट्रि पि डि टि n.* fearlessness निर्भीकता।

intricate *इन् ट्रि किट a.* complicated जटिल; puzzling पेचीदा।

intrigue[1] *इन् ट्रीग v.t.* to conspire षड्यंत्र करना।

intrigue[2] *n.* secret plotting षड्यंत्र; secret love-affair गुप्त प्रेम-संबंध।

intrinsic *इन् ट्रिन् सिक a.* inherent, essential अंतर्भूत, तात्त्विक।

introduce *इन् ट्रॅ ड्यूस v.t.* to bring in (का) सूत्रपात करना; to preface (की) भूमिका लिखना; to make known परिचय कराना।

introduction *इन् ट्रॅ डक् शॅन n.* act of introducing परिचय; preface भूमिका; thing introduced उपक्रम।

introductory *इन् ट्रॅ डक् टॅ रि a.* serving to introduce परिचयात्मक।

introspect *इन् ट्रो ˘ स्पैक्ट v.i.* to look into आत्मनिरीक्षण करना।

introspection *इन् ट्रो ˘ स्पै ˘ क् शॅन n.* act of observing the process of one's own mind अंतर्दर्शन।

intrude *इन् ट्रूड v.t.* to force in घुसेड़ना; *v.i.* to enter without invitation अनुचित रूप से घुस पड़ना।

intrusion *इन् ट्रू ज़ॅन n.* encroachment अतिक्रमण।

intuition *इन् ट्यू इ शॅन, –ट्यू– n.* instinctive understanding अंतर्बोध।

intuitive *इन् ट्यू इ टिव a.* perceived by intuition अंतःप्रज्ञात्मक।

invade *इन् वेड v.t.* to attack (पर) आक्रमण करना; to encroach upon (में) घुसपैठ करना।

invalid[1] *इन् वै लिड a.* void, null अमान्य; not valid अप्रामाणिक।

invalid[2] *इन् वै लिड, –लीड a.* disabled अपंग।

invalid[3] *n.* an invalid person अपंग व्यक्ति।

invalidate *इन् वै लि डेट v.t.* to make of no effect अमान्य करना; to render invalid अप्रामाणिक ठहराना।

invaluable *इन् वै ल्यु अॅ ब्ल a.* priceless अमूल्य।

invasion *इन् वे ज़ॅन n.* attack, assault हमला, चढ़ाई।

invective *इन् वैकॅ टिव n.* abusive language गाली-गलौज।

invent *इन् वैन्ट v.t.* to create (something) new आविष्कार करना; to make up गढ़ना।

invention *इन् वैनॅ शॅन n.* that which is invented आविष्कार; act of inventing आविष्करण।

inventive *इन् वैनॅ टिव a.* able to invent आविष्कारशील।

inventor *इन् वैनॅ टॅः n.* one who invents आविष्कारक।

invert *इन् वॅःट v.t.* to turn upside down पलटना, औंधा करना; to change the order of (का) क्रम भंग करना।

invest *इन् वैस्ट* *v.t.* to put (money) in (धन) लगाना; to decorate सजाना।

investigate *इन् वैसॅ टि गेट* *v.t.* to search अनुसंधान करना; to inquire into (की) जांच-पड़ताल करना।

investigation *इन् वैसॅ टि गे शॅन* *n.* research अनुसंधान; act of examination जांच-पड़ताल।

investment *इन् वै ˘ स्ट् मॅन्ट* *n.* act of investing पूंजी-निवेश; money invested लगाया गया धन।

invigilate *इन् वि जि लैट* *v.t.* to supervise निरीक्षण करना।

invigilation *इन् वि जि ले शॅन* *n.* act of invigilating निरीक्षण।

invigilator *इन् वि जि ले टॅः* *n.* one who invigilates निरीक्षक।

invincible *इन् विन् सि ब्ल* *a.* unconquerable अपराजेय।

inviolable *इन् वॉइ अॅ लॅ ब्ल* *a.* that cannot be violated अनुल्लंघनीय।

invisible *इन् वि ज़ॅ ब्ल* *a.* not capable of being seen अंतर्धान; that cannot be seen अद श्य।

invitation *इन् वि टे शॅन* *v.* act of inviting आमंत्रण; written solicitation निमंत्रण-पत्र।

invite *इन् वॉइट* *v.t.* to ask politely to come आमंत्रित करना।

invocation *इन् वो ˘ के शॅन* *n.* prayer वंदना; invoking आह्वान।

invoice *इन् वौ ˘ इस* *n.* bill बीजक।

invoke *इन् वोक* *v.t.* to call on (का) आह्वान करना; to ask earnestly for के लिए विनती करना।

involve *इन् वौ ˘ ल्व* *v.t.* to entangle फंसाना; to be necessary for (के लिए) आवश्यक होना।

inward *इन् वॅःड* *a.* situated within आंतरिक।

inwards *इन् वॅःड्ज* *adv.* towards the inside अंदर की ओर, अंदर को; into the mind or soul अंतरात्मा में।

irate *ऑइ रेट* *a.* angry, enraged क्रुद्ध, नाराज़।

ire *ऑइअॅः* *n.* anger, rage क्रोध, नाराज़गी।

Irish[1] *ऑइअॅरिश* *a.* of Ireland आयरलैंड का।

Irish[2] *n.* the Irish language आयरलैंड की भाषा; the people of Ireland आयरलैंड के निवासी।

irksome *अॅःक् सॅम* *a.* tedious बोझिल, उबा देनेवाला।

iron[1] *ऑइ अॅन* *n.* a common metal लोहा; appliance used for smoothing clothes इस्तरी।

iron[2] *v.t.* to smooth with iron (पर) इस्तरी करना।

ironical *ऑइ रौ ˘ नि कॅल* *a.* containing irony व्यंग्यात्मक; saying something meaning the opposite वक्रोक्तिपूर्ण।

irony *ऑइअॅ रॅ नि* *n.* sarcastic use of words व्यंग्य।

irradiate *इ रे डि एट* *v.i.* to shine प्रदीप्त होना; *v.t.* to light up प्रकाशित करना।

irrational *इ रै शॅ नॅल* *a.* not rational तर्कशून्य।

irreconcilable *इ रै ˘ कॅन् सॉइ लॅ ब्ल* *a.* inconsistent असंगत; unfit for agreement समझौते के अयोग्य।

irrecoverable *इ रि क वॅः रॅ ब्ल* *a.* that cannot be recovered or remedied अपूरणीय।

irrefutable *इ रै ˘ फ़्यु टॅ ब्ल* *a.* that

cannot be refuted अकाट्य।

irregular इ रै ॅ ग्यु लॅः *a.* not regular अनियमित; disorderly क्रमविरूद्ध।

irregularity इ रै ॅ ग्यु लै रि टि *n.* the quality of being irregular अनियमितता।

irrelevant इ रै ॅ लि वॅन्ट *a.* not to the point असंबद्ध; not relevant विसंगत।

irrespective इ रि स्पै ॅक् टिव *a.* not having regard (of) निरपेक्ष।

irresponsible इ रिस् पौ ॅन् सॅ ब्ल *a.* without a sense of responsibility अनुत्तरदायी, लापरवाह।

irrigate इ रि गेट *v.t.* to water by means of canals etc. सींचना।

irrigation इ रि गे शॅन् *n.* act of irrigating सिंचाई।

irritable इ रि टॅ ब्ल *a.* easily annoyed चिड़चिड़ा।

irritant[1] इ रि टॅन्ट *a.* irritating उत्तेजक, प्रकोपक।

irritant[2] *n.* irritant substance उत्तेजक पदार्थ; something that irritates the mind उत्तेजक बातें।

irritate इ रि टेट *v.t.* to provoke चिढ़ाना; to stimulate उकसाना।

irritation इ रि टे शॅन *n.* act of irritating उत्तेजना; annoyance चिड़चिड़ाहट; burning sensation जलन।

irruption इ रप् शॅन *n.* sudden increase अचानक व द्धि; breaking in सेंध।

island ऑइ लॅन्ड *n.* mass of land surrounded by water टापू।

isle ऑइल *n.* island टापू।

isobar ऑइ सो ॅ बाः *n.* line on map connecting places of equal barometric pressure समदाब रेखा।

isolate ऑइ सों ॅ लेट,–सॅ– *v.t.* to separate from others प थक् करना।

isolation ऑइ सॅ ले शॅन *n.* separation अलगाव; segregation पार्थक्य।

issue[1] इ स्यू, इ श्यू, इ शू *v.i.* to go out निकलना; to result परिणाम होना; *v.t.* to give or send out निकालना; to publish प्रकाशित करना; to distribute वितरित करना।

issue[2] *n.* a going out निकास, निर्गमन; publication प्रकाशन; discharge स्राव; offspring संतान; topic of discussion विचारणीय-विषय; question, dispute विवाद; outcome, result परिणाम।

it इट *pron.* वह, यह।

Italian[1] इ टैल्यॅन *a.* of Italy इटली का, इटली से संबद्ध।

Italian[2] *n.* language of Italy इटली की भाषा; native of Italy इटली-निवासी।

italic इ टै लिक *a.* sloping (letters, type) तिरछा (लेखन, मुद्रण)।

italics इ टै लिक्स *n. pl.* letters in slanting type तिरछा मुद्रण।

itch[1] इच *n.* irritating sensation खुजली, constant teasing desire बेचैनी।

itch[2] *v.i.* to have an itch ख़ुजली होना।

item ऑइ टॅम *n.* subject विषय; entry in account मद।

ivory ऑइ वॅ रि *n.* hard substance of tusks of elephant हाथी-दांत।

ivy ऑइ वि *n.* climbing, clinging, evergreen plant आइवी, सदाबहार लता।

Jj

J जे the tenth letter of the English alphabet, developed from I, not found in English books before the middle of the seventeenth century. अक्षर 'I' से विकसित अंगेजी वर्णमाला का दसवाँ अक्षर, सत्रहवीं शताब्दी के मध्य तक इस अक्षर के स्थान में अंग्रेजी पुस्तकों में प्रायः I अक्षर का ही प्रयोग होता था; **J-pen** (a broad-pointed nib) चौड़ी नोक की निब (जीभी) जिस पर अक्षर 'J' छपा होता है।

jab जैब *(-bb-) v.t.* to stab भोंक देना।

jabber जै *बॅ: v.t.* to utter indistinctly बड़बड़ करना।

jack[1] जैक *n.* labourer मज़दूर; servant सेवक; machine for raising heavy weights उत्तोलक।

jack[2] *v.t.* to lift with a jack जैक-द्वारा उठाना।

jackal जै *कौल n.* wild dog-like animal सियार।

jacket जै *किट n.* wrapper of a book पुस्तकावरण; short coat जाकेट।

jade जेड *n.* worn-out horse मरियंल घोड़ा; a green precious stone हरितमणि।

jail जेल *n.* prison कारागृह, बंदीगृह।

jailer जै *लॅ: n.* officer incharge of a jail कारापाल।

jam[1] जैम *n.* fruit preserved मुरब्बा; block or stoppage due to crowding अवरोध।

jam[2] *(-mm-) v.t.* to press into a small space ठूंसना; to cause to stick together अटकाना, चिपकाना; to apply fiercely ज़ोर से लगाना; to squeeze भींचना, कुचलना; to block up by crowding भीड़ से रोकना; *v.i.* to become stuck अटक जाना; to become unworkable ठप हो जाना।

jar *जा: n.* vessel of glass etc. जार, मर्तबान; conflict संघर्ष; shock झटका; harsh sound कर्कश ध्वनि।

jargon *जा: गॅन n.* chatter अनर्गल वार्तालाप; language used by a particular group वर्ग-बोली।

jasmine, jessamine *जैस् मिन्, जे ˘ सॅ मिन n.* fragrant white flower चमेली।

jaundice[1] *जौन् डिस n.* a disease marked by yellowness of eyes and skin पीलिया; bitterness कटुता; prejudice पक्षपात।

jaundice[2] *v.t.* to affect with jaundice पीलिया ग्रस्त करना।

javelin *जैव् लिन n.* spear thrown in sports भाला, बरछा।

jaw *जौ n.* bony part holding the teeth जबड़ा।

jay जे *n.* a noisy bird of brilliant plumage नीलकंठ।

jealous *जै ˘ लॅस a.* envious ईर्ष्यालु; distrustful, suspicious संशयशील, शंकालु; taking watchful care सतर्क, चौकन्ना।

jealousy *जै ˘ लॅ सि n.* envy ईर्ष्या।

jean *जीन n.* strong cotton cloth मज़बूत सूती कपड़ा, जीन; *(pl.)* trousers of strong cotton cloth, usu., blue नीले कपड़े का पाज़ामा।

jeer *जिअ:* *v.i.* to laugh mockingly मज़ाक उड़ाना।

jelly जै˘ *लि* *n.* food made of fruit-syrup अवलेह, जेली।

jeopardize जै˘ *पॅ: डॉइज़* *v.t.* to put in danger खतरे में डालना।

jeopardy जै˘ *पॅ: डि* *n.* danger ख़तरा।

jerk *जॅ:क* *n.* jolt झटका।

jerkin *जॅ: किन* *n.* a sleeveles jacket मिरज़ई।

jerky *जॅ: कि* *a.* moving or coming by jerks झटकेदार।

jersey *जॅ: ज़ि* *n.* close fitting woollen upper garment जर्सी।

jest[1] *जैस्ट* *n.* joke हंसी; taunt ताना।

jest[2] *v.i.* to make a jest व्यंग्य करना।

jet जै˘ *ट* *n.* stream of liquid gas etc. धारा, धार; small hole छेद, सुराख; spout टोटी; aircraft propelled by a jet engine जैट विमान; a black mineral संगमूसा, क ष्णाष्म।

Jew जू *n.* one of Hebrew race यहूदी।

jewel[1] जू *अॅल* *n.* a precious stone रत्न, मणि।

jewel[2] *(-ll-)* *v.t.* to aborn with jewels रत्नमंडित करना।

jeweller जू *अॅ लॅ:* *n.* one who deals in or makes jewels जौहरी।

jewellery जू *अॅ लॅ रि* *n.* jewels in general रत्न, रत्नाभूषण।

jingle[1] *जिङ् ग्ल* *n.* a clinking sound झनकार; short rhyme used in advertising विज्ञापन-गीत।

jingle[2] *v.i.* to produce clinking sound झनझनाना।

job *जौबॅ* *n.* work काम; specific duty कर्त्तव्य; regular paid position नौकरी।

jobber जौ˘ *बॅ:* *n.* one who buys and sells as a broker दलाल, आढ़तिया; person who jobs ठेके पर काम करनेवाला व्यक्ति।

jobbery जौ˘ *बॅ रि* *n.* public business done dishonestly भ्रष्टाचार।

jocular जौ˘ *क्यु लॅ:* *a.* humorous विनोदप्रिय; given to jokes हंसी-मज़ाक़ करनेवाला।

jog *जौगॅ (-gg-)* *v.t.* to shake धकेलना, हिलाना; to stimulate चेताना; *v.i.* to move by jogs इधर-उधर या ऊपर-नीचे हिलना; to trudge धीरे-धीरे दौड़ना।

join जौ˘ *इन* *v.t.* to connect जोड़ना; to unite संबद्ध करना; to come into association with साथ देना; *v.i.* to be connected जुड़ना; to unite संबद्ध होना।

joiner जौ˘ *इ नॅ:* *n.* maker of finished woodwork बढ़ई, मिस्तरी; one who joins योजक, जोड़नेवाला।

joint *जौ˘ इन्ट* *n.* joining जोड़; place where two things meet संधिस्थल।

jointly जौ˘ *इन्ट् लि* *adv.* together मिलजुलकर।

joke[1] *जोक* *n.* jest परिहास।

joke[2] *v.i.* to make jokes हंसी-मज़ाक़ करना।

joker *जो कॅ:* *n.* one who jokes विदूषक, जोकर; extra card in a pack ताश का अतिरिक्त पत्ता।

jollity जौ˘ *लि टि* *n.* merrymaking आमोद-प्रमोद, राग-रंग।

jolly जौ˘ *लि* *a.* merry प्रफुल्ल, प्रसन्न; expressing mirth विनोदशील।

jolt[1] जौ˘ *ल्ट* *n.* sudden jerk झटका; आघात।

jolt[2] *v.t.* to shake with a sudden jerk हिचकोले देना।

jostle[1] *जौॅ स्‌ल n.* hustle and bustle धक्कमधक्का।

jostle[2] *v.t.* to push (as in a crowd) धक्का देना।

jot[1] *जौॅट n.* a tiny particle कण।

jot[2] *(-tt-) v.t.* to make a quick written note संक्षेप में लिख देना।

journal *जॅः नॅल n.* daily news-paper दैनिक समाचार-पत्र; diary दैनंदिनी; magazine पत्रिका।

journalism *जॅः नॅ लिज़्म n.* profession or writing for public jounals पत्रकारिता।

journalist *जॅः नॅ लिस्ट n.* one who writes for public journals पत्रकार।

journey[1] *जॅः नि n.* travel यात्रा; excursion सैर।

journey[2] *v.i.* to travel यात्रा करना।

jovial *जो व्यॅल a.* full of jollity उल्लासपूर्ण; joyous प्रसन्नचित।

joviality *जो वि ऐ लि टि n.* liveliness जिंदादिली; humorousness विनोदप्रियता।

joy *जौॅइ n.* gladness हर्ष, आनंद।

joyful, joyous *जौॅइ फुल जौॅइ अॅस n.* full of joy हर्षित, आनंदित।

jubilant *जू बि लॅन्ट a.* shouting for joy उल्लसित।

jubilation *जू बि ले शॅन n.* rejoicing आनंदोत्सव।

jubilee *जू बि ली n.* an occasion of rejoicing आनंदोत्सव का अवसर; a special anniversary of an event esp. the 50th पचासवीं वर्षगांठ।

judge[1] *जज n.* an officer appointed to try cases in a law court न्यायाधीश; one who decides in a dispute, contest etc. निर्णायक; an arbiter पंच।

judge[2] *v.i.* to act as a judge निर्णय करना; *v.t.* to form an opinion about आंकना; to decide तय करना।

judgement *जज् मॅन्ट n.* verdict निर्णय; opinion धारणा; discrimination विवेक।

judicature *जू डि कॅ चॅः n.* court न्यायालय; system of courts न्याय-व्यवस्था; jurisdiction न्यायाधिकार।

judicial *जु डि शॅल, जू– a.* of or by a court of law न्याय-संबंधी, न्यायिक।

judiciary *जु डि शि अॅ रि, जू– n.* system of courts and judges न्यायतंत्र।

judicious *जु डि शॅस, जू– a.* possessing sound judgement विवेकशील।

jug *जग n.* vessel with a handle जग।

juggle *ज़ॅ ग्‌ल v.t.* to conjure जादूगरी करना।

juggler *ज़ॅग् लॅः n.* one who practises jugglery बाज़ीगर।

juice *जूस n.* sap of vegetables or fruits सूप, रस।

juicy *जूसि a.* containing much juice रसदार।

jumble[1] *जम् ब्‌ल n.* confused mixture घालमेल; confusion अस्तव्यस्तता।

jumble[2] *v.t.* to mix confusedly गड्‌मड्‌ड करना।

jump[1] *जम्प n.* leap छलांग; sudden rise अकस्मात व द्धि।

jump[2] *v.i.* to spring upwards कूदना;

v.t., to pass over with a jump लांघना।

junction *जङ्क् शॅन n.* joining संधि, संयोजन; place or point of union संधि-स्थल।

juncture *ज़ङ्क् चें: n.* joining, union संधि-स्थल; a point of time समय, अवसर।

jungle *जङ् गल n.* land with dense growth of trees जंगल, वन।

junior[1] जू *न्यें: a.* lower in standing or rank अवर, कनिष्ठ।

junior[2] *n.* a junior person अवर व्यक्ति।

junk *जङ्क n.* rubbish कूड़ा-करकट, कचरा।

jupiter जू *पि टें: n.* name of a planet ब हस्पति ग्रह।

jurisdiction *जुअॅ रिस् डिक् शॅन n.* legal authority न्याय-सीमा; limits within which legal authority may be exercised अधिकार-क्षेत्र।

jurisprudence *जुअॅ रिस् प्रू डॅन्स n.* science of knowledge of law न्यायशास्त्र।

jurist *जुअॅ रिस्ट n.* an expert in law क़ानूनविद, विधिवेत्ता।

juror *जु अॅ रें: n.* member of a jury जूरी का सदस्य।

jury *जुअॅ रि n.* a body of persons sworn to render a verdict on a law case न्यायपीठ।

juryman *जुअॅ रि मॅन n.* member of a jury जूरी का सदस्य।

just[1] *जस्ट a.* fair उचित; in accordance with facts युक्तिसंगत; according to justice न्यायोचित।

just[2] *adv.* exactly वस्तुतः, merely केवल; quite recently अभी-अभी।

justice *जस् टिस n.* judicial decision अदालती निर्णय; judge न्यायाधीश।

justifiable *जस् टि फ़ॉइ अॅ ब्‌ल a.* that may be justified न्याय; reasonable तर्कसंगत।

justification *जस् टि फ़ि के शॅन n.* rationality औचित्य; reasonableness तर्कसंगतता।

justify *जस् टि फ़ॉइ v.t.* to make just न्यायसंगत बनाना; to prove to be just उचित प्रमाणित करना।

justly *जस्ट् लि adv.* honestly, fairly न्यायतः, उचित रूप में।

jute जूट *n.* a fibre जूट, पटसन।

juvenile *जू वि नॉइल a.* pertaining to youth किशोर-संबंधी; having youth यौवनमय; suited to youth युवकोचित।

Kk

K के the eleventh letter of the English alphabet (it is not pronounced before N), the symbol of potassim in chemistry. अंग्रेजी वर्णमाला का ग्याहवाँ अक्षर, इस अक्षर का उच्चारण 'एन' अक्षर के पूर्व रहने पर नहीं होता है, रसायन शास्त्र में 'पोटाशिअम' के लिए सांकेतिक चिन्ह।

keen *कीन a.* eager इच्छुक; sharp

तेज़; enthusiastic उत्साही।

keenness *कीन् निस n.* eagerness उत्सुकता, उत्कंठा; sharpness तीव्रता; zeal उत्साह।

keep *कीप v.t.* to retain possession of पास रखना; to store सुरक्षित रखना; to maintain बनाए रखना; to fulfil पूरा करना, निभाना; to tend देख-रेख करना।

keeper *की पॅ: n.* one who or that which keeps रक्षक; attendant देखभाल करनेवाला।

keepsake *कीप् सेक n.* something kept in memory of the giver स्म तिचिन्ह।

kennel *कै˘ नॅल n.* hut to shelter a dog कुत्ताघर।

kerchief *कॅ: चिफ़ n.* head-cloth औढ़नी; handkerchief रूमाल।

kernel *कॅ : न्ल n.* seed within a hard shell गुठली; soft inner part of nut गिरी; the core सार।

kerosene *कै˘ रॅ सीन n.* a thin oil used as fuel मिट्टी का तेल।

ketchup *कै˘ चॅप n.* sauce of vinegar, potatoes etc. चटनी।

kettle *कै ट्ल n.* a metal container पतीली, केतली।

key[1] *की n. (pl.keys)* instrument for locking and unlocking चाबी; a book of answers कुंजी; solution समाधान।

key[2] *v.t.* to lock with a key चाबी से बंद करना; to put a key into (lock) (ताले में) चाबी लगाना।

kick[1] *किक n.* a hit with the foot ठोकर।

kick[2] *v.t.* to hit with the foot ठोकर से मारना।

kid *किड n.* young goat मेमना; child बच्चा।

kidnap *किड् नैप (-pp-) v.t.* to steal (a human being) for ransom (मानव का) अपहरण करना।

kidney *किड् नि n.* the organ which secretes urine गुर्दा।

kill[1] *किल v.t.* to put to death मारना, बध करना; to destroy नष्ट करना; to waste व्यर्थ खोना।

kill[2] *n.* act of killing हत्या, वध; animals killed in hunt शिकार।

kiln *किल्न, किल n.* large oven for baking or drying भट्ठा।

kin *किन n.* family, relatives परिजन, सगे-संबंधी।

kind[1] *कॉइन्ड n.* sort क़िस्म, प्रकार।

kind[2] *a.* benevolent क पालु; gentle सज्जनतापूर्ण।

kindergarten *;किन् डॅ: गा: ट्न n.* infant school बाल-विहार।

kindle *किन् ड्ल v.t.* to set fire to सुलगाना; to light चमकाना; to inflame भड़काना।

kindly *कॉइन्ड् लि adv.* in a friendly, considerate way क पया।

king *किङ्ग n.* monarch सम्राट्, राजा; (chess) the main piece बादशाह।

kingdom *किङ्ग्-डॅम n.* monarchial state साम्राज्य, राज्य।

kinship *किन् शिप n.* blood relationship सगोत्रता; similarity समानता।

kiss[1] *किस् n.* a touch with the lips चुंबन।

kiss[2] *v.t.* to touch with the lips चूमना।

kit *किट n.* small wooden tub कठौता, लकड़ी का टब; material, tools etc. in a container साज़-सामान।

kitchen *कि चिन n.* place where food is cooked रसोईघर।

kite *कॉइट n.* light frame covered with paper for flying in the air पतंग; a bird of the hawk family चील।

kith *किथ n.* relatives रिश्तेदार।

kitten *कि ट्न n.* a young cat बिल्ली का बच्चा।

knave *नेव n.* a rogue दुष्ट, धूर्त; jack at cards (ताश) गुलाम।

knavery *ने वॅ रि n.* villainy, roguery धूर्तता, दुष्टता।

knee *नी n.* joint below thigh घुटना।

kneel *नील v.i.* to rest and fall on knees घुटने टेकना।

knife *नॉइफ़ n.* instrument for cutting चाकू।

knight[1] *नॉइट n.* warrior योद्धा।

knight[2] *v.t.* to confer kinghthood on नाइट की उपाधि देना।

knit *निट (-tt-) v.t.* to weave बुनना।

knock *नौकॅ v.t.* to strike, to hit मारना, प्रहार करना; to rap खटखटाना।

knot[1] *नौ ॅट n.* tightened loop गांठ।

knot[2] *(-tt-) v.t.* to tie बांधना।

know *नो v.t.* to be informed about जानना; to be aware of से सचेत होना; to have under-standing of (की) जानकारी होना।

knowledge *नौ ॅ लिज n.* understanding जानकारी; learning ज्ञान; information सूचना; acquaintance परिचय।

Ll

L ऍल the twelfth letter of the English alphabet, a symbol for 50 in Roman numerals. अंग्रेजी वर्णमाला का बारहवाँ अक्षर, रोमन संख्या में ५० के लिए संकेत।

label[1] *ले ब्ल n.* a card marked and attached to an object लेबिल, नाम-पत्र।

label[2] *(-ll-) v.t.* to attach a label to लेबिल लगाना।

labial *ले ब्यॅल a.* of the lips ओष्ठ-संबंधी।

laboratory *लै बॅ रॅ टॅ रि, लॅ बौ ॅ —n.* a building or room where scientific tests are carried out प्रयोगशाला।

laborious *लॅ बौ रि ॲस a.* hard-working परिश्रमी; tedious कठिन, श्रमसाध्य।

labour[1] *ले बॅः n.* hard work परिश्रम; working class श्रमिक वर्ग; pain of child birth प्रसव-पीड़ा।

labour[2] *v.i.* to work hard कठिन परिश्रम करना।

laboured *ले बॅःड a.* showing signs of great effort यत्नसिद्धः forced, not natural अस्वाभाविक।

labourer *ले बॅ रॅः n.* working man श्रमिक।

labyrinth *लै बि रिन्थ n.* an intricate network of winding passages भूलभुलैया; complicated situation उलझन।

lac, lakh *लैक* *n.* the number one hundred thousand एक लाख, सौ हज़ार।

lace[1] *लेस* *n.* a cord used for fastening shoe etc. फ़ीता, तस्मा; delicate ornamental work made of threads जाली।

lace[2] *v.t.* to fasten with laces फ़ीतों से बांधना।

lacerate *लै-सॅ-रेट* *v.t.* to tear चीरना, फ़ाड़ना; to rend, to wound चीर-फाड़ करना; to afflict यंत्रणा देना।

lachrymose *लैक्-रि-मोस* *a.* full of tears अश्रुपूर्ण, साश्रु; shedding tears, given to weeping रुदनकारी।

lack[1] *लैक* *n.* need, want कमी, अभाव।

lack[2] *v.t.* to have less than enough of (का) अभाव होना।

lackey *लै कि* *n.* a manservant or footman नौकर, टहलुआ।

lacklustre *लैक्-लॅस्-ट्रॅः* *a.* wanting lustre निस्तेज, निष्प्रभ।

laconic *लॅ कौ ॅ निक* *a.* (speech) terse अल्पाक्षरिक, संक्षिप्त।

lactate *लैक्-टेट* *v.i.* to secrete milk दुग्ध स्रावित करना।

lactometer *लै क्-टौ-मि-टॅरः* *n.* apparatus for measuring the density of milk दुग्धमापी।

lactose *लैक्-टोस* *n.* milk sugar दुग्धशर्करा।

lacuna *लॅ क्यू नॅ* *n.* (*pl. -nas, -nae-नी*) missing part कमी; gap अंतराल।

lacy *ले-सि* *a.* like lace, having lace लेसदार, झालरदार।

lad *लैड* *n.* boy लड़का।

ladder *लै डॅः* *n.* a narrow frame with steps or rungs for climbing up or down सीढ़ी।

lade *लेड* *(p.p./laden) v.t.* to burden, to load लादना।

ladle[1] *लै ड्ल* *n.* spoon with long handle and big bowl करछुल।

ladle[2] *v.t.* to serve with a ladle करछुल से देना।

lady *ले डि* *n.* polite name for a woman महिला।

lag *लैग* *v.i.* to walk or move too slowly धीरे-धीरे चलना; to hang back or linger पीछे रह जाना।

laggard *लै-गॅःड* *n.* one who lags behind फिसड्डी व्यक्ति; weak person शक्तिहीन व्यक्ति।

lagoon *लॅ-गून* *n.* shallow lake near the sea समुद्र के पास की झील।

lair *ले ॅ अँः* *n.* den मांद।

lake *लेक* *n.* a large stretch of water surrounded by land झील।

lama *ला मॅ* *n.* a Buddhist priest of Tibet लामा।

lamb *लैम* *n.* a young sheep मेमना।

lambaste *लैम्-बेस्ट* *v.t.* to beat मारना, पीटना; to thrash कूटना; to reprimand डांटना-फटकारना।

lame[1] *लेम* *a.* limping, crippled in leg लंगड़ा; unconvincing असंतोषजनक, कच्चा।

lame[2] *v.t.* to make lame पंगु बनाना।

lament[1] *लॅ मैन्ट* *v.i.* to feel or show great sorrow शोक प्रकट करना; *v.t.* to mourn for विलाप करना।

lament[2] *n.* expression of grief विलाप, शोक।

lamentable *लै मॅन् टॅ ब्ल* *a.* distressing शोचनीय; regrettable खेद-योग्य।

lamentation *लै मॅन् टे शॅन* *n.* act

of lamenting विलाप।

lambkin *लैम्-किन n.* a little lamb छोटा मेमना।

laminate *लै-मि-नेट v.t.* to make into a thin plate पतली परत का रूप देना; to make by putting layers together परत मिलाकर बनाना।

lamp *लैम्प n.* a glass-covered light दीपक, लैंप।

lampoon[1] *लैम् पून n.* a harsh satire कटाक्षपूर्ण रचना।

lampoon[2] *v.t.* to satirise (पर) व्यंग्य करना।

lance[1] *लान्स n.* a spear, a sharp-pointed weapon with a long handle बल्लम।

lance[2] *v.t.* to pierce चुभाना।

lancer *लान् सः n.* soldier armed with a lance बल्लमधारी योद्धा।

lancet *लान्-सिट a.* a surgical instrument छुरिका, नश्तर, शल्य-यंत्र।

land[1] *लैन्ड n.* solid part of the earth भूमि; country देश; region क्षेत्र।

land[2] *v.i.* to set on shore from a ship पोत से उतरना; *v.t.* to bring (an aeroplane) to surface from the air (जहाज़ को) उतारना।

landing *लैन् डिङ्ग n.* the flat space at the top of a flight of stairs चौकी; coming ashore from a ship अवतरण।

landscape *लैन्ड् स्केप n.* natural inland scenery परिद श्य; a picture of landscape प्राक तिक द श्य-चित्र।

lane *लेन n.* a narrow road गली; area of road for one stream of traffic एक ही प्रकार के यातायात-हेतु निर्दिष्ट पथ।

language *लैङ् ग्विज n.* human speech भाषा।

languish *लैङ् ग्विश v.i.* to bocome dispirited मुरझाना, क्षीण होना।

lank *लैङ्क a.* flaccid क श, क्षीण; tall and thin लंबा और पतला; straight and flat (बाल) सीधा और चपटा।

lantern *लैन् टॅःन n.* a container with glass sides for holding a light लालटेन।

lap *लैप n.* front part from the waist to the knees of a sitting person गोदी।

lapse[1] *लैप्स v.i.* to fall to bad ways पतित हो जाना; to end from disuse कालातीत हो जाना।

lapse[2] *n.* a slight mistake त्रुटि, भूल।

lard *लाःड n.* rendered fat of the hog सुअर की चरबी।

large *लाःज a.* big बड़ा; generous उदार।

largesse *लाः-जैं स n.* generous giving उदार दान; gift so given दिया गया दान।

lark *लाःक n.* a small bird that sings clearly and seetly and flies very high भरत, भरुहि।

lascivious *लॅ सि वि ॲस a.* lustful कामुक।

lash[1] *लैश a.* to strike with a lash कोड़ा मारना।

lash[2] *n.* a whip-stroke कोड़े का आघात; a whip चाबुक, कोड़ा।

lass *लैस n.* girl लड़की, किशोरी।

last[1] *लास्ट a.* coming at the end अंतिम; most recent गत, पिछला।

last[2] *adv.* after all others सबके अंत में; on the last occasion पिछली बार।

last[3] *v.i.* to remain in good condition टिकना, बना रहना।

last[4] *n.* that which comes at the end अंतिम वस्तु।

lastly *लास्ट् लि adv.* finally अंतिम तौर से।

lasting *लास् टिङ्ग a.* durable टिकाऊ।

latch *लैच n.* a fastening for a door or gate कुंडी, डंडाला।

late[1] *लेट a.* coming after the appointed time विलंबित; delayed पिछेता; recent पिछला, हाल का; deceased स्वर्गीय; that was recently but now is not भूत-पूर्व।

late[2] *adv.* after proper time विलंब से; recently हाल ही में।

lately *लेट् लि* recently हाल ही में।

latent *ले टॅन्ट a.* hidden गुप्त, अंतर्निहित।

lath *लाथ n.* slip, thin slip of wood छेपट, लकड़ी का पतला लंबा टुकड़ा।

lathe[1] *लेद n.* machine for turning and shaping articles of wood, metal etc. खराद।

lathe[2] *लेद n.* a machine for shaping wood or metal ख़राद मशीन।

lather *ला दॅः, लै दॅः n.* froth made by soap and water झाग।

latitude *लै टि ट्यूड n.* the distance north or south of the equator, measured in degrees अक्षांश; freedom from narrow restrictions छूट।

latrine *लॅ ट्रीन n.* lavatory शौचालय।

latter *लै टॅः a.* the second of two पिछला; later बाद वाला।

lattice *लै टिस n.* a network of bars crossed diagonally जाल, जालक।

laud[1] *लौड v.t.* to praise प्रशंसा करना।

laud[2] *n.* praise प्रशंसा।

laudable *लौ डॅ ब्ल a.* worthy of praise प्रशंसनीय।

laugh[1] *लाफ n.* act or sound expressing delight. हंसी।

laugh[2] *v.i.* to express delight हंसना।

laughable *ला फॅ ब्ल a.* ridiculous हास्यास्पद; comical, amusing हास्यकर, मनोरंजक।

laughter *लाफ़् टॅः n.* act or sound of laughing हंसी, हास्य।

launch[1] *लौन्च v.t.* to set (a newly built vessel) afloat (नया पोत) समुद्र में उतारना; to send off a (rocket) (प्रक्षेपास्त्र) छोड़ना।

launch[2] *n.* act of launching जलावतरण; a power-driven boat नाव।

launder *लौन् डॅः v.t.* to wash and iron (clothes) (कपड़े) धोना और प्रेस करना।

laundress *लौन् ड्रिस n.* woman who washes the dresses धोबिन।

laundry *लौन् ड्रि n.* a place where clothes are washed धुलाईघर।

laurel *लौ रॅल n.* a shrub with glossy evergreen leaves जयपत्र।

laureate[1] *लौ-रि-इट a.* crowned with a laurel wreath लोरल भूषित।

laureate[2] *n.* a perosn who is honoured for some achievement विशिष्ट सम्मान-प्राप्त व्यक्ति।

lava *लावॅ n.* rock-matter that flows in a molten state from volcanoes लावा।

lavatory *लै वॅ टॅ रि n.* a room where

one can wash one's hands and face प्रच्छालन-कक्ष; flush toilet शौचालय।

lavender *लै-विन्-डरः* *n.* plant with fragrant pale lilac flowers एक प्रकार का सुगंधित पौधा जिसके फूल पीले रंग के होते हैं।

lavish[1] *लै विश* *a.* abundant प्रचुर; extravagant अपव्ययी।

lavish[2] *v.t.* to spend abundantly दिल खोलकर ख़र्च करना।

law *लौ* *n.* any regulation which people must obey क़ानून।

lawful *लौ फुल* *a.* legal वैध; rightful उचित; agreeable to law न्यायसम्मत।

lawless *लौ लिस* *a.* illegal अवैध; contrary to law न्याय-विरुद्ध।

lawn *लौन* *n.* a piece of ground covered with grass घास का मैदान।

lawyer *लौ यॅः* *n.* someone who is expert in matters connected with the law विधिवक्ता, वकील।

lax *लैक्स* *a.* not strict ढीला; negligent बेपरवाह।

laxative[1] *लैक् सॅ टिव* *n.* a mild purgative रेचक औषधि।

laxative[2] *a.* causing easy bowel movement रेचक।

laxity *लैक् सि टि* *n.* state or quality of being lax रेचन; losseness ढिलाई, शिथिलता।

lay[1] *ले* *v.t.* to put (something) down रखना।

lay[2] *a.* not expert अविशेषज्ञ; relating to persons who are not priests अयाजकीय।

lay[3] *n.* a short narrative poem गीत।

layer *ले ॲः* *n.* single thickness of some substance spread over another परत, तह।

layman *ले मॅन* *n.* a person who is not expert साधारण व्यक्ति।

laze *लेज़* *v.i.* to be idle सुस्त रहना, आलस्य करना।

laziness *ले ज़ि निस* *n.* state or quality of being lazy आलस्य।

lazy *ले ज़ि* *n.* indolent आलसी, सुस्त।

lea *ली* *n.* open country, meadow, pasture खुला मैदान, चरागाह।

leach *लीच* *v.t.* to drain away by percolation घोलकर बहाना; to percolate through something निथारना।

lead[1] *लैॅड* *n.* a metal सीसा; thin stick of graphite (पेंसिल का) सुरमा।

lead[2] *लीड* *v.t.* to guide मार्गदर्शन करना; to be the head or leader of (की) अगुवाई करना।

lead[3] *n.* guidance मार्गदर्शन।

leaden *लैॅ ड्न* *a.* heavy बोझिल; made of lead सीसे का।

leader *लीडॅः* *n.* person that leads अगुआ; guiding head नेता।

leadership *ली-डरः-शिप* *n.* state or quality of being a leader नेतृत्व, नायकत्व।

leaf *लीफ़* *n.* (*pl. leaves* लीव्ज़) broad green part on the stem of a plant पत्ती; a sheet of paper पन्ना; a thin sheet of metal वर्क़।

leaflet *लीफ़् लिट* *n.* a small pamphlet पत्रक, पुस्तिका।

leafy *लीफ़ि* *a.* full of leaves पत्तियों से भरा हुआ।

league *लीग* *n.* association of nations, groups, individuals संघ।

leak[1] *लीक* *n.* creak दरार; leacking रिसाव।

leak[2] *v.i.* to escape out through opening रिसना; *v.t.* to give out (information) (रहस्य) प्रकट कर देना।

leakage *ली किज* *n.* a leaking रिसन।

lean[1] *लीन* *n.* thin पतला, दुबला।

lean[2] *v.i.* to bend झुकना; to rest in a sloping position तिरछा होना; *v.t.* to cause to rest against झुकाना।

leap[1] *लीप* *v.i.* to jump कूदना; to pass over or jump लांघना।

leap[2] *n.* act of leaping कूद, उछाल।

learn *लॅःन* *v.i.* to get knowledge सीखना; *v.t.* to come to know जानना; to memorize रटना।

learned *लॅः निड* *a.* having much knowledge विद्वान scholarly पंडित।

learner *लॅः नॅः* *n.* a pupil शिष्य; a beginner नौसिखिया।

learning *लॅः निङ्ग* *n.* education शिक्षा; erudition विद्वत्ता।

lease[1] *लीस* *n.* contract for a specified time and fixed payment पट्टा।

lease[2] *v.t.* to give or get by a lease पट्टे पर देना या पाना।

least[1] *लीस्ट* *a.* smallest possible अल्पतम।

least[2] *adv.* to the smallest extent कम-से-कम मात्रा में।

leather *लै˘ दॅः* *n.* animal skin prepared for use चमड़ा।

leave[1] *लीव* *n.* absence from duty अवकाश; period of such absence अवकाश-अवधि; departure विदा।

leave[2] *v.t.* to go away from छोड़ना; to abandon त्यागना; to let remain रहने देना; *v.i.* to depart विदा होना, प्रस्थान करना।

lecture[1] *लै ˘क् चॅः* *n.* discourse व्याख्यान; reproof फटकार।

lecture[2] *v.i.* to deliver lecture भाषण देना; *v.t.* to scold फटकारना।

lecturer *लैक्ॅ चॅ रॅः* *n.* a college or university teacher प्रवक्ता, व्याख्याता।

ledger *लै˘ जॅः* *n.* book containing accounts खाता-बही।

lee *ली* *n.* shelter आश्रयण शरण; quarter towards which the wind blows ओट, वायुप्रतिकूल-पार्श्व, अनुवात।

leech *लीच* *n.* a blood-sucking worm जोंक।

leek *लीक* *n.* vegetable of the onion genus प्याज़ जैसी सब्ज़ी।

left[1] *लैफ़्ट* *a.* denoting the part opposed to the right of the body बायां।

left[2] *n.* the side opposite to the right वाम, वामपक्ष।

leftist *n.* person following leftism, progressive person वामपंथी व्यक्ति, प्रगतिवादी व्यक्ति।

leg *लैगॅ* *n.* a limb of the body टांग; support of a table, chair etc. पाया; a stage of a journey मंज़िल।

legacy *लै˘ गॅ सि* *n.* bequest वसीयत।

legal *ली गॅल* *a.* permitted by law क़ानूनी, वैध।

legality *ली गै लि टि* *n.* condition; or character of being legal वैधता।

legalize *ली गॅ लॉइज़* *v.t.* to make legal क़ानूनी बनाना।

legend *लैˇ जॅन्ड n.* a story handed down from the past किंवदंती।

legendary *लैˇ जॅन् डॅ रि a.* famous प्रसिद्ध; known only in legends पौराणिक।

leghorn *लैˇ-गहौरःन n.* small breed of domestic fowl एक प्रकार की पालतू मुर्ग़ी; hat made of fine straw चटाई का बना टोप।

legible *लैˇ जॅ ब्ल, –जि– a.* readable सुपाठ्य।

legibly *लैˇ जि ब्लि adv.* so as to be read सुपाठ्य रूप में।

legion *ली जॅन n.* division of an army सैन्य-टुकड़ी; a vast number भीड़, विशाल संख्या।

legionary *ली-जॅ-नॅ-रि n.* member of a legion सेना का सदस्य।

legislate *लैˇ जिस् लेट v.i.* to make or enact a law or laws क़ानून बनाना।

legislation *लैˇ जिस् ले शॅन n.* act of making a law or laws विधि-निर्माण; laws or statutes enacted विधान।

legislative *लैˇ जिस् लॅ टिव a.* capable of or pertaining to the enacting of laws विधायी।

legislator *लैˇ जिस् ले टॅः n.* one who makes laws क़ानून-निर्माता।

legislature *लैˇ जिस् ले चॅः n.* law-making body विधानमंडल।

legitimacy *लि जि टि मॅ सि n.* state or quality of being legitimate, legality वैधता।

legitimate *लि जि टि मिट a.* accordant with law न्यायसंगत; following by logical or natural sequence तर्कसंगत; born of legally married parents वैध।

leisure[1] *लैˇ ज़ॅः n.* freedom from occupation अवकाश; vacant time ख़ाली समय।

leisure[2] *a.* vacant ख़ाली; फुरसत का।

leisurely[1] *लैˇ ज़ॅः लि a.* unhurried मंथर।

leisurely[2] *adv.* without haste or hurry धीरे-धीरे।

lemon *लैˇ मॅन n.* an acid fruit of the orange kind नींबू।

lemonade *लैˇ मॅ नेड n.* a drink made from lemon juice, sugar and water शिंकजी।

lend *लैन्ड v.t.* to furnish on condition of the thing being returned उधार देना।

length *लैˇङ्ग्थ n.* state or quality of being long लंबाई, विस्तार; duration of time अवधि।

lengthen *लैˇङ्ग् थॅन v.t.* to make longer लंबा करना; *v.i.* to become longer लंबा होना।

lengthy *लैˇ ङ्ग् थि a.* somewhat long विस्त त, बहुत लंबा।

lenience, leniency *लीन् यॅन्स, –यॅन् सि n.* quality of being lenient उदारता।

lenient *लीन् यॅन्ट a.* acting without rigour, mild उदार, कोमल।

lens *लैन्ज़, n.* glass लैंस।

lentil *लैन् टिल n.* a kind of bean plant मसूर का पौधा; seed of this plant मसूर।

Leo *ली-ओ n.* the 5th sign of the Zodiac सिंह राशि।

leonine *ली ॲ नॉइन, लि– a.* of a lion सिंह-विषयक; like a lion सिंह जैसा।

leopard *लैॅ पॅःड* *n.* a large carnivorous animal of the cat genus, with a spotted skin तेंदुआ।

leper *लै ॅ पॅः* *n.* one affected with leprosy कोढ़ी, कुष्ठरोगी।

leprosy *लैपॅ रॅ सि* *n.* a foul contagious disease कोढ़, कुष्ठ।

leprous *लैपॅ रॅस* *a.* affected with leprosy कुष्ठ-पीड़ित।

less[1] *लैसॅ* *a.* smaller in quantity अपेक्षाक त कम।

less[2] *n.* smaller quantity, part of amount अपेक्षाक त कम मात्रा या भाग।

less[3] *adv.* to a smaller extent अपेक्षाक त कम सीमा तक; not so much इतना नहीं।

less[4] *prep.* with the deduction of, minus को निकालकर।

lessee *लै ॅ सी* *n.* the person to whom a lease is given पट्टेदार।

lessen *लैॅ स्न* *v.t.* to make less कम करना, घटाना; *v.i.* to become less कम होना, घटना।

lesser *लै ॅ सॅः* *a.* not so great as the other लघुतर।

lesson *लैॅ स्न* *n.* portion which a pupil learns at one time पाठ; example उदाहरण।

lest *लैस्ॅट* *conj.* for fear that इस डर से कि; in order that not ताकि नहीं।

let *लैॅट* *v.t.* to allow अनुमति देना; to lease पट्टे पर देना।

lethal *ली थॅल* *a.* fatal प्राणघातक।

lethargic *लै ॅ थाः जिक* *a.* drowsy निश्चेष्ट; dull सुस्त; wanting in energy शक्तिहीन।

lethargy *लै ॅ थॅः जि* *n.* morbid drowsiness तंद्रा; dullness सुस्ती।

letter *लै ॅ टॅः* *n.* a mark used as the representative of sound वर्ण; a written message पत्र; (*pl.*) literature and learning साहित्य व विद्या।

level[1] *लै ॅ व्ल* *n.* plane सतह; standard स्तर; rank in a scale of values दरजा।

level[2] *a.* perfectly flat and even समतल; equal in importance or rank समस्तर।

level[3] *(-ll-)* *v.t.* to make level समतल करना; to demolish गिरा देना; to equalize एकबराबर करना।

lever[1] *ली वॅः* *n.* a bar used for raising weights etc. उत्तोलक।

lever[2] *v.t.* to move (something) with a lever उत्तोलक से हटाना।

leverage *ली वॅ रिज* *n.* action or power of a lever उत्तोलन, उत्तोलक की शक्ति।

levity *लैॅ वि टि* *n.* lack of seriousness छिछोरापन।

levy[1] *लैॅ वि* *v.t.* to raise वसूल करना; to collect एकत्र करना।

levy[2] *n.* act of levying करारोपण; collection, realisation उगाही; amount levied आरोपित राशि; enrolment of troops भरती।

lewd *लूड, ल्यूड* *a.* indecent अशिष्ट, भद्दा; lustful कामुक।

lexicography *लैक् सि कौगॅ रॅ फ़ि* *n.* dictionary-writing कोश-रचना।

lexicon *लैक् सि कॅन* *n.* a dictionary शब्दकोश।

liability *लॉइ अॅ बि लि टि* *n.* state of being liable ज़िम्मेदारी, दायित्व; (*pl.*) debts देयधन।

liable *लॉइ अॅ ब्ल* *a.* answerable उत्तरदायी, ज़िम्मेदार; subject (to) संभाव्य।

liaison *लि ए जॅन, ली–* *n.* an illicit intimacy between a man and a woman जार संबंध; connection संबंध।

liar *लॉइ अ:* *n.* one who utters falsehood झूठा, असत्यवादी।

libel[1] *लॉइ बॅल* *n.* a defamatory writing निंदालेख; written accusation अभियोग-पत्र; defamation परिवाद।

libel[2] *(-ll-)* *v.t.* to defame falsely झूठ के सहारे बदनाम करना।

liberal *लि बॅ रॅल* *a.* generous उदार; bountiful दानशील; broad-minded उदारचेता।

liberalism *लि बॅ रॅ लिज़्म* *n.* the principles and views of liberals उदारवाद।

liberality *लि बॅ रै लि टि* *n.* generosity उदारता।

liberate *लि बॅ रेट* *v.t.* to free मुक्त करना, स्वाधीन करना।

liberation *लि बॅ रे शॅन* *n.* act of liberating विमुक्तिकरण; being liberated मुक्ति-प्राप्ति।

liberator *लि बॅ रे टॅ:* *n.* one who liberates मुक्तिदाता।

libertine *लि बॅ: टॉइन, –टीन,–टिन* *n.* morally dissolute person नैतिक रूप से पतित व्यक्ति।

liberty *लि बॅ: टि* *n.* state or condition of one who is free स्वतंत्रता।

librarian *लॉइ ब्रे˘ अॅ रि ॲन* *n.* the keeper of a library or collection of books पुस्तकालयाध्यक्ष।

library *लॉइ ब्रॅ रि* *n.* a collection of books पुस्तक-संचय; building for a collection of books पुस्तकालय।

licence *लॉइ सॅन्स* *n.* authority or liberty given to do something अनुज्ञा-पत्र; wrong use of freedom स्वच्छंदता।

license *लॉइ सॅन्स* *v.t.* to give a licence to अनुज्ञा देना।

licensee *लॉइ सॅन् सी* *n.* one to whom a licence is granted अनुज्ञापत्रधारी।

licentious *लॉइ सैनॅ शॅस* *a.* sexually immoral व्यभिचारी; dissolute पतित।

lick[1] *लिक* *v.t.* to pass the tongue over the surface of जीभ से चाटना; to touch lightly हल्का स्पर्श करना।

lick[2] *n.* act of licking चाटने की क्रिया।

lid *लिड* *n.* a movable cover of a vessel or box ढक्कन; eyelid पलक।

lie[1] *लॉइ* *v.i.* to be or put oneself flat in a resting position लेटना; to be resting flat पड़ा रहना; to remain रहना; to exist अस्तित्व रखना; to consist (in) निहित होना।

lie[2] *v.i.* to make an untrue statement झूठ बोलना।

lie[3] *n.* untruth असत्य; false statement असत्य भाषण।

lien *लिॲन* *n.* legal claim वैध अधिकार।

lieu *ल्यू* *n.* place स्थान।

lieutenant *लैफ़्टॅ˘ नॅन्ट* *n.* a junior officer in the army or navy लैफ़्टिनेन्ट।

life *लॉइफ* *n.* time from birth to death जीवनकाल; animate existence जीवन, प्राण; spirit आत्मा; way of living जीवन-शैली; vigour जोश, उत्साह; a biography जीवनी।

lifeless *लॉइफ़् लिस* *a.* deprived of life जीवन-रहित; dead मत।

lifelong *लॉइफ़् लौ ॅङ्ग a.* lasting through life आजीवन।

lift[1] *लिफ़्ट n.* lifter उत्तोलक, उत्थापक; raising उत्थान; ride in car etc. सवारी।

lift[2] *v.t.* to raise to a higher position उन्नत बनाना; to raise उठाना; to steal चुराना to remove हटाना।

light[1] *लॉइट n.* that by which objects are rendered visible प्रकाश; brightness चमक; enlightenment ज्ञानोदय; flame लपट; way of viewing द ष्टिकोण।

light[2] *a.* bright चमकीला, ज्योतिर्मय; not heavy हलका; easy सरल; easy to digest सुपाच्य; easy to endure सहनीय; gentle मंद।

light[3] *v.t.* to set burning जलाना; to give light to प्रकाशित करना; *v.i.* to take fire जलना; to brighten चमकना, प्रकाशित होना।

lighten *लॉइ ट्न v.i.* to become brighter चमकदार होना; to become light हलका होना; *v.t.* to illuminate प्रकाशित करना; to make lighter हलका करना।

lighter *लॉइ टॅः n.* device for lighting cigarettes etc. लाइटर।

lightly *लॉइट् लि adv.* in a light way हलके से, धीरे से; slightly मामूली सी मात्रा में; with little consideration बिना सोचे-विचारे।

lightening *लॉइट् निङ्ग n.* the sudden and vivid flash that precedes thunder, produced by a discharge of atmospheric electricity आकाशीय विद्युत्।

lignite *लिग्-नॉइट n.* brown coal भूरा कोयला।

like[1] *लॉइक a.* similar अनुरूप।

like[2] *n.* liking पसंद; something similar समान प्रकार।

like[3] *v.t.* to be pleased with पसंद करना; to wish चाहना; to choose चयन करना।

like[4] *prep.* similar to के समान।

likelihood *लॉइक् लि हुड n.* probability संभव्यता।

likely *लॉइक् लि a.* probable संभाव्य; suitable उपयुक्त।

liken *लॉइ क्न v.t.* to compare तुलना करना।

likeness *लॉइक् निस n.* similarity अनुरूपता।

likewise *लॉइक् वॉइज़ adv.* in like manner उसी तरह।

liking *लॉइ किङ्ग n.* inclination पसंद, रुचि; fondness शौक़।

lilac *लॉइ-लॅक n.* European tree of olive family नीलक; light purple colour हलका बैंगनी रंग।

lily *लि लि n.* a bulbous flowering plant कुमुदिनी।

limb *लिम n.* organ अवयव; branch शाखा।

limber[1] *लिम्-बॅरः v.t.* to make flexible लचीला बनाना; *v.i.* to be flexible लचीला होना।

limber[2] *n.* shaft of vehicle गाड़ी का जुआ; detachable fore-part of a guncarriage तोपगाड़ी का अगला भाग।

lime[1] *लॉइम n.* any viscous substance चूना; a sticky substance लासा।

lime[2] *v.t.* to treat with lime चूना लगाना।

lime[3] *n.* a tree of the lemon family चकोतरा।

limelight *लॉइम् लॉइट n.* an intense white light used for lighting the stage तीव्र प्रकाश; great publicity लोकप्रसिद्धि।

limit[1] *लि मिट n.* boundary सीमा, परिसीमा, restriction प्रतिबंध।

limit[2] *v.t.* to bound सीमित करना; to restrain रोक लगाना।

limitation *लि मि टे शॅन n.* act of limiting परिसीमन; restriction बाधा, रुकावट।

limited *लि मि टिड a.* narrow संकुचित; restricted नियंत्रित।

limitless *लि मिट् लिस a.* boundless, having no limits असीम।

line[1] *लॉइन n.* thread-like marking रेखा; route मार्ग, पथ; row of soldiers etc. पंक्ति; method पद्धति; series श्रेणी, क्रम; field of activity पेशा, कार्य-क्षेत्र; railway track रेल-मार्ग; advice सलाह।

line[2] *v.t.* to mark out with lines (रेखा) खींचना; to sketch, रेखांकन करना; to put in line पंक्तिबद्ध करना; *v.i.* to take a place in a line पंक्ति में खड़ा होना।

line[3] *v.t.* to provide with an inside covering अस्तर लगाना।

lineage *लि नि इज n.* descendents in a line from a common progenitor वंशावली।

linen *लि नॅन n.* cloth made of flax क्षोमवस्त्र।

linger *लिङ् गॅः v.i.* to delay विलंब करना; to remain long ठहरना; *v.t.* to spend wearily जैसे-तैसे बिताना।

lingo *लिङ्गो n. (pl. -es)* language not understood विदेशी भाषा; despised language तिरस्कृत भाषा।

lingua franca *लिङ् ग्वॅ फ्रैङ् कॅ n.* language used for communication between people of different mother tongues सामान्य भाषा, लोकभाषा।

lingual *लिङ् ग्वॅल a.* pertaining to the tongue or language जिह्वा अथवा भाषा-संबंधी।

linguist *लिङ् ग्विस्ट n.* person skilled in languages भाषाविद्।

linguistic *लिङ् ग्विस् टिक a.* relating to language भाषा-संबंधी, भाषा-वैज्ञानिक।

linguistics *लिङ् ग्विस् टिक्स n.* the science of language भाषा-विज्ञान।

lining *लॉइ निङ्ग n.* the covering of the inner surface of anything अस्तर।

link[1] *लिङ्क n.* anything connected श्रृंखला, संपर्क; ring of a chain ज़ंजीर की कड़ी।

link[2] *v.t.* to join, to connect जोड़ना।

linseed *लिन् सीड n.* seed of flax plant अलसी।

lintel *लिन् ट्ल n.* top piece of door or window सरदल।

lion *लॉइ ॲन n.* a carnivorous animal of the cat family शेर।

lioness *लॉइ ॲ निस n.* female lion शेरनी, सिंहनी।

lip *लिप n.* one of the two fleshy parts covering the front teeth अधर, ओठ।

liquefy *लिक् वि फ़ॉइ v.t.* to make liquid द्रव बनाना; *v.i.* to become liquid द्रव बनना।

liquid[1] *लिक् विड a.* fluid तरल; not

solid जो ठोस न हो; clear स्पष्ट।

liquid[2] *n.* fluid द्रव पदार्थ।

liquidate *लिक् वि डेट v.t.* to pay or settle (a debt) (ऋण) चुकाना; to arrange affairs of and dissolve (a company) परिसमाप्त करना; to wipe out, to kill मिटा देना, नष्ट करना।

liquidation *लिक् वि डे शॅन n.* act of liquidating परिशोधन; dissolution विघटन; bankruptcy दिवालियापन।

liquor *लिकॅः n.* spirituous fluid आसव, मदिरा; beverage पेय पदार्थ।

lisp[1] *लिस्प v.t.* to speak with faulty pronunciation of 's' and 'z' तुतलाना।

lisp[2] *n.* a lisping manner of speech तुतलाहट।

list[1] *लिस्ट n.* a roll or catalogue सूचीपत्र।

list[2] *v.t.* to enlist सूचीबद्ध करना।

listen *लि स्न v.i.* to hearken सुनना; to follow advice ध्यान देना।

listener *लिस् नॅः n.* one who listens श्रोता।

listless *लिस्ट् लिस a.* having no wish इच्छा-रहित; indifferent उदासीन।

lists *लिस्ट्स n. pl.* field for combat अखाड़ा।

literacy *लि टॅ रॅ सि n.* condition of being literate साक्षरता।

literal *लि टॅ रॅल a.* according to the letter शब्दशः; connected with letters आक्षरिक; taking words in their usual sense शाब्दिक।

literary *लि टॅ रॅ रि a.* pertaining to literature साहित्यिक।

literate *लि टॅ रिट a.* able to read and write साक्षर।

literature *लि टॅ रि चॅः n.* collective writings of a country or period साहित्य, साहित्यिक रचना।

litigant *लि टि गॅन्ट n.* person engaged in a law-suit विवादी, मुक़दमेबाज़।

litigate *लि टि गेट v.t.* to contest in law (पर) मुक़दमेबाज़ी करना; *v.i.* to carry on a lawsuit बाद करना।

litigation *लि टि गे शॅन n.* a lawsuit वाद, मुक़दमा; going to law मुक़दमेबाज़ी।

litre *ली टॅः n.* metric unit of capacity लीटर (माप)।

litter[1] *लि टॅः n.* rubbish left scattered about बिखरा हुआ कूड़ा-करकट; young of an animal produced at one birth पशु के एक ब्यांत के बच्चे; portable couch पालकी; straw etc. as bedding for animals त णशैय्या।

litter[2] *v.t.* to strew with litter कूड़े-करकट से गंदा करना; to bring forth (young) जन्म देना।

litterateur *ली-टे-रा-टरः n.* literary person साहित्यिक व्यक्ति।

little[1] *लि ट्ल a.* small in size or extent लघु, छोटा; small in extent or quantity अनधिक; petty नगण्य; mean तुच्छ।

little[2] *adv.* slightly थोड़ा-सा।

little[3] *n.* a small quantity अल्प मात्रा।

littoral *लि-टॅ-रॅल a.* belonging to the seashore or to lands near the coast समुद्रतटीय, तटवर्ती।

liturgical *लि-टॅरः-जि-कॅल* *a.* pertaining to form of worship पूजापद्धति-संबंधी।

live[1] *लिव* *v.i.* to exist अस्तित्व रखना; to be alive जीवित रहना; to dwell निवास करना; to have life प्राणधारी होना; *v.t.* to lead बिताना।

live[2] *लॉइव* *a.* having life जीवंत; alive जीवित; energetic ओजस्वी; carrying electric current विद्युन्मय; flaming सुलगता हुआ; (of broadcast) transmitted during the actual performance सीधा (प्रसारण)।

livelihood *लॉइव् लि हुड* *n.* means of living आजीविका।

lively *लॉइव् लि* *a.* active सक्रिय; vigorous ओजस्वी; vivid स्पष्ट।

liver *लि वॅः* *n.* the organ which secretes the bile यक त, जिगर।

livery *लि वॅ रि* *n.* uniform provided for servants नौकरों की वरदी।

living[1] *लि विङ्ग्* *a.* having life जीवंत; existing वर्तमान; alive सप्राण।

living[2] *n.* means of subsistence जीविका।

lizard *लि ज़ॅःड* *n.* a four-footed tailed reptile छिपकली।

load[1] *लोड* *n.* burden बोझ, भार; amount carried at a time बोझ, खेप; grievous weight शोक-भार।

load[2] *v.t.* to put a load on लादना; to charge (gun) (बंदूक में) गोली भरना; to put a length of film into (a camera) (कैमरे में) रील भरना।

loadstar *लोड्-स्टारः* *n.* pole-star ध्रुवतारा।

loadstone *लोड्-स्टोन* *n.* a magnet चुंबक पत्थर।

loaf[1] *लोफ़* *n.* a mass of bread formed by the baker पावरोटी।

loaf[2] *v.i.* to lounge आवारागर्दी करना; to pass time idly आलस्य में समय बिताना।

loafer *लो फ़ॅः* *n.* a lounger आवारा आदमी।

loan[1] *लोन* *n.* lending उधार; sum of money lent ऋण राशि।

loan[2] *v.t.* to lend उधार देना।

loath *लोथ* *a.* not inclined, reluctant अनिच्छुक।

loathe *लोद* *v.t.* to feel disgust at (से) घ णा रखना।

loathsome *लोद् सॅम* *a.* exciting disgust घिनौना, वीभत्स; disgusting घ णास्पद।

lobby *लौ ॅ बि* *n.* an appartment giving admission to others उपांतिका; an entrance-hall प्रवेश-कक्ष; waiting room प्रतीक्षा-कक्ष।

lobe *लोब* *n.* broadrounded segmental division पिंडक, पिंडिका; soft lower part of the ear कान का कोमल भाग।

lobster *लौॅब्-स्टॅरः* *n.* large strong clawed edible crustacean महाचिंगट, समुद्री झींगा।

local *लो कॅल* *a.* pertaining to a particular placc स्थानीय, देशीय।

locale *लो ॅ काल* *n.* the scene of a particular event घटना-स्थल।

locality *लो ॅ कै लि टि* *n.* area, district, place स्थान।

localize *लो कॅ लॉइज़* *v.t.* to make local स्थानीय बनाना।

locate *लो ॅ केट* *v.t.* to attribute to a place स्थान से जोड़ना; to find the place of के स्थान का पता

लगाना; to establish in a place स्थापित करना।

location *लो ˘ के शॅन n.* situation स्थिति; place स्थान; act of locating स्थान-निर्धारण।

lock[1] *लौकॅ n.* a tuft or ringlet of hair लट।

lock[2] *v.t.* to fasten (door, chest etc.) (का) ताला लगाना; to close fast बंद करना; *v.i.* to become locked बंद हो जाना।

lock[3] *n.* a device for fastening door, lid etc. ताला; the mechanism which fires a gun बंदूक का घोड़ा; a condition which makes movement impossible अवरोध।

locker *लौ ˘ कॅः n.* small cupboard that may be locked तालेदार अलमारी।

locket *लौ ˘ किट n.* a little case worn as an ornament सोने या चांदी का कुंडा, लॉकेट।

locomotive *लो कॅ मो टिव n.* a steam engine वाष्प इंजिन; automatic machine or engine स्वचालित यंत्र या इंजिन।

locus *लो-कॅस (pl.-ci) n.* place, location स्थान, अवस्थिति; the line or surface constituted by all positions of a point or line बिंदुपथ, रेखापथ।

locust *लो कॅस्ट n.* a destructive winged insect टिड्डी।

locution *लो ˘-क्यू-शॅन n.* mode of speaking वाक्शैली, भाषण-शैली; phrase मुहावरा।

lodge[1] *लौ ˘ज n.* abode आवास; tent ख़ेमा, तंबू।

lodge[2] *v.t.* to furnish with a dwelling ठहराना; to place रखना; to infix बैठा देना; *v.t.* to live रहना।

lodging *लौ ˘ जिङ्ग n.* temporary habitation अस्थायी आवास।

loft *लौफ्ट n.* upper room अटारी, मचान; gallery in a hall or church दीर्घा।

lofty *लौफ़् टि a.* high in position उन्नत; haughty अभिमानी।

log *लौगॅ n.* bulky piece of wood लड्डा, कुंदा; detailed record of voyages of ship, aircraft etc. यात्रा-दैनिकी।

logarithim *लौ-गॅ-रिथ्म n.* the power of a fixed number घात, प्रमापक, लघुगणक।

loggerhead *लौ ˘-गरः-है ˘ड n.* blockhead, dunce मूढ़, स्थूलबुद्धि; apparatus or iron लौह-यंत्र।

logic *लौ ˘ जिक n.* science and art of reasoning तर्कशास्त्र।

logical *लौ ˘ जि कॅल a.* of or according to logic तर्कसम्मत; proved by logic तर्कसिद्ध।

logician *लौ ˘ जि शॅन n.* person skilled in logic तर्कशास्त्री।

loin *लौ ˘इन n.* lower part of the back कटि, नितंब।

loiter *लौ ˘इ टॅः v.i.* to dawdle आवारागर्दी करना।

loll *लौ ˘ल v.i.* to dangle (the tongue) (जीभ) लपलपाना; to lie lazily about सुस्ती में पड़े रहना; to hang out लटकना; *v.t.* to let hang out लटकाना।

lollipop *लौ ˘ लि पौपॅ n.* a large sweet on a stick for sucking चूसने की मिठाई।

lone *लोन a.* solitary अकेला, एकाकी।

loneliness *लोन् लि निस n.* state of being lonely निर्जनता, एकाकीपन।

lonely *लोन् लि a.* unaccompanied एकाकी; uninhabited निर्जन।

lonesome *लोन् सॅम a.* solitary निर्जन; feeling lonely एकाकी।

long[1] *लौ ॅङ्ग a.* not short लंबा; extended दीर्घ।

long[2] *adv.* for a long time लंबे समय तक; at a distant time बहुत दिन पूर्व अथवा पश्चात्।

long[3] *v.i.* to yearn लालायित होना।

longevity *लौन्ॅ जे ॅ वि टि n.* great length of life दीर्घायुता।

longing *लौ ॅङ् गिङ्ग n.* yearning तीव्र इच्छा।

longitude *लौन्ॅ जि ट्यूड n.* distance measured in degrees east or west of the standard meridian देशांतर।

look[1] *लुक v.i.* to seem प्रतीत होना; to give attention अभिमुख होना।

look[2] *a.* appearance रूप, आक ति; view द ष्टिपात।

loom[1] *लूम n.* machine for weaving करघा।

loom[2] *v.i.* to appear indistinctly धुंधला दिखाई देना; to seem ominously close पास ही मंडराना।

loop *लूप n.* coil कुंडली; snare फंदा; branch of a railway line रेलवे-शाखा।

loop-hole *लूप् होल n.* a narrow vertical opening in a wall for defence रंध्र; means of escape बचाव का रास्ता।

loose[1] *लूॅःस a.* unbound बंधनमुक्त; slack शिथिल; unrestrained अव्यवस्थित; vague अस्पष्ट; dissolute लंपट।

loose[2] *v.t.* to set free मुक्त करना; to make loose ढीला करना; to relax शिथिल करना।

loosen *लू स्न v.t.* to set free रिहा करना; to make loose ढीला करना; *v.i.* to become loose ढीला होना; to open खुलना।

loot[1] *लूट n.* plunder लूटमार।

loot[2] *v.i.* to plunder लूटपाट करना; *v.t.* to plunder लूटना।

lop[1] *लौपॅ (-pp-) v.t.* to cut off the top or ends of छांटना; to cut away छिन्न-भिन्न कर डालना।

lop[2] *n.* act of lopping काट-छांट।

lord *लौःड n.* master स्वामी; (cap.) God प्रभु।

lordly *लौःड् लि a.* like or becoming of a lord राजोचित; haughtly घमंडी।

lordship *लौःड् शिप n.* state of being a lord आधिपत्य, स्वामित्व।

lore *लौः, लौः n.* learning विद्या।

lorry *लौ ॅ रि n.* a wagon without sides or with low sides ठेला।

lose *लूज़ v.t.* to miss खो देना; to fail to keep गंवा देना; to waste व्यर्थ व्यय करना; to be defeated in (में) हार जाना; *v.i.* to suffer loss हानि उठाना; to fail असफल होना।

loss *लौ ॅस n.* losing हानि; diminution ह्रास; defeat पराजय।

lot[1] *लौ ॅट n.* destiny भाग्य; item at auction बोली के लिए वस्तु; an area of land भूभाग; share भाग।

lot[2] *n.* large quantity or number बड़ी मात्रा या संख्या; collection ढेर।

lotion *लो शॅन n.* medicinal or cosmetic liquid लोशन।

lottery *लौ ॅ टॅ रि n.* a competition at which prizes are awarded by drawing lots लॉटरी।

lotus *लो टॅस n.* water lily कमल।

loud *लॉउड a.* noisy कोलाहलपूर्ण; making a great sound उच्चस्वर युक्त।

lounge[1] *लॉउन्ज़ v.i.* to loll मटरगश्ती करना; to idle मौज करना।

lounge[2] *n.* state or act of lounging पर्यटन-प्रव त्ति; entrance or sitting room बरामदा।

louse *लॉउस n.* a parasitic insect living in the hair and skin जूं।

lovable *लॅ व ब्ल a.* worthy of love प्रीतिकर, प्रेम-योग्य।

love[1] *लव n.* fondness प्रणय; affection वात्सल्य।

love[2] *v.t.* to be fond of प्रेम करना; *v.i.* to be in love प्यार होना।

lovely *लॅव् लि a.* loving प्रिय, प्रियकर; beautiful सुंदर, मनोरम।

lover *लॅ वः n.* one who loves प्रेमी।

loving *ल विङ्ग a.* affectionate अनुरागशील।

low[1] *लो a.* not of high rank निम्न; contemptible घ णित; not loud मंद (स्वर); below the surface निचला; depressed उदास; cheap सस्ता।

low[2] *adv.* in a low position निम्न स्थिति में।

low[3] *v.i.* to make the noise of cow रंभाना।

low[4] *n.* sound made by cows रंभाहट।

lower *लो अँः v.t.* to make low झुकाना; to lessen कम करना; to dilute अपक ष्ट करना; to degrade गिराना; to weaken कमज़ोर करना; *v.i.* to become lower or less कम होना, नीचा होना।

lowliness *लो लि निस n.* humility दीनता; simplicity सादगी; modesty विनम्रता।

lowly *लो लि a.* modest विनयशील; humble दीन; simple सरल, सादा।

loyal *लौ ॅइ अॅल a.* faithful निष्ठावान।

loyalist *लौ ॅइ अॅ लिस्ट n.* one who supports the government in times or revolt राजभक्त।

loyalty *लौ ॅइ अॅल् टि n.* faithfulness निष्ठा; loyal conduct निष्ठापूर्ण आचरण।

lubricant *लू ब्रि कॅन्ट n.* lubricating substance चिकनाई।

lubricate *लू ब्रि केट v.t.* to apply a lubricant to चिकनाना।

lubrication *लू ब्रि के शॅन n.* act of lubricating स्नेहन।

lucent *लू सृन्ट a.* bright, shining चमकदार।

lucerne *लू सॅःन n.* clover-like plant used for feeding animals रिजका।

lucid *लू सिड,ल्यू– a.* shining चमकदार; easily understood सुबोधगम्य।

lucidity *लू सि डि टि, ल्यू– n.* brightness चमक; clearness स्पष्टता; quality of being lucid सुबोधगम्यता।

luck *लक n.* fortune भाग्य; chance संयोग।

luckily *ल कि लि adv.* fortunately सौभाग्य से।

luckless *लक् लिस a.* unfortunate अभागा, दुर्भाग्यपूर्ण।

lucky *ल कि a.* fortunate भाग्यशाली; auspicious मंगलप्रद।

lucrative *लू क्रॅ टिव a.* profitable लाभप्रद; bringing in money अर्थकर।

lucre *लू कॅः n.* money, wealth धन, दौलत।

luggage *ल गिज n.* traveller's belongings असबाब, सामान।

lukewarm *लूक् वौःम, ल्यूक्– a.* tepid गुनगुना; indifferent उदासीन।

lull[1] *लल v.t.* to make (one) sleep by patting थपकियां देकर सुलाना; to quiet शांत करना; *v.i.* to become calm शांत होना।

lull[2] *n.* interval of calm शांति-काल।

lullaby *ल लॅ बॉइ n.* song to lull children to sleep लोरी।

luminary *लू मि नॅ रि, ल्यू– n.* a body that gives off light ज्योति-नक्षत्र; a person distinguished for his learning महान विद्वान्।

luminous *लू मि नॅस ल्यू– a.* giving light प्रकाशमान; easily understood सुबोधगम्य।

lump[1] *लम्प n.* mass पिंड; heap ढेर; swelling सूजन।

lump[2] *v.t.* to throw into a confused mass ढेर लगाना; *v.i.* to gather in lump एकत्र होना।

lunacy *लू नॅ सि, ल्यू– n.* insanity पागलपन; mad behaviour पागलपन का व्यवहार।

lunar *लू नॅः, ल्यू– a.* of the moon चंदमा-संबंधी, चाँद्र।

lunatic[1] *लू नॅ टिक n.* a mad man पागल व्यक्ति।

lunatic[2] *a.* mad पागल।

lunch[1] *(-eon) लन्च, लन् शॅन n.* midday meal मध्याह्न-भोजन।

lunch[2] *v.i.* to take lunch भोजन करना; *v.t.* to provide lunch for भोजन देना।

lung *लङ्ग* respirating organ in animals फेफड़ा।

lunge[1] *लन्ज n.* a sudden movement forward झपट्टा; a sword-thrust तलवार का वार।

lunge[2] *v.i.* to thrust with a sword तलवार घोंपना; to move forward suddenly झपट्टा मारना।

lurch[1] *लॅःच n.* a sudden roll to one side अचानक एक ओर को लड़खड़ाना।

lurch[2] *v.i.* to move in an awkward manner लड़खड़ाना।

lure[1] *ल्यूअॅः n.* enticement प्रलोभन; bait चारा, चुग्गा।

lure[2] *v.t.* to entice प्रलोभित करना; to attract आकर्षित करना।

lurk *लःक v.i.* to be concealed दुबकना; to lie in wait घात में होना।

luscious *ल शॅस a.* most pleasing in taste सुस्वाद।

lush *लश a.* juicy रसीला; luxuriant प्रचुर।

lust *लस्ट n.* sexual desire कामवासना; strong desire लालसा।

lustful *लस्ट् फुल a.* full of lust कामुक।

lustre *लस् टॅः n.* glow चमक, द्युति; beauty सौंदर्य।

lustrous *लस् ट्रॅस a.* bright, shining चमकदार।

lusty *लस् टि a.* healthy and strong हृष्ट-पुष्ट।

lute *लूट, ल्यूट n.* a stringed musical instrument वीणा।

luxuriance *लग् ज़ुअं रि अंन्स, लक् सुअॅ– n.* abundance प्रचुरता।

luxuriant *लग् जुअॅ रि अॅन्ट, लक् सुअॅ–* *a.* abundant प्रचुर; richly ornamented (style) अत्यलंक त (शैली)।

luxurious *लग् जुअॅ रि अॅ स, लक् सुअॅ–* *a.* furnished with luxuries विलासमय; fond of luxuries विलासप्रिय।

luxury *लक् शॅ रि* *n.* enjoyment of the best and costliest विलासिता; (*pl.*) things giving such enjoyment विलास-साधन।

lynch *लिन्च* *v.t.* to put to death without trial बिना मुक़दमे के मार डालना।

lyre *लॉइअॅः* *n.* an instrument like the harp वीणा।

lyric[1] *लि रिक* *a.* intended for singing गेय।

lyric[2] *n.* short poem for singing गीतिकाव्य।

lyrical *लि रि कॅल* *a.* of lyric poetry गेय काव्य से संबंधित; having the qualities of a lyric गेय।

lyricist *लि रि सिस्ट* *n.* writer of lyrics प्रगीतकार, गीतिकाव्यकार।

Mm

M ऍम the thirteenth letter of the English alphabet, in Roman notation used for 1000. अंग्रेजी भाषा का तेरहवाँ अक्षर, रोमन अंकमाला में १००० के लिए प्रयुक्त अंक।

macabre *मॅ काबॅः* *a* horrible भयानक।

mace *मेस* *n.* a club with a spiked head कीलदार गदा; a staff of office सोंटा।

macerate *मै-सॅ-रेट* *v.t.* to soften by steeping भिगोकर मुलायम करना; *v.i.* to undergo maceration भीगकर मुलायम होना।

machine *मॅ शीन* *n.* an apparatus consisting of inter-related parts कल, यंत्र।

machinery *मॅ शी नॅ रि* *n.* machines in general यंत्र-प्रणाली; moving parts of a machine किसी यंत्र के चलने वाले भाग।

mad *मैड* *a.* insane पागल; very enthusiastic अति उत्साहपूर्ण; excited उत्तेजित; angry क्रुद्ध।

madam *मॅ डॅम* *n.* courteous form of address to a lady महोदया।

madden *मै डॅन* *v.t.* to make mad पागल करना।

madrigal *मैड्-रि-गॅल* *n.* a lyrical peom गीत, कजरी ; a pastrol song ग्राम्यगीत।

maestro *मा ऐ ॅस् ट्रो* *n.* out-standing musician संगीतज्ञ; master of any art कलाविद।

magazine *मै गॅ ज़ीन* *n.* periodical publication पत्रिका; a place for storing explosives बारूदख़ाना, शस्त्रागार; appliance for supplying cartridges automatically to gun मैगज़ीन।

maggot *मै-गॅट* *n.* a legless grub कीट, क मि; a fad सनक।

magic[1] *मै जिक* *n.* enchantment इंद्रजाल, जादू।

magic[2] *a.* done by magic ऐंद्रजालिक; possessing magic जादूभरा।

magical *मै जि कॅल a.* pertaining to magic जादू-संबंधी।

magician *मॅ जि शॅन n.* one versed in magic जादूगर।

magisterial *मै जिस् टिअॅ रि अॅल a.* pertaining to a magistrate दंडाधिकारी-संबंधी।

magistracy *मै जिस् ट्रॅ सि n.* body of magistrates दंडाधिकारीगण; office of a magistrate दंडाधिकरण।

magistrate *मै जिस् ट्रिट, –ट्रेट n.* one who has power of putting the law in force दंडाधिकारी।

magnanimity *मैग् नॅ नि मि टि n.* quality of being magnanimous उदारहृदयता।

magnanimous *मैग् नै नि मॅस a.* generous उदार हृदय, विशाल-हृदय।

magnate *मैग् नेट n.* a noble महापुरुष।

magnet *मैग् निट n.* lode-stone चुंबक; person or thing that attracts आकर्षक व्यक्ति या वस्तु।

magnetic *मैग् नै˘ टिक a.* pertaining to magnet चुंबकीय; able to attract आकर्षक।

magnetism *मैग् नि टिज़्म n.* cause of the attractive power of the magnet चुंबकत्व; personal charm and attraction व्यक्तिगत सौंदर्य व आकर्षण।

magnificent *मैग् नि फ़ि सॅन्ट a.* pompous भव्य, शानदार।

magnify *मैग् नि फ़ॉइ v.t.* to enlarge विस्तीर्ण करना; to exaggerate बढ़ा-चढ़ाकर कहना; to give praise to प्रशंसा करना।

magnitude *मैग् नि ट्यूड n.* importance महत्व; size आकार; greatness विशालता, महानता।

magpie *मैगॅ पॉइ n.* a black and white bird related to the crow मुटरी; person who chatters much बातूनी व्यक्ति।

mahogany *मॅ हौ˘ गॅ नि n.* a tree yielding reddish brown wood तून।

mahout *मॅ हॉउट n.* a man who drives an elephant महावत।

maid *मेड n.* virgin कुमारी; female servant सेविका।

maiden[1] *मे ड्न n.* girl कन्या; a young unmarried woman अविवाहित युवती।

maiden[2] *a.* unmarried अविवाहित; first प्रथम; (cricket) (an over) scoring no runs (ओवर) जिसमें कोई रन न बना हो।

mail[1] *मेल n.* post डाक; train carrying mail डाक-गाड़ी।

mail[2] *v.t.* to post डाक में डालना; to send by post डाक-द्वारा भेजना।

mail[3] *n.* armour made of rings or plates of metal कवच।

main[1] *मेन a* chief प्रधान।

main[2] *n.* principal pipe-line carrying water, electricity etc. मुख्य पाइप लाइन अथवा विद्युत् परिपथ; chief part मुख्य भाग; strength, power शक्ति।

mainly *मेन् लि adv.* chiefly मुख्य रूप से; for the most part अधिकांशतः।

mainstay *मेन् स्टे n.* chief support मुख्य सहारा।

maintain *मेन् टेन, मै˘न्–, मॅन्– v.t.* to keep in existence बनाए रखना;

to keep up, to continue जारी रखना; to preserve सुरक्षित रखना; to assert, to affirm दृढ़तापूर्वक कहना; to support पालन करना।

maintenance *मेन् टि नॅन्स n.* supporting निर्वाह; keeping in working order अनुरक्षण; means of support भरण-पोषण का साधन।

maize *मेज़ n.* staple cereal मक्का।

majestic *मॅ जै ॅस् टिक a.* stately राजसी; sublime तेजस्वी।

majesty *मै जिस् टि n.* grandeur भव्यता; royal state प्रभुसत्ता।

major[1] *मे जॅः a.* main, chief मुख्य; significant महत्त्वपूर्ण; serious गंभीर; greater बड़ा।

major[2] *n.* army officer next above captain मेजर; one who has come of age वयस्क।

majority *मॅ जौॅ रि टि n.* the great number बहुमत; coming of age वयस्कता; excess of votes on one side मतों की बढ़त।

make[1] *मेक v.t.* to construct निर्माण करना; to produce उत्पादन करना; to prepare तैयार करना; to persuade प्रेरित करना।

make[2] *n.* brand मार्का; structure बनावट; type प्रकार।

Maker *मे कॅः n.* one who makes निर्माता; (cap.) The Creator स्रष्टा, विधाता।

maladjustment *मैल् ॲ जस्ट् मॅन्ट n.* improper adjustment कुसमायोजन।

maladministration *मैल् ॲड् मि नि स्ट्रे शॅन n.* bad administration दुर्व्यवस्था, कुशासन।

malady *मै लॅ डि n.* illness बीमारी।

malaria *मॅ ले ॲ रि ॲ n.* a fever passed on by mosquitoes मलेरिया।

maladroit *मै-लॅ-ड्रौ ॅइट a.* unskillful, clumsy फूहड़, अनाड़ी।

malafide[1] *मे-लॅ-फ़ॉइ-डि a.* illintentioned, having bad designs दुर्भावपूर्ण; treacherous कपटपूर्ण, जाली।

malafide[2] *adv.* in bad faith, treacherously दुर्भावपूर्वक, बेईमानी से।

malaise *मै-लेज़ n.* uneasiness बेचैनी, व्याकुलता; feeling of sickness or discomfort रुग्णता, अनमनापन।

malcontent[1] *मैल् कॅन् टैन्ट a.* dissatisfied असंतुष्ट।

malcontent[2] *n.* a person who is discontented असंतुष्ट व्यक्ति।

male[1] *मेल a.* masculine पुलिंग; pertaining to male sex पुरुषजातीय।

male[2] *n.* male person or animal पुरुष अथवा नर पशु।

malediction *मै-लि-डिक्-शॅन n.* evil speaking, curse शाप, अभिशाप।

malefactor *मै-लि-फ़ैक्-टरः n.* evil doer, criminal दुष्कर्मी, अपराधी।

maleficent *मॅ-लै ॅ-फ़ि-सॅन्ट a.* hurtful अनिष्टकारी, अपकारी।

malice *मै लिस n.* ill-will द्वेष-भावना।

malicious *मॅ लि शॅस a.* bearing ill-will विद्वेषपूर्ण; moved by ill-intention विद्वेषी।

malign[1] *मॅ लॉइन v.t.* to speak evil of निंदा करना; to defame बदनाम करना; to tell lies about के विषय में झूठ बोलना।

malign[2] *a.* evil in influence

अनिष्टकर; harmful हानिकर।

malignancy *मॅ लिग् नॅन सि n.* malice विद्वेष; ill-will दुर्भावना।

malignant *मॅ लिग् नॅन्ट a.* disposed to do harm अहितकर; ill-intentioned दुर्भावनापूर्ण।

malignity *मॅ लिग् नि टि n.* a deep rooted ill-will गहन द्वेषभाव; malignant character विषालुता।

malleable *मै लि ॲ ब्ल a.* capable of being hammered into shape जिसे पीट-पीट कर कोई आकार दिया जा सके; easily trained शिक्षणीय।

malmsey *माम्-ज़ि n.* strong and sweet wine मधुर मदिरा।

malnutrition *मैल् न्यू ट्रि शॅन्, –न्यु– n.* imperfect or faulty nutrition कुपोषण।

malpractice *मैल् प्रैक् टिस n.* misconduct दुराचार; corruption भ्रष्टाचार; neglect of duty कर्त्तव्य-विमुखता।

malt *मौ:ॅल्ट, मौल्ट n.* barley grain prepared for brewing ह्विस्की बनाना, माल्ट।

mal-treatment *मैल् ट्रीट् मॅन्ट n.* ill-treatment दुर्व्यवहार।

mamma *मॅ मा n.* mother माता।

mammal *मै मॅल n.* class of animals that suckle their young स्तनपायी।

mammary *मै-मॅ-रि a.* relating to the breasts स्तन-संबंधी।

Mammon *मै मॅन n.* wealth संपत्ति; (cap.) god of greed कुबेर।

mammoth[1] *मै मॅथ n.* large sized elephant विशालकाय हाथी।

mammoth[2] *a.* collosal विशालकाय।

man[1] *मैन n.* human being नर मनुष्य; person व्यक्ति; human race मानव-जाति; adult male पुरुष; piece use in chess (चैस) पैदल।

man[2] *(-nn) v.t.* to supply with men for service or defence सेवा अथवा रक्षा-हेतु मनुष्य प्रदान करना।

manage *मै निज v.t.* to administer प्रबंध करना; to control नियंत्रित करना; to conduct संचालित करना; *v.i.* to conduct affairs काम चलाना।

manageable *मै नि जॅ ब्ल a.* governable नियंत्रण-योग्य; that can be managed जिसकी व्यवस्था की जा सके।

management *मै निज् मॅन्ट n.* body of managers प्रबंध समिति; act or art of managing प्रबंधन।

manager *मै नि जॅ: n.* one who manages प्रबंधक।

managerial *मै नॅ जिॲ रिॲल a.* of managers प्रबंधकों से संबंधित।

mandate *मैन् डेट n.* command अधिदेश; order आदेश; authority given to representatives by voters जनादेश।

mandatory *मैन् डॅ टॅ रि a.* containing a mandate अधिदेश-प्राप्त; compulsory अनिवार्य।

mane *मीन n.* long hair on the back of the neck (of horse etc.) अयाल।

manes *मे नीज़, मा– n. pl.* spirits of the dead पित , पितर।

manful *मैन् फुल a.* brave, energetic पराक्रमी।

manganese *मैङ् गॅ नीज़, मैङ् गॅ नीज़ n.* a metallic element मैंगनीज़।

manger *मेन् जॅ: n.* trough for food

of horses and cattle नांद।

mangle *मैङ् ग्ल v.t.* to cut up badly, to hack क्षत-विक्षत करना; to spoil विक त करना।

mango *मैन् गो n. (pl. oes)* a pear-shaped fruit आम; the tree bearing this fruit आम का पेड़।

manhandle *मैन् हैन् ड्ल v.t.* to treat roughly (से) मार-पीट करना; to move by physical strength शारीरिक शक्ति से हटाना।

manhole *मैन्-होल n.* a hole large enough to admit a man प्रवेश-छिद्र।

manhood *मैन् हुड n.* manly quality पुरुषत्व; human nature मनुष्यत्व।

mania *मे न्यॅ n*, violent madness उन्माद; craze सनक; extreme enthusiasm धुन, अति उत्साह।

maniac *मे नि ऐक n.* a mad man पागल व्यक्ति।

manicure *मै-नि-क्युअरः n.* professional treatment for hands and nails नख-प्रसाधन।

manifest[1] *मै नि फ़ैस्ट a.* perceptible व्यक्त, स्पष्ट।

manifest[2] *v.t.* to make clear प्रकट करना; to show clearly स्पष्ट दिखा देना।

manifestation *मै नि फ़ैस् टे शॅन n.* clarification स्पष्टीकरण; demonstration प्रदर्शन।

manifesto *मै नि फ़ैस् टो n.* public written declaration of intentions, opinion and motives of a party or body घोषणापत्र।

manifold *मै नि फ़ोल्ड a.* various in kind बहुविध, विविध।

manipulate *मॅ नि प्यु लेट v.t.* to falsify झुठलाना; to handle with skill सावधानी से चलाना; to manage (की) व्यवस्था करना।

manipulation *मॅ नि प्यु ले शॅन n.* act of manipulating छल-साधन।

mankind *मैन् कॉइन्ड n.* human race मानव-जाति; (मैन् कॉइन्ड) the male sex पुरुष-जाति।

manlike *मैन्-लॉइक a.* like a man मनुष्यवत्; masculine, manly पुरुषोचित।

manliness *मैन् लि निस n*, manhood पुरुषत्व; bravery पौरुष।

manly *मैन् लि a.* having a man's qualities पुरुषोचित।

manna *मैन् n.* food of Israelites in the wilderness दिव्यान्न।

mannequin *मे-नि-किन n.* dummy figure पुतला, पंजर; woman employed to wear and display clothes कपड़े पहनकर प्रदर्शित करने वाली नौकरानी।

manner *मै नॅः n.* good behaviour शिष्टाचार; method रीति, ढंग; (*pl.*) habits and customs रीति-रिवाज; (*pl*) social behaviour सामाजिक आचरण; style शैली।

mannerism *मै नॅ रिज़्म n.* artificiality क त्रिमता; peculiarity of style or manner शैली-वैशिष्ट्य।

mannerly *मै नॅः लि a.* well-behaved शिष्ट।

manoeuvre[1] *मॅ नू वॅः n.* startagem चालाकी; piece of dexterous management विदग्धता planned movement (of armed forces) युक्तिचालन; (*pl.*) training exercises प्रशिक्षण-अभ्यास।

manoeuvre[2] *v.i.* to perform a manoeuvre चालाकी का व्यवहार करना; *v.t.* to cause to perform a manoeuvre चालाकी कराना; to make by manoeuvre चालाकी से बनाना; to manage with skill होशियारी से साधना।

manor *मै नॅः* *n.* land belonging to a lord जागीर, ज़मींदारी।

manorial *मॅ-नौ˘-रि-ॲल* *a.* pertaining to a manor जागीर-संबंधी।

mansion *मैन् शॅन* *n.* a large house विशाल भवन।

mantel *मैन् ट्ल* *n.* ornamental structure over and in front of fire place कार्नस, अंगीठी।

mantle[1] *मैन् ट्ल* *n.* a loose cloak लबादा; covering आवरण; a hood for a gas jet गैस लालटेन की बत्ती।

mantle[2] *v.t.* to cover ढक लेना; to conceal छिपाना।

manual[1] *मैन् यु ॲल* *a.* of the hand हाथका, दस्ती; physical शारीरिक।

manual[2] *n.* hand book or handy compendium of large subject नियमावली, गुटका।

manufacture[1] *मैन् यु फ़ैक् चॅः* *v.t.* to produce, to make निर्माण करना; to invent गढ़ना।

manufacture[2] *n.* act or process of manufacturing औद्योगिक निर्माण; anything manufactured निर्मित वस्तु।

manufacturer *मैन् यु फ़ैक् चॅं रॅः* *n.* one who manufactures things उत्पादक, निर्माता।

manumission *मै-न्यू-मि-शॅन* *n.* release from slavery दास्यमुक्ति, छुटकारा।

manumit *मै-न्यू-मिट* *(-tt-)* *v.t.* to release from slavery दासता से मुक्त करना; to set free मुक्त करना।

manure[1] *मॅ न्युयअॅः* *n.* fertilizer खाद।

manure[2] *v.t.* to enrich with fertilizing substance खाद देना।

manuscript *मैन् यु स्क्रिप्ट* *n.* book etc. written by hand पांडुलिपि।

many *मै˘ नि* *a.* numerous अनेक।

map[1] *मैप* *n.* representation of the surface of the earth or of any part of it मानचित्र।

map[2] *(-pp-)* *v.t.* to make a map of (का) मानचित्र बनाना।

mar *माः* *(rr-)* *v.t.* to damage क्षति पहुंचाना।

marathon *मै रॅ थॅन* *n.* long distance race लंबी दौड़; test of endurance धैर्य की परीक्षा।

maraud *मै-रौड* *v.i.* to rove in quest or plunder लूटमार करते फिरना।

marauder *मॅ-रौ-डरः* *n.* one who raids or plunders लुटेरा, उपद्रवी।

marble *माः बृल* *n.* granular crystalline limestone संगमरमर; *(pl)* works of art in marble संगमरमर की कलाकृतियां; small ball of glass, clay etc. used in children's game गोली।

march[1] *माःच* *n* border सीमांत; border district सीमांत प्रांत; departure प्रस्थान, कूच; (MARCH) the third month of the year मार्च का महीना।

march[2] *v.i.* to walk in rhythmical military manner क़दम से क़दम मिलाकर चलना; *v.t.* to force to go जाने के लिए बाध्य करना।

mare *मे˘ ॲः* *n.* female horse घोड़ी।

margarine मा:-जॅ-रीन, -गॅ- *n.* butterlike substance made from vegetable oils and fats क त्रिम मक्खन।

margin मा: जिन *n.* space round the page of a book हाशिया; edge किनारा; border सीमांत; difference between selling and buying prices क्रय-विक्रय मूल्य का अंतर।

marginal मा: जि नॅल *a.* pertaining to margin सीमावर्ती; barely sufficient मामूली-सा।

marigold मै रि गोल्ड *n.* plant with yellow flowers गेंदा।

marine मॅ रीन *a.* pertaining to navy जलसेना-संबंधी; concerned with the sea समुद्रीय।

mariner मै रि नॅ: *n.* sailor पोतवाहक।

marionette मै-रि-ॲ-नै ॅट *n.* puppet moved by strings कठपुतली।

marital मै रि ट्ल, मॅ रॉइ ट्ल *a.* pertaining to marriage वैवाहिक, दांपत्य-संबंधी; relating to husband पति-विषयक।

maritime मै रि टॉइम *a.* pertaining to the sea समुद्री; bordering on the sea तटीय।

mark[1] मा:क *n.* target लक्ष्य, निशाना; stamp मुहर; spot धब्बा; sign चिन्ह; fame प्रसिद्धि।

mark[2] *v.t.* to make a mark on अंकित करना; to indicate लक्षित करना।

marker मा:-कर: *n.* person or tool that marks चिन्हक; one who marks the score in games अंकगणक।

market[1] मा: किट *n.* place for buying and selling बाज़ार।

market[2] *v.t.* to buy and sell in a market क्रय-विक्रय करना।

marketable मा: कि टॅ ब्ल *a.* fit for the market विक्रेय।

marksman मा: क्स् मॅन *n.* one who shoots well निशानेबाज़।

marl मारल *n.* limy clay used as manure चिकनी मिट्टी।

marmalade मार:-मॅ-लेड *n.* jam फलपाग, मुरब्बा।

maroon[1] मॅ रून *n.* brownish red colour भूरा लाल रंग।

maroon[2] *a.* brownish red भूरे लाल रंग का।

maroon[3] *v.t.* to leave (someone) on deserted island or coast (किसी को) निर्जन द्वीप अथवा समुद्रतट पर छोड़ना; to isolate अलग-थलग कर देना।

marriage मै रिज *n.* wedding विवाह, शादी।

marriageable मै रि जॅ ब्ल *a.* fit for marriage विवाह-योग्य।

marry मै रि *v.t.* to wed (से) शादी करना, विवाह करना; *v.i.* to be wedded विवाह करना।

Mars मा:स *n.* the god of war युद्ध का देवता; a planet मंगल ग्रह।

marsh मा:श *n.* swamp दलदल।

marshal[1] मा: शॅल *n* chief military officer सेनापति।

marshal[2] *(-ll-)* *v.t.* to arrange in order क्रमबद्ध करना; to conduct (somebody) with ceremony (किसी को) विधिपूर्वक ले चलना।

marshy मा: शि *a.* swampy दलदली।

marsupial मार:-स्यू-पि-ॲल *n.* an order of mammals having a pouch for carrying their young शिशुधानी जीव।

mart मा:ट *n.* market बाज़ार; centre of commerce वाणिज्य-केंद्र।

marten मरः-टॅन *n.* an animal close akin to the weasels नेवले जैसा एक जंतु।

martial मा: शॅल *a.* brave, warlike रणप्रिय बहादुर; of or belonging to war सामरिक, जंगी।

martinet मारः-टि-नैॅट *n.* strict disciplinarian कठोर अनुशासक।

martyr मा: टॅः *n.* one suffering death for his faith शहीद; one who suffers in one cause कष्ट-भोगी।

martyrdom मा: ट डॅम *n.* self-sacrifice आत्मबलिदान।

marvel[1] मा: वृल *n.* a wonder कौतुक; a wonderful example अद्‌भुत उदाहरण।

marvel[2] *(-ll-) v.i.* to wonder विस्मित हो जाना।

marvellous मा: वि लॅस *a.* wonderful आश्चर्यजनक, अद्‌भुत।

mascot मैस्-कॅट *n.* supposed bringer of good luck शुभंकर; a talisman ताबीज़।

masculine मैस् क्यु लिन, मास्– *a.* relating to males पुरुषोचित; denoting male gender (व्या.) पुंलिंग।

mash[1] मैश *n.* grain, bran etc. cooked for animals दलिया; any substance softened and crushed मसला हुआ पदार्थ।

mash[2] *v.t.* to crush मसलना।

mask[1] मास्क *n.* face-cover मुखौटा; disguise छद्‌मवेश।

mask[2] *v.t.* to disguise छद्‌मवेश धारण करना; to cover (face) with a mask (चेहरा) मुखौटे से ढंकना।

mason मै सन् *n.* brick and stone layer राजगीर।

masonry मै सन् रि *n.* stone-work, brick-work चिनाई; art of mason राजगीरी।

masquerade मास्-कॅ-रेड *n.* assembly of persons wearing masks at a ball नक़ाबयुक्त सहनृत्य; disguise छद्‌मवेशधारण; pretence, false show दिखावा, धोखा।

mass[1] मैस *n.* lump of matter पदार्थ पिंड; quantity मात्रा।

mass[2] *v.i.* to gather जमा करना, जमा होना।

massacre[1] मै सॅ कॅः *n.* indiscriminate slaughter जनसंहार।

massacre[2] *v.t.* to slaughter indicriminately जनसंहार करना।

massage[1] मै साज़ *n.* rubbing of the body मालिश।

massage[2] *v.t.* to apply massage to (की) मालिश करना।

masseur मै सॅः *n.* one who gives massage अंगमर्दक।

massive मै सिव *a.* large; heavy and solid विशाल, भारी व ठोस; impressive प्रभावशाली।

massy मै सि *a.* solid ठोस; heavy भारी।

mast मास्ट *n.* sail-pole मस्तूल।

master[1] मास् टॅः *n.* teacher शिक्षक; owner स्वामी; husband पति; expert विशेषज्ञ; employer नियोक्ता; captain of ship कप्तान।

master[2] *v.t.* to overcome वशीभूत करना; to become expert in (की) विशेष योग्यता प्राप्त करना।

masterly मास् टॅः लि *a.* like a master स्वामिज़नोचित; most excellent अद्वितीय।

masterpiece *मास् टॅः पीस n.* outstanding creation or work सर्वोत्क ष्ट क ति।

mastery *मास् अॅ रि n.* autharity प्रभुत्व; masterly skill and knowledge दक्षता।

masticate *मैस्-टि-केट v.t.* to chew चबाना।

masturbate *मैस्-टरः-बेट v.i.* to stimulate one's own genital organ हस्तमैथुन करना।

mat *मैट n.* a floor covering चटाई; a piece of material used to wipe shoes पायंदाज़।

matador *मै-टॅ-डौः n .* man who kills the bull in bullfights व षहंता।

match[1] *मैच n.* pairing जोड़; contest प्रतियोगिता; an equal सद श व्यक्ति; union by marriage विवाह-संबंध।

match[2] *v.i.* to be alike समान होना; to encounter मुक़ाबला करना; *v.t.* to be equal to (के) समान होना; to treat as equal समान मानना।

match[3] *n.* a short stick tipped with material that ignites when rubbed दियासलाई।

matchless *मैच् लिस a.* unique, having no equal अद्वितीय, बेजोड़।

mate[1] *मेट n.* companion साथी, मित्र; husband or wife जीवनसंगी; an officer on a ship सहायक पोताधिकारी; one of a pair of mated animals पशुओं के जोड़े में से एक।

mate[2] *v.t.* to come together for the purpose of having sexual intercourse जोड़ा खाना; *v.t.* to cause to unite for the purpose जोड़ा खिलाना।

mate[3] *n.* checkmate शहमात।

mate[4] *v.t.* to checkmate शहमात देना।

material[1] *मॅ टिॲ रि ॲल a.* physical भौतिक; corporal दैहिक; essential तात्त्विक।

material[2] *n.* substance from which something can be made पदार्थ; facts, happenings तथ्य, घटना।

materialism *मॅ टिॲ रि ॲ लिज़्म n.* theory that only material things exist भौतिकवाद; love of material things सांसारिकता, मायाजाल।

materialize *मॅ टिॲ रि ॲ लॉइज़ v.t.* to cause to assume bodily form मूर्तरूप देना; to execute कार्यान्वित करना; *v.i.* to take a material form कार्यान्वित होना।

maternal *मॅ टॅः नॅल a.* of a mother मात क; motherly मात वत्।

maternity *मॅ टॅः नि टि n.* state or relation of mother मात त्व।

mathematical *मै थि मै टि कॅल a.* pertaining to or done by mathematics गणितशास्त्रीय।

mathematician *मै थि मॅ टि शॅन n.* one versed in mathematics गणितशास्त्री।

mathematics *मै थि मै टिक्स n (pl. or sing)* science of magnitude and numbers गणित।

matinee *मै टि ने n.* public entertainment held in the afternoon अपराह्नकालीन लोकमनोरंजन।

matriarch *मेट्-रि-आःर्क n.* woman who dominates her family कुलमाता।

matricidal *मॅ-ट्रि-सॉइ-डॅल* *a.* pertaining to muder of one's own mother मात घातक।

matricide *मे ट्रि सॉइड* *n.* murder of mother मात वध; murderer of mother मात हंता।

matriculate *मॅ ट्रि क्यु लेट* *v.t.* to be enrolled in a college or university महाविद्यालय अथवा विश्वविद्यालय में भरती होना।

matriculation *मॅ ट्रि क्यु ले शॅन* *n.* entrance examination प्रवेशिका–परीक्षा।

matrimonial *मै ट्रि मोन् यॅल* *a.* pertaining to marriage वैवाहिक।

matrimony *मै ट्रि मॅ नि* *n.* wedlock, marriage परिणय, विवाह।

matrix *मे-ट्रिक्स (pl. -es, -rices)* *n.* womb गर्भाशय; mould, that in which anything is embedded सांचा।

matron *मै ट्रॅन* *n.* married woman विवाहिता; one in-charge of nursing and domestic arrangements कार्याधीक्षिका।

matter[1] *मै टॅः* *n.* material पदार्थ; goods सामान; subject विषय; importance महत्व; affair मामला।

matter[2] *v.i.* to be of importance महत्वपूर्ण होना।

mattock *मै टॅक* *n.* a digging tool like a pickaxe गैंती, फावड़ा।

mattress *मै ट्रिस* *n.* bed made of stuffed bag गद्दा।

mature[1] *मॅ ट् यु अॅः* *a.* fully developed परिपक्व; grown up प्रौढ़; due for payment देय।

mature[2] *v.i.* to develop विकसित होना; to come to ripeness परिपक्व होना; *v.t.* to bring to full development विकसित करना।

maturity *मॅ ट्युअॅ रि टि* *n.* state of being mature परिपक्वता।

maudlin *मौड्-लिन* *a.* silly मूर्खतापूर्ण; sickly sentimental भावुकतापूर्ण।

maul[1] *मौल* *n.* heavy wooden hammer मूसल।

maul[2] *v.t.* to handle roughly (से) बुरा व्यवहार करना; to beat or injure पीटना, चोट पहुंचाना।

maulstick *मौल्-स्टिक* *n.* stick used by painters as a rest for the hand (चित्रकारी के समय) हाथ टेकने की छड़ी।

maunder *मौन्-डरः* *v.t.* to wander idly भटकते हुए घूमना-फिरना; to grumble, to mutter लापरवाही से बड़बड़ाना।

mausoleum *मौ सॅ लि अॅम* *n.* a magnificent tomb मक़बरा, समाधि।

mawkish *मौ किश* *a.* insipid रूखा; sentimental भावुक।

maxilla *मैक्-सि्-लॅ (pl. -lae)* *n.* upper jaw bone जंभिका, ऊपर का जबड़ा।

maxim *मैक् सिम* *n.* proverb उक्ति, कहावत; rule of conduct नियम; general truth सूक्ति।

maximize *मैक् सि मॉइज़* *v.t.* to raise to the highest degree उच्चतम सीमा तक बढ़ाना।

maximum[1] *मैक् सि मॅम* *a.* greatest अधिकतम, उच्चतम।

maximum[2] *n.* greatest quantity, degree etc. अधिकतम मात्रा, सीमा आदि।

May *मे* *n.* fifth month of the year मई मास।

may मे *v. aux.* expresses possibility, permission, opportunity, wish, request etc. संभावना, अनुमति, अवसर, इच्छा, प्रार्थना आदि की अभिव्यक्ति करता है।

mayor मे ॅ अॅः *n.* the head of a corporation नगरप्रमुख।

maze मेज़ *n.* an area of intricate pathways टेढ़े-मेढ़े मार्गोंवाला प्रदेश; labyrinth भूलभुलैया।

me मी, मि *pron.* first personal objective pronoun मुझको, मुझे।

mead मीड *n.* honey and water fermented and flavoured शहद की मदिरा (मद्यासव)।

meadow मै ॅ डो *n.* pasture land चारागाह।

meagre मी गॅः *a.* scanty, thin थोड़ा, अल्प; insufficient अपर्याप्त।

meal मील *n.* ground grain आटा; food भोजन; occasion for eating भोजन का समय।

mealy मी लि *a.* meal-covered आटे से ढका; soft कोमल।

mean[1] मीन *a.* average माध्य, औसत; intermediate मझला; low in rank or birth नीच।

mean[2] *n.* an average मध्यमान; middle position मध्यस्थिति; *(pl.)* medium माध्यम, साधन।

mean[3] *v.t.* to intend अभिप्राय रखना; to purpose उद्देश्य रखना।

meander मि ऐन् डॅः *v.i.* to wind about चक्कर लगाना।

meaning मी निङ्ग *n.* sense intended अभिप्राय।

meaningful मी-निङ्ग्-फुल *a.* significant, purposeful अर्थपूर्ण, सार्थक।

meaningless मी-निङ्ग्-लिस *a.* senseless, without significance निरर्थक, निष्प्रयोजन।

meanness मीन्-निस *n.* lowleness नीचता, कमीनापन; baseness अधमता।

means मीन्ज़ *n. (pl.)* resources साधन; money धन; medium माध्यम।

meanwhile मीन् वॉइल –ह्वॉइल *adv.* in the intervening time इसी बीच में।

measles मी ज़ल्ज़ *n. sing.* a contagious disease in man खसरा।

measurable मै ॅ ज़ॅ रॅ ब्ल *a.* that may be measured परिमेय।

measure[1] मै ॅ जॅः *n.* size नाप; unit इकाई; extent सीमा; plan योजना।

measure[2] *v.t.* to find length or quantity of नापना; *v.i.* to take measurements नाप लेना; to be of a specified measure नाप में कुछ होना।

measureless मै ॅ ज़ॅः लिस *a.* boundless असीमित।

measurement मै ॅ जॅः मॅन्ट *n.* dimension नाप; act of measuring नपाई।

meat मीट *n.* the flesh of animals used as food मांस।

mechanic[1] मि कै निक *n.* skilled workman मिस्त्री।

mechanic[2] *a.* mechanicalयांत्रिक।

mechanical मि कै नि कॅल *a.* pertaining to machines यांत्रिक; machine like यंत्रवत्।

mechanics मि कै निक्स *n.* science of machinery यांत्रिकी।

mechanism मै ॅ कॅ निज़्म *n.* way in which something works क्रियाविधि; system तंत्र।

medal *मैॅ ड्ल n.* piece of metal in the form of coin given as reward पदक।

medallist *मैॅ डॅ लिस्ट n.* one who has gained a medal पदक-प्राप्त व्यक्ति।

maddle *मैॅ ड्ल v.i.* to interfere unnecessarily बाधा डालना।

media *मी डि ॲ n. pl.* see medium

mediaeval, medieval *मैॅ डि ई वॅल a.* of Middle Ages मध्ययुग का।

median *मी-डि-ॲन a.* situated in the middle मध्यस्थ; passing through the middle मध्यगामी।

mediate *मी डि एट v.i.* to act as intermediary मध्यस्थता करना; *v.t.* to settle through mediation मध्यस्थता द्वारा निपटाना।

mediation *मी डि ए शन n.* act of mediating मध्यस्थता।

mediator *मी डि ए टॅः n.* one who mediates मध्यस्थ।

medical *मैॅ डि कॅल a.* relating to the art of physician आयुर्वैज्ञानिक।

medicament *मैॅ डि कॅ मॅन्ट, मैॅ डि– n.* औषध तत्व।

medicinal *मैॅ डि सि न्ल a.* having medical properties औषधीय, औषधगुणयुक्त।

medicine *मैॅड् सिन n.* substance used for treatment of disease औषधि; study of the science of healing चिकित्साशास्त्र।

medico *मैॅ डि को n.* medical practitioner चिकित्सक; student of medical science चिकित्सा विज्ञान का विद्यार्थी।

mediocre *मी डि ओ कॅः, मी डि ओ कॅः a.* ordinary सामान्य; average औसत दर्जे का।

mediocrity *मी डि औ क्रि टि n.* middling degree सामान्य अवस्था।

meditate *मै डि टेट v.t.* to consider deeply (पर) विचार करना; *v.i.* to be occupied in contemplation मनन करना।

mediation *मै डि टे शॅन n.* deep thought ध्यान मनन।

meditative *मैॅ डि टॅ टिव, –टे– a.* given to meditation मननशील।

medium[1] *मी ड्यॅम n (pl.) media मी डि ॲ,- ms)* a middle state मध्यस्थिति; something intermediate in nature or degree मध्यवर्ती वस्तु; an intervening substance माध्यम; an agency, means साधन; means of communicating news संचार-साधन।

medium[2] *a.* about halfway between extremes मंझला, मझोला।

meek *मीक a.* mild, submissive विनम्र, सौम्य।

meet[1] *मीट n.* meeting बैठक।

meet[2] *v.t.* to come face to face with (से) मिलना; to satisfy पूरा करना; *v.i.* to come together भेंट होना।

meeting *मी टिङ्ग n.* an assembly, a gathering सभा; coming together मुलाक़ात, भेंट।

megalith *मैॅ-गॅ-लिथ n.* huge stone महा पाषाण।

megalithic *मैॅ-गॅ-लि-थिक a.* of huge stone महापाषाणीय; belonging to Stone Age पाषाणयुगीन।

megaphone *मै गॅ फ़ोन n.* device for increasing volume of sound ध्वनिप्रवर्धी।

melancholia *मै लॅन् को ल्यॅ n.*

morbid melancholy विषाद-रोग।

melancholic *मै ˘ लॅन् कौ ˘ लिक a.* disordered by melancholy विषादग्रस्त।

melancholy[1] *मै ˘ लॅन् कौ ˘ लि n.* dejection खिन्नता, अवसाद।

melancholy[2] *a.* sad खिन्न, दुखी; low-spirited निराश; causing sadness दुःखद।

melee *मै ˘-ले n.* confused conflict हंगामा; turmoil, stampede भगदड़।

meliorate *मी-लि-अॅ-रेट v.t.* to make better सुधारना, संवारना; *v.i.* to grow better सुधरना, अच्छा बनना।

mellow *मै ˘ लो a.* soft मद; well matured परिपक्व, समझदार।

melodious *मि लो ड्यॅस a.* sweet-sounding सुरीला।

melodrama *मै ˘ लो ड्रा मॅ n.* an exciting and sensational play उत्तेजक व सनसनीखेज़ नाटक; over dramatic behaviour अतिनाटकीय व्यवहार।

melodramatic *मै ˘ लो ˘ ड्रॅ मै टिक a.* pertaining to melodrama अतिनाटकीय; sensational सनसनीखेज़; emotional भावुकतापूर्ण।

melody *मै ˘ लॅ डि n.* tune लय, राग; sweetness मधुरता।

melon *मै ˘ लॅन n.* juicy guard तरबूज़।

melt *मै ˘ल्ट v.i.* to become liquid from solid पिघलना, गलना; *v.t.* to cause to melt गलाना, पिघलाना।

member *मैमॅ् बॅः n.* any of the individuals making up a body or society सदस्य; limb अंग, अवयव।

membership *मैमॅ् बॅः शिप n.* state of being a member सदस्यता; number of members सदस्य-संख्या।

membrane *मै ˘म्-ब्रेन n.* thin flexible solid sheet or film त्वक, झिल्ली।

memento *मि मैनॅ् टो n.* something kept or given as a reminder स्म तिचिह्न।

memo *मै ˘ मो n.* short for 'memorandum'.

memoir *मै ˘म् वाः n.* short life history संक्षिप्त जीवनव त्त; record of events इतिहास; *(pl.)* a person's written account of his own life आत्मचरित।

memorable *मै ˘ मॅ रॅ ब्ल a.* deserving to be remembered स्मरणीय; remarkable विलक्षण।

memorandum *मै ˘ मॅ रैन् डॅम n. (pl. da, -dums)* something to be remembered; स्मरण-पत्र; representation ज्ञापन-पत्र।

memorial[1] *मॅ मौ रि ॲल n.* monument स्मारक।

memorial[2] *a.* pertaining to memory स्मरण-विषयक।

memory *मै ˘ मॅ रि n.* remembrance स्म ति; faculty of remembering; स्मरण-शक्ति; commemoration यादगार।

menace[1] *मै ˘ नॅस n,* threat धमकी; apprehension भीति; curse अभिशाप।

menace[2] *v.t.* to threaten धमकी देना।

mend *मैन्ड v.t.* to repair मरम्मत करना; to correct ठीक करना; to improve सुधारना।

mendacious *मै ˘न्-डे-शॅस a.* lying, untruthful मिथ्यावादी।

menial[1] *मी न्यॅल, मी नि ॲल a.* degrading तुच्छ; suitable for domestic servants दासोचित।

menial² *n.* domestic servant सेवक।

meningitis *मै ॅ-निन्-जॉइ-टिस* *n.* inflammation of the membranes of the brain गर्दन-तोड़ बुखार, मस्तिष्कावरणशोथ।

menopause *मै ॅ-नॅ-पौज़* *n.* ending of menstruation रजोनिव त्ति।

menses *मैनॅ् सिःज़* *n. pl.* monthly discharge from the uterus ऋतुस्राव।

menstrual *मैनॅ् स्ट्रू ॲल* *a.* of the menses ऋतुस्राव विषयक।

menstruation *मैन् स्ट्रू ए शॅन* *n.* periodic discharge from the uterus ऋतुस्राव।

mental *मैनॅ् ट्ल* *a.* pertaining to mind मानसिक; done in the mind मनोगत।

mentality *मैनॅ् टै लि टि* *n.* way of thinking मनोव त्ति; mental power बौद्धिक शक्ति।

mention¹ *मैनॅ् शॅन* *n.* reference उल्लेख।

mention² *v.t.* to make mention of चर्चा करना।

mentor *मैनॅ् टॅः* *n.* counsellor सलाहकार।

menu *मै ॅ न्यू* *n.* list of dishes भोज्य-सूची।

mercantile *मॅः कॅन् टॉइल* *a.* pertaining to merchants वाणिज्य–संबंधी; commercial व्यापारिक।

mercenary *मॅः सॅ नॅ रि* *a.* working only for money धनार्थी; influenced by greed लालची।

mercerise *मॅः सॅ रॉइज़* *v.t.* to give lustre (to cotton fabrics) by treating with chemicals (सूती कपड़ों को) रसायनों-द्वारा चमकीला बनाना।

merchandise *मॅः चॅन् डॉइज़* *n.* goods bought and sold माल, सौदा।

merchant *मॅः चॅन्ट* *n.* trader व्यापारी।

merciful *मॅः सि फुल* *a.* kind, full of mercy दयालु, क पालु।

merciless *मॅः सि लिस* pitiless, cruel क्रूर, निष्ठुर।

mercurial *मॅःक्युॲ-रि-ॲल* *a.* containing mercury पारदमय; alert, clever चुस्त, चालाक; unsteady चंचल, अस्थिर।

mercury *मॅः क्यु रि* *n.* silvery metallic element पारद; (cap.) the planet nearest the sun बुद्ध।

mercy *मॅः सि* *n.* clemency दया; compassion अनुकंपा।

mere *मिॲः* *a.* only केवल; not more than मात्र।

merge *मॅःज* *v.t.* to absorb मिला लेना; *v.i.* to be absorbed मिल जाना।

merger *मॅः जॅः* *n.* absorption विलयन; joining together एकीकरण।

meridian *मॅ-रि-डि-ॲन* *a.* of or at midday दोपहरी का; at culmination or highest point उत्तम सर्वोच्च।

merit¹ *मै ॅ रिट* *n.* good quality सद्गुण; worth योग्यता; desert अर्हता।

merit² *v.t.* to deserve के योग्य होना।

meritorious *मै ॅ रि टौ रि ॲस* *a.* qualified गुणी; worthy योग्य; praiseworthy प्रशंसनीय।

mermaid *मॅः मेड* *n.* a woman with a fish's tail in place of legs जलपरी।

merman *मॅं: मेन n.* man with a fish's tail in place of legs जलपुरुष।

merriment *मैॅ रि मॅन्ट n.* joy आनंद आमोद-प्रमोद।

merry *मै ॅ रि a* joyous, cheerful सानंद, प्रसन्न।

mesh[1] *मैॅश n.* net, network जाली; one of the open spaces in a net जाल या जाली का छिद्र।

mesh[2] *v.t.* to catch in a mesh जाल में पकड़ना या फंसाना।

mesmerism *मैॅज़ मॅ रिज़्म n.* hypnotism सम्मोहन।

mesmerize *मैॅज़ मॅ रॉइज़ v.t.* to hypnotize सम्मोहित करना; to hold spell-bound मंत्रमुग्ध करना।

mess[1] *मैॅस n.* hotel भोजनालय; confusion गड़बड़झाला; trouble परेशानी; dirt गंदगी।

mess[2] *v.i.* to eat meals भोजन करना; *v.t.* to spoil बिगाड़ देना; to put into disorder अस्त-व्यस्त करना।

message *मैॅ सिज n.* errand समाचार, सूचना; teaching संदेश।

messenger *मैॅसिन् जॅः n.* message-bearer संदेशवाहक।

messiah *मि सॉइ अॅ n.* Christ ईसा मसीह; Saviour मोक्षदाता, रक्षक।

Messrs *मैॅ-सॅःज n.* (abbrev. of messieurs) used as the pl. of Mr. सर्वश्री।

metabolism *मै ॅ टॅ बॅ लिज़्म n.* chemical process of living body शरीर की रासायनिक प्रक्रिया।

metal *मै ॅ ट्ल n.* opaque elementary substance धातु; broken stone for making roads रोड़ी, गिट्टी।

metallic *मि टै लिक a.* consisting to metal धातुमय; like metal धातुवत्।

metallurgy *मैॅ टै लॅः जि n.* science applied to metals (रसा.) धातुकर्म विज्ञान।

metamorphosis *मै ॅ टॅ मौः फ़ॅ सिस n.* transformation रूपांतरण।

metaphor *मैॅ टॅ फ़ॅः n.* a figure of speech based on comparison रूपक।

metaphysical *मैॅ टॅ फ़ि ज़ि कॅल a.* pertaining to metaphysics तात्विक; abtruse गूढ़, सूक्ष्म।

metaphysics *मैॅटॅ फ़ि ज़िक्स n. sing.* branch of philosophy concerned with nature of existence, truth and knowledge तत्वमीमांसा।

mete मीट *v.t.* to apportion बांटना; to measure नापना।

meteor *मी ट्यॅः n.* shooting star उल्का।

meteoric *मी-टि-औ ॅ-रिक a.* of the atmosphere मौसम-संबंधी; swift तीव्र; brilliant चमकीला।

meteorologist *मी-टि-अॅ-रौ ॅ-लॅ-जिस्ट n.* one who studies weather and climate ऋतुविज्ञानी।

meteorology *मी ट्यॅ रौ ॅ लॅ जि n.* study of weather and climate मौसम विज्ञान।

meter *मी टॅः n.* apparatus for measuring मापक।

method *मैॅ थॅड n.* mode ढंग, विधि; manner कार्यविधि; procedure पद्धति।

methodical *मि थौ ॅ डि कॅल a.* systematic सुव्यवस्थित।

metre *मी टॅः* *n.* unit of length in the metric system मीटर; verse rhythm छंद।

metric *मै ॅट् रिक* *a.* pertaining to metre मीटर-संबंधी।

metrical *मैटॅ् रि कॅल* *a.* of metre छंद संबंधी; composed in verse छंदोबद्ध; connected with measurement मापीय।

metropolis *मिट्रो ॅ पॅ लिस* *n.* capital of a country राजधानी।

metropolitan[1] *मै ॅ ट्रो पौ लि टॅन* *a.* of a metropolis राजधानी का अथवा उससे संबंधित।

metropolitan[2] *n.* person living in a metropolis राजधानी-निवासी।

mettle *मै ॅ-ट्ल* *n.* spirit, courage उत्साह, दिलेरी; temperament स्वभाव की विशेषता।

mettlesome *मैॅ-ट्ल्-सॅम* *a.* high spirited तेजस्वी, साहसी।

mew[1] *म्यू* *v.i.* to cry as a cat म्याऊँ-म्याऊँ करना।

mew[2] *n.* cat's cry म्याऊँ।

mezzanine *मै ॅ-ज़ॅ-नीन* *n.* room below the stage (प्रेक्षागृह में) रंगभूमि का तहखाना।

mica *मॉइ कॅ* *n.* a glittering scaly metal अभ्रक।

microfilm *मॉइ-क्रॅ-फ़िल्म* *n.* photographic film for preserving a microscopic record of a document सूक्ष्म, फ़िल्म, अणुचित्र।

micrology *माइ-क्रौ ॅ-लॅ-जि* *n.* study of microscopic objects सूक्ष्म-पदार्थ-विज्ञान, सूक्ष्मविज्ञान।

micrometer *मॉइ-क्रौ ॅ-मि-टरः* *n.* instrument for measuring minute distances or angles सूक्ष्ममापी।

microphone *मॉ इ क्रॅ फ़ोन* *n.* sound amplifier ध्वनिविस्तारक।

microscope *मॉइ क्रॅ स्कोप* *n.* instrument for magnifying minute objects सूक्ष्मदर्शी यंत्र।

microscopic *मॉइ क्रॅस् कौ ॅ पिक* *a.* very minute अति सूक्ष्म।

microwave *मॉइ-क्रॅ-वेव* *n.* a very short wavelength सूक्ष्म तरंग।

mid *मिड* *a.* middle मध्यवर्ती।

midday *मिड् डे* *n.* noon मध्याह्न।

middle[1] *मि ड्ल* *a.* intermediate मध्यवर्ती।

middle[2] *n.* middle position मध्यस्थिति; waist कमर।

middleman *मि ड्ल् मैन* *n.* intermediary बिचौलिया।

middling *मिड्-लिङ्ग* *a.* mediocre मध्यम श्रेणी का; moderate साधारण।

midget *मि-जिट* *n.* a small person वामन पुरुष; something very small लघु वस्तु।

midland *मिड्-लैन्ड* *n.* interior of the country; central part मध्यदेश।

midnight *मिड् नॉइट* *n.* 12 o' clock at night अर्द्धरात्रि।

mid-off *मिड्-औ ॅफ़* *n.* fielder near the bowler on the 'off' side (क्रिकेट) बल्लेबाज़ के आधे दाएं खड़ा खिलाड़ी।

mid-on *मिड्-औ ॅन* *n.* fielder near the bowler on the 'on' side (क्रिकेट) बल्लेबाज़ के आधे बाएं खड़ा खिलाड़ी।

midriff *मिड्-रिफ़* *n.* the part of a woman's garment that fits over the diaphragm मध्यपट।

midst *मिड्स्ट* *n.* middle मध्य।

midsummer *मिड़ स मँः* *n.* middle of summer मध्यग्रीष्म ऋतु।

midwife *मिड़ वॉइफ़* *n.* woman who assists in child birth दाई, धात्री।

might *मॉइट* *n.* strength, power पराक्रम, शक्ति।

mighty *मॉइ टि* powerful शक्तिशाली; brave, बहादुर; very great अति महान।

migraine *मी ग्रेन* *n.* severe headache on one side आधासीसी।

migrant *मॉइ-ग्रॅन्ट* *n.* one who migrates प्रवासी।

migrate *मॉइ ग्रेट* *v.i.* to change one's abode to another country प्रव्रजन करना।

migration *मॉ इ ग्रे शॅन* *n.* state or act of migrating प्रव्रजन।

mike *मॉइक* *n.* see microphone.

milch *मिल्च* *a.* milk-giving दुधारू।

mild *मॉइल्ड* *a.* gentle शांत; soft हल्का; calm शांत।

mildew *मिल्-ड्यू* *n.* disease of plants caused by the growth of minute fungi चेंपा, काई, फफूंदी।

mile *मॉइल* *n.* measure of distance (1760 yards) मील।

mileage *मॉइ लीज* *n.* allowance per mile प्रतिमील भत्ता; miles travelled यात्रा की हुई मीलें; distance in miles मीलों में दूरी।

milestone *मॉइल्-स्टोन* *n.* a stone showing distnace in miles मील का पत्थर; an important stage or event महत्वपूर्ण स्थिति, घटना आदि।

milieu *मी-ल्यू* *n.* environment वातावरण; surrounding परिवेश।

militant[1] *मि लि टॅन्ट* *a.* bellingerant युद्धप्रिय; using violence हिंसाकारी।

militant[2] *n.* a person disposed to fight युद्धकर्त्ता।

military[1] *मि लि टॅ रि* *a.* pertaining to soldiers सैन्य; warlike सामरिक।

military[2] *n.* army सेना।

militate *मि लि टेट* *v.i.* to fight युद्ध करना।

militia *मि लि शॅ* *n.* military force of citizens for home service नागरिक सेना।

milk[1] *मिल्क* *n.* white fluid with which mammals feed their young दूध।

milk[2] *v.t.* to draw milk from दुहना; *v.i.* to yield milk दूध देना, दुधारू होना।

milky *मिल् कि* *a.* like milk दूधिया।

mill[1] *मिल* *n.* machine for grinding चक्की।

mill[2] *v.t.* to pass through a mill पीसना।

millennium *मि लै ˘ नि ॲम* *n.* a period of a thousand years सहस्राब्दि; period of peace and happiness स्वर्ण युग।

miller *मि लॅः* *n.* owner of a mill चक्कीवाला, आटा पीसनेवाला।

millet *मि-लिट* *n.* a well-known food grain बाजरा।

milliner[1] *मि-लि-नरः* *n.* one who makes or sells women's head-gear, trimmings etc. नारी-वस्त्र-निर्माता।

milliner[2] *मि लि नॅः* *n.* one who makes head-dresses, hats etc. for females स्त्रियों के शिरोवस्त्रों का निर्माता।

millinery *मि नि नॅ रि* *n.* occupation of a milliner महिला वस्त्र-निर्माण।

million *मिल् यॅन* *n.* a thousand thousand दस लाख (1,000,000)।

millionaire *मिल् यॅ ने ॅ अॅः* *n.* very rich person धनपति।

millipede *मि-लि-पीड* *n.* a worm with many legs बहुपादधारी कीट।

mime[1] *मॉइम* *n.* play without dialogue संवादरहित नाटक; farcical play of real life प्रहसन; a buffoon विदूषक, ठिठोलिया।

mime[2] *v.i.* to act as a mime स्वांग भरना।

mimesis *मि-मै ॅ-सिस* *n.* imitation or representation in art अनुकरण, निकटतम साद श्य।

mimic[1] *मि मिक* *a.* imitative अनुकरणात्मक।

mimic[2] *n.* one who imitates नक़लची, नक़्क़ाल।

mimic[3] *v.t.* *(-cked, -cking)* to imitate (की) नकल उतारना।

mimicry *मि मिक् रि* *n.* imitation (often for sport or ridicule) नक़ल।

minaret *मि नॅ रै ॅट* *n.* tall, slender tower of a mosque मीनार।

mince *मिन्स* *v.t.* to cut or chop (meat) into very small pieces (मांस) काटना; to soften or moderate (words) बात को हल्का या कम करके बताना।

mind[1] *मॉइन्ड* *n.* memory स्म ति; remembrance स्मरण; thought, idea विचार; opinion मत; intention इरादा; purpose उद्देश्य; intellect बुद्धि; understanding समझ; attention ध्यान।

mind[2] *v.t.* to take offence at (का) बुरा मानना; to care for (की) चिंता करना; to attend to (पर) ध्यान देना; to be cautious about के बारे में सतर्क रहना, to be concerned about के विषय में चिंतित रहना; *v.i.* to be careful सावधान या सतर्क रहना।

mindful *मॉइन्ड् फुल* *a.* careful सावधान।

mindless *मॉइन्ड्-लिस* *a.* stupid मूर्ख, मंदबुद्धि; unmindful लापरवाह।

mine[1] *मॉइन* *pron.* belonging to me मेरा।

mine[2] *n.* deep hole from which minerals are dug out खान; hidden deposit of explosive बारूदी सुरंग।

miner *मॉइ नॅः* *n.* one who works in a mine खनिक।

mineral[1] *मि नॅ रॅल* *n.* matter got by mining खनिज।

mineral[2] *a.* of minerals खनिज-संबंधी।

mineralogist *मि नॅ रॅ लॅ जिस्ट* *n.* one who is versed in the science of minerals खनिज-विज्ञानी।

mineralogy *मि नॅ रॅ लॅ जि* *n.* science of the properties of mineral substances खनिज शास्त्र।

mingle *मिङ् ग्ल* *v.t.* to mix मिलाना; *v.i.* to be mixed मिल जाना।

miniature[1] *मि न्यॅ चॅः, मि नि अॅ चॅः* *n.* small picture, book or model सूक्ष्म चित्र, पुस्तक या मूर्ति।

miniature[2] *a.* minute लघु, छोटा।

minim *मि-निम* *n.* (music) the shortest note अर्द्धस्वर; short downstroke in handwriting अक्षरों की नीचे निकली नोक, बिंदूक; least part अल्पतम भाग।

minimal *मि नि मॅल a.* least अल्पतम।

minimize *मि नि मॉइज़ v.t.* to reduce to the minimum घटाना, कम करना।

minimum[1] *मि नि मॅम n. (pl. -ms, minima)* smallest amount न्यूनतम मात्रा।

minimum[2] *a.* least possible अल्पतम।

minion *मिन् यॅन n.* favourite क पापात्र; servile follower खुशामदी टट्टू।

minister[1] *मि निस् टॅः n.* departmental administrator in a state मंत्री।

minister[2] *v.i.* to give care or aid ध्यान या सहायता देना; to give service सेवा करना।

ministrant *मि-निस्-ट्रॅन्ट a.* administering सेवारत; attendant सेवक।

ministry *मि निस् ट्रि n.* a body of ministers मंत्रिमंडल; act of ministering मंत्रित्व।

mink *मिङ्क n.* small animal of the weasel kind ऊदबिलाव जाति का एक जंतु।

minor[1] *मॉइ नॅः a.* lesser छोटा, लघु; not risky or serious हल्का; under age नाबालिग़, अवयस्क।

minor[2] *n.* person under the age of 18 अवयस्क व्यक्ति।

minority *मॉइ नौ˘ रि टि n.* minor's state अवयस्कता; lesser number अल्प संख्या; a class or section numbering less than the one in majority अल्पसंख्यक।

minster *मिन्-स्टॅः n.* an abbey church आश्रम-गिरजा।

mint[1] *मिन्ट n.* an aromatic plant पुदीना।

mint[2] *n.* place where money is coined टकसाल।

mint[3] *v.t.* to coin (money) (सिक्के) ढालना।

minus[1] *मॉइ नॅस prep.* without के बिना।

minus[2] *a.* indicating subtraction ऋणात्मक; negative नकारात्मक।

minus[3] *n.* the sign of subtraction ऋण का चिह्न (–)।

minuscule *मि-नॅस्-क्यूल a.* small cursive script अंग्रेज़ी वर्णमाला के छोटे अक्षर।

minute[1] *मॉइ न्यूट a.* very small बहुत छोटा।

minute[2] *मि निट n.* 60th part of an hour मिनट; *(pl.)* record of proceedings of a meeting विवरण।

minutely *मॉइ न्यूट् लि adv.* closely, carefully सूक्ष्मता से, ध्यानपूर्वक; attending to small details बारीकी से।

minx *मिङ्क्स n.* a pert young girl कुलच्छनी; jade जिद्दी एवं हठी लड़की।

miracle *मि रॅ क्ल n.* marvel चमत्कार; supernatural event अलौकिक घटना।

miraculous *मि रै क्यु लॅस a.* marvellous चमत्कारिक; surprising आश्चर्यजनक।

mirage *मि राज़ n.* deceptive sight of water in a desert म गमरीचिका; illusion भ्रम।

mire[1] *मॉइअॅः n.* swampy ground दलदल; mud कीचड़।

mire[2] *v.t.* to cause to stick in mire दलदल में फंसाना; to soil with mud सानना, कीचड़ लगाना; *v.i.* to sink in mire कीचड़ या दलदल में पड़ना।

mirror[1] *मि रॅ:* *n.* looking glass दर्पण।
mirror[2] *v.t.* to reflect प्रतिबिंबित करना।
mirth *मॅ:थ* *n.* joy, merriment आनंद, आमोद-प्रमोद।
mirthful *मॅ:थ् फुल* *a.* full of mirth आनंदपूर्ण।
misadventure *मिस् ॲड़ वैन् चॅ:* *n.* mishap दुर्घटना; ill-luck दुर्भाग्य।
misalliance *मिस्-ॲ-लॉइ-ॲन्स* *n.* unsuitable alliance बेमेल संबंध; marriage with one of lower rank बेमल विवाह।
misanthrope *मिस् ॲन् थ्रोप* *n.* hater of mankind मानवद्वेषी।
misapplication *मिस्-ऐप-लि-के-शॅन* *n.* misuse अनुचित प्रयोग, दुरुपयोग।
misapprehend *मिस्-ऐ-प्रि-हैन्ड* *v.t.* to take or understand in a wrong sense (का) मिथ्याबोध करना, उलटा या ग़लत समझना।
misapprehension *मिस्-ॲ-प्रि-है ॅन्-शॅन* *n.* misunderstanding मिथ्या-बोध, भ्रम।
misappropriate *मिस् ॲ प्रो प्रि एट* *v.t.* to take and use wrongfully दुरुपयोग करना; to embezzle ग़बन करना।
misappropriation *मिस् ॲ प्रो प्रि ए शॅन* *n.* act of misappropriating दुरुपयोग; embezzlement ग़बन।
misbehave *मिस् बि हेव* *v.i.* to behave ill बुरा व्यवहार करना।
misbehaviour *मिस् बि हेव् यॅ:* *n.* bad behaviour, misconduct बुरा व्यवहार।
misbelief *मिस्-बि-लीफ़* *n.* belief in false doctrine भ्रांत धारणा।
miscalculate *मिस् कैल् क्यु लेट* *v.t.* to reckon (amounts etc.) wrongly ग़लत गणना करना।
miscalculation *मिस् कैल् क्यु ले शॅन* *n.* erroneous calculation अशुद्ध गणना।
miscall *मिस-कौल* *v.t.* to call by a wrong name ग़लत या अशुद्ध नाम से पुकारना।
miscarriage *मिस् कै रिज* *n.* abortion गर्भपात; failure असफलता, विफलता।
miscarry *मिस् कै रि* *v.i.* (of plan, etc.) to fail (योजना आदि का) विफल होना; (of letters etc.) not to reach the right destination अपवाहित होना; to bring forth young prematurely गर्भपात होना।
miscellaneous *मि सि लेन् यॅस* *a.* mixed मिश्रित; diverse कई तरह का, विविध।
miscellany *मि सै लॅ नि, मि सि–* *n.* mixture of various kinds, medley विविधतापूर्ण संग्रह।
mischance *मिस् चान्स* *n.* bad luck दुर्भाग्य।
mischief *मिस् चिफ़* *n.* misconduct दुर्व्यवहार, शरारत; harm हानि; hurt चोट।
mischievous *मिस् चि वॅस* *a.* full of pranks शरारतपूर्ण; having harmful effect हानिप्रद।
misconceive *मिस्-कॅन्-सीव* *v.t.* to conceive wrongly मिथ्या अर्थ लगाना; to mistake ग़लत समझना।
misconception *मिस् कॅन् सैपॅ शॅन* *n.* wrong idea ग़लत धारणा।
misconduct *मिस् कौनॅ डॅक्ट* *n.* misbehaviour दुराचरण।
misconstrue *मिस्-कॅन्-स्ट्रू* *v.t.* to

interpret wrongly (का) अर्थ ठीक न लगाना, ग़लत समझना।

miscreant *मिस् क्रि अ‍ॅन्ट n.* a scoundrel, a rascal धूर्त, बदमाश।

misdeed *मिस् डीड n.* evil deed दुष्कर्म।

misdemeanour *मिस-डि-मी-नरः n.* misdeed, bad conduct दुष्कर्म, दुराचरण; petty crime सामान्य अपराध।

misdirect *मिस् डि रैक्ट v.t.* to give the wrong information गुमराह करना।

misdirection *मिस् डि रैक् शॅन n.* wrong direction बहकावा, अपनिदेशन।

miser *मॉइ जॅः n.* money-hoarder कंजूस।

miserable *मि ज़ॅ रॅ ब्‌ल a.* very unhappy अति दुःखपूर्ण; causing misery दुःखदायी; worthless निकम्मा; squalid घिनौना।

miserly *मॉइ-ज़ॅः-लि a.* niggardly क पणतापूर्ण।

misery *मि ज़ॅ रि n.* distress मुसीबत; great unhappiness तकलीफ़, विपत्ति; poverty कंगाली।

misfire *मिस् फ़ॉइअ‍ॅः v.i.* to (of a gun) to fail to go off (बंदूक) न दग़ना; (of a motor engine) to fail to ignite (इंजन) चालू न होना।

misfit *मिस् फिट n.* an improper thing or person अनुपयुक्त वस्तु या आदमी।

misfortune *मिस् फ़ौ ॅः चॅन n.* ill-luck दुर्भाग्य।

misgive *मिस्-गिव (-gave, -given) v.t.* to suggest apprehensions, to fill with forebodings अविश्वास करना; *v.i.* to have apprehensive forebodings अशुभ की आशंका करना।

misgiving *मिस् गि विङ्ग n.* doubt संदेह।

misguide *मिस् गॉइड v.t.* to mislead गुमराह करना।

mishap *मिस् हैप n.* minor accident दुर्घटना।

misjudge *मिस् जज v.t.* to judge wrongly ग़लत निर्णय करना।

mislead *मिस लीड v.t.* to lead into error बहकाना; to lead astray भटका देना; to give false information to ग़लत सूचना देना।

mismanagement *मिस् मै निज़् मॅन्ट n.* bad management कुप्रबंध।

mismatch *मिस्-मैच v.t.* to match unsuitably अनुपयुक्त ढंग से जोड़े में रखना।

misnomer *मिस् नो मॅः n.* wrong name मिथ्या नाम।

misplace *मिस् प्लेस v.t.* to put in a wrong place ग़लत जगह रखना।

misprint[1] *मिस् प्रिन्ट n.* mistake in printing छापे की भूल।

misprint[2] *v.t.* to print wrongly ग़लत छापना।

misrepresent *मिस् रैपॅ रि ज़ॅन्ट v.t.* to give a false account of (का) अयथार्थ विवरण देना।

misrule *मिस् रुल n.* bad government कुशासन।

miss[1] *मिस n.* unmarried girl कुमारी।

miss[2] *v.t.* to fail to hit चूकना; to lose खोना; to omit छोड़ना।

missile *मि सॉइल n.* a weapon that is thrown or shot प्रक्षेपास्त्र।

mission *मि शॅन n.* special work विशेष कार्य; party of persons sent for special work विशेष कार्यदल; political message राजनीतिक संदेश।

missionary *मि शॅ नॅ रि n.* religious instructor धर्म प्रचारक।

missis, missus *मि-सिस्, -सिज़ n.* mistress of the house स्वामिनी, मालकिन; wife पत्नी।

missive *मि-सिव n.* written message लिखित संदेश।

mist *मिस्ट n.* water vapour in fine drops कुहासा, कुहरा।

mistake[1] *मिस् टेक n.* an error भूल।

mistake[2] *v.t.* to understand or do wrongly ग़लत समझना या करना।

mister *मिस् टॅः n.* title of courtesy to man श्री, श्रीमान, महोदय।

mistletoe *मि-सल्-टो n.* an evergreen shrubby plant आकाश बेल, अमर बेल।

mistreat *मिस्-ट्रीट v.t.* to treat ill (से) दुर्व्यवहार करना।

mistress *मिस् ट्रिस n.* female head of a house गृहस्वामिनी; lady teacher शिक्षिका; beloved प्रेयसि; woman living with a man as a wife उपपत्नी, रखैल।

mistrust[1] *मिस् ट्रस्ट n.* disbelief अविश्वास।

mistrust[2] *v.t.* to disbelieve अविश्वास करना।

misty *मिस् टि a.* full of mist कुहासे वाला।

misunderstand *मिस् अॅन् डॅः स्टैन्ड v.t.* to understand wrongly ग़लत समझना।

misunderstanding *मिस् अॅन् डॅः स्टैन् डिङ्ग n.* mistaken idea ग़लतफ़हमी।

misuse[1] *मिस् यूस n.* improper use or treatment दुरुपयोग।

misuse[2] *मिस् यूज़ v.t.* to use badly (का) दुरुपयोग करना।

mite[1] *मॉइट n.* dot, iota कण; small amount अल्प धन, अल्प मात्रा; a small thing छोटी वस्तु; small child शिशु।

mite[2] *n.* a tick, cattle-louse किलनी, चिचड़ी।

mithridate *मिथ्-रि-डेट n.* an antidote to poison विषमार औषधि, ज़हर मोहरा।

mitigate *मि टि गेट v.t.* to lessen कम करना।

mitigation *मि टि गे शॅन n.* act of mitigating अल्पीकरण।

mitre **मॉइ-टॅः** *n.* bishop's headdress पादरी का शिरोवस्त्र, किरीट।

mitten *मि-ट्न n.* glove without a separate cover for each finger बिना उंगलियों का दस्ताना; glove for the hand and wrist हाथ व कलाई का दस्ताना; a bosing glove मुक्केबाज़ी का दस्ताना।

mix *मिक्स v.i. & v.t.* to mingle मिलना, मिलाना।

mixture *मिक्स् चॅः n.* mixed product मिश्रित वस्तु; act of mixing मिश्रण।

moan[1] *मोन v.i.* to lament विलाप करना।

moan[2] *n.* a lament विलाप; low sound of pain कराह।

moat[1] *मोट n.* a deep trench खंदक, परिखा, खाई।

moat[2] *v.t.* to surround with a moat के चारों ओर खाई खोदना।

mob[1] मौ॑ब *n.* disorderly crowd भीड़; the common people जनसाधारण।

mob[2] *(-bb-) v.t.* to crowd round के चारों ओर भीड़ लगाना।

mobile *मो बॉइल, –बिल a.* movable चल, गतिशील; often changing परिवर्तनशील।

mobility *मो ॅ बि लि टि n.* being mobile गतिशीलता।

mobilize *मो बि लॉइज़ v.t.* to collect (troops) for active service युद्ध के लिए (सेना) एकत्रित करना; to organise संगठित करना; *v.i.* to become organised संगठित होना।

mock[1] *मौकॅ v.i.* to scoff (at) हंसी उड़ाना; *v.t.* to ridicule उपहास करना।

mock[2] *a.* sham, imitation दिखावटी, कृत्रिम।

mockery *मौ ॅ कॅ रि n.* ridicule मज़ाक़; travesty स्वांग, दिखावा।

modality *मो-डै-लि-टि n.* method रीति; terms, style वृत्तित्व; quality of being limited by a condition निश्चयमात्रा।

mode *मोड n.* method विधि; prevailing fashion चालू रिवाज।

model[1] *मौ ॅ ड्ल n.* pattern नमूना; ideal आदर्श।

model[2] *(-ll-) v.t.* to mould गढ़ना, ढालना; to make a model of का नमूना बनाना।

moderate[1] *मौ ॅ डॅ रिट a.* temperate मध्यम; limited सीमित; mild नरम।

moderate[2] *मौ ॅ डॅ रेट v.t.* to pacify शांत करना; to lessen कम करना।

moderation *मौ ॅ डॅ रे शॅन n.* quality of being moderate संयम, संतुलन; freedom from excess अतिहीनता।

modern *मौ ॅ डॅःन a.* new नया; of the present times आधुनिक।

modernity *मौ ॅ डॅः नि टि n.* being modern आधुनिकता।

modernize *मौ ॅ डॅः नॉइज़ v.t.* to adapt to modern ideas, style or language आधुनिकीकरण करना।

modest *मौ ॅ डिस्ट a.* mild नरम; bashful शर्मीला; moderate मामूली, मर्यादित।

modesty *मौ ॅ डिस् टि n.* politeness नरमी; shyness संकोच।

modicum *मौ-डि-कॅम n.* small quantity अल्प परिमाण।

modification *मौ ॅ डि फ़ि के शॅन n.* change परिवर्तन।

modify *मौ ॅ डि फ़ॉइ v.t.* to change बदलना; to make less severe (की) कठोरता कम करना; *(gram.)* to qualify the sense of के अर्थ को संयत करना।

modulate *मौ ॅ ड्यु लेट v.t.* to adjust ठीक करना; to regulate व्यवस्थित करना।

moil *मौ ॅइल v.i.* to toil, to drudge कठोर परिश्रम करना।

moist *मौ ॅ इस्ट a.* damp नम, गीला।

moisten *मौ ॅइ स्न v.t.* to make moist नम करना; *v.i.* to become moist नम होना।

moisture *मौ ॅ इस् चॅः n.* dampness नमी, गीलापन।

molar[1] *मो लॅः n.* a grinding tooth दाढ़।

molar[2] *a.* relating to the grinding teeth दाढ़-विषयक।

molasses *मॅ लै सिज़ n.* treacle शीरा।

mole *मोल* *n.* a small burrowing animal छछूंदर; small, dark spot on the skin तिल।

molecular *मौ ॅ-लै ॅ-क्यु-लरः* *a.* pertaining to smallest particle, atomic आणविक, अणुक।

molecule *मौ ॅ-लि-क्यूल* *n.* smallest particle of any substance अणु।

molest *मों ॅ लस्ट, मॅ–* *v.t.* to vex तंग, करना; छेड़खानी करना।

molestation *मों ॅ ल ॅस् टे शॅन* *n.* act of molesting छेड़खानी।

molten *मोल्-टॅन* *a.* melted पिघला हुआ।

moment *मो मॅन्ट* *n.* instant क्षण।

momentary *मो मॅन् टॅ रि* *a.* lasting for a moment क्षणिक।

momentous *मों ॅ मैं ॅन्टस, मॅ–* *a.* weighty महत्वपूर्ण; important आवश्यक।

momentum *मों ॅ मैनॅ टॅम, मॅ–* *n.* force of a moving body or machine गति-मात्रा।

monarch *मौं ॅ नॅःक* *n.* supreme ruler राजा।

monarchy *मौ ॅ नॅः कि* *n.* government in which the supreme power is lodged in a single person एकतंत्र।

monastery *मौ ॅ नॅस् टॅ रि* *n.* monk-house मठ।

monasticism *n.* corporate monastic life वानप्रस्थ, संन्यासभाव; system of living in monastery मठवाद।

Monday *मन् डे,–डि* *n.* second day of the week सोमवार।

monetary *म नि टॅ रि* *a.* relating to money आर्थिक।

money *म नि* *n.* currency मुद्रा; wealth संपत्ति।

monger *मङ्-गरः* *n.* dealer, trader वणिक, व्यापारी।

mongoose *मौनॅ गूस* *n.* a small animal noted for killing snakes नेवला।

mongrel *मङ्-ग्रल* *a.* mixed in reed संकरजातीय, दोगला, मिलाजुला।

monitor *मौ ॅ नि टॅः* *n.* senior pupil in a school appointed to instruct and look after juniors छात्रनायक; a screen in a television studio टेलिविज़न का पर्दा।

monitory *मौ ॅ-नि-टॅ-रि* *a.* giving admonition or warning उपदेशात्मक, शिक्षाप्रद।

monk *मङ्क* *n.* male inhabitant of a monastery मठवासी।

monkey *मङ् कि* *n.* long tailed quadrumanous animal बंदर।

monochromatic *मौ ॅ-नॅ-क्रॅ-मै-टिक* *a.* of one colour or wavelength only एकवर्णी, एक रंग में रंगनेवाला; completely colour-blind वर्णांध।

monocle *मौ-नॅ-क्ल* *n.* a single eye-glass एक आंख का चश्मा।

monocular *मौ ॅ-नौ ॅ-क्यु-लरः* *a.* one eyed काना, एकाक्षी, एकनेत्री।

monody *मौ ॅ-नॅ-डि* *n.* mournful ode or poem शोकगीत; song for one voice एकस्वरगीत।

monogamy *मौ ॅ नौ ॅ गॅ मि, मॅ–* *n.* the marrying of only one at a time एकविवाह-प्रथा।

monogram *मौ ॅ नॅ ग्रैम* *n.* a design of letters interwoven नाम-चिह्न।

monograph *मौ ॅ नॅ ग्राफ़* *n.* scholarly writing on a single subject प्रबंध।

monogynous *मौँ-नौँ-जि-नॅस a.* having one wife एकपत्नीक; mating with one female एक स्त्री केसरी।

monolatry *मौ ॅ-नौ ॅ-लॅ-ट्रि n.* worship of one god एकदेव पूजा।

monolith *मौ ॅ नौ ॅ लिथ, n.* single large block of stone एकाश्म।

monologue *मौँ नँ लौँ ग n.* a speech by one person एकालाप।

monopolist *मॅ नौ ॅ पॅ लिस्ट n.* person who has a monopoly एकाधिकारी।

monopolize *मॅ नौ ॅ पॅ लॉइज़ v.t.* to hold the monopoly of पर एकाधिकार करना।

monopoly *मॅ नौ ॅ पॅ लि n.* sole trading power or privilege एकाधिकार।

monosyllable *मौ ॅ नॅ सि लॅ बल n.* word of a single syllable एकाक्षर।

monosyllabic *मौ ॅ नॅ सि लै बिक a.* having only one syllable एकाक्षरीय।

monotheism *मौँ नोँ थी इज़्म n.* belief in only one God एकेश्वरवाद।

monotheist *मौ ॅ नो ॅ थी इस्ट n.* a believer in only one God एकेश्वरवादी।

monotonous *मॅ नौ ॅ टॅ नॅस a.* dull नीरस; lacking in variety एकरस; wearisome उबा देनेवाला।

monotony *मॅ नौ ॅ टॅ नि n.* dullness नीरसता; absence of variety एकरसता।

monsoon *मौनॅ् सून n.* seasonal wind मौसमी हवा; season marked by heavy rains बरसात का मौसम।,

monster *मौनॅ् स्टॅः n.* giant राक्षस, दैत्य; very cruel person अत्यंत क्रूर व्यक्ति; huge person, animal or thing विशालकाय व्यक्ति, पशु आदि।

monstrous[1] *मौ ॅन्-स्ट्रॅस a.* devilish राक्षसी, न शंस; horrible विकटरूप, डरावना, भयंकर; enormous विशाल, व हत; huge, bulky भारी; out of the common course of nature असंगत।

monostrous[2] *मौनॅ् स्ट्रॅस n.* huge विशालकाय; horrible डरावना।

month *मन्थ n.* any of the twelve divisons of a year माह, महीना।

monthly[1] *मन्थ्लि a.* done or happening once a month or every month मासिक।

monthly[2] *adv.* once a month प्रतिमाह।

monthly[3] *n.* a magazine published every month मासिक पत्रिका।

monument *मौ ॅ न्यु मॅन्ट n.* statue, memorial स्मारक।

monumental *मौ ॅ न्यु मै ॅन् ट्ल a.* serving as a monument स्मारकीय; of lasting value स्थायी महत्व का; very great अति महान।

moo *मू v.i.* to low रंभाना।

mood *मूड n.* mental state or feeling मनोदशा, मनःस्थिति।

moody *मू डि a.* bad tempered बदमिज़ाज; gloomy उदास; changeable in mood चंचल मनोदशा वाला।

moon *मून n.* earth's satellite चंद्रमा।

moor[1] *मुअॅः, मौः n.* tract of open, uncultivated land बंजर प्रदेश।

moor[2] *v.t.* to secure (ship) with chains or ropes (जलयानको) बांधना।

moorings मू रिङ्ग्ज़ *n. pl.* chains, ropes etc. by which a ship is moored लंगर; something providing stability टिकने या रुकने का साधन।

moot मूट *n.* discussion वादविवाद, बहस।

mop[1] मॉप *n.* broom झाड़ू।

mop[2] *(-pp-) v.t.* to wipe or clean झाड़पोंछ करना।

mope मोप *v.i.* to yield to low spirits, to be sad or listless उदास होना, विषण्ण होना।

moral[1] मॉ रॅल *a.* relating to morality नैतिक; virtuous सदाचार-पूर्ण।

moral[2] *n.* practical lesson सीख, शिक्षा; *(pl.)* moral principles नैतिक नियम।

morale मॉ राल, मॅ– *n.* temper or state of mind as expressed in action हौसला, मनोबल।

moralist मॉ रॅ लिस्ट *n.* one who teaches morals नैतिक शिक्षक; one who inculcates or practises moral duties नैतिकतावादी।

morality मॅ रै लि टि *n.* moral principles and conduct सदाचार; moral quality नैतिकता; a kind of drama teaching moral lesson नीति-नाटक।

moralize मॉ रॅ लॉइज़ *v.t.* to give a moral interpretation of नैतिक व्याख्या करना; *v.i.* to deal with moral aspects नीतिगत बात करना।

morbid मौः बिड *a.* diseased बीमार, रुग्ण; gruesome घिनावना या घिनापन।

morbidity मौः बिडिटि *n.* diseased state रुग्णता; state of being gruesome घिनावनापन।

more[1] मौः, मॉः *a.* greater in number or quantity अधिक।

more[2] *adv.* to a greater extent अधिक मात्रा में।

moreover मौः रो वॅः *adv.* besides इसके अतिरिक्त।

morganatic मौरः-गॅ-नै-टिक *a.* of marriage between persons of unequal rank अनुमोल (विवाह)।

morgue मौरःग *n.* place where dead bodies are laid out for identification, mortuary शवगृह, मुर्दाघर।

moribund मॉ-रि-बन्ड *a.* about to die, in a dying state मृतप्राय, मरणासन्न।

morning मौः निङ्ग *n.* the first part of the day सुबह।

moron मॉ-रॉन *n.* feeble-minded person मंदबुद्धि व्यक्ति।

morose मॅ-रोस *a.* gloomy म्लान, उदास; sour-tempered कर्कश, चिड़चिड़ा; severe कठोर।

morphia मौः फ़ियॅ *n.* narcotic extract of opium अफ़ीम का सत्त्व।

morrow मॉ रो *n.* next day आगामी दिन।

morsel मौः सॅल *n.* tiny piece टुकड़ा; mouthful ग्रास।

mortal[1] मौः ट्ल *a.* subject to death नाशवान, नश्वर; deadly घातक।

mortal[2] *n.* human being मानव-प्राणी।

mortality मौः टै लि टि *n.* state of being mortal नश्वरता; number of deaths मृतकों की संख्या; death-rate मृत्यु-दर।

mortar *v.t.* to bombard with a

mortar (पर) गोलाबारी करना; to join or plaster with mortar चूने से जोड़ना, चूना लगाना।

mortgage[1] मौः गिज *n.* pledge of property as security for debt बंधक, गिरवी।

mortgage[2] *v.t.* to pledge as security बंधक रखना।

mortagagee मौः गॅ जी *n.* receiver of pledge गिरवीदार।

mortgator मौः गॅ जौः *n.* one who pledges गिरवी रखने वाला।

mortify मौः टि फ़ॉइ *v.t.* to humiliate अपमानित करना; to subdue by self denial आत्म-त्याग-द्वारा दमन करना; *v.i.* to be affected with gangrene (मांस का) सड़ जाना।

mortuary मौरः-ट्यु-अॅ-रि *n.* morgue शवशाला, मुर्दाघर; payment to the parish priest मत्यु-कर।

mosaic मोॅ ज़े इक *n.* pattern made by coloured bits of stone पच्चीकारी; this process of decoration पच्चीकारी की विधि।

mosque मौॅस्क *n.* muslim temple मसजिद।

mosquito मॅस् की टो, मौॅस्– *n. (pl.-toes)* stinging gnat मच्छर।

moss मौॅस् *n.* soggy ground or soil दलदल, कीचड़; small plant with no woody material काई, शैवाल।

most[1] मोस्ट *a.* greatest सबसे अधिक।

most[2] *adv.* in the greatest degree सर्वाधिक मात्रा में।

most[3] *n.* greatest number, amount of degree सर्वाधिक संख्या या मात्रा।

mote मोट *n.* particles of dust रजकण, धूलिकण; seed or other particle in wool or cotton (कपड़ों या ऊन में) दाना, गांठ; speck, stain or blemish चित्ती, धब्बा।

motel मो-टैॅल *n.* hotel with accommodation and servicing facilities for cars कार आदि रखने की व्यवस्था वाला होटल।

moth मौॅथ *n.* a nocturnal insect like butterfly शलभ, पतंगा।

mother[1] मदॅः *n.* female parent माता।

mother[2] *v.t.* to act as mother to (की) मां होना।

motherhood म दॅः हुड *n.* state of being a mother मात त्व।

motherlike म-दरः-लॉइक *a.* like a mother, befitting a mother मात वत्, मात सुलभ।

motherly म दॅः लि *a.* like mother मां-जैसा।

motif मो ॅ टीफ़ *n.* theme मूल भाव।

motion[1] मो शॅन *n.* a proposal formally made in an assembly प्रस्ताव; gesture चेष्टा; moving from place to place गति।

motion[2] *v.i.* to make a gesture इशारा करना; *v.t.* to direct (somebody) by gesture संकेत-द्वारा बताना।

motionless मो शॅन् लिस *a.* still स्थिर।

motivate मो टि वेट to provide with an incentive प्रेरित करना।

motivation मो टि वे शॅन *n.* act of motivating प्रेरणा।

motive मो टिव *n.* intention इरादा; that which causes somebody to act प्रेरणा, उद्देश्य।

motley मौॅट् लि *a.* multi-coloured बहुरंगी; of various sorts पंचमेल।

motor[1] मो टॅः *n.* that which imparts motion गति देनेवाला; machine to supply motive power मोटर; motorcar कार।

motor[2] *v.i.* to travel by car मोटरगाड़ी से यात्रा करना; *v.t.* to equip with motor मोटर लगाना; to carry by motor car कार से ले जाना।

motorist मो टॅ रिस्ट *n.* person who drives a car मोटर-चालक; person who travel in a car कार-यात्री।

mottle मौ ॅ-ट्ल *n.* yarn of two colours दुरंगा सूत; blotched appearance, condition or surface धब्बेदार स्थिति।

motto मौ ॅ टो *n. (pl. -es)* a word, phrase or sentence expressing ideals of a group आदर्श-वाक्य।

mould[1] मोल्ड *n.* a hollow object in which metal etc. is cast सांचा; pattern for shaping नमूना; character चरित्र; shape, form आकार।

mould[2] *v.t.* to shape आकार देना।

mould[3] *n.* fungoid growth caused by dampness फफूंदी।

mould[4] *n.* loose or surface earth ढीली मिट्टी, बारीक मिट्टी।

mouldy मोल् डि *a.* covered with mould फफूंदीदार; stale बासी; old fashioned पुराना, घिसा-पिटा।

moult मोल्ट *v.i.* to cast feathers पंख या अन्य आवरण गिराना; *v.t.* to shed गिराना, हटाना (पंख आदि)।

mound मॉउन्ड *n.* small hill टीला; heap of earth ढेर।

mount[1] मॉउन्ट *n.* hill पहाड़ी।

mount[2] *v.t.* to climb चढ़ना; to get on to (a horse etc.) पर सवार होना; to supply with a horse घोड़ा देना; to put and fix in position (पर) चौखटा चढ़ाना; *v.i.* to increase बढ़ना।

mount[3] *n.* that on which a thing is supported or fitted धारक, आधार; a horse घोड़ा।

mountain मॉउन् टिन *n.* high hill पहाड़।

mountaineer माउन् टि निअॅः *n.* mountain-climber पहाड़ पर चढ़ने वाला, पर्वतारोही।

mountainous मॉउन् टि नॅस *a.* of a mountain पहाड़ी, पर्वतीय।

mourn मौःन *v.i.* to lament, to bewail विलाप करना; *v.t.* to feel sorrow for (पर) विलाप करना।

mourner मौः नॅः *n.* one who mourns विलाप करनेवाला।

mournful मौःन् फुल *n.* sad, sorrowful दुःखी, शोकाकुल।

mourning मौः निङ्ग *n.* lamentation मातम, विलाप।

mouse मॉउस *n. (pl. mice)* small rodent चूहा।

moustache मस् टाश *n.* hair on upper lip मूंछ।

mouth[1] मॉउथ *n.* facial opening मुंह।

mouth[2] *v.t.* to speak (words) with too much movement of the jaws (शब्दों को) जबड़ों को बहुत घुमाकर बोलना; to utter pompously कृत्रिमता के साथ बोलना; to take (food) into the mouth (भोजन) मुंह में रखना; to touch with the mouth मुंह से छूना।

mouthful मॉउथ् फुल *n.* morsel कौर, निवाला।

movable मू वॅ ब्ल *a.* capable of being moved सर्पी; (property) that can be shifted चल (संपत्ति)।

movables *मू वॅ ब्ल्ज़ n. pl.* goods, commodities, furniture चल संपत्ति।

move[1] *मूव n.* change of place and position स्थान-परिवर्तन; something done to achieve purpose कार्यवाही; (chess) player's turn चाल, बारी।

move[2] *v.t.* to change position of हटाना, खिसकाना; to stir emotions of द्रवित करना; to incite भड़काना; to propose for consideration प्रस्तावित करना; *v.i.* to change place or posture हटना; to shake हिलना; to take action कार्यवाही करना।

movement *मूव् मॅन्ट n.* act of moving गति; agitation to bring about some desired result आंदोलन।

mover *मू वॅ: n.* a person who puts a proposal प्रस्तावक।

movies *मू विज़ n.pl.* cinema pictures चलचित्र।

mow *मो v.t.* to cut down (grass) (घास) काटना।

much[1] *मच a* great in quantity अधिक।

much[2] *adv.* greatly, to a great extent अधिक मात्रा में।

mucilage *म्यू-सि-लिज n.* glue found in plants लासा; any sticky substance चिपचिपा पदार्थ; gum गोंद।

muck *मक n.* dung गोबर; manure खाद; anything worthless कबाड़; rubbish कूड़ाकरकट; mess गंदगी।

mucous *म्यू कॅस a.* like mucus कफ़ जैसा; covered with mucus श्लेष्मा-युक्त।

mucus *म्यू कॅस n.* sticky substance produced by the mucous membrane श्लेष्मा।

mud *मड n.* mire कीचड़।

muddle[1] *म ड्ल n.* confusion, disorder अव्यवस्था, गड़बड़ी।

muddle[2] *v.t.* to confuse भ्रम में डालना; to bewilder घबरा देना; to mismanage अव्यवस्थित करना।

muffle *म फ़्ल v.t.* to wrap, to cover लपेटना, ढकना।

muffler *मफ़् लॅ: n.* scarf worn round the neck गुलूबंद।

mug *मग n.* cup or jug जलपात्र।

muggy *म-गि a.* close and damp उमसदार; foggy धुंधभरा।

mulatto *म्यू-लै-टो n.* offspring of a negro and person of European stock (हब्शी और गौरे का) वर्णसंकर।

mulberry *मल् बॅ रि n.* a juicy fruit शहतूत।

mule *म्यूल n.* offspring of an ass and a mare खच्चर।

mulish *म्यू-लिश a.* like a mule खच्चर जैसा; obstinate जिद्दी, हठीला।

mull[1] *मल n.* muddle घालमेल।

mull[2] *v.t.* to bungle गड़बड़ करना।

mullah *(मु-ला, म-ला) n.* Muslim learned in theology मुल्ला, मौलवी।

mullion *मल्-यॅन n.* upright division between the lights of windows वातायन-दंड।

multifarious *मॅल् टि फ़े ॅअॅ रि अॅस a.* many and varied विभिन्न प्रकार के।

multiform *मल्-टि-फ़ोःम n.* having many forms, polymorphic

बहुरूपी, नानारूपी।

multilateral *मल्-टि-लै-टॅ-रॅल a.* with several parties or participants बहुदेशीय, अनेकराष्ट्रीय; many-sided अनेकभुजीय, बहुपार्श्विक।

multiparous *मल्-टि-पॅ-रॅस a.* producing more than one at a birth बहुप्रसवा, बहुप्रसवीय।

multiple[1] *मल् टि पल a.* having many parts बहुखंडीय।

multiple[2] *n.* quantity which contains another an exact number of times गुणज, अपवर्त्य।

multiped *मल्-टि-पैॅड n.* many footed animal बहुपाद पशु।

multiplex *मल्-टि-प्लैक्स a.* multiple, having many parts or forms अनेक तत्वीय, बहुविध, बहुरूप; cinema hall with many screens कई परदों वाला छविग्रह।

multiplicand *मल्-टि-प्लि-कॅन्ड, मल्-टि-प्लि-कैन्ड n.* quantity to be multiplied by another गुण्य राशि।

multiplication *मल् टि प्लि के शन n.* process of multiplying गुणन।

multiplicity *मल् टि प्लि सि टि n.* state of being great in number बहुलता।

multiply *मल् टि प्लॉइ v.t.* to increase many times गुणा करना।

multitude *मल् टि ट्यूड n.* crowd भीड़; the common people जनसाधारण; state of being many बहुलता, आधिक्य।

mum[1] *मम a.* silent चुप।

mum[2] *n.* silence चुप्पी।

mumble *मम् ब्ल v.i.* to speak indistinctly बुदबुदाना।

mummer *म-मॅः n.* actor in a dumb show मूक अभिनेता।

mummy[1] *म मि n.* embalmed dead body ममी, परिरक्षित शव।

mummy[2] *n.* mother माँ, मम्मी।

mumps *मम्प्स n. sing.* disease with painful swellings in the neck कनपेड़ा, गलसुआ।

munch *मन्च v.t.* to chew चबाना; *v.i.* to chew with marked action of the jaws जुगाली करना।

mundane *मन् डेन a.* worldly सांसारिक।

municipal *म्यू नि सि पॅल, म्यु– a.* belonging to the local self-government of a town नगरपालिका-संबंधी।

municipality *म्यू नि सि पै लि टि, म्यु– n.* local self-government of a town नगरपालिका।

munificent *म्यू-नि-फ़ि-सॅन्ट a.* bountiful दानशील, दाता।

muniment *म्यू-नि-मॅन्ट n.* a record making good a claim अधिकार-पत्र; *(pl.)* furnishings, equipment etc. सामान, सामग्री, उपकरण।

munitions *म्यू नि शॅन्स n. pl.* military stores युद्ध-सामग्री।

mural[1] *म्युॲ रॅल a.* having to do with a wall भित्तीय।

mural[2] *n.* a painting done on a wall भित्तिचित्र।

murder[1] *मॅः डॅः n.* unlawful manslaughter हत्या।

murder[2] *v.t.* to kill मारना, हत्या करना; to spoil बिगाड देना।

murderer *मॅः डॅ रॅः n.* killer हत्यारा, खूनी।

murderous *मॅः डॅ रॅस a.* capable of murder प्राणघातक।

murmur[1] मॅ: मॅ: *n.* low utterance, grumble गुनगुनाहट, बड़बड़ाहट।

murmur[2] *v.t.* to utter in low tone गुनगुनाना, *v.i.* to grumble बड़बड़ाना।

muscle म स्ल *n.* the tissue that forms the muscles of the body मांसपेशी।

muscovite मस्-कॅ-वॉइट *n.* common white mica श्वेत अभ्रक।

muscular मस् क्यु लॅ: *a.* strong शक्तिशाली; of or relating to the muscles मांसपेशीय।

muse[1] म्यूज़ *v.i.* to ponder ध्यान लगाना, मनन करना।

muse[2] *n.* the goddess of poetry सरस्वती।

museum म्यू ज़ि ॲम, म्यु– *n.* repository of wonderful things अजायबघर।

mush मश *n.* meal boiled in water दलिया; anything pulpy गूदा, गूदेदार वस्तु; sentimentality भावुकता।

mushroom मश् रूम *n.* edible fungus कुकुरमुत्ता।

music म्यू ज़िक *n.* art of harmonious sounds संगीत।

musical म्यू ज़ि कॅल *a.* belonging to music सांगीतिक।

musician म्यू ज़ि शॅन्, म्यु– *n.* one skilled in music संगीतकार।

musk मस्क *n.* strong perfume कस्तूरी।

musket मस् किट *n.* hand-gun बंदूक़।

musketeer मस् कि टिॲ: *n.* soldier who uses a musket बंदूक़धारी सिपाही।

muslin मस् लिन *n.* thin, fine, cotton-cloth मलमल।

must[1] मस्ट *aux.v.* to be obliged आवश्यक होना, अनिवार्य होना; to be certain निश्चित होना।

must[2] *n.* something one must do अनिवार्यता।

must[3] *n.* newly pressed grape juice द्राक्षारस।

mustache मॅस्-टाश *n.* moustache मूँछ।

mustang मस्-टैङ्ग *n.* wild horse मसतुरंग, जंगली घोड़ा।

mustard मस् टॅ:ड *n.* an oil plant सरसों।

muster[1] मस् टॅ: *v.t.* to collect (as troops) एकत्र करना; *v.i.* to assemble एकत्र होना।

muster[2] *n.* assembling of troops सैनिक-सभा।

musty मस् टि *a.* mouldy फफूंददार; stale बासी।

mutation म्यू टे शन *n.* change परिवर्तन।

mutative म्यु-टॅ-टिव *a.* changing, mutable परिवर्तनशील, परिवर्तनीय।

mute[1] म्यूट *a.* dumb गूंगा; silent शांत, चुप।

mute[2] *n.* one who cannot speak गूंगा व्यक्ति।

mutilate म्यू टि लेट *v.t.* to injure or disfigure by cutting a piece from अंगभंग करना, विक त करना।

mutilation म्यू टि ले शॅन, म्यु– *n.* removal of some essential part अंगच्छेद।

mutinous म्यू टि नॅस *a.* rebellious विद्रोही, बाग़ी।

mutiny[1] म्यू टि नि *n.* revolt against constituted authority ग़दर, बग़ावत।

mutiny[2] *v. i.* to rise against lawful authority बग़ावत करना।

mutter *म टॅ:* *v.i.* to utter words with compressed lips बड़बड़ाना; *v.t.* to utter with a low murmuring voice बड़बड़ाकर कहना।

mutton *म ट्‌न* *n.* flesh of sheep भेड़ का मांस।

mutual *म्यू ट्यु ॲल* *a.* reciprocal पारस्परिक, आपसी।

muzzle[1] *म ज़्‌ल* *n.* mouth and nose of an animal थूथन; cover for mouth and nose मोहरा, छींका; open end of gun नालमुख।

muzzle[2] *v.t.* to put muzzle on (पर) छींका लगाना; to prevent from expressing opinion प्रतिबंधित करना।

my *मॉइ* *a.* belonging to me मेरा, मेरी।

myalgia *मॉइ-ऐल्-जि-ॲ* *n.* pain in muscle पेशी-पीड़ा, पुट्ठो में दर्द।

myopia *मॉइ ओ पि ॲ* *n.* shortsightedness अल्पद ष्टि।

myopic *मॉइ औ ˘ पिक* *a.* short sighted निकटद ष्टिक।

myosis *मॉइ-ओ-सिस* *n.* abnormal contraction of the pupil of the eye तारासंकोच।

myriad[1] *मि रि ॲड* *n.* very great number विशाल संख्या।

myriad[2] *a.* innumerable असंख्य।

myrrh *मॅं:* *n.* an aromatic gum गंधरस।

myrtle *मॅं:-ट्‌ल* *n.* an evergreen shrub with beautiful and fragrant leaves विलायती मेंहदी, हिना।

myself *मॉइ-सैल्फ़, मि-* *pron.* used for 'I' or 'me' (for emphasis) मैं स्वयं, स्वयं मैं।

mysterious *मिस् टिअ रि ॲस* *a.* containing mystery रहस्यमय।

mystery *मिस् टॅ रि* *n.* something above human intelligence रहस्य; anything inexplicable रहस्यपूर्ण वस्तु।

mystic[1] *मिस् टिक* *a.* of hidden meaning or spiritual power रहस्यवादी।

mystic[2] *n.* one who seeks union with God and realization of truth रहस्यवादी।

mysticism *मिस् टि सिज़्म* *n.* belief that knowledge of God is obtainable through prayer and contemplation रहस्यवाद।

mystify *मिस् टि फ़ॉइ* *v.t.* to perplex intentionally भ्रमित करना।

myth *मिथ* *n.* a tale with supernatural characters or events पौराणिक कथा; invented story कल्पित कथा; imaginary person or object काल्पनिक व्यक्ति या वस्तु।

mythical *मि थि कॅल* *a.* relating to myth पुराणकथा-संबंधी; existing only in myth पौराणिक; fictitious कल्पित।

mythological *मि थॅ लौ ˘ जि कॅल* *a.* relating to or proceeding from mythology पौराणिक; unreal अयथार्थ।

mythology *मि थौ ˘ लॅ जि* *n.* science or doctrine of myths पुराण विद्या; myths collectively पुराण-संग्रह।

Nn

N ऐन् the fourteenth letter of the English alphabet, (in Chemistry) symbol for nitrogen, an indefinite number in mathematics, (in printing) a measurement equal to half em. अंग्रेजी भाषा का चौदहवाँ अक्षर, (रसायनशास्त्र में) नाइट्रोजन द्रव्य के लिए संकेत, गणित में अज्ञात संख्या, (छापे में) एक परिणाम जो 'एम्' का आधा होता है।

nab *नैब (-bb-) v.t.* to arrest बंदी बनाना; to seize छीनना।

nabob *ने-बौबॅ n.* wealthy person धनाढ्य व्यक्ति।

nadir *ने डिॲ: n.* point opposite zenith अधोबिंदु, पादबिंदु; lowest point निम्नतम बिंदु।

nag[1] *नैग n.* a small horse टट्टू।

nag[2] *(-gg-) v.t.* to scold constantly बुरी-भला कहना; to cause pain to कष्ट देना।

nail[1] *नेल n.* the horny substance at the end of the human fingers नाखून; a sharp metal peg कील।

nail[2] *v.t.* to fasten or stud with nails कीलों से जड़ना।

naive *ना ईव, नॉइ– a.* artless भोला-भाला; ingenious निष्कपट।

naivete, naivety *ना ईव् टे, नॉइ n.* artlessness भोला-भालापन।

naked *ने किड a.* bare अनाव त; nude नंगा; evident स्पष्ट।

name[1] *नेम n.* that by which a person or thing is designated नाम; reputation ख्याति; famous person ख्याति प्राप्त व्यक्ति।

name[2] *v.t.* to give name to नाम रखना; to call by name नाम से पुकारंना; to mention का उल्लेख करना; to appoint नियुक्त करना; to entitle शीर्षक देना; to nominate मनोनीत करना; to specify निश्चित करना।

namely *नेम् लि adv.* that is to say अर्थात्; for example उदाहरण के तौर पर।

namesake *नेम सेक n.* person or thing with the same name as another नामराशि।

nap[1] *नैप (-pp-) v.i.* to have a short sleep झपकी लेना।

nap[2] *n.* a short sleep झपकी।

nap[3] *n.* a card game ताश का एक खेल।

nape *नेप n.* back of the neck ग्रीवासंधि, घाटिका।

napkin *नैप् किन n.* handkerchief रूमाल।

narcissism *नार-सि-सिज़्म n.* abnormal love and admiration for oneself आत्ममोह, आत्मरति।

narcissus *ना:रसि-सॅस (pl. -es, -ssi) n.* daffodil genus of the Amaryllis family नरगिस, इंदिरापुष्प।

narcosis *नार-को-सिस n.* drowsiness उनींदापन; unconsciousness संज्ञाहीनता।

narcotic *ना: कौॅ टिक n.* a substance which relieves pain and produces sleep नशीली औषधि।

narrate *नै रेट, नॅ–* *v.t.* to tell or relate बताना, सुनाना।

narration *नै रे शॅन, नॅ–* *n.* the telling of a story कथन।

narrative[1] *नै रॅ टिव* *n.* story कथा; account वर्णन।

narrative[2] *a.* in the form of a story कथात्मक।

narrator *नै रे टॅ:, नॅ–* *n.* one who narrates वाचक, वर्णनकर्त्ता।

narrow[1] *नै रो* *a.* not wide or broad संकीर्ण, परिमित; small लघु, छोटा; not liberal अनुदार।

narrow[2] *v.t.* to make narrow संकरा करना; *v.i.* to become narrow संकरा होना।

nasal[1] *ने ज़ॅल* *a.* of the nose, for the nose नाक का, नाकार्थ।

nasal[2] *n.* nasal sound नासिक्य।

nascent *नै सन्ट* *a.* coming into being उदीयमान।

nasty *नास् टि* *a.* dirty गंदा; filthy गर्हित, घिनौना; obscene अश्लील; dangerous ख़तरनाक।

natal *ने-टॅल* *a.* of or connected with birth प्रसव-संबंधी; native जन्मकालीन, जन्मजात।

natant *ने-टॅन्ट* *a.* floating, swimming प्रवहमान, प्लवमान।

nation *ने शॅन* *n.* body of people inhabiting the same country राष्ट्र।

national *नै शॅ नॅल* *a.* pertaining to a nation राष्ट्रीय।

nationalism *नै शॅ नॅ लिज़्म* *n.* strong devotion to one's own nation राष्ट्रप्रेम, राष्ट्रीयता।

nationalist *नै शॅ नॅ लिस्ट* *n.* one who is attached to one's country राष्ट्रवादी।

nationality *नै शॅ नै लि टि* *n.* quality of being national राष्ट्रीयता; national quality or feeling राष्ट्रीय गुण या भावना।

nationalization *नै शॅ नॅ लॉइ ज़ै शॅन* *n.* act of nationalizing राष्ट्रीयकरण।

nationalize *नै शॅ नॅ लॉइज़* *v.t.* to make national राष्ट्रीय बनाना; to bring under national control (का) राष्ट्रीयकरण करना।

native[1] *ने टिव* *a.* inborn जन्मजात; born in a particular place स्थान-विशेष पर जन्मा; found in pure state शुद्ध रूप में प्राप्त; pertaining to the place of one's birth जन्मस्थानीय।

native[2] *n.* one born in a place मूल निवासी।

nativity *नॅ टि वि टि* *n.* birth जन्म।

natural *नै च् रॅल* *a.* pertaining to nature प्राक तिक; provided by nature प्रक तिप्रदत्त; not artificial अक त्रिम; inborn जन्मजात, स्वाभाविक; normal सामान्य; illegitimate अवैध।

naturalist *नै च् रॅ लिस्ट* *n.* one versed in natural science or natural history प्रक तिविज्ञानी।

naturalize *नै च् रॅ लॉइज़* *v.t.* to admit to citizenship नागरिकता प्रदान करना; to accustom to new climate नई जलवायु का अभ्यस्त बनाना।

naturally *नै च् रॅ लि* *adv.* in a natural manner सहजतः; according to nature स्वभावतः।

nature *ने चॅः* *n.* inborn quality

जन्मजात गुण; disposition प्रव त्ति; kind, sort प्रकार; the universe with all its phenomena प्रक ति-जगत्; life force जीवनशक्ति; natural scenery प्राक तिक द श्य; temperament स्वभाव।

naughty *नौ टि a. (-tier, -tiest)* mischievous उद्दंड; hurtful अनिष्टकारी।

nausea *नौ स्यँ n.* feeling or inclination to vomit मतली, वमनेच्छा।

nautic(al) *नौ-टि-कॅल a.* of or pertaining to ships, to sailors or to navigation नाविकीय, नौचालन-संबंधी, नौका-विषयक।

naval *ने वॅल a.* pertaining to ships जहाज़ी, नौचालन-संबंधी; pertaining to navy नौसेना-संबंधी।

nave *नेव n.* hub, central part of a wheel through which the axle passes चक्रनाभि।

navigable *नै वि गॅ ब्ल a.* that may be navigated नौगम्य।

navigate *नै वि गेट v.i.* to sail नौचालन करना; *v.t.* to direct the course of (का) संचालन करना।

navigation *नै वि गे शॅन n.* act of navigating नौचालन; art of conducting ships नौचालन-विद्या; sea-voyage नौ-यात्रा।

navigator *नै वि गे टॅः n.* one who directs the course of a ship दिक्चालन-निर्देशक; one who navigates or sails नाविक।

navy *नै वि n.* all the ships of war belonging to a nation जहाज़ी बेड़ा, नौसेना।

nay *ने adv.* no नहीं; not only so but ऐसा ही नहीं अपितु; yet more और भी; in point of fact वास्तव में।

neap *नीप a.* (of tides) of smallest range लघु, नीचा।

near[1] *निअँः a.* not distant in place, time or degree समीपी; intimate घनिष्ट।

near[2] *prep.* close to के पास।

near[3] *adv.* at or to a short distance पास ही, थोड़ी दूरी पर।

near[4] *v.i.* to approach, to come near पास आना।

nearly *निअँः लि adv.* closely घनिष्ट रूप से; almost लगभग।

neat *नीट a.* pure शुद्ध; clean निर्मल; without water added अमिश्र।

nebula *नै ॅ-ब्यु-लॅ (pl. -lae) n.* group of very distant stars आकाशगंगा, नीहारिका; little cloudiness मामूली मेघच्छन्नता; slight opacity of the cornea आंख की फूली।

necessary[1] *नै सि सॅ रि n.* anything indispensable requisite आवश्यक वस्तु।

necessary[2] *a.* such as must be अवश्यंभावी; essential आवश्यक; indispensable अनिवार्य।

necessitate *निसै ॅ सि टैट v.t.* to make necessary आवश्यक बनाना।

necessity *नि सै ॅ सि टि n.* condition of being necessary आवश्यकता; something that is necessary आवश्यक वस्तु; poverty निर्धनता।

neck *नैकॅ n.* part of an animal's body between the head and the trunk गर्दन, ग्रीवा।

necklace *नैकॅ लिस n.* string of beads, precious stones etc. worn round the neck कंठहार।

necklet *नै´क्-लिट्* *n.* ornament for neck कंठाभूषण।

necromancer *नै´क्-रौ´-मैन्-सरः* *n.* sorcerer ओझा, पैशचिक, ऐंद्रजालिक।

necropolis *नै´क्-रौ´-पॅ-लिस* *n.* graveyard, cemetery समाधिस्थल, कब्रिस्तान।

nectar *नैकॅ टॅः* *n.* the fabled drink of the gods अमृत।

need[1] *नीड* *n.* poverty निर्धनता; misfortune दुर्भाग्य; necessity आवश्यकता।

need[2] *v.t.* to want आकांक्षा करना; to require (की) आवश्यकता होना।

needful *नीड़ फुल* *a.* necessary, requisite आवश्यक।

needle *नी ड्ल* *n.* an instrument for inter-weaving thread सुई, सुआ।

needless *नीड़्-लिस* *a.* not needed, unnecessary निष्प्रयोजन, अनावश्यक।

needs *नीड़्ज़* *adv.* of necessity अनिवार्यतः।

needy *नी डि* *a.* being in need ज़रूरतमंद; poor निर्धन।

nefandous *नि-फैन्-डॅस* *a.* abominable घृणास्पद, दुष्टतापूर्ण।

nefarious *नि फ़ें´ ॲ रि ॲस* *a.* wicked in the extreme दुष्टतापूर्ण।

negation *नि गे शॅन* *n.* a denial इंकार; contradiction विरोध।

negative[1] *नै´ गॅ टिव* *a.* implying denial or negation निषेधात्मक; not positive नकारात्मक।

negative[2] *n.* a proposition by which something is denied नकारात्मक कथन।

negative[3] *v.t.* to reject अस्वीकार करना; to prove to be untrue ग़लत सिद्ध करना; to neutralize निष्प्रभावी कर देना।

neglect[1] *निग् लैक्ट* *v.t.* to treat with no regard उपेक्षा करना; to overlook पर ध्यान न देना; to leave undone अनकिया छोड़ देना।

neglect[2] *n.* want of care or attention उपेक्षा, अवहेलना।

negligence *नेगॅ लि जॅन्स* *n.* quality of being negligent लापरवाही; neglect उपेक्षा।

negligent *नैगॅ लि जॅन्ट* *a.* lacking in care लापरवाह।

negligible *नैगॅ लि जॅ ब्ल* *a.* too small तुच्छ; unimportant महत्त्वहीन।

negotiable *नि गो शि ॲ ब्ल* *a.* that may be negotiated संधि-वार्ता योग्य।

negotiate *नि गो शि एट* *v.t.* to arrange by conference; बात-चीत द्वारा व्यवस्था करना; to bargain or discuss सौदा या वार्ता करना।

nagotiation *नि गो शि ए शॅन* *n.* discussion विचार-विमर्श, वार्ता।

negotiator *नि गो शि ए टॅः* *n.* one who negotiates वार्ताकार।

Negress *नी ग्रिस* *n. (pl.-es)* a Negro woman or girl हबशिन।

Negro *नी ग्रो* *n. (pl.-es)* member of the black African race हबशी।

neigh[1] *ने* *v.i.* to utter the cry of a horse हिनहिनाना।

neigh[2] *n.* cry of a horse हिनहिनाहट।

neighbour *ने बॅः* *n.* one who lives or dwells near another पड़ोसी।

neighbourhood *ने बॅः हुड* *n.* condition of being neighbours पड़ोस।

neighbourly ने बॅ: लि *a.* friendly मित्र-जैसा; helpful सहायक; befitting a good neighbour अच्छे पड़ोसी-जैसा।

neither नॉइ दॅ:, नी– *a., conj. & pron.* not either कोई भी नहीं (दो में से)।

Nemesis नै ॅ-मि-सिस *n.* deserved fate नियति Greek goddess of retribution प्रतिरोध देवी।

neolithic नी-ओ ॅ-लि-थिक *a.* of the later or more advanced Stone Age नवपाषाणकालिक, उत्तर पाषाणकालीन।

neon नी-औ ॅन *n.* a colourless inert gas (at atomic no. 10) found in atmosphere (रसा.) एक अक्रिय गैस, (गैसीय तत्व परमाणु क्रमांक १०)।

nephew नैफ़्यू: नैव्यू *n.* son of a brother or sister भतीजा या भांजा।

nepotism नै ॅ पॅ टिज़्म *n.* undue patronage of relations भाई-भतीजावाद।

Neptune नैपॅ ट्यून *n.* god of the sea वरूण; name of a planet एक ग्रह का नाम।

nerve नॅ:व *n.* one of the fibrous threads in bodies, whose function is to convey sensation and originate motion स्नायु; *pl.* condition of being easily worried or irritated घबराहट, चिड़चिड़ाहट; boldness साहस।

nerveless नॅ:व् लिस *a.* wanting strength of will शक्तिहीन, संकल्पहीन।

nervous नॅ: वॅस *a.* pertaining to nerves स्नायविक; easily agitated अधीर; timid डरपोक।

nescience नै ॅश्-यॅन्स, नै ॅ-शॅन्स *n.* want of knowledge अज्ञान, अविद्या, नासमझी।

nest[1] नै ॅस्ट *n.* structure prepared for egg-laying by birds निलय, घोंसला, नीड़; shelter, resort आश्रयस्थल; den अड्डा; accumulation, tangled mass समुदाय, झुंड।

nest[2] *v.t.* to put into a nest घोंसले में रखना; *v.i.* to go into a nest घोंसले में जाना।

nether नै-दर: *a.* lower निम्नस्थ, निचला।

nestle नै ॅ स्ल *v.i.* to settle oneself comfortably चैन से बैठना।

nestling नैस्ॅट् लिङ्ग *n.* a bird too young to leave the nest घोंसलावासी बच्चा।

net[1] नै ॅट *n.* a fabric or wire जाली; a fabric of string and cord जाल; trap जाल।

net[2] *(-tt-) v.t.* to take in a net जाल में फंसाना; to cover with a net जाल या जाली से ढंकना।

net[3] *a.* remaining after all deductions शुद्ध; final अंतिम।

net[4] *(-tt-) v.t.* to gain as a net profit शुद्ध लाभ के रूप में कमाना।

nettle[1] नै ॅ-ट्ल *n.* common weed with stinging hair बिच्छू-बूटी।

nettle[2] *v.t.* to sting डंक मारना; to sting with annoyance क्रोध दिलाना, खिझाना।

network नै ॅट्-वर्क *n.* system of lines तंत्र; any structure in the form of a net जाली, जाल।

neurologist न्युअॅ रौ ॅ लॅ जिस्ट *n.* one expert in neurology तंत्रिका-विज्ञानी।

neurology *न्युअॅ रौ ॅ लॅ जि* *n.* science and study of nerves तंत्रिका-विज्ञान।

neurosis *न्युअॅ-रो-सिस्* *n.* functional derangement through disordered nervous system (चि.) तंत्रिका-रोग, स्नायुरोग; mental disturbance विक्षेप, उन्माद।

neuter[1] *न्यू टॅ:* *a.* neither masculine nor feminine नपुंसक (लिंग)।

neuter[2] *n.* a neuter word नपुंसक लिंग का शब्द; neuter gender नपुंसक लिंग।

neutral *न्यू ट्रॅल* *a.* indifferent उदासीन; helping neither side in war or quarrel तटस्थ।

neutralize *न्यू ट्रॅ लॉइज़* *v.t.* to render neutral or inoperative तटस्थ बनाना।

neutron *न्यूट्-रौ ॅन* *n.* uncharged particle of about the same mass as proton न्यूट्रान, क्लीवाणु।

never *नै ॅ वॅ:* *adv.* at no time कभी नहीं; not at all बिल्कुल नहीं।

nevertheless *नै ॅ वॅ: दॅ लैसॅ* *conj.* however, in spite of that तिस पर भी, तथापि।

new *न्यू* *a.* recent in origin नया; fresh ताज़ा; modern आधुनिक; novel नये ढंग का; inexperienced अनुभवरहित; not familiar अनजान।

news *न्यूज़* *n. (sing.)* recent or new information खबर, समाचार।

next[1] *नै ॅ क्स्ट* *a.* nearest in place, time, rank or degree दूसरा, अगला।

next[2] *adv.* after this इसके उपरांत।

nib *निब* *n.* pen-point निब।

nibble[1] *नि ब्ल* *v.t.* to take little bites of कुतरकर खाना।

nibble[2] *n.* act of nibbling कुतरने की क्रिया।

nice *नॉइस* *a.* agreeabe बढ़िया; satisfactory संतोषजनक; friendly मैत्रीपूर्ण; kind दयालु; fine उत्तम; careful सावाधानीपूर्ण; subtle सूक्ष्म, बारीकी का।

nicety *नॉइ-सि-टि* *n.* fineness सूक्ष्मता; refinenment परिष्कारण, संशोधन; exactness of treatment ठीक व्यवहार; delicacy सुकुमारता; delicate management सुव्यवस्था।

niche *निच* *n.* a recess in a wall ताक़, आला; a suitable place or job in life उचित स्थान का कार्य।

nick *निक* *n.* the precise point निशान, चिह्न; cut कटान; notch दाँता; precise time ऐन मौका।

nickel *नि क्ल* *n.* a valuable metal of a white colour गिलट, निकल।

nickname[1] *निक् नेम* *n.* a name given in contempt or jest उपनाम।

nickname[2] *v.t.* to give a nickname to उपनाम देना।

nicotine *नि कॅ टीन* *n.* poisonous substance in tobacco निकोटीन।

niece *नीस* *n.* daughter of one's brother or sister भतीजी, भांजी।

niggard *नि गॅ:ड* *n.* a mean, stingy person कमीना, कंजूस व्यक्ति।

niggardly *नि गॅ:डॅ लि* *a.* miserly कंजूरा।

nigger *नि-गॅ:* *n.* negro हब्शी; black larva काला डिंभक

nigh[1] *नॉइ* *adv.* nearly लगभग।

nigh[2] *prep.* near to के पास।

night *नॉइट* *n.* time of darkness

between sunset and sunrise रात्रि, रात।

nightingale *नॉइ टिङ् गेल n.* small migratory bird that sings at night बुलबुल।

nightly *नाइट् लि a. & adv.* (done) by night or every night रात का, रात के समय।

nightmare *नॉइट् मे ॅ अ: n.* frightening dream दु:स्वप्न।

nighty, nightie *नॉइ-टि n.* nightgown सोते समय पहनने का वस्त्र।

nihilism *नॉइ-इ-लिज़्म, -हि- n.* belief in nothing शून्यवाद, नाशवाद; denial of all reality of all objective growth of truth अनस्तित्ववाद, नास्तिकवाद; nothingness शून्यता; extreme scepticism अतिशय संशयवाद।

nil *निल n.* nothing कुछ नहीं।

nimble *निम् ब्ल a.* quick moving चपल, फुरतीला; sharp (mind) तीव्र (बुद्धि)।

nimbus *निम्-ब्ल (pl.-es, -bi) n.* a rain-cloud जलमेघ, वर्षामेघ; a halo आभाचक्र।

nine *नॉइन n., a.* (the number) next after eight नौ (9)।

nineteen *नॉइन् टीन n.,* a. (the number) next after 18 उन्नीस (19)।

nineteenth *नॉइन्-टीन्थ a.* next after eighteenth उन्नीसवां।

ninetieth *नॉइन्-टि-इथ a.* last of ninety नब्बेवां; equal to one of ninety equal parts नब्बेवां (अंश)।

ninth *नॉइन्थ a.* next after the eighth नवां।

ninety *नॉइन् टि n., a.* (the number) next after 89 नब्बे (90)।

nip *निप (-pp.-) v.t.* to press hard दबाना, कुचलना; to stop the growth of (का) विकास रोकना।

nipple *नि प्ल n.* point of a breast, teat स्तनाग्र।

nitrogen *नॉइ ट्रि जॅन, –ट्रॅ– n.* one of the gases making up the air नत्रजन।

no[1] *नो a.* not any कोई नहीं, कुछ नहीं, not at all बिल्कुल नहीं।

no[2] *adv.* not नहीं।

no[3] *n.* refusal, denial मना, इंकार।

nobility *नो ॅ बि लि टि n.* state or quality of being noble भलमनसाहत; the nobles as a class कुलीन वर्ग।

noble[1] *नो ब्ल a.* free from meanness उत्तम; belonging to aristocracy अभिजात्य वर्ग का।

noble[2] *n.* a person of noble birth कुलीन व्यक्ति।

nobleman *नो-ब्ल्-मॅन n.* one who is noble or of high rank कुलीनपुरुष, महानुभाव।

nobody *नो बॅ डि pron.* no person कोई नहीं; a person of no importance महत्वहीन व्यक्ति।

nocturnal *नौक् टॅ: नॅल a.* of, in, by night रात का, रात में; active by night रात में क्रियाशील।

nod *नौ ॅड (-dd-) v.i.* to make a slight bow (सहमति में) सिर हिलाना; to move up and down ऊपर-नीचे हिलना; *v.t.* to indicate by a nod गर्दन के संकेत से बताना।

node *नोड n.* knot ग्रंथि, गांठ; swelling सूजन; knob घुंडी।

noise *नौ ॅइज़ n.* sound of anykind शोर।

noisy *नौ ̆इ ज़ि a. (-sier, -siest)* full of noise कोलाहलपूर्ण; making much noise कोलाहलकारी।

nomad *नौ ̆ मॅड, नो मैड n.* one who leads a wandering or pastoral life यायावर, ख़ानाबदोश।

nomadic *नौ ̆ मै ड़िक a.* of nomads भ्रमणशील।

nomenclature *नौ ̆ मैनॅ् क्लॅ चॅः, नो मैन् क्ले चॅः n.* system of names नामावली, नामपद्धति।

nominal *नौ ̆ मि न्‌ल a.* existing only in name जिसका अस्तित्व केवल नाम का हो; inconsiderable अविचारणीय, बहुत थोड़ा।

nominate *नौ ̆ मि नेट v.t.* to designate or propose for an office नामांकित करना।

nomination *नौ ̆ मि ने शॅन n.* state of being nominated नामांकन; act of nominating नामांकन की क्रिया।

nominee *नौ ̆ मि नी n.* person nominated नामांकित व्यक्ति।

non-alignment *नौ ̆न्-अॅ-लॉइन्-मॅन्ट n.* policy of not taking sides in international politics तटस्थता, गुटनिरपेक्षता।

nonchalance *नौनॅ् शॅ लॅन्स n.* indifference उदासीनता।

nonchalant *नौनॅ् शॅ लॅन्ट a.* indifferent उदासीन।

none[1] *नन pron.* not any, not one कोई नहीं, एक भी नहीं।

none[2] *adv.* in no way किसी रूप में नहीं; in no degree लेशमात्र नहीं।

nonentity *नौ ̆ नैनॅ् टि टि n.* nonexistent thing अस्तित्वहीन वस्तु; person of no importance तुच्छ व्यक्ति।

nonetheless *नन् दॅ लैसॅ adv.* nevertheless फिर भी; however तो भी।

nonpareil[1] *नौनॅ् पॅ रै ̆ल a.* unequalled, matchless अद्वितीय।

nonpareil[2] *n.* person or thing unrivalled अद्वितीय व्यक्ति या वस्तु।

nonplus *नौनॅ् प्लस, v.t.* to confound, to bewilder completely हक्का-बक्का कर देना, कर्त्तव्यविमूढ़ करना।

nonsense *नौनॅ् सॅन्स n.* words without meaning बकवास; things of no importance महत्वहीन बात।

nonsensical *नौनॅ् सैनॅ् सि कॅल a.* destitute of sense अर्थहीन; absurd बेहूदा।

nook *नुक n.* out of the way place अलग का स्थान।

noon *नून n.* midday दोपहर।

noose[1] *नूस n.* a running loop फंदा।

noose[2] *v.t.* to catch in a noose फंदे में फंसाना; to make a noose of का फंदा बनाना।

nor *नौः conj* and not और न।

norm[1] *नौःम n.* standard मानक; model नमूना।

norm[2] *n.* rule नियम; required standard मानक, प्रतिमान।

normal *नौः मॅल a.* regular नियमित; usual सामान्य।

normalcy *नौः मॅल् सि n.* state of being normal सामान्यता, सामान्य स्थिति।

normalize *नौः मॅ लॉइज़ v.t.* to make normal सामान्य बना देना।

north[1] *नौःथ n.* a region opposite to the south उत्तर।

north[2] *a.* in, or or from, the north उत्तरी।

north[3] *adv.* to or towards the

north उत्तर की ओर।

northerly[1] *नौ: दं: लि a.* coming from the north उत्तरी।

northerly[2] *adv.* towards the north उत्तर की ओर।

northern *नौ: दं:न a.* of the north उत्तरी।

nose[1] *नोज़ n.* the organ of smell नाक, नासिका; sense of smell सूंघने की शक्ति।

nose[2] *v.t.* to discover by smell सूंघ कर पता लगाना।

nosegay *नोज़्- गे n.* a bunch of flowers गुलदस्ता।

nosey, nosy *नो-ज़ि a.* inquisitine जिज्ञासु, कुतूहली।

nostalgia *नौस्ॅ टैल् जिअॅ n.* homesickness घर की याद; wistful longing for something of the past बीते दिनों की याद।

nostril *नॉ`स् ट्रिल n.* one of the two apertures of the nose नथुना।

nostrum *नौ`स्-ट्रॅम n.* secret, quack or patent mdicine (चि.) गुप्त औषधि, रामबाण।

not *नौ `ट adv.* a word that expresses negation ना, नहीं।

notability *नो-टॅ-बि-लि-टि n.* fame, repute प्रसिद्धि, प्रख्याति; any notable thing स्मरणीय वस्तु; peculiarity विशिष्टता।

notable *नो टॅ ब्ल a.* worthy of note ध्यातव्य; remarkable उल्लेखनीय, प्रशंसनीय।

notary *नो-टॅ-रि n.* officer authorised to certify deeds, documents and contract set विपत्र-प्रमाणक, लेख्य-प्रमाणक।

notation *नो-टे-शॅन n.* representation of numbers or quantities अंकन, संकेतन; system of signs or symbols संकेत-पद्धति, अंकन-पद्धति।

notch *नौ `च n.* nick दांता, दंतुरण; indentation खांच, खांचा; narrow pass संकीर्ण पथ, तंग रास्ता।

note[1] *नोट n.* a mark, sign, or token चिह्न; brief record of facts टिप्पणी; a communication in writing पत्र; bank note कागज़ी मुद्रा; *(pl.)* short annotation व्याख्या; fame प्रसिद्धि; notice सूचना।

note[2] *v.t.* to notice ध्यान देना; to record अंकित कर लेना।

noteworthy *नोट् वॅ: दि a.* worthy of observation or notice उल्लेखनीय, ध्यातव्य।

nothing[1] *न थिङ्ग n.* not anything कुछ नहीं।

nothing[2] *adv.* not at all बिल्कुल नहीं।

notice[1] *नो टिस a.* information सूचना; intimation, warning चेतावनी; heed or attention ध्यान।

notice[2] *v.t.* to give attention to ध्यान देना; to observe देख लेना।

notification *नो टि फि के शॅन n.* act of notifying सूचना; announcement विज्ञप्ति, घोषणा।

notify *नो टि फ़ॉइ v.t.* to make known ज्ञापित करना; to inform सूचना देना।

notion *नो शॅन n.* idea, opinion mental conception धारणा, विचार।

notional *नो-शॅ-नॅल a.* theoretical सैद्धांतिक; imaginary काल्पनिक, कल्पनापूर्ण; having a full menaing of its own बोधात्मक; of the nature of notion मनोगत, वैचारिक।

notoriety नो˘ टॅ रॉइ ॲ टि *n.* state of being notorious कुख्याति।

notorious नो˘ टौ˘ रि ॲस *a.* widely known (esp. in a bad sense) कुख्यात।

notwithstanding[1] नौ˘ ट् विद् स्टैन् डिङ्ग *prep.* in spite of के बावजूद।

notwithstanding[2] *adv.* nevertheless, all the same फिर भी।

notwithstanding[3] *conj.* although यद्यपि।

nought नौ˘ट *n.* not anything कुछ नहीं; cipher शून्य (0)।

noun नॉउन *n.* a person, thing or idea संज्ञा।

nourish न रिश *v.t.* to feed खिलाना-पिलाना; to supply with nutriment पोषण करना; to encourage बढ़ाना, प्रोत्साहित करना।

nourishment न रिश् मॅन्ट *n.* act of nourishing पोषण; nutrition पोषण आहार।

novel[1] नौ˘ वॅल *a.* new नया; strange अद्‌भुत।

novel[2] *n.* a fictitious prose narrative उपन्यास।

novelette नौ˘ वॅ लै˘ट *n.* short novel लघु उपन्यास।

novelist नौ˘ वॅ लिस्ट *n.* writer of novels उपन्यासकार।

novelty नौ˘ वॅल् टि *n.* quality of being novel नवीनता; something new कोई नयी वस्तु।

november नो˘ वै˘म् बॅः *n.* eleventh month of the year नवंबर।

novice नौ˘ विस *n.* one who is new in any business नौसिखुआ।

now[1] नॉउ *adv.* at the present time अब, इस समय; immediately तुरंत।

now[2] *conj.* since क्योंकि।

nowhere नो वे˘ ॲः, हे˘ ॲः *adv.* not in any place कहीं नहीं।

noxious नौ˘क्-शॅस *a.* hurtful अनिष्टकारक, अहितकर।

nozzle नौ˘ ज़्ल *n.* pointed spout टोंटी।

nuance न्यू-ॲन्स *n.* delicate degree or shade of difference सूक्ष्म भेद या अंतर।

nubile न्यू-बॉइल,-बिल *a.* marriageable (woman) विवाह-योग्य (स्त्री); sexually attractive मोहक।

nuclear न्यू क्लि ॲः *a.* relating to nucleus परमाण्वीय; constituting a nucleus नाभिकीय।

nucleus नयू क्लि ॲस *n.* centre केंद्र; core of the atom अणु का केंद्र।

nude[1] न्यूड *a.* naked नग्न, निर्वस्त्र।

nude[2] *n.* a naked figure नग्न मानव-चित्र।

nudity न्यू डि टि *n.* state of being nude नग्नता।

nudge *v.t.* to poke or push gently टबोकना।

nugget न-गिट *n.* lump of gold स्वर्णपिंड।

nuisance न्यू सन्स *n.* that which annoys or is offensive परेशानी का कारण।

null नल *a.* of no force or validity रद्द, अमान्य।

nullification न लि फ़ि के शॅन *n.* act of nullifying निष्प्रभावीकरण।

nullify न लि फ़ॉइ *v.t.* to make null and void निष्प्रभावी करना, रद्द करना।

numb नम *a.* having diminished power of sensation or motion, अवसन्न सुन्न; stupefied स्तब्ध,

संज्ञाशून्य; without feeling भावनारहित।

number[1] *नम् बॅः* *n.* symbol saying how many संख्या; one issue of a periodical or newspaper पत्रिका का अंक; *(gram.)* classification as to singular or plural (व्या.) वचन।

number[2] *v.t.* to give a number to पर अंक डालना; to include as part of a total में जोड़ना।

numberless *नम्-बरः-लैस* *a.* innumerable, countless अगणित, असंख्य, संख्यातीत।

numeral *नयू-मॅ-रॅल* *a.* pertaining to, consisting of, or expressing, number संख्यात्मक, संख्यावाचक।

numerator *न्यू मॅ रे टॅः* *n.* number above the line in a vulgar fraction अंश।

numerical *न्यू मै ॅ रि कॅल, न्यु–* *a.* belonging to numbers संख्यात्मक।

numerous *न्यू मॅ रॅस* *a.* great in number, many अनेक, बहुत।

nun *नन* *n.* a female monk ईसाई भिक्षुणी।

nunnery *न नॅ रि* *n.* a convent of nuns भिक्षुणियों का मठ।

nuptial *नप् शॅल* *a.* of marriage वैवाहिक।

nuptials *नप् शॅल्ज़* *n. pl.* marriage विवाह।

nurse[1] *नॅःस* *n.* woman attendant in a hospital परिचारिका।

nurse[2] *v.t.* to act as a nurse to (की) परिचारिका का कार्य करना; to look after carefully ढंग से देखभाल करना।

nursery *नॅः सॅ रि* *n.* place in which children are nursed and taken care of शिशु-सदन; place where trees, plants etc. are propagated free seed पौधशाला।

nurture[1] *नॅः चॅः* *n.* education शिक्षा; training प्रशिक्षण; nourishment भोजन, पोषण।

nurture[2] *v.t.* to bring up पालन-पोषण करना; to educate शिक्षित करना।

nut *नट* *n.* fruit containing a seed or kernel within a covering गिरीदार मेवा; hollow metal collar into which a screw fits ढिबरी।

nutrition *न्यु ट्रि शॅन, न्यू–* *n.* receiving foods भोजन-ग्रहण; act of nourishing पोषण।

nutritious *न्यु ट्रि शॅस, न्यू–* *a.* serving to nourish पोषक (भोजन); promoting growth व द्धिकारक।

nutritive *न्यू ट्रि टिव* *a.* pertaining to nutrition पोषण-संबंधी।

nuzzle *न-ज़ल* *n.t.* to sniff सूंघना; to burrow with the nose नाक से खोदना; to touch with the nose नाक से छूना; to rub with the nose नाक से रगड़ना।

nylon *नॉइ-लॅन, -लौ ॅन* *n.* a strong elastic synthetic material used in hosiery and textile नाइलॉन।

nymph *निम्फ़* *n.* goddess of the mountains, forests, meadows, or waters परी।

Oo

O ओ the fifteenth letter of the English alphabet, symbol for oxygen Chemistry. अंग्रेजी वर्णमाला का पन्द्रहवाँ अक्षर, रसायन शास्त्र प्राणवायु (ऑक्सीजन या उद्जन) के लिये सांकेतिक अक्षर।

oak *ओक n.* a valuable tree of many species शाहबलूत।

oar *औ:, औ ॅ: n.* a long piece of timber used to propel a boat चप्पू।

oarsman *औ: ज़् मॅन n.* one who rows at the oar नाविक, मल्लाह।

oasis *ओ ए सिस n. (pl.-ses ओ ए सीज़)* fertile spot where there is water in a desert नख़लिस्तान।

oat *ओट n.* a cereal plant valuable for its grain जई।

oath *ओथ n.* solemn declaration शपथ।

obduracy *औबॅ ड्यु रॅ सि n.* state or quality of being obdurate हठ, ज़िद।

obdurate *औबॅ ड्यु रिट a.* stubborn हठी, ज़िद्दी।

obedience *ॲ बी ड्यॅन्स n.* quality of obeying आज्ञाकारिता।

obedient *ॲ बी डॅयन्ट a.* submissive to authority आज्ञाकारी।

obeisance *ओ ॅ बे सॅन्स n.* a bow or courtesy to show respect श्रद्धापूर्ण नमन।

obesity *ओ ॅ बी सि टि n.* opulence, fatness मोटापा।

obey *ॲ बे, ओ ॅ बे v.t.* to comply with की आज्ञा मानना; *v.i.* to submit to authority आज्ञाकारी होना।

obituary *ॲ बि ट्यु ॲ रि a.* printed notice or account of somebody's death निधन-सूचना।

object[1] *औबॅ जिक्ट n.* end लक्ष्य; person or thing to which feeling or action is directed पात्र, विषय, purpose उद्देश्य; material thing वस्तु; *(gram.)* objective case (व्या.) कर्मकारक।

object[2] *ॲब् जैक्ट v.t.* to state in opposition विरोधस्वरूप कहना; *v.i.* to make a protest विरोध करना।

objection *ॲब् जै ॅक् शॅन n.* act of objecting आपत्ति।

objectionable *ॲब् जै ॅक् शॅ नॅ ब्ल a.* justly liable to objections आपत्तिजनक।

objective[1] *ॲब् जै ॅक् टिव, औबॅ- n.* goal लक्ष्य; purpose उद्देश्य; the objective case कर्मकारक।

objective[2] *a.* having existence outside the mind वस्तुगत; real वास्तविक; uninfluenced by personal feelings or opinions तटस्थ, निष्पक्ष; *(gram.)* of the object (व्या.) कर्मवाची।

oblation *ओ ॅ ब् ले शॅन n.* offering made to God or a god नैवेद्य, चढ़ावा, बलि।

obligation *औ ॅ ब् लि गे शॅन n.* that which morally obliges बंधन, आभार; duty कर्त्तव्य; responsibility उत्तरदायित्व।

obligatory *ॲब् लि गॅ टॅ रि a.* imposing an obligation बाध्यकर, अनिवार्य।

oblige ऑ ब्लॉइज *v.t.* to compel विवश करना; to help or gratify with a small service उपक त करना।

oblique ऑब् लीक, ओ ˘ब्- *a.* slanting तिरछा।

obliterate ऑब् लि टॅ रेट, औबॅ् लि- *v.t.* to destroy entirely पूर्णतः विनष्ट करना।

obliteration ऑब् लि टॅ रे शॅन *n.* act of obliterating विनाश, विलोपन।

oblivion ऑ ब्लि वि ऑन *n.* state of being forgotten विस्मरण।

oblivious ऑ ब्लि वि ॲस *a.* having no memory (of) स्म तिहीन।

oblong[1] औबॅ् लौ ˘ ङ्ग *a.* of rectangular shape आयताकार।

oblong[2] *n.* a rectangle more long than broad आयत।

obnoxious औबॅ् नौकॅ् शॅस, ॲब्- *a.* extremely unpleasant अप्रिय।

obscene औबॅ् सीन *a.* normally repugnant अश्लील।

obscenity औबॅ् सै ˘ नि टि *n.* state or qulaity of being obscene अश्लीलता।

obscure[1] ॲब् स्क्युॲः, औबॅ्- *a.* not easily understood गूढ; hidden गुप्त; faint धुंधला।

obscure[2] *v.t.* to conceal छिपाना।

obscurity ॲब् स्कुॲ रि टि, औबॅ्- *n.* state or quality of being obscure गूढ़ता; something that is obscure गूढ़ विचार, भाव आदि।

observance ॲब् ज़ॅः वॅन्स *n.* the keeping of a law, custom, festival etc. अनुपालन; a custom or ceremony रिवाज़, रीति, प्रथा।

observant ॲब् ज़ॅः वॅन्ट *a.* carefully attentive सावधान, सतर्क; mindful of laws, customs etc. अनुपालक।

observation औबॅ् ज़ॅः वे शॅन *n.* watching and noting निरीक्षण; ability to notice अवलोकन-क्षमता; *(usu.pl.)* comment, remark टिप्पणी।

observatory ॲब् ज़ॅः वॅ टॅ रि *n.* a place for astronomical observations वैधशाला।

observe ॲब् ज़ॅःव *v.t.* to take notice of अवलोकन करना; to celebrate मनाना; to keep, to follow पालन करना; to comment टिप्पणी-स्वरूप कहना।

obsess ॲब् सैसॅ *v.t.* to occupy the mind continually अभिभूत करना, परेशान करना।

obsession ॲब् सै ˘ शॅन *n.* state of being obsessed परेशानी; something that obsesses परेशानी का कारण।

obsolete औ ˘ब् सॅ लीट *a.* out of date पुराना; no longer in use अप्रचलित।

obstacle औबॅ् स्टॅ क्ल *n.* hindrance, inpediment बाधा, रुकावट।

obstinacy औबॅ् स्टि नॅ सि *n.* state or quality of being obstinate हठ, ज़िद।

obstinate औबॅ् स्टि निट *a.* stubborn हठी, ज़िद्दी।

obstruct ॲब् स्ट्रक्ट *v.t.* to block up अवरूद्ध करना।

obstruction ॲब् स्ट्रक् शॅन *n.* act of obstructing अवरोध obstacle बाधा।

obstructive ॲब् स्ट्रक् टिव *a.* hindering बाधक।

obtain *अॅब् टेन v.t.* to acquire प्राप्त करना; *v.i.* to be customary प्रचलित होना।

obtainable *अॅब् टे नॅ ब्ल a.* available प्राप्य।

obtuse *अॅब् टयूस a.* dull मंदबुद्धि; (an angle) of more than 90 degrees अधिक (कोण); blunt, not pointed भोथरा; stupid मूर्ख, भौंदू।

obvious *औबॅ वि अॅस a.* evident स्पष्ट; manifest प्रकट।

occasion[1] *अॅ के ज़ॅन n.* opportunity अवसर; cause, reason कारण; need आवश्यकता।

occasion[2] *v.t.* to be the cause of का कारण बनना।

occasional *अॅ के ज़ॅ न्ल a.* happening only now and then यदा-कदा होनेवाला; produced for some special event अवसर विशेष के लिए।

occasionally *अॅ के ज़ॅ नॅ लि adv.* not regularly यदा-कदा।

occident *औकॅ सि डॅन्ट n.* the west पश्चिम।

occidental *औकॅ सि डैनॅ ट्ल a.* western पाश्चात्य।

occult *औ ॅ कल्ट a.* hidden गुप्त, छिपा हुआ; supernatural अलौकिक।

occupancy *औ ॅ क्यु पॅन् सि n.* fact of occupying दख़ल; residing निवास।

occupant *औ ॅ क्यु पॅन्ट n.* an occupier दख़लकार।

occupation *औ ॅ क्यु पे शॅन n.* act of taking possession क़ब्ज़ा, अधिकार; employment रोज़गार; vocation व्यवसाय।

occupier *औ ॅ क्यु पॉइ अॅः n.* tenant दख़लदार।

occupy *औ ॅ क्यु पॉइ v.t.* to take possession of अधिकार में करना; to inhabit में रहना; to take up (time) (समय) लेना।

occur *अॅ कॅः (-rr-) v.i.* to happen घटित होना; to come into the mind ध्यान में आना।

occurrence *अॅ क रॅन्स n.* happening, event घटना।

ocean *ओ शॅन n.* the large area of sea महासागर।

oceanic *ओ शि ऐ निक a.* of the ocean समुद्री, महासागरीय।

octagon *औकॅ टॅ गॅन n.* a plane figure having eight angles and sides अष्टकोण।

octangular *औकॅ टैङ् ग्यू लॅः a.* having eight angles अष्टकोणीय।

octave *औकॅ टिव n.* a stanza of eight lines अष्टपदी।

October *औकॅ टो बॅः n.* tenth month of the year अक्टूबर।

octogenarian[1] *औकॅ टो ॅ जि नॅ ॅ अॅ रि अॅन a.* of an age from 80 to 89 अस्सी से नवासी वर्षीय।

octogenarian[2] *a.* person of an age from 80 to 89 अस्सी से नवासी वर्षीय व्यक्ति।

octroi *औकॅ ट्रॉव n.* local tax चुंगी।

ocular *औकॅ यु लॅः a.* of eye or sight आंखों या द ष्टि से संबंधित।

oculist *औकॅ यु लिस्ट n.* specialist in eye diseases नेत्ररोग-विशेषज्ञ।

odd *औ ॅड a.* not even विषम (संख्या); strange अद्भुत; unpaired अयुग्म; extra अतिरिक्त।

oddity *औ ॅ डि टि n.* singularity अनोखापन; odd person or thing अनोखा व्यक्ति या वस्तु।

odds *औ ˘ ड्ज़ n. pl.* inequalities असमानताएं; difference in favour of one फ़र्क़; chances संभावनाएं।

ode *ओड n.* a lyric poem in the form of address संबोध गीत।

odious *ओ डि ॲस a.* hateful, repulsive घ णास्पद।

odium *ओ ड्यॅम n.* widespread dislike घ णाभाव।

odorous *ओ डॅ रॅस a.* fragrant सुगंधित।

odour *ओ डॅ: n.* smell गंध।

offence *औ ˘ फ़ैन्न्स, ॲ- n.* illegal act अपराध; transgression of law क़ानून का उल्लंघन; displeasure अप्रसन्नता; attacking आक्रमण; insult अपमान।

offend *ॲ फ़ैन्ड v.t.* to displease नाराज़ करना; to insult अपमानित करना; *v.i.* to do wrong, to commit an offence अपराध करना।

offender *ॲ फ़ैन्ॅ डॅ: n.* one who offends अपराधी।

offensive[1] *ॲ फ़ैन्ॅ सिव a.* causing offence अपमानजनक; causing displeasure or annoyance अप्रसन्नताजनक; aggressive आक्रामक।

offensive[2] *n.* act of attacking वार, आक्रमण; a sustained effort अनवरत प्रयत्न।

offer[1] *औ ˘ फ़ॅ: v.t.* to present (for acceptance of rejection) प्रस्तुत करना; to tender देना; to propose प्रस्तावित करना; *v.i.* to occur घटित होना, प्रस्तुत होना।

offer[2] *n.* act of offering प्रस्ताव; something offered भेंट, बलि।

offering *औ ˘ फ़ॅ रिङ्ग n.* gift उपहार; oblation भेंट, चढ़ावा।

office *औ ˘ फ़िस n.* place where official or professional work is done कार्यालय; a government department सरकारी विभाग; position पद; duty कर्त्तव्य, कार्य।

officer *औ ˘ फ़ि सॅ: n.* person invested with an office अधिकारी।

official[1] *ॲ फ़ि शॅल a.* authoritative आधिकारिक; pertaining to office पदीय।

official[2] *n.* one holding office पदाधिकारी।

officially *ॲ फ़ि शॅ लि adv.* in an official manner or capacity अधिक त रूप से।

officiate *ॲ फ़ि शि एट v.i.* to perform official duties किसी पद पर काम करना।

officious *ॲ फ़ि शॅस a.* too eager to serve सेवा के लिए उतावला।

offing *औ ˘ फ़िङ्ग n.* the distant part of the sea visible from the shore द श्य क्षितिज।

offset[1] *औफ़् सै ˘ट, औफ़् - v.t. (-tt-)* to compensate क्षतिपूर्ति करना; to counterbalance संतुलित करना।

offset[2] *n.* a method of printing ऑफ़सैट छपाई।

offshoot *औ ˘फ़् शूट n.* shoot of a plant प्रशाखा।

offspring *औ ˘फ़् स्प्रिङ्ग n.* child or children संतति।

oft *औ ˘फ़्ट adv.* often प्रायः।

often *औ ˘ फ़्न, औ- adv.* frequently प्रायः।

ogle[1] *ओ ग्ल v.t. & v.i.* to look amorously (at) प्रेम-भरी द ष्टि से देखना, घूरना, ताकना।

ogle[2] *n.* amorous stare प्रेम-भरी चितवन।

oil[1] औ ॅइल *n.* easily burning liquid तेल।

oil[2] *v.t.* to apply oil to तेल लगाना।

oily औ ॅइलि *a. (lier, -liest)* like oil तेल जैसा; greasy चिकना; too smooth and fawning चापलूसीपूर्ण।

ointment औ ॅइन्ट् मॅन्ट *n.* a grease applied to the skin मरहम।

old ओल्ड *a.* aged बूढ़ा; not new or fresh पुराना; antiquated प्राचीन।

oligarchy औ ॅ लि गॉः कि *n.* government in which the supreme power is in a few hands अल्पतंत्र।

olive औ ॅ लिव *n.* an evergreen tree जैतून।

olympiad औ ॅ लिम् पि ऐड *n.* period of four years between olympic games ओलिंपिक खेलों के बीच की चार वर्ष की अवधि।

omega ओ मि गॅ *n.* a letter of the Greek alphabet ग्रीक वर्णमाला का अंतिम अक्षर; end अंत।

omelet (te) औमॅ् लिट *n.* dish of eggs beaten and fried with seasoning आमलेट।

omen ओ मै ॅन *n.* a sign of a future event (good or bad) शकुन।

ominous ओॅ मि नॅस *a.* suggesting future trouble, inauspicious अमंगलकारी।

omission ओॅ मि शॅन *n.* act of omitting अनाचरण; something omitted चूक, त्रुटि।

omit ओॅ मिट *(-tt-) v.t.* to pass over or neglect पर ध्यान न देना; to fail to include छोड़ देना।

omnipotence औ ॅम् नि पॅ टॅन्स *n.* almighty or unlimited power सर्वशक्तिमत्ता।

omnipotent औमॅ् नि पॅ टॅन्ट *a.* all-powerful सर्वशक्तिमान।

omnipresence आमॅ् नि प्र ॅ ज़ॅन्स *n.* presence in every place at the same time सर्वव्यापकता।

omnipresent औमॅ् नि प्रै ॅ ज़ॅन्ट *a.* present in all places at the same time सर्वव्यापी।

omniscience औमॅ् नि सि ॲन्स *n.* universal knowledge सर्वज्ञता।

omniscient औमॅ् नि सि ॲन्ट *a.* having universal knowledge सर्वज्ञ।

on[1] औनॅ *prep.* above and touching: at पर; near के पास; towards की ओर; concerning के विषय में; during के दौरान।

on[2] *adv.* forward आगे की ओर; continuously अनवरत रूप से; in action चालू हालत में।

once वन्स *adv.* for one time एक बार; formerly पहले; ever कभी।

one[1] वन *a.* single एक; the same वही, समान; united एक जुट।

one[2] *pron.* a person कोई व्यक्ति; a thing कोई वस्तु।

oneness वन् निस *n.* unity एकता; uniformity एकरूपता।

onerous औ ॅ नॅ रॅस *a.* burdensome भारी।

onion अन् यॅन *n.* an edible bulb of pungent flavour प्याज़।

on-looker औनॅ् लु कॅः *n.* spectator दर्शक।

only[1] ओन् लि *a.* single अकेला; alone मात्र।

only[2] *adv.* for one purpose alone मात्र।

only[3] *conj.* but then, however किंतु, तथापि।

onomatopoeia औ ॅ नॅ मै टॉ पि अॅ *n.* formation of a word by using sounds that suggest the object to be named ध्वनि अनुकरणात्मक शब्द।

onrush औनॅ् रश *n.* strong onward rush or flow प्रवाह।

onset औनॅ् सै ॅट *n.* assault हमला, चढ़ाई।

onslaught औनॅ् स्लौट *n.* fierce attack भीषण आक्रमण।

onus ओ नॅस *n.* burden भार; responsibility उत्तरदायित्व।

onward[1] औनॅ् वॅ:ड *a.* advanced अग्रवर्ती; forward, progressive प्रगतिशील।

onward[2], **onwards** औनॅ् वॅ:ड्ज़ *adv.* forward आगे की ओर।

ooze[1] ऊज़ *n.* soft liquid mud कीचड़, पंक।

ooze[2] *v.i.* to pass out slowly रिसना; *v.t.* to emit रिसाना, बाहर फेंकना।

opacity ओॅ पै सि टि *n.* quality of being opaque अपारदर्शिता।

opal ओ पॅल *n.* a precious stone displaying variegated colours ओपल, दूधिया पत्थर।

opaque ओॅ पेक *a.* not transparent अपारदर्शी।

open[1] ओ पॅन *a.* not covered खुला; not closed खुला।

open[2] *v.t.* to cause to be open खोलना; to unfold खोलना; to start चालू करना; to establish स्थापित करना; to spread out फैलाना; *v.i.* to become open खुलना; to be started चालू होना।

opening ओ पे निङ्ग *n.* opportunity अवसर; beginning आरंभ; first performance प्रांरभिक प्रदर्शन; open space खुली जगह।

openly ओ पॅन् लि *adv.* in an open manner खुले रूप में।

opera औ ॅ पॅ रॅ *n.* a dramatic composition set to music and sung and acted on the stage संगीत-नाटक।

operate औ ॅ पॅ रेट *v.t.* to cause to function चलाना, चालू करना; to manage (का) संचालन करना; *v.i.* to function काम करना, चलना; to carry out a surgical operation शल्यक्रिया करना; to carry out military movements सैनिक कार्यवाही करना।

operation औ ॅ पॅ रे शॅन *n.* act of surgery शल्यक्रिया; strategic military movement सैनिक अभियान; act or method of operating संचालन।

operative औ ॅ पॅ रॅ टिव *a.* in operation चालू; effective लागू; of surgical operations शल्य-क्रियात्मक।

operator औ ॅ पॅ रे टॅ: *n.* one who operates प्रचालक।

opine ओ ॅ पॉइन *v.t.* to have the opinion that मानना, सोचना।

opinion अॅ पिन् यॅन *n.* belief विश्वास; view, judgement मत, धारणा; estimation अनुमान।

opium ओ प्यॅम *n.* a narcotic drug अफ़ीम।

opponent अॅ पो नॅन्ट *n.* one who opposes विरोधी व्यक्ति, प्रतिद्वंद्वी।

opportune औ ॅ पॅ: ट्यून *a.* timely अवसरोचित; suitable उचित।

opportunism औ ॅ पॅ: ट्यु निज़्म *n.*

policy of doing what is expedient अवसरवादिता।

opportunity औॅ पॅ: ट्यू नि टि *n.* favourable time or chance सुअवसर।

oppose अॅ पोज़ *v.t.* to offer resistance to विरोध करना।

opposite औॅ पॅ ज़िट *a.* contrary विरोधी; facing सामने वाला; adverse प्रतिकूल।

opposition औॅ पॅ ज़ि शॅन *n.* act of opposing विरोध; resistance प्रतिरोध; party opposing that in power विरोधी दल; contrast प्रतिकूलता।

oppress अॅ प्रैॅस *v.t.* to harass तंग करना; to govern with tyranny क्रूरतापूर्वक शासन करना; to weigh down दबाना, दमन करना।

oppression अॅ प्रैॅ शॅन *n.* act of oppressing दमन।

oppressive अॅ प्रैॅ सिव *a.* hard to endure दमनकारी, असहनीय; unjustly severe अत्याचारी।

oppressor अॅ प्रैॅ सॅ: *n.* one who oppresses दमनकर्त्ता; cruel ruler क्रूर शासक।

opt औॅप्ट *v.i.* to make a choice चयन करना, विकल्प छांटना।

optic औॅप् टिक *a.* pertaining to sight द ष्टि-संबंधी; relating to the science of optics प्रकाशकीय।

optician औॅप् टि शॅन *n.* person skilled in optics चश्मे का निर्माता।

optimism औॅप् टि मिज़्म *n.* hopeful view of things आशावाद।

optimist औॅप् टि मिस्ट *n.* one who believes in optimism आशावादी।

optimistic औॅप् टि मिस् टिक *a.* relating to or characterized by optimism आशान्वित, आशावादी।

optimum[1] औॅप् टि मॅम *n.* the most favourable condition अनुकूलतम परिस्थिति।

optimum[2] *a.* most favourable अनुकूलतम, सर्वोत्तम।

option औॅप् शॅन *n.* choice विकल्प; right to choose चयनाधिकार; thing that is or may be chosen चयन की गई या की जानेवाली वस्तु।

optional औॅप् शॅ नॅल *a.* depending on choice वैकल्पिक; not compulsory ऐच्छिक।

opulence औॅप् यु लॅन्स *n.* wealth धन-संपत्ति; abundance प्रचुरता, बाहुल्य।

opulent औॅप् यु लॅन्ट *a.* wealthy धनाढ्य, सम द्ध; luxuriant प्रचुर, भरपूर।

oracle औॅ रॅ कॅल *n.* prophetic wisdom देववाणी; person regarded as a source of wisdom आप्तपुरूष; shrine देवस्थल, तीर्थ-मंदिर।

oracular अॅ रै क्यु लॅ: *a.* of or like an oracle देववाणीय, देववाणीसद श; with a hidden meaning रहस्यपूर्ण, गूढ़ार्थक।

oral औ रॅल *a.* spoken rather than written मौखिक; of or administered through the mouth मुखीय या मुख से दी जाने वाली (औषधि)।

orally औ रॅ लि *adv.* in an oral manner मौखिक रूप से; through the mouth मुखद्वार से।

orange[1] औॅ रिन्ज *n.* a citrus fruit संतरा; the tree bearing this fruit संतरे का पेड़; reddish yellow colour नारंगी रंग।

orange[2] *a.* reddish yellow नारंगी।

oration *औ रे शॅन n.* formal speech भाषण, व्याख्यान।

orator *औ ˘ रॅ टॅः n.* skilled or eloquent speaker कुशल वक्ता।

oratorical *औ ˘ रॅ टौ ˘ रि कॅल a.* of orator or oration भाषण-संबंधी, व्याख्यानीय।

oratory *औ ˘ रॅ टॅ रि n.* the art of public speaking भाषणकला।

orb *औःब n.* globe पथ्वी-मंडल; sphere गोला।

orbit *औः बिट n.* the path of a planet or comet परिक्रमापथ, कक्षा।

orchard *औः चॅःड n.* peice of ground with fruit-trees फलोद्यान।

orchestra *औँः किस् ट्रॅ n.* body of musicians वादकवंद।

orchestral *औँः कैसॅ ट्रॅल a.* of, for, by an orchestra वाद्यवंदीय।

ordeal *औः डील n.* severe test, trial by fire and water अग्नि-परीक्षा।

order[1] *औः डॅः n.* command आदेश; request to supply goods आदेश, आदेश-पत्र; way in which things are placed in relation to one another अनुक्रम; obedience to the laws प्रशासनिक व्यवस्था; rank or class in society श्रेणी।

order[2] *v.t.* to command आदेश देना; to arrange व्यवस्थित करना; to direct निर्देशित करना।

orderly[1] *औः डॅः लि a.* in accordance with good order सुव्यवस्थित; regular नियमित।

orderly[2] *n.* an officer's messenger in the army अर्दली।

ordinance *औः डि नॅन्स n.* order given by authority अध्यादेश।

ordinarily *औः डि नॅ रि लि adv.* in an ordinary manner साधारणतः।

ordinary *औः डि नॅ रि a.* average, common सामान्य।

ordnance *औःड् नॅन्स n.* artillery तोपखाना; ammunition गोला-बारूद; military department in charge of ammunition आयुध-विभाग।

ore *औः n.* a metal bearing mineral कच्ची धातु।

organ *ओः गॅन n.* instrument or means माध्यम; a musical instrument with sounding pipes वाद्यराज; part of an animal अवयव, अंग।

organic *औः गै निक a.* pertaining to or acting as an organ आंगिक; pertaining to the animal and vegetable world जैव; having a systematic arragnement of parts संगठित।

organism *औः गॅ निज़्म n.* organic structure शरीर-रचना; a body exhibiting organic life जीव।

organization *औः गॅ नॉइ ज़े शॅन n.* act or process of organizing संघटन, व्यवस्थापन।

organize *औः गॅ नॉइज़ v.t.* to establish and systematize संघटित करना; to put into working order सुव्यवस्थित करना; to make preparations for (की) तैयारी करना।

orient[1] *औ रि ॲन्ट n.* East पूर्व।

orient[2] *v.t.* to orientate (भवन आदि) का मुंह पूर्व की ओर करके बनाना।

oriental[1] *औ रि ऐन्ँ ट्ल a.* eastern प्राच्य, पूर्वी।

oriental[2] *n.* a native of some eastern country पूर्ववासी।

orientate *औ रि ऐन्ँ टेट v.t.* to orient (भवन आदि) पूर्व की ओर मुंह करके बनाना।

origin *औ ˘ रि जिन n.* source स्त्रोत, मूल; beginning उद्‌गम।

original[1] *ॲ रि जॅ न्‌ल a.* pertaining to origin मूल, मौलिक; first, earliest प्रारंभिक।

original[2] *n.* origin, source मूल रूप।

originality *ॲ रि जि नै लि टि n.* quality or state of being original मौलिकता।

originate *ॲ रि जि नेट v.t.* to give origin toउद्‌भूत करना; to produce निर्मित करना; *v.i.* to have origin उद्‌भूत होना।

originator *ॲ रि जि ने टॅः n.* one who or that which originates प्रवर्तक, जन्मदाता।

ornament[1] *औः नॅ मॅन्ट n.* that which adarns or embellishes आभूषण, अलंकरण।

ornament[2] *औः नॅ मैन्ट v.t.* to decorate अलंक त करना।

ornamental *औ : नॅ मेन्ँ ट्‌ल a.* pertaining to ornament शोभाकारी, आलंकारिक।

ornamentation *औः नॅ मैन्ँ टे शॅन n.* ornaments or decorations सजावट; beautification अलंकरण।

orphan[1] *औः फ़न n.* child bereaved of father or mother, or of both अनाथ बालक।

orphan[2] *v.t.* to cause to be an orphan अनाथ बनाना।

orphanage *औः फ़ॅ निज n.* home for orphans अनाथालय।

orthodox *औः थॅ डौक्स a.* conventional परंपरागत; holding accepted views रूढ़िवादी।

orthodoxy *औः थॅ डौक् सि n.* quality or state of being orthodox रूढ़िवादिता।

oscillate *औ ˘ सि लेट v.i.* to swing दोलन करना; *v.t.* to cause to swing दोलन कराना।

oscillation *औ ˘ सि ले शॅन n.* act of oscillating दोलन।

ossify *औ ˘ सि फ़ॉइ v.t.* to make hard like bone अस्थिवत् बनाना; to change into bone अस्थि का रूप देना; to make rigid कठोर बनाना; *v.i.* become hard like bone अस्थिवत् बनना; to be changed into bone अस्थि का रूप लेना; to become rigid कठोर बनना।

ostracize *औसॅ ट्रॅ सॉइज़ v.t.* to banish by ostracism, to expel निर्वासित करना।

ostrich *औसॅ ट्रिच n.* a large running bird of Africa शुतुरमुर्ग़।

other[1] *अ दॅः a.* not the same दूसरा; remaining शेष; different भिन्न; more अन्य, और।

other[2] *pron.* other person or thing अन्य व्यक्ति या वस्तु।

otherwise[1] *अ दॅः वॉइज़ adv.* in another way भिन्न प्रकार से; in other conditions अन्य दशाओं में; in other respects अन्य मामलों में।

otherwise[2] *conj.* if not, or else अन्यथा, नहीं तो।

otter *औ ˘ टॅः n.* a fish-eating aquatic mammal ऊदबिलाव।

ottoman *औ ˘ टॅ मॅन n.* a cushioned seat without back or arms, used as a box दिवान।

ounce *ऑउन्स n.* twelfth part of a

pound troy औंस।

our *ऑउअ:* *pron.* of or belonging to us हमारा, हमारे, हमारी।

oust *ऑउस्ट* *v.t.* to drive out of office or power निकाल देना, हरा देना।

out *ऑउट* *adv.* away from home घर से दूर; in the open air खुले में; away from बाहर; no longer in office अपदस्थ; on strike हड़ताल पर; no longer alight बुझी स्थिति में।

out-balance *ऑउट् बै लॅन्स* *v.t.* to outweigh से भारी या महत्वूपर्ण होना।

outbid *ऑउट् बिड* *v.t.* to offer a higher price than (से) बढ़कर बोली बोल देना।

outbreak *ऑउट् ब्रेक* *n.* sudden beginning (of war or disease) आरंभ, प्रकोप।

outburst *ऑउट बॅ:स्ट* *n.* bursting out (of anger, cheers etc.) प्रस्फोटन।

outcast[1] *ऑउट् कास्ट* *n.* one driven out from society जातिच्युत व्यक्ति।

outcast[2] *a.* driven out from home or society बहिष्क त।

outcome *ऑउट् कम* *n.* result or effect of an event परिणाम, नतीजा।

outcry *ऑउट् क्रॉइ* *a.* loud shout चीख़, चिल्लाहट; protest विरोध।

outdated *ऑउट् डे टिड* *a.* made out of date पुराना।

outdo *ऑउट् डू* *v.t.* to do more or better than से अच्छा होना, पछाड़ना।

outdoor *ऑउट् डौ:* *a.* existing or being done out of doors बाह्य, बाहरी।

outer *ऑउ टॅ:* *a.* concerning the outside बाह्य।

outfit[1] *ऑउट् फ़िट* *n.* set of garments worn together कपड़ों का जोड़ा।

outfit[2] *(-tt-)* *v.t.* to equip सज्जित करना।

outgrow *ऑउट् ग्रो* *v.t.* to grow too large for से अधिक बढ़ जाना।

outhouse *ऑउट् हॉउस* *n.* an out building उपभवन।

outing *ऑउ टिङ्ग* *n.* short pleasure trip सैर-सपाटा।

outlandish *ऑउट् लैन् डिश* *a.* seeming odd and out of place अजीब, विदेशी।

outlaw[1] *ऑउट् लौ* *n.* fugitive from law अपराधी।

outlaw[2] *v.t.* to ban (पर) प्रतिबंध लगाना; to make illegal अवैध घोषित करना।

outline[1] *ऑउट् लॉइन* *n.* rough sketch रूपरेखा; general plan सामान्य योजना।

outline[2] *v.t.* to sketch चित्रित करना; to summarize संक्षेप में प्रस्तुत करना।

outlive *ऑउट् लिव* *v.i.* to live longer than से अधिक समय तक जीवित रहना।

outlook *ऑउट् लुक* *n.* attitude द ष्टिकोण; future prospect भावी संभावना।

outmoded *ऑउट् मो डिड* *a.* out of fashion अप्रचलित, पुराना।

outnumber *ऑउट् नम् बॅ:* *v.t.* to be greater in number than (से) संख्या में अधिक होना।

outpatient *ऑउट् पे शॅन्ट* *n.* person visiting a hospital for treatment बहिर्रोगी।

outpost *ऑउट् पोस्ट* *n.* observation

post at a distance दूरवर्ती चौकी।

output *ऑउट् पुट n.* quantity of goods produced or work done उत्पादन।

outrage[1] *ऑउट् रेज,-रिज n.* injurious violence न शंसता।

outrage[2] *v.t.* to offend grossly का घोर अपमान करना; to injure चोट पहुंचाना; to violate भंग करना; to ravish का शील भंग करना।

outright[1] *ऑउट् रॉइट adv.* entirely पूर्णतया; openly स्पष्ट रूप से।

outright[2] *a.* thorough पूरा, समग्र; open, plain स्पष्ट।

outrun *ऑउट् रन v.t.* to run faster than से तेज़ दौड़ना; to go beyond से आगे निकल जाना।

outset *ऑउट् सै ॅट n.* start प्रारंभ।

outshine *ऑउट् शॉइन v.t.* to surpass (को) मात कर देना; to shine more brightly than (से) बढ़कर चमकना।

outside[1] *ऑउट् सॉइड a.* external बाह्य।

outside[2] *n.* the external surface बाहरी सतह।

outside[3] *adv.* on or to the outside बाहर की ओर।

outside[4] *prep.* at or on the outside of के बाहर; beyond the limits of की सीमा से परे।

outsider *ऑउट् सॉइ डः n.* person outside from a specific group बाहरी व्यक्ति।

outsize *ऑउट् सॉइज़ a.* larger than usual अधिमाप, सामान्य से बड़ा।

outskirts *ऑउट् स्कॅःट्स n.pl.* outlying parts of a town बाह्यांचल, नगरोपांत।

outspoken *ऑउट् स्पो कॅन a.* frank in saying what one thinks स्पष्टवादी।

outstanding *आउट् स्टैन् डिङ्ग a.* eminent विशिष्ट; unresolved अनिर्णीत; still to be paid बक़ाया।

outward[1] *ऑउट् वॅःड a.* situated outside बाह्य; apparent ऊपरी।

outward[2], **outwards** *adv.* towards the outside बाहर की ओर।

outwardly *ऑउट् वॅःड् लि adv.* in appearance देखने में।

outweigh *ऑउट् वे v.t.* to exceed in weight or inportance से अधिक भारी या महत्वपूर्ण होना।

outwit *ऑउट् विट (-tt-) v.t.* to get the better of by cunning से अधिक चालबाज़ होना।

oval[1] *ओ वॅल a.* egg-shaped अंडाकार।

oval[2] *n.* something egg-shape अंडाकार वस्तु।

ovary *ओ वॅ रि n.* female egg-producing organ अंडाशय।

ovation *ओ ॅ वे शॅन n.* expression of popular acclaim जय जयकार।

oven *अ वॅन n.* small furnace चूल्हा।

over[1] *ओ वॅः prep.* above के ऊपर; on, upon पर; more than से अधिक; across के आर-पार।

over[2] *adv.* above ऊपर की ओर; in excess अधिक; too much हद से ज़्यादा।

over[3] *n.* (cricket) delivery of six balls from one end ओवर।

overact *ओ वॅः रैक्ट v.t.* to act (something) in an exaggerated way अत्याभिनय करना।

overall[1] *ओ वॅ रौल n.* loo[illegible]itting garment लबादा.

overall[2] *a.* including everything, total कुल।

overawe *ओ वॅ: रो v.t.* to fill with fear and subdue आतंकित करना।

overboard *ओ वॅ: बोःड़ adv.* over the side of a ship into the water (जहाज़) पर से।

overburden *ओ वॅ: बॅ: ड़न v.t.* to load with excessive weight भाराक्रांत करना, अधिक बोझ डालना।

overcast *ओ वॅ: कास्ट a.* covered over by clouds मेघाच्छन्न।

overcharge[1] *ओ वॅ: चाःज v.t. & i.* to charge higher price (from) (से) अधिक मूल्य वसूलना।

overcharge[2] *n.* excessive charge अधिमूल्य।

overcoat *ओ वॅ: कोट n.* heavy coat ओवरकोट।

overcome *ओ वॅ: कम v.t.* to overwhelm अभिभूत कर देना; to be victorious over पर विजयी होना।

overdo *ओ वॅ: डू v.t.* to do too much (की) अति करना; to cook too much बहुत अधिक पका देना।

overdose[1] *ओ वॅ: डोस n.* excessive dose of medicine (ओषधि की) अतिमात्रा।

overdose[2] *v.t.* to give too large a dose औषधि की अति मात्रा देना।

overdraft *ओ वॅ: ड्राफ़्ट n.* amount of money drawn in excess of deposit जमा से अधिक निकाली राशि।

overdraw *ओ वॅ: ड्रौ v.t.* to exaggerate अतिरंजित करना; to draw a sum in excess of (one's credit balance in a bank) (खाते में जमा) से अधिक धन निकालना।

overdue *ओ वॅ: ड्यू a.* beyond the time fixed विलंबित।

overhaul[1] *ओ वॅ: हौल v.t.* to repair मरम्मत करना; to examine and set in order निरीक्षण करके ठीक करना; to overtake से आगे निकलना।

overhaul[2] *n.* thorough repairing पूरी मरम्मत।

overhear *ओ वॅ: हिअॅ: v.t.* to hear secretly चुपके से सुनना; to hear by chance संयोग से सुनना।

overjoyed *ओ वॅ: जौॅइड a.* greatly delighted अति प्रसन्न।

overlap[1] *ओ वॅ: लैप (-pp-) v.t.* to go over and beyond the edge of कुछ अंश तक ढक लेना।

overlap[2] *n.* the ogverlapping part ढकने वाला भाग।

overleaf *ओ वॅ: लीफ़ adv.* on the other side of the leaf पन्ने की दूसरी ओर।

overload[1] *ओ वॅ: v.t.* to put too great a load on अधिक भार से लादना।

overload[2] *n.* too great a load क्षमता से अधिक भार।

overlook *ओ वॅ: लुक v.t.* to ignore (की) अनदेखी करना; to have a view of from above ऊपर से देखना।

overnight[1] *ओ वॅ: नॉइट adv.* during the night रात के समय; throughout the night रात-भर।

overnight[2] *a.* lasting a night, done at night रात्रि भर का।

overpower *ओ वॅ: पॉउ अॅ: v.t.* to overcome by superior force पराजित करना।

overrate *औ वॅ: रेट v.t.* to have too high an opinion of को अनावश्यक महत्व देना।

overrule *ओ वॅ: रुल v.t.* to disallow रद्द करना।

overrun *ओ वँ: रन v.t.&i.* to spread over and occupy रौंद डालना; to go beyond in time से अधिक समय तक चलना।

oversee *ओ वँ: सी v.t.* to supervise पर्यवेक्षण करना।

overseer *ओ वँ: सिअँ: n.* one who supervises पर्यवेक्षक।

overshadow *ओ वँ: शै डो v.t.* to throw a shadow over पर छाया डालना; to cause to seem less important का महत्व कम करना।

oversight *ओ वँ: सॉइट n.* failure to notice something द ष्टिभ्रम, चूक।

overt *ओ वँ:ट, ओ˘ वँ:ट a.* manifest प्रकट।

overtake *ओ वँ: टेक v.t.* to catch up and pass in the same direction (से) आगे निकल जाना।

overthrow[1] *ओ वँ: थ्रो v.t.* to cause the fall of (का) तख़्ता उलट देना।

overthrow[2] *n.* defeat पराजय; ruin विनाश।

overtime[1] *ओ वँ: टॉइम adv.* after the usual hours सामान्य समय के पश्चात्।

overtime[2] *n.* time spent at work after the usual hours अधिसमय।

overture *ओ वँ: ट्युअँ: n.* piece of orchestral music वाद्यसंगीत; proposal initiating negotiations संधि-प्रस्ताव।

overwhelm *ओ वँ: हैँ˘ल्म v.t.* to overpower अभिभूत करना; to overcome by force पराजित करना।

overwork[1] *ओ वँ: वँ:क v.i.* to work too hard and too long अतिश्रम करना; *v.t.* to cause to work too hard अतिश्रम कराना।

overwork[2] *ओ वँ: वँ:क n.* working to much or too long अतिश्रम।

owe *ओ v.t.&i.* to be under obligation to pay क़र्ज़दार होना; to have duty to render कर्त्तव्य से बंधा होना।

owl *ऑउल n.* a nocturnal bird उल्लू।

own[1] *ओन a.* belonging or relating to oneself अपना, निजी।

own[2] *v.t.* to possess का स्वामी होना; to admit स्वीकार करना।

owner *ओ नँ: n.* person who owns something स्वामी।

ownership *ओ नँ: शिप n.* the state of being an owner स्वामित्व।

ox *औक्स n. (pl. oxen)* castrated bullock बैल।

oxygen *औक् सि जॅन n.* gas necessary for life ऑक्सीजन।

oyster *औ˘ इस् टँ: n.* kind of shellfish शुक्ति।

Pp

P पी the sixteenth letter of the English alphabet, chemical symbol for phosphorus. अंग्रेजी वर्णमाला का सोलहवाँ अक्षर फ़ास्फ़ोरस् (स्फुर्) नामक तत्व के लिए रासायनिक संकेत।

pace[1] *पेस n.* step.पग; walk, gait चाल; rate of movement गति।

pace[2] *v.i.* to step, to walk चलना; *v.t.* to cross by walking चलकर तय

करना।

pacific *पॅ सि फ़िक a.* calm, tranquil शांत, स्थिर; pacifying शांतिप्रद।

pacify *पै सि फ़ॉइ v.t.* to allay शांत करना; to give peace to शांति लाना।

pack[1] *पैक n.* bundle, bale गठरी, बोझ; set of playing cards ताश की गड्डी; band of animals शिकारी कुत्तों, भेड़ियों इत्यादि का समुदाय।

pack[2] *v.t.* to stuff माल से भरना; to make into a bundle गठरी बांधना; *v.i.* to make up bundles गठरी बनाना।

package *पै किज n.* bundle,packet छोटी गठरी; charge for packing गठरी बनाने का भाड़ा।

packet *पै किट n.* small parcel or pack, bundle छोटा पार्सल या पुलिंदा।

packing *पै किड़्ग n.* material used in making a packet बांधने की सामग्री; act of one who packs बांधने का कार्य।

pact *पैक्ट n.* agreement बंधेज; इक़रारनामा; contract ठेका, संधि।

pad[1] *पैड n.* cushion गद्दी; soft saddle काठी; block of blotting paper सोख्ता या कागज़ की गड्डी; sole of animals पशुओं के पैर के नीचे का कोमल भाग।

pad[2] *(-dd-) v.t.* to make soft with pad गद्देदार बनाना।

padding *पै डिड़्ग n.* material used for stuffing गद्दी।

paddle[1] *पै ड़्ल v.i.* to move feet in water पानी में पैर मारना; to row नाव चलाना।

paddle[2] *n.* a short oar छोटा डांड़ा।

paddy *पै डि n.* rice in the husk धान।

page[1] *पेज n.* boy servant छोकरा, लड़का; one side of a leaf of a book पुस्तक के पत्र का एक ओर का भाग।

page[2] *v.t.* to number the pages of (पुस्तक आदि के) पन्ने में अंक डालना।

pageant *पै जॅन्ट n.* pomp आडंबर, लीला; show तमाशा।

pageantry *पॅ जॅन् ट्रि n.* pompous spectacle आडंबर, तड़क-भड़क; show (collectively) तमाशा।

pagoda *पॅ गो डॅ n.* pyramidal temple पगोड़ा, मेरु-मंदिर।

pail *पेल n.* bucket बाल्टी।

pain[1] *पेन n.* anguish दुःख; suffering पीड़ा; distress क्लेश; *(pl.)* trouble, exertion, throes of child birth कष्ट, परेशानी, प्रसव-वेदना।

pain[2] *v.t.* to cause pain to पीड़ा देना दुःख देना।

painful *पेन्फुल a.* distressing, full of pain दुःखदायी।

painstaking *पेन्स् टे किड़्ग a.* diligent, laborious परिश्रमी, उद्यमी।

paint[1] *पेन्ट n.* pigment, colouring matter रंग।

paint[2] *v.t.* to colour रंगना; to portray चित्र बनाना; to describe वर्णन करना।

painter *पेन् टॅः n.* picture-maker, portrayer चित्रकार।

painting *पेन् टिड़्ग n.* picture in paint रंगा हुआ चित्र; art of representing objects by colours चित्रकला।

pair[1] *पे अः n.* set of two जोड़ा; man and his wife दंपती।

pair[2] *v.t.* to join in pairs जोड़ा लगाना

या मिलाना; *v.i.* to be grouped in two's जोड़ों का रूप लेना।

pal *पैल n.* friend मित्र।

palace *पै लिस n.* king's residence राजभवन, महल।

palanquin *पै लॅन् कीन n.* men-borne covered conveyance शिविका, पालकी।

palatable *पै लॅ टॅ ब्ल a.* tasteful, savoury स्वादिष्ट।

palatal *पै लॅ ट्ल a.* pertaining to the palate तालु-संबंधी।

palate *पै लिट n.* roof of the mouth तालु; taste स्वाद।

palatial *पॅ ले शॅल a.* like a palace भवन-जैसा; magnificent भव्य।

pale[1] *पेल n.* enclosure बाड़ा।

pale[2] *a.* wan पीला; dim, not bright धुंधला।

pale[3] *v.i.* to turn pale पीला होना।

palette *पै लिट n.* artist's flat board to mix colours on चित्रकार की रंग मिलाने की पटिया।

palm[1] *पाम n.* inner surface of hand हथेली।

palm[2] *v.t.* to conceal in the palm of hand हथेली में छिपाना।

palm[3] *n.* a tropical tree ताड़ का पेड़; symbol of victory विजय-चिह्न।

palmist *पा मिस्ट n.* one who deals in palmistry हस्तरेखा-सामुद्रिक विद्या में निपुण।

palmistry *पा मिस् ट्रि n.* art of telling fortune by the hand हस्त रेखा-सामुद्रिक विद्या।

palpable *पैल् पॅ ब्ल a.* plain, obvious स्पष्टगोचर, स्पष्ट, प्रत्यक्ष।

palpitate *पैल् पि टेट v.i.* to pulsate, to throb धड़कना, कांपना।

palpitation *पैल् पि टे शॅन n.* pulsation, beating of heart धड़कन।

palsy *पौल् ज़ि n.* paralysis पक्षाघात।

paltry *पौल् ट्रि a.* trivial, worthless तुच्छ; mean नीच।

pamper *पैम् पॅ: v.t.* to gratify the wishes of संतुष्ट करना; to indulge too much बहुत अधिक लाड करना।

pamphlet *पैम्फ़् लिट n.* thin, unbound book पैम्फ़्लेट, पर्चा; a short treatise छोटी पत्रिका।

pamphleteer *पैम्फ़् लि टिअ: n.* writer of pamphlets पर्चा लिखने वाला, पत्रिकाकार।

panacea *पै नॅ सि अॅ n.* cure for all ills रामबाण।

pandemonium *पैन् डि मो न्यॅम n.* abode of evil spirits पिशाच-निवास; disordely place अव्यवस्थित स्थान; din and uproar बड़ा उपद्रव।

pane *पेन n.* piece of glass in a window कांच की पट्टी।

panegyric *पै नि जि रिक n.* eulogy स्तुति; laudation प्रशंसा।

panel[1] *पै नल n.* raised or sunk portion in a door द्वारफलक, दिलहा; a piece of wood on which a picture is painted तैलचित्र बनाने की तख़्ती group of persons forming a team मंडल।

panel[2] *(-tt-) v.t.* to form with panels दिलहा या चौखटा लगाना।

pang *पैङ्ग n.* sharp pain व्यथा, संताप, वेदना।

panic *पै निक n.* terror त्रास, आतंक; sudden fear अकस्मात् भय।

panorama *पै नॅ रॉ मॅ; रै मॅ n.* extensive wiew निरंतर द ष्टिगत द श्य; a picture of objects in all directions चित्रमाला; wide view इर्द-गिर्द का द श्य।

pant[1] पैन्ट *v.i.* to gasp हांफना; to yearn तीव्र इच्छा करना।

pant[2] *n.* gasp धड़कन।

pantaloons पै ॅन् टॅ लूनज़ *n. pl.* tightly fitting trousers पतलून।

pantheism पैन् थी इज़्म *n.* the doctrine that the universe is God. विश्वदेवतावाद, सर्वेश्वरवाद।

pantheist पैन् थी इस्ट *n.* one who believes in pantheism सर्वेश्वरवादी।

panther पैन् थॅः *n.* a variety of leopard चीता, तेंदुआ।

pantomime पैन् टॅ मॉइम *n.* dumb-show मूकाभिनय; a theatrical show स्वांग।

pantry पैन् ट्रि *n. (pl. pantries)* room for storing food or untensils भंडारघर।

papacy पे पॅ सि *n.* office of the Pope पोप (रोम के सबसे बड़े पादरी) का पद; authority or jurisdiction of the Pope पादरी का अधिकार अथवा कार्यक्षेत्र।

papal पे पल *a.* relating to the Pope पोप-संबंधी।

paper पे पॅः *n.* thin flat sheet used for writing काग़ज़; newspaper समाचारपत्र; article, essay लेख; documents चिट्ठी-पत्री; set of examination questions प्रश्नपत्र।

par पाः *n.* equality of value सममूल्य; state of equality समता, बराबरी।

parable पै रॅ ब्‌ल *n.* story with a moral lesson नीतिकथा।

parachute पै रॅ शूट *n.* umbrella-like apparatus used to retard the descent of a falling body पैराशूट, हवाई छतरी।

parachutist पै रॅ शू टिस्ट *n.* one who uses a parachute हवाई छतरी से उतरने वाला सैनिक।

parade[1] पॅ रेड *n.* military display परेड, क़वायद; show, ostentation आडंबर; military exercise सैन्य-व्यायाम; public walk टहलने का मार्ग।

parade[2] *v.t.* to display प्रदर्शित करना; *v.i.* to go about in military procession परेड करना।

paradise पै रॅ डॉइस heaven स्वर्ग; a place of bliss परम आनंद का सुंदर स्थान।

paradox पै रॅ डौक्स *n.* a seeming contradiction असत्याभास, परस्पर विरूद्ध मत।

paradoxical पै रॅ डौ ॅक् सि क्‌ल *a.* of the nature of a paradox असत्याभास रूप का।

paraffin पै रॅ फ़िन *n.* wax like hydrocarbon mixture used in candles मोमबत्ती बनाने का एक प्रकार का पदार्थ, म द्धसा।

paragon पै रॅ गॅन *n.* a perfect example of excellence, a model आदर्श या अत्युत्तम पदार्थ।

paragraph पै रॅ ग्राफ़ *n.* section of chapter or book अनुच्छेद, प्रकरण।

parallel[1] पै रॅ लै ॅल *a.* continuously at equal distances समानांतर; equal in all essential parts सद श।

parallel[2] *v.t.* to represent as similar समानांतर करना; to compare तुल्य करना।

parallelism पै रॅ लै ॅ लिज़्म *n.* resemblance, comparison समानता।

parallelogram *पै रॅ लै˘ लॅ ग्रैम n.* a quadrilateral with opposite sides parallel समानांतर चतुर्भुज।

paralyse *पै रॅ लॉइज़ v.t.* to affect with paralysis लकवा मारना; to make ineffectal शक्तिहीन करना।

paralysis *पै रॅ लि सिस n.* a disease with damaged nervous system पक्षाघात, लकवा रोग।

paralytic *पै रॅ लि टिक a.* affected with paralysis लकवा मारा हुआ।

paramount *पै रॅ मॉउन्ट n.* superior to all others सर्वश्रेष्ठ, सर्वोत्तम।

paramour *पै रॅ मुअ: n.* an illicit lover अवैध प्रेमी; mistress प्रेमिका।

paraphernalia *पै रॅ फ़: ने ल्यॅ n. pl.* odds and ends सामग्री; equipment साज़-सामान।

paraphrase[1] *पै रॅ फ्रेज़ n.* meaning of a passage in other words टीका; free translation अन्वय।

paraphrase[2] *v.t.* to put into other words संक्षिप्त व्याख्या करना।

parasite *पै रॅ सॉइट n.* animal or plant living on another परोपजीवी जंतु या पौधा।

parcel[1] *पा: स्‌ल n.* a packet पार्सल; a portion खंड; a bundle पोटली, गठरी।

parcel[2] *(-ll-) v.t.* to divide into portions खंड करना, बांटना।

parch *पा:च v.t.* to roast भूनना; to scorch झुलसाना।

pardon[1] *पा: ड्‌न v.t.* to forgive, to excuse क्षमा करना।

pardon[2] *n.* forgiveness क्षमा।

pardonable *पा: डॅ नॅ ब्‌ल a.* excusable क्षमा के योग्य।

parent *पे रॅ अॅ रॅन्ट n.* father or mother माता या पिता; origin उद्‌गम।

parentage *पे अॅ रॅन् टिज n.* lineage जाति, कुल; parenthood वल्दियत।

parental *पॅ रैन्ँ ट्‌ल a.* pertaining to parents पैतक; affectionate प्रिय।

parenthesis *पॅ रै˘ न् थि सिस n. (pl.-ses)* sentence inserted into another निक्षेपवाक्य, अप्रधान वचन; brackets कोष्ठक ( ) का चिह्न।

parish *पै रिश n.* district under one clergyman पादरी का प्रदेश।

parity *पै रि टि n.* analogy समानता; equality बराबरी।

park[1] *पा:क n.* large enclosed piece of ground पार्क; ground in a town for recreation क्रीडावन, सर्व-सामान्य के घूमने का बग़ीचा।

park[2] *v.t.* to inclose in a park पार्क बनाना; to leave (vehicle) for a short time (मोटर आदि) मोटर चौक में खड़ा करना।

parlance *पा: लॅन्स n.* way of speaking संभाषण की शैली; conversation वार्ता।

parley[1] *पा: लि n.* mutual discourse बातचीत; conference संभाषण-सभा।

parley[2] *v.i* to hold discussion सभा करना।

parliament *पा: लॅ मॅन्ट n.* legislative assembly संसद।

parliamentarian *पा: लॅ मैन्ँ टे˘ अॅ रि अॅन n.* one skilled in parliamentary matters संसदवेत्ता; member of parliament संसद-सदस्य।

parliamentary *पाः लि मैॅन् टॅ रि a.* pertaining to parliament संसदीय।

parlour *पाः लॅः n.* sitting room बैठक।

parody[1] *पै रॅ डि n.* burlesque imitation हास्यानुक ति।

parody[2] *v.t.* to imitate in parody (की) पैरोडी लिखना।

parole[1] *पॅ रोल n.* conditional release of a prisoner पैरोल, सावधि मुक्ति, कारावकाश।

parole[2] *v.t.* to place on parole कारा से मुक्त करना।

parricide *पै रि सॉइड n.* murderer of a parent माता-पिता की हत्या करने वाला; murder of a parent मात -पित हत्या।

parrot *पै रॅट n.* bird with short hooked beak तोता।

parry[1] *पै रि v.t.* to turn aside रोकना; to evade छेकना।

parry[2] *n.* act of parrying छेकान।

parson *पाः स्न n.* clergyman पादरी।

part[1] *पाः ट n.* share अंश; portion भाग; section खंड; role of an actor नाटक के पात्र का नियोग।

part[2] *v.t.* to divide बांटना; to separate अलग करना; *v.i.* to depart विदा होना।

partake *पाः टेक v.i. (p.t.-took, p.p.-taken)* to share भाग लेना, साक्षी होना।

partial *पाः शॅल a.* forming only a part आंशिक; incomplete अपूर्ण; biased पक्षपाती।

partiality *पाः शि ऐ लि टि n.* bias पक्षपात; fondness स्नेह।

participate *पाः टि सि पेट v.i.* to take part हिस्सा लेना; to share साक्षी होना।

participant *पाः टि सि पॅन्ट n.* partaker भाग लेने वाला।

participation *पाः टि सि पे शॅन n.* act of participating हिस्सेदारी, शिरकत।

particle *पाः टि क्ल a.* atom कण; very small quantity लेश।

particular[1] *पॅः टि क्यु लॅः a.* distinct प थक; special विशिष्ट; private व्यक्तिगत; careful सावधान; exact निश्चित।

particular[2] *n. (pl.)* detailed account विस्त त वर्णन।

partisan[1] *पाः टि ज़ैन n.* a partyman पक्षधर।

partisan[2] *a.* prejudiced पक्षपातपूर्ण।

partition[1] *पाः टि शॅन n.* division into parts बंटवारा; section हिस्सा; dividing wall अलगानेवाली दीवार।

partition[2] *v.t.* to divide into sections बंटवारा करना, बांटना।

partner *पाःट् नॅः n.* companion साथी; associate in business सहकारी, साझीदार; husband or wife जीवन-साथी।

partnership *पाःट् नॅः शिप n.* state of being a partner साझेदारी, साझा; joint business सम्मिलित धंधा।

party *पाः टि n. (pl. parties)* a body of individuals दल; company समुदाय, समाज; one of two litigants मुक़दमा करनेवाला; side पक्ष।

pass[1] *पास v.i.* to go by चले जाना; to die मर जाना; to get success परीक्षा में उत्तीर्ण होना; to cease समाप्त हो जाना; to elapse बीत जाना; to happen घटित होना; to be enacted पारित होना; to be current फैलना; *v.t.* to cross पार करना; to undergo with success उत्तीर्ण करना; to circulate घुमाना; to spend बिताना; to hand over देना; to enact पारित करना।

pass[2] *n.* a narrow way दर्रा; permission पास, पार-पत्र; success (in examination) सफलता (परीक्षा में) condition दशा, हालत; thrust वार।

passage *पै सिज n.* act of going past गमन; voyage यात्रा; way through मार्ग; part of a book or speech अवतरण; enactment पारण।

passenger *पै सिन् जॅः n.* one who travels by public conveyance यात्री मुसाफ़िर।

passion *पै शॅन n.* strong emotion चित का आवेग; ardour भावावेग; love प्रेम।

passionate *पै शॅ निट a.* vehement तीव्र, तीक्ष्ण; irascible क्रोधी; lustful कामुक; moved by passion आवेशपूर्ण।

passive *पै सिव a.* inactive निष्क्रिय; unresisting निश्चेष्ट।

passport *पास् पौःट n.* license to travel abroad पार-पत्र।

past[1] *पास्ट a.* gone by बीता हुआ; belonging to an earlier period पहले का।

past[2] *n.* beyond times भूतपूर्व काल।

past[3] *prep.* beyond के आगे; out of reach of की पहुंच के बाहर; after के बाद।

paste[1] *पेस्ट n.* mixture of flour and water used as an adhesive आटे की लेई, साना हुआ आटा; soft composition लुगदी।

paste[2] *v.t.* to stick with paste लेई से चिपकाना।

pastel *पैस् टैॅल, पॅस् टैॅल n.* coloured chalk रंगीन खड़िया।

pastime *पास् टॉइम n.* game क्रीड़ा, खेल; recreation मन-बहलाव।

pastoral *पास् टॅ रॅल a.* relating to a bishop or shepherd पादरी या गड़रिये से संबंधित; relating to country life ग्रामीण जीवन-संबंधी।

pasture[1] *पास् चॅः n.* grass for food of cattle चारा घास; grazing ground चरागाह।

pasture[2] *v.t.* to feed on grazing चराना; *v.i.* to graze चरना।

pat[1] *पैट (-tt-) v.t.* to tap थपथपाना, ठोकना।

pat[2] *n.* light quick blow, tap थपकी।

pat[3] *adv.* exactly निश्चित रूप से; at a proper time उचित समय पर।

patch[1] *पैच v.t.* to repair, to mend मरम्मत करना।

patch[2] *n.* piece of cloth sewed on garment चिप्पड़, पैबंद।

patent[1] *पे टॅन्ट a.* evident स्पष्ट; manifest प्रत्यक्ष।

patent[2] *n.* writing granting exclusive right to invention पेटेन्ट, एकस्व।

patent[3] *v.t.* to secure a patent for. (आविष्कार की) रजिस्ट्री कराना।

paternal *पॅ टॅः न्‌ल a.* fatherly, hereditary पैतक।

path *पाथ n.* way मार्ग; footway पगडंडी।

pathetic *पॅ थैॅ टिक a.* heart-touching हृदयस्पर्शी; full of pathos कारुणिक।

pathos *पे थौ˘स n.* power of exciting pity करुणा।

patience *पे शॅन्स n.* endurance सहनशीलता; forbearance धैर्य।

patient[1] *पे शॅन्ट a.* having endurance सहनशील; full of patience धैर्ययुक्त; not hasty जल्दी न करनेवाला।

patient[2] *n.* a person under medical treatment रोगी।

patricide *पैट् रि सॉइड n.* murder of father पित हत्या; murderer of father पित हंता।

patrimony *पैट् रि मॅ नि n.* property inherited from ancestors पैत क धन, विरासत।

patriot *पै ट्रि ॲट, पे- n.* person who loves his country देशभक्त।

patriotic *पै ट्रि औ˘ टिक a.* inspired by the love of one's country देशभक्तिपूर्ण।

partiotism *पै ट्रि ॲ टिज़्म, पे- n.* love of one's country देशभक्ति।

patrol[1] *पॅ ट्रोल (-ll-) v.i.* to go the rounds as a patrol पहरा देना, रक्षा करना; *v.t.* to pass round as a guard (का) पहरा देना।

patrol[2] *n.* marching round by a guard रक्षा के निमित्त चक्कर लगाने की क्रिया; patrolling person or persons पहरेदार।

patron *पे ट्रॅन n.* supporter पोषक; protector संरक्षक।

patronage *पैट्रॅ निज n.* support सहायता; act of patronising संरक्षत्व।

patronize *पैट् रॅ नॉइज़ v.t.* to act as a patron towards आश्रय देना, सहायता देना।

pattern *पै टॅ:न n.* a model सांचा; design नमूना।

paucity *पौ सि टि n.* scarcity कमी; smallness of quantity न्यूनता।

pauper *पौ पॅ: n.* a poor person दरिद्र।

pause[1] *पौज़ n.* short interval or stop विराम, ठहराव।

pause[2] *v.i.* to cease for a time विश्राम करना, ठहरना।

pave *पेव v.t.* to form (surface) with stone or brick (पर) पत्थर या ईंट बैठाना, मार्ग बनाना।

pavement *पेव् मॅन्ट n.* paved floor पत्थर या ईंट का फ़र्श; footpath सड़क की पटरी।

pavilion *पॅ वि ल्यॅन n.* tent तंबू, ख़ेमा; ornamental building for concerts. etc. मंडप।

paw[1] *पौ n.* animal's foot with claws पंजा, चंगुल।

paw[2] *v.t.* to scratch with the paw or paws. पंजे से खुरचना।

pay[1] *पे v.t. (p.t. paid)* to discharge (debt) ऋण चुकाना; to reward बदला देना; to give salary वेतन देना।

pay[2] *n.* salary वेतन।

payable *पे ॲ ब्ल a.* justly due देय; that may or ought to be paid शोधनीय।

payee *पे ई n.* person to whom money is paid or is due रुपया पानेवाला।

payment *पे मॅन्ट n.* act of paying भुगतान; discharge of debt चुकौता; amount paid अदा की गई राशि।

pea *पी n.* plant with seeds in pods मटर।

peace *पीस* *n.* state of quiet शांति; freedom from war अविरोध; harmony मैत्री।

peaceable *पी सॅ ब्ल* *a.* disposed to peace शांतिप्रिय; calm, unworried अव्याकुल।

peaceful *पीस् फुल* *a.* free from war, noise, disturbance शांत।

peach *पीच* *n.* आड़ू।

peacock *पी कौ ॅक* *n.* a large bird with rich plumage मोर।

peahen *पी हैनॅ* *n.* female of the peacock मयूरी।

peak *पीक* *n.* pointed top शिखर; hill's sharp top पहाड़ की चोटी।

pear *पेॲः* *n.* a well-known fruit नाशपाती।

pearl *पॅःल* *n.* a whitish gem मोती।

peasant *पे ॅ ज़न्ट* *n.* countrymen working on land किसान, खेतिहर।

peasantry *पे ॅ ज़न् ट्रि* *n.* peasants as a class किसान-वर्ग।

pebble *पै ॅ ब्ल* *n.* small roundish stone पत्थर की गोली, कंकड़।

peck[1] *पैकॅ* *n.* measure of two gallons दो गैलन की तौल।

peck[2] *v.i.* to strike (at) with the beak चोंच मारना।

peculiar *पि क्यू ल्यॅः* *a.* unusual असाधारण; strange, odd विलक्षण।

peculiarity *पि क्यु लि ऐ रि टि* *n.* distinguishing feature विशेषता; oddity विलक्षणता।

pecuniary *पि क्यु न्यें रि* *a.* relating to money धन-संबंधी, आर्थिक।

pedagogue *पै ॅ डॅ गौगॅ* *n.* teacher of children बाल-शिक्षक; school master बाल-अध्यापक।

pedagogy *पै ॅ डॅ गौ ॅ गि, -जि* *n.* science of teaching शिक्षणशास्त्र।

pedal[1] *पैॅ ड्ल* *n.* lever to be pressed by the foot पैडल, किसी यंत्र का पैर से चलाने का भाग।

pedal[2] *(-ll-)* *v.t.* to move with the pedal पैडल से चलाना; *v.i.* to use a pedal पैडल का प्रयोग करना।

pedant *पैॅ डॅन्ट* *n.* one who makes a display of his learning विद्याडंबरी।

pedantic *पि डैॅन् टिक* *n.* making a vain display of learning पांडित्य दिखलाने वाला।

pedantry *पे ॅ डॅन् ट्रि* *n.* vain display of learning विद्याडंबर।

pedestal *पै ॅडिस् ट्ल* *n.* base of a column पाद-पीठ, चौकी; pillar भवन का स्तंभपाद।

pedestrian *पि डैॅस् ट्रि ॲन* *n.* one who walks on foot पादचारी या पैदल चलनेवाला यात्री।

pedigree *पैॅ डि ग्रि* *n.* lineage, line of ancestors वंशावली।

peel[1] *पील* *v.t.* to strip off (skin, bark) (से) छिलका या छाल उतारना।

peel[2] *n.* skin of fruit or vegetables छिलका, छाल।

peep[1] *पीप* *v.i.* to look through a crevice चोरी से देखना, झांकना।

peep[2] *n.* a look through a small opening झाकी।

peer *पिॲः* *n.* a nobleman शिष्टजन।

peerless *पि ॅॲः लिस* *a.* matchless अनुपम।

peg[1] *पैगॅ* *n.* nail, pin कील, खूंटी।

peg[2] *(-gg-)* *v.t.* to fasten with pegs खूंटियों से बांधना, खूंटे से बांधना, स्थिर करना।

pelf पै ˘ल्फ़ *n.* money, riches धन-दौलत।

pell-mell पैलॅ् मै ˘ल *adv.* in utter confusion व्याकुलता से।

pen¹ पै ˘न *n.* a writing instrument लेखनी।

pen² *(-nn-) v.t.* to write लिखना।

penal पी न्ल *a.* relating to punishment दंडविषयक।

penalize पी नॅ लॉइज़ *v.t.* to impose penalty on दंड देना।

penalty पै ˘ नॅल् टि *n.* self-imposed suffering तपस्या; repentance प्रायश्चित्त; punishment दंड।

pencil¹ पैन्ॅ सॅल *n.* an instrument of black lead for writing पेंसिल।

pencil² *(-ll-) v.t.* to write with a pencil पेंसिल से लिखना अथवा चित्र बनाना।

pending¹ पैन्ॅ डिङ्ग *prep.* during के दौरान।

pending² *a.* undecided अनिर्णीत; awaiting settlement विचाराधीन।

pendulum पैन्ॅ ड्यु लॅम *n.* suspended body swinging to and fro पेंडुलम, दोलक।

penetrate पै ˘ नि ट्रे ˘ट *v.t.* to pierce चुभाना; to understand (का) अर्थ समझना; *v.i.* to spread व्याप्त होना।

penetration पै ˘ नि ट्रे ˘ शॅन *n.* act of penetrating प्रवेशन; act of piercing बेधन।

penis पै ˘ निस *n.* male organ of copulation शिश्न, लिंग।

penniless पै ˘ नि लिस *a.* poor निर्धन; having no money दरिद्र।

penny पै ˘ नि *n.* a coin worth one twelfth of a shilling अंग्रेज़ी सिक्का जो प्रायः एक आने के बराबर होता है।

pension¹ पैन्ॅ शॅन *n.* allowance paid to retired people पेंशन, पूर्व सेवाव त्ति।

pension² *v.t.* to grant pension पेंशन देना।

pensioner पैन्ॅ शॅ नॅः *n.* a person who is receiving pension पेंशन पाने वाला व्यक्ति।

pensive पैन्ॅ सिव *a.* sadly thoughtful चिंताग्रस्त।

pentagon पैन्ॅ टॅ गॅन *n.* figure having five angles पंचकोण, पंचभुज।

peon पी ऑन *n.* office messenger चपरासी।

people¹ पी प्ल *n.* persons in general जन; persons who are forming a state जनता; *(pl.)* race, tribe जाति।

people² *v.t.* to fill with people, to populate बसाना, मनुष्यों से पूर्ण करना।

pepper¹ पै ˘ पॅः *n.* a plant and its pungent seed गोल मिर्च।

pepper² *v.t.* to put pepper on मिर्च मिलाना।

per पॅः *prep.* by से, द्वारा; for प्रति।

perambulator पॅ रै ˘म् ब्यु ले टॅः *n.* baby carriage बच्चागाड़ी।

perceive पॅः सीव *v.t.* to know through senses जानना; to understand समझना; to observe देखना।

perceptible पॅः सैपॅ् टि ब्ल perceivable देखने या समझने योग्य।

per cent पॅः सैन्ट *adv.* in each hundred प्रति सैकड़ा।

percentage पॅः सॅन्ॅ टिज *n.* rate per hundred फ़ीसदी, फ़ी सैकड़ा।

perception *पँ: सैपॅ शॅन n.* discernment बोध; knowledge through the senses अनुभव।

perceptive *पँ: सैपॅ टिव a.* having perception प्रत्यक्ष ज्ञानशील।

perch[1] *पँ:च n.* a fresh water fish मीठे जल की मछली; bird's resting place चिड़ियों के बैठने का अड्डा; measure of 5½ yards 5½ गज़ की नाप।

perch[2] *v.i.* to sit on a perch अड्डे पर बैठना; *v.t.* to place on a perch ऊंचे पर रखना।

perennial[1] *पॅ रैनॅ यॅल a.* lasting through the whole year वर्ष-भर रहने वाली; perpetual, everlasting चिरस्थायी।

perennial[2] *n.* a plant lasting more than two years बारहमासी पौधा।

perfect[1] *पँ: फ़िक्ट a.* complete संपूर्ण; faultless निर्दोष; unspoilt उत्तम; whole अखंड।

perfect[2] *पँ: फ़िक्ट, पँ: फ़ैक्ट v.t.* to accomplish पूर्ण करना; to make faultless निर्दोष बनाना।

perfection *पँ: फ़ैकॅ शॅन n.* the state of being perfect परिपूर्णता, निर्दोषता उत्तमता।

perfidy *पँ: फ़ि डि n.* treachery, violation of trust विश्वासघात।

perforate *पँ: फॅ रेट v.t.* to make holes in छेद करना।

perforce *पँ: फ़ौ:स adv.* by force बलपूर्वक, हठ से।

perform *पँ: फ़ौ:म v.t.* to do करना; to accomplish पूर्ण करना; to act नाटक करना; *v.i.* to play on a musical instrument बाजा बजाना।

performance *पँ: फ़ौ: मॅन्स n.* act of perfoming पूर्ति; acting अभिनय; deed कार्य; achievement उपलब्धि।

performer *पँ: फ़ौ ˘ मँ: n.* one who accomplishes कार्य करने वाला; one who performs as an actor or musician नाटक करनेवाला।

perfume[1] *पँ: फ़्यूम n.* fragrance सुंगध; scent इत्र।

perfume[2] *पँ: फ़्यूम v.t.* to put perfume on सुगंधित करना।

perhaps *पँ: हैप्स adv.* possibly कदाचित्, संयोगवश।

peril[1] *पै ˘ रिल n.* hazard विपत्ति; risk आशंका; danger ख़तरा।

peril[2] *(-ll-) v.t.* to expose to danger विपत्ति में डालना।

perilous *पै ˘ रि लॅस a.* dangerous, risky संकटमय।

period *पिअॅ रि अॅड n.* a portion of time समय, कालावधि; era युग; full stop पूर्ण विराम; sentence वाक्य।

periodical[1] *पिअॅ रि औ ˘ डि कॅल n.* magazine published at regular intervals पत्रिका, नियतकालिक पत्रिका, सावधिक पत्र।

periodical[2] *a.* recurring at regular intervals नियतकालिक।

periphery *पॅ रि फ़ॅ रि n.* boundary बाहरी सीमा; circumference परिधि।

perish *पै ˘ रिश v.i.* to die मरना; to decay सड़ना; to be destroyed नाश होना।

perishable *पै ˘ रि शॅ बॅल a.* liable to perish नाश होने-योग्य।

perjure *पँ: ज़ँ: v.i.* to make a false statement झूठी गवाही देना; to forswear प्रतिज्ञा भंग करना।

perjury *पँ: जॅ रि n.* false swearing

झूठी गवाही या शपथ।

permanence, -cy *पॅः मॅ नॅन्स,-नान्सि* *n.* state or quality of being permanent स्थिरता, नित्यता।

permanent *पॅः मॅ नॅन्ट* *a.* fixed स्थिर; stable स्थायी; abiding नित्य; lasting टिकाऊ।

permissible *पॅः मि सि ब्ल* *a.* allowable आज्ञा पाने-योग्य।

permission *पॅः मि शॅन* *n.* act of permitting आज्ञा; authorisation अनुमति।

permit[1] *पॅः मिट (-tt-)* *v.t.* to allow आज्ञा देना।

permit[2] *पॅः मिट* *n.* written permission or license परमिट, प्रानुमति-पत्र।

permutation *पॅः म्यु टे शॅन* *n.* interchange परिवर्तन, उलट-पुलट।

pernicious *पॅः नि शॅस* *a.* injurious अपकारक; deadly, destructive नाशक।

perpendicular[1] *पॅः पैन्ॅ डि क्यु लॅः* *a.* at right angles लंबरूप; vertical खड़े बल का।

perpendicular[2] *n.* perpendicular line समकोणिक रेखा।

perpetual *पॅः पै˘ ट्यु अॅल* *a.* lasting forever नित्य; permanent सतत्; continuous लगातार।

perpetuate *पॅः पै˘ ट्यु एट* *v.t.* to make perpetual जारी रखना।

perplex *पॅः प्लैक्स* *v.t.* to bewilder व्याकुल करना, घबराना; to puzzle चक्कर में डालना।

perplexity *पॅः प्लैक् सि टि* *n.* bewilderment व्यग्रता; intricacy झंझट।

persecute *पॅः सि क्यूट* *v.t.* to oppress पीड़ा देना, कष्ट देना; to harass सताना; to treat cruely चोट पहुंचाना।

persecution *पॅः सि क्यू शॅन* *n.* oppression, harassment उत्पीड़न।

perseverance *पॅः सॅ विअॅ रॅन्स* *n.* continued diligence अध्यवसाय; steadfastness द ढ़ता।

persevere *पॅः सि विअॅः* *v.i.* to proceed diligently अध्यवसाय में लगा रहना; to make constant effort निरंतर प्रयत्न करना।

persist *पॅः सिस्ट* *v.i.* to continue steadily द ढ़ रहना।

persistence *पॅः सिस् टॅन्स* *n.* perseverance अध्यवसाय; steadiness द ढ़ता।

persistent *पॅः सिस् टॅन्ट* *a.* steady द ढ़; persevering आग्रही।

person *पॅः सॅन* *n.* individual human being मनुष्य, व्यक्ति; human body मानव-शरीर।

personage *पॅः सॅ निज* *n.* notable person श्रेष्ठ पुरुष, संभ्रांत जन।

personal *पॅः सॅ न्ल* *a.* individual व्यक्तिगत; private निजी।

personality *पॅः सॅ नै˘ लि टि* *n.* distinctive character व्यक्तित्व; a well-known person संभ्रांत व्यक्ति।

personification *पॅः सौ˘ नि फ़ि के शॅन* *n.* act of personifying मानवीकरण; embodiment मूर्तीकरण।

personify *पॅः सौ˘ नि फ़ॉइ* *v.t.* to represent as a person मानवीकरण करना; to be a model of (का) मूर्तरूप होना।

personnel *पॅः सॅ नॅल्* *n.* staff employed in a service कार्यकर्त्ता वर्ग, कर्मचारी-दल।

perspective *पॅः स्पैक् टिव* *n.* apparent relation between two aspects परिप्रेक्ष्य; view, prospect दृश्य।

perspiration *पॅ: स्पॅ री शॅन n.* sweat पसीना।

perspire *पॅ: स्पॉइअॅ: v.i.* to sweat पसीना निकलना।

persuade *पॅ: स्वेड v.t.* to influence by argument फुसलाना; to prevail on मनाना; to induce उकसाना।

persuasion *पॅ: स्वे शॅन n.* act of persuading प्रतीतीकरण; inducement प्रोत्साहन।

pertain *पॅ: टेन v.i.* to belong उपांग होना; to have reference (to) संदर्भ रखना; to concern संबद्ध होना।

pertinent *पॅ: टि नॅन्ट a.* proper योग्य, ठीक; relevant उचित।

perturb *पॅ: टॅ:ब v.t.* to disquiet, to disturb व्याकुल करना; to agitate घबराना।

perusal *पि रू ज़ॅल n.* reading carefully अध्ययन, वाचन, पठन।

peruse *पॅ रूज़ v.t.* to read carefully चित्त लगाकर पढ़ना।

pervade *पॅ: वेड v.t.* to permeate (में) व्याप्त होना।

perverse *पॅ: वॅ:स a.* perverted विकृत; stubborn दुराग्रही; wicked दुष्ट; intractable उद्दंड।

perversion *पॅ: वॅ: शॅन n.* being perverted विकृति; moral corruption आचारभ्रष्टता।

perversity *पॅ: वॅ: सि टि n.* being perverse दुःशीलता; stubbornness दुराग्रह।

pervert *पॅ: वॅ:ट v.t.* to lead astray, to mislead सन्मार्ग से हटाना; to debase, to corrupt दुषित करना।

pessimism *पै˘ सि मिज़्म n.* tendency to see the worst side of things निराशावाद।

pessimist *पै˘ सि मिस्ट n.* one who believes in pessimism निराशावादी।

pessimistic *पै˘ सि मिस् टिक a.* pertaining to pessimism निराश, निराशावादी।

pest *पैस्ट n.* plague महामारी; harmful thing नाशकारक वस्तु।

pesticide *पै˘स्टिसैड n.* a chemical use for killing pest कीटनाशक (दवा)।

pestilence *पैसॅ टि लॅन्स n.* plague प्लेग; epidemic महामारी।

pet[1] *पै˘ट n.* animal kept with affection प्यारा, पालतू जानवर।

pet[2] *(-tt-) v.t.* to treat with affection प्यार करना, पोसना।

petal *पै˘ ट्ल n.* leaf-like part of a flower फूल की पंखुरी, दलपत्र।

petition[1] *पि टि शॅन n.* entreaty, request याचिका, अर्ज़ी, प्रार्थना।

petition[2] *v.t.* to present petition to (को) प्रार्थना-पत्र भेजना।

petitioner *पि टि शॅ नॅ: n.* one who petitions निवेदक, अभ्यर्थी।

petrol *पै˘ट्रो ल n.* refined petroleum पेट्रोल।

petroleum *पि ट्रो ल्यॅम n.* mineral oil खनिज तैल।

petticoat *पै˘ टि कोट n.* woman's undergarment पेटीकोट।

petty *पै˘ टि a.* small छोटा; on a small scale अल्प; unimportant तुच्छ, क्षुद्र; mean नीचतापूर्ण।

petulance *पै˘ ट्यु लॅन्स n.* peevishness दुःशीलता।

petulant पै ˘ ट्यु लॅन्ट *a.* peevish कर्कश; irritable चिड़चिड़ा।

phantom फ़ैन् टॅम *n.* apparition प्रेत की छाया; spectre, ghost प्रेत।

pharmacy फ़ा: मॅ सि *n.* preparation and dispensing of drugs औषधि बनाने की विद्या; dispensary औषधालय, दवाख़ाना।

phase फ़ेज़ *n.* stage अवस्था; state स्थिति; aspect पहलू।

phenomenal फ़ि नौ ˘ मि न्ल *a.* relating to phenomena प्रक तिविषयक; remarkable अद्‌भुत।

phenomenon फ़ि नौ ˘ मि नौनॅ *n.* *(pl. phenomena)* anything remarkable अद्‌भुत पदार्थ; scene द श्य।

phial फ़ॉइ अॅल *n.* small bottle शीशी, छोटी बोतल।

philanthropic फ़ि लॅन् थ्रौ ˘ पिक *a.* loving mankind सर्वजन-उपकारी, लोकानुरागी; benevolent उदार।

philanthropist फ़ि लैन् थ्रॅ पिस्ट *n.* one devoted to philanthropy मनुष्य मात्र से प्रेम करनेवाला व्यक्ति, जन-हितैषी, समाजसेवी।

philanthropy फ़ि लैन् थ्रॅ पि *n.* love of mankind विश्वप्रेम, लोकोपकार।

philological फ़ि लॅ लौ ˘ जि कॅल *a.* of philology भाषाशास्त्रीय।

philologist फ़ि लौ ˘ लॅ जिस्ट *n.* one who expert in philology भाषाविद्।

philology फ़ि लौ ˘ लॅ जि *n.* linguistic science भाषाविज्ञान।

philosopher फ़ि लौ ˘ सॅ फ़: *n.* a person versed in philosophy तत्वज्ञानी, दार्शनिक।

philosophical फ़ि लॅ सौ ˘ फ़ि कॅल *a.* given to philosophy दार्शनिक; pertaining to philosophy तत्वविज्ञान-संबंधी।

philosophy फ़ि लौ ˘ सॅ फ़ि *n.* search for knowledge दर्शनशास्त्र; study of realities and general principles तत्व विज्ञान।

phone फ़ोन *n.* telephone फ़ोन, 'टेलीफ़ोन' शब्द का छोटा रूप।

phonetic फ़ॅ नै ˘ टिक *a.* relating to vocal sounds ध्वनि-संबंधी।

phonetics फ़ॅ नै ˘ टिक्स *n. sing.* science of vocal sounds ध्वनि-विज्ञान, स्वर-शास्त्र।

phosphate फ़ौ ˘स् फ़ेट *n.* any salt of phosphoric acid फॉस फ़ौरस तत्व से बना हुआ लवण, भास्वीय लवण।

phosphorus फ़ौसॅ फ़ॅ रॅस *n.* inflammable element appearing luminous in the dark फ़ास् फ़ोरस, एक जलनेवाला तत्व जो अंधेरे में चमकता है, भास्वर।

photo फ़ो टो *n. (pl. -s)* photograph फ़ोटो।

photograph[1] फ़ो टॅ ग्राफ़,-ग्रैफ़ *v.t.* to take photo of फ़ोटो उतारना।

photograph[2] *n.* picture obtained by photography फ़ोटोचित्र।

photographer फ़ॅ टौ ˘ ग्रॅ फ़: *n.* one who takes photographs फ़ोटो उतारने वाला।

photographic फ़ो टॅ ग्रै फ़िक *a.* relating to photography फ़ोटो-संबंधी।

photography फ़ॅ टौ ˘ ग्रॅ फ़ि *n.* art of taking photographs फ़ोटो खींचने की कला।

phrase[1] फ़्रेज़ *n.* group of words मुहावरा; expression उक्ति; mode of expression वाक्यशैली।

phrase[2] *v.t.* to express in words शब्दों में व्यक्त करना।

phraseology *फ्रे ज़ि औ ॅ लॅ जि n.* choice of words शब्दचयन; manner of expression कथनशैली।

physic[1] *फ़ि ज़िक n.* science of medicine औषधि-शास्त्र; medicine औषधि।

physic[2] *(-ck-) v.t.* to remedy इलाज करना, देवा देना।

physical *फि ज़ि कॅल a.* material पदार्थ विज्ञान-संबंधी; bodily शारीरिक; earthly पार्थिव।

physician *फ़ि ज़ि शॅन n.* medical practitioner डॉक्टर, वैद्य चिकित्सक।

physicist *फ़ि ज़ि सिस्ट n.* one skilled in physics भौतिकशास्त्री।

physics *फ़ि ज़िक्स n. sing.* science dealing with matter and energy भौतिक विज्ञान, पदार्थ-विज्ञान।

physiognomy *फ़ि ज़ि औ ॅ नॅ मि n.* science of reading the face आक ति देखकर चरित्र बतलाने की विद्या; face मुख की आक ति।

physique *फ़ि ज़ीक n.* bodily structure शरीर-रचना, डीलडौल।

pianist *पिॲ निस्ट n.* performer on piano पियानोवादक।

piano *प्यै नो, प्या- n. (pl. -s)* a musical instrument पियानो।

pick[1] *पिक v.t.* to pluck तोड़ना; to gather इकट्ठा करना; to select carefully चुनना; to peck at चोंच मारना।

pick[2] *n.* a pick-axe फावड़ा; selection चुनाव; the best thing सबसे उत्तम पदार्थ।

picket[1] *पि किट n.* pointed stake नोकदार छड़; small group of men on police duty सैन्य दल।

picket[2] *v.t.* to station (men) as pickets पहरे पर तैनात करना।

pickle[1] *पि क्ल n.* things preserved in brine, vinegar etc. अचार, मुरब्बा; vinegar सिरका।

pickle[2] *v.t.* to preserve in pickle अचार या मुरब्बा बनाना।

picnic[1] *पिक् निक n.* pleasure excursion पिकनिक, वनभोजन, घर के बाहर का आमोद।

picnic[2] *(-ck-) v.i.* to take part in picnic पिकनिक में भाग लेना।

pictorical *पिक् टौ रि ॲल a.* forming pictures, graphic सचित्र, चित्रमय।

picture[1] *पिक् चॅः n.* painting चित्र; mental image द श्य; beautiful object अति सुंदर पदार्थ; cinema चलचित्र।

picture[2] *v.t.* to represent in a picture (का) चित्र खींचना, स्पष्ट वर्णन करना; to describe graphically चित्रात्मक वर्णन करना।

picturesque *पिक् चॅ रैस्क् a.* graphic (का) चित्र के समान सुंदर; vivid स्पष्ट।

piece[1] *पीस n.* portion भाग; part खंड; coin मुद्रा; gun बंदूक; small composition छोटी रचना; a single object एक अकेली वस्तु।

piece[2] *v.t.* to mend by patching (पर) चिप्पड़ लगाना; to put together, to join जोड़ना।

pierce *पिॲःस v.t.* to perforate छेदना; to make a way through घुसाना; *v.i.* to enter प्रवेश करना।

piety *पॉइ ॲ टि n.* devotion to God

ईश्वरभक्ति; religiosity धर्म-परायणता; devotion भक्ति।

pig *पिग n.* a swine सुअर; a young swine सुअर का बच्चा; mass of unforged metal बिना ढाली गई धातु।

pigeon *पि जिन n.* a bird of the dove family कबूतर।

pigmy *पिग् मि n.* pygmy बौना।

pile[1] *पॉइल n.* beam लट्ठा; heap ढेर; pyre चिता।

pile[2] *v.t.* to heap (up) ढेर लगाना; to amass इकट्ठा करना।

piles *पॉइल्ज़ n.* a rectum disease, haemorrhoids बवासीर।

pilfer *पिल् फ़ः v.t.* to steal in small quantities थोड़ा-थोड़ा करके चुराना।

pilgrim *पिल् ग्रिम n.* a traveller to a sacred place तीर्थयात्री।

pilgrimage *पिल् ग्रि मिज n.* journey to holy place तीर्थयात्रा।

pill *पिल् n.* small ball of medicine गुटिका, गोली।

pillar *पि लॅः n.* column स्तंभ, खंभा, आधार।

pillow[1] *पिलो n.* cushion for the head तकिया।

pillow[2] *v.t.* to lay on a pillow, to use as a pillow तकिया लगाना।

pilot[1] *पॉइ लॅट n.* one who flies an aircraft पाइलट, विमान-चालक।

pilot[2] *v.t.* to guide मार्ग दिखलाना; to act as pilot to (का) चालक होना।

pimple *पिम् प्ल n.* small pus-filled spot on the skin मुंहासा।

pin[1] *पिन n.* short, thin, sharp pointed stiff wire with a round head आलपीन; peg खूंटी।

pin[2] *(-nn-) v.t.* to fasten with a pin आलपीन से नत्थी करना।

pinch[1] *पिन्च v.t.* to nip, to squeeze between thumb and finger चिकोटी काटना; to steal बलपूर्वक धन लेना; to afflict दुःख देना।

pinch[2] *v.* painful squeeze चिकोटी; nip कोंचन, चुभन; amount that can be taken between thumb and finger चुटकी-भर।

pine[1] *पॉइन n.* an evergreen tree चीड़ का व क्ष, देवदार।

pine[2] *v.i.* to languish विलाप करना; to yearn लालायित होना।

pine-apple *पॉइन् ऐ प्ल n.* a juicy fruit अनन्नास tree bearing this fruit उसका पेड़।

pink[1] *पिङ्क n.* a garden flower एक सुगंधित फूल; light rose colour प्याज़ी रंग।

pink[2] *a.* of light rose colour हल्के गुलाबी रंग का।

pinkish *पिङ् किश a.* rather pink हल्का गुलाबी।

pinnacle *पि नॅ क्ल n.* pointed turret on roof अटारी, कलश; highest point चरम सीमा; mountain peak पर्वतशिखा।

pioneer[1] *पॉइ अॅ निअॅः n.* path maker मार्ग-निर्माता explorer प्रथम अन्वेषक; leader अगुआ, नेता।

pioneer[2] *v.t.* to lead, to guide मार्ग दिखलाना, मार्ग बतलाना।

pious *पॉइ अॅस a.* holy पवित्र; godly धार्मिक; devout भक्तिमान।

pipe[1] *पॉइप n.* a flute, wind instrument बांसुरी; tube नली; note of a bird पक्षी का गायन; smoking pipe पाइप; windpipe श्वासनली।

pipe[2] *v.i.* to play on a pipe बांसुरी या सीटी बजाना।

piquant *पी कॅन्ट a.* sharp तीखा; lively सरस; interesting रुचिकर; pungent चटपटा; stimulating उत्तेजक।

piracy *पॉइअॅ रॅ सि n.* sea-robbery समुद्री डकैती।

pirate[1] *पॉइअॅ रिट n.* sea-robber समुद्री डाकू।

pirate[2] *v.t.* to rob on the high seas समुद्री जहाज़ पर डाका डालना।

pistol *पिस् ट्ल n.* small firearm पिस्तौल।

piston *पिस् टॅन n.* a sort of plunger पिस्टन, पिचकारी का डंडा।

pit[1] *पिट n.* deep hole in ground गड्ढ़ा; depression शरीर पर छोटे गर्त; covered hole as a trap for wild animals पशुओं को फंसाने का गड्ढा।

pit[2] *(-tt-) v.t.* to mark with small dents or scars छोटे गड्ढे बनाना।

pitch[1] *पिच n.* black sticky substance made from coaltar तारकोल; elevation ऊंचाई; elevation of note in music स्वरमान; slope ढाल; throw फेंक; (cricket) ground between the wickets विकटों के बीच का भूभाग।

pitch[2] *v.t.* to throw फेंकना; to set up भूमि पर गाड़ना, स्थिर करना।

pitcher *पि चॅः n.* large earthen jug घड़ा, मटका।

piteous *पि टि अॅस a.* arousing pity दीन, दयनीय।

pitfall *पिट फ़ौल n.* covered pit for catching animals फंसाने का जाल; hidden danger गुप्त संकट।

pitiable *पि टि अॅ ब्ल a.* deserving pity दया का पात्र, दीन।

pitiful *पि टि फुल a.* full of pity compassionate दयापूर्ण, करुणामय।

pitiless *पि टि लिस a.* hard-hearted, merciless निर्दय, कठोर।

pitman *पिट् मॅन n.* a miner खान में काम करनेवाला श्रमिक।

pittance *पि टॅन्स n.* small allowance क्षुद्र वेतन; inadequate wages अल्प पारिश्रमिक।

pity[1] *पि टि n.* sympathy दया; compassion करुणा।

pity[2] *v.t.* to feel pity for (पर) दया करना, तरस खाना।

pivot[1] *पि वॅट n.* pin on which some thing turns चूल या कील जिस पर कोई यंत्र घूमता है; main basis प्रधान आधार।

pivot[2] *v.t.* to furnish with pivot चूल लगाना; to turn on a pivot चूल पर घुमाना।

playcard *प्लै काःड n.* poster विज्ञापन-पत्र।

place[1] *प्लेस n.* spot स्थल; portion of land भूमि; stage स्थिति; rank श्रेणी; calling उद्यम, room स्थान; office पद; residence निवास।

place[2] *v.t.* to appoint नियुक्त करना; to invest लगाना; to put रखना।

placid *प्लै सिड a.* quiet शांत; mild नम्र; gentle सौम्य।

plague[1] *प्लेग a.* pestilence प्लेग, महामारी; serious trouble उत्पात; calamity विपत्ति।

plague[2] *v.t.* to cause trouble पीड़ा देना, कष्ट देना।

plain[1] *प्लेन a.* smooth चौरस; level

सपाट; ordinary सामान्य; obvious प्रत्यक्ष; simple सीधा।

plain[2] *n.* a piece of level land मैदान।

plaintiff *प्लेन् टिफ़ n.* person who brings an action at law अभियोगी, वादी, मुद्दई।

plan[1] *प्लैन n.* scheme योजना; diagram मानचित्र; sketch ढांचा।

plan[2] *(-nn-) v.t.* to make plan of योजना बनाना।

plane[1] *प्लेन n.* smooth surface चौरस भूमि; stage जीवन-स्थिति; carpenter's tool for smoothing wood बढ़ई का रंदा।

plane[2] *v.t.* to make smooth with a plane चौरस करना।

plane[3] *a.* perfectly level चौरस।

plane[4] *n.* wing of an aèroplane वायुयान का पंख; aeroplane वायुयान।

planet *प्ले निट n.* heavenly body revolving round the sun नक्षत्र, ग्रह।

planetary *प्लै नि टॅ रि a.* relating to a planet ग्रह-संबंधी।

plank[1] *प्लैङ्क n.* long flat piece of sawn timber लकड़ी का तख़्ता।

plank[2] *v.t.* to cover with planks तख़्ते लगाना।

plant[1] *प्लान्ट n.* a young or small tree पौधा; establishment equipped with machinery कारख़ाना।

plant[2] *v.t.* to put (plants) in the ground to grow जमाना; to put firmly स्थिर करना।

plantain *प्लैन् टिन n.* banana tree केले का व क्ष।

plantation *प्लैन् टे शॅन n.* act of planting रोपाई, व क्षारोपण; planting खेत; grove उद्यान; colony नव उपनिवेश, बस्ती।

plaster[1] *प्लास् टॅ: n.* mixture of lime, water etc. for coating walls भीत पर लगाने का पलस्तर; piece of cloth spread with medicinal substance औषधि का लेप।

plaster[2] *v.t.* to cover (a wall) with plaster पलस्तर लगाना; to put a plaster on लेप लगाना।

plate[1] *प्लेट n.* a shallow dish प्लेट; a thin sheet of metal पत्तर, चद्दर।

plate[2] *v.t.* to cover with thin coating of some metal मुलम्मा करना।

plateau *प्लै टो n. (pl.-s)* tableland पठार।

platform *प्लैट् फ़ौ:म n.* raised level floor मंच; a structure for speakers at public meetings चबूतरा, मचान।

platonic *प्लॅ टौॅ निक a.* pertaining to Plato तत्वज्ञानी, प्लेटो-संबंधी।

platoon *प्लॅ टून n.* body of soldiers पलटन, पैदल सेना।

play[1] *प्ले n.* movement गति; activity क्रियाशीलता; amusement हंसी, विनोद; sport खेल, क्रीड़ा; dramatic piece नाटक; dramatic performance अभिनय; gambling जुआ।

play[2] *v.i.* to sport खेलना; to perform a play नाटक करना; to gamble जुआ खेलना; to frolic कूद-फांद मचाना; to perform on an instrument of music बाजा बजाना; *v.t.* to execute संपन्न करना; to employ oneself in the game of (कोई खेल) खेलना।

player *प्ले अॅ: n.* one who plays a

game खिलाड़ी actor अभिनेता; person who plays a musical instrument वादक।

plea *प्ली n.* defendant's statement तर्क; reason, cause हेतु, कारण; excuse बहाना; request प्रार्थना।

plead *प्लीड v.i.* to argue in support of a claim वकालत करना, पक्ष-समर्थन करना; to make earnest appeal निवेदन करना; plead *v.t.* to bring forward as a plea तर्क के रूप में प्रस्तुत करना।

pleader *प्ली डॅः n.* advocate अधिवक्ता, वकील।

pleasant *प्लै ँ ज़ॅन्ट a.* giving pleasure मनोहर, सुहावना।

pleasantry *प्लै ँ ज़ॅन् ट्रि n.* gaiety आनंद; humour हंसी।

please *प्लीज़ v.t.* to be agreeable to प्रसन्न करना; to delight आनंदित करना; to gratify संतुष्ट करना; to seem good to रुचिकर या अच्छा लगना।

pleasure *प्लै ँ ज़ॅः n.* enjoyment आनंद; delight सुख; choice रुचि; will अभिलाषा।

plebiscite *प्लैँबि सिट, -सॉइट n.* vote by all citizens जनमत-संग्रह।

pledge[1] *प्लैजॅ n.* promise प्रतिज्ञा; hostage, pawn बंधक।

pledge[2] *v.t.* to pawn बंधक रखना; to promise वचन देना; to vow प्रतिज्ञा करना।

plenty *प्लैनॅ् टि n.* abundance बहुतायत; sufficiency प्रचुरता।

plight *प्लॉइट n.* distressing state दुर्दशा।

plod *प्लौ ँड (-dd-) v.i.* to walk wearily थके क़दमों से चलना; to work slowly धीरे-धीरे काम करना।

plot[1] *प्लौ ँट n.* piece of ground भूमि; secret plan गुप्त योजना; conspiracy कूट-प्रबंध; outline उपन्यास या नाटक का कथानक।

plot[2] *(-tt-) v.t.* to make a diagram or plan of रूपरेखा या ख़ाका बनाना; *v.i.* to make secret plans कपट प्रबंध करना।

plough[1] *प्लॉउ n.* an instrument for turning up soil हल; *v.t.* break up (land) with a plough हल से (भूमि) जोतना।

plough[2] *v.i.* to use a plough हल से जुताई करना।

ploughman *प्लॉउ मॅन n.* man who guides a plough हलवाहा।

pluck[1] *प्लक v.t.* to pick off तोड़ना; to snatch छीनना; to gather इकट्ठा करना; to twitch ऐंठना।

pluck[2] *n.* courage साहस; short sharp pull झटका।

plug[1] *प्लग n.* stopper डाट; tobacco pressed hard गुल्ली; an electricity device प्लग।

plug[2] *(-gg-) v.t.* to stop with a plug डाट लगाकर बंद करना।

plum *प्लम n.* a stone fruit आलूबुखारा, आलूचा, बेर; tree bearing it आलूबुखारे का पेड़।

plumber *प्लम् बॅः n.* workman who fits pipes for water पानी का नल बैठानेवाला, नलकार।

plunder[1] *प्लन् डॅः v.t.* to take by forcc, to rob लूटना।

plunder[2] *n.* booty लूट का माल; act of plundering लूटमार।

plunge[1] *प्लन्ज v.t.* to immerse डुबाना; to dive ग़ोता लगाना।

plunge[2] *n.* act of plunging, immersion डुबकी।

plural *प्लुॅ रॅ˘ल a.* more than one, denoting plurality अनेक, बहुवचन।

plurality *प्लु अॅ रै लि टि n.* state of being plural अनेकता; majority अधिकता।

plus[1] *प्लस a.* to be added अधिक।

plus[2] *n.* the sign + जोड़ने का चिह्न (+)।

ply[1] *प्लॉइ v.t.* to wield काम में लाना; to work at पर काम करना; to supply आपूर्ति करना; to urge अनुरोध करना; to keep busy व्यस्त रखना; *v.i.* to run चालू रहना।

ply[2] *n.* layer परत; strand लड़।

pneumonia *न्यू मो न्यॅ n.* inflammation of lungs न्यूमोनिया, फेफड़ों की सूजन।

pocket[1] *पौ˘ किट n.* small bag inserted in garment पाकिट जेब; pouch खलीता; cavity कोटरिका।

pocket[2] *v.t.* to put into one's pocket जेब में रखना; to appropriate अपने काम में लाना।

pod *पौ˘ड n.* long seed vessel फली।

poem *पो इम n.* composition in verse पद्यकाव्य; piece of poetry कविता।

poesy *पो इ ज़ि n.* poetic composoition काव्य-रचना; poetic art काव्य-कला।

poet *पो इट n.* writer of poems कवि।

poetaster *पो˘ इ टैस् टॅः n.* petty poet क्षुद्र कवि; rhymer तुक्कड़।

poetess *पो इ टिस n. fem.* female poet कवयित्री।

poetic *पो ऐ˘ टिक a.* pertaining to poetry कविता-संबंधी।

poetics *पो ऐ˘ टिक्स n.* theory of poetry काव्यशास्त्र।

poetry *पो˘ इ ट्रि n.* poem कविता; poetic composition काव्य-रचना; versified composition पद्य, काव्य।

poignacy *पौ˘इ ग्नॅन् सि n.* sharpness तीखापन; keenness तीक्ष्णता; quality of being poignant मार्मिकता।

poignant *पौ˘इ ग्नॅन्ट a.* sharp तीखा; moving मर्मवेधी pungent उत्कट।

point[1] *पौ˘ इन्ट n.* dot बिंदु; sharp end यंत्र की नोक; cape अंतरीप; occasion अवसर; punctuation mark विरामचिह्न unit of scoring अंक; argument तर्क; meaning अर्थ; hint संकेत; moment क्षण, purpose उद्देश्य; stage स्थिति।

point[2] *v.t.* to make pointed नोकदार बनाना; to aim निशाना लगाना; to indicate संकेत करना; to show दिखाना; to fill with mortar सीमेंट से भरना।

poise[1] *पौ˘इज़ v.t.* to balance in weight तौलना; to hold in equilibrium संतुलित रखना; *v.i.* to be balanced संतुलित होना।

poise[2] *n.* equilibrium संतुलन, indecision असमंजस।

poison[1] *पौ˘इ ज़्न n.* substance causing death विष, गरल; something harmful हानिकारक वस्तु।

poison[2] *v.t.* to give poison to ज़हर देना; to kill with poison मारना, नष्ट करना; to currupt दूषित करना।

poisonous *पौ˘इ ज़ॅ नस a.* venomous विषैला, ज़हरीला।

poke[1] *पोक v.t.* to push ढकेलना; to

jab कोचना; to stir up कुरेदना।

poke[2] *n.* nudge धक्का।

polar *पो लॅः n.* pertaining to the pole or poles ध्रुवीय; close to the poles ध्रुव के समीप का।

pole *पोल n.* long piece of wood लंबा डंडा; a measure of 5½ yards 5½ गज़ की नाप; either of the two ends of a magnet ध्रुव चुंबक के दोनों छोर।

police *पॅ लीस n.* body of civil officers for enforcing order पुलिस, आरक्षी।

policeman *पॅ लीस् मॅन n.* a member of police force पुलिस का सिपाही।

policy *पौ ॅ लि सि n.* line of conduct नीति dexterity युक्ति; statecraft राज्य-शासन-पद्धति; contract of insurance बीमा-पत्र।

polish[1] *पौ ॅ लिश v.t.* to make glossy चमकाना; to refine स्वच्छ करना; *v.i.* to become glossy चमकना।

polish[2] *n.* substance for polishing पॉलिश; shine चमक; elegance शोभा; refinement शिष्टता।

polite *पॅ लॉइट a.* refined शिष्ट; polished in manners विनीत।

pliteness *पॅ लॉइट् निस n.* refinement शिष्टता; courtesy विनय।

politic *पौ ॅ लि टिक a.* showing policy नीति-चतुर; sagacious बुद्धिमान।

political *पॅ लि टि कॅल a.* pertaining to the state राजनीतिक।

politician *पौ ॅ लि टि शॅन n.* one versed or engaged in politics राजनीतिज्ञ।

politics *पौ ॅ लि टिक्स n. pl. (used as sing.)* science of government राजनीतिशास्त्र।

polity *पौ ॅ लि टि n.* system of government राज्यशासनपद्धति, राजतंत्र।

poll[1] *पोल n.* head मस्तक; list of voters निर्वाचकों की नामावली; voting मतदान।

poll[2] *v.t.* to shear बाल काटना; to receive (votes) वोट पाना; *v.i.* to vote वोट देना।

pollen *पौ ॅ लिन n.* fertilizing dust of flowers पराग।

pollute *पॅ ल्यूट v.t.* to corrupt, to desecrate दूषित करना, भ्रष्ट करना।

pollution *पॅ ल्यू शॅन n.* act of polluting प्रदूषण; defilement अपवित्रीकरण।

polo *पो लो n.* game played on horseback पोलो, चौगान।

polygamous *पौ ॅ लि गॅ मॅस a.* practising polygamy एक से अधिक पत्नीवाला।

polygamy *पौ ॅ लि गॅ मि n.* custom of marrying several persons बहुविवाह।

polyglot[1] *पौ ॅ लि ग्लौंट n.* person knowing several languages बहुभाषी, बहुभाषाविद्।

polyglot[2] *a.* knowing several languages बहुभाषाविद्।

polytechnic[1] *पौ ॅ लि टैक् निक a.* dealing with various arts and crafts पॉलीटेकनीक, विविधकला-विषयक।

polytechnic[2] *पौ ॅ लि टैक् निक n.* college dealing with various arts and crafts विविधकला विद्यालय।

polytheism *पौ ॅ लि थि इज़्म n.* belief in many gods बहुदेववाद।

polytheist *पौ ॅ लि थि इस्ट n.* person believing in many gods बहुदेवपूजक।

polytheistic *पौ ॅ लि थि इस् टिक a.* pertaining to polytheism बहुदेववादी।

pomp *पॉम्प n.* splendid display आडंबर, विभव, ठाटबाट।

pomposity *पौम् पौ ॅ सि टि n.* being pompous आडंबर।

pompous *पौम् पॅस a.* displaying pomp आडंबरी, विभवयुक्त।

pond *पौन्ड n.* pool छोटा तालाब।

ponder *पौन् डॅः v.t.* to weigh in the mind मन में तौलना to consider विचार करना।

pony *पो नि n.* small horse टट्टू छोटा घोड़ा।

poor *पुअॅः a.* wretched दीन; paltry तुच्छ; indigent दरिद्र; mean अधम; luckless अभागा; humble विनीत; infertile अनुपजाऊ; needy ज़रूरतमंद; weak निर्बल।

pop[1] *पौप (-pp-) v.i.* to make a small smart sound फट की आवाज होना, धमाका होना; to enter suddenly अचानक आ धमकना; to issue forth at once बाहर निकलना; *v.t.* to put suddenly पटक देना; to offer with a quick sudden motion फुरती से प्रस्तुत करना।

pop[2] *n.* small smart sound फट, फटाक।

pope *पोप n.* head of Roman Catholic Church पोप, रोम का बड़ा पादरी।

poplar *पौप् लॅः n.* name of a tree चिनार।

poplin *पौप् लिन n.* shiny cotton cloth पॉपलीन कपड़ा।

populace *पौ ॅ प्यु लॅस n.* the common people साधारण लोग, जनसमूह।

popular *पौ ॅ प्यु लॅः a.* pertaining to the masses लौकिक; liked by the people सर्वप्रिय; prevalent प्रचलित।

popularity *पौ ॅ प्यु लै रि टि n.* quality of being popular लोकप्रियता; social fame प्रसिद्धि।

popularize *पौ ॅ प्यु लॅ रॉइज़ v.t.* to make popular लोकप्रिय या प्रसिद्ध बनाना।

populate *पौ ॅ प्यु लेट v.t.* to fill with inhabitants जनपूर्ण करना, बसाना।

population *पौ ॅ प्यु ले ॅ शॅन n.* people living in a place or country जनसंख्या, आबादी।

populous *पौ ॅ प्यु लॅस a.* thickly populated जनपूर्ण, घना आबाद।

porcelain *पौःस् लिन, -लेन् n.* fine earthenware चीनी के बर्तन।

porch *पौ ःच n.* portico ड्योढी, ओसारा।

pore *पौः n.* tiny opening in the skin रोमकूप।

pork *पौःक n.* pig's flesh as food सुअर का मांस।

porridge *पौ ॅ रिज n.* food of oatmeal boiled in water लपसी, हलुआ।

port *पौःट n.* harbour बंदरगाह।

portable *पौः टॅ ब्ल a.* that may be easily carried ले जाने-योग्य, वहनीय।

portage *पौः टिज n.* act of carrying ढुलाई; transport charges ले जाने का भाड़ा।

portal पौः ट्रल *n.* imposing doorway सदर दरवाज़ा।

portend पौः टैन्ड *v.t.* to be an omen of शकुन, बतलाना; to foretell पहिले से सूचना देना।

porter पौः टः *n.* doorkeeper द्वारपाल, दरबान; a carrier कुली।

portfolio पौःट् फ़ो ˘ ल्यो *n. (pl. -s)* flat portable case for loose papers खुले पत्र, मानचित्र आदि रखने का बस्ता; office of a minister मंत्री का विभाग।

portico पौःटि को *n. (pl. es)* a covered walk at the entrance of a building, porch द्वार-मंडप, बरसाती।

portion[1] पा :शॅन, *n.* part, share अंश, भाग; dowry दहेज; fate भाग्य।

portion[2] *v.t.* to divide into shares बांटना।

portrait पौः ट्रिट *n.* picture of a person छविचित्र, व्यक्तिचित्र।

portraiture पौः ट्रि चॅः *n.* art of portraying चित्रण, आलेखन, चित्रकारी; portrait चित्र।

portray पौः ट्रे˘ *v.t.* to make a picture of (का) चित्र बनाना; to describe vividly वर्णन करना।

portrayal पौ : ट्रे ॲल *n.* act of portraying चित्रलेखन; description वर्णन।

pose[1] पोज़ *v.i.* to assume attitude मुद्रा बनाना, विशेष स्थिति में बैठना; to affect or pretend बनना, दिखावा करना; *v.t.* to puzzle स्तंभित करना, चक्कर में डालना।

pose[2] *n.* position मुद्रा, स्थिति; artistic posture छवि।

position[1] पॅ ज़ि शॅन *n.* place स्थान; situation स्थिति, status पदवी, attitude अंगस्थिति।

position[2] *v.t.* to place in position रखना।

positive पौ˘ ज़ि टिव *a.* definite निश्चित, sure, certain पक्का, greater than zero धनराशि का; affirmative सकारात्मक; constructive रचनात्मक।

possess पॅ ज़ैसॅ *v.t.* to own अधिकार में रखना; to have and hold धारण करना; to be full of (से) युक्त होना; to have possession of अधिकार में लेना; to influence अधिकार में लेना; प्रभावित करना।

possession पॅ ज़ै ˘ शॅन *n.* ownership अधिकार; something possessed अधीन पदार्थ; occupancy आधिपत्य।

possibility पौ˘ सि बि लि टि *n.* state or quality of being possible संभावना।

possible पौ˘ सि ब्ल *a.* practicable, probable होने-योग्य, संभाव्य।

post[1] पोस्ट *n.* upright piece of wood, metal etc. खंभा, थूनी।

post[2] *v.t.* to stick on some post खंभे पर लगाना; to fix up in some public place (पर) सार्वजनिक विज्ञापन लगाना।

post[3] *n.* office पद; power, authority अधिकार; postal department डाक विभाग; place where soldier is stationed चौकी।

post[4] *v.t.* to station (soldiers) in a particular spot नियुक्त करना; to place (letter) in the post office (चिट्ठी) छोड़ना; *v.i.* to hasten on वेग से यात्रा करना।

post[5] *adv.* in haste शीघ्रता से।

postage पोस् टिज *n.* charge for the carrying of letters डाक-महसूल।

postal पोस् ट्ल *a.* relating to the carrying of mails डाक-संबंधी।

post-date पोस्ट् डेट *v.t.* to put (on a letter, cheque etc.) a date later than the actual one उत्तरदिनांकित करना।

poster पोस् टः *n.* large advertising bill पोस्टर, विज्ञापन; one who posts bills विज्ञापन चिपकानेवाला।

posterity पौ˘स् टै˘ रि टि *n.* descendants संतति, वंश; future generations भावी पीढ़ी।

posthumous पौ˘स् थ्यु मॅस *a.* coming or happening after death मरणोत्तर।

postman पौस्ट् मॅन *n.* letter-carrier डाकिया, पत्रवाहक।

postmaster पोस्ट् मास् टः *n.* official-in-charge of a post-office पत्रपाल, डाकपति।

post-mortem[1] पोस्ट् मौः टॅम *a.* taking place after death मत्यु के पश्चात्।

post-mortem[2] *n.* medical examination made after death शव-परीक्षा।

post-office पौस्ट् औ˘ फ़िस *n.* office in-charge of postal service डाकघर।

postpone पौस्ट् पोन *v.t.* to put off to a later time स्थगित करना, टालना।

postponement पोस्ट पोन् मॅन्ट *n.* act of postponing स्थगन, विलंबन।

postscript पोस् स्क्रिप्ट *n.* addition to letter, book etc. अनुलेख, पत्र, समाप्त करने पर लिखा हुआ, अंश, पुनश्च।

posture पौसॅ् चः *n.* way of holding the body मुद्रा; attitude of the body आसन; position of the body अंग-विन्यास; condition, state दशा।

pot[1] पौ˘ट *n.* a metallic or earthenware vessel पात्र, भांड, गमला।

pot[2] *(-tt-) v.t.* to put in a pot पात्र में रखना।

potash पौ˘ टैश *n.* alkali used in soap etc. पोटाश, सज्जी, खार।

potassium पॅ टै श्यॅम *n.* white metallic element पोटैशियम, पोटाश का आधारभूत तत्व, दहातु।

potato पॅ टे टो *n. (pl. -es)* plant with tubers आलू का पौधा; one of the tubers आलू।

potency पो टॅन सि *n.* power, might शक्ति; efficacy प्रभावशीलता।

potent पो टॅन्ट *a.* powerful, mighty प्रबल, बलवान।

potential[1] पो˘ टैन् शॅल *a.* possible शक्य; latent प्रच्छन्न।

potential[2] *n.* possibility संभावना।

pontentiality पो˘ टैनॅ् शि ऐ लि टि *n.* possibility संभावना; latent capacity शक्यता।

potter पौ˘ टः *n.* maker of earthenware vessels कुम्हार।

pottery पौ˘ टॅ रि *n.* earthenware मिट्टी के पात्र; business of the potter कुम्हार का व्यापार।

pouch पॉउच *n.* small bag थैली।

poultry पोल् ट्रि *n.* domestic fowls घरेलू मुर्गी, बत्तख इत्यादि।

pounce[1] पॉउन्स *v.i.* to make a downward swoop झपटना, आक्रमण करना।

pounce[2] *n.* sudden attack झपट्टा।

pound[1] पॉउन्ड *n.* unit of weight

पौंड, आध सेर तौल; monetary unit एक मुद्रा-विशेष।

pound[2] *v.t.* to beat to pieces कूटना; to crush to powder पीसना।

pour *पौ:* *v.i.* to flow or issue forth बहना, निकलना; to rain havily ज़ोरदार वर्षा होना; *v.t.* to let flow out बहाना; to emit उगलना।

poverty *पौ॑ वॅ: टि* *n.* state of being poor दरिद्रता; want कमी; scarcity अभाव।

powder[1] *पॉउ डॅ:* *n.* solid matter in dry fine particles पाउडर; dust बुकनी; gunpowder बारूद।

powder[2] *v.t.* to reduce to dust बुकनी करना; to sprinkle with powder छिड़कना।

power *पॉउ अॅ:* *n.* strength शक्ति; energy ऊर्जा; force बल; authority अधिकार; influence प्रभाव; state राज्य; government शासन।

powerful *पॉउ अॅ: फुल* *a.* having power, strong शक्तिशाली; forceful बलशाली; influential प्रभावशाली।

practicability *प्रैक् टि क् बि लि टि* *n.* quality or state of being practicable करणीयता, साध्यता।

practicable *प्रैक् टि कॅ ब्ल* *a.* that may be done or effected करने योग्य, feasible संभव।

practical *प्रैक् टि क्ल* *a.* given to action व्यावहारिक; relating to practice अभ्यास-संबंधी, प्रायोगिक; useful उपयोगी; virtual वास्तविक।

practice *प्रैक् टिस* *n.* habit अभ्यास; exercise of any profession व्यवसाय; actual performance क्रिया, कार्य; custom प्रथा।

practise *प्रैक् टिस* *v.t.* to do repeatedly अभ्यास करना; to put into practice कार्यान्वित करना।

practitioner *प्रैक् टि शॅ नॅ:* *n.* professional man व्यवसायी।

pragmatic *प्रैग मै टिक* *a.* concerned with practical consequence व्यवहारमूलक।

pragmatism *प्रैग् मॅ टिज़्म* *n.* pedantry पांडित्य का अभिमान; matter of factness व्यवहारवाद।

praise[1] *प्रेज़* *n.* commendation प्रशंसा, स्तुति।

praise[2] *v.t.* to commend, to admire प्रशंसा करना, स्तुति करना।

praiseworthy *प्रेज़ वॅ: दि* *a.* deserving praise सराहने-योग्य।

prank *प्रैङ्क* *n.* playful trick क्रीड़ा, खेल।

prattle[1] *प्रै ट्ल* *v.i.* to talk like a child बचकानी बातें करना।

prattle[2] *n.* childish talk बचकानी बात।

pray *प्रे* *v.i.* to offer prayers to God प्रार्थना करना; to entreat विनती करना।

prayer *प्रे॑ अॅ:* *n.* act of praying to God प्रार्थना; worship स्तुति, भजन।

preach *प्रीच* *v.i.* to deliver sermon धर्म का उपदेश करना; to give moral advice to नैतिक शिक्षा देना।

preacher *प्री चॅ:* *n.* one who preaches धर्मोपदेशक।

preamble *प्री ऐम् ब्ल* *n.* introduction भूमिका।

precaution *प्रि कौ शॅन* *n.* care taken in advance चौकसी, सावधानी।

precautionary *प्रि कौ शॅ नॅ रि a.* for the sake of precaution सतर्कता के तौर पर किया गया।

precede *प्रि सीड* to go before आगे होना, पूर्वकालीन होना।

precedence *प्रि सी डॅन्स, प्रै ˘ सि डॅन्स n.* act of preceding पूर्व आगमन; priority प्राथमिकता; superiority श्रेष्ठता।

precedent *प्रै ˘ सि डॅन्ट n.* some previous case taken as a rule द ष्टांत, पूर्वोदाहरण, नज़ीर।

precept *प्री सैप्ट n.* rule नियम; maxim नीतिवचन; direction निर्देश; moral instruction उपदेश।

preceptor *प्रि सैप् टॅ: n.* moral teacher उपदेशक, गुरू।

precious *प्रै ˘ शॅस a.* of great value मूल्यवान; costly महंगा; dear प्रिय।

precis *प्रे ˘ सी n.* summary संक्षेप; abstract सार।

precise *प्रि सॉइस n.* definite निश्चित; exact यथार्थ।

precision *प्रि सि ज़ॅन n.* exactness यथार्थता; accuracy शुद्धता।

precursor *प्रि कॅ: सॅ:, प्री- n.* forerunner अग्रदूत, पूर्वगामी।

predecessor *प्री डि सै ˘ सॅ: n.* previous occupant of a position पूर्वाधिकारी; a thing that has been replaced by another of its kind पूर्ववर्ती वस्तु।

predestination *प्री डैसॅ टि ने शॅन n.* the doctrine that God has ordained everything पूर्वनियति; destiny भाग्य।

predetermine *प्री डि टॅ: मिन v.t.* to decide in advance पहले से निर्णय कर लेना।

predicament *प्रि डि कॅ मॅन्ट n.* difficult or awkward situation कठिन परिस्थिति।

predicate *प्रै ˘ डि किट n. (gram.)* what is said about the subject in the sentence (व्या.) विधेय।

predict *प्रि डिक्ट v.t.* to foretell भविष्यवाणी करना।

prediction *प्रि डिक् शॅन n.* prophecy भविष्यवाणी।

predominance *प्रि डौ ˘ मि नॅन्स n.* superiority प्रबलता, प्रभुता।

predominant *प्रि डौ ˘ मि नॅन्ट a.* chief प्रमुख; prevailing प्रबल।

predominate *प्रि डौ ˘ मि नेट v.i.* to be the main or controlling element प्रमुख होना, प्रबल होना।

pre-eminence *प्री ऐ ˘ मि नॅन्स n.* superiority श्रेष्ठता, उत्क ष्टता।

pre-eminent *प्री ऐ ˘ मि नॅन्ट a.* outstanding श्रेष्ठ, उत्क ष्ट।

preface[1] *प्रै ˘ फ़िस n.* introduction प्रस्तावना।

preface[2] *v.t.* to provide with a preface (की) भूमिका लिखना।

prefect *प्री फ़ैक्ट n.* student who helps a teacher in maintaining discipline अनुशासनपालक छात्र।

prefer *प्रि फ़: v.t.* to like better अपेक्षाक त अधिक पंसद करना।

preference *प्रै ˘ फ़ॅ· रॅन्स n.* act of preferring पसंद; that which is preferred पसंद की वस्तु; liking something more than another तरजीह।

preferential *प्रै ˘ फ़ॅ रैनॅ शॅल a.* giving preference, relating to preference तरजीही।

prefix[1] *प्री फ़िक्स n.* syllable placed before another to form a new compound word उपसर्ग।

prefix[2] *प्री फ़िक्स v.t.* to add a prefix to उपसर्ग लगाना।

pregnancy *प्रैग़् नॅन् सि n.* state of being pregnant गर्भावस्था; the period of remaining pregnant गर्भावस्था की अवधि।

pregnant *प्रैग़् नॅन्ट a.* containing unborn young within the body गर्भवती।

prehistoric *प्री हिस् टौ˘ रिक a.* of the period before recorded history प्रागैतिहासिक।

prejudice *प्रै जु डिस n.* preconceived opinion पूर्वधारणा; bias पक्षपात; injury, harm हानि, क्षति, चोट।

prelate *प्रै˘ लॅट, -लिट n.* bishop or other churchman of equal or higher rank धर्माधिकारी।

preliminary[1] *प्रि लि मि नॅ रि a.* introductory प्राथमिक।

preliminary[2] *n (pl. -ries) (usu pl.)* preliminary action, measures etc. प्रारंभिक कार्यवाही।

prelude[1] *प्रै˘ ल्यूड n.* introductory piece of poetry मंगलाचरण; something preparatory प्रस्तावना।

prelude[2] *v.t.* to introduce परिचित कराना; to preface प्रस्तावना लिखना।

premarital *प्री मै रि टॅल a.* occurring before marriage विवाह से पूर्व का।

premature *प्रै˘ मॅ ट्युअ: a.* happening or done before the proper time कालपूर्व।

premeditate *प्रि मै˘ डि टेट, प्री- v.t.* to consider or plan in advance पूर्वयोजन करना।

premeditation *प्रि मै˘ डि टे शॅन, प्री- n.* consideration or planning in advance पूर्वचिंतन।

premier[1] *प्रै˘ म्यॅ:, प्री- a.* first in position or importance सर्वप्रथम, प्रमुख।

premier[2] *n.* prime minister प्रधानमंत्री।

premiere *प्रै˘ मि ऍअ: n.* first performance of a play, film, etc. प्रथम प्रदर्शन।

premium *प्री म्यॅम n.* instalment paid for an insurance policy बीमा शुल्क।

premonition *प्री मॅ नि शॅन n.* foreboding पूर्वबोध।

preoccupation *प्री औ˘ क्यु पे शॅन, प्रि- n.* mental concentration or absorption मानसिक व्यस्तता।

preoccupy *प्री औ˘ क्यु पॉइ, प्रि- v.t.* to engross attention of तल्लीन करना।

preparation *प्रै˘ पॅ रे शॅन n.* act of preparing तैयारी; something prepared तैयार की गई वस्तु।

preparatory *प्रि पै रॅ टॅ रि a.* introductory प्रारंभिक; serving as a preparation उपक्रमात्मक।

prepare *प्रि पेॅअ: v.t.* to make ready तैयार करना; to make बनाना; *v.i.* to get ready तैयार होना।

preponderance *प्रि पौन् डॅ रॅन्स n.* quality of being greater in number, strength, influence, etc. प्रधानता, प्राबल्य, प्रमुखता।

preponderate *प्रि पौन् डॅ रेट v.i.* to be of greater power, influence or importance प्रबल, प्रमुख, प्रधान होना।

preposition *प्रै˘ पॅ ज़ि शॅन n.* word used with a noun or pronoun to show its relation with another word पूर्वसर्ग।

prerequisite[1] *प्री रैकॅ वि ज़िट a.* required as a prior condition पूर्वापेक्षित।

prerequisite[2] *n.* something required as prior condition पूर्वापेक्षा।

prerogative *प्रि रौ˘ गॅ टिव n.* exclusive right परमाधिकार, विशेषाधिकार।

prescience *प्रै˘ शि अॅन्स n.* foreknowledge पूर्वबोध।

prescribe *प्रि स्कॉइब v.t.* to lay down as a rule निर्धारित करना; to advise (a medicine) for treatment नुसख़े में लिखना।

prescription *प्रि स्क्रिप् शॅन n.* act of prescribing निर्धारण; thing prescribed निर्धारित वस्तु; doctor's written direction नुसख़ा; medicine prescribed निर्धारित औषधि।

presence *प्रै˘ ज़ॅन्स n.* state of being present उपस्थिति।

present[1] *प्रै˘ जॅन्ट a.* now existing विद्यमान; being in the place in question उपस्थित।

present[2] *n.* present time वर्तमान समय।

present[3] *प्रि ज़ैन्ट v.t.* to offer for show or approval प्रस्तुत करना; to make a gift of उपहारस्वरूप देना।

presentation *प्रै˘ ज़ॅन् टे शॅन n.* act of offering a present उपहार प्रदान करना; the gift which is presented भेंट, उपहार; act of presenting प्रस्तुतीकरण।

presently *प्रै˘ ज़न्ट् लि adv.* soon शीघ्र।

preservation *प्रै˘ ज़ॅ: वे शॅन n.* act of preserving परिरक्षण।

preservative[1] *प्रि ज़ॅ: वॅ टिव n.* something which preserves परिरक्षक।

preservative[2] *a.* tending to preserve, having the quality of preserving परिरक्षी।

preserve[1] *प्रि ज़ॅ:व v.t.* to keep safe सुरक्षित रखना; to make a preserve (fruits) (फलों का) मुरब्बा बनाना; to maintain बनाए रखना।

preserve[2] *n.* something that is preserved परिरक्षित वस्तु।

preside *प्रि ज़ॉइड v.i.* to be chairman or president of a meeting सभापति होना।

president *प्रै˘ ज़ि डॅन्ट n.* head of a republic राष्ट्रपति; one who presides सभापति; chief officer of an organisation अध्यक्ष।

presidential *प्रै˘ ज़ि डैन् शॅल a.* of or concerned with the president अध्यक्षीय।

press[1] *प्रैसॅ v.t.* to push against दबाना; to force (पर) दबाव डालना; to squeeze out निचोड़ना; to make smooth by ironing इस्त्री करना; to compel बाध्य करना; to insist ज़ोर देना; to emphasize बल देना; *v.i.* to throng भीड़ लगाना; to hasten जल्दी करना।

press[2] *n.* a printing machine छपाई की मशीन; printing house छापाख़ाना; newspapers collectively समाचार-पत्र; reporters, journalists संवाददाता, पत्रकार; crowd भीड़; stress बल; cupboard अलमारी।

pressure *प्रैॅ शॅः n.* act of pressing दबाव; moral force नैतिक दबाव; distress or difficulty कष्ट, परेशानी; compulsion बाध्यता।

pressurize *प्रैॅ शॅ रॉइज़ v.t.* to put pressure on (पर) दबाव डालना।

prestige *प्रैसॅ टीज़ n.* esteem प्रतिष्ठा।

prestigious *प्रैसॅ टि जॅस a.* relating to prestige प्रतिष्ठा-संबंधी।

presume *प्रि ज़्यूम v.t.* to take for granted मानना; to suppose to be true सत्य समझना; to venture (का) साहस करना।

presumption *प्रि ज़म्प् शॅन n.* something presumed कल्पना; something which seems likely अनुमान, संभावना; arrogance घमंड, अकड़।

presuppose *प्री सॅ पोज़ v.t.* to imply (का) अभिप्राय होना; to take for granted मान लेना; to require के लिए आवश्यक होना।

presupposition *प्री सॅ पो ज़ि शॅन n.* presupposing पूर्वधारणा।

pretence *प्रि टैन्स n.* act of pretending बहाना; simulation दिखावा, ढोंग; pretext बहाना।

prtend *प्रि टैन्ड v.t.* to feign का बहाना करना; to simulate का ढोंग करना।

pretension *प्रि टैनॅ शॅन n.* claim true or false दावा; pretext बहाना।

pretentious *प्रि टैनॅ शॅस a.* full of pretension मिथ्याभिमानी, मिथ्या दावेदार।

pretext *प्री टैक्स्ट n.* an ostensible reason or motive बहाना।

prettiness *प्रि टि निस n.* attractiveness सुंदरता, रम्यता।

pretty[1] *प्रि टि a. (-tier, -tiest)* pleasing सुंदर; attractive आकर्षक।

pretty[2] *adv.* fairly, quite बहुत कुछ, काफ़ी हद तक।

prevail *प्रि वेल v.i.* to gain the victory or superiority विजय अथवा श्रेष्ठता प्राप्त करना; to be in force लागू होना; to succeed सफल होना; to predominate प्रबल होना, हावी होना।

prevalance *प्रैॅ वॅ लॅन्स n.* being prevalent प्रचलन, व्यापकता।

prevalent *प्रैॅ वॅ लॅन्ट a.* prevailing व्याप्त, फैला हुआ; predominant प्रबल।

prevent *प्रि वैन्ट v.t.* to stop or intercept रोकना; to impede में बाधा डालना।

prevention *प्रि वैनॅ शॅन n.* the act of preventing निवारण, रोकथाम।

preventive *प्रि वैनॅ टिव् a.* tending to prevent निवारक।

previous *प्री व्यॅस a.* preceding पूर्ववर्ती, पहला।

prey[1] *प्रे n.* a bird or animal hunted by another शिकार; victim पीड़ित, बलि।

prey[2] *v.i. (with 'on' or 'upon')* to seize and devour prey शिकार करना; to make attacks for plunder धावा बोलना; to exert a harmful pressure on mind मस्तिष्क के लिए हानिप्रद होना।

price[1] *प्रॉइस n.* cost मूल्य; worth महत्व।

price[2] *v.t.* to fix the price of (का) मूल्य निर्धारित करना; to mark the price of मूल्यांकित करना।

prick[1] *प्रिक n.* slender pointed thing that can pierce कांटा; sharp point नोक; being pricked चुभन; puncture by a prick छेद; sting डंक; remorse पीड़ा।

prick[2] *v.t.* to pierce with a prick चुभाना; to spur प्रेरित करना; to fill with remorse पीड़ा पहुंचाना।

pride[1] *प्राइॅड n.* state or quality of being proud अभिमान; inordinate self-esteem दंभ, घमंड, अहंकार; cause of pride अभिमान का आधार।

pride[2] *v.t.* to indulge (oneself) in pride अभिमान करना।

priest *प्रीस्ट n.* clergyman पुरोहित।

priestess *प्रीस् टिस n.* a female clergy पुजारिन।

priesthood *प्रीस्ट् हुड n.* office of a priest पौरोहित्य; the whole body of priests पुरोहित-वर्ग।

prima facie *प्रॉइ मॅ फ़े शि adv.* at first view or appearance प्रथम द्रष्टया।

primarily *प्रॉइ मॅ रि लि adv.* in the first place प्रथमतः; originally मूलतः।

primary *प्रॉइ मॅ रि a.* first प्रथम; chief प्रधान; original मूल; elementary प्राथमिक।

prime[1] *प्रॉइम a.* foremost मुख्य; first प्रथम; original मूल; fundamental आधारभूत; first in rank or importance etc. सर्वश्रेष्ठ।

prime[2] *n.* the best part उत्कर्ष; youth यौवन; full health पूर्ण स्वास्थ्य।

primer *प्रॉइ मॅः n.* an elementary education book प्रवेशिका।

primeval *प्रॉइ मी वॅल a.* of the earliest age or time आदि युगीन।

primitive *प्रि मि टिव a.* of the earliest time आदिम, पुरातन; crude अपरिष्क त; uncivilized असभ्य।

prince *प्रिन्स n.* son of a king राजकुमार।

princely *प्रिन्स् लि a.* splendid शानदार; generous उदार; stately राजसी।

princess *प्रिन् सैसॅ n.* daughter of a king or emperor राजकुमारी।

principal[1] *प्रिन् सि पॅल n.* head प्रधान व्यक्ति; head of an educational institution प्रधानाचार्य; sum of money lent मूलधन।

principal[2] *a.* first प्रथम; chief प्रधान; most important अत्यधिक महत्वपूर्ण।

principle *प्रिन् सॅ पल n.* fundamental law सिद्धांत; uprightness ईमानदारी; element विशिष्ट तत्व; rule of conduct आचार, नियम।

print[1] *प्रिन्ट v.t.* to reproduce in ink छापना; to cause to be reproduced in ink छपवाना; to make a positive picture from (a negative) (नैगेटिव) से फ़ोटो तैयार करना; to stamp (fabric) with coloured design (कपड़े) की छपाई करना।

print[2] *n.* mark made by pressure छाप, निशान; printed calico छींट; printed matter मुद्रित सामग्री।

printer *प्रिन् टॅः n.* one who prints मुद्रक।

prior[1] *प्राइ ॲः a.* earlier पूर्ववर्ती।

prior[2] *n.* chief of a religious house मठाध्यक्ष।

prioress *प्रॉइ ॲ रिस n.* female prior

मठाध्यक्षा।

priority *प्रॉइ औ ˘ रि टि n.* being prior प्रथमता; precedence पूर्वता।

prison *प्रि ज़्न n.* place of confinement बंदीगृह, कारागार; confinement कैद।

prisoner *प्रि ज़् नॅः n.* one shut up in a prison बंदी।

privacy *प्रॉइ वॅ सि n.* state of being private एकांत।

private *प्रॉइ विट a.* confidential गुप्त; personal व्यक्तिगत; not open to the public असार्वजनिक; not having official character ग़ैर सरकारी।

privation *प्रॉइ वे शॅन n.* lack of the necessaries of life अभाव, असुविधा; hardship कठिनाई; act of depriving वंचन।

privilege *प्रि वि लिज n.* personal favour सुविधा; separate and personal advantage विशेषाधिकार।

prize[1] *प्रॉइज़ n.* reward पुरस्कार, पारितोषिक।

prize[2] *v.t.* to value highly कद्र करना।

probability *प्रौ ˘ बॅ बि लि टि n.* likelihood संभावना।

probable *प्रौ ˘ बॅ बल a.* likely संभावित।

probably *प्रौ ˘ बॅब् लि adv.* possible संभवतया।

probation *प्रौ ˘ बे शॅन, प्रॅ- n.* period of trial परिवीक्षा काल; proof प्रमाण; trial परिपीक्षा।

probationer *प्रौ ˘ बे शॅ नॅः, प्रॅ- n.* one on probation परिवीक्षार्थी।

probe[1] *प्रोब v.t.* to investigate thoroughly जांच-पड़ताल करना।

probe[2] *n.* thorough investigation जांच-पड़ताल।

problem *प्रौबॅ लॅम n.* question proposed for solution प्रश्न; matter difficult to deal with समस्या।

problematic *प्रौबॅ लॅ मै टिक a.* of the nature of a problem समस्यात्मक।

procedure *प्रॅ सी जॅः n.* an established method of doing things कार्यपद्धति।

proceed *प्रो सीड, प्रॅ- v.i.* to go forward अग्रसर होना; to continue in an activity कार्य जारी रखना।

proceeding *प्रॅ सी डिङ्ग, प्रो- n.* course of action कार्यवाही; *(pl.)* official record कार्यवाही की अधिकृत रपट; *(pl.)* legal action क़ानूनी कार्यवाही।

proceeds *प्रो सीड्ज़ n. pl.* price or profit मूल्य अथवा मुनाफ़ा।

process *प्रो सैसॅ n.* series of action or changes प्रक्रिया; growth, progress प्रगति, विकास; method of operation कार्यविधि; action of law क़ानूनी कार्यवाही।

procession *प्रॅ सै ˘ शॅन n.* train of persons in formal order जुलूस।

proclaim *प्रॅ क्लेम v.t.* to announce publicly घोषणा करना।

proclamation *प्रौकॅ लॅ मे शॅन n.* an official public announcement घोषणा।

proclivity *प्रॅ क्लि वि टि n.* tendency, inclination प्रवृत्ति, झुकाव।

procrastinate *प्रो ˘ क्रैस् टि नेट v.i.* to delay action टालमटोल करना।

procrastination *प्रो ˘ क्रैस् टि ने शॅन*

n. procrastinating टालमटोल।

proctor *प्रौक्ँ टॅः n.* an official of the college who maintains discipline अनुशासन-अधिकारी।

procure *प्रॅ क्युअॅः v.t.* to obtain प्राप्त करना।

procurement *प्रॅ क्युअॅः मॅन्ट n.* act of obtaining प्राप्ति।

prodigal *प्रौ डि गॅल a.* extravagant, wasteful अपव्ययी।

prodigality *प्रौ ˘ डि गै लि टि n.* extravagance अपव्ययिता; generosity उदारता।

produce[1] *प्र ˘ ड्यूस v.t.* to manufacture उत्पादन करना; to supply पूर्ति करना; to exhibit प्रदर्शित करना; to give birth to पैदा करना।

produce[2] *प्रौ ˘ ड्यूस n.* what is produced उत्पादन; agricultural products क षि-उत्पादन।

product *प्रौ ˘ डॅक्ट n.* that what is produced उत्पाद; result परिणाम; number resulting from multiplication गुणनफल।

production *प्रॅ डक् शॅन n.* product उत्पाद; act or process of producing उत्पादन।

productive *प्रॅ डॅक् टिव a.* having the power of producing उत्पादक।

productivity *प्रौ डक् टि वि टि n.* being productive उत्पादकता।

profane[1] *प्रॅ फ़ेन a.* vulgar अश्लील; not sacred अपवित्र।

profane[2] *v.t.* to pollute, to desecrate अपवित्र करना।

profess *प्रॅ फ़ैसॅ v.t.* to confess publicly खुले-आम स्वीकार करना; to assert दावे के साथ कहना; to pretend ढोंग करना; to declare belief in आस्था दिखलाना; to declare openly खुलेआम दावा करना।

profession *प्रॅ फ़ै ˘ शॅन n.* occupation पेशा, व्यवसाय; avowal घोषणा।

professional *प्रॅ फ़ै ˘ शॅ नॅल a.* pertaining to a profession व्यवसाय-संबंधी।

professor *प्रॅ फ़ै ˘ सॅः n.* teacher of the highest rank in a university प्राध्यापक।

proficiency *प्रॅ फ़ि शॅन् सि n.* skill प्रवीणता, निपुणता।

proficient *प्रॅ फ़ि शॅन्ट a.* skilled, expert प्रवीण, निपुण।

profile[1] *प्रो फ़ील, -फ़ॉइल n.* character sketch रेखाचित्र; side view पार्श्वचित्र।

profile[2] *v.t.* to draw in profile (का) रेखाचित्र बनाना।

profit[1] *प्रौ ˘ फ़िट n.* advantage, benefit लाभ; financial gain मुनाफ़ा।

profit[2] *v.t.* to benefit लाभ पहुंचाना; financial gain लाभ प्राप्त करना।

profitable *प्रौ ˘ फ़ि टॅ ब्ल a.* yielding profit लाभकारी।

profiteer[1] *प्रौ ˘ फ़ि टिअॅः n.* one who makes excessive profits in times of scarcity मुनाफ़ाखोर।

profiteer[2] *v.i.* to make excessive profits मुनाफ़ाखोरी करना।

profligacy *प्रौफ़् लि गॅ सि n.* immorality अनैतिकता, दुश्चरित्रता; wastefulness अपव्ययिता, उड़ाऊपन।

profligate *प्रौफ़ॅ लि गिट a.* shamlessly immoral अनैतिक, दुश्चरित्र; reckless लापरवाह; wasteful उड़ाऊ, अपव्ययी।

profound *प्र फ़ॉउन्ड a.* deep अथाह; deep in skill or knowledge गहन; abstruse गूढ़, दुर्बोध।

profundity *प्रॅ फन् डि टि n.* depth गहराई; being profound गांभीर्य।

profuse *प्रॅ फ़्यूज़ a.* lavish प्रचुर।

profusion *प्रॅ फ्यू ज़ॅन n.* abundance प्रचुरता।

progeny *प्रौ ˘ जि नि n.* offspring संतान; descendants वंशज; children बच्चे।

programme[1] *प्रो ग्रैम n.* plan of proceedings योजना; broadcast on radio or television कार्यक्रम।

programme[2] *v.t.* to make a programme of (का) कार्यक्रम बनाना।

progress[1] *प्रो ग्रै˘स n.* development विकास, प्रगति।

progress[2] *प्र ˘ ग्रै ˘ स प्रो ˘- v.i.* to improve सुधार होना; to move forward प्रगति करना।

progressive *प्रॅ ग्रै ˘ सिव, प्रो ˘- a.* advocating progress प्रगतिशील; progressing by degrees उन्नतिशील।

prohibit *प्रॅ हि बिट, प्रो˘- v.t.* to forbid रोकना, मना करना।

prohibition *प्रो˘ हि बि शॅन n.* act of prohibitng निषेध; the banning of alcoholic drinks मद्यनिषेध।

prohibitive *प्रो˘ हि बि टिव, प्र˘- a.* implying prohibition निषेधक; (of prices) very high अति ऊंचे (मूल्य)।

prohibitory *प्रो˘ हि बि टॅ रि, प्रॅ- a.* designed to prohibit something निषेधात्मक।

project[1] *प्रौ˘ ज़ेक्ट n.* scheme योजना; plan परियोजना।

project[2] *प्रौ˘ ज़ेक्ट v.t.* to plan योजना बनाना; to throw फेंकना; to cause (a shadow, picture, etc.) to fall (on a surface) डालना; *v.i.* to stick out, to jut out बाहर निकला होना।

projectile[1] *प्रॅ˘जैक् टॉइल, प्रौ जिक्- n.* heavy missile प्रक्षेपणास्त्र।

projectile[2] *a.* that can be sent forward or thrown प्रक्षेप्य।

projection *प्रॅ जै˘क् शॅन, प्रो˘- n.* act of projecting प्रक्षेपण; something that juts out बाहर निकला भाग।

projector *प्रो ˘ जैक् टॅ:, प्रॅ- n.* that which casts something forward प्रक्षेपित्र।

proliferate *प्रॅ लि फॅ रेट, प्रो˘- v.i.* to grow rapidly प्रचुर मात्रा में उत्पन्न होना; *v.t.* to reproduce rapidly प्रचुर मात्रा में उत्पन्न करना।

proliferation *प्रॅ लि फॅ रे शॅन, प्रो˘- n.* rapid growth तीव्र ब द्धि।

prolific *प्रॅ लि फ़िक, प्रो˘- a.* fruitful फलदायक; producing much बहुत उपज देनेवाला।

prologue *प्रो लौगॅ n.* preface, introduction भूमिका; introductory part of a poem मंगलाचरण।

prolong *प्र˘ लौङ्ग, प्रौ˘ v.t.* to make longer लंबा करना।

prolongation *प्रो ˘ लौंङ गे शॅन n.* making longer दीर्घीकरण।

prominence *प्रौ मि नॅन्स n.* state of being prominent विशिष्टता।

prominent *प्रौ˘ मि नॅन्ट a.* eminent तिशिष्ट; important महत्वपूर्ण; standing out बाहर निकला हुआ।

promise[1] *प्रौ ˘ मिस n.* pledge, undertaking वादा, प्रतिज्ञा; hope or likelihood of success प्रत्याशा।

promise[2] *v.t.* to give one's word वचन देना; to give cause for expecting आशान्वित करना।

promising *प्रौ ˘ मि सिङ्ग a.* giving promise or grounds for good hopes आशाजनक, होनहार।

promissory *प्रौ ˘ मि सॅ रि a.* containing a promise or binding declaration वचनात्मक, प्रतिज्ञात्मक।

promote *प्रॅ मोट v.t.* to help forward बढ़ावा देना; to encourage प्रोत्साहित करना; move up to higher rank पदोन्नत करना।

promotion *प्रॅ मो शॅन n.* act of promoting पदोन्नयन; encouragement प्रोत्साहन; advancement विकास।

prompt[1] *प्रौम्प्ट a.* ready तत्पर; done without delay त्वरित।

prompt[2] *v.t.* to urge प्रेरित करना; to remind (an actor) of forgotten words अनुबोधन करना।

prompter *प्रौम्प् टॅः n.* one who prompts, actors अनुबोधक।

prone *प्रोन a.* lying face downwards अधोमुख; inclined इच्छुक, प्रव त्त।

pronoun *प्रो नॉउन n.* word used instead of a noun सर्वनाम।

pronounce *प्रॅ नॉउन्स v.t.* to declare or affirm घोषणा करना; to utter उच्चारण करना; to give one's opinion अपना मत व्यक्त करना।

pronunciation *प्रॅ नॅन् सि ए शॅन n.* act or mode of pronouncing something उच्चारण, उच्चारण-शैली।

proof[1] *प्रूफ़ n.* evidence प्रमाण; trial परीक्षण; *(print.)* an impression in printing for correction प्रूफ़।

proof[2] *a.* impenetrable अभेद्य; able to resist प्रतिरोध करने-योग्य।

prop[1] *प्रौपॅ n.* pole or beam used as a support टेक, थूनी।

prop[2] *(-pp-) v.t.* to support सहारा देना।

propaganda *प्रौ ˘ पॅ गैन् डॅ n.* spreading of information or ideas to advance a cause प्रचार।

propagandist *प्रौ ˘ पॅ गैन् डिस्ट n.* one who actively spreads propaganda प्रचारक।

propagate *प्रौ ˘ पॅ गेट v.t.* to spread widely प्रसारित करना; to multiply by generation or reproduction उपजाना, बढ़ाना; to diffuse फैलाना।

propagation *प्रौ ˘ पॅ गे शॅन n.* act of propagating प्रसारण; diffusion फैलाव।

propel *प्रॅ पै ˘ल, प्रो ˘- (-ll) v.t.* to drive forward ठेलना।

proper *प्रौ ˘ पॅः a.* correct, suitable उपयुक्त; appropriate उचित; decent समुचित; *(gram.)* denoting individual person or place (व्या.) व्यक्तिवाचक।

property *प्रौ ˘ पॅः टि n.* possession संपत्ति; attribute गुणधर्म; special quality विशेषता।

prophecy *प्रौ ˘ फ़ि सि n.* prediction भविष्यकथन।

prophesy *प्रौ फ़ि सॉइ v.t.* to predict पहले से बता देना; *v.i.* to make a prophecy भविष्यकथन करना।

prophet *प्रौ ˘ फ़िट n.* (*fem. prophetess*) a devinely inspired religious leader पैग़ंबर; a person who predicts the future

भविष्यद्रष्टा।

prophetic *प्रॅ फ़ै ˘ टिक a.* pertaining to a prophet पैग़ंबरी; unfolding future events भविष्यसूचक।

proportion[1] *प्रॅ पौः शॅन n.* comparative relation अनुपात; comparison तुलना; symmetry सममिति; just or equal share अंश।

proportion[2] *v.t.* to adjust in due proportion समानुपातन करना।

proportional *प्रॅ पौ : शॅ नल a.* proportionate समानुपातिक।

proportionate *प्रॅ पौ : शॅ निट a.* having a due proportion समानुपाती, सापेक्ष।

proposal *प्रॅ पो ज़ॅल n.* that which is proposed प्रस्ताव; offer of marriage विवाह-प्रस्ताव; suggestion सुझाव।

propose *प्र ˘ पोज़ v.t.* to offer for consideration प्रस्तावित करना; to nominate मनोनीत करना; *v.i.* to make a proposal प्रस्ताव करना; to offer onself in marriage विवाह-प्रस्ताव; सुझाव।

proposition *प्रौ ˘ पॅ ज़ि शॅन n.* proposal प्रस्ताव; a statement कथन; a theorem साध्य।

propound *प्रॅ पॉउन्ड v.t.* to put forward for consideration or solution प्रस्तावित करना।

proprietary *प्रॅ प्रॉइ अॅ टॅ रि a.* belonging to a proprietor मालिकाना।

proprietor *प्रॅ प्रॉइ अॅ टॅः n.* an owner स्वामी।

propriety *प्रॅ प्रॉइ अॅ टि n.* state of being proper उपयुक्तता; justness औचित्य; proper behaviour मर्यादा।

prorogue *प्रॅ रोग, प्रो ˘ v.t.* to suspend (a legislative session) (सत्र का) अवसान करना।

prosaic *प्रो ˘ ज़े इक a.* uninteresting नीरस; commonplace सामान्य।

prose *प्रोज़ n.* speech or language not in verse गद्य।

prosecute *प्रौ ˘ सि क्यूट v.t.* to pursue at law (पर) मुक़दमा चलाना।

prosecution *प्रौ ˘ सि क्यूशन n.* act of prosecuting अभियोजन।

prosecutor *प्रो ˘ सि क्यू टॅः n.* one who prosecutes अभियोक्ता।

prosody *प्रौ ˘ सॅ डि n.* the rules of metre or versification छंदशास्त्र।

prospect *प्रौसॅ पैक्ट n.* outlook द ष्टिकोण; reasonable hope आशा; expectation अपेक्षा; a distant view परिद श्य।

prospective *प्रॅस् पैक् टिव a.* hoped for प्रत्याशित; future भावी।

prospsectus *प्रॅस् पैक् टॅस n. (pl. es)* a printed statement of some enterprise proposed विवरण-पुस्तिका।

prosper *प्रौसॅ पॅः v.i.* to increase in wealth सम द्ध होना; to succed सफल होना।

prosperity *प्रौसॅ पै ˘ रि टि n.* flourishing state सम द्धि; success सफलता; good fortune सौभाग्य।

prosperous *प्रौसॅ पॅ रॅस a.* flourishing सम द्ध; successful सफल; fortunate भाग्यशाली।

prostitute[1] *प्रौसॅ टि ट्यूट n.* a woman who offers sexual intercourse in return for payment वेश्या।

prostitute[2] *v.t.* to put to wrong

use (को) भ्रष्ट करना, दुरूपयोग करना।

prostitution *प्रौसॅ् टि ट्यू शॅन n.* practice of prostituting oneself वेश्याव त्ति; misuse दुरूपयोग।

prostrate[1] *प्रौ ˘स् ट्रेट,-ट्रिट a.* lying flat दंडवत् पड़ा हुआ; overcome पराजित; overthrown गिराया हुआ।

prostrate[2] *प्रौसॅ् ट्रेट v.t.* to throw flat on ground गिरा देना; to render helpless असहाय कर देना।

prostration *प्रौसॅ् ट्रे शॅन n.* act of lying flat दंडवत् अवस्था; complete exhaustion पूर्ण श्रांति।

protagonist *प्रो ˘ टै गॅ निस्ट n.* supporter पक्षपोषक; chief character नायक; principal actor मुख्य अभिनेता।

protect *प्रॅ टैक्ट v.t.* to shield from danger ख़तरे से रक्षा करना।

protection *प्रॅ टैकॅ् शॅन n.* defence रक्षा; shelter शरण, आश्रय; act of protecting बचाव; that which protects रक्षक।

protective *प्रॅ टैकॅ् टिव a.* giving protection संरक्षी; serving as protection रक्षात्मक।

protector *प्रॅ टैकॅ् टॅः n.* one who protects रक्षक।

protein *प्रो टीन n.* an organic substance found in some foods प्रोटीन।

protest[1] *प्रो टैस्ट n.* formal declaration of dissent प्रतिवाद, विरोध।

protest[2] *प्रॅ टैस्ट v.i.* to make a formal declaration of opposition प्रतिवाद करना; to raise an objection आपत्ति करना; *v.t.* to assert द ढ़तापूर्वक कहना।

protestation *प्रो ˘ टेसॅ् टे शॅन n.* a solemn declaration गंभीर घोषणा; an act of protest विरोध।

prototype *प्रो टॅ टॉइप n.* an original type or model आदिरूप।

proud *प्राउंड a.* feeling proper pride स्वाभिमानी; boastful घमंडी, दंभी; arrogant अक्खड़; self respecting आत्मसम्मानपूर्ण; stately शानदार।

prove *प्रूव v.t.* to try by experiment प्रमाणित करना; to establish the truth or reality of सिद्ध करना; *v.i.* to be found by experience or trial प्रमाणित होना।

proverb *प्रौ ˘ वॅःब n.* a popular saying लोकोक्ति; maxim कहावत।

proverbial *प्रॅ वॅः ब्यॅल a.* widely known सर्वविदित; of the nature of a proverb लोकोक्तीय।

provide *प्रॅ वॉइड v.i.* to make preparation तैयारी करना; *v.t.* to supply मुहैया करना; to equip सुसज्जित करना; to stipulate शर्त लगाना; to give प्रदान करना।

providence *प्रौ ˘ वि डॅन्स n.* foresight दूरद ष्टि; (cap.) the care which God exercises over His creatures ईश-क पा; (cap.) God ईश्वर।

provident *प्रौ ˘ वि डॅन्ट a.* thrifty मितव्ययी; showing foresight दूरदर्शी।

providential *प्रौ ˘ वि डैनॅ् शॅल a.* accomplished by divine providence दैवक त; lucky शुभ।

province *प्रौ ˘ विन्स n.* state प्रांत; sphere of action कार्यक्षेत्र।

provincial *प्रॅ विन् शॅल a.* of a province प्रांतीय; narrow-minded

संकीर्णतापूर्ण।

provincialism *प्रॅ विन् शॅ लिज़्म n.* the quality of being provincial प्रांतीयता; narrow-mindedness संकीर्णता।

provision *प्रॅ वि ज़न n.* act of providing व्यवस्थापन; stores provided भंडार; clause in any statute धारा।

provisional *प्रॅ वि ज़ॅ न्ल a.* temporary अस्थायी।

proviso *प्रॅ वॉइ ज़ो n. (pl. -s)* condition शर्त।

provocation *प्रौ ˘ वॅ के शॅन n.* act of provoking उत्तेजन; cause of resentment चिढ़ने का कारण।

provocative *प्रॅ वौ ˘ कॅ टिव a.* exciting उत्तेजक।

provoke *प्रॅ वोक v.t.* to irritate चिढ़ाना; to stimulate प्रदीप्त करना; to incite भड़काना।

prowess *प्रॉउ इस n.* bravery वीरता; gallantry शौर्य; boldness and dexterity in war निर्भीकता।

proximate *प्रौक् सि मॅट a.* nearest समीपी; in closest relationship निकट संबंधी।

proximity *प्रौकॅ् सि मि टि n.* state of being proximate निकटता।

proxy *प्रौकॅ् सि n.* authorised agent or substitute अधिकृत कार्यकर्ता अथवा स्थानापन्न व्यक्ति।

prude *प्रूड n.* a person of extreme propriety अति औचित्यवादी व्यक्ति।

prudence *प्रू डॅन्स n.* quality of being prudent विवेक, सावधानी।

prudent *प्रू डॅन्ट a.* sensible and wise विवेकी; सावधान।

prudential *प्रू डैन् शॅल, प्र- a.* marked by prudence विवेकपूर्ण।

prune *प्रून v.t.* to cut away parts of (tree, etc.) छंटाई करना; to take out unnecessary part from अनावश्यक अंश निकाल देना।

pry *प्रॉइ v.i.* to peep narrowly ताक-झांक करना।

psalm *साम n.* sacred song धार्मिक भजन।

pseudonym *स्यू डो निम,-डॅ- n.* false or feigned name छद्नाम।

psyche *सॉइ कि n.* human soul आत्मा; human mind मानव-मस्तिष्क; mentality मानसिकता।

psychiatrist *सॉइ कॉइ ॲ ट्रिस्ट n.* expert in psychiatry मनश्चिकित्सक।

psychiatry *सॉइ कॉइ ॲ ट्रि n.* treatment of mental illness मनश्चिकित्सा।

psychic *सॉइ किक a.* belonging to the soul आध्यात्मिक; psychological मनोवैज्ञानिक।

psychological *सॉइ कॅ लै ˘ जि कॅल a.* pertaining to psychology or science of mind मनोवैज्ञानिक।

psychologist *सॉइ कौ ˘ लॅ जिस्ट n.* one who is conversant with psychology मनोविज्ञानी।

psychology *सॉइ कौ ˘ लॅ जि n.* that branch of knowledge which deals with the mind मनोविज्ञान।

psychopath *सॉइ को ˘ पैथ n.* patient of mental disorder मनोरोगी।

psychosis *सॉइ को सिस n.* severe mental disorder मनोविकृति।

psychotherapy *सॉइ को ˘ थै ˘ रॅ पि*

n. treatment of disease by psychological methods मनश्चिकित्सा।

puberty *प्यू बॅ: टि* *n.* sexual maturity तारूण्य।

public[1] *पब् लिक* *a.* pertaining to a whole community सार्वजनिक; for the use of benefit of all सर्वोपयोगी।

public[2] *n.* people as a whole जनता।

publication *पब् लि के शॅन* *n.* act of publishing प्रकाशन; announcement घोषणा; something published प्रकाशित सामग्री (पुस्तक आदि)।

publicity *पब् लि सि टि* *n.* business of advertising प्रचार।

publicize *पब् लि सॉइज़* *v.t.* to give publicity to प्रचारित करना।

publish *पब् लिश* *v.t.* to cause to be printed and offered for sale प्रकाशित करना; to make public सार्वजनिक बनाना।

publisher *पब् लि शॅ:* *n.* one who publishes (especially books) प्रकाशक।

pudding *पु डिङ्ग* *n.* a sweet dish पुडिंग।

puddle[1] *पड्ल* *n.* small, dirty pool डबरा, पोखर।

puddle[2] *v.t.* to make muddy गंदला करना।

puerile *प्यु अॅ रॉइल* *a.* trivial तुच्छ; suitable only for a child बचकाना।

puff[1] *पफ़* *n.* sudden emission of breath फूंक; a whiff कश; short blast of wind झोंका; pad गदिया; swelling सूजन।

puff[2] *v.i.* to breathe hard after exertion तेज़ी से सांस लेना; to take puffs in smoking कश मारना; *v.t.* to drive with a blast फूँकना; to inflate फुलाना; to inflate with pride घमंड से भरना; to praise extravagantly अति प्रशंसा करना।

pull[1] *पुल* *v.t.* to draw or move towards oneself खींचना; to remove by drawing out उखाड़ना; to pluck खींचना।

pull[2] *n.* act of pulling खिंचाई; effort परिश्रम; influence प्रभाव, दबाव।

pulley *पु लि* *n.* grooved wheel घिरनी।

pullover *पुल् ओ वॅ:* *n.* sweater, jersey स्वेटर, ज़रसी।

pulp[1] *पल्प* *n.* soft juicy part of a fruit गूदा; soft mass of rags or wood लुगदी।

pulp[2] *v.t.* to crush into pulp लुगदी बनाना।

pulpit *पुल् पिट* *a.* raised platform in temple प्रवचन-मंच।

pulpy *पल् पि* *a.* full of pulp गूदेदार।

pulsate *पल् सेट, पल् सेट* *v.i.* to beat or throb धड़कना।

pulsation *पल् से शॅन* *n.* single beat or throb धड़कन; throb फड़कन।

pulse[1] *पल्स* *n.* regular beat of arteries नब्ज़, नाड़ी-स्पंदन।

pulse[2] *v.i.* to beat or throb स्पंदित होना।

pulse[3] *n* edible seeds of pod-bearing plants दाल।

pump[1] *पम्प* *n.* machine for raising water or extracting air पंप।

pump[2] *v.t.* to raise, put in, take out with pump पंप से उठाना, रखना, निकालना; *v.i.* to work a pump पंप चलाना।

pumpkin *पम्प् किन* *n.* a variety of gourd कद्दू।

pun[1] *पन* *n.* play on words यमक, श्लेष।

pun[2] *(-nn-) v.i.* to make a pun यमक या श्लेष का प्रयोग करना।

punch[1] *पन्च* *n.* an instrument for driving holes in metal etc. पंच, छेदक; blow or thrust मुक्का।

punch[2] *v.t.* to perforate with a punch पंच से छेद करना; to hit with the fist मुक्का मारना।

punctual *पङ्क् ट्यु ॲल* *a.* made or done at the exact time समयानुकूल; observant of appointed time समय का पाबंद।

punctuality *पङ्क् ट्यु ऐ लि टि* *n.* quality of being punctual समय की पाबंदी।

punctuate *पङ्क् ट्यु एट* *v.t.* to insert punctuation marks in में विराम-चिह्न लगाना; to interrupt में रुकावट पैदा करना।

punctuation *पङ्क् ट्यु ए शॅन* *n.* practice of punctuating विराम-चिह्न-विधान।

puncture[1] *पङ्क् चॅः* *n.* act of pricking छेदन; small hole thus made छिद्र।

puncture[2] *v.t.* to pierce with a small point नोक से छेद करना।

pungency *पन् जॅन् सि* *n.* sharpness तीव्रता; bitterness तीखापन।

pungent *पन् जॅन्ट* *a.* biting तीक्ष्ण; sharp तीव्र।

punish *प निश* *v.t.* to inflict penalty on दंड देना; to cause to suffer कष्ट पहुंचाना।

punishment *प निश् मॅन्ट* *n.* penalty दंड।

punitive *प्यू नि टिव* *a.* inflicting punishment दंडात्मक।

puny *प्यू नि* *a.* small and weak छोटा व दुर्बल।

pupil *प्यू प्ल* *n.* disciple शिष्य; aperture in the iris through which the rays of light pass पुतली।

puppet *प पिट* *n.* a small figure in human form mechanically worked पुतली; person who is a mere tool अधीन व्यक्ति।

puppy *प पि* *n.* young dog पिल्ला।

purblind *पॅः ब्लॉइंड* dim-sighted चुंधा।

purchase[1] *पॅः चॅस* *n.* thing bought ख़रीदी गई वस्तु; buying क्रय, ख़रीद।

purchase[2] *v.t.* to buy ख़रीदना।

pure *प्युॲः* *a* unmixed अमिश्रित; clear स्पष्ट; clean साफ़; chaste पवित्र; genuine असली।

purgation *पॅः गे शॅन* *n.* purification शुद्धि; purging of the bowels विरेचन।

purgative[1] *पॅः गॅ टिव* *n.* substance having the power to purge विरेचक पदार्थ।

purgative[2] *a.* having the power to purgo शोधक, विरेचक।

purgatory *पॅः गॅ टॅ रि* *n.* place of temporary suffering for the purification of soul शुद्धि का स्थान।

purge *पॅःज* *v.t.* to make pure or clean पवित्र करना; to evacuate the bowels of रेचन करना।

purification *प्युॲ रि फि के शॅन* *n.*

act of purifying शुद्धिकरण।

purify *प्युअॅ रि फ़ाइ v.t.* to make pure or clear पवित्र करना; to free from admixture शुद्ध करना; to free from guilt or sin पापरहित करना।

purist *प्युअॅ रिस्ट n.* one excessively nice in the use of words etc. शुद्धिवादी।

puritan *प्युअॅ रि टॅन n.* person strict in morals नियमनिष्ठ व्यक्ति।

puritanical *प्युअॅ रि टै नि कॅल a.* very strict in morals नैतिकतावादी।

purity *प्युअॅ रि टि n.* state or quality of being pure शुद्धता, शुचिता।

purple *पॅ: पल a., n.* (colour) produced by mixing red and blue बैंगनी (रंग)।

purport[1] *पॅ: पॅ:ट n.* general intention or meaning सामान्य आशय अथवा अर्थ।

purport[2] *v.t.* to signify, to imply आशय या अभिप्राय रखना; to claim to be दावा करना।

purpose[1] *पॅ: पॅस n.* end, aim उद्देश्य; intention आशय, प्रयोजन; determination निश्चय।

purpose[2] *v.t.* to have as one's purpose उद्देश्य रखना।

purposely *पॅ: पॅस् लि adv.* intentionally जानबूझकर, सोद्देश्य।

purr[1] *पॅ: n.* pleased noise which a cat makes म्याऊँ; vibrating sound (as that of a car engine) घुरघुर।

purr[2] *v.i.* (of a cat) to make a pleased noise म्याऊँ करना; (of a car-engine) to make a vibrating sound घुरघुर करना।

purse[1] *पॅ:स n.* small money bag बटुआ; money धन।

purse[2] *v.t.* to put in a purse बटुए में रखना।

pursuance *पॅ: स्यु अॅन्स, -स्यू- n.* carrying out पालन।

pursue *पॅ: स्यू v.t.* to chase पीछा करना; to continue जारी रखना; to have as an aim or purpose (का) लक्ष्य रखना।

pursuit *पॅ: स्यूट n.* chase पीछा; attempt to obtain लक्ष्य; occupation धंधा।

purview *पॅ: व्यू n.* scope क्षेत्र; limit सीमा; sphere परिधि।

pus *पस n.* yellowish matter produced by supuration पीव, मवाद।

push[1] *पुश v.t.* to press agaist with force धकेलना; to enforce (पर) ज़ोर देना; to urge प्रोत्साहित करना; to extend बढ़ाना; to press दबाना।

push[2] *n.* act of pushing धक्का; determination निश्चय; vigorous effort or enterprise घोर प्रयत्न।

put *पुट (-tt-) v.t.* to place in any position or situation रखना; to apply लगाना; to propose प्रस्तावित करना; to express अभिव्यक्त करना।

puzzle[1] *प ज़ल n.* problem समस्या, पहेली; state of bewilderment उलझन।

puzzle[2] *v.t.* to perplex उलझन में डालना।

pygmy (pigmy) *पिग् मि n.* dwarf बौना।

pyorrhoea *पॉइ अॅ रि अॅ n.* a disease of the gums पायरिया।

pyramid *पि रॅ मिड n.* solid structure built in ancient Egypt पिरामिड।

pyre पॉइ अॅः *n.* large pile of wood for burning a dead body चिता।

python पॉइ थौनॅ,-थॅन *n.* a large snake that crushes its prey अजगर।

Qq

Q क्यू the seventeenth letter of the English alphabet, this letter was absent in the Anglo-Saxon alphabet, it is alsways followed by 'u' in English words, Roman numeral for 500. अंग्रेजी वर्णमाला का सत्रहवाँ अक्षर, अंग्रेजी की प्राचीन लिपि में इसका प्रयोग न था, kw से इस अक्षर का उच्चारण प्रकट होता था, अंग्रेजी के शब्दों में Q के बाद सर्वदा 'u' आता है, रोमन संख्या में ५०० के लिये संकेत।

quack[1] क्वैक *v.i.* to make the cry of a duck बतख़ की तरह टर्राना।

quack[2] *n.* cry of a duck बतख़ का शब्द; pretending physician ठगविद्या करनेवाला, नीमहकीम।

quackery क्वै कॅ रि *n.* pretension to medical skill नीमहकीमी।

quadrangle क्वौॅड़ रैङ् ग्ल *n.* open four-sided court चौकोर आंगन; a figure with four angles चतुर्भुज।

quadrangular क्वौॅ ड्रैङ् ग्यु लॅः *a.* four-sided चतुष्कोणीय।

quadrilateral क्वौॅड़ रि लैॅ टॅ रॅल *a.* & *n.* four-sided (figure) चार भुजा की (आक ति)।

quadruped क्वौॅड़ रु पैॅड *n.* four-footed animal चौपाया, चतुष्पद।

quadruple[1] क्वौॅड़ रु प्ल *a.* four-fold चौगुना।

quadruple[2] *v.t.* to make four-fold चौगुना करना।

quail क्वेल *n.* a small bird like partridge बटेर।

quaint क्वेन्ट *a.* strange, unusual, old-fashioned विचित्र, विलक्षण, पुराने ढंग का।

quake[1] क्वेक *v.i.* to shake, to tremble कांपना, थर्राना।

quake[2] *n.* quaking कंपकंपी, थर्राहट।

qualification क्वौॅ लि फ़ि के शॅन *n.* ability योग्यता; restriction मर्यादा, विशिष्टता।

qualify क्वौॅ लि फ़ॉइ *v.i.* to become fit to do a particular thing योग्य बनना; to pass a test or examination परीक्षा या प्रतियोगिता में उत्तीर्ण होना; *v.t.* to moderate, to limit सीमित करना; to make fit योग्य बनाना।

qualitative क्वौॅ लि टॅ टि व *a.* relating to quality जाति, स्वभाव या गुण-संबंधी।

quality क्वौॅ लि टि *n.* nature or worth of anything गुण, जाति; rank पद; nature स्वभाव, लक्षण।

quandary क्वौनॅ डॅ रि *n.* perplexity दुविधा, व्याकुलता, घबराहट।

quantitative क्वौनॅ टि टॅ टिव *a.* relating to quantity परिणाम संबंधी।

quantity क्वौनॅ टि टि *n.* amount

परिमाण, विस्तार, मात्रा, अंश।

quantum *क्वौन् टॅम n.* desired amount आवश्यक परिमाण या मात्रा।

quarrel[1] *क्वौ ॅ रॅल n.* angry dispute कलह, झगड़ा; disagreement विवाद।

quarrel[2] *(-ll-) v.i.* to argue or disagree angrily with somebody झगड़ना।

quarrelsome *क्वौ ॅ रॅल् सॅम a.* fond of quarrels झगड़ालू, लड़ाका।

quarry[1] *क्वौ ॅ रि n.* place where stone, slate etc. is got out of ground खदान, खान।

quarry[2] *v.i.* to work in a quarry खान से पत्थर निकालना।

quarter[1] *क्वौ ॅ टः n.* fourth of any thing चतुर्थ भाग; post स्थान; direction दिशा; lodgings ठहरने का स्थान।

quarter[2] *v.t.* to divide into four equal parts चार भाग करना; to lodge ठहराना।

quarterly[1] *क्वौ : टः लि a.* coming each quarter तीसरे महीने, होनेवाला, त्रैमासिक।

quarterly[2] *n.* three-monthly magazine त्रैमासिक पत्रिका।

queen *क्वीन n.* wife of a king राजपत्नी; woman who rules a country महारानी, रानी; a piece in chess (शतरंज में) वज़ीर; card with the picture of queen (ताश में) बेग़म।

queer *क्विअॅः a.* strange, very unusual अनूठा, विलक्षण।

quell *क्वैलॅ v.t.* to overcome वश में करना; to suppress दबाना; to allay शांत करना।

quench *क्वैन्च v.t.* to damp down or put out (fire) (आग या प्यास) बुझाना, दबाना, to put an end to (something) शांत करना, चुप कर देना।

query[1] *क्विअॅ रि n. (pl. queries)* question प्रश्न, पूछताछ।

query[2] *v.t.* to ask questions प्रश्न करना।

quest[1] *क्वैॅस्ट n.* search अन्वेषण, खोज, अनुसंधान।

quest[2] *v.t.* to search खोज करना।

question[1] *क्वैस् चॅन n.* enquiry प्रश्न, जांच; point of debate विवाद या विचार का विषय।

question[2] *v.t.* to ask for information प्रश्न पूछना, जांचना; to interrogate पूछताछ करना; to doubt संदेह करना।

questionable *क्वैसॅ चॅ नॅ बॅल a.* doubtful संदेहयुक्त, अनिश्चित।

questionnaire *क्वैसॅ चॅ ने ॅ अॅः n.* a list of questions प्रश्नमाला।

queue *क्यू n.* line of people waiting their turn पंक्ति, क़तार।

quibble[1] *क्वि बॅल n.* evasive answer वाक्छल, वक्रोक्ति, शब्द-श्लेष।

quibble[2] *v.i.* to indulge in quibble वाक्छल करना, टेढ़ा बोलना, शब्द-श्लेष का प्रयोग करना।

quick[1] *क्विक a.* swift, hasty फुरतीला, प्रस्तुत, तीव्र।

quick[2] *n.* sensitive flesh शरीर का जीवित (मर्म) भाग।

quicksand *क्विक् सैन्ड n.* loose, wet sand नदी या समुद्र का-धसकनेवाला बालू का किनारा।

quicksilver *क्विक सिल् वॅः n.* mercury पारद, पारा।

quiet[1] *क्वॉइ अॅट* *a.* calm, silent निश्चल, शांत, सौम्य, चुपचाप।

quiet[2] *n.* calmness शांति, स्थिरता।

quiet[3] *v.t.* to make calm स्थिर करना; *v.i.* to be calm शांत होना।

quilt *क्विल्ट* *n.* padded coverlet रज़ाई, तोषक, गद्दा, तोषक की खोली।

quinine *क्वि नीन* *n.* bitter drug for malaria कुनैन।

quintessence *क्विन् टै ˘ सॅन्स* *n.* purest form शुद्धतम रूप, essential feature मुख्य लक्षण, embodiment मूर्तरूप।

quit *क्विट (-tt-)* *v.t.* to leave छोड़ना, त्यागना।

quite *क्वॉइट* *adv.* wholly सर्वथा, पूरी तरह से, बिलकुल।

quiver[1] *क्वि वॅ:* *n.* arrow case तरकस।

quiver[2] *v.i.* to tremble कांपना, थर्राना।

quixotic *क्विक् सौ ˘ टिक* *a.* idealistic आदर्शपूर्ण; chivalrous वीरतापूर्ण।

quiz[1] *क्विज़* *n.* general knowledge test सामान्य ज्ञान-परीक्षा।

quiz[2] *v.t.* to question, to interrogate प्रश्न पूछना।

quorum *क्वौ ˘ रॅम* *n.* minimum number for a meeting कोरम, किसी सभा के कार्य के लिए सभासदों की निर्दिष्ट संख्या।

quota *क्वो ˘ टॅ* *n.* assigned share कोटा, अंश, स्थिर भाग।

quotation *क्वो ˘ टे शॅन* *n.* citation उद्धरण; market rate प्रचलित मूल्य।

quote *क्वो ˘ट* *v.t.* to cite किसी के शब्द का उद्धरण करना; to state (price) मूल्य बतलाना।

quotient *क्वो शॅन्ट* *n.* number obtained by dividing one number by another भागफल।

Rr

R आर् the eighteenth letter of the English alphabet, Roman numeral for 80. अंग्रेजी वर्णमाला का अठारहवाँ अक्षर, अस्सी संख्या के लिए संकेत; **The three R's** (*reading, writing and arithmetic*) पढ़ना, लिखना तथा अंकगणित–ये तीन "आर्स्" कहलाते हैं।

rabbit *रे बिट* *n.* burrowing rodent allied to the hare ख़रगोश।

rabies *रे बीज़* *n.* viral disease transmitted by dogs जलातंक।

race[1] रेस *n.* descendant वंश; class वर्ग; sect जाति; running दौड़; contest प्रतिस्पर्धा।

race[2] *v.i.* to run swiftly तेज़ दौड़ना।

racial *रे शॅल* *a.* pertaining to race or lineage कुल या वंश-संबंधी।

racialism *रे शॅ लिज़्म* *n.* characteristics of a race किसी जाति की विशिष्टता।

rack[1] *रैक* *v.t.* to distort मरोड़ना; to torture सताना।

rack[2] *n.* an instrument of torture शिकंजा।

racket *रै किट* *n.* a confused din शोरगुल; the bat used in tennis टेनिस का बल्ला; dishonest way of getting money तिकड़म, चालाकी।

radiance *रे डि ॲन्स,-ड्यॅन्स n.* lustre कांति; brilliancy चमक।

radiant *रे डि ॲन्ट, -ड्यॅन्ट a.* issuing rays किरणें फैलानेवाला; beaming चमकीला।

radiate *रे डि एट v.t.* to emit rays of (light) विकीर्ण करना; to spread out प्रसारित करना; *v.i.* to sparkle जगमगाना।

radiation *रे डि ए शॅन n.* beamy brightness रश्मि-प्रकाश; spreading out प्रसारण; emission of rays विकिरण।

radical *रै डि कॅल a.* essential तत्वरूप; original असली; fundamental मौलिक; drastic उग्र।

radio[1] *रे डि ओ n.* wireless telegraphy or telephony बिना तार का यंत्र, रेडियो।

radio[2] *v.t.* to transmit by wireless telegraphy बिना तार के (समाचार) भेजना।

radish *रै डिश n.* salad plant with a white or red edible root मूली।

radium *रे ड्यॅम, रे डि ॲम n.* an intensely radioactive element रेडियम धातु।

radius *रे डि ॲस, रे ड्यॅस n.* (*pl. radii* रे डि ऑइ) a straight line from the centre of a circle to the circumference अर्द्धव्यास, त्रिज्या।

rag[1] *रैग n.* rough separate fragment चिथड़ा; torn piece of woven material वस्त्रखंड; roofing stone or tile खपरैल।

rag[2] *(-gg-) v.t.* to tease कष्ट देना; to play rough jokes upon भद्दी हंसी करना।

rage[1] *रेज n.* violent anger क्रोध; violence उत्पात; enthusiasm उत्साह।

rage[2] *v.i.* to be furious with anger क्रोध करना।

raid[1] *रेड n.* hostile incursion आक्रमण, धावा; sudden visit by authorities छापा।

raid[2] *v.t.* to make a raid on पर छापा मारना या धावा बोलना *v.i.* to carry out a raid छापा मारना।

rail[1] *रेल n.* horizontal bar of wood or metal छड़; railing घेरा; a railway रेलमार्ग।

rail[2] *v.t.* to inclose with rails छड़ों से घेरना *v.i.* to use abusive language गाली देना।

raling *रे लिङ्ग n.* a fence घेरा, कठघरा।

raillery *रे लॅ रि n.* good humoured teasing दिल्लगी, परिहास, मज़ाक़।

railway *रेल् वे n.* road having iron rails laid in parallel lines on which carriages run रेलपथ।

rain[1] *रेन v.i.* to fall in drops from the clouds वर्षा होना, बरसना; *v.t.* to send down बरसाना।

rain[2] *n.* cloud-water वर्षा।

rainy *रे नि a.* having much rain वर्षावाला।

raise *रेज़ v.t.* to lift उठाना; to construct निर्माण करना; to elevate ऊपर उठाना; to increase बढ़ाना; to bring forward प्रस्तुत करना; to collect एकत्र करना।

raisin *रे ज़न n.* dried grape किशमिश।

rally[1] *रै लि v.t.* to re-unite समेटना, फिर से जोड़ना; to attack with raillery दिल्लगी करना; *v.i.* to recover strength or vigour शक्ति जुटाना; to come together एकत्र होना।

rally[2] *n.* coming together संगठन; recovery of strength शक्ति-संचय; inprovement during illness स्वास्थ्य-लाभ; (tennis etc.) long exchange of continuous strokes लंबी भिड़ंत; gathering or assembly जमघट।

ram[1] *रैम* *n.* uncastrated male sheep मेढ़ा, भेड़ा।

ram[2] *(-mm-) v.t.* to strike against with force टक्कर मारना; to stuff भर देना।

ramble[1] *रैम् बल* *v.t.* to roam carelessly about घूमना।

ramble[2] *n.* irregular excursion पर्यटन, भ्रमण।

rampage[1] *रैम् पेज* *v.i.* to dash about violently क्रोध में इधर-उधर दौड़ना।

rampage[2] *n.* angry or violent behaviour क्रोधपूर्ण व हिंसात्मक आचरण।

rampant *रैम् पॅन्ट* *a.* unrestrained अनियंत्रित; violent तीक्ष्ण; aggressive आक्रामक।

rampart *रैम् पा:ट,-पॅ:ट* *n.* parapet or bulwark क़िले की दीवार; defence सुरक्षा।

rancour *रैङ्कॅ:* *n.* deep-seated enmity गहरी शत्रुता; malignity विद्वेष।

random *रैन् डॅम* *a.* done without definite object एकाएक किया हुआ।

range[1] *रेन्ज* *v.t.* to place in order क्रम से रखना; *v.i.* to move, to wander घूमना; to vary within limits सीमाओं के बीच होना।

range[2] *n.* scope कार्यक्षेत्र; extent सीमा; series of mountains पर्वत-श्रेणी; reach पहुंच; limit सीमा; variety विभिन्नता; distance covered by a shot गोली की मार; place where shooting is carried on चांदमारी।

ranger *रेन् जॅ:* *n.* official connected with a forest or park वनपाल।

rank[1] *रैङ्क* *n.* row, line पंक्ति; official grade पद; a social class वर्ग; high position in society प्रतिष्ठा।

rank[2] *v.t.* to classify वर्गीक त करना; to put in a class किसी श्रेणी में रखना; *v.i.* to have a place स्थान रखना।

rank[3] *a.* (of plants) growing too luxuriantly अत्यधिक बढ़नेवाला; foul smelling बदबूदार; coarse अशिष्ट, गंवारू; extreme नितांत।

ransack *रैन् सैक* *v.t.* to search thoroughly छान मारना, खोजना; to plunder लूटना।

ransom[1] *रैन् सॅम* *n.* release from captivity by payment रिहाई; price paid for redemption or pardon निष्क तिधन।

ransom[2] *v.t.* to pay ransom for धन देकर छुड़ाना; to set free in exchange for ransom धन लेकर छोड़ना।

rape[1] *रेप* *n.* sexual assault on बलात्कार; violation उल्लंघन।

rape[2] *v.t.* to make sexual assualt on (से) बलात्कार करना।

rapid *रै पिड* *a.* quick, swift तीव्र।

rapidity *रे पि डि टि* *n.* quickness तीव्रता।

rapier *रे पिअॅ:* *n.* a light sword हल्की तलवार।

rapport रै पौः *n.* harmony मेल, घनिष्ठता।

rapt रैप्ट *a.* wholly absorbed तन्मय।

rapture रैप् चॅः *n.* extreme joy or pleasure हर्षातिरेक।

rare रे॑ ॲः *a.* not frequent यदाकदा होनेवाला; uncommon असाधारण; very valuable मूल्यवान; thin विरल।

rascal रास् कॅल *n.* a scoundrel धूर्त व्यक्ति।

rash रैश *a.* hasty जल्दबाज़; overbold दुस्साहसी।

rat रैट *n.* a small rodent चूहा।

rate[1] रेट *v.t.* to appraise मूल्यांकन करना; to consider मानना; to fix the value of का मूल्य निर्धारित करना।

rate[2] *n.* proportion अनुपात; price मूल्य; degree of speed गति की मात्रा; reckoning दर।

rather रा दॅः *adv.* more readily अधिक तत्परता से; somewhat कुछ-कुछ।

ratify रै टि फ़ॉइ *v.t.* to confirm पुष्टि करना।

ratio रे शिओ *n. (pl. ratios)* relation or proportion अनुपात।

ration रै शॅन *n.* daily allowance of provisions रसद, राशन।

rational रै शॅ नॅल *a.* endowed with reason बुद्धिसंपन्न; reasonable तर्कसंगत; sensible विवेकशील, समझदार।

rationale रै शिॲ ना लि *n.* logical basis तर्कसम्मत आधार।

rationality रै शॅ नै लि टि *n.* the quality of being rational तर्कसंगतता; the power of reasoning तर्कशक्ति।

rationalize रै शॅ नॅ लॉइज़ *v.t.* to justify by plausible resoning तार्किक आधार पर उचित बताना।

rattle[1] रै ट्ल *v.i.* to clatter खड़खड़ाना; *v.t.* to say or repeat (something quickly) जल्दी-जल्दी कहना या दुहराना।

rattle[2] *n.*short sharp sound खड़खड़।

ravage[1] रे विज *n.* devastation विध्वंस।

ravage[2] *v.t.* to cause violent destruction to तहस-नहस करना।

rave रेव *v.i.* to be delirious बड़बड़ाना।

raven रे व्न *n.* a black bird like crow काला कौआ।

ravine रॅ वीन *n.* a deep narrow valley कंदरा।

raw रौ *a.* not manufactured अनिर्मित; uncooked अपक्व; inexperienced अनुभवरहित; untrained अप्रशिक्षित; crude फूहड; cold and damp ठंडा और नम।

ray रे *n.* line of light किरण।

raze रेज़ *v.t.* to scratch out खुरचना, मिटाना; to lay level with the ground भूमिसात करना।

razor रे ज़ॅः *n.* knife for shaving off hair उस्तरा।

reach रीच *v.t.* to extend फैलाना, बढ़ाना; to gain प्राप्त करना; to attain to पर पहुंचना।

react रि ऐक्ट, री- *v.i.* to act upon the doer प्रतिकार करना, प्रतिक्रिया करना।

reaction रि ऐक् शॅन, री- *n.* reciprocal action प्रतिक्रिया; counteraction विरूद्ध क्रिया।

reactinary *रि ऐक् शॅ नॅ रि, री- a.* implying reaction प्रतिकार करने वाला।

read *रीड v.t. (pt. & p.p. read रैॅड)* to look at and understand (written matter) पढ़ना; to learn by reading शिक्षा प्राप्त करना; to utter बोलना; to interpret व्याख्या करना; to study अध्ययन करना; *v.i.* to be able to understand what is written पढ़ने की क्षमता रखना।

reader *री डॅः n.* one who reads पाठक; teacher in university रीडर; textbook for reading in class पाठमाला।

readily *रैॅ डि लि adv.* promptly शीघ्रता से; cheerfully सुख से।

readiness *रैॅ डि निस n.* quickness तत्परता; willingness इच्छा।

ready *रैॅ डि a.* prepared तैयार; willingly disposed उद्यत; present at hand उपस्थित।

real *रिअॅल a.* actual वास्तविक; genuine असली।

realism *रिअॅ लिज़्म n.* regarding things as they are यथार्थ।

realist *रिअॅ लिस्ट n.* person who believes in realism यथार्थवादी।

realistic *रिअॅ लिस् टिक a.* pertaining to realism यथार्थवादी।

reality *रि ऐ लि टि, री- n.* state or quality of being real वास्तविकता; actuality सच्चाई।

realization *रि अॅ लॉइ ज़े शॅन n.* full awareness अनुभूति, अहसास; obtaining प्राप्ति; collection वसूली।

realize *रि अॅ लॉइज़ v.t. & i.* to make real वास्तविक बनाना; to convert into money रुपये में बदलना; to acquire प्राप्त करना; to be fully conscious of अनुभव करना; to collect वसूल करना।

really *रिअॅ लि adv.* actually वास्तव में; in truth वस्तुतः।

realm *रैॅल्म a.* kingdom राज्य; region क्षेत्र।

ream *रीम* 480 sheets of paper रिम (कागज़ का)।

reap *रीप v.t.* to cut with a scythe काटना; to gather (harvest) (फ़सल) एकत्र करना; to receive as fruit of previous activity कर्म के फल के रूप में पाना।

reaper *री पॅः n.* a person who reaps लुनेरा; a reaping machine फ़सल कट।

rear[1] *रिअॅः n.* back part पिछला भाग; last part of army, fleet etc. सेना, बेड़े आदि का सबसे अंतिम भाग।

rear[2] *v.t.* to bring up पालन-पोषण करना; to raise, to lift up उठाना; *v.i.* to rise on hind legs पिछली टांगों पर खड़ा होना।

reason[1] *री ज़्न n.* justification औचित्य; cause कारण; sanity विवेक; rational ground तर्क।

reason[2] *v.i.* to make use of one's reason बुद्धि से काम लेना; to argue तर्क करना; *v.t.* to say by way of argument तर्कस्वरूप कहना; to persuade by argument समझाना।

reasonable *री ज़ॅ नॅ ब्ल a.* logical तर्कसंगत; able to reason तर्कशील; moderate यथोचित।

reassure *री अॅ शुअॅः v.t.* to assure anew पुनः विश्वास दिलाना।

rabate *री बेट n.* deduction छूट।

rebel[1] *रि बैलॅ (-ll-) v.i.* to revolt विद्रोह करना।

rebel[2] रै *ब्ल n.* one who rebels विद्रोही।

rebellion *रि बैलॅ् यॅन n.* act of rebelling, revolt बग़ावत।

rebellious *रि बैलॅ् यॅस a.* pertaining to rebellion विद्रोहमूलक; mutinous बाग़ी।

rebirth *री बॅःथ n.* being born again पुनर्जन्म; revival पुनरूत्थान।

rebound[1] *रि बॉउन्ड v.i.* to spring or bound back प्रतिक्षिप्त होना; to come back upon oneself स्वयं पर प्रतिघात करना।

rebound[2] *री बॉउन्ड n.* act of rebounding प्रतिक्षेप, उच्छलन।

rebuff[1] *रि बफ़ n.* snubbing झिड़की; defeat पराजय।

rebuff[2] *v.t.* to check रोकना; to snub झिड़कना।

rebuke[1] *रि ब्यूक v.t.* to reprove sharply फटकारना, डांटना।

rebuke[2] *n.* reproof फटकार।

recall[1] *रि कौल v.t.* to call or bring back, to summon back वापस बुलाना; to recollect स्मरण करना।

recall[2] *n.* a call to return वापस बुलाना; ability to remember स्मरण-क्षमता।

recede *रि सीड v.i.* to go back or away पीछे या दूर जाना; to become distant दूरी पर होना।

receipt *रि सीट n.* act of receiving प्राप्ति; a written acknowledgement of something received पावती।

receive *रि सीव v.t.* to accept स्वीकार करना; to take लेना; to get प्राप्त करना; to greet स्वागत करना।

receiver *रि सी वॅः n.* one who accepts stolen goods चोर-हटिया; earpiece of telephone चोग़ा; official taking public money ग हीता, रिसीवर; person who takes something पानेवाला।

recent *री स्न्ट a.* new नया, ताज़ा; that has lately happened हाल का।

recently *री स्न्ट् लि adv.* lately, not long ago हाल ही में।

reception *रि सैपॅ् शॅन n.* welcome स्वागत; formal social gathering स्वागत-समारोह; signals recieved अभिग्रहण।

receptive *रि सैपॅ् टिव a.* such as to receive readly शीघ्र-ग्रहणकारी।

recess *रि सैसॅ n.* period of retirement अवकाश; vacation अनध्याय; niche ताक़, आला; hollow कोटरिका; hidden place गुप्त स्थान।

recession *रि सैॅ शॅन n.* withdrawal वापसी; period of reduced economic activity व्यापारिक मंदी।

recipe रै *ॅ सि पि n.* medical prescription नुसखा; direction for preparing a dish पाक-विधि; expedient उपाय।

recipient *रि सि पि अॅन्ट n.* one who receives प्रापक।

reciprocal *रि सि प्रॅ कॅल a.* mutual पारस्परिक।

reciprocate *रि सि प्रॅ केट v.t.* to exchange आदान-प्रदान करना; to give and take mutually अदल-बदल करना।

recital *रि सॉइ ट्ल n.* narration विवरण, व त्तांत; a programme of music संगीत का कार्यक्रम; act of reciting गायन-प्रस्तुति।

recitation *रै˘ सि टे शॅन* *n.* recital from memory पाठ।

recite *रि सॉइट* *v.t.* to repeat aloud सुनाना।

reckless *रैक् लिस* *a.* heedless, careless लापरवाह; rash जल्दबाज़।

reckon *रै˘ कॅन* *v.t.* to count गिनती करना; to consider मानना; to include सम्मिलित करना; to estimate अनुमान लगाना; to calculate गणना करना।

reclaim *रि क्लेम* *v.t. & i.* to claim back वापिस मांगना; to make fit for cultivation कषि-योग्य बनाना; to recover पुनः प्राप्त करना; to reform सुधारना।

reclamation *रै˘ क्लॅ मे शॅन* *n.* reform सुधार; making fit for cultivation भूमि-सुधार।

recluse *रि क्लूस* *n.* person who lives alone एकांतवासी।

recognition *रै˘ कॅग् नि शॅन* *n.* acknowledgement मान्यता; formal identification पहचान।

recognize *रै˘ कॅग् नॉइज़* *v.t.* to know again पहचान लेना; to acknowledge formally मान्यता देना; to indicate appreciation of मानना।

recoil[1] *रि कौ˘इल* *v.i.* to move or start back पीछे हटाना; to rebound वापस निकल जाना।

recoil[2] a starting or falling back वापसी, प्रतिक्षेप।

recollect *रै˘ कॅ लैक्ट* *v.t.* to remember स्मरण करना।

recollection *रै˘ कॅ लैक् शॅन* *n.* remembrance स्मरण।

recommend *रै कॅ मैन्ड* *v.t.* to praise प्रशंसा करना; to speak well of, to make acceptable संस्तुति करना; to advise सलाह देना।

recommendation *रै˘ कॅ मैन् डे शॅन* *n.* favourable representation संस्तुति।

recompense[1] *रै˘ कॅम् पैन्स* *v.t.* to compensate क्षतिपूर्ति करना; to make amends for प्रतिफल देना।

recompense[2] *n.* reward पुरस्कार compensation क्षतिपूर्ति।

reconcile *रै˘ कॅन् सॉइल* *v.t.* to make friendly again से मेलमिलाप कराना; to harmonize में सामंजस्य करना; to accept स्वीकार करना।

reconciliation *रै˘ कॅन् सि लि ए शॅन* *n.* renewal of friendship मित्रता का नवीनीकरण।

record[1] *रि कौःड* *v.t.* to preserve in writing अंकित करना; to register पंजीक त करना।

record[2] *रै कौःड* *n.* an unbeaten performance कीर्तिमान; official report अभिलेख; facts known ज्ञात तथ्य; a disc for a gramophone ग्रामोफ़ोन रिकार्ड।

recorder *रि कौःडॅ* *n.* one who records लेखक, कार्यालय का रिकार्ड रखनेवाला।

recount *रि कॉउन्ट* *v.t.* to tell in detail ब्योरा देना।

recoup *रि कूप* *v.t.* to compensate क्षतिपूर्ति करना।

recourse *रि कौःस* *n.* resort to a possible help आश्रय।

recover *रि क वॅः* *v.t.* to get back वापिस पाना; *v.i.* to grow well स्वस्थ होना।

recovery *रि क वॅ रि n.* act of recovering वसूली; regaining health स्वास्थ्य-लाभ।

recreation *रै ॅक्रि ए शॅन n.* entertainment मनोरंजन; source of recreation मनोरंजन का साधन।

recruit[1] *रि क्रूट n.* newly enlisted soldier रंगरूट; a new member नया सदस्य।

recruit[2] *v.t.* to enlist in the army भर्ती करना; to engage नियुक्त करना।

rectangle *रैकॅ् टैङ् ग्‌ल n.* a quadrilateral with right angles आयत।

rectangular *रैकॅ् टैङ् ग्यु लॅः a.* shaped like a rectangle आयताकार।

rectification *रैकॅ् टि फ़ि के शॅन n.* act of rectifying समाधान, शुद्धि।

rectify *रैकॅ् टि फ़ॉइ v.i.* to correct सही करना; to purify शुद्ध करना।

rectum *रै ॅक् टॅम n.* the lowest part of the large intestine opening at the anus गुदा, मलद्वार।

recur *रि कॅः (-rr-) v.i.* to happen again पुनराव त्ति होना।

recurrence *रि क रॅन्स n.* return पुनरागमन; repetition पुनराव त्ति।

recurrent *रि क रॅन्ट a.* recurring from time to time आवर्तक।

red[1] *रै ॅड a.* of a colour resembling that of arterial blood लाल रंग का।

red[2] *n.* colour resembling that of arterial blood लाल रंग।

redden *रै ड्‌न v.t.* to make red; *v.i.* to become red लाल होना।

reddish *रै डिश a.* somewhat red ललछौहां।

redeem *रि डीम v.t.* to rescue मुक्त करना; to ransom धन देकर छुड़ाना; to free from sin पाप से मुक्त करना; to make up for की कमी पूरी करना।

redemption *रि डैम्प् शॅन n.* deliverance from sin, atonement प्रायश्चित-द्वारा पाप-मुक्ति; release छुटकारा।

redouble *रि ड ब्‌ल, री- v.t.* to increase बढ़ाना; to intensify घनीभूत करना; *v.t.* to be increased बढ़ना, अधिक होना।

redress[1] *रि ड्रैसॅ v.t.* to remedy उपाय करना; to readjust दुबारा दुरूस्त करना; to rectify शुद्ध करना; to compensate क्षतिपूर्ति करना।

redress[2] *n.* act of redressing सुधार, शुद्धि; compensation क्षतिपूर्ति।

reduce *रि ड्यूस v.t.* to decrease कम करना; to change बदलना; to slim पतला करना।

reduction *रि डक् शॅन n.* act of reducing न्यूनन; diminution कमी; subjugation पराभव।

redundance *रि डन् डॅन्स n.* being redundant फालतूपन।

redundant *रि डन् डॅन्ट a.* superfluous फ़ालतू; not needed अनावश्यक।

reel[1] *रील n.* a bobbin for thread चर्खी; (cinema) length of film रील; a staggering motion लड़खड़ाहट।

reel[2] *v.i.* to stagger लड़खड़ाना।

refer *रि फ़ॅः v.t.* to send भेजना; to assign सौंपना; to submit प्रस्तुत करना; to ascribe से संबद्ध करना; *v.i.* to allude हवाला देना; to make mention ज़िक्र करना।

referee *रै ˘ फ़ॅ री* *n.* an umpire निर्णयकर्त्ता।

reference *रै ˘ फ़ॅ रॅन्स* *n.* act of referring निर्देशन; mention ज़िक्र, चर्चा; connection संदर्भ, प्रसंग; testimonial प्रमाण-पत्र; citation उद्धरण।

referendum *रै ˘ फ़ॅ रैन्ँ डॅम* *n.* the referring of a question to the people for final approval जनमत-संग्रह।

refine *रि फ़ॉइन* *v.t.* to purify शुद्ध करना; to free from defects सुधारना।

refinement *रि फ़ॉइन् मॅन्ट* *n.* act of refining शुद्धता; fineness of taste or feeling शिष्टता।

refinery *रि फ़ॉइ नॅ रि* *n.* place and apparatus for refining sugar, metals, etc. परिशोधनशाला।

reflect *रि फ़्लैक्ट* *v.t.* to throw back (heat, light etc.) परावर्तित करना; to send back an image of प्रतिबिंबित करना; to express प्रकट करना; *v.i.* to meditate चिंतन करना।

reflection *रि फ़्लैक् शॅन* *n.* act of reflecting परार्वतन; censure निंदा; consideration विचार; meditation ध्यान।

reflective *रि फ़्लैक् टिव* *a.* throwing back परावर्तक; contemplative चिंतनशील।

reflector *रि फ़्लैक् टॅः* *n.* one who reflects प्रतिक्षेपक।

reflex[1] *री फ्लैक्स* *n.* an involuntary action अनैच्छिक क्रिया।

reflex[2] *a.* involuntary अनैच्छिक; reflected परावर्तित।

reflexive *रि फ़्लैक् सिव* *a*, reflective कर्त्ता-संबंधी।

reform[1] *रि फ़ौःम* *v.t.* to make better सुधारना; to correct दोष हटाना।

reform[2] improvement सुधार; removal of defects दोषनिव ति।

reformation *रै ˘ फ़ॅः मे शॅन* *n.* act of reforming सुधार।

reformatory[1] *रै ˘फ़ॅः मॅ टॅ रि* *n.* an institution for reclaiming young criminals सुधार-गह।

reformatory[2] *a.* tending to produce reform सुधारात्मक।

reformer *रि फ़ौः मॅः* *n.* one who reforms सुधारक।

refrain[1] *रि फ़्रेन* *v.i.* to abstain (from) (से) अलग रहना।

refrain[2] *n.* burden of a song or poem टेक, स्थायी।

refresh *रि फ़्रैशॅ* *v.t.* to revive नया करना; to freshen ताज़ा करना।

refreshment *रि फ़्रैशॅ मॅन्ट* *n.* act of refreshing ताज़गी; light food, drink etc. जलपान।

refrigerate *रि फ़्रिजॅ रेट* *v.t.* to cool शीतल करना।

refrigeration *रि फ़्रिजॅ रे शॅन* *n.* freezing, cooling प्रशीतन।

refrigerator *रि फ़्रि जॅ रे टॅः* *n.* an apparatus for cooling or for making ice शीतक यंत्र, प्रशीतित्र।

refuge *रै ˘ फ़्यूज* *n.* shelter शरण; place of shelter शरणस्थल।

refugee *रै ˘ फ़्यू जी* *n.* one who seeks refuge शरणार्थी।

refulgence *रि फ़ल् जॅन्स* *n.* brightness चमक, दीप्ति।

refulgent *रि फ़ल् जॅन्ट* *a.* shining, bright देदीप्यमान।

refund[1] *रि फ़न्ड* *v.t.* to pay back लौटाना।

refund[2] *री फ़न्ड* *n.* repayment धन की वापसी।

refusal *रि फ़्यू ज़ॅल* *n.* denial of something offered अस्वीक ति; rejection प्रतिषेध।

refuse[1] *रि फ़्यूज़* *v.t.* to make refusal of अस्वीकार करना; to deny मना करना; to reject प्रतिषेध करना।

refuse[2] *रै ˘ फ़्यूस* *n.* rubbish, useless matter अवशिष्ट, मल।

refutation *रै ˘ फ़्यु टे शॅन, -फ़्यू-* *n.* disproof खंडन।

refute *रै˘ फ़्यूट* *v.t.* to disprove खंडन करना; to rebut by argument तर्क से असत्य ठहराना।

regal *री गॅल* *a.* royal राजकीय, शाही।

regard[1] *रि गाःड* *v.t.* to notice carefully ध्यान से देखना; to respect आदर करना; to take into account विचार करना; to consider मानना; to relate to से संबद्ध होना।

regard[2] *n.* look द ष्टि; attention ध्यान; respect सम्मान; point, matter मामला।

regenerate *री जै ˘ नॅ रेट* *v.t.* to generate anew फिर से उत्पन्न करना; to bring into a better state सुधारना; to reform morally (में) नैतिक सुधार लाना; *v.i.* to grow again पुनः विकसित होना।

regeneration *रि जै ˘ नॅ रे शॅन* *n.* act of regenerating सुधार, उत्थान; reproduction पुनर्जन्म।

regicide *रै˘ जि सॉइड* *n.* murder of a king राजहत्या; murderer of a king राजहंता।

regime *रें ज़ीम* *n.* administration प्रशासन; system व्यवस्था।

regiment *रै ˘ जि मॅन्ट* *n.* unit of army commanded by a colonel सैन्यदल।

regiment[2] *रै˘ जि मैन्टॅ* *v.t.* to organize, संगठित करना, to discipline नियंत्रित करना।

region *री जॅन* *n.* area, territory भूभाग; part of the body शरीरांग; tract of land मंडल; sphere क्षेत्र।

regional *री जॅ नॅल* *a.* pertaining to a region क्षेत्रीय, मंडलीय।

register[1] *रै ˘ जिस् टॅः* *n.* list सूची; record book पंजिका; written record लेखा; range of voice स्वर-विस्तार।

register[2] *v.t.* to enter in register पंजीक त करना; to record दर्ज करना; to show दर्शाना; to set down in writing लिपिबद्ध करना।

registrar *रै ˘ जिस् ट्राः* *n.* officer charged with keeping registers पंजीयक, कुलसचिव।

registration *रै˘ जिस् ट्रे शॅन* *n.* act of registering पंजीकरण; getting registered पंजीयन।

registry *रै ˘ जिस् ट्रि* *n.* registration पंजीयन, पंजीकरण; place where registers are kept लेखागार।

regret[1] *रि ग्रै˘ट (-tt-)* *v.i.* to be sorry for दुःखी होना।

regret[2] *n.* sorrow, feeling of sadness खेद।

regular *रै ˘ ग्यु लॅः* *a.* formal औपचारिक; usual सामान्य; systematic यथारीति; orderly यथाक्रम; recurring uniformly नियमित; fixed नियत।

regularity *रै ॅ ग्यु लै रि टि n.* state or character of being regular नियमितता।

regulate *रै ॅ ग्यु लेट v.t.* to adjust by rule नियमित करना; to direct निर्देश करना; to put in order क्रम में रखना।

regulation *रै ॅ ग्यु ले शॅन n.* act of regulating व्यवस्थापन; rule नियम।

regulator *रै ॅ ग्यु ले टॅः n.* one who or that which regulates प्रबंधकर्त्ता, नियंत्रक।

rehabilitate *री अॅ बि ले टेट v.t.* to restore to a former capacity or position पूर्व अवस्था में लाना।

rehabilitation *री अॅ बि लि टे शॅन n.* act of restoring forfeited rights or privileges पुनर्निवेशन।

rehearsal *रि हॅः सॅल n.* preparatory performance of a play पूर्व-प्रयोग, नाटक का प्रारंभिक अभिनय।

rehearse *रि हॅःस v.t.* to repeat दुहराना; to practise अभ्यास करना; to say over again पुनः कहना।

reign[1] *रेन v.i.* to govern राज्य करना; to be supreme सर्वोपरि होना।

reign[2] *n.* period of a king's rule राज्यकाल।

reimburse *री इम् बॅःस v.t.* to repay लौटाना।

rein[1] *रेन n.* narrow strap to guide a horse लगाम; means of restraint नियंत्रण।

rein[2] *v.t.* to restrain रोकना; to control नियंत्रित करना।

reinforce *री इन् फ़ौःस v.t.* to strenghten by new assistance सुद ढ़ बनाना।

reinforcement *री इन् फ़ौःस् मॅन्ट n.* act of reinforcing सुद ढ़ीकरण।

reinstate *री इन् स्टेट v.t.* to restore to a former position बहाल करना; to replace पुनः स्थापित करना।

reinstatement *री इन् स्टेट् मॅन्ट n.* restoration to former position बहाली; re-establishment पुनः स्थापन का कार्य।

reiterate *री इ टॅ रेट v.t.* to repeat again and again बार-बार दुहराना।

reiteration *री इ टॅ रे शॅन n.* repetition पुनराव त्ति।

reject *रि जैक्ट v.t.* to discard अस्वीकार करना; to forsake त्यागना।

rejection *रि जै ॅक् शॅन n.* refusal to accept or grant अस्वीकार।

rejoice *रि जौ ॅइस v.i.* to be glad प्रसन्न होना; to gladden आनंदित होना; *v.t.* to make joyful आनंदित करना।

rejoin *रि जौ ॅइन v.t.* to join again फिर से जोड़ना; to answer to a reply प्रत्युत्तर देना।

rejoinder *रि जो इन् डॅः n.* an answer to reply प्रत्युत्तर।

rejuvenate *रि जू वि नेट v.t.* to restore to youth पुनः युवा बनाना; *v.i.* to become young again पुनः तरुण बनना।

rejuvenation *रि जू वि ने शॅन n.* act of rejuvenating नई जवानी।

relapse[1] *रि लैप्स v.i.* to return to a former state पहली दशा में आना।

relapse[2] *n.* falling back, either in health or morals पतन, पलटा।

relate *रि लेट v.t.* to tell, to recount बताना, विवरण देना; to bring into relation with से संबद्ध करना; to refer to से संबद्ध होना।

relation *रि ले शॅन n.* act of relating संबंध; act of describing वर्णन; reference संदर्भ; connection संबंध, रिश्ता।

relative[1] *रै ˘ लॅ टिव a.* having relation or reference सापेक्ष; (*gram.*) showing relation संबंधसूचक।

relative[2] *n.* one allied by blood संबंधी, रिश्तेदार।

relax *रि लैक्स v.t.* to loosen or weaken शिथिल करना; *v.i.* to become loosened or slack शिथिल होना।

relaxation *री लैक् से शॅन n.* act of relaxing शिथिलीकरण; state of being relaxed शिथिलता।

relay[1] *रि ले n.* fresh team or group नई टोली; a broadcast from one station transmitted by another प्रसारण।

relay[2] *v.t.* to transmit (a broadcast) from another station प्रसारित करना।

release[1] *रि लीस v.t.* to liberate मुक्त करना; to allow to be published, seen or known प्रकाशित या प्रदर्शित करना।

release[2] *n.* liberation मुक्ति; releasing प्रकाशन, प्रदर्शन।

relent *रि लैन्ट v.i.* to soften in temper नरम पड़ना।

relentless *रि लैन्ट् लिस a.* pitiless, unmerciful दयाहीन।

relevance *रै ˘ लि वॅन्स n.* state or quality of being relevant प्रासंगिकता।

relevant *रै ˘ लि वॅन्ट a.* to the purpose प्रासंगिक।

reliable *रि लॉइ अॅ ब्ल a.* trustworthy विश्वसनीय।

reliance *रि लॉइ अॅन्स n.* trust विश्वास; confidence भरोसा।

relic *रै ˘ लिक n.* remaining fragment निशानी; memento स्मारकचिह्न; (*pl.*) remains अवशेष।

relief *रि लीफ़ n.* lessening or ending of pain आराम, चैन; help सहायता; release from duty भार मुक्ति; one who relieves another एवज़, भारग्राही; prominence प्रमुखता; reinforcements कुमुक।

relieve *रि लीव v.t.* to remove or lessen हटाना या कम करना; to release from duty कर्त्तव्यमुक्त करना; to assist सहायता करना।

religion *रि लि जॅन n.* any system of faith and worship धर्म।

religious *रि लि जॅस a.* pertaining to religion धार्मिक; devout धर्मात्मा।

relinquish *रि लिङ् क्विश v.t.* to renounce, to leave छोड़ना, त्याग देना।

relish[1] *रै ˘ लिश v.t.* to enjoy the taste of स्वाद लेना; to like पसंद करना।

relish[2] *n.* taste, flavour स्वाद, सुवास; liking पसंद।

reluctance *रि लक् टॅन्स n.* unwillingness अनिच्छा।

reluctant *रि लक् टॅन्ट a.* unwilling अनिच्छुक।

rely *रि लॉइ v.i.* to depend (upon) निर्भर होना; to trust विश्वास करना।

remain *रि मेन v.i.* to continue in a place or condition रहना; to last टिकना; to exist बच जाना।

remainder *रि मैन् डॅः n.* that which

remains बचा हुआ अंश; residue शेष।

remains *रि मैनॅंज़ n. (pl.)* what remains over अवशेष; ruins खंडहर; dead body म त शरीर।

remand[1] *रि मान्ड v.t.* to send back to jail पुनः जेल भेजना।

remand[2] *n.* being remanded जेल-वापसी।

remark[1] *रि माःक n.* notice निरीक्षण; comment टिप्पणी।

remark[2] *v.t.* to observe, to notice ध्यान से देखना या सुनना; to utter by way of comment टिप्पणीस्वरूप कहना।

remarkable *रि माः कॅ ब्ल a.* worthy of remark विलक्षण; extraordinary असाधारण।

remedial *रि मी ड्यॅल a.* intended to cure उपचारी।

remedy *रै ˘ मि डि n.* that which cures a disease चिकित्सा; means of redress उपाय।

remedy[2] *v.t.* to cure चिकित्सा करना; to repair ठीक करना।

remember *रि मैमॅ बॅः v.t.* to have in the memory स्मरण रखना; to have (something) in remembrance याद करना; to convey greetings नमस्ते कहना।

remembrance *रि मैमॅ ब्रॅन्स n.* memory स्म ति; memorial स्मारक; token चिह्न।

remind *रि मॉइन्ड v.t.* to put in mind याद दिलाना; to cause to remember याद कराना।

reminder *रि मॉइन् डॅः n.* something that helps somebody to remember something स्मरणपत्र।

reminiscence *रै ˘ मि नि सॅन्स n.* recollection स्मरण।

reminiscent *रै ˘ मि नि सॅन्ट a.* reminding (of) स्म ति रखने या जगानेवाला।

remission *रि मि शॅन n.* abatement कमी, घटाव; pardon क्षमा; remitting or debt ऋण-भुगतान।

remit *रि मिट (-tt-) v.t.* to relax शिथिल करना; to send (money etc.) by post डाक-द्वारा (पैसा आदि) भेजना; to forgive क्षमा करना।

remittance *रि मि टॅन्स n.* act of remitting प्रेषण; the sum or thing remitted भेजा हुआ धन।

remorse *रि मौःस n.* reproach of conscience पश्चाताप, ग्लानि।

remote *रि मोट a.* distant in place of conscience दूरस्थ, दूरवर्ती; widely separated असंबद्ध; slight अल्प।

removable *रि मू वॅ ब्ल a.* that may be removed हटाने-योग्य।

removal *रि मू वॅल n.* act of removing हटाने का कार्य; dismissal पदच्युति; elimination निराकरण।

remove *रि मूव v.t.* to displace हटाना; to dismiss पदच्युत करना।

remunerate *रि म्यू नॅ रेट v.t.* to reward for service मज़दूरी देना।

remuneration *रि म्यू नॅ रे शॅन n.* reward पुरस्कार, पारितोषिक; compensation प्रतिफल।

remunerative *रि म्यू नॅ रॅ टिव a.* profitable लाभकारी।

renaissance *रॅ ने सॅन्स n.* rebirth, revival पुनर्जन्म, पुनरुत्थान।

render *रैन् डॅः v.t.* to give in return लौटाना; to deliver up सौंपना;

to present प्रस्तुत करना; to cause to become बनाना; to translate अनुवाद करना।

rendezvous *रॉन् डि वू n.* place of meeting मिलन-स्थल; appointment पूर्वनिश्चित भेंट।

renew *रि न्यू v.t.* to make new again नया करना; to replace पूर्व अवस्था में लाना; to grow or begin again पुनः प्रारंभ करना; to make valid again नवीकरण करना।

renewal *रि न्यू अॅल n.* renewing नवीकरण; being renewed नवीभवन।

renounce *रि नॉउन्स v.t.* to give up छोड़ना; to disown अपनाने से इनकार करना।

renovate *रै˘ नो˘ वेट,-नॅ- v.t.* to renew नया करना; to restore to freshness अच्छी अवस्था में लाना।

renovation *रै˘ नो˘ वे शॅन n.* renovating नवीकरण।

renown *रि नॉउन n.* reputation, fame यश, कीर्ति।

renowned *रि नॉउन्ड a.* eminent, famous प्रसिद्ध।

rent[1] *रैन्ट n.* money payable yearly for the use of land etc. मालगुजारी; payment for hire किराया।

rent[2] *v.t.* to occupy or use for rent किराये पर लेना; to allow to be used for rent किराये पर देना।

renunciation *रि नन् सि ए शॅन n.* self-denial आत्मत्याग; act of renouncing त्याग।

repair[1] *रि पे˘ अॅः v.t.* to refit मरम्मत करना; to put right again ठीक करना।

repair[2] *n.* repairing मरम्मत।

raparable *रै˘ पॅ रॅ ब्ल a.* that can be made good क्षतिपूर्ति-योग्य।

repartee[1] *रै˘ पाः टी n.* smart, ready and witty reply व्यंग्य-उक्ति, क्षिप्र उत्तर।

repatriate[1] *री पैट् रि एट v.t.* to restore to one's own country स्वदेश भेजना।

repatriate[2] *n.* repatriated person प्रत्यावर्तित व्यक्ति।

repatriation *री पैट् रि ए शॅन n.* act of returning to one's own country देश-प्रत्यावर्तन।

repay *रि पे v.t.* to pay back or again वापस करना, चुका देना; to pay in return प्रतिदानस्वरूप देना।

repayment *रि पे मॅन्ट n.* act of repaying money वापसी; the sum repaid वापस की हुई राशि।

repeal[1] *रिपील v.t.* to revoke निरस्त करना।

repeal[2] *n.* act of repealing निरसन।

repeat *रि पीट v.t.* to do or utter again फिर से करना या कहना, दुहराना; *v.i.* to recur आव त्ति करना।

repel *रि पैलॅ (-ll-) v.t.* to drive back पीछे को हटाना; to cause a feeling of dislike in (में) घ णा उत्पन्न करना।

repellent[1] *रिपै˘ लॅन्ट a.* tending to repel विकर्षक; disgusting घ णास्पद।

repellent[2] *n.* something that repels विकर्षक वस्तु।

repent *रि पैन्ट v.i.* to feel regret for something done or left undone पश्चात्ताप करना।

repentance *रि पैन् टॅन्स n.* contrition पश्चात्ताप।

repentant *रि पैन् टॅन्ट a.* repenting पछतावा करनेवाला।

repercussion *री पॅः क शॅन n.* reverberation प्रतिध्वनि; act of driving behind प्रतिघात; effect प्रभाव।

repetition *रै ˘ पि टि शॅन n.* that which is repeated आव त्ति; act of doing or uttering a second time पुनरुक्ति, दुहराव।

replace *रि प्लेस v.t.* to put again in the former place पुनः स्थापित करना; to take the place of (का) स्थान लेना।

replacement *रि प्लेस् मॅन्ट n.* replacing प्रतिस्थापन; substitution प्रतिस्थापन।

replenish *रि प्लै ˘ निश v.t.* to fill again फिर से भरना।

replete *रि प्लीट a.* filled परिपूर्ण, भरपूर।

replica *रैपॅ् लि कॅ n.* facsimile प्रतिक ति।

reply[1] *रि प्लॉइ v.i.* to answer उत्तर देना *v.t.* to say by way of answer उत्तर में कहना।

reply[2] *n.* response, answer उत्तर।

report[1] *रि पौःट v.t.* to give an account of का विवरण देना; to relate कहना, बयान करना; to complain about शिकायत करना; *v.i.* to act as a reporter संवाददाता का कार्य करना; to present oneself उपस्थित या प्रस्तुत होना।

report[2] *n.* an account विवरण; statement बयान; rumour अफ़वाह; repute नाम; sound of an explosion धमाका।

reporter *रि पौः टॅः n.* one who reports to the newspaper संवाददाता।

repose[1] *रि पोज़ n.* peace शांति; composure आराम; sleep नींद।

repose[2] *v.i.* to rest आराम करना; *v.t.* to lay at rest आराम से लिटा देना; to place रखना; to lean झुकाना, टेकना।

repository *रि पौ ˘ ज़ि टॅ रि n.* warehouse भंडार-गह।

represent *रैपॅ् रि ज़ैन्ट v.t.* to describe वर्णन करना; to show प्रदर्शित करना; to denote द्योतित करना; to be substitute for (का) प्रतिनिधित्व करना; to symbolize (का) प्रतीक होना।

representation *रैपॅ् रि ज़ैनॅ् टे शॅन n.* act of representing प्रतिनिधित्व; likeness प्रतिरूप; a polite protest विरोध-पत्र।

representative[1] *रैपॅ् रि ज़ैनॅ् टॅ टिव n.* one who or that which represents प्रतिनिधि।

representative[2] *a.* showing प्रदर्शक, द्योतक; acting for others प्रतिनिधिक।

repress *रि प्रैसॅ v.t.* to suppress शमन करना; to restrain रोकना।

repression *रि प्रै ˘ शॅन n.* check नियंत्रण; restraint दबाव।

reprimand[1] *रैपॅ् रि मान्ड n.* severe reproof for a fault घुड़की, लताड़।

reprimand[2] *v.t.* to administer a sharp rebuke to निंदा करना, झिड़कना।

reprint[1] *री प्रिन्ट v.t.* to print again पुनः मुद्रित करना।

reprint[2] *री प्रिन्ट n.* a second or new edition पुनर्मुद्रण।

reproach[1] *रि प्रोच v.t.* to charge severly with a fault धिक्कारना।

reproach[2] *n.* censure धिक्कार; disgrace तिरस्कार।

reproduce *री प्रॅ ड्यूस v.t.* to produce copy of की प्रतिलिपि प्रस्तुत करना; to bring forth as offspring संतान के रूप में जन्म देना; to grow again पुनः विकसित करना; to create again पुनः बनाना।

reproduction *री प्रॅ डक् शॅन n.* process of reproducing पुनरुत्पादन; copy प्रतिक ति; bringing forth offspring प्रजनन।

reproductive *री प्रॅ डक् टिव a.* reproducing पुनरुत्पादक।

reproof *रि प्रूफ़ n.* blame निंदा; rebuke फटकार।

reptile *रैपॅ टॉइल n.* an animal that moves on its belly, or by means of small short legs रेंगनेवाला जंतु।

republic *रि पब् लिक n.* state in which the supreme power is vested in elected representatives प्रजातंत्र राज्य।

republican[1] *रि पब् लि कॅन a.* pertaining to or consisting of a republic लोकतंत्र-संबंधी।

republican[2] *n.* one who favours republican government लोकतंत्रवादी।

repudiate *रि प्यू डि एट v.t.* to reject अस्वीकार करना; to disown परित्याग करना।

repudiation *रि प्यू डि ए शॅन n.* rejection अस्वीक ति, तिरस्कार; disowning परित्याग।

repugnance *रि पग् नॅन्स n.* aversion घ णा।

repugnant *रि पग् नॅन्ट a.* distasteful अरुचिकर, घ णास्पद।

repulse[1] *रि पल्स v.t.* to repel खदेड़ना; to resist successfully प्रतिशोध करना।

repulse[2] *n.* driving back खदेड़ने की क्रिया; rebuff पराजय।

repulsion *रि पल् शॅन n.* feeling of aversion घ णा, अरुचि; act of repulsing हटाने की क्रिया, पराजय।

repulsive *रि पल् सिव a.* repellent प्रतिकारक, पीछे हटानेवाला; forbidding निषेधक।

reputation *रैˇ प्यु टे शॅन n.* repute प्रसिद्धि, ख्याति; good name नेकनामी; fame यश।

repute[1] *रि प्यूट v.t.* to estimate गणना करना; to consider मानना।

repute[2] *n.* reputation यश, कीर्ति।

request[1] *रि क्वैस्ट v.t.* to petition, to demand for प्रार्थना करना।

request[2] *n.* asking प्रार्थना; demand मांग, आकांक्षा; thing asked for मांगी गई वस्तु।

requiem *रैˇक् वि ऐमॅ n.* a service for the dead म तकों की शांति के लिए प्रार्थना।

require *रि क्वॉइअँः v.t.* to need की आवश्यकता रखना; to demand मांगना।

requirement *रि क्वॉइअँः मॅन्ट n.* demand मांग, आवश्यकता; something necessary आवश्यक वस्तु।

requisite[1] *रैकॅ वि ज़िट a.* necessary आवश्यक।

requiste[2] *n.* thing needed for some purpose आवश्यक वस्तु।

rquisition[1] *रैकॅ वि ज़ि शॅन n.* demand मांग।

requisition[2] *v.t.* to make a demand upon or for मांगना, प्रार्थना

करना।

requite *रि क्वॉइट v.t.* to repay, to give in return लौटाना, बदले में देना।

rescue[1] रैस् *क्यू v.t.* to deliver from confinement, danger or evil मुक्त करना।

rescue[2] *n.* deliverance निस्तार; liberation मुक्ति।

research[1] *रि सॅःच v.i.* to carry out investigation अनुसंधान करना।

research[2] *n.* critical investigation अनुसंधान, अन्वेषण।

resemblance *रि ज़ैमॅ ब्लॅन्स n.* likeness साद श्य होना।

resemble *रि ज़ैमॅ ब्लॅ v.t.* to be like के सद श होना।

resent *रि ज़ेन्ट v.t.* to feel indignation for बुरा मानना; to be angry at (पर) क्रोध करना।

resentment *रि ज़ै ॅट् मॅन्ट n.* deep sense of insult अपमान; indignation नाराज़गी, अप्रसन्नता।

reservation रै ॅ *ज़ॅः वे शॅन n.* concealment छिपाव, दुराव; doubt संदेह; act of reserving आरक्षण।

reserve *रि ज़ःव v.t.* to keep in store बचा रखना; to set apart अलग करना।

rservoir रै ॅ *ज़ॅः व्वाः n.* a place where anything is kept in store संग्रह, कोश; an artificial lake to supply a town with water जलाशय।

reside *रि ज़ॉइड v.i.* to have one's abode, to dwell निवास करना।

residence रै ॅ *ज़ि डॅन्स n.* abode निवासस्थान।

resident[1] रै ॅ *ज़ि डॅन्ट a.* residing निवासी।

resident[2] *n.* one who resides रहने वाला।

residual *रि ज़ि ड्यु ॲल a.* left after a part is taken शेष (भाग)।

residue रै ॅ *ज़ि ड्यू n.* remainder अवशेष।

resign *रि ज़ॉइन v.t.* to give up छोड़ना; to surrender सौंपना; to renounce त्यागना; *v.t.* to give up office त्यागपत्र देना।

resignation रै ॅ *ज़िग् ने शॅन n.* act of resigning परित्याग; state of being resigned समर्पण।

resist *रि ज़िस्ट v.t.* to withstand रोकना; to struggle against संघर्ष करना; to oppose विरोध करना।

resistance *रि ज़िस् टॅन्स n.* opposition विरोध; hindrance बाधा।

resistant *रि ज़िज़् टॅन्ट a.* making resistance बाधक।

resolute रै ॅ *ज़ॅ ल्यूट a.* determined क तसंकल्प; steadfast द ढ़।

resolution रै ॅ *ज़ॅ ल्यू शुन n.* determination निश्चय, संकल्प; solution समाधान; formal expression of opinion प्रस्ताव।

resolve *रि ज़ोल्व v.t.* to analyse विश्लेषण करना; to determine निश्चय करना; to divide into parts विभक्त करना; to solve का समाधान करना।

resonance रै ॅ *ज़ॅ नॅन्स n.* state or quality of being resonant प्रतिध्वनि; prolongation of sound by vibrations गूंज।

resonant रै ॅ*ज़ॅ नॅन्ट a.* resounding गुंजायमान।

resort[1] *रि ज़ौःट v.i.* to have recourse सहारा लेना; to go frequently प्रायः जाना।

resort² *n.* recourse आश्रय; act of resorting गमन; haunt गमन-स्थान।

resound *रि ज़ॉउन्ड v.i.* to echo गूंजना।

resource *रि सौःस n.* any source of aid or support साधन, संबल; means of support उपाय, सहारा।

resourceful *रि सौःस् फुल a.* quick at finding resources उपाय-कुशल; having resources साधन-संपन्न।

respect¹ *रिस् पैक्ट v.t.* to regard आदर करना; to have consideration for का ध्यान रखना।

respect² *n.* regard आदर; estimation सम्मान, मान्यता; reference संदर्भ; *(pl.)* regards अभिवादन।

respectful *रिस् पैक्ट् फुल a.* showing respect श्रद्धालु।

respective *रिस् पैक् टिव a.* relating severally each to each अपने-अपने, निजी।

respiration *रैस्ँ पि रे शॅन n.* breathing श्वसन।

respire *रिस् पॉइअँः v.i.* to breathe सांस लेना।

resplendent *रिस् प्लैन् डॅन्ट a.* very bright देदीप्यमान।

respond *रिस् पौन्ड v.i.* to answer उत्तर देना; to react प्रतिक्रिया दिखाना; to act in answer to some action प्रत्युत्तर-स्वरूप कुछ करना।

respondent *रिस् पौन् डॅन्ट n.* one who responds, defendant प्रतिवादी।

response *रिस् पौन्स n.* answer, reply उत्तर; reaction प्रतिक्रिया।

responsibility *रिस् पौन् सि बि लि टि n.* state of being responsible उत्तरदायित्व।

responsible *रिस् पौन् सॅ ब्ल a.* answerable उत्तरदायी।

rest¹ *रैˇस्ट v.i.* to be still स्थिर होना; to lie in sleep सोना; to die मरना; to be satisfied संतुष्ट होना; to take rest आराम करना; *v.t.* to give rest to आराम देना; to place on support सहारा देना।

rest² *n.* repose विश्राम; remainder अवशेष; ease शांति; faith विश्वास; *(with pl. verb)* others अन्य।

restaurant *रैस्ँ टॅ रॅन्ट n.* establishment for the sale of refreshment भोजनालय।

restive *रैस्ँ टिव a.* stubborn अड़ियल; restless बेचैन; impatient अधीर।

restoration *रैस्ँ टॅ रे शॅन n.* bringing back वापसी; recovery पूर्वावस्था की प्राप्ति; repairing मरम्मत।

restore *रिस् टौˇ v.t.* to repair मरम्मत करना; to cure स्वस्थ करना; to renew नवीकरण करना; to give back लौटाना।

restrain *रिस् ट्रेन v.t.* to hold back नियंत्रित करना; to restrict प्रतिरोध करना, सीमित करना।

restrict *रिस् ट्रिक्ट v.t.* to limit सीमाबद्ध करना; to curb दबाना।

restriction *रिस् ट्रिक् शॅन n.* limitation सीमा, बंधन; restraint संयम।

restrictive *रिस् ट्रिक् टिव a.* tending to restrict प्रतिबंधक।

result¹ *रि ज़ल्ट v.i.* to rise as a consequence परिणाम होना।

result² *n.* consequence परिणाम; effect प्रभाव।

resume[1] *रि ज़्यूम v.t.* to take up again पुनः प्राप्त करना; to begin again दुबारा आरंभ करना; *v.i.* to continue after interruption पुनः चालू होना।

resume[2] *रि ज्यू मे,- ज़्यु- n.* summary सार, संक्षेप।

resumption *रि ज़म्प् शॅन n.* act of resuming पुनर्ग्रहण; fresh start पुनरारंभ।

resurgence *रि सॅः जॅन्स n.* rising again पुररुत्थान।

resurgent *रि सॅः जॅन्ट a.* reviving पुनरुत्थानशील।

retail[1] *री टेल v.t. & i.* to sell in small quantities फुटकर बिक्री करना या होना।

retail[2] *री टेल n.* the sale of commodities in small quantities फुटकर बिक्री।

retail[3] *adv.* by retail खुदरा द्वारा।

retail[4] *a.* connected with or engaged in retail खुदरा।

retailer *री टे लॅः n.* one who retails फुटकर विक्रेता।

retain *रि टेन v.t.* to hold back रोक रखना; to engage services of नौकर रखना।

retaliate *रि टै लि एट v.i.* to revenge प्रतिकार करना; to return injury for injury बदले में चोट करना।

retaliation *रि टे लि ए शॅन n.* return of like for like प्रतिकार।

retard *रि टाःड v.t.* to render slower धीमा करना; to keep back रोकना; to impede development of (का) विकास अवरूद्ध करना।

retardation *रि टाः डे शॅन n.* diminution in speed गतिरोध; obstruction बाधा।

retention *रि टैन् शॅन n.* maintenance अवधारणा; memory स्मति; power of retaining धारणा-शक्ति।

retentive *रि टैन् टिव a.* having power to retain धारणा-शक्ति वाला।

reticence *रै˘ टि सॅन्स n.* being reticent अल्पभाषिता।

reticent *रै˘ टि सॅन्ट a.* reserved in speech अल्पभाषी।

retina *रै˘ टि नॅ n.* one of the coats of the eye, where visual impressions are received आंख के पिछले भाग का चित्रपट।

retinue *रै˘ टि न्यू n.* train of attendants नौकर-चाकर, सेवकवंद।

retire *रि टॉइ ॲः v.i.* to withdraw from business or active life व्यापार या सक्रिय जीवन को त्यागना; *v.t.* to remove from service सेवामुक्त करना।

retirement *रि टॉइॲः मॅन्ट n.* act of retiring कार्यमुक्ति; retired life अवकाशप्राप्त जीवन।

retort[1] *रि टौःट v.t.* to repay in kind जैसे को तैसा लौटाना; to answer back quickly मुंहतोड़ जवाब देना।

retort[2] *n.* retorting answer मुंह तोड़ जवाब।

retouch *री टच v.t.* to improve by new touches परिष्कत करना, सुधारना।

retrace *रि ट्रेस v.t.* to go over again पर वापस जाना।

retread[1] *री ट्रै˘ड v.t.* to put a new tread on (a worn tyre) (पुराने टायर पर) नई रबर चढ़ाना।

retread[2] *n.* renovated tyre रबर चढ़ा टायर।

retreat *रि ट्रीट v.i.* to draw back पीछे हटना।

retrench *रि ट्रैन्च v.t.* to cut down (expenditure) (व्यय) घटाना; *v.i.* to economize अल्पव्यय करना।

retrenchment *रि ट्रैन्च् मॅन्ट n.* economy व्यय में कमी।

retrieve *रि ट्रीव v.t.* to recover पुनः प्राप्त करना; to repair सुधारना; to rescue बचाना।

retrospect *रै˘ ट्रो˘ स्पैक्ट n.* backward view पश्चात् द ष्टि; review of past time सिंहावलोकन; survey of past events बीती बातों की जांच।

retrospection *रि ट्रौ˘स् पैक् शॅन n.* looking back सिंहावलोकन, पश्चदर्शन।

retrospective *रि ट्रौ˘स् पैक् टिव a.* looking back पश्चदर्शी; applying to the past पूर्वप्रभावी।

return[1] *रि टॅःन v.i.* to go or come back लौटना; *v.t.* to give or send back लौटाना; to elect चुनना; to reply उत्तर देना।

return[2] *n.* returning वापसी; profit लाभ; official report विवरणी; recurrence आव त्ति।

revel[1] *रै˘ वल (-ll-) v.i.* to feast with noise jollity मद्यपान का उत्सव मनाना; to delight आनंद लेना।

revel[2] *n.* merriment आमोद-प्रमोद।

revelation *रै˘ वि ले शॅन n.* revealing प्रकटन।

reveller *रै˘ वॅ लॅः n.* one who revels मौज उड़ाने वाला।

revelry *रै˘ वॅल् रि n.* noise festivity, jollity रंगरलियां।

revenge[1] *रि वैन्ज v.t.* to avenge बदला लेना।

revenge[2] *n.* retaliation for wrong done प्रतिकार।

revengeful *रि वै˘न्ज् फुल a.* vindictive प्रतिशोधी।

revenue *रै˘ वि न्यू n.* income आय; the annual income of a state राज्य की वार्षिक आय।

revere *रि विॲः v.t.* to have deep respect for सम्मान करना; to regard as sacred पुनीत मानना।

reverence *रै˘ वॅ रॅन्स n.* act of respect सत्कार; veneration आदर।

reverend *रै˘ वॅ रॅन्ड a.* worthy of reverence माननीय।

reverent *रै˘ वॅ रॅन्ट a.* showing reverence श्रद्धालु।

reverential *रै˘ वॅ रे˘ न् शॅल a.* marked by reverence श्रद्धापूर्ण।

reverie *रै˘ वि रि n.* day-dream दिवास्वप्न।

reversal *रि वॅः सॅल n.* act of reversing उल्टाव, विपर्यय।

reverse[1] *रि वॅःस a.* opposite विपरीत; inverted उल्टा।

reverse[2] *n.* the contrary विपर्यय, उल्टा; the back surface पीछे का भाग; misfortune दुर्भाग्य; defeat पराजय।

reverse[3] *v.t.* to turn the other way अधोमुख करना; to invert उलटना; to annual रद्द करना; to do the opposite of के विपरीत करना; *v.i.* to go in the opposite direction विपरीत दिशा में जाना।

reversible *रि वॅः सि ब्ल a.* that can be reversed उलटने अथवा

पलटने योग्य।

revert *रि वॅ:ट v.i.* to return to the original person लौट आना; to return to former state पूर्वस्थिति में लौटना।

review[1] *रि व्यू v.t.* to reconsider पुनर्विचार करना; to inspect निरीक्षण करना; to write reviews of (की) समीक्षा करना।

review[2] *n.* re-examination पुनर्परीक्षण; revision पुनर्निरीक्षण; a critical account समीक्षा।

revise *रि वॉइज़ v.t.* to look over again दुबारा विचार करना; to re-examine दुबारा जांचना; to reconsider and amend faults of पुनः संशोधन करना।

revision *रि वि ज़ॅन n.* act of revising संशोधन; what is revised संशोधित वस्तु।

revival *रि वॉइ वॅल n.* act or reviving पुररुत्थान; restoration to life or vigour पुनरुज्जीवन; restoration to use पुनः प्रचलन।

revive *रि वॉइव v.i.* to return to life पुनर्जीवित होना; to come back into use पुनः प्रचलित होना; to recover new vigour उत्प्राणित होना; *v.t.* to bring again to life पुनर्जीवित करना।

revocable *रैॅ वौॅ कॅ ब्ल a.* capable of being revoked खंडन करने-योग्य।

revocation *रैॅ वॅ के शॅन n.* repeal निरसन।

revoke *रि वोक v.t.* to repeal रद्द करना; to withdraw हटाना, वापस लेना।

revolt[1] *रि वोल्ट v.i.* to cast off allegiance राजद्रोह करना; to rise against a ruler राजशासन के विरुद्ध उठना; to rise to rebellion बलवा करना।

revolt[2] *n.* rebellion बलवा, राजद्रोह।

revolution *रैॅ वॅ ल्यू शॅन n.* act of revolving चक्कर; rotation परिभ्रमण; overthrow of existing political institutions क्रांति।

revolutionary[1] *रैॅ वॅ ल्यू शॅ नॅ रि a.* pertaining to or tending to produce a revolution क्रांतिकारी।

revolutionary[2] *n.* an instigator of a revolution क्रांतिकारी।

revolve *रि वौल्व v.i.* to turn round चक्कर खाना, घूमना; *v.t.* to rotate घुमाना।

revolver *रि वौल् वॅ: n.* pistol with revolving mechanism रिवाल्वर।

reward[1] *रि वौ:ड n.* return for services or for merit पारितोषिक, पुरस्कार; sum of money offered for some service इनाम।

reward[2] *v.t.* to give a reward to इनाम देना।

rhetoric *रैॅ टॅ रिक n.* art of effective speech वाक्पटुता।

rhetorical *रि टौॅ रि कॅल a.* high flown, showy शब्दाडंबरपूर्ण।

rheumatic *रू मै टिक a.* relating to rheumatism गठिया-संबंधी; caused by rheumatism गठिया-ग्रस्त।

rheumatism *रू मॅ टिज़्म n.* a painful disease with swollen joints गठिया।

rhinoceros *रॉइ नौ सॅ रॅस n. (pl. -es)* a large thick-skinned animal with one or two horns on the nose गैंडा।

rhyme[1] *रॉइम n.* sameness of sound of the endings of two or more words तुक।

rhyme[2] *v.i.* to make verses पद्य लिखना।

rhymester *रॉइम् स्टॅ: n.* one who makes rhymes पद्यकार, तुक्कड़।

rhythm *रि द्म b.* measured flow of words ताल, लय।

rhythmic, -al *रिद् मिक, - मि कॅल a.* pertaining to rhythm तालबद्ध।

rib *रिब n.* one of the curved bones in chest पसली; hinged rod of umbrella frame छाते की तीली।

ribbon *रि बॅन n.* narrow woven band of silk or stain साटन या रेशम का पतला फ़ीता।

rice *रॉइस n.* a cereal plant धान, मूंजी; its seeds as food चावल।

rich *रिच a.* wealthy धनी; valuable बहुमूल्य; costly क़ीमती; ample प्रचुर।

riches *रि चिज़ n. pl.* wealth धन।

richness *रिच् निस a.* quality or state of being rich धनाढ्यता; abundance प्रचुरता।

rick *रिक n.* stack of hay etc. गरी, पोरौटी।

rickets *रि किट्स n.* a disease of childhood causing softening of the bone सूखा रोग।

rickety *रि कि टि a.* suffering from rickets सूखा रोगी।

rickshaw *रिक् शौ n.* a light two-wheeled carriage drawn by man रिक्शा।

rid *रिड v.t.* to make free मुक्त करना।

riddle[1] *रिड्ल n.* puzzle पहेली।

riddle[2] *v.i.* to use riddles पहेली कहना।

ride[1] *रॉइड (p.t.* rode *रोड; p.p.* ridden *रि ड्न) v.t.* sit on and control पर सवारी करना; to be carried on पर ले जाया जाना; *v.i.* to go on horseback or in vehicle घोड़ा या गाड़ी से जाना।

ride[2] *n.* journey on horseback or in a vehicle घोड़ा या गाड़ी से यात्रा; a riding track पथ मार्ग।

rider *रॉइ डॅ: n.* one who rides सवार; supplementry clause अनुव द्धि।

ridge *रिज n.* mountain range पर्वतप ष्ठ; rough top of anything चोटी; any narrow elevation संकरा ऊंचा भाग।

ridicule[1] *रि डि क्यूल v.t.* to make fun of उपहास करना; to mock ठिठोली करना।

ridicule[2] *n.* mockery उपहास।

ridiculous *रि डि क्यु लॅस a.* deserving to be ridiculed हास्यास्पद; absurd बेहूदा।

rifle[1] *रॉइ फ़्ल v.t.* to search and rob खोजकर लूटना; to make spiral grooves in में झिरी काटना।

rifle[2] *n.* a gun with grooved barrel राइफ़ल।

rift *रिफ़्ट n.* cleft, fissure दरार, फटन।

right[1] *रॉइट a.* just न्याय; true सच्चा; correct सही; of the right hand दाहिनी ओर का।

right[2] *adv* rightly उचित रीति से; correctly सही प्रकार से; to the right side दाहिनी ओर को।

right[3] *n.* justice न्याय; authority अधिकार; truth सत्यता; right hand side दायाँ भाग।

right[4] *v.t.* to do justice to न्याय करना; to put in a proper position उचित स्थान में रखना।

righteous *रॉइ चॅस* *a.* just न्यायपरायण; holy पवित्र; honest ईमानदार।

rigid *रि जिड* *a.* not flexible कड़ा; harsh कठोर; strict दृढ़; severe कर्कश।

rigorous *रि गॅ रॅस* *a.* severe कर्कश; strict दृढ़।

rigour *रि गॅः* *n.* hardship कठिनता; strictness दृढ़ता; harshness कठोरता।

rim *रिम* *n.* edge, border किनारा; outer ring of a wheel नेमि।

ring[1] *रिङ्ग* *n.* circle of metal अंगूठी; circular course चक्रपथ; enclosure for circus performance घेरा, रिंग; ringing sound घंटी।

ring[2] *(rang रैङ्ग; rung रङ्ग)* *v.t.* to cause (bell) to sound (घंटी) बजाना; to telephone टेलिफ़ोन करना; *v.i.* to give a resonant sound बजना; to resound गूंजना।

ringlet *रिङ्ग् लिट* *n.* curly lock of hair अलक, बालों का लच्छा।

ringworm *रिङ्ग् वॅःम* *n.* a skin disease दाद।

rinse *रिन्स* *v.t.* to wash out धो डालना; to remove soapy water from खंगालना।

riot[1] *रॉइ अॅट* *n.* violent public disturbance दंगा; disorder अव्यवस्था, उपद्रव।

riot[2] *v.t.* to take part in a riot बलवा करना।

rip *रिप* *(-pp-)* *v.t.* to cut or tear apart फाड़ना; *v.i.* to become torn फटना।

ripe *रॉइप* *a.* mature पक्व, पका हुआ; fully developed पूर्ण विकसित ।

ripen *रॉइ पॅन* *v.i.* to become ripe पकना; *v.t.* to make ripe पकाना।

ripple[1] *रिप ल* *n.* small wave on the surface of water लहर।

ripple[2] *v.t.* to move slightly in waves लहराना।

rise[1] *रॉइज़* *(p.t. rose रोज़ p.p. risen रि ज़न)* to get up उठना; to stand erect सीधा खड़ा होना; to ascend चढ़ना; to appear above the horizon उगना, निकलना; to come to life जीवित होना; to revolt बलवा करना।

rise[2] *n.* upslope, ascent चढ़ाव; upward progress उन्नति; rising उठान; increase वृद्धि; coming up उदय; origin उद्‌गम, विकास।

risk[1] *रिस्क* *v.t.* to take the chance of जोख़िम उठाना; to put in danger ख़तरे में डालना।

risk[2] *n.* possibility of loss or injury जोख़िम; possibility of danger ख़तरा।

risky *रिस् कि* *a.* hazardous संकटमय, ख़तरनाक।

rite *रॉइट* *n.* religious ceremony धार्मिक उत्सक, अनुष्ठान।

ritual[1] *रि ट्यु अॅल, -चु-* *n.* prescribed order of rites धार्मिक संस्कार।

ritual[2] *a.* concerning rites धार्मिक रीति-संबंधी।

rival[1] *रॉइ वॅल* *n.* competitor प्रतिस्पर्धी, प्रतिद्वंद्वी।

rival[2] *(-ll-)* *v.t.* to be a rival of का प्रतिद्वंद्वी होना।

rivalry *रॉइ वॅल् रि* *n.* keen competition होड़ प्रतिस्पर्धा।

river *रि वॅः* *n.* large natural flow of water नदी।

rivet[1] *रि विट* *n.* a metal pin कीलक, रिपट।

rivet[2] *v.t.* to fasten with rivets कीलक से जोड़ना; to concentrate केंद्रित करना।

rivulet *रि व्यु लिट* *n.* small stream नाला।

road *रोड* *n.* open paved way सड़क।

roam *रोम* *v.i.* to wander about aimlessly घूमना-फिरना।

roar[1] *रौः* *n.* loud deep sound as of a lion गर्जन।

roar[2] *v.i.* to make loud deep sound as of a lion गर्जन करना।

roast[1] *रोस्ट* *v.t.* to cook by exposing directly to heat भूनना; *v.i.* to be cooked in this way भुनना।

roast[2] *a.* that has been roasted भुना हुआ।

roast[3] *n.* joint of roasted meat भुना हुआ मांस; operation of roasting भुनने की क्रिया।

rob *रौ ॅब* *(-bb-) v.t.* to deprive by force लूटना।

robber *रौॅबॅः* *n.* one who robs लुटेरा, डाकू।

robbery *रौॅ बॅ रि* *n.* act of robbing लूटपाट, डकैती।

robe[1] *रोब* *n.* loose outer garment लबादा।

robe[2] *v.t.* to dress कपड़े पहनाना; *v.i.* to put on robes कपड़े पहनना।

robot *रो बौ ॅट* *n.* a man-like mechanical being यंत्र-मानव।

robust *रो बस्ट* *a.* strong and healthy हृष्ट-पुष्ट।

rock[1] *रौकॅ* *v.t.* to sway strongly झुलाना, हिलाना; *v.i.* to be swayed हिलना, झोंके खाना।

rock[2] *n.* large mass of stone चट्टान।

rocket *रौ ॅ किट* *n.* missile प्रक्षेपास्त्र; projectile राकेट।

rod *रौ ॅड* *n.* bar of wood or metal छड़।

rodent *रो डॅन्ट* *n.* a gnawing animal कतंक।

roe *रो* *n.* a small deer छोटा हिरन।

rogue *रोग* *n.* a knave, a scoundrel दुष्ट।

roguery *रो गॅ रि* *n.* conduct of a rogue दुष्टता।

roguish *रो गिश* *a.* of the nature of a rogue दुष्टतापूर्ण

role *रोल* *n.* part that an actor plays भूमिका; part played in any job कार्य, योगदान।

roll[1] *रोल* *n.* rolling motion लुढ़काव; piece of paper etc. rolled up काग़ज़ आदि, बेलनाकार लिपटा हुआ; anything rolled round टिकिया; list सूची; official list of people उपस्थिति-पंजिका।

roll[2] *v.i.* to move in the same direction घूमना, लुढ़कना; to go round चक्कर खाना; to revolve on its axis धुरे पर घूमना; *v.t.* to wind round लपेटना; to smooth out with roller पर बेलन फेरना।

roll-call *रौल् कौल* *n.* calling of names हाज़िरी, उपस्थिति।

roller *रो लॅः* *n.* a cylinder-shaped object for smoothing or flattening बेलन, रोलर।

romance *रो ॅ मैन्‌स, रॅ-* *n.* a love affair प्रेम-लीला; tale of chivalry शौर्य-गाथा; idealized tale

अयथार्थपूर्ण कथा।

romantic *रोॅ मैन् टिक, रॅ-* *a.* characterised by romance रोमानी; dealing with love प्रेम-प्रसंगयुक्त; unpractical, remote from reality अव्यावहारिक।

romp[1] *रौम्प* *v.i.* to play boisterously प्रगल्भता से खेलना।

romp[2] *n.* a noisy game उछल-कूद, हुड़दंगी खेल-कूद।

rood *रूड* *n.* cross of Christ ईसामसीह के सूली पर चढ़ने का चित्र; quarter of an acre चौथाई एकड़।

roof[1] *रूफ़* *n.* upper covering of a building supported by its walls छत, पाटन; top of anything ऊपर का भाग।

roof[2] *v.t.* to cover with a roof छत से पाटना।

rook[1] *रूक* *n.* a bird of crow family कौआ; cheat धोखेबाज़, ठग।

rook[2] *v.t.* to swindle ठगना।

room *रूम* *n.* apartment in a house कमरा; space स्थान; opportunity अवसर।

roomy *रूमि* *a.* spacious विस्तीर्ण, विशाल।

roost[1] *रूस्ट* *n.* pole on which a bird rests at night अड्डा, बसेरा।

roost[2] *v.i.* to perch बसेरा लेना, बैठना।

root[1] *रूट* *n.* underground part of a plant जड़; origin आधार, कारण; basis from which a word is derived धातु।

root[2] *v.i.* to become established जड़ जमना; *v.t.* to cause to take root की जड़ जमाना।

rope[1] *रोप* *n.* strong thick cord रस्सी।

rope[2] *v.t.* to bind with a rope रस्सी से बांधना।

rosary *रो ज़ॅ रि* *n.* a string of beads for counting prayers सुमिरनी, माला; rose garden गुलाब-उद्यान।

rose *रोज़* *n.* a prickly bush bearing beautiful fragrant flower गुलाब का पौधा; its flower गुलाब; pink colour गुलाबी रंग।

roseate *रो ज़ि अट, -इट* *a.* rose-coloured गुलाबी।

rostrum *रौसॅ ट्रॅम* *n.* public platform मंच।

rosy *रो ज़ि* *a.* rose-coloured गुलाबी; hopeful उज्ज्वल।

rot[1] *रौ ॅट* *n.* decay दुर्गंध, सड़न।

rot[2] *(-tt-)* *v.i.* to undergo decay सड़ना; to perish gradually नाश होना।

rotary *रो टॅ रि* *a.* acting by rotation, revolving घूमनेवाला।

rotate *रो ॅ टैट* *v.i.* to revolve चक्कर खाना; to move round on axis धुरी पर घूमना; *v.t.* to cause to move round घुमाना।

rotation *रो ॅ टे शॅन* *n.* act of rotating चक्कर; regular succession नियमित आवर्तन।

rote *रोट* *n.* repetition दुहराव mechanical performance यंत्रवत् क्रिया।

rouble *रू बॅल* *n.* Russian silver coin रूस का सिक्का, रूबल।

rough *रफ़* *a.* of uneven or irregular surface ऊबड़खाबड़; harsh रूखा, कठोर; ill-mannered अशिष्ट; unfinished अपरिष्क त; approximate लगभग।

round[1] रॉउन्ड *a.* cylindrical बेलनाकार; full, complete पूर्ण; roughly correct लगभग सही।

round[2] *adv.* circularly चक्रवत्; on all sides चारों ओर।

round[3] *n.* round object गोल वस्तु; circumference परिधि; series क्रम; stage स्थिति।

round[4] *v.t.* to make circular गोल करना; to move round के चारों ओर चक्कर लगाना; *v.i.* to become round गोल होना।

rouse रॉउज़ *v.i.* to wake from sleep जगाना; to provoke temper of उत्तेजित करना।

rout[1] रॉउट *v.t.* to put to disorderly flight भगदड़ करना।

rout[2] *n.* assembly of revellers हुड़दंगी भीड़; utter defeat घोर पराजय; disorderly retreat भगदड़।

route रूट *n.* passage taken for a journey मार्ग।

routine[1] रू टीन *n.* regular course of action नियमित कार्यक्रम।

routine[2] *a.* regular, ordinary नैत्य, सामान्य।

rove रोव *v.i.* to wander aimlessly भटकना, घूमना।

rover रो वॅः *n.* wanderer घुमंतू।

row[1] रो *n.* a line of things or persons पंक्ति।

row[2] *v.t.* to move (a boat) by using oars (नाव) खेना; to carry in a boat नाव से ले जाना; *v.i.* to be an oarsman खेवनहार होना।

row[3] *n.* journey or outing in a boat नाव-द्वारा यात्रा अथवा भ्रमण; distance rowed खेयी हुई दूरी।

row[4] रॉउ *n.* uproar हुल्लड़; quarrel झगड़ा; disturbance उपद्रव।

rowdy रॉउ डि *a.* turbulent, noisy उपद्रवी, कोलाहलपूर्ण।

royal रौइँ ॲल *a.* kingly राजसी।

royalist रौ ँइ ॲ लिस्ट *n.* supporter of a king or queen राजभक्त।

royalty रौ ँइ ॲल् टि *n.* royal persons राजघराने के सदस्य; royal dignity or power राजसी गौरव अथवा सत्ता; sum paid to the owner of copyright रायॅल्टी।

rub[1] रब *(-bb-) v.t.* to move (one thing) on the surface (of another) घिसना, रगड़ना; to clean or polish साफ़ या चमकदार करना; to massage मालिश करना; to chafe रगड़ना; to remove by friction मिटाना; *v.i.* to come into contact with friction रगड़ खाना; to be worn by friction मिट जाना।

rub[2] *n.* rubbing रगड़; impediment बाधा; difficulty कठिनाई।

rubber र बॅः *n.* an elastic substance रबड़; person who rubs घिसने या रगड़ने वाला व्यक्ति।

rubbish र बिश *n.* worthless material कूड़ा-करकट; nonsense बकवास।

rubble र बल *n.* fragments of stone etc. मलबा।

ruby रू बि *n.* a precious stone माणिक; deep red colour गहरा लाल रंग।

rude रूड *a.* impolite असभ्य; coarse भद्दा; vulgar गंवारूँ; uneducated अशिक्षित।

rudiment रू डि मॅन्ट *n. (pl.)* basic principles मूल तत्व; an elementary fact प्रारंभिक तथ्य।

rudimentary *रू डि मैन्ँ टॅ रि a.* basic प्रारंभिक मूल।

rue रू *v.t.* to grieve for पर दुःखी होना; to repent of (पर) पश्चाताप करना।

rueful रू *फुल a.* feeling regret दुःखी, उदास।

ruffian रफ़् *यॅन n.* violent lawless person गुंडा।

ruffle र *फ़्ल v.t.* to annoy चिढ़ाना।

rug रग *n.* floor-mat ग़लीचा; a coverlet आच्छादन।

rugged र *गिड a.* rough खुरदरा, ऊबड़-खाबड़; not refined अशिष्ट; wrinkled (face) झुर्रीदार।

ruin[1] रू *इन n.* destruction विनाश; downfall पतन; *(pl.)* remains of a building or city खंडहर।

ruin[2] *v.t.* to destroy नष्ट करना; to spoil बिगाड़ना।

rule[1] *रूल n.* principle सिद्धांत; set of regulations नियम; government शासन; measuring stick पैमाना।

rule[2] *v.t.* to govern शासन करना; to give a decision निर्णय देना।

ruler रू *लॅः n.* one who rules शासक, राजा; stick for measuring or ruling lines पैमाना।

ruling रू *लिङ्ग n.* decision made by an authority व्यवस्था, आदेश, निर्णय।

rum[1] *रम n.* a spirit शराब।

rum[2] *a.* strange विलक्षण; queer भद्दा।

rumble[1] *रम् ब्ल v.i.* to make a sound like thunder गड़गड़ाहट का शब्द करना।

rumble[2] *n.* rumbling sound गड़गड़ाहट।

ruminant[1] रू *मि नॅन्ट a.* (animal) that chews the cud जुगाली करने वाला।

ruminant[2] *n.* cud-chewing animal जुगाली वाला पशु।

ruminate रू *मि नेट v.i.* to chew the cud जुगाली करना; mediate चिंतन करना।

rumination रू *मि ने शॅन n.* chewing the cud जुगाली; meditation चिंतन, मनन।

rummage[1] र *मिज v.i.* to turn things over for search ढूंढ मचाना; *v.t.* to search thoroughly (का) चप्पा-चप्पा छान मारना।

rummage[2] *n.* search छान-बीन।

rummy र *मि n.* a card game ताश का रमी खेल।

rumour[1] *रूमॅः n.* unverified statement अफ़वाह।

rumour[2] *v.t.* to circulate by way of rumour अफ़वाह फैलाना।

run[1] *रन (p.t. ran रैन; p.p. run) v.i.* to move quickly on foot दौड़ना; to rush शीघ्रता करना; to escape बच भागना; to move from one place to another चलना; to function काम करना; to spread फैलना; to flow बहना; to revolve घूमना; to continue चालू रहना; *v.t.* to cross by running दौड़कर पार करना; to expose oneself (to risk) (खतरा) मोल लेना; to cause to run दौड़ाना; to manage चलाना।

run[2] *n.* act of running दौड़; rush झपट्टा; tendency प्रवृत्ति; period अवधि; sequence क्रम; score of one at cricket क्रिकेट का एक 'रन'।

rung रङ्ग *n.* crossbar of a ladder सीढ़ी का डंडा।

runner र नँः *n.* one who runs धावक; messenger संदेशवाहक, हरकारा।

rupee रू पी *n.* coin of India रुपया।

rupture[1] रप् चँः *n.* breach of relation संबंध-विच्छेद; fracture टूटन।

rupture[2] *v.t.* to break तोड़ना; to burst फोड़ना; *v.i.* to break टूटना; to burst फूटना।

rural रू अँ रॅल *a.* pertaining to the countryside देहाती, ग्रामीण।

ruse रूज़ *n.* a trick चाल, धोखा।

rush[1] रश *n.* period of great activity व्यस्तता का समय; sudden attack झपट्टा।

rush[2] *v.t.* to carry along rapidly तेज़ी से ले जाना; to attack suddenly अचानक हमला करना; to cause to move violently तेज़ी से दौड़ाना; *v.i.* to move violently झपटना।

rush[3] *n.* a plant that grows in marshes जलबेंत।

rust[1] रस्ट *n.* reddish-brown coating on iron ज़ंग, मोरचा; a disease of plants रतुआ।

rust[2] *v.i.* to become rusty मोरचा खा जाना; *v.t.* to affect with rust ज़ंग लगाना।

rustic[1] रस् टिक *a.* unsophisticated ग्राम्य, गंवारू।

rustic[2] *n.* a country man गँवार।

rusticate रस् टि केट *v.t.* to expel (a student) from college as punishment (छात्र को) दंडस्वरूप निष्कासित करना।

rustication रस् टि के शॅन *n.* act of rusticating निष्कासन।

rusticity रस् टि सि टि *n.* being rustic गँवारूपन।

rusty रस् टि *a.* covered with rust ज़ंग खाया हुआ।

rut रट *n.* deep groove made by passage of wheels लीक; settled habit पक्की आदत।

ruthless रूथ् लिस *a.* pitiless, cruel निर्दय।

rye रॉइ *n.* a grain used for fodder and bread राई; plant bearing it राई का पौधा।

Ss

S ऍस् the nineteenth letter of the English alphabet, any object shaped like S. Roman numeral for 70 or 70,000. अंग्रेजी वर्णमाला का उन्नीसवाँ अक्षर, इस अक्षर के आकार का कोई पदार्थ, रोमन संख्या में ७० अथवा ७०,००० के लिए संकेत; Collar of S (a collar composed of links in the form of S.) जंजीर या पट्टा जिसमें S अक्षर के आकार की कड़ियाँ गुथी होती हैं।

sabbath सै बॅथ *n.* day of rest and worship विश्राम और पूजा का दिन।

sabotage[1] सै बॅ टाज़ *n.* willful destruction तोड़फोड़।

sebotage[2] *v.t.* to perform an act of sabotage against से तोड़-फोड़ करना।

sabre[1] *से बॅः* *n.* sword with curved blade कपाण, तलवार।

sabre[2] *v.t.* to strike a sabre कपाण से घायल करना।

saccharin *सै कॅ रिन* *n.* an artificial sweetener सैकरिन।

saccharine *सै कॅ रॉइन* *a.* resembling sugar शर्करा-जैसा; very sweet अति मधुर।

sack[1] *सैक* *n.* large bag of hemp बोरी, बोरा; dismissal बरख़ास्तगी; plunder लूट।

sack[2] *v.t.* to rob लूटना; to dismiss from a job बरख़ास्त करना।

sacrament *सैक् रॅ मॅन्ट* *n.* religious ceremony धार्मिक उत्सव, धार्मिक संस्कार।

sacred *से क्रिड* *a.* holy पवित्र; divine अलौकिक; religious धार्मिक; adorable पूजनीय।

sacrifice[1] *सैक् रि फ़ाईस* *n.* offering अर्पण; abandonment त्याग; surrender समर्पण।

sacrifice[2] *v.t.* to offer to a god on an alter बलिदान करना, भेंट चढ़ाना; *v.i.* to make a sacrifice त्याग करना।

sacrificial *सैक् रि फ़ि शॅल* *a.* pertaining to sacrifice बलिदान-संबंधी।

sacrilege *सैक् रि लिज* *n.* profanation of sacred things अपवित्रीकरण।

sacrilegious *सैक् रि लि जॅस* *a.* profane देवत्व का अपहारी।

sacrosanct *सैक् रो ˘ सैङ्क्ट* *a.* sacred पवित्र; worthy of protection रक्षणीय।

sad *सैड* *a.* unhappy दुःखी; sorrowful उदास।

sadden *सै ड्न* *v.t.* to make sorrowful दुःखी करना।

saddle[1] *सै ड्ल* *n.* rider's seat to be placed on a horse's back काठी।

saddle[2] *v.t.* to put a saddle on (घोड़े) की पीठ पर ज़ीन कसना।

sadism *से डिज़्म, सा-, सै-* *n.* delight in cruelty परपीड़न-रति।

sadist *से डिस्ट* *n.* person guilty of sadism पर पीड़न कामुक।

safe[1] *सेफ़* *a.* free from danger निरापद; involving on risk सुरक्षित।

safe[2] *n.* chest for keeping valuables तिजोरी।

safeguard[1] *सैफ़् गाःड* *n.* defence, protection बचाव, रक्षा।

safeguard[2] *v.t.* to protect रक्षा करना।

safety *सेफ़् टि* *n.* security, freedom from danger सुरक्षा।

saffron[1] *सैफ़् रॅन* *n.* purple flowered crocus केसर, जाफ़रान; orange colour केसरिया रंग।

saffron[2] *a.* of the colour of saffron केसारिया।

sagacious *सॅ गे शॅस* *a.* gifted with acute समझदार, बुद्धिमान।

sagacity *सॅ गै सि टि* *n.* quickness of discernment चतुराई; farsightedness दूरदाशैता।

sage[1] *सेज* *n.* venerable man ऋषि, संत; a wise man मनीषी।

sage[2] *a.* wise बुद्धिमान।

sail[1] *सेल* *n.* canvas spread to catch wind and propel a boat पाल; act of sailing खेवन; journey upon the water जल-यात्रा।

sail² *v.i.* to travel by water जलयात्रा करना; to move smoothly शांत रूप से चलना; *v.t.* to voyage across नाव से पार करना।

sailor *से लॅः* *n.* seaman नाविक, मल्लाह।

saint *सेन्ट* *n.* a holy person संत।

saintly *सेन्ट् लि* *a.* befitting a saint पुण्यात्मा।

sake *सेक* *n.* cause कारण; purpose उद्देश्य।

salable *से लॅ बल* *a.* fit for sale विक्रेय।

salad *से लॅड* *n.* dish of uncooked vegetables सलाद।

salary *से लॅ रि* *n.* pay वेतन।

sale *सेल* *n.* act of selling बिक्री।

salesman *सेल्स् मॅन* *n.* one who sells विक्रेता।

salient *सेल् यॅन्ट* *a.* chief, prominent मुख्य।

saline *से लॉइन* *a.* salty नमकीन, खारा।

salinity *सॅ लि नि टि* *n.* quality of being saline खारापन।

saliva *सॅ लॉइ वॅ* *n.* spittle लार।

sally¹ *सै लि* *n.* leap छलांग; sudden rush झपट्टा; excursion विहार।

sally² *v.i.* to make a sally झपट्टा मारना।

saloon *सॅ लून* *n.* large public room बैठक; a large reception room स्वागत-कक्ष।

salt¹ *सौल्ट, सौ ॅल्ट* *n.* chloride of sodium नमक; pungency तीखापन; wit बुद्धि।

salt² *v.t.* to sprinkle with salt नमक छिड़कना।

salty *सौल् टि* *a.* tasting of salt नमकीन।

salutary *सै ल्यु टॅ रि* *a.* wholesome, having a good result लाभकारी, स्वास्थ्यप्रद।

salutation *सैल् यू टै शॅन* *n.* greeting अभिवादन।

salute¹ *सॅ ल्यूट* *v.t.* to make salutation to नमस्कार करना; to honour आदर करना।

salute² *n.* a gesture of respect अभिवादन, नमन, firing of guns as a mark of honour सलामी।

salvage¹ *सैल् विज* *n.* rescue of property from loss at sea, or from fire नाशरक्षण; property so saved रक्षित संपत्ति।

salvage² *v.t.* to protect from loss क्षति से बचाना।

salvation *सैल् वे शॅन* *n.* deliverance from sin पापों से मुक्ति, उद्धार।

same *सेम* *a.* uniform अभिन्न, वही, तुल्य; unchanged अपरिवर्तित; identical वही; aforesaid पूर्वोक्त।

sample¹ *साम् पल* *n.* speciman नमूना।

sample² *v.t.* to take or give sample of की बानगी लेना या देना; to try, to test जांच करना; to select छांटना, चुनना।

sanatorium *सै नॅ टौ रि ॲम* *n.* health-resort आरोग्यआश्रम।

sanctification *सैङ्क् टि फ़ि के शॅन* *n.* act of sanctifying पवित्रीकरण।

sanctify *सैङ्क् टि फ़ॉई* *v.t.* to purify from sin पाप से मुक्त करना।

sanction¹ *सैङ्क् शॅन* *n.* approval अनुमोदन; penalty for breaking law प्रतिबंध।

sanction² *v.t.* to authorise आज्ञा देना, अधिक त करना।

sanctity *सैङ्क् टि टि n.* holiness पवित्रता; purity पवित्रता।

sanctuary *सैङ्क् ट्यु अॅ रि n.* (*pl.-ries*) holy place मंदिर; place of refuge शरणस्थल; a reservation where animals may not be hunted पशुविहार।

sand *सैन्ड n.* minute fragments of stone बालू, रेत।

sandal *सैन् ड्ल n.* shoe consisting of sole attached by straps चप्पल, खड़ाऊं।

sandalwood *सैन् ड्ल् वुड n.* a kind of fragrant wood चंदन।

sandwich[1] *सैन् विज n.* thin slices of bread सैंडविच।

sandwich[2] *v.t.* to place (something) between two objects दो पदार्थों के बीच में (कुछ) रखना।

sandy *सैन् डि a.* like sand बालू जैसा; consisting of sand रेतीला।

sane *सेन a.* of sound mind स्वस्थ चित्त का।

sanguine *सैङ् ग्विन a.* of the colour of blood रक्त वर्ण का; hopeful आशायुक्त; confident विश्वासयुक्त।

sanitary *सै नि टॅ रि a.* hygienic आरोग्यकर; pertaining to health स्वास्थ्य-संबंधी।

sanity *सै नि टि n.* state of being sane स्थिरबुद्धिता; health of mind मानसिक स्वास्थ्य।

sap[1] *सैप n.* the juice that circulates in plants रस; vigour, energy शक्ति।

sap[2] *(-pp-) v.t.* to weaken निर्बल बनाना; to drain away the life and strength of शक्तिहीन करना।

sapling *सैप् लिङ्ग n.* young tree छोटा पौधा।

sapphire *सै फ़ॉइअॅ: n.* a blue precious stone नीलम; deep blue गहरा नीला रंग।

sarcasm *सा: कैज़्म n.* ironical remark व्यंग्य कथन; taunt ताना।

sarcastic *सा: कैस् टिक a.* ironical व्यंग्यपूर्ण, कटु; taunting ताने-भरा।

sardonic *सॉ: डौ ˘ निक a.* scornful निंदापूर्ण।

satan *सै टॅन n.* the Devil शैतान।

satchel *सै चॅल n.* a small bag थैला, झोला।

satellite *सै टॅ लॉइट n.* planet revolving round another उपग्रह; hanger on पिछलग्गू।

satiable *सै श्यॅ ब्ल a.* that can be satisfied तृप्त।

satiate *सै शि एट v.t.* to gratify to the full तृप्त कर देना।

satiety *सॅ टॉइ अॅ टि n.* being satiated तृप्ति अघाव।

satire *सै टॉइअॅ: n.* irony, sarcasm उपहास, व्यंग्य; work using satire व्यंग्यपूर्ण कृति।

satirical *सॅ टि रि कॅल a.* containing satire व्यंग्यपूर्ण; characterized by satire व्यंग्यात्मक; fond of satire व्यंग्यप्रिय।

satirist *सै टॅ रिस्ट n.* one who writes a satire व्यंग्य-लेखक।

satirize *सै टि रॉइज़ v.t.* to ridicule in a satirical manner व्यंग्य करना।

satisfaction *सै टिस् फ़ैक् शॅन n.* gratification of desire संतोष, तृप्ति।

satisfactory *सै टिस् फ़ैक् टॅ रि a.* satisfying संतोषजनक।

satisfy *सै टिस् फ़ॉइ v.t.* to gratify fully संतुष्ट करना; to convince क़ायल करना; to fulfil पूरा करना।

saturate *सै चॅ रेट v.t.* to impregnate thoroughly with परिपूर्ण करना; to wet thoroughly तरबतर कर देना।

saturation *सै चॅ रे शॅन n.* act of saturating संतुष्टि, संत प्ति।

Saturday *सै टॅः डे,-डि n.* last day of the week शनिवार।

sauce *सौस n.* chutney चटनी; impudence ध ष्टता।

saucer *सौ सॅः n.* shallow vessel for placing a cup of tea on तश्तरी।

saunter *सौन्टॅः v.t.* to stroll बेकार घूमना; to walk in a leisurely manner टहलना।

savage[1] *सै विज a.* wild जंगली; uncivilized अशिष्ट; cruel निर्दय।

savage[2] *n.* member of a savage tribe हबशी।

savagery *सै वि जॅ रि n.* cruelty क्रूरता; barbarity वहशीपन।

save[1] *सेव v.t.* to make or keep safe सुरक्षित रखना; to keep or store for future बचत करना; to hoard (money) (धन) संचित करना; to defend रक्षा करना।

save[2] *prep.* except के सिवाय, के अलावा।

saviour *से व्यॅः n.* one who saves from destruction रक्षक, उद्धारक।

savour[1] *से व्यॅः n.* taste स्वाद; flavour रस; smell गंध।

savour[2] *v.t.* to have a particular smell or taste सुगंधित अथवा स्वादिष्ट होना; to suggest the presence (of) का आभास देना; *v.t.* to give flavour to स्वादिष्ट बनाना; to have flavour of की गंध रखना।

saw[1] *सौ n.* a cutting tool आरा।

saw[2] *v.t.* to cut with a saw आरे से काटना।

say[1] *से v.t.* to speak, to utter बोलना, कहना; to assume कल्पना करना।

say[2] *n.* speech व्याख्यान, कथन; share in decision निर्णय में भागीदारी।

scabbard *स्कै बॅःड n.* sheath for a sword or a dagger म्यान।

scabies *स्कै बीज़ n.* a skin disease causing itching खुज़ली।

scaffold *स्कै फ़ॅल्ड n.* temporary platform for building workmen पाड़; gallows फांसी का तख़्ता।

scale[1] *स्केल n.* hard flake on a fish, reptile, etc. शल्क; thin layer पपड़ी; a graduated measure मापक; ratio of size between a thing and a model or map of it पैमाना; dish of a balance पलड़ा; extent सीमा; (*pl.*) an instrument for measuring weight तराजू।

scale[2] *v.t.* to weigh in scales तराजू में तोलना; to have weight of का वज़न रखना; to climb पर चढ़ना; to remove scales from से शल्क हटाना; *v.i.* to come off in scales पपड़ी के रूप में उतरना।

scalp *स्कैल्प n.* skull खोपड़ी; skin and hair of head सिर की त्वचा और बाल।

scamper[1] *स्कैम् पॅः v.i.* to run about इधर-उधर दौड़ना।

scamper[2] *n.* short, quick run छोटी, तेज़ दौड़।

scan *स्कैन* (*-nn-*) *v.t.* to examine minutely सूक्ष्म परीक्षण करना; to scrutinize जांचना।

scandal *स्कैन् ड्ल* *n.* defamation बदनामी, मानहानि; back-biting चुगुली; malicious talk अपवाद।

scandalize *स्कैन् डॅ लॉइज़* *v.t.* to defame बदनाम करना; to shock आघात पहुंचाना।

scant *स्कैन्ट* *a.* not sufficient अपर्याप्त, स्वल्प।

scanty *स्कैन् टि* *a.* small in size or amount कम, न्यून।

scapegoat *स्केप् गोट* *n.* person blamed for other's faults बलि का बकरा।

scar[1] *स्का:* *n.* mark of a sore or wound घाव का निशान।

scar[2] (*-rr-*) *v.t.* to mark with scar धब्बा लगाना।

scarce *स्कैॅ अ:स* *a.* not plentiful अल्प; rare विरल; uncommon दुर्लभ।

scarcely *स्कैॅ अ:स् लि* *adv.* not quite, almost not मुश्किल से ही।

scarcity *स्कैॅ अ: सि टि* *n.* state of being scarce विरलता, न्यूनता, अल्पता, दुर्लभता।

scare[1] *स्कैॅअ:* *n.* sudden alarm अकारण भय।

scare[2] *v.t.* to terrify डराना; to drive away by frightening डराकर भगाना।

scarf *स्का:फ* *n.* a strip of fabric worn over the shoulders, round the neck or over the hair गुलूबंद, दुपट्टा।

scatter *स्कै टॅ:* *v.t.* to throw here and there फैलाना, छितराना; *v.i.* to go in different directions बिखरना, फैलना।

scavenger *स्कै विन् जॅ:* *n.* person employed to keep the streets clean by removing refuse सफ़ाई कर्मचारी, मेहतर।

scene *सीन* *n.* place of action घटना-स्थल; subdivision of a play नाटक का द श्य; view द श्य; episode घटना; display of strong emotion तमाशा, प्रदर्शन; a stage set for a performance of a play मंचसज्जा।

scenery *सी नॅ रि* *n.* landscape representation of a scene द श्यभूमि; the blackcloth etc. used on the stage of a theatre मंच-सज्जा।

scenic *सी निक* *a.* of the stage नेपथ्य-संबंधी; picturesque सुंदर, चित्रात्मक।

scent[1] *सैन्ट* *n.* agreeable odour सुगंध; perfume इत्र; trail खोज; clue सुराग़।

scent[2] *v.t.* to smell सूंघना; to fill with fragrance सुगंधित करना; to discover by smelling गंध-द्वारा पता लगाना; to suspect संदेह करना।

sceptic *स्कैपॅ टिक* *n.* atheist नास्तिक; one who maintains doubt or disbelief संदेहवादी।

sceptical *स्कैपॅ टि क्ल* *a.* incredulous संशयात्मक।

scepticism *स्कैपॅ टि सिज़्म* *n.* a disbelieving state of mind संदेहवाद, संशयात्मकता।

sceptre *सैपॅ टॅ:* *n.* ornamental staff as symbol of royal power राजदंड।

schedule[1] *शै ॅड् यूल* *n.* programme कार्यक्रम; time-table सारणी; table of details or appended table अनुसूची।

schedule[2] *v.t.* to make a list of अनुसूची बनाना।

scheme[1] *स्कीम n.* system पद्धति; plan योजना; contrivance उपाय।

scheme[2] *v.i.* to form a plan योजना बनाना; *v.t.* to contrive उपाय करना।

schism *सिज़्म n.* faction फूट; group resulting from faction विच्छिन्न संप्रदाय।

scholar *स्कौ ॅलॅः n.* learned person विद्वान्; pupil शिष्य।

scholarly *स्कौ ॅ लॅः लि a.* learned विद्वान्, विद्वत्तापूर्ण।

scholarship *स्कौ ॅलॅः शिप n.* erudition पांडित्य; allowance given to a student छात्रव त्ति।

scholastic *स्कॅ लैस् टिक a.* pertaining to a scholar विद्वान्-संबंधी; educational शिक्षा-विषयक; academic शास्त्रीय।

school *स्कूल n.* educational institution विद्यालय, पाठशाला; branch of study शिक्षा की शाखा; group of artists, thinkers etc. with common beliefs संप्रदाय।

science *सॉइ अॅन्स n.* systematic knowledge विज्ञान।

scientific *सॉइ अॅन् टि फ़िक a.* pertaining to science वैज्ञानिक।

scientist *सॉइ अॅन् टिस्ट n.* one who is versed in science वैज्ञानिक।

scintillate *सिन् टि लेट v.i.* to sparkle चमकना।

scintillation *सिन् टि ले शॅन n.* lustre, glitter चमक।

scissors *सि जॅःज़ n. pl.* a cutting instrument कैंची।

scoff[1] *स्कौफ़् n.* taunt ताना।

scoff[2] *v.i.* to jeer (at) उपहास करना।

scold *स्कोल्ड v.t.* to find fault with दोष निकालना; to rebuke, to reprimand फटकारना।

scooter *स्कू टॅः n.* light, motorcycle स्कूटर।

scope *स्कोप n.* sphere of action or observation क्षेत्र; opportunity for action गुंजाइश।

scorch *स्कौच v.t.* to burn or discolour (surface) with heat झुलसाना।

score[1] *स्कोः, स्कौंः n.* set of twenty एक कोड़ी (बीस); reckoning गणना; number of points made by a player in certain games खेल के अंक; reason कारण; scratch खरौंच।

score[2] *v.t.* to gain (points) in a game खेल में (अंक या रन) बनाना; to cross out काटना; to mark चिह्नित करना; *v.i.* to keep tally of points अंकों या रनों का हिसाब रखना।

scorer *स्कौ ॅ रॅः n.* person who keeps a record of points, goals, runs, etc, scored in a game गणक; player who scores goals, runs etc. गोल या रन बनाने वाला खिलाड़ी।

scorn[1] *स्कौःन n.* extreme contempt तिरस्कार; derision घ णा।

scorn[2] *v.t.* to hold in contempt तिरस्कार करना, घ णा करना।

scorpion *स्कौः प्यॅन n.* a small animal with a poisonous sting in its long tail बिच्छू।

Scot *स्कौ ॅट n.* native of Scotland स्कॉटलैंड का निवासी।

Scotch[1] *स्कौचॅ a.* of Scotland स्कॉटलैंड-संबंधी।

Scotch[2] *n.* people of Scotland

स्कॉटलैंड निवासी; a kind of whisky एक प्रकार की शराब।

scot-free *स्कौ ॅट् फ़्री a.* unharmed सुरक्षित, निरापद।

scoundrel *स्कॉउन् ड्रॅल n.* rogue, rascal दुष्ट।

scourge[1] *स्कॅःज n.* whip कोड़ा; severe affliction महान् कष्ट; calamity विपत्ति।

scourge[2] *v.t.* to flog कोड़े मारना; to punish severely कड़ा दंड देना।

scout[1] *स्कॉउट n.* boy scout बालचर; spy गुप्तचर।

scout[2] *v.i.* to act as a scout बालचर के रूप में काम करना; to act as spy गुप्तचर्या करना।

scowl[1] *स्कॉउल v.i.* to frown त्योरी चढ़ाना।

scowl[2] *n.* a bad-tempered look भ्रूभंग, त्योरी चढ़ी द ष्टि।

scramble[1] *स्क्रैम् ब्ल v.i.* to climb ऊपर चढ़ना; to struggle for something संघर्ष करना; *v.t.* to mix up मिला देना; to cook (eggs) beaten up with milk दूध के साथ फेंटकर (अंडे) पकाना।

scramble[2] *n.* scrambling संघर्ष; rough climb ऊबड़-खाबड़ चढ़ाई; disorderly proceeding अव्यवस्थित कार्यवाही।

scrap *स्क्रैप n.* rejected metal pieces रद्दी, धातु; smallest piece छोटा टुकड़ा।

scratch[1] *स्क्रैच n.* mark of injury खरोंच।

scratch[2] *v.t.* to mark (surface) with something sharp खुरचना, खरोंचना; to draw along घसीटना; to rub पिसना; to cancel रद्द करना; to withdraw वापस लेना; *v.i.* to use the nail or claws नाखूनों या पंजों का प्रयोग करना।

scrawl[1] *स्क्रौल v.t.* to write or draw hastily तेज़ी से लिखना या घसीटना।

scrawl[2] *n.* poor writing घसीट।

scream[1] *स्क्रीम v.i.* to make a sudden cry चीख़ना; *v.t.* to utter in a scream चीख़ कर कहना।

scream[2] *n.* shrill cry चीख़।

screen[1] *स्क्रीन n.* surface on which films are shown चित्रपट; device to shelter from light etc. परदा।

screen[2] *v.t.* to shelter, to hide बचाना, छिपाना; to show (film) चित्रपट पर दिखाना; to scrutinize परखना, जांचना।

screw[1] *स्क्रू n.* a metal peg पेच।

screw[2] *v.t.* to fasten (with a screw) पेच से कसना।

scribble[1] *स्क्रि ब्ल v.t.* to write or draw carelessly घसीट में लिखना या खींचना; *v.i.* to make meaningless marks उलटी-सीधी लकीरें खींचना।

scribble[2] *n.* careless writing घसीट।

script *स्क्रिप्ट n.* handwriting लिखावट; manuscript पांडुलिपि।

scripture *स्क्रिप् चॅः n.* sacred writings of a religion धर्मग्रंथ।

scroll *स्क्रोल n.* roll of paper used for writing काग़ज का खर्रा; ornamental design कटावदार ड़िजाइन।

scrutinize *स्क्रू टि नॉइज़ v.t.* to make thorough examination of सावधानी से जांच करना।

scrutiny *स्क्रू टि नि n.* thorough examination सूक्ष्म जांच; critical investigation समीक्षा; official examination of votes मतपत्रों की जांच।

scuffle[1] स्क फ़ल *n.* confused brief fight हाथापाई।

scuffle[2] *vi.* to take part in a confused fight हाथापाई करना।

sculptor स्कल्प् टँः *n.* one who carves on wood or stone पत्थर या लकड़ी पर नक़्क़ाशी करनेवाला, मूर्तिकार।

sculptural स्कल्प् चँ रॅल *a.* pertaining to sculpture प्रतिमा-निर्माण-संबंधी।

sculpture स्कल्प् चँः *n.* art of carving in relief on stone, wood or clay मूर्तिकला।

scythe[1] सॉइद *n.* a manual reaping implement दांती, दरांती।

scythe[2] *v.t.* to cut with scythe दरांती से काटना।

sea सी *n.* the ocean सागर; large quantity विशाल मात्रा; vast expanse दीर्घ विस्तार।

seal[1] सील *n.* impression attached to a document, significant mark मुहर।

seal[2] *n.* an aquatic flesh-eating mammal मांसाहारी समुद्री स्तनधारी जंतु।

seal[3] *v.t.* to stamp with seal मुहर लगाना; to close up tightly अच्छी तरह बंद करना; to decide तय करना।

seam[1] सीम *n.* the line of sewing where pieces of cloth are joined सीवन; line of junction of two planks संधिरेखा; thin layer परत।

seam[2] *v.t.* to join by a seam सिलाई से जोड़ना।

seamy सी मि *a.* marked with seams सीवनदार; sordid घिनौना।

search[1] सॅःच *n.* act of searching खोज; inquiry जांच।

search[2] *v.t.* to seek out खोजना; to probe जांच करना।

season[1] सी ज़्न *n.* period of the year marked by different climatic conditions ऋतु; time when something is plentiful किसी वस्तु की प्रचुरता का समय; proper time उचित समय।

season[2] *v.t.* to render mature and fit for use परिपक्व बनाना; to add flavouring to स्वादिष्ट बनाना; to make experienced अभ्यस्त बनाना।

seasonable सी ज़ॅ नॅ ब्ल *a.* opportune उचित समय पर होने वाला।

seasonal सी ज़ॅ नॅल *a.* happening only at a particular season मौसमी।

seat[1] सीट *n.* thing to sit on बैठने का आसन, गद्दी; location स्थिति, स्थान; legislative constituency निर्वाचन-क्षेत्र; buttocks चुतड़; bose आधार।

seat[2] *v.t.* to cause to sit बैठाना; to fix firmly जमाना; to provide seats बैठने का स्थान देना।

secede सि सीड *v.i.* to withdraw formally from a larger body प थक् हो जाना।

secession सि सैˇ शॅन *n.* act of seceding अपगमन, अलगाव।

secessionist सि सैˇ शॅ निस्ट *n.* one favouring secession अलगाववादी।

seclude सि क्लूड *v.t.* to separate from society समूह से अलग करना;

to keep aloof अलग रखना।

secluded *सि क्लू डिड a.* separated from society एकांत अकेला, निर्जन।

seclusion *सि क्लू ज़्न n.* privacy एकांतता।

second[1] *सै ॅ कॅन्ड a.* next after first दूसरा।

second[2] *n.* one who follows another अनुयायी; sixtieth part of a minute मिनट का साठवां भाग; inferior goods घटिया माल।

second[3] *v.t.* to support अनुमोदित करना।

secondary *सै ॅ कॅन् डॅ रि a.* next in importance गौण; supplementary अनुपूरक।

seconder *सै ॅ कॅन् डॅः n.* one who supports a resolution प्रस्ताव का अनुमोदक।

secrecy *सी क्रॅ सि n.* privacy एकांतता; concealment गुप्तता।

secret[1] *सी क्रिट a.* concealed छिपा हुआ; remote, quiet शांत।

secret[2] *n.* something kept from view or knowledge गुप्त भेद; the real source मुख्य स्रोत या कारण; something mysterious रहस्यपूर्ण वस्तु।

secretariat (e) *सैकॅ रॅ टे ॅ ॲ रि ॲट n.* secretarys' department सचिवालय।

secretary *सैकॅ रि ट्रि n.* an administrative or executive officer of an organization राचिव, मंत्री।

secrete *सि क्रीट v.t.* to conceal छिपाना; to produce by secretion स्त्रावित करना।

secretion *सि क्री शॅन n.* process of secreting स्त्रवण; matter secreted स्त्राव।

secretive *सिक् रि टिव a.* habitually keeping things secret गोपनशील।

sect *सैक्ट n.* religious party or faction पंथ, संप्रदाय, मत।

sectarian *सैकॅ टे ॅ ॲ रि ॲन a.* pertaining to a particular sect किसी विशेष मत या पंथ-संबंधी।

section *सैकॅ शॅन n.* division अनुभाग, भाग; subdivision of a book अनुच्छेद; part of a whole खंड, अंश।

sector *सैकॅ टॅः n.* field of business activity व्यावसायिक क्षेत्र; military area of operation सैन्य कार्यवाही का क्षेत्र।

secure[1] *सि क्युॲः a.* safe सुरक्षित; firmly fixed सुद ढ़।

secure[2] *v.t.* to free from anxiety सुरक्षित करना; to obtain प्राप्त करना; to make strong द ढ़ करना।

security *सि क्युॲ रि टि n.* safety सुरक्षा; undertaking to obtain release of a prisoner ज़मानत; thing pledged as guarantee प्रतिभूति।

sedan *सि डैन n.* a covered chair carried by two men पालकी।

sedate[1] *सि डेट a.* serious गंभीर; calm शांत।

sedate[2] *v.t.* to soothe by drugs दवा से आराम पहुंचाना।

sedative[1] *सै ॅ डॅ टिव a.* having a soothing effect शामक।

sedative[2] *n.* sedative drug शामक औषध।

sedentary *सै ॅ डॅन् टॅ रि a.* sitting आसीन, बैठा हुआ; accustomed to sitting बैठे रहने का आदी।

sediment *सै ॅ डि मॅन्ट n.* matter

which settles at the bottom of a liquid तलछट।

sedition *सि डि शॅन n.* conduct or speech tending to breach of public piece विद्रोह, विप्लव।

seditious *सि डि शॅस a.* inclined to sedition विप्लवकारी।

seduce *सि ड्यूस n.* to lead astray बहकाना; to tempt लुभाना; to attract आकर्षित करना।

seduction *सि डक् शॅन n.* act of seducing सतीत्व-हरण; tempting to an evil action दुष्प्रेरणा।

seductive *सि डक् टिव a.* alluring लुभावना।

see *सी v.t.* to perceive देखना; to be cognizant of पर ध्यान देना; to find out मालूम करना, ढूंढना; to make sure आश्वस्त करना; to visit भेंट करना; to consult परामर्श करना; to reflect विचार करना; to accompany के साथ जाना; *v.i.* to have the power of sight द ष्टि रखना।

seed[1] सीड *n.* plant's element of life बीज; prime cause मूल कारण; semen वीर्य।

seed[2] *v.t.* to sow with seed बोना; *v.i.* to produce seed बीज उगाना।

seek *सीक v.t. (p.t. & p.p. sought)* to ask for मांगना; to try प्रयास करना; *v.i.* to search खोज करना।

seem *सीम v.i.* to appear जान पड़ना; to look दिखाई पड़ना।

seemly *सीम् ली a.* proper, befitting उपयुक्त, उचित।

seep *सीप v.i.* to tickle through slowly रिसना।

seer *सिअॅ: n.* prophet सिद्धपुरुष, द ष्टा।

seethe *सीद v.i.* to boil उबलना; to be agitated उत्तेजित होना।

segment[1] *सै ॅग् मॅन्ट n.* part cut off from something भाग, खंड।

segment[2] *v.t.* to divide into segments विभाजित करना; *v.i.* to be divided into segments विभक्त होना।

segregate *सैगॅ रि गेट v.t.* to isolate प थक् करना।

segregation *सैगॅ रि गे शॅन n.* separation अलगाव, वियोग।

seismic *सॉइज़् मिक a.* pertaining to earthquakes भूकंप-संबंधी।

seize *सीज़ v.t.* to take possession of by force छीनना; to grasp पकड़ना।

seizure *सीज़ॅ: n.* act of seizing पकड़; possession by force ज़ब्ती।

seldom *सैलॅ डॅम adv.* not often यदा-कदा, कभी-कभार।

select[1] *सि लैक्ॅट v.t.* to choose as the best चुनना।

select[2] *a.* choice चुनिंदा; excellent उत्क ष्ट।

selection *सि लैकॅ शॅन n.* act of selecting चयन।

selective *सि ल क् टिव a.* capable of selection चयन-योग्य।

self *सैल्फ़ n. (pl. selves)* person's own individuality व्यक्तित्व; one's own interest स्वार्थ; sameness एकता।

selfish *सै ॅल् फ़िश a.* devoted to personal profit स्वार्थी।

selfless *सै ॅल्फ़ लिस a.* unselfish स्वार्थरहित।

sell *सै ॅल v.t. (p.t. & p.p. sold)* to dispose of in exchange for money बेचना; to deal in (की) दुकान

करना; *v.i.* to be sold बिकना।

seller *सैˇ लॅः n.* one who sells विक्रेता; something that is sold बिकने वाली वस्तु।

semblance *सैम्ॅ ब्लॅन्स n.* likeness साद श्य; false appearance दिखावा।

semen *सी मैनॅ n.* male generative fluid of animals वीर्य, शुक्र।

semester *सि मैˇस् टॅः n.* a half year term अर्द्धवार्षिक सत्र।

seminal *सी मि न्ल a.* of semen वीर्य-संबधी।

seminar *सैˇ मि नाः n.* meeting for discussion गोष्ठी।

senate *सैˇ निट n.* legislative body प्रबंधकारिणी समिति; governing body of a university विश्वविद्यालय की प्रशासनिक समिति।

senator *सैˇ नॅ टॅः n.* member of a senate समिति-सदस्य।

senatorial[1] *सैˇ नॅ टौ रि ॲल a.* of a senate or senator प्रशासनिक समितीय अथवा समिति-सदस्यीय।

senatorial[2] *a.* pertaining to senate प्रशासनिक समिति-संबंधी।

send सेन्ड *v.t.* to cause to go भेजना; to dispatch प्रेषित करना।

senile *सी नॉइल a.* pertaining to old age व द्धावस्था-संबंधी।

senility *सि नि लि टि n.* weakness in old age बुढ़ापे की दुर्बलता।

senior[1] *सी न्यॅः a.* superior in age वयोव द्ध; of a higher rank बड़े पद का।

senior[2] *n.* superior उच्च व्यक्ति; elder person वयोव द्ध व्यक्ति।

seniority *सी नि औˇ रि टि n.* condition of being senior वरीयता।

sensation *सैन्ॅ से शॅन n.* feeling अनुभूति; excitement उत्तेजना, सनसनी; strong impression संवेदना।

sensational *सैन्ॅ से शॅ नॅल a.* pertaining to the sense of perception संवेदनात्मक; producing excited interest सनसनीखेज़।

sense[1] *सैन्ॅस n.* faculty of perception इंद्रिय; mental alertness चेतना; consciousness होश; meaning अर्थ; judgment विवेक, समझ।

sense[2] *v.t.* to perceive, to understand अनुभव करना, समझना।

senseless *सैˇन्स् लिस a.* foolish मूर्ख, मूर्खतापूर्ण; unconscious बेहोश।

sensibility *सैˇन् सि बि लि टि n.* sensitiveness संवेदनशीलता।

sensible *सैन्ॅ सि ब्ल a.* reasonable, wise समझदार; aware जागरूक, अवगत; perceptible by the senses इंद्रिय-ग्राह्य।

sensitive *सैन्ॅ सि टिव a.* quick to receive impressions संवेदनशील; easily offended तुनकमिज़ाज; emotional भावुक; easily affected नाजुक; responsive to slight changes सूक्ष्मग्राही।

sensual *सैन्ॅ स्यु ॲल a.* lustful कामुक, कामुकतापूर्ण।

sensualist *सैन्ॅ स्यु ॲ लिस्ट n.* a lustful person भोगवादी, कामी।

sensuality *सैन्ॅ स्यु ऐ लि टि n.* indulgence of sensual pleasures कामुकता।

sensuous *सैन्ॅ स्यु ॲस a.* appealing to the senses इंद्रिय-संबंधी।

sentence[1] *सैन्ॅ टॅन्स n.* group of words giving complete meaning वाक्य; penalty imposed by the court दंड।

sentence[2] *v.t.* to pass sentence on दंड देना।

sentience *सैन्ँ शॅन्स n.* quality of being sentient संवेदन, चेतना।

sentient *सैन्ँ शॅन्ट a.* capable of feeling संवेदनशील।

sentiment *सैन्ँ टि मॅन्ट n.* tendency to be moved by feeling भावुकता; emotion भाव; opinion मत, विचार।

sentimental *सैन्ँ टि मैन्ँ ट्ल a.* having a tendency to be moved by feeling भावुक; full of emotion भावुकतापूर्ण।

sentinel *सैन्ँ टि न्ल n.* sentry संतरी, पहरेदार।

sentry *सैन्ँ ट्रि n.* soldier on watch संतरी।

separable *सै ॅ पॅ रॅ ब्ल a.* capable of being separated वियोज्य, प थक्करणीय।

separate[1] *सै ॅ पॅ रेट v.t.* to divide अलग करना; to put apart हटाना; *v.i.* to withdraw अलग होना, हटना।

separate[2] *सै ॅ पॅ रिट a.* divided विभक्त; existing apart अलग।

separation *सै ॅ पॅ रे शॅन n.* disconnection प थक्करण; being disconnected प थक्भवन; division विभाजन।

sepsis *सैपॅ् सिस n.* pus forming bacteria पूर्ति, पूतिता।

September *सॅप् टै ॅम् बॅ: n.* ninth month of the year सितंबर।

septic *सैपॅ् टिक a.* caused by sepsis पूतिक, विषाक्त।

sepulchre *सै ॅ पॅल् कॅ: n.* tomb समाधि, मक़बरा।

sepulture *सै ॅ पॅल् चॅ: n.* burial दफ़न।

sequel *सी क्वॅल n.* consequence परिणाम; continuation, remaining part शेष।

sequence *सी क्वॅन्स n.* succession अनुक्रम; successive order क्रम।

sequester *सि क्वैसॅ् टॅ: v.t.* to seclude अलग करना।

serene *सि रीन a.* calm, tranquil शांत; unclouded मेघरहित।

serenity *सि रै ॅ नि टि n.* quality of being serene शांति।

serf *सॅ:फ n.* a land-worker, क षि-मज़दूर, land slave क षि दास।

serge *सॅ:ज n.* a strong woollen cloth सर्ज, एक प्रकार का कपड़ा।

sergeant *सा: जॅन्ट n.* non-commissioned army-officer सारजेंट।

serial[1] *सिॲ रि ॲल a.* belonging to a series क्रमिक, आनुक्रमिक; published in instalments धारावाहिक।

serial[2] *n.* periodical publication or presentation धारावाहिक।

series *सिॲ रीज़ n. (sing. & pl.)* sequence क्रम अनुक्रम; (maths.) a set of numbers forming a progression माला, श्रेणी, श्रं खला।

serious *सिॲ रि ॲस a.* sincere गंभीर; of importance महत्वूपर्ण; causing concern चिंताजनक; thoughtful विचारशील।

sermon *सॅ: मॅन n.* moral or religious discourse नीतिवचन, धर्मोपदेश।

sermonize *सॅ : मॅ नॉइज़ v.i.* to talk like a preacher धर्मोपदेशक होना; *v.t.* to preach धार्मिक शिक्षा देना।

serpent *सॅ: पॅन्ट n.* snake सर्प; a treacherous person धूर्त; धोखेबाज़ व्यक्ति।

serpentine सॅः पॅन् टॉइन *n.* winding like a serpent सर्पिल; sly धूर्त, चालाक।

servant सॅः वॅन्ट *n.* one who serves सेवक; employee कर्मचारी।

serve[1] सॅःव *v.t.* to work for (की) नौकरी करना; to perform duties for (की) सेवा करना; to place (food, etc.) on the table (भोजन आदि) परोसना; to be satisfactory for के लिए उपयुक्त होना; to undergo भुगतना; to deliver (a summons, etc.) (समन) तामील करना; to meet the needs of (की) आवश्यकता पूरी करना; *v.i.* to put the ball into play सर्विस करना।

serve[2] *n.* act of serving ball सर्विस।

service[1] सॅः विस *n.* being a servant नौकरी; act of service सेवा; *(pl.)* armed forces सेना; help सहायता; system, organization व्यवस्था; attendance ख़िदमत, टहल; use प्रयोग; maintenance of vehicle रख-रखाव; a set of dishes, cups, etc. बरतन; (tennis) serving सर्विस; legal notification तामील; serving of food खाना परोसने की क्रिया।

service[2] *v.t.* to overhaul पूरी तरह से जांच करके सुधारना।

serviceable सॅः वि सं ब्ल *a.* in working order चालू हालत में; durable टिकाऊ।

servile सॅः वॉइल *a.* slavish दासतापूर्ण; cringing लल्लो-चप्पो करनेवाला, खुशामदी।

servility सॅः वि लि टि *n.* servile behaviour or attitude दासता, जी-हुज़ूरी।

session सै ॅ शॅन *n.* meeting of court न्यायालय की बैठक; meeting of Parliament संसद-सत्र; academic term शिक्षण-सत्र।

set[1] *(-tt-) v.t.* to put रखना; to fix बैठाना, जमाना; to apply लगाना; to make ready तैयार करना; to establish स्थापित करना; to allot नियत करना; to arrange (a table) व्यवस्थित करना; to start चालू करना; to settle निश्चित करना; *v.i.* to sink डूबना, छिपना; to become firm कड़ा होना, जमना।

set[2] *a.* fixed स्थिर; prescribed निर्धारित; conventional रूढ़िगत; formal औपचारिक।

set[3] *n.* a group of people with common qualities एक-जैसे लोगों का समूह, गुट; a group of things श्रेणी; receiver for radio or television सैट।

settle सै ॅ ट्ल *v.i.* to come to rest बैठना; to subside नीचे जाना, बैठना; to take up residence बसना; *v.t.* to arrange व्यवस्थित करना; to decide तय करना; to pay अदा करना।

settlement सै ॅ ट्ल् मॅन्ट *n.* act of settling निपटारा; agreement समझौता; payment भुगतान; decision निर्णय; determination निर्धारण; colony उपनिवेश; subsidence धंसन।

settler सै ॅट् लॅः *n.* colonist उपनिवेशी।

seven[1] सै ॅ व्न *n.* the number next to six सात की संख्या (7)।

seven[2] *a.* one more than six सात।

seventeen सै ॅ व्न् टीन *n., a.* (the number) next after sixteen सत्रह (17)।

seventeenth *सै॑ वॅनॅ टीन्थ a.* next after the 16th सत्रहवां।

seventh *सै॑ व्न्थ a.* next after the 6th सातवां।

seventieth *सै॑ वन् टीथ a.* next after the 69th सत्तरवां।

seventy *सै॑ व्न् टि n., a.* (the number) next after 69 सत्तर (70)।

sever *सै॑ वॅः v.t.* to cut off काट देना; to break off तोड़ देना; *v.i.* to come apart टूटना, अलग होना।

several *सै॑ वॅ रॅल a.* a few, some कई; separate अलग; individual व्यक्तिगत; various विभिन्न; different भिन्न।

severance *सै॑ वॅ रॅन्स n.* severing प थक्ता; disconnection विच्छेद।

severe *सि विअॅः a.* strict कड़ा; hard to do कठिन; rigorous कठोर; harsh सख़्त, कठोर।

severity *सि वै॑ रि टि n.* quality of being severe कठोरता, कठिनता।

sew *सा v.t.* (*p.t. sewed सोड; p.p.* sewn सोन) to fasten with stitches टांकना, सिलना; to make (garment) by stitching (कपड़ा) सिलना; *v.i.* to work with needle सिलाई करना।

sewage *स्यू इज n.* refuse conveyed in sewer गंदा पानी, मलजल।

sewer *स्यु अॅः n.* underground drain for refuse मलप्रणाल, नाला।

sewerage *स्यु अॅ रिज n.* system of drains मलव्यवस्था।

sex *सैक्स n.* state of being male or female लिंग; sexual activity यौन-क्रिया।

sexual *सैक्॒ स्यु अॅल a.* pertaining to sex लैंगिक।

sexuality *सैक्॒ स्यु ऐ लि टि n.* the quality of being sexual लैंगिकता; sexual desire काम-वासना।

sexy *सै॑क् सि n.* inclined to sexual indulgence कामुक; much concerned with sexuality कामोत्तेजक।

shabby *शै बि a.* worn and torn फटा-पुराना, जीर्ण-शीर्ण; poorly dressed फटेहाल; disgraceful घ णित, घिनौना।

shackle[1] *शै क्ल n.* metal ring for prisoner's wrist or ankle बेड़ी।

shackle[2] *v.t.* to fasten with shackles बेड़ी डालना।

shade[1] *शेड n.* slight darkness छाया; the darker part of a picture चित्र का काला भाग; a slight amount थोड़ी मात्रा; covering for a lamp दीपक का ढकना; ghost भूत, प्रेत।

shade[2] *v.t.* to shield from light ओट में करना; to mark(a picture) with different degrees of shade छायित करना।

shadow[1] *शै डो n.* dark projection of something छाया, परछाईं; slight trace आभास; indistinct image अस्पष्ट बिंब; gloom विषाद; inseparable companion अविभाज्य साथी।

shadow[2] *v.t.* to cast shadow over आच्छादित करना; to follow closely के पीछे लगा रहना।

shadowy *शै डो इ a.* having shadow or shade छायादार; like a shadow छायावत्।

shaft *शाफ़्ट n.* handle of a tool or weapon दस्ता, मूठ; a ray of light किरण; pole कड़ी; arrow तीर।

shake[1] *शेक v.i. (p.t. shook शुक, p.p.*

shaken शेकन्) to move to and fro or up and down हिलना; to shudder कांपना; *v.t.* to cause to move हिलाना; to dismay भयभीत करना।

shake² *n.* act of shaking झटका; tremor कंपन।

shaky *शे कि a.* unsteady अस्थिर, कंपायमान; unreliable अविश्वसनीय।

shallow *शैलो a.* not deep उथला; superficial सतही।

sham¹ *शैम (-mm-) v.i.* to pretend बहाना करना।

sham² *n.* pretence दिखावा, बहाना।

sham³ *a.* pretended दिखावटी।

shame¹ *शेम n.* feeling of guilt शरम, हया; public disgrace कलंक।

shame² *v.t.* to cause to feel shame लज्जित करना।

shameful *शेम् फुल a.* disgraceful लज्जाजनक।

shameless *शेम् लिस a.* with no sense of shame निर्लज्ज।

shampoo¹ *शैम् पू n.* a lotion for washing hair केशमार्जक; act of washing hair with shampoo केशामार्जन।

shampoo² *v.t.* to wash with shampoo शैंपू से धोना।

shanty *शैन् टि a.* roughly built hut झोपड़ी, कुटी।

shape¹ *शेप n.* outward form आकार; a pattern नमूना; condition दशा।

shape² *v.t.* to form आकार देना, बनाना; *v.i.* to develop विकसित होना।

shapely *शेप् लि a.* of pleasing shape सुघड़, सुंदर।

share¹ *शे ॅअ: n.* portion हिस्सा, भाग; contribution योगदान; unit of ownership in a public company शेयर।

share² *v.t.* to distribute बांटना; to have in common में सहभागी होना।

share³ *n.* blade of a plough फाल।

shark *शा:क n.* a large, ferocious fish हांगर, सोर; a swindler ठग, धूर्त।

sharp¹ *शा:प a.* able to cut पैना; keen तेज़; pointed नुकीला; abrupt, sudden तीव्र; pungent चरपरा; clever चतुर; crafty चालाक; shrill तीखा; brisk फुरतीला; steep खड़ा।

sharp² *adv.* promptly ठीक समय से।

sharpen *शा: पॅन v.t.* to make sharp तेज़ करना; to become sharp तेज़ होना।

sharpener *शा: पॅ नॅ: n.* something that sharpens धार तेज़ करने का साधन।

sharper *शा: पॅ: n.* a swindler ठग, बेईमान।

shatter *शै टॅ: v.t.* to break in pieces चूर-चूर कर देना; to destroy नष्ट करना; *v.i.* to be damaged नष्ट होना।

shave¹ *शेव v.t.* to cut close मूंडना, हजामत बनाना; to pare away काटना; *v.i.* to remove hair with a razor हजामत करना।

shave² *n.* act of shaving or being shaved हजामत।

shawl *शौल n.* piece of fabric to cover woman's shoulders or to wrap a body शॉल।

she *शी pron.* third person singular feminine pronoun वह (स्त्री)।

sheaf *शीफ़ n. (pl. sheaves शीव्ज़)* a bundle of corn पूला, पूली।

shear *शिअॅः v.t.* to cut the wool off (a sheep) (भेड) मूंड़ना।

shears *शिअॅःज़ n. pl.* large pair of scissors कैंचा।

shed[1] *शैड (-dd-) v.t.* to let fall गिरा देना; to cause to flow बहाना।

shed[2] *n.* roofed shelter सायबान, छप्पर।

sheep *शीप n. (pl. sheep)* a grass-eating animal भेड़।

sheepish *शी ़पिश a.* shy संकोची; timid दब्बू; stupid भौंदू।

sheer *शिअॅः a.* complete, thorough निरा, कोरा; absolute परिपूर्ण; very thin महीन।

sheet[1] *शीट n.* a large piece of cloth or any thin material चादर; wide expanse विस्तार।

sheet[2] *v.t.* to cover with a sheet (पर) चादर डालना।

shelf *शैल्फ़ n. (pl. shelves शैल्वॅज)* a horizontal board fixed to a wall टांड, ताक।

shell[1] *शै ॅल n.* hard outer case खोल; husk छिलका; explosive projectile गोला।

shell[2] *v.t.* to take shell from छीलना; to take out of shell छीलकर निकालना; to fire at with shells (पर) गोले बरसाना।

shelter[1] *शैल्ॅ टॅः n.* protection बचाव, पनाह; refuge शरणस्थल।

shelter[2] *v.t.* to give protection to पनाह देना; *v.i.* to take shelter पनाह लेना।

shelve *शैल्व v.t.* to put on shelf ताक़ पर रखना; to postpone dealing with टालना; to cease to employ नौकरी से हटा देना।

shepherd *शै ॅ पॅःड n.* man who tends sheep गड़ेरिया।

shield[1] *शील्ड n.* a piece of armour carried on arm ढाल; protective plate कवच; any protective device रक्षा का साधन।

shield[2] *v.t.* to protect, to save बचाना, रक्षा करना।

shift[1] *शिफ़्ट v.t.* to cause to move हटाना; to transfer स्थानांतरित करना; *v.i.* to move हटना; to be transferred स्थानांतरित होना।

shift[2] *n.* change परिवर्तन; a group of workmen who start work as another group finishes पाली; time of the working of this group पाली की अवधि; dodge चकमा।

shifty *शिफ़् टि a.* deceitful धोखेबाज़; evasive बहानेबाज़।

shilling *शि लिङ्ग n.* a former British coin शिलिंग।

shilly-shally[1] *शि लि-शै लि v.i.* to waver हिचकिचाना।

shilly-shally[2] *n.* wavering, indecision हिचकिचाहट, अनिर्णय।

shin *शिन n.* front of lower leg टांग के नीचे का अगला भाग।

shine[1] *शॉइन v.i. (p.t. & p.p. shone शौनॅ)* to give out light चमकना।

shine[2] *n.* brightness चमक।

shiny *शॉइ नि a.* bright, glossy चमकदार।

ship[1] *शिप n.* a large sea-going vessel जहाज़।

ship[2] *(-pp-) v.t.* to put on, or send by ship जहाज़ पर लादना या भेजना; *v.i.* to embark जहाज़ पर चढ़ना; to take service in ship जहाज़ पर

नौकरी करना।

shipment *शिप् मॅन्ट* *n.* act of shipping जहाज़ पर लदान; quantity of goods shipped नौभार।

shire *शॉइअॅ:* *n.* country प्रांत।

shirk *शॅ:क* *v.t.* to avoid (से) जी चुराना।

shirker *शॅ: कॅ:* *n.* one who avoids work कामचोर।

shirt *शॅ:ट* *n.* garment for upper part of body कमीज़।

shiver *शि वॅ:* *v.i.* to tremble कांपना।

shoal[1] *शोल* *n.* a large number of fish swimming together मछलियों का झुंड।

shoal[2] *n.* a shallow place in the sea समुद्र में उथला स्थान।

shock[1] *शौकॅ* *n.* violent impact झटका; emotional disturbance सदमा; collision टक्कर; effect of electric current on nerves बिजली का झटका; nervous weakness दहशत।

shock[2] *v.t.* to horrify भयभीत करना; to disgust (में) घ णा-भाव उत्पन्न करना; to cause shock to (में) दहशत उत्पन्न करना।

shoe[1] *शू* *n.* an outer covering for the foot जूता; metal rim put on horse's hoof नाल; metal tip शाम।

shoe[2] *v.t.* to provide with shoes जूते पहनाना, नाल लगाना।

shoot[1] *शूट* *v.t.* to kill with a missile गोली से मारना; to send (missile) (गोली) छोड़ना या दागना; *v.i.* to sprout अंकुरना; to photograph फ़ोटो लेना।

shoot[2] *n.* a young branch टहनी; shooting competition अस्त्र प्रतियोगिता; hunting expedition शिकार।

shop[1] *शौपॅ* *n.* place where goods are sold दुकान।

shop[2] *(-pp-)* *v.i.* to visit shops to buy ख़रीददारी करना।

shore *शौ:* *n.* coast समुद्रतट।

short[1] *शौ:ट* *a.* not long छोटा; not tall नाटा; not enough अपर्याप्त कम; brief अल्पकालीन।

short[2] *adv.* abruptly अचानक; not far enough पास ही।

shortage *शौ: टिज* *n.* lack अभाव, कमी।

shortcoming *शौ:ट् कॅ मिङ्ग* *n.* failure, defect दोष, अवगुण।

shorten *शौ:ट्न* *v.t.* to make short छोटा या कम करना; to become short कम या छोटा होना।

shortly *शौ:ट् लि* *adv.* soon शीघ्र ही।

shorts *शौ:ट्स* *n. pl.* short trousers निकर, हाफ़पैन्ट।

shot *शौ ॅट* *n.* act of shooting मार; sound made by a fire-arm बंदूक की आवाज़; range पहुंच; marksman निशानेबाज; photograph फ़ोटो।

shoulder[1] *शोल् डॅ:* *n.* part of the body next to head कंधा।

shoulder[2] *v.t.* to undertake (का) दायित्व लेना; to take on one's shoulders कंधों पर लेना।

shout[1] *शॉउट* *n.* loud cry चीख़, चिल्लाहट।

shout[2] *v.i.* to cry in a loud voice चिल्लाना, चीख़ना; *v.t.* to say loudly चिल्लाकर कहना।

shove[1] *शव* *v.t.* to push धकेलना।

shove[2] *n.* a strong push ठेला, धक्का।

shovel[1] *श वल* *n.* a spade-like instrument बेलचा।

shovel[2] *(-ll-) v.t.* to move with a shovel बेलचे से हटाना।

show[1] *शो* *v.t.* *(p.t. showed, p.p.shown)* to expose to view दिखाना; to display प्रदर्शित करना; to explain समझाना; to prove सिद्ध करना।

show[2] *n.* display प्रदर्शन; exhibition प्रदर्शनी; spectacle द श्य; entertainment तमाशा; ostentation तड़क-भड़क; pretence दिखावा, बहाना।

shower[1] *शॉउ अ:* *n.* short fall of rain बौछार; outpouring झड़ी; a. kind of bath फुहारा-स्नान।

shower[2] *v.t.* to bestow liberally बरसाना; *v.i.* to take bath in shower फुहारा-स्नान करना।

shrew *श्रू* *n.* an animal like a mouse छछूंदर; a bad tempered woman कर्कशा, लड़ाकी स्त्री।

shrewd *श्रूड* *a.* intelligent बुद्धिमान, समझदार; crafty चालाक।

shriek[1] *श्रीक* *n.* a shrill cry चीख़।

shriek[2] *v.i.* to scream चीख़ना; *v.t.* to utter in a scream चीख़कर कहना।

shrill *श्रिल* *a.* sharp in tone तेज़, तीक्ष्ण (आवाज़)।

shrine *श्रॉइन* *n.* holy place, place of worship पवित्र स्थान, मंदिर।

shrink *श्रिङ्क* *v.i.* *(p.t. shrank, p.p.shrunk)* to become smaller सिकुड़ना; to draw back पीछे हटना; *v.t.* to make smaller सिकोड़ना।

shrinkage *श्रिङ् किज* *n.* process of shrinking सिकुड़न।

shroud[1] *श्रॉउड* *n.* cloth in which a dead body is wrapped कफ़न; a covering आवरण, परदा।

shroud[2] *v.t.* to cover, to hide ढकना, छिपाना।

shrub *श्रब* *n.* a bushy plant झाड़ी।

shrug[1] *श्रग* *(-gg-) v.t.* to raise (shoulders) as sign of indifference (कंधे) उचकाना; *v.i.* to raise shoulders कंधे उचकाना।

shrug[2] *n.* shrugging कंधे उचकाने की क्रिया।

shudder[1] *श डॅ:* *v.i.* to tremble with horror कांप उठना।

shudder[2] *n.* shuddering कंपकंपी।

shuffle[1] *श फ़ल* *v.i.* to move feet without lifting them पैर घसीटना; to act evasively टाल-मटोल करना; *v.t.* to mix (cards) (पत्ते) फेंटना; to mingle मिलाना; to evade टालना।

shuffle[2] *n.* shuffling घसीटन; change फेर-बदल; mixing मिश्रण।

shun *शन* *(-nn-) v.t.* to avoid (से) बचना; to keep away from (से) दूर रहना।

shunt *शन्ट* *v.t.* to push aside अलग धकेलना; to divert दूसरी ओर मोड़ना; to move (train) to another line (गाड़ी को) दूसरी पटरी पर हटाना।

shut *शट* *(-tt-) v.t.* to close बंद करना; *v.i.* to be closed बंद होना।

shutter *श टॅ:* *n.* movable window screen झिलमिली; device controlling entry of light to the lens of a camera कैमरा-कपाट।

shuttle[1] *श ट्ल* *n.* a device used to pass thread of weft through the warp ढरकी, भरनी; holder of the lower thread in a sewing machine शटल; train running to and fro over short distance शटल गाड़ी।

shuttle[2] *v.t., v.i.* to move backwards and forwards like a shuttle आगे-पीछे, इधर-उधर चलना-फिरना या चलाना-फिराना।

shuttlecock *श ट्ल् कौकॅ n.* article used as a ball in badminton चिड़िया।

shy[1] *शॉइ n. (shyer, shyest)* bashful संकोची, लज्जालु; (of animals) easily scared बिदकने या भड़कने वाले (पशु); reluctant अनिच्छुक।

shy[2] *v.i.* to start back in fear बिदकना, भड़कना।

sick *सिक a.* inclined to vomit मिचलीग्रस्त; not well or healthy अस्वस्थ; wearied थका हुआ, तंग आया हुआ।

sickle *सि क्ल n.* reaping hook हंसिया, दरांती।

sickly *सिक् लि a.* unhealthy अस्वस्थ, रुग्ण।

sickness *सिक् निस n.* illness बीमारी; vomiting मचली।

side[1] *सॉइड n.* surface सतह; part of body right or left पार्श्व; region क्षेत्र; aspect पहलू; party पक्ष; faction गुट; दल; extremity सिरा; direction दिशा।

side[2] *v.i.* to take up cause (of) पक्ष लेना।

siege *सीज n.* besieging घेराबंदी।

siesta *सि ऐसॅ टॅ n.* short sleep after midday meal दोपहर की झपकी।

sieve[1] *सीव n.* device for sifting छलनी।

sieve[2] *v.t.* to sift, to strain छानना।

sift *सिफ़्ट v.t.* to pass through a sieve छानना; to examine closely बारीकी से जांच करना।

sigh[1] *सॉइ n.* long audible breath आह।

sigh[2] *v.i.* to heave a sigh आह भरना; *v.t.* to utter with a sigh आह भरकर कहना।

sight[1] *सॉइट n.* faculty of seeing द ष्टि; seeing दर्शन; thing seen द श्य; *(pl.)* places of interest दर्शनीय स्थान; range of vision द ष्टि-क्षेत्र।

sight[2] *v.t.* to catch sight of देखना, दिखाई पड़ना।

sightly *सॉइट् लि a.* pleasant to look at रमणीय, सुंदर।

sign[1] *सॉइन n.* gesture संकेत; mark चिह्न, निशान; symbol प्रतीक।

sign[2] *v.t.* to put signature on (पर) हस्ताक्षर करना; *v.i.* to make gesture संकेत करना।

signal[1] *सिग् नॅल n.* token, sign संकेत।

signal[2] *a.* remarkable उल्लेखनीय।

signal[3] *(-ll-) v.t.* to make signals to (को) संकेत करना; *v.i.* to send information by signals संकेत का प्रयोग करना।

signatory *सिग् नॅ टॅ रि n.* one who signs a document हस्ताक्षरकर्त्ता।

signature *सिग् नॅ चॅ: n.* person's name written by himself हस्ताक्षर।

significance *सिग् नि फ़ि कॅन्स n.* importance महत्व।

significant *सिग् नि फ़ि कॅन्ट a.* meaningful अर्थपूर्ण; important महत्वपूर्ण।

signification *सिग् नि फ़ि के शॅन n.* meaning अर्थ, तात्पर्य।

signify *सिग् नि फ़ॉइ v.t. (p.t. signified)* to mean अर्थ रखना; to indicate द्योतित करना; to imply तात्पर्य रखना।

silence[1] *सॉइ लॅन्स n.* absence of noise शांति; lack of speech मौन।

silence[2] *v.t.* to make silent चुप करना; to repress दबाना, दमन करना।

silencer *सॉइ लॅन् सॅः n.* device to reduce noise of engine exhaust etc. साइलैंसर।

silent *सॉइ लॅन्ट a.* making no sound शांत; not pronounced अनुच्चरित।

silhouette *सि ल्यु ऐ ॅट n.* outline of an object seen against light पार्श्व छायाचित्र।

silk *सिल्क n.* fibre made by silkworms रेशम।

silken *सिल् कॅन a.* made of silk रेशमी; like silk रेशम-जैसा; soft कोमल।

silky *सिल् कि a.* like silk रेशम-जैसा; soft कोमल; smooth चिकना।

silly *सि लि a.* foolish, stupid मूर्ख; indicating folly मूर्खतापूर्ण।

silt[1] *सिल्ट n.* fine sediment deposited by water रेग, गाद।

silt[2] *v.t.* to fill with silt रेगयुक्त करना; to be choked with silt रेग से अवरूद्ध हो जाना।

silver *सिल् वॅः n.* white precious metal चांदी; silverware चांदी का सामान; silver-coins चांदी के सिक्के।

silver[2] *a.* made of silver चांदी से बना; of the colour of silver श्वेत, चांदी जैसा; bright चमकदार।

silver[3] *v.t.* to coat with silver (पर) चांदी चढ़ाना।

similar *सि मि लॅः a.* of the same kind सद श, तुल्य।

similarity *सि मि लै रि टि n.* likeness समानता; resemblance समरूपता।

simile *सि मि लि n.* a figure of speech involving comparison between two things उपमा।

similitude *सि मि लि ट्यूड n.* likeness समानता; comparison तुलना।

simmer *सि मॅः v.i.* to boil gently खदकना; to be in a state of suppressed anger अंदर-अंदर उबलना, नाराज़ होना।

simple *सिम् पल a.* plain सादा; not complicated सरल; mere निरा, खालिस; guileless सीधा-सादा; stupid मूर्ख; ordinary सामान्य।

simpleton *सिम् पल् टॅन n.* foolish person बुद्धू, भोंदू।

simplicity *सिम् प्लि सि टि n.* simpleness सादगी; artlessness निष्कपटता।

simplification *सिम् प्लि फ़ि के शॅन n.* act of simplifying सरलीकरण।

simplify *सिम् प्लि फ़ॉइ v.t.* to make simple सरल बनाना।

simultaneous *सि मल् टे न्यॅस a.* happening at the same time समकालिक।

sin[1] *सिन n.* violation of moral or divine law पाप-कर्म।

sin[2] *(-nn-) v.i.* to commit sin पाप

करना।

since[1] *सिन्स prep.* after से, के बाद।

since[2] *conj.* from the time when के बाद से; because क्योंकि।

since[3] *adv.* from then till now तब से अब तक; ago पहले।

sincere *सिन् सिॲः a.* honest ईमानदार; genuine सच्चा; unaffected अक त्रिम; straight-forward निष्कपट।

sincerity *सिन् सै˘ रि टि n.* honesty सच्चाई ईमानदारी; quality of being sincere निष्कपटता।

sinful *सिन् फुल a.* wicked पापी; tending to sin पापमय।

sing *सिङ्ग v.i.* to utter musical sounds गाना; *v.t.* to utter musically गाकर सुनाना।

singe[1] *सिन्ज v.t.* to burn surface of झुलसाना।

singe[2] *n.* a slight burn झुलसन।

singer *सिङ् गॅः n.* one who sings गायक।

single[1] *सिङ् ग्ल a.* only one केवल एक; unmarried अविवाहित; for one person only एक व्यक्ति-हेतु; for a journey in one direction एक ओर की यात्रा-हेतु।

single[2] *n.* a single ticket एकतरफ़ा टिकट; a single run at cricket एक रन; *(pl.)* match between two players only इकहरा मैच।

single[3] *v.t.* (with 'out') to pick चुनना, छांटना।

singular *सिङ् ग्यु लॅः a.* remarkable अद्वितीय, उल्लेखनीय; unusual असाधारण; (gram.) denoting one person or thing एकवचन।

singularity *सिङ् ग्यु लै रि टि n.* strangeness अनोखापन।

singularly *सिङ् ग्यु लॅः लि adv.* peculiarly, strangely अनोखे ढंग से।

sinister *सि निस् टॅः a.* ominous अशुभ, अनिष्टकारी; threatening भयावह; unlucky दुर्भाग्यपूर्ण।

sink[1] *सिङ्क v.i.* (sank, sunk) to be submerged डूबना; to go down below the horizon अस्त होना, छिपना; to decline in value मूल्य में कमी आना; *v.t.* to cause to sink डुबोना; to make by digging खोदकर बनाना (कुआं, आदि)।

sink[2] *n.* a basin in kitchen चहबच्चा।

sinner *सि नॅः n.* one who sins पापी।

sinuous *सि न्यु ॲस a.* winding टेढ़ा-मेढ़ा, घुमावदार।

sip[1] *सिप (-pp-) v.t.* to drink bit by bit चुस्की लगाकर पीना।

sip[2] *n.* act of sipping चुस्की।

sir *सॅः n.* a respectful form of address to a man श्रीमान, महोदय।

siren *सॉइॲ रिन, -रॅन n.* loud hooter used as a warning or as a time-signal भोंपू; mythical nymph who lured sailors to destruction जलपरी; an alluring woman मोहिनी।

sister *सिस् टॅः n.* daughter of same parents बहन; a senior nurse उपचारिका, नर्स; nun मठवासिनी।

sisterhood *सिस् टॅः हुड n.* relation of sister बहनापा, society of women महिला संघ।

sisterly *सिस् टॅः लि a.* like a sister भगिनीवत्।

sit *सिट (-tt-) v.i.* to be seated बैठना; to incubate अंडे सेना; to be in session अधिवेशन होना; to take examination परीक्षा देना; to fit ठीक बैठना; *v.t.* to cause to sit बैठाना।

site *सॉइट n.* location स्थान; space for a building निर्माण-स्थल।

situation *सि ट्यू ए शॅन n.* a site, a position स्थान, स्थल; state of affairs परिस्थिति; employment, post नौकरी, पद।

six *सिक्स n., a.* (the number) next after five छः (6)।

sixteen *सिक्स् टीन n., a.* six more than ten सोलह (16)।

sixteenth *सिक्स् टीन्थ a.* the last of sixteen सोलहवां।

sixth *सिक्स्थ a.* the last of six छठा, छठवां।

sixtieth *सिक्स् टि ॲथ a.* the last of sixty साठवां।

sixty *सिक्स् टि n., a.* ten times six साठ (60)।

sizable *सॉइ ज़ॅ ब्ल a.* of considerable size विशाल, बड़ा।

size[1] *सॉइज़ n.* degree of largeness आकार; dimension लंबाई-चौड़ाई, विस्तार।

size[2] *v.t.* to arrange according to size आकार-क्रम में रखना।

sizzle[1] *सि ज़्ल v.i.* to make a hissing sound छुन-छुन की ध्वनि करना।

sizzle[2] *n.* hissing sound छुन-छुन की ध्वनि।

skate *स्केट n.* steel blade attached to boot for gliding over ice स्केट।

skate[2] *v.t.* to glide on skates स्केटों पर फिसलना।

skein *स्केन n.* length of yarn coiled into a bundle लच्छी, अंटी।

skeleton *स्कैॅ लि ट्न n.* bony framework of an animal body कंकाल, अस्थिपंजर; any framework or outline ढांचा, रूपरेखा।

sketch[1] *स्कैॅच n.* rough drawing कच्चा खाका; brief account संक्षिप्त वर्णन; a short humorous play हास्य नाटिका।

sketch[2] *v.t.* to make a sketch of (का) नक़्शा बनाना; to give a brief account of (का) संक्षिप्त वर्णन करना; *v.i.* to practise the art of making sketches नक़्शे बनाना।

sketchy *स्कैॅ चि a.* omitting detail संक्षिप्त; incomplete अधूरा।

skid[1] *स्किड (-dd-) v.i.* to slide or slip फिसलना।

skid[2] *n.* act of skidding फिसलने की क्रिया; a piece of wood fixed to a wheel to act as a brake उड़ीक, आंट।

skilful *स्किल् फुल a.* expert निपुण, कुशल; showing skill कौशलपूर्ण।

skill *स्किल n.* dexterity, expertness निपुणता, कौशल।

skin[1] *स्किन n.* the natural outer covering of an animal body त्वचा, खाल; the outer layer of a fruit फल का छिलका; thin film of the top of a liquid milk पपड़ी, मलाई।

skin[2] *(-nn-) v.t.* to remove skin of (की) खाल या छिलका उतारना।

skip[1] *स्किप (-pp-) v.i.* to leap slightly फुदकना, कुदकना; to practise rope jumping रस्सी कूदना; *v.t.* to pass over or omit छोड़ जाना।

skip[2] *n.* act of skipping उछाल, कूद।

skipper *स्कि पॅः n.* captain of a ship or team कप्तान।

skirmish[1] स्कॅः मिश *n.* small battle झड़प।

skirmish[2] *v.t.* to take part in a skirmish झड़प में भाग लेना।

skirt[1] स्कॅःट *n.* woman's garment hanging from waist घाघरा; lower part of woman's dress पल्ला; outlying part, border किनारा, बाहरी भाग।

skirt[2] *v.t.* to move along the edge of (के) किनारे-किनारे चलना।

skit स्किट *n.* a slight amusing play प्रहसन।

skull स्कल *n.* the body covering of brain खोपड़ी, कपाल।

sky[1] स्कॉइ *n.* the upper atmosphere of the earth आकाश।

sky[2] *v.t.* to hit (a criket ball) high (गेंद) ऊंची उछालना।

slab स्लैब *n.* a thick broad piece पटिया।

slack स्लैक *a.* loose ढीला; sluggish सुस्त; careless असावधान, लापरवाह; not busy निष्क्रिय।

slacken स्लै कॅन *v.t.* to make slack ढीला करना; to make idle सुस्त करना; *v.i.* to become slack ढीला होना; to become idle सुस्त होना।

slacks स्लैक्स *n. (pl.)* loose trousers ढीला-ढाला पाजामा।

slake स्लेक *v.t.* to satisfy, to quench (thirst) (प्यास) बुझाना।

slam[1] स्लैम *(-mm-) v.t.* to shut noisily ज़ोर से बंद करना; to put down violently पटकना।

slam[2] *n.* noisy shutting धम।

slander[1] स्लान् डॅः *n.* false statement meant to damage a person's reputation झूठी निंदा।

slander[2] *v.t.* to utter slander about (की) झूठी निंदा करना।

slanderous स्लान् डॅ रॅस *a.* tending to slander निंदात्मक।

slang स्लैङ्ग *n.* colloquial language बोलचाल की भाषा, अपरिष्क त भाषा।

slant[1] स्लान्ट *v.t.* to tilt तिरछा करना, झुकाना; *v.i.* to move obliquely मुड़ना, घूमना।

slant[2] *n.* a tilt झुकाव, तिरछापन; slope ढाल।

slap[1] स्लैप *n.* a blow with an open hand चांटा, तमाचा।

slap[2] *(-pp-) v.t.* to strike with an open hand तमाचा मारना।

slash[1] स्लैश *v.t.* to make a long cut चीर देना; to strike at पीटना; to reduce in length छोटा करना; to criticise severely कड़ी आलोचना करना।

slash[2] *n.* act of slashing अल्पीकरण; long cut चीरा।

slate स्लेट *n.* stone which splits in flat sheets परतदार पत्थर; piece of this stone स्लेट, पटिया।

slattern स्लै टॅःन *n.* a slut फूहड़ स्त्री।

slatternly स्लै टॅःन् लि *a.* slovenly, untidy फूहड, बेशऊर।

slaughter[1] स्लौ टॅः *n.* killing of animals पशुवध; massacre नरसंहार।

slaughter[2] *v.t.* to kill वध करना।

slave[1] स्लेव *n.* a person without freedom or personal rights दास; one dominated by another or some crazy idea किसी व्यक्ति या सनक आदि का गुलाम।

slave[2] *v.i.* to work like a slave दासता में काम करना।

slavery *स्ले वॅ रि n.* condition of a slave दासता; practice of owning slaves दास-प्रथा।

slavish *स्ले विश a.* servile दासतापूर्ण।

slay *स्ले v.t.* to kill वध करना।

sleek *स्लीक a.* glossy चिकना; shiny चमकदार।

sleep[1] *स्लीप v.i.* to slumber सोना।

sleep[2] *n.* slumber नींद।

sleeper *स्ली पॅ: n.* one who sleeps सोने वाला; a berth in a sleeping car शयनिका; a heavy beam स्लीपर, सिलीपट।

sleepy *स्ली पि a.* drowsy उनींदा; inactive निष्क्रिय; apt to make one sleep निद्राकारी।

sleeve *स्लीव n.* part of a garment that covers the arm (वस्त्र की) आस्तीन; cover आवरण।

sleight *स्लॉइट n.* dexterity कौशल; trickery चाल, करतब।

slender *स्लैन् डॅ: n.* slim, narrow पतला; कमज़ोर; slight अल्प थोड़ा।

slice[1] *स्लॉइस n.* thin, flat piece cut off फांक, कतला; share अंश, भाग।

slice[2] *v.t.* to cut into slices फांकों या कतलों के रूप में काटना।

slick *स्लिक a.* sleek चिकना; sly चालाक, शरारती; smooth-tongued मिठबोला।

slide[1] *स्लॉइड v.i.* to slip smoothly सरकाना; to glide फिसलना; *v.t.* to cause to glide फिसलाना; to pass imperceptibly चुपके से खिसकाना।

slide[2] *n.* act of sliding सरकन, फिसलन; smooth surface चिकनी सतह; piece of glass to be viewed under microscope स्लाइड।

slight[1] *स्लॉइट a.* slim, frail पतला, कमज़ोर; small थोड़ा, अल्प।

slight[2] *n.* insult अपमान।

slight[3] *v.t.* to disregard अपमानित करना।

slim[1] *स्लिम a.* slender, thin पतला, छरहरा।

slim[2] *(-mm-) v.i.* to become slim पतला होना, वज़न कम करना।

slime *स्लॉइम n.* greasy, thick liquid mud कीचड़।

slimy *स्लॉइ मि a.* consisting of mud पंकयुक्त; like mud पंकवत्; covered with slime पंकिल।

sling *स्लिङ्ग n.* a leather loop used for throwing stones गोफन, गुलेला; bandage for supporting wounded limb गलपट्टी।

slip[1] *स्लिप (-pp-) v.i.* to slide फिसलना; to move away quietly खिसक जाना; to make a small error साधारण ग़लती करना।

slip[2] *n.* act of slipping सर्पण, सरक; a slight error साधारण ग़लती; pillow-cover खोल; a narrow strip of paper परची।

slipper *स्लि पॅ: n.* a light shoe for indoor use घरेलू प्रयोग की चप्पल।

slippery *स्लि पॅ रि a.* apt to cause slipping फिसलन वाला; hard to hold पकड़ में न आने वाला।

slipshod *स्लिप शौ ॅड a.* slovenly फूहड़िया; careless असावधानीपूर्ण।

slit[1] *स्लिट n.* a long, narrow opening दरार।

slit[2] *(-tt-) v.t.* to make a slit in (में) दरार करना।

slogan *स्लो गॅन n.* distinctive phrase (in advertising or electioneering) नारा।

slope[1] *स्लोप n.* a slant, an inclination up or down ढाल।

slope[2] *v.i.* to have a slope ढालू होना; *v.t.* to cause to slope ढालू बनाना।

sloth *स्लोथ n.* laziness, indolence आलस्य, काहिली; idleness निष्क्रियता।

slothful *स्लोथ् फुल n.* lazy आलसी; inactive निष्क्रिय, निठल्ला।

slough[1] *स्लॉउच n.* swamp, marsh दलदल।

slough[2] *स्लफ़ n.* cast-off skin of snake केंचुली।

slough[3] *v.t.* to shed (skin) (केंचुली) गिराना; *v.i.* to fall off गिरना, अलग हटना।

slovenly *स्ल् वॅन् लि a.* untidy मैला-कुचैला; careless लापरवाह।

slow[1] *स्लो a*, taking a long time धीमा; moving not less than normal speed मंद गतिवाला; dull-witted मंदबुद्धि।

slow[2] *v.i.* to get slow धीमा होना; *v.t.* to make slow धीमा करना।

slowly *स्लो लि adv.* at a slow speed धीमी गति से।

slowness *स्लो निस n.* quality of being slow धीमापन।

sluggard *स्ल गॅःड n.* a slow lazy person सुस्त आलसी व्यक्ति।

sluggish *स्ल गिश a.* lazy सुस्त, आलसी; slow मंदगति; inactive निष्क्रिय।

sluice *स्लुः स n.* a gate or door to control flow of water जलद्वार; flow of water through a sluice-gate जलद्वार से जल-प्रवाह।

slum *स्लम n.* part of a town with dirty, poor unhygienic condition गंदी बस्ती।

slumber[1] *स्लम् बॅः v.i.* to sleep सोना।

slumber[2] *n.* sleep नींद।

slump[1] *स्लम्प n.* sudden decline (of prices) मंदी; sudden fall अकस्मात् पतन।

slump[2] *v.i.* to collapse गिर पड़ना।

slur *स्लॅः n.* a stain कलंक, धब्बा; stigma बदनामी।

slush *स्लश n.* mud कीचड़।

slushy *स्ल शि a.* muddy कीचड़दार।

slut *स्लट n.* a dirty woman of bad reputation गंदी बदनाम स्त्री।

sly *स्लॉइ a.* (slyer, slyest) deceitful धोखेबाज़; playful, mischievous शरारती।

smack[1] *स्मैक n.* taste, flavour स्वाद; heroin अफ़ीम।

smack[2] *v.i.* to taste स्वाद देना; to give suggestion आभास देना।

smack[3] *n.* a small fishing vessel मत्स्य नौका।

smack[4] *n.* a slap चांटा; sound of a blow चटाक-पटाक।

smack[5] *v.t.* to slap चांटा मारना; *v.i.* to make a sound like a blow चपत की ध्वनि उत्पन्न करना।

small[1] *स्मौल a.* little छोटा; unimportant तुच्छ, महत्वहीन।

small[2] *n.* slender part of the back intestine कमर का पतला भाग।

smallness *स्मौल् निस* quality of being small छोटापन।

smallpox *स्मौल् पौक्स n.* a contagious disease चेचक।

smart[1] *स्माःट a.* brisk, active फुरतीला; clever, witty चतुर, हाज़िर-जवाब; well-dressed बना-ठना; severe कड़ा, कठोर।

smart[2] *v.i.* to feel pain टीस लगना।

smart[3] *n.* sharp pain टीस।

smash[1] *स्मैश v.t.* to break violently झटके से तोड़ना; to strike hard कड़ी चोट करना; to destroy नष्ट करना; *v.i.* to break टूटना; to dash (against) टकराना।

smash[2] *n.* heavy blow भारी प्रहार; collision टक्कर।

smear[1] *स्मिअ: v.t.* to cover or mark with something oily सानना, पोतना; defame बदनाम करना।

smear[2] *n.* an oily mark दाग़, धब्बा; defamation बदनामी।

smell[1] *समैॅल n.* faculty of perceiving odour घ्राणशक्ति; odour गंध।

smell[2] *v.t.* to perceive by nose सूंघना; to suspect शंका करना; *v.i.* to give out odour महकना, गंध देना; to use the nose गंध का अनुभव करना।

smelt *स्मैल्ट v.t.* to melt (ore) पिघलाना, गलाना; to separate (metal) from ore (धातु) अलग करना।

smile[1] *स्माॅइल n.* expression of pleasure on the face मुस्कान।

smile[2] *v.i.* to wear a smile मुस्काना; to be favourable प्रसन्न होना; *v.t.* to show by smile मुस्कान-द्वारा प्रदर्शित करना।

smith *स्मिथ n.* worker in iron, gold, etc. धातु-कर्मी।

smock *स्मौकॅ n.* loose outer garment लबादा, लंबा कुर्ता।

smog *स्मौगॅ n.* fog mixed with smoke धूम-कोहरा।

smoke[1] *समोक n.* cloudy mass of carbon rising from anything burning धुआं; act of smoking tobacco धूम्रपान।

smoke[2] *v.i.* to give off smoke धुआं छोड़ना; to inhale the fumes of tobacco धूम्रपान करना; *v.t.* to use for smoking (बीड़ी, हुक्का आदि) पीना।

smoky *स्मो कि a.* giving out much smoke धुंधुआता; like smoke धुआं-जैसा; filled with smoke धुआंयुक्त।

smooth[1] *स्मूद a.* not rough चिकना; even of surface हमवार; free from obstacles निर्विघ्न; calm शांत।

smooth[2] *v.t.* to make smooth चिकना करना; to quieten शांत करना।

smother *स्म दॅ: v.t.* to suffocate दम घोंटना; to suppress दबाना; to cover thickly ढकना।

smoulder *स्मोल् डॅ: v.i.* to burn slowly without flame सुलगना; (of feelings) to exist in suppressed state घुटन होना।

smug *स्मग a.* self-satisfied आत्म-संतुष्ट, दंभी।

smuggle *स्म् ग्ल v.t.* to import or export without paying customs duties तस्करी करना; to take secretly चोरी से लेना।

smuggler *स्मग् लॅ: n.* one who smuggles तस्कर।

snack *स्नैक n.* light hasty meal हल्का भोजन।

snag *स्नैग n.* difficulty कठिनाई; obstacle रोड़ा, बाधा।

snail *स्नेल n.* a slow-moving small animal with a shell घोंघा।

snake[1] स्नेक *n.* serpent सर्प।

snake[2] *v.i.* to move like a serpent रेंगना।

snap[1] स्नैप *(-pp-) v.t.* to break तोड़ना; to take a quick photograph of (का) एकाएक फ़ोटो लेना; to bite काटना; to take eagerly झपट लेना; *v.i.* to break टूटना; to make a sharp sound कड़कना; to speak sharply कड़क कर बोलना।

snap[2] *n.* act of snapping तड़क; snapshot आशुचित्र; sound of breaking कड़क; a bite काट, कर्तन; spell (of cold) (ठंड का) दौर।

snap[3] *a.* sudden आकस्मिक; without planning अनियोजित।

snare[1] स्ने ॅअ: *n.* trap with a slip-knot जाल, फंदा temptation ललचाव।

snare[2] *v.t.* to catch in a snare फंसाना।

snarl[1] स्ना:ल *n.* a growl गुर्राहट; *a.* tangle उलझन; confusion गड़बड़झाला।

snarl[2] *v.i.* to growl गुर्राना।

snatch[1] स्नैच *v.t.* to seize quickly छीनना; to take ग्रहण करना।

snatch[2] *n.* grab बलपूर्वक ग्रहण; fragment टुकड़ा; short spell दौर।

sneak[1] स्नीक *v.i.* to slink आंख बचाकर आना-जाना; to act in a mean, underhand manner चालाकी का व्यवहार करना।

sneak[2] *n.* a pettly thief उचक्का; an informer मुख़बिर।

sneer[1] स्निअ: *v.i* to express contempt अवहेलना दिखाना।

sneer[2] *n.* expression of contempt तिरस्कार, अवहेलना।

sneeze[1] स्नीज़ *v.i.* to make a sneeze छींकना।

sneeze[2] *n.* sudden outburst of air through the nose and mouth छींक।

sniff[1] स्निफ़ *v.i.* to inhale with a sharp hiss सूं-सूं करना; (with 'at') to express disapproval अस्वीक ति अभिव्यक्त करना; *v.t.* to smell सूंघना।

sniff[2] *n.* act or sound of sniffing सुड़क।

snob स्नौबॅ *n.* person whose basis of respect and contempt is social and financial status वर्गदंभी।

snobbery स्नौ ˘ बॅ रि *n.* quality of being snobbish वर्गदंभ।

snobbish स्नौ ˘ बिश of or like a snob दंभपूर्ण।

snore[1] स्नौ:, स्नौं: *v.i.* to breathe noisily when asleep खर्राटे लेना।

snore[2] *n.* noisy breath in sleep ख़र्राटा।

snort[1] स्नौ:ट *v.i.* to make contemptuous noise by driving breath through nostrils फुंकारना, फुफकारना।

snort[2] *n.* act or sound of snorting फुफकार।

snout स्नॉउट *n.* animal's projecting nose थूथन, थूथनी।

snow[1] स्नो *n.* frozen vapour बरफ़, तुषार।

snow[2] *v.i.* to fall as snow बरफ़ गिरना।

snowy स्नो इ *a.* covered with snow बरफ़ीला as white as snow बरफ़ जैसा सफ़ेद।

snub[1] स्नब *(-bb-) v.t.* to treat with

contempt or neglect झिड़कना, अनदेखी करना, कोई महत्व न देना।

snub[2] *n.* snubbing words or behaviour झिड़की, अपमान।

snuff *स्नफ़ n.* powdered tobacco for inhaling through the nose सुंघनी।

snug *स्नग n.* warm, comfortable गर्म, आरामदायक; neat and tide साफ़-सुथरा।

so[1] *सो adv.* to such an extent इतना; in such a manner ऐसे, इस प्रकार; very अत्यंत।

so[2] *conj.* therefore अतः।

soak[1] *सोक v.t.* to drench भिगोना; to absorb सोखना; to steep डुबोना; *v.i.* to lie in liquid भीगना।

soak[2] *n.* soaking शुष्कन।

soap[1] *सोप n.* a detergent compound साबुन।

soap[2] *v.t.* to apply soap on साबुन लगाना।

soapy *सो पि a.* like soap साबुन जैसा; containing soap साबुनयुक्त।

soar *सौः, सौः v.i.* to fly high ऊंची उड़ान भरना, ऊंचा उड़ना; to increase बढ़ना।

sob[1] *सौबॅ (-bb-) v.i.* to weep with short catches of breath सुबकना।

sob[2] *n.* act or sound of sobbing सुबकी।

sober *सो बॅ a.* not drunk अमत्त; temperate संयमी; serious गंभीर; not showy सादा।

sobriety *सो ब्राइँ अॅ टि n.* state of being sober गांभीर्य, सादगी, संयम।

sociability *सो शॅ बि लि टि n.* quality of being sociable मिलनसारी।

sociable *सो शॅ ब्ल a.* friendly, ready to mix with other people मिलनसार।

social *सो शॅल n.* relating to society सामाजिक; gregarious संघचारी; sociable मिलनसार।

socialism *सो शॅ लिज्म n.* system of state ownership of the wealth of a country समाजवाद।

socialist[1] *सो शॅ लिस्ट n.* an advocate of socialism समाजवादी।

socialist[2] *a.* concerned with socialism समाजवादी।

society *सॅ सॉइ अ टि n.* social community समाज; a group formed for a specific purpose संस्था; companionship संग-साथ।

sociology *सो सि औँ लॅ जि n.* study of growth and behaviour of human societies समाजशास्त्र।

sock *सौकॅ n.* a short stocking मौज़ा; removable inner sole of a shoe पैतावां, भीतरी तल्ला।

socket *सौ ँ किट n.* a hollow into which something fits गर्तिका, साकेट।

sod *सौ ँड n.* a lump of earth with grass त णभूमि।

sodomite *सौ ँ डॅ मॉइट n.* one who practises sodomy लौंडेबाज़।

sodomy *सौ ँ डॅ मि n.* sexual intercourse between males लौंडेबाजी।

sofa *सौ फॅ n.* a long padded seat with raised back and arms सोफ़ा।

soft *सौफ़्ट n.* not hard कोमल, मुलायम; mild विनम्र; subdued धीमा, मंद; quiet शांत; lenient नरम, ढीला; over sentimental अति भावुक; (water) containing few mineral salts मृदु; non-alcoholic अमादक; compassionate दयालु।

soften सौ ˘ फ़्न *v.t.* to make soft कोमल बनाना; to make mild विनम्र करना; to mollify शांत करना; to lighten हल्का करना; to mitigate कम करना; to make less loud धीमा या मंद करना; *v.i.* to become soft मुलायम होना; to become lenient नरम होना।

soil[1] सौ ˘ इल *n.* earth, ground मिट्टी; country देश।

soil[2] *v.t.* to make dirty गंदा करना; *v.i.* to become dirty गंदा होना।

sojourn[1] सौ ˘ जॅःन, स जॅःन *v.i.* to stay for a time ठहरना, कुछ समय के लिए रुकना।

sojourn[2] *n.* short stay ठहराव, प्रवास।

solace[1] सौ ˘ लॅस *v.t.* to console सांत्वना देना।

solace[2] *n.* consolation सांत्वना।

solar सौ लॅः *a.* of the sun सौर, सूर्य का।

solder[1] सौल् डॅः *n.* easily melted alloy used to join metals रांगा, टांका।

solder[2] *v.t.* to join by means of solder झालना, टांके से जोड़ना।

soldier[1] सोल् जॅः *n.* one serving in army सैनिक।

soldier[2] *v.i.* to serve in army सैनिक के रूप में काम करना।

sole[1] सोल *n.* underside of foot पैर का तलवा; under part of boot तल्ला।

sole[2] *v.t.* to fit with sole (में) तल्ला लगाना।

sole[3] *a.* single, only एकमात्र, अकेला।

solemn सौ ˘ लॅम *a.* earnest, grave गंभीर; formal औपचारिक; impressive प्रभावशाली।

solemnity सॅ लैम् नि टि *n.* quality of being solemn गंभीरता।

solemnize सौ ˘ लॅम् नॉइज़ *v.t.* to celebrate समारोह मनाना; to make solemn गंभीर बनाना।

solicit सॅ लि सिट *v.t.* to request earnestly विनती करना।

solicitation सॅ लि सि टे शॅन *n.* soliciting विनती, प्रार्थना।

solicitor सॅ लि सि टॅः *n.* a lawyer confined to lower courts only न्यायाभिकर्त्ता।

solicitious सॅ लि टि टॅस *a.* anxious चिंतित; eager उत्कंठित।

solicitude सॅ लि सि ट्यूड *n.* anxiety चिंता; eagerness उत्कंठा।

solid[1] सौ ˘ लिड *a.* not hollow ठोस; compact सुगठित; firm दृढ़ कड़ा; cubic घनाकार; unmixed खालिस, शुद्ध; reliable विश्वसनीय; massive भारी।

solid[2] *n.* a body of three dimensions पिंड; solid substance ठोस पदार्थ।

solidarity सौ ˘ लि डै रि टि *n.* unity in support of common interests एकता, एकजुटता।

soliloquy सॅ लि लॅ क्वि *n.* thoughts spoken by a person when alone स्वगत।

solitary सौ ˘ लि टॅ रि *a.* alone, single अकेला; remote दूरस्थ।

solitude सौ ˘ लि ट्यूड *n.* state of being alone अकेलापन; loneliness एकाकीपन; seclusion एकांत; lonely place एकांत स्थान।

solo[1] सो लो *n. (pl. -s-)* music for one performer एकल संगीत-रचना।

solo[2] *a.* performed by one person एकल।

solo[3] *adv.* by oneself अकेले।

soloist सो लो ॅ इस्ट *n.* person who gives a solo एकल गायक या वादक।

solubility सौॅ ल्यु बि लि टि *n.* quality of being soluble घुलनशीलता, समाधेयता।

soluble सौॅ ल्यु ब्ल *a.* capable of being dissolved in liquid घुलनशील; that can be solved or explained समाधेय।

solution सॅ ल्यू शॅन *n.* answer to a problem समाधान; dissolving विलयन; liquid with something dissolved in it घोल।

solve सै ॅल्व *v.t.* to work out हल करना; to find answer to समाधान करना।

solvency सौल्ँ वॅन् सि *n.* ability to pay all one's debts ऋण-शोध-क्षमता।

solvent[1] सौल्ँ वॅन्ट *a.* able to pay all one's debts ऋणशोधक्षम; able to dissolve विलायक।

solvent[2] *n.* liquid with power of dissolving विलायक द्रव।

sombre सोमॅ बॅः *a.* dark-coloured कालिमामय; gloomy निराशाजनक, विषादपूर्ण।

some[1] सॅम *a.* one or other कोई; unspecified in number or quantity कुछ।

some[2] *pron.* an indefinite number or quantity कुछ।

somebody[1] सम् बॅ डि *pron.* some person कोई (व्यक्ति)।

somebody[2] *n.* a person of importance विशिष्ट व्यक्ति।

somehow सम् हॉउ *adv.* in some way or the other जैसे-तैसे।

someone सम् वॅन *pron.* somebody कोई (व्यक्ति)।

somersault[1] स मॅः सौल्ट *n.* tumbling head over heels कलाबाज़ी।

somersault[2] *v.i.* to turn a somersault कलाबाज़ी खाना।

something[1] सम् थिङ्ग *pron.* an unexpected thing or event कुछ।

something[2] *adv.* somewhat कुछ-कुछ, कुछ सीमा तक।

sometime सम् टॉइम *adv.* at some time कभी-कभी, किसी समय।

sometimes सम् टॉइम्ज़ *adv.* occasionally कभी-कभी।

somewhat सम् ह्वौ ॅट *adv.* slightly, to some degree कुछ-कुछ।

somewhere सम् ह्वेॲः *adv.* in some place कहीं, किसी जगह।

somnambulism सौमॅ् नैम् ब्यु लिज़्म *n.* sleep-walking निद्राभ्रमण।

somnambulist सौमॅ् नैम् ब्यु लिस्ट *n.* sleep-walker निद्राचारी।

somnolence सौमॅ् नॅ लॅन्स *n.* drowsiness निद्रालुता।

somnolent सौमॅ् नॅ लॅन्ट *n.* drowsy उनींदा; causing sleep निद्राजनक।

son सॅन *n.* male child पुत्र।

song सौ ॅङ्ग *n.* act of singing गायन; a musical composition गाना।

songster सौ ॅङ्ग् स्टॅः *n.* a singer गायक।

sonic सौॅ निक *a.* relating to sound ध्वनि-संबंधी।

sonnet सौॅ निट *n.* a fourteen-line

poem चतुर्दश-पदी।

sonority सॅ नौ ˘ रि टि *n.* quality of being sonorous निनादिता; being melodious सुरीलापन।

soon सून *adv.* in a short time जल्दी, शीघ्र; early सवेरे; quickly शीघ्रता से, जल्दी से।

soot[1] सूट *n.* a black substance deposited by smoke काजल, कालिख।

soot[2] *v.t.* to cover with soot काजल लगाना।

soothe सूद *v.t.* to make calm शांत करना; to make (pain etc.) less sharp (पीड़ा) कम करना।

sophism सौ ˘ फ़िज़्म *n.* false reasoning intended to deceive, specious argument कुतर्क, भ्रामक तर्क, हेत्वाभास।

sophist सौ ˘ फिस्ट *n.* falacious reasoner कुतर्की, भ्रामक तार्किक।

sophisticate सॅ फ़िस् टि केट *v.t.* to make artificial क त्रिम बनाना; to spoil बिगाड़ना, भ्रष्ट करना।

sophisticated सॅ फ़िस् टि के टिड *a.* complicated जटिल; artificial क त्रिम; experienced in worldly ways दुनियादारी में निपुण।

sophistication सॅ फ़िस् टि के शॅन *n.* artificiality क त्रिमता; worldly wisdom दुनियादारी।

sorcerer सौः सॅ रॅः *n.* magician जादूगर।

sorcery सौ : सॅ रि *n.* witchcraft, magic जादू।

sordid सौ ˘ डिड *a.* mean, squalid नीच, घिनौना; ignoble base पतित, निम्नकोटि का।

sore[1] सौः, सौँः *a.* painful पीड़ादायक; sad, grieved दुःखी; resentful नाराज़।

sore[2] *n.* ulcer, boil फोड़ा।

sorrow[1] सौ ˘ रो *n.* grief दुःख, पीड़ा।

sorrow[2] *v.i.* to grieve दुःखी होना।

sorry सौ ˘ रि *a.* feeling grief दुःखी; feeling regret खेदपूर्ण।

sort[1] सौःट *n.* kind, class प्रकार।

sort[2] *v.t.* to arrange in groups श्रेणी के अनुसार रखना।

soul सोल *n.* the spirit आत्मा; example, model नमूना, आदर्श।

sound[1] सॉउन्ड *a.* in good condition अच्छा-खासा, सही-सलामत; healthy स्वस्थ; correct सही; undamaged अक्षत।

sound[2] *v.i.* to make sound ध्वनि करना; to seem प्रतीत होना; *v. t.* to cause to sound बजाना; to convey (some impression) (आभास) देना; to pronounce, to utter उच्चारण करना, बोलना; to find depth of (की) गहराई नापना; to ascertain views of (के) विचार जानना।

sound[3] *n.* what is heard ध्वनि।

soup सूप *n.* liquid food made by boiling meat, vegetables etc. शोरबा।

sour[1] सॉउॲः *a.* acid खट्टा, ill-tempered चिड़चिड़ा; disagreeable अप्रिय; bitter कटु।

sour[2] *v.t.* to make sour खट्टा करना; *v.i.* to become sour खट्टा होना।

source सौःस *n.* origin उद्गम, स्रोत; the starting point of a river निकास; primary cause मूल कारण; means साधन।

south[1] *सॉउथ* *n.* the direction opposite to north दक्षिण।

south[2] *n.* lying in the south दक्षिण में स्थित; (wind) blowing from south दक्षिणी।

south[3] *adv.* towards the south दक्षिण की ओर।

southerly *स द: लि* *a.* (of winds) blowing from the south दक्षिणी।

southern *स दॅ:न* *a.* pertaining to the south दक्षिणी।

souvenir *सू वॅ निअॅ:* *n.* a keepsake, memento यादगार, स्मारिका, स्म ति-चिह्न।

sovereign[1] *सौवॅ् रिन* *n.* king, queen राजा, रानी; a gold coin worth 20 shillings (20 शिलिंग के बराबर) एक स्वर्ण मुद्रा।

sovereign[2] *a.* supreme सर्वश्रेष्ठ; excellent उत्तम; highest सार्वभौम।

sovereignty *सौवॅ् रिन् टि* *n.* supreme power प्रभुसत्ता; dominion राज्य; independent state स्वतंत्र राज्य।

sow[1] *सो* *v.t.* (sowed सोड; sown सोन) to place (seed) in the ground बोना; *v.i.* to do sowing बुआई करना।

sow[2] *सॉउ* *n.* a female pig सुअरी।

space[1] *स्पेस* *n.* distance दूरी; area, room जगह; period अवधि, समय; expanse विस्तार; region beyond earth's atmosphere अंतरिक्ष।

space[2] *v.t.* to palce at intervals फ़ासले में रखना।

spacious *स्पे शॅस* *a.* wide, extensive विस्त त।

spade[1] *स्पेड* *n.* a tool for digging फावड़ा, कुदाल।

spade[2] *v.t.* to big with a spade फावड़े से खोदना।

span[1] *स्पैन* *n.* the distance between the tips of the thumb and the little finger when stretched बालिश्त, बित्ता; the distance between the arches of a bridge पुल के मेहराबों के बीच की दूरी; the full width of anything चौड़ाई; extent सीमा।

span[2] *(-nn-)* *v.t.* to stretch over के ऊपर फैला होना; to measure with hand बालिश्त से नापना।

Spaniard *स्पैन् यॅ:ड* *n.* a native of Spain स्पेन का निवासी।

spaniel *स्पैन यॅल* *n.* a breed of dog with long silky hair and large ears कुत्ते की एक नस्ल।

Spanish[1] *स्पै निश* *a.* of Spain, pertaining to Spain स्पेन का, स्पेन देश से संबंधित।

Spanish[2] *n.* the language of Spain स्पेन की भाषा; *(pl.)* the people of Spain स्पेन के लोग।

spanner *स्पै नॅ:* *n.* a tool or gripping nut etc. रिंच, पाना।

spare[1] *स्पे ॅअॅ:* *v.t.* to leave unhurt बख़्श देना; to show mercy (पर) दया करना; to abstain from using प्रयोग में न लाना; to do without के बिना काम चलाना; to give away दे देना।

spare[2] *a.* additional अतिरिक्त, फालतू; in reserve सुरक्षित; thin, lean पतला-दुबला; scanty अल्प, अपर्याप्त।

spare[3] *n.* spare part फ़ालतू पुरज़ा।

spark[1] *स्पा:क* *n.* a small glowing particle चिनगारी; a small flash caused by an electric discharge स्फुलिंग, बिजली के तारों की

चिनगारी; vigour उत्साह; a trace लेश।

spark[2] *v.i.* to give out sparks चमकना, चिनगारी निकलना।

spark[3] *n.* gay and elegant fellow बांका, छैला।

sparkle[1] *स्पा: क्ल v.i.* to give out flashes of light चमकना, चिनगारी देना।

sparkle[2] *n.* act of sparkling चमक; a small spark छोटी चिनगारी; glitter चमक।

sparrow *स्पै रो n.* a small brownish bird गौरैया।

sparse *स्पा:स a.* scanty अपर्याप्त, कम; thinly scattered छितराया हुआ।

spasm *स्पैज़्म n.* sudden convulsive (muscular) contraction ऐंठनयुक्त जकड़न; sudden burst of activity क्रिया-कलाप का दौरा।

spasmodic *स्पैज़् मौ ˘ डिक a.* occurring in spasms रुक-रुक कर झटके से होनेवाला।

spate *स्पेट n.* flood बाढ़; *n.* sudden rush आधिक्य, प्रचुरता।

spatial *स्पे शॅल a.* pertaining to space, of space स्थान-विषयक।

spawn[1] *स्पौन n.* eggs of fish or frog जलजीवों के अंडे।

spawn[2] *v.i.* (of fish or frog) to cast eggs अंडे देना।

speak *स्पीक (spoke, spoken) v.i.* to utter words बोलना; to talk बातचीत करना; to address an audience भाषण देना; to be able to use a language कोई भाषा बोलने की योग्यता रखना; to express अभिव्यक्त करना।

speaker *स्पी कॅ: n.* one who speaks वक्ता; an orator भाषण देनेवाला।

spear[1] *स्पिअॅ: n.* a long pointed weapon भाला।

spear[2] *v.t.* to pierce or wound with a spear भाले से बींधना या घायल करना।

spearhead[1] *स्पिअॅ: है ˘ड n.* the pointed head of a spear भाले की नोक; leader, main force नेता, मुख्य शक्ति।

spearhead[2] *v.t.* to act as a spearhead for नेत त्व करना।

special *स्पै ˘ शॅल a.* beyond the usual असाधारण; particular विशिष्ट; distinct स्पष्ट; limited सीमित।

specialist *स्पै ˘ शॅ लिस्ट n.* an expert in some field विशेषज्ञ।

speciality *स्पै ˘ शि ऐ लि टि n.* special quality विशेषता; subject on which one has special knowledge विशेष योग्यतावाला विषय।

specialization *स्पै ˘ शॅ लॉइ ज़े शॅन n.* act of specializing विशिष्टीकरण; state of being specialized विशेषज्ञता।

specialize *स्पै ˘ शॅ लॉइज़ v.i.* to become a specialist विशेषज्ञ बनना; *v.t.* to make special विशिष्ट बनाना।

species *स्पी शीज़ n.* a group having some common characteristics जाति, वर्ग; sort क़िस्म, भेद।

specific *स्पि सि फ़िक a.* definite निश्चित; particular विशिष्ट।

specification *स्पै ˘ सि फ़ि के शॅन n.* act of specifying विशिष्ट निर्देशन; detailed description of something विशेष उल्लेख।

specify *स्पै˘ सि फ़ाइ v.t.* to state definitely or in detail निश्चित रूप से अथवा विस्तार से कहना।

specimen *स्पै˘ सि मिन, -मॅन n.* a sample नमूना; a item in a collection बानगी।

speck *स्पैकॅ n.* a tiny spot or particle धब्बा, दाग़।

spectacle *स्पैकॅ टॅ क्ल n.* a sight द श्य; a public dispaly प्रदर्शन, प्रदर्शनी; *(pl.)* eye-glasses चश्मा, ऐनक।

spectacular *स्पैकॅ टै क्यु लॅः a.* impressive भव्य, प्रभावशाली; showy दिखाऊ, भड़कीला; magnificent शानदार।

spectator *स्पैकॅ टे टॅः n.* on-looker दर्शक।

spectre *स्पैकॅ टॅः n.* ghost भूत; image of something unpleasant काली छाया।

speculate *स्पै˘ क्यु लेट v.i.* to conjecture अटकल लगाना; to engage in risky commercial transactions सट्टेबाजी करना, सट्टा लगाना।

speculation *स्पै˘ क्यु ले शॅन n.* act of speculating अटकलबाज़ी; meditation चिंतन, मनन; risky commercial transaction सट्टेबाज़ी।

speech *स्पीच n.* faculty of speaking वाणी; language भाषा; conversation वार्तालाप; discourse भाषण; way of speaking बोली।

speed[1] *स्पीड n.* swiftness तेज़ी, शीघ्रता; rate of progress गति, चाल।

speed[2] *v.i.* to move quickly तेज़ी से चलना, जल्दी करना; *v.t.* to increase the speed of (की) गति बढ़ाना।

speedily *स्पी डि लि adv.* with speed, quickly तेज़ी से।

speedy *स्पी डि a.* quick, rapid, nimble तीव्र; चपल, फुर्तिला; prompt तात्कालिक।

spell[1] *स्पैलॅ n.* magic formula मंत्र; enchantment जादू; fascination सम्मोहन।

spell[2] *v.t.* to name or write the letters of (a word) in their proper order हिज्जे करना; to indicate संकेत करना।

spell[3] *n.* period of time अवधि, समय; period of activity or duty पारी।

spend *स्पैन्ड v.t.* to pay out व्यय करना; to pass (time) (समय) बिताना; to use up completely ख़त्म करना।

spendthrift *स्पैन्ड् थ्रिफ़्ट n.* wasteful person अपव्ययी व्यक्ति।

sperm *स्पॅःम n.* the seminal fluid of a male animal, semen शुक्राणु, वीर्य।

sphere *स्फ़िअॅः n.* a globe, a ball गोला; range क्षेत्र; status स्तर।

spherical *स्फ़ै˘ रि क्ल a.* shaped like a sphere गोलाकार।

spice[1] *स्पॉइस n.* aromatic pungent vegetable substance मसाला; anything that adds flavour or interest etc. चटपटी सामग्री।

spice[2] *v.t.* to season with spices मसालों से छोंकना; to flavour स्वादिष्ट बनाना।

spicy *स्पॉइ सि a.* flavoured with spices मसालेदार; interesting रुचिकर।

spider *स्पॉइ डॅः n.* a small eight-legged creature which spins web मकड़ी।

spike[1] *स्पॉइक n.* a sharp point नोक; a rob with a sharp point नोकदार छड़; a large nail कील; an ear of corn अनाज की बाल।

spike[2] *v.t.* to pierce with a spike कील से बींधना; to put spikes on (पर) की लगाना।

spill[1] *स्पिल v.i.* to flow over, to fall out छलकना; *v.t.* to cause or allow to flow over छलकाना; to upset, to cause to fall गिरा देना; to shed (blood) (खून) बहाना।

spill[2] *n.* fall गिराव, पतन; amount spilt छलकन; a thin strip of wood, twisted paper etc. for lighting fire, candle etc. बत्ती, शलाका।

spin[1] *स्पिन (-nn-) v.i.* to revolve rapidly घूमना; to twist thread सूत कातना; to produce a web जाला बुनना; *v.t.* to make (yarn) from fibres (सूत) कातना; to produce (a web) (जाला) बनाना; to cause to revolve घुमाना; to narrate सुनाना।

spin[2] *n.* spinning motion चक्रण, घुमाव; turning movement of a diving aircraft वायुयान का घुमावदार उतार।

spinach *स्पि निज n.* a leafy vegetable पालक।

spinal *स्पॉइ न्ल a.* of the spine मेरुदंडीय।

spindle *स्पिन् ड्ल n.* the rob by which thread is twisted in spinning तकला।

spine *स्पॉइन n.* the backbone मेरुदंड, रीढ़; a spiky growth on a plant or on the body of an animal कांटा; a ridge कंटक; back of a book पीठ, पुश्त।

spinner *स्पि नँः n.* a person who spins कातनेवाला; the machine that spins कताई-मशीन।

spinster *स्पिन् स्टँः n.* unmarried woman अविवाहिता स्त्री।

spiral[1] *स्पॉइ रॅल n.* continuous curve सर्पिल आकार; circular motion सर्पिल गति; coil कुंडली।

spiral[2] *a.* formed like or running in a spiral घुमावदार, पेचदार; coiling around a fixed line in constantly changing series of planes कुंडलित।

spirit *स्पि रिट n.* the soul आत्मा; a ghost प्रेत; courage साहस; disposition स्वभाव; alcoholic drink मद्यसार; meaning अर्थ, भाव।

spirited *स्पि रि टिड a.* vigorous उत्साही; lively सजीव, उत्प्राणित।

spiritual *स्पि रि ट्यु अॅल, -चु- a.* pertaining to the spirit आत्मिक; relating to the higher soul आध्यात्मिक।

spiritualism *स्पि रि ट्यु अॅ लिज़्म, -चु- n.* doctrine of the existence of spirit distinct from matter अध्यात्मवाद।

spiritualist *स्पि रि ट्यु अॅ लिस्ट, -चु- n.* one who believes in spiritualism अध्यात्मवादी।

spirituality *स्पि रि ट्यु ऐ लि टि, -चु- n.* quality of being spiritual आध्यात्मिकता।

spit[1] *स्पिट (-tt-) v.i.* to eject saliva थूकना; *v.t.* to eject from the mouth थूककर निकालना।

spit² *n.* act of spitting थूकने की क्रिया; spittle, saliva थूक।

spite *स्पॉइट n.* malice द्वेष।

spittle *स्पि ट्ल n* saliva थूक।

spittoon *स्पि टून n.* vessel to spit into पीकदान।

splash¹ *स्प्लैश v.i.* (of a liquid) to fall about in drops छिड़का जाना; to throw water etc. about पानी आदि इधर-उधर उलीचना या फेंकना; *v.t.* to cause to fall about in drops छिड़कना, उलीचना; to scatter बखेरना; to display prominently प्रदर्शित करना; दिखावा करना।

splash² *n.* act of splashing छिड़काव; sound of splashing छप-छप; liquid thrown about छींटा, छपाका; a noticeable patch धब्बा; extravagant display दिखावा।

spleen *स्प्लीन n.* an organ in the abdomen तिल्ली; morose temper उदासी, अनमनापन।

splendid *स्प्लैं न् डिड a.* magnificent शानदार, भव्य; excellent उत्तम, उत्क ष्ट।

splendour *स्प्लैन् डॅः n.* magnificence भव्यता, वैभव; brightness चमक, दीप्ति।

splinter¹ *स्प्लिन् टॅः n.* a thin fragment किरच, छिपटी।

splinter² *v.t.* to break into splinters किरचों या छिपटियों में तोड़ना; *v.i.* to come off as splinters किरचों या छिपटियों में टूटना।

split¹ *स्प्लिट (-tt-) v.i.* to come apart lengthwise चिरना, फटना; to become disunited विभाजित होना; *v.t.* to break lengthwise चीरना, फाड़ना; to divide into shares हिस्सों में बांटना; to make disunited विभाजित करना।

split² *n.* act of splitting चीरने या फाड़ने का कार्य; a crack दरार, झिरी; division विभाजन।

spoil¹ *स्पौ ॅइल v.t.* to damage, to ruin नष्ट कर देना; to plunder लूटना; to harm the character of बिगाड़ देना; *v.i.* to be damaged बिगड़ जाना।

spoil² *n.* booty लूट, लूट का माल; profit लाभ।

spoke *स्पोक n.* the radial bar of a wheel अर, आरा।

spokesman *स्पोक्स् मॅन n.* one who deputed to speak for others प्रवक्ता।

sponge¹ *स्पन्ज n.* a synthetic substance absorbing liquids स्पंज।

sponge² *v.t.* to wipe with sponge स्पंज से पोंछना या सोखना।

sponsor¹ *स्पौन् सॅः n.* an advertiser who pays for a radio or television programme प्रायोजक; one promoting something उन्नायक।

sponsor² *v.t.* to act as a sponsor for प्रयोजित करना।

spontaneity *स्पौन् टॅ नी इ टि n.* quality of being spontaneous स्वाभाविकता, स्वतः प्रव त्ति।

spontaneous *स्पौन् टे न्यॅस a.* voluntary स्वैच्छिक; natural स्वाभाविक स्वतः स्फूर्त।

spoon¹ *स्पून n.* a utensil with a shallow bowl at the end of a handle चम्मच।

spoon² *v.t.* to lift with a spoon चम्मच से उठाना।

spoonful *स्पून् फुल n.* the quantity contained by a spoon चम्मच-भर मात्रा।

sporadic *स्पॅ रै डिक, स्पौ ॅ-* *a.* scattered, occurring here and there छुट-पुट।

sport[1] *स्पौःट* *n.* fun, amusement मनोरंजन; athletic games खेल-कूद; mockery मज़ाक़; enjoyment आनंद।

sport[2] *v.i.* to play about, to amuse oneself खिलवाड़ करना, मन बहलाना।

sportive *स्पौः टिव* *a.* playful क्रीड़ाशील, विनोदी।

sportsman *स्पौःट्स् मॅन* *n.* one who engages in sports खिलाड़ी।

spot[1] *स्पौ ॅट* *n.* a tiny mark or stain निशान, धब्बा; blemish दोष; pimple मुंहासा place स्थान।

spot[2] *(-tt-)* *v.t.* to mark with spots धब्बे डालना; to detect खोजना, पता लगाना; to observe देखना।

spotless *स्पौ ॅट् लिस* *a.* unblemished दोषरहित; pure शुद्ध, साफ़-सुथरा।

spousal *स्पॉउ ज़ॅल* *n.* marriage विवाह।

spouse *स्पॉउज़* *n.* husband or wife पति अथवा पत्नी।

spout[1] *स्पॉउट* *n.* a narrow tube on a vessel through which liquid is poured out टोंटी; a pipe that takes water down from a roof पनाला; strong jet of water धारा।

spout[2] *v.i.* to gush, to pour out तेज़ी से बाहर निकलना।

sprain[1] *स्प्रेन* *n.* injury caused by wrenching मोच।

sprain[2] *v.t.* to injure by twisting violently मुड़काना, मोच करना।

spray[1] *स्प्रे* *n.* fine drops of liquid फुहार; a device for producing fine drops of liquid फुहारा।

spray[2] *n.* a branch, a twig टहनी; floral ornament फूलों का आभूषण।

spray[3] *v.t.* to sprinkle with shower of fine drops छिड़कना।

spread[1] *स्प्रै ॅड* *v.i.* to stretch फैलना; to become known प्रचारित होना; *v.t.* to apply a thin layer of लगाना; to open out बिछाना; to scatter बिखेरना।

spread[2] *n.* extent विस्तार; increase व द्धि; a cloth covering for a bed or table पलंगपोश, मेज़पोश।

spree *स्प्री* *n.* a frolic, a romp मौज-मस्ती, उछल-कूद

sprig *स्प्रिग* *n.* a small twig टहनी; offshoot शाखा।

sprightly *स्प्रॉइट् लि* *a.* lively, brisk उत्साहपूर्ण, फुरतीला।

spring[1] *स्प्रिङ्ग* *v.i.* to leap उछलना; to come into being अस्तित्व में आना; to appear प्रकट होना; to grow उगना; *v.t.* to develop विकसित करना।

spring[2] *n.* a leap उछाल; a source of water सोता, जल-स्रोत; elasticity लचक; piece of metal with much resistance कमानी; the first season of the year बसंत ऋतु।

sprinkle *स्प्रिंङ् कल* *v. t.* to scatter in small drops छिडकना।

sprint[1] *स्प्रिन्ट* *v.i.* to run a short distance at full speed खूब तेज़ी से दौड़ना।

sprint[2] *n.* a short fast run थोड़ी तेज़ी से दौड़।

sprout[1] स्प्रॉउट *v.i.* to put forth shoots अंकुरित होना; to spring up, to begin to grow उगना।

sprout[2] *n.* a new shoot अंकुर।

spur[1] स्पॅः *n.* a pricking instrument attached to a horseman's heel महमेज़; the spike on a cock's leg कंट, खांग; stimulus प्रेरणा; a projecting part of a mountain range पर्वत-स्कंध।

spur[2] *(-rr-) v.t.* to prick with spurs एड लगाना।

spurious स्प्यूअॅ रि अॅस *a.* not genuine नकली।

spurn स्पॅःन *v.t.* to reject with scorn ठुकरा देना, अस्वीकार करना।

spurt[1] स्पॅःट *v.i.* to gush out फूट निकलना; to make a sudden effort झपट्टे से काम करना।

spurt[2] *n.* a gush, a jet तेज़ धार; a short sudden effort झपट्टा।

sputnik स्पुट् निक *n.* an artificial satellite क त्रिम उपग्रह।

sputum स्प्यू टॅम *n.* saliva, spittle लार, थूक।

spy[1] स्पॉइ *n.* one who watches and reports secretly जासूस, गुप्तचर।

spy[2] *v.i.* to act as a spy जासूसी करना; *v.t.* to catch sight of देखना।

squad स्क्वौॅ ड *n.* a small party दस्ता, टुकड़ी।

squadron स्क्वौॅ ड़ रॅन *n.* a division of cavalry regiment, fleet or aircraft स्क्वाड्रॅन, दस्ता।

squalid स्क्वौ ॅलिड *a.* dirty, uncared-for गंदा, घिनावना।

squalor स्क्वौ ॅलॅः *n.* squalid state गंदगी, घिनावनापन।

squander स्क्वौन्ॅ डॅः *v.t.* to spend or use wastefully उड़ा देना, अपव्यय करना, गंवाना।

square[1] स्क्वे ॅअः *n.* an equilateral rectangle वर्ग; anything is such a shape चौकोर टुकड़ा; open space मैदान, चौक; product of a number multiplied by itself वर्गफल; instrument for drawing right angle गुनिया।

square[2] *a.* of the shape of a square वर्गाकार; honest ईमानदार; even, quits बराबर; level समतल।

square[3] *v.t.* to make square वर्गाकार बनाना; to find square of (का) वर्ग निकालना; to tally मिलान करना; to pay चुकता करना; to bribe घूस देना।

squash[1] स्क्वौशॅ *v.t.* to crush into a pulp भुरता बना देना; to press or squeeze दबाना, भींचना; to repress (का) दमन करना।

squash[2] *n.* juice of crushed fruit फल-रस-पेय; crowd भीड़।

squat स्क्वौॅट *v.i.* to sit on heels उकड़ूं बैठना; to sit बैठना; to sit with the legs crossed पालथी मारना।

squeak[1] स्क्वीक *v.i.* to make short shrill sound चूं-चूं करना।

squeak[2] *n.* a short shrill sound चूं-चूं की ध्वनि।

squeeze स्क्वीज़ *v.t.* to press दबाना, भींचना to press moisture from निचोड़ना; to pack tightly ठूंसकर भरना; to obtain by extortion तंग करना, विवश करना।

squint[1] स्क्विन्ट *v.i.* to have eyes looking different ways भेंगा होना; to glance side ways कनखी मारना।

squint[2] *n.* squinting position of eye-balls भेंगापन; sideways glance कनखी।

squire *स्क्वॉइअ:* *n.* the chief landowner जमींदार; a young gentleman attending on a knight अनुचर; one who escorts a lady अनुरक्षक।

squirrel *स्क्वि रॅल* *n.* a small rodent with a bushy tail गिलहरी।

stab[1] *स्टैब (-bb-)* *v.t.* to wound with a sharp pointed weapon छुरे से घायल करना; to push (a knife etc.) into somebody (छुरा) घोपना।

stab[2] *n.* act of stabbing धार-दार हथियार से प्रहार।

stability *स्टॅ बि लि टि* *n.* quality of being stable स्थायित्व।

stabilization *स्टे बि लॉइ ज़े शॅन* *n.* making stable स्थिरीकरण; being stable स्थिरीभवन।

stabilize *स्टे बि लॉइज़, स्टै-* *v.t.* to make stable स्थिर बनाना।

stable[1] *स्टे ब्ल* *a.* firm, steady स्थिर, दृढ़।

stable[2] *n.* building for horses अस्तबल।

stable[3] *v.t.* to put into a stable अस्तबल में रखना।

stadium *स्टे ड्यॅम* *n.* a sports ground स्टेडियम, क्रीड़ा-स्थल।

staff[1] *स्टाफ़* *n.* a stick, a pole सोंटा, लाठी, डंडा; personnel कर्मचारीगण।

staff[2] *v.t.* to provide with personnel कर्मचारी प्रदान करना।

stag *स्टैग* *n.* a male deer हिरण।

stage[1] *स्टेज* *n.* a platform मंच; platform of theatre रंगमंच; dramatic art or profession नाट्यकला अथवा व्यवसाय; a step in development अवस्था, स्थिति, चरण; stopping place of a journey पड़ाव; distance between stopping places मंज़िल।

stage[2] *v.t.* to put (a play) on the stage (का) मंचन करना; to arrange in a dramatic manner नाटकीय ढंग से आयोजित करना।

stagger[1] *स्टै गॅ:* *v.i.* to walk unsteadily लड़खड़ाकर चलना; *v.t.* to astound, to startle चौंका देना; to shock धक्का पहुंचाना; to cause to walk or move unsteadily लड़खड़ा देना।

stagger[2] *n.* a reeling movement लड़खड़ाहट।

stagnant *स्टैग् नॅन्ट* *a.* not moving स्थिर; foul, impure गंदा; sluggish मंद, गतिहीन।

stagnate *स्टैग् नेट* *v.i.* to be stagnant स्थिर या गतिहीन होना; to cease to develop विकसित न होना।

stagnation *स्टैग् ने शॅन* *n.* state or quality of being stagnant गतिहीनता, विकासहीनता।

staid *स्टेड* *a.* sober, sedate गंभीर, शांतमना।

stain[1] *स्टेन* *n.* spot, mark धब्बा, निशान; staining material अभिरंजक।

stain[2] *v.t.* to mark, to spot (पर) धब्बे लगाना; to apply staining material to अभिरंजक लगाना; to bring disgrace upon कलंकित करना।

stainless *स्टेन् लिस* *a.* free from stain बेदाग़; so made that it will not stain जंगरोधी।

stair *स्टे ॲ:* *n.* one of a series of steps पैड़ी; *(pl.)* set of steps ज़ीना, सोपान।

stake[1] *स्टेक* *n.* sharpened stick or

post खूंटा; execution by burning अग्निदंड; money risked in gamling बाज़ी की रक़म।

stake[2] *v.t.* to risk (का) जोख़िम लेना; to support with stakes खूंटों का सहारा देना; to wager (की) बाज़ी लगाना।

stale[1] *स्टेल a.* not fresh बासी; hackneyed घिसापिटा, पुराना; dull अरुचिकर; tired थका हुआ।

stale[2] *v.t.* to make stale बासी करना; *v.i.* to become stale बासी होना।

stalemate *स्टेल् मेट n.* (chess) position from which no further move is possible ज़िच; deadlock गतिरोध।

stalk[1] *स्टौक n.* a plant's stem डंठल।

stalk[2] *v.i.* to walk in a stiff and stately manner शान से अकड़कर चलना; to follow stealthily चोरी-चोरी पीछा करना।

stalk[3] *n.* stiff manner of walking गर्वीली चाल; act of stalking game लुक-छिप कर शिकार।

stall[1] *स्टौल n.* a compartment for one animal in a cattle-shed थान; erection for display and sale of goods छोटी दुकान; a seat in a cathedral आसन; front seat in a theatre अग्रिम आसन; a finger sheath अंगुली-त्राण।

stall[2] *v.t.* to put in a stall थान पर रखना; to delay टालना; to hinder रोकना; *v.i.* (of a motor engine) to stop unintentionally अचानक रुक जाना; (of an aircraft) to lose flying speed (वायुयान की) उड़ने की गति समाप्त होना।

stallion *स्टैल् यॅन n.* uncastrated horse बिना बधिया किया घोड़ा।

stalwart[1] *स्टौल् वॅःट a.* strong, sturdy मज़बूत, हृष्ट-पुष्ट; staunch loyal निष्ठावान।

stalwart[2] *n.* a stalwart person पक्का समर्थक।

stamina *स्टै मि नॅ n.* power of endurance दम-ख़म, शक्ति।

stammer[1] *स्टै मॅः v.i.* to speak haltingly हकलाना।

stammer[2] *n.* halting speech हकलाहट।

stamp[1] *स्टैम्प n.* stamping with the foot पैर की थाप; imprinted mark छाप; appliance for marking मोहर, मुद्रा; a printed piece of paper stuck on letters etc. डाक टिकट; characteristic mark लक्षण।

stamp[2] *v.i.* to put down foot with force पैर पटकाना; *v.t.* to impress mark on मुद्रांकित करना; to affix postage stamp on (पर) टिकट लगाना; to fix in memory स्म ति में बिठाना।

stampede[1] *स्टैम् पीड n.* sudden rush of panic-stricken animals or people भगदड़।

stampede[2] *v.i.* to run in panic भगदड़ मचना; *v.t.* to cause stampede (में) भगदड़ मचाना।

stand[1] *स्टैन्ड v.i.* to remain upright खड़ा होना या रहना; to rise to one's feet उठ खड़ा होना; to remain मौजूद होना; to be situated स्थित होना; to cease to move स्थिर रहना; to offer oneself as a candidate चुनाव में खड़ा होना; to be symbol (of) प्रतीक होना; *v.t.* to set in upright position खड़ा करना; to endure सहन करना।

stand[2] *n.* stopping of motion ठहराव; position taken up मोरचा; a piece of furniture used as support धानी; a stall on which goods are displayed दुकान; place for vehicles to stand अड्डा।

standard[1] *स्टैन् डॅ:ड n.* a model by which other things are judged मानक; level स्तर; a banner, flag झंडा; a measure माप; class कक्षा।

standard[2] *a.* usual सामान्य; of recognized authority प्रामाणिक।

standardization *स्टैन् डॅ: डॉइ ज़े शॅन n.* act of standardizing मानकीकरण।

standardize *स्टैन् डॅ: डॉइज़ v.t.* to regulate by a standard (का) मानकीकरण करना।

standing *स्टैन् डिङ्ग n.* rank or position दरजा या स्थान; reputation ख्याति; duration अवधि।

standpoint *स्टैन्ड् पौ ॅइन्ट n.* point of view द ष्टिकोण।

standstill *स्टैन्ड् स्टिल n.* stoppage विराम।

stanza *स्टैन् ज़ॅ n.* a group of lines of verse forming a unit बंद, छंद।

staple[1] *स्टे पल n.* main product मुख्य उपज; fibre रेशा; raw material कच्चा माल; a bent piece of wire for fastening sheets of paper स्टेपल।

staple[2] *a.* chief, basic मुख्य, प्रधान।

star[1] *स्टा: n.* a twinkling heavenly body तारा; asterisk तारक; an outstanding actor or actress प्रसिद्ध अभिनेता अथवा अभिनेत्री; luck भाग्य; a star shaped badge सितारा।

star[2] *(-rr-) v.t.* to mark with a star or stars तारांकित करना; *v.i.* to be a famous actor or actress प्रसिद्ध अभिनेता अथवा अभिनेत्री होना।

starch[1] *स्टा:च n.* a white food substance found esp. in grain and potatoes श्वेत सार; a powdered form of this substance used for stiffening linen कलफ़।

starch[2] *v.t.* to stiffen with starch (पर) कलफ़ लगाना।

stare[1] *स्टे ॅअ: v.i.* to look fixedly घूरना; to be obvious or visible स्पष्ट दिखाई देना।

stare[2] *n.* a fixed gaze टकटकी।

stark[1] *स्टॉ:क n.* bleak फीका, निरानंद; absolute निरा, कोरा।

stark[2] *adv.* completely सरासर, पूर्ण रूप से।

starry *स्टा रि a.* full of stars तारामय; consisting of stars तारों से जड़ा; bright चमकदार।

start[1] *स्टा:ट v.t.* to begin प्रारंभ करना; to set going चालू करना; *v.i.* to begin प्रारंभ होना; to make sudden movement चालू होना; to be set up स्थापित होना।

start[2] *n.* beginning प्रारंभ; abrupt movement प्रस्थान; act of setting शुभारंभ, स्थापना; advantage conceded रिआयत; a sudden movement due to surprise चौंक।

startle *स्टा· ट्ल v.t.* to alarm, to give a fright to चौंकाना।

starvation *स्टा: वे शॅन n.* suffering or death caused by lack of food भूखमरी।

starve *स्टा:व v.i.* to suffer or die

from hunger भूखों मरना; *v.t.* to cause to suffer or die from hunger भूखों मारना।

state[1] स्टेट *n.* condition अवस्था, दशा; place, situation स्थिति; politically organized people राज्य; government सरकार; rank पद; pomp शान, ठाठ-बाट।

state[2] *v.t.* to express in words कहना।

stateliness *स्टेट् लि निस n.* splendour, pomp शान।

stately *स्टेट् लि a.* splendid imposing शानदार, भव्य।

statement *स्टेट् मॅन्ट n.* act of stating कथन; expression in words अभिव्यक्ति; account विवरण।

statesman *स्टेट्स् मॅन n.* an eminent politician राजनेता।

static *स्टै टिक n.* motionless स्थिर, गतिहीन।

statics *स्टै टिक्स n. sing.* science dealing with bodies at rest स्थैतिकी, स्थिति-विज्ञान।

station[1] *स्टे शॅन n.* a stopping place for railway trains स्टेशन; rank or social position स्थिति, पद।

station[2] *v.t.* to put in position रखना, तैनात करना।

stationary *स्टे शॅ नॅ रि a.* not moving स्थिर, अचल।

stationer *स्टे शॅ नॅ: n.* one who sells stationery लेखन-सामग्री-विक्रेता।

stationery *स्टे शॅ नॅ रि n.* writing materials लेखन-सामग्री।

statistical *स्टॅ टिस् टि कॅल a.* pertaining to statistics सांख्यिकीय।

statistician *स्टै टिस् टि शॅन n.* one expert in statistics सांख्यिकीविद्।

statistics *स्टॅ टिस् टिक्स n.* facts shown in numbers आंकड़े; science that studies such facts सांख्यिकी।

statue *स्टै ट्यू n.* a figure cast in stone or metal मूर्ति, प्रतिमा।

stature *स्ट चॅः n.* bodily height क़द, ऊंचाई; greatness महानता, उच्चता।

status *स्टे टॅस n.* position, rank पद, स्थान; prestige प्रतिष्ठा।

statute *स्टै ट्यूट n.* written law संविधि, क़ानून।

statutory *स्टै ट्यु टॅ रि a.* defined or authorized by statute वैधानिक, क़ानूनी।

staunch *स्टौन्च a.* reliable, trustworthy विश्वसनीय, निष्ठावान।

stay[1] *स्टै v.i.* to remain रहना; to sojourn ठहरना, टिकना; to pause रुकना थमना; to wait प्रतीक्षा करना; to endure चलना, बना रहना; *v.t.* to stop रोकना; to hinder बाधित या अवरुद्ध करना; to postpone स्थगित करना।

stay[2] *n.* sojourning ठहराव; check रोक; restraint बंधन; postponement स्थगन; support टेक, सहारा।

steadfast *स्टैॅड् फ़ास्ट a.* firm resolute द ढ़, अटल।

steadiness *स्टैॅ डि निस n.* quality of being steady द ढ़ता तत्परता।

steady[1] *स्टैॅ डि a.* firm द ढ़ regular नियमित; temperate धीर, संतुलित।

steady[2] *v.t.* to make firm द ढ़ बनाना; *v.i.* to become steady द ढ़ बनना।

steal *स्टील v.i.* to commit theft चोरी करना; to move silently चोरी-चोरी आना या जाना; *v.t.* to take unlawfully चुराना।

stealthily *स्टील् थि लि adv.* secretly चोरी-छुपे।

steam[1] स्टीम *n.* vapour of boiling shift water भाप; the power of steam वाष्प-शक्ति।

steam[2] *v.i.* to give off steam भाप छोड़ना; to rise in vapour भाप निकलना; to move by steam power वाष्प-निकलना; वाष्प-शक्ति से चलना; *v.t.* to cook or treat with steam भाप से पकाना या भाप देना।

steamer *स्टी मॅः n.* a steamship स्टीमर; vessel in which food is cooked by being steamed भापतापी पात्र।

steed *स्टीड n.* a horse घोड़ा।

steel *स्टील n.* a hard alloy of iron and carbon इस्पात; a weapon of steel, esp. a sword लोहे का शस्त्र, विशेषतया तलवार।

steep[1] *स्टीप a.* sloping sharply तीव्र ढलान वाला।

steep[2] *v.t.* to soak, to saturate भिगोना, तर करना।

steeple *स्टी प्ल n.* church tower with spire मीनार।

steer *स्टिअॅः v.t.* to guide or direct the course of (का) मार्गदर्शन करना; *v.i.* to respond to guidance दिशा निर्देशन को मानना।

stellar *स्टै ˘ लॅः a.* relating to stars तारकीय, नक्षत्रीय।

stem[1] *स्टैमॅ n.* stalk डंठल; trunk तना; a long slender part पतली डंडी; the front part of a ship जलयान का अग्र भाग; the unchanging part of a word धातु, मूल शब्द।

stem[2] *(-mm-) v.i.* to arise पैदा होना, उठना।

stench *स्टैन्च n.* unpleasant smell दुर्गंध, बदबू।

stencil[1] *स्टैन् सिल n.* a thin sheet with letters or patterns cut in it स्टैंसिल; the pattern made from it इससे बनी छाप।

stencil[2] *(-ll-) v.i.* to make a pattern by means of a stencil स्टेंसिल से नमूना या चित्र बनाना।

stenographer *स्टै ˘ नौ ˘ ग्रॅ फॅ n.* a writer of shorthand आशुलिपिक।

stenography *स्टै ˘ नौ ˘ ग्रॅ फि n.* shorthand writing आशुलिपि।

step[1] *स्टैपॅ n.* act of stepping क़दम; sound made by stepping पद-चाप; mark made by foot पंदचिह्न manner of walking चाल; distance covered by stepping once डग, पग; a rung, a stair सीढ़ी का डंडा, पैड़ी; measure उपाय।

step[2] *(-pp-) v.i.* to move and set down foot चलना; *v.t,* to measure in paces डगों से नापना।

steppe *स्टैपॅ n.* a large treeless plain घास का मैदान।

stereotype[1] *स्टै ˘ रि अॅ टॉइप n.* a metal plate for printing cast from set up type मुद्रण-फलक; a fixed pattern घिसा-पिटा, स्थिर नमूना।

stereotype[2] *v.t.* to make stereotype of (को) घिसा-पिटा रूप देना।

stereotyped *स्टै ˘ रि अॅ टाइप्ड a.* conventional परंपरागत, रूढ़िबद्ध।

sterile *स्टै ˘ रॉइल a.* (woman) not able to produce offspring बांझ; (land) not able to produce any crop बंजर, ऊसर; free from germs जीवाणुरहित।

sterility *स्टै ॅ रि लि टि n.* inability to produce offspring बांझपन; inability to produce any crop बंजरपना; being without germs जीवाणुहीनता।

sterilization *स्टै ॅ रि लॉइ ज़े शॅन n.* rendering a woman unable to produce offspring बंध्यीकरण; freeing from germs जीवाणुनाशन।

sterilize *स्टै ॅ रि लॉइज़ v.t.* to render (a woman) unable to produce offspring बांझ बनाना; to make free from germs जीवाणुरहित बनाना।

sterling[1] *स्टॅ: लिङ्ग a.* genuine, true खरा, असली; of solid worth पक्का; dependable विश्वसनीय।

sterling[2] *n.* genuine British money खरी ब्रिटिश मुद्रा।

stern[1] *स्टॅ:न a.* severe, strict कठोर, कड़ा।

stern[2] *n.* rear part of a ship जलयान का पिछला भाग।

stethoscope *स्टै ॅ थॅस् कोप n.* an instrument for listening to heart-beats and breath-sounds etc. स्टैथौस्कोप, परिश्रावक।

stew[1] *स्ट्यू n.* a dish of meat and vegetables cooked slowly धीमी आंच में पकाया भोजन; state of excitement उत्तेजना।

stew[2] *v.t.* to cook slowly in a closed vessel बंद बरतन में धीरे-धीरे पकाना; *v.i.* to be cooked gently धीरे-धीरे पकना।

steward *स्ट्यु अॅ:ड n.* one who manages another's property प्रबंधक; one who organizes the catering in a club etc. खाद्य-प्रबंधक; one who helps to run functions समारोह-संचालक; one who waits on passengers in a ship or aircraft खिदमतगार।

stick[1] *स्टिक n.* a long thin piece of wood लाठी, लकड़ी, डंडा; a wand छड़ी।

stick[2] *v.t.* to stab, to pierce चुभोना, घोंपना; to fasten with gum चिपकाना; to push into or through आर-पार निकालना; *v.i.* to adhere चिपकना; to come to stop अटक जाना, रुक जाना; to be fastened लगना, अटकना।

sticker *स्टि कॅः n.* an adhesive label चिप्पी, स्टिकर।

stickler *स्टिक् लॅः n.* a person who insists on something आग्रही।

sticky *स्टि कि n.* adhesive चिपचिपा; difficult जटिल।

stiff *स्टिफ़ n.* not easily bent अनम्य; rigid कठोर; difficult कठिन, जटिल; not easily moved कड़ा; thick, viscous गाढ़ा; excessive अत्यधिक।

stiffen *स्टि फ़ॅन v.t.* to make stiff कड़ा या कठोर बनाना; *v.i.* to become stiff कड़ा या कठोर बनना।

stifle *स्टि फ़्ल v.t.* to suffocate (का) दम घोटना; to suppress दबाना; *v.i.* to feel suffocated दम घुटना।

stigma *स्टिग् मॅ n.* a mark of shame कलंक, लांछन।

still[1] *स्टिल a.* motionless स्थिर, अचल; noiseless चुप, शांत।

still[2] *adv.* to this time अब तक; yet तथापि; motionlessly स्थिर अवस्था में, noiselessly शांत रूप में।

still[3] *v.t.* to silence, to make quiet शांत करना।

still⁴ *n.* a single picture from a cinema film अचल चित्र; deep silence नीरवता, सन्नाटा; an apparatus for distilling भभका।

stillness *स्टिल् निस n.* the state or quality of being still शांति, स्थिरता।

stilt *स्टिल्ट n.* a pole with footrest for walking, raised from ground पैरबांसा।

stimulant *स्टि म्यु लॅन्ट n.* drug etc. acting as a stimulus प्रेरक पदार्थ।

stimulate *स्टि म्यु लेट v.t.* to rouse up, to stir up उभारना, उद्दीप्त करना, प्रेरित करना।

stimulus *स्टि म्यु लॅस n.* that which stimulates प्रेरणा, प्रोत्साहन।

sting¹ *सिटङ्ग v.t.* to wound with a sting डंक मारना; to inflict sharp pain तीव्र पीड़ा पहुंचाना; *v.i.* to feel sharp pain तीव्र पीड़ा होना।

sting² *n.* pointed tail of insects like wasps etc. डंक; a. cause of mental pain मानसिक वेदना का कारण।

stingy *स्टिन् जि a.* niggardly, miserly कंजूस, मक्खीचूस।

stink¹ *स्टिङ्क v.i.* to give out offensive smell बदबूदार होना।

stink² *n.* stench, unpleasant smell बदबू, दुर्गंध।

stipend *स्टॉइ पैन्ड n.* a salary esp., of a clergyman व त्ति, वज़ीफ़ा।

stipulate *स्टि प्यु लेट v.t.* to put forward as a necessary condition शर्त लगाना।

stipulation *स्टि प्यु ले शॅन n.* provision व्यवस्था; condition शर्त।

stir *स्टॅ: (-rr-) v.i.* to move हिलना; to be roused उमड़ना; *v.t.* to cause to move हिलाना; to rouse भड़काना।

stirrup *स्टि रॅप n.* a support hung from a saddle for the rider's feet रकाब।

stitch¹ *स्टिच n.* movement of a needle in sewing सीवन; the amount of thread left by such a movement टांका; sharp pain हूक, पार्श्वशूल।

stitch² *v.t.* to sew सिलना; *v.i.* to do needlework सिलाई करना।

stock¹ *स्टौकॅ n.* material stored माल, सामान; reserve भंडार; farm animals पशुधन; reputation प्रतिष्ठा; ancestry वंश; capital of a company मूलधन, पूंजी; tree trunk तना; money lent to the government सरकारी ऋण।

stock² *v.t.* to keep, to store (का) भंडारण करना; to supply with livestock पशुधन की आपूर्ति करना; to keep (goods) in readiness for sale बिक्री के लिए रखना।

stock³ *a.* kept in store for sale बिक्री के लिए उपलब्ध; hackneyed घिसा-पिटा।

stocking *स्टौ˘ किङ्ग n.* a close fitting covering for leg and foot मौजा।

stoic *स्टो˘ इक n.* one who endures pain without complaining वैरागी, तापस, साधु।

stoke *स्टोक v.t.* to feed with fuel (में) ईंधन झोंकना; *v.i.* to act as stoker ईंधन का काम करना।

stoker *स्टो कॅ: n.* one who feeds the fire with fuel ईंधन झोंकने वाला।

stomach[1] *स्ट मॅक n.* abdomen पेट; appetite भूख; desire इच्छा।

stomach[2] *v.t.* to endure, to put up with बरदाश्त करना।

stone[1] *स्टोन n.* a piece of rock पत्थर; gem रत्न, नगीना; hard seed of fruit गुठली; hard deposit formed in kidneys पथरी, अश्मरी; a unit of weight, 14 pounds 14 पाउंड का बट्टा।

stone[2] *v.t.* to throw stones at (पर) पत्थर फेंकना; to take the stones out of (fruit) (फल से) गुठली निकालना।

stony *स्टो नि a.* full of stones, covered with stones पथरीला; hard कठोर; cold भावशून्य।

stool *स्टूल n.* a backless chair स्टूल, चौकी; excrement विष्टा।

stoop[1] *स्टूप v.i.* to lean forward or down झुकना; to lower oneself morally नैतिक रूप से गिरना; *v.t.* to bend forwards and downwards झुकाना।

stoop[2] *n.* stooping position of the body झुकाव।

stop[1] *स्टौपॅ (-pp-) v.t.* to bring to halt रोकना; to prevent न करने देना; to interrupt (में) रूकावट पैदा करना; to suspend रोक देना; to fill up (an opening) (छेद आदि) भर देना; to bring to an end बंद करना, समाप्त करना; *v.i.* to come to a halt रुकना; to stay ठहरना।

stop[2] *n.* stopping विराम; punctuation mark विरामचिह्न; a. fixed point at which buses etc. stop बस-स्टॉप; (music) a divice for regulating pitch खूंटी।

stoppage *स्टौ ˘ पिज n.* ceasing to work रूकावट; state of being stopped अवरोध।

storage *स्टौ रिज n.* a place for storing गोदाम, भंडार; act of storing भंडारण, संचयन।

store[1] *स्टौ:, स्टौं: n.* a stock of things भंडार; abundance प्रचुरता; shop दुकान; place for keeping goods गोदाम।

store[2] *v.t.* to lay up बचा रखना; to put in a godown or warehouse गोदाम में रखना।

storey *स्टौ रि n.* horizontal division of a building मंज़िल, खंड।

stork *स्टौ:क n.* a large wading bird सारस।

storm[1] *स्टौ:म n.* violent weather with wind, rain, hail etc. झंझावत, तूफान; an assault on a fortress धावा; violent outbreak उपद्रव, हुल्लड़।

storm[2] *v.i.* to shout angrily (at) गुस्से से चीख़ना; *v.t.* to capture अधिकार में करना; to force an entry into (में) ज़बरदस्ती घुस जाना।

stormy *स्टौ: मि a.* like storm, characterised by storm तूफ़ानी; violent प्रचंड।

story *स्टौ रि n.* a narrative कहानी।

stout *स्टॉउट a.* strong, though गज़बूत, कड़ा; brave, resolute बहादुर, संकल्पशील; fat स्थूलकाय।

stove *स्टोव n.* an apparatus for cooking, heating etc. स्टोव, अंगीठी।

stow *स्टो v.t.* to pack, put away carefully बांधकर रख देना।

straggle *स्ट्रै ग़ल v.i.* to spread in

an irregular manner तितर-बितर हो जाना, बिखर जाना; to drop behind while on the march पिछड़ जाना; to stray away from the main group भटक जाना।

straggler स्ट्रे ग्लॅः *n.* one who straggles भटकैया।

straight[1] स्ट्रेट *a.* without bend सीधा, ऋजु; honest ईमानदार; neat, tidy साफ़-सुथरा; outspoken स्पष्टवादी।

straight[2] *adv.* in a straight line सीधे; without delay तुरंत।

straighten स्ट्रे टॅन *v.t.* to make straight सीधा करना।

straightforward स्ट्रेट फ़ौः वॅःड *a.* honest ईमानदार; without evasion स्पष्ट सीधा-सादा; easy to understand सरल।

straightway स्ट्रेट् वे *adv.* immediately तुरंत।

strain[1] स्ट्रेन *v.t.* to stretch tightly कसकर तानना; to weaken by over-exertion अधिक श्रम से थकाना; to filter छानना; *v.i.* to make great effort ज़ोरदार प्रयत्न करना।

strain[2] *n.* great effort ज़ोरदार प्रयास; stretching force तनाव, खिंचाव, fatigue थकान; great demand मांग; injury from being sprained over-work मोच; घोर परिश्रम।

strait स्ट्रेट *n.* a channel of water connection two seas जल-डमरुमध्य।

straiten स्ट्रे टॅन *v.t.* to make narrow संकीर्ण बनाना; to press with poverty ग़रीबी से दबाना।

strand[1] स्ट्रैन्ड *v.i.* to run a ground भूग्रस्त होना; to be left in difficulties परेशानी में छूटना; *v.t.* to cause to run a ground भूग्रस्त करना; to leave in difficulties परेशानी में छोड़ना।

strand[2] *n.* one single string or wire of rope लड़; shore समुद्र-तट।

strange स्ट्रेन्ज *a.* odd अनोखा, अटपटा; uncommon असामान्य; wonderful अद्‌भुत, आश्चर्यजनक; foreign विदेशी; singular अद्वितीय।

stranger स्ट्रेन् जॅः *n.* an unknown person अजनबी; foreigner विदेशी; one unaccustomed अनुभवहीन अथवा नौसिखिया व्यक्ति।

strangle स्ट्रैङ् ग्ल *v.t.* to kill by throttling गला घोंटकर मारना; to suppress दबाना।

strangulation स्ट्रैङ् ग्यु ले शॅन *n.* strangling श्वास-अवरोधन।

strap[1] स्ट्रैप *n.* a strip of leather or other material पट्टा।

strap[2] *(-pp-) v.t.* to hit with a strap पट्टे से मारना; to fasten with a strap पट्टे से बांधना।

strategem स्ट्रै टि जॅम *n.* a plan, a trick चाल, छल।

strategic स्ट्रॅ टी जिक *a.* pertaining to strategy युद्धनीति-विषयक; of value for strategy युद्धनीति की द ष्टि से महत्वपूर्ण।

strategist स्ट्रै टि जिस्ट *n.* one skilled in strategy युद्धनीतिज्ञ।

strategy स्ट्रै टि जि *n.* art of war युद्ध-कौशल; overall plan समूची योजना।

stratum स्ट्रै टॅम, स्ट्रा टॅम *n. (pl.-ta)* layer of rock स्तर।

straw *स्ट्रौ* *n.* stalks of grain भूसा; a single stalk तिनका।

strawberry *स्ट्रौ बॅ रि* *n.* a creeping plant with red fruit झरबेरी; its fruit झरबेर।

stray[1] *स्ट्रे* *v.i.* to wander घूमना; to digress भटकना; to get lost खो जाना।

stray[2] *a.* strayed भटका हुआ; occasional बिरला, कोई-कोई।

stray[3] *n.* a lost child or animal भटका हुआ बच्चा या पशु; an isolated example इक्का-टुक्का मामला।

stream[1] *स्ट्रीम* *n.* a river, a brook नदी, नाला; steady flow प्रवाह तांता।

stream[2] *v.i.* to flow बहना; to float on air लहराना।

streamer *स्ट्री मॅः* *n.* a long, narrow flag पताका।

streamlet *स्ट्रीम् लिट* *n.* a small stream, brook नदिया, नाला।

street *स्ट्रीट* *n.* a road in town or village गली, सड़क।

strength *स्ट्रै ॅङ्‌थ* *n.* quality of being strong शक्ति, बल; toughness मज़बूती, कड़ापन; vehemence प्रचंडता; full number of people लोगों की पूरी संख्या।

strengthen *स्ट्रैॅङ् थॅन* *v.t.* to make stronger मज़बूत बनाना; *v.i.* to become stronger शक्तिशाली बनना।

strenuous *स्ट्रै ॅ न्यु अॅस* *a.* energetic ज़ोरदार; using great effort अध्यवसायी।

stress[1] *स्ट्रैसॅ* *n.* emphasis बल; tension तनाव; strain घोर श्रम; fatigue थकान; pressure दबाव; effort प्रयत्न accent बलाघात।

stress[2] *v.t.* to emphasize (पर) बल देना; to put accent on (पर) बलाघात करना।

stretch[1] *स्ट्रैचॅ* *v.t.* to extend फैलाना; to exert to utmost (पर) पूरा ज़ोर लगाना; to tighten कसना; to reach out आगे बढ़ाना; *v.i.* to extend फैलना; to have elasticity नम्य होना।

stretch[2] *n.* act of stretching तनाव, खिंचाव; expance विस्तार; spell दौर, वार।

stretcher *स्ट्रै ॅचॅः* *n.* an appliance on which a disabled person is carried मरीज़ को ले जाने का चौंखटा, स्ट्रेचर।

strew *स्ट्रुः* *v.t.* to scatter बिखेरना।

strict *स्ट्रिक्ट* *a.* severe कठोर, सख़्त; without exception अपवादरहित; accurate, precise विशुद्ध।

stricture *स्ट्रिक् चॅः* *n.* severe criticism कटु आलोचना; constriction निकोचन।

stride[1] *स्ट्रॉइड* *v.i.* to walk with long steps लंबे डग मारना।

stride[2] *n.* a long step लंबा डग।

strident *स्ट्रॉइ डॅन्ट* *a.* harsh in tone कर्कश; loud कर्णभेदी।

strife[1] *स्ट्रॉइफ* *n.* conflict संघर्ष, झगड़ा।

strike[1] *स्ट्रॉइक* *v.t.* to deal a blow to मारना; to attack आक्रमण करना; to produce (fire) by friction घर्षण-द्वारा (अग्नि) उत्पन्न करना; to hit against टकराना; to enter the mind of (के) मन में आना; to arrive at (पर) पहुंचना; to affect प्रभावित करना; to discover खोज निकालना; to cancel, to cross out काट देना; to indicate (the hour) by strokes बजाना; *v.i.* to deal a blow घूंसा मारना; to make an attack आक्रमण करना; to sound बजना; to cease work हड़ताल करना।

strike[2] *n.* act of stopping work हड़ताल; discovery of oil etc. by drilling तेल की खोज; a sudden attack by aircraft हवाई हमला।

striker *स्ट्रॉइ कॅः* *n.* one who is on strike हड़तालकर्त्ता।

string[1] *स्ट्रिङ्ग* *n.* a thin cord रस्सी, डोरी; length of wire in violins, guitars etc. तंत्री, तार; series श्रंखला, तांता।

string[2] *v.t.* to supply with strings तार या तंत्री से सज्जित करना; to put on a string धागे में गूंथना; to hang on a string डोरी पर लटकाना।

stringency *स्ट्रिन् जॅन् सि* *n.* severity सख़्ती, कड़ाई।

stringent *स्ट्रिन् जॅन्ट* *a.* strict, rigid कठोर, सख्त।

strip[1] *स्ट्रिप* *n.* a long narrow piece पट्टी।

strip[2] *(-pp-)* *v.t.* to lay bare नंगा करना; to remove outer covering of उघाड़ना; to deprive वंचित करना; *v.i.* to undress कपड़े उतारना, नंगा होना।

stripe[1] *स्ट्रॉइप* *n.* a narrow mark, band धारी; mark on a uniform to show rank फ़ीता।

stripe[2] *v.t.* to mark with stripes (पर) धारी बनाना।

strive *स्ट्रॉइव* *v.i.* to try hard, to struggle भरसक प्रयत्न करना, संघर्ष करना।

stroke[1] *स्ट्रोक* *n.* blow प्रहार; sudden action, occurrence घटना; mark of pen घसीट; mark of brush स्पर्श; chime of clock टनटन; single movement of the hand or hands हाथ का घुमाव।

stroke[2] *v.t.* to pass hand lightly over (पर) हाथ फेरना।

stroke[3] *n.* a stroking movement हाथ फेरने की क्रिया।

stroll[1] *स्ट्रोल* *v.i.* to walk in a leisurely manner टहलना, चहलक़दमी करना।

stroll[2] *n.* a leisurely walk चहलक़दमी।

strong *स्ट्रौ ङ्ग* *a.* powerful शक्तिशाली; robust हृष्ट-पुष्ट; firm दृढ़; difficult to break पक्का, मज़बूत; intense गहन; emphatic ज़ोरदार; not diluted गाढ़ा; ardent प्रगाढ़।

stronghold *स्ट्रौङ्ग् होल्ड* *n.* a fort क़िला, गढ; a centre of some beliefs or activities केंद्र।

structural *स्ट्रक् चॅ रॅल* *a.* pertaining to structure संरचनात्मक।

structure *स्ट्रक् चॅः* *n.* manner of construction संरचना, बनावट; something constructed निर्माण।

struggle[1] *स्ट्र गॅल* *v.i.* to contend resolutely संघर्ष करना; to make great effort भरसक प्रयत्न करना।

struggle[2] *n.* violent effort संघर्ष।

strumpet *स्ट्रम् पिट* *n.* a prostitute वेश्या।

strut[1] *स्ट्रट* *(-tt-)* *v.i.* to walk in a conceited manner इठलाना, अकड़कर चलना।

strut[2] *n.* conceited walk गर्वीली चाल; a rigid support टेक।

stub स्टब *n.* a tree stump ठूंठ; a short piece of pencil पेंसिल का टुकड़ा; a short remaining part of a cigarette सिगरेट का बचा हुआ भाग।

stubble स्ट ब्ल *n.* stumps of cut grain after reaping खूंटी, ठूंठी; short growth of beard दाढ़ी के छोटे बाल।

stubborn स्ट बॅःन *a.* obstinate हठीला, जिद्दी।

stud[1] स्टड *n.* a nail with a large head गुलमेख; a double-headed button दुहरा बटन।

stud[2] *(-dd-) v.t.* to set with studs जड़ना।

student स्ट्यू डॅन्ट *n.* one who studies at a college etc. विद्यार्थी, छात्र; a studious person अध्येता।

studio स्ट्यू डि ओ *n.* the work, room of an artist, photographer etc. शिल्पशाला; building where film, television or radio shows are made or broadcast प्रसारण-कक्ष, प्रसार-भवन।

studious स्ट्यू ड्यॅस *a.* devoted to study अध्ययनशील।

study[1] स्ट डि *v.i.* to be engaged in learning अध्ययन करना; *v.t.* to examine carefully (का) गूढ़ निरीक्षण करना; to make study of (का) अध्ययन करना; to show concern for के विषय में चिंतित होना।

study[2] *n.* devotion to gaining knowledge अध्ययन; subject studied अध्ययन का विषय; a room for studying in अध्ययनकक्ष; scrutiny जांच।

stuff[1] स्टफ़ *n.* material पदार्थ; raw material कच्चा माल; any substance कोई पदार्थ।

stuff[2] *v.t.* to fill tightly ठूंसकर भरना; to fill (animal's skin) with material (पशु-चर्म में) कुछ भरना; to fill with seasoned mixture (में) मसाला भरना।

stuffy स्ट फ़ि *a.* lacking fresh air घुटन-भरा; dull उबाऊ; conventional परंपरागत।

stumble[1] स्टम् ब्ल *v.i.* to trip and nearly fall ठोकर खाना; to falter लड़खड़ाना।

stumble[2] *n.* act of stumbling ठोकर।

stump[1] स्टम्प *n.* ramnant of a tree ठूंठ; what is left after cutting or breakage अंश, टुकड़ा; (cricket) one of the three upright sticks that form the wicket डंडा, स्टंप।

stump[2] *v.t.* to puzzle चकरा देना; to strike the vicket of (को) आउट करना; *v.i.* to walk clumsily पैर पटककर चलना।

stun स्टन *(-nn-) v.t.* to knock senseless चोट मारकर अचेत करना; to amaze आश्चर्यचकित करना।

stunt[1] स्टन्ट *v.t.* to check growth of (का) विकास रोकना।

stunt[2] *n.* a feat of dexterity of daring करतब; a sensational idea for gaining publicity प्रचार-साधन।

stupefy स्ट्यू पि फ़ॉइ *v.t.* to make stupid मूर्ख बनाना।

stupendous स्ट्यू पैन् डॅस *a.* amazing आश्चर्यजनक; huge विशाल।

stupid स्ट्यू पिड *a.* foolish, silly मूर्ख, बुद्धू; slow-witted मंदबुद्धि।

stupidity स्ट्यू पि डि टि *n.* foolishness मूर्खता।

sturdy *स्टॅः डि a.* strong, rigorous तगड़ा, हृष्ट-पुष्ट; strongly built मज़बूत।

sty, stye *स्टॉइ n.* inflammation on the edge of eye-lid अंजनहारी।

style *स्टॉइल n.* manner of writing, speaking etc. शैली; sort प्रकार; fashion in dress फ़ैशन; manner ढंग, तरीक़ा; design बनावट।

subdue *सॅब् ड्यू v.t.* to bring under control वश में करना; to make quieter, softer, gentler धीमा करना।

subject[1] *सब् जिक्ट n.* theme, topic विषयवस्तु; a branch of knowledge as a course of study विषय; *(gram.)* person or thing about which something is said कर्त्ता; one under power of another अधीन व्यक्ति; *(pl.)* citizens प्रजा।

subject[2] *a.* owing allegiance पराधीन; subordinate अधीन; dependent निर्भर; आधारित; liable (to) संभाव्य।

subject[3] *सब् जैक्ट v.t.* to cause to undergo के लिए बाध्य करना; to subdue अधीन करना।

subjection *सब् जैक् शॅन n.* subjecting or being subjected आधिपत्य।

subjective *सब् जिक् टिव a.* based on personal feelings आत्मपरक, व्यक्तिनिष्ठ; *(gram.)* of the subject कर्तपदीय।

subjudice *सब् जू डि सि* under judicial consideration विधि-विचाराधीन।

subjugate *सब् जु गेट v.t.* to subdue अधीन करना; to overecome पराभूत करना।

subjugation *सब् जु गे शॅन n.* act of subjugating आधिपत्य।

sublet *सब् लै ॅट (-tt-) v.t.* to let (property) which is already rented शिकमी देना, उप पट्टे पर देना।

sublimate *सब् लि मेट v.t.* to direct (low instincts and energies) into more desirable channels (का) उदात्तीकरण करना; to refine परिशुद्ध करना।

sublime[1] *सॅब् लॉइम a.* elevated उदात्त; eminent उत्कृष्ट; majestic भव्य।

sublime[2] *n.* that which fills one with reverence उदात्तता।

sublimity *सब् लि मि टि n.* sublime quality उदात्तता, भव्यता।

submarine[1] *सब् मॅ रीन n.* a vessel designed to stay under water पनडुब्बी।

submarine[2] *a.* existing under the surface of the sea अंतःसागरी।

submerge *सॅब् मॅःज v.i.* to go under water डूबना, ग़ोता लगाना; *v.t.* to place under water डुबोना।

submission *सॅब् मि शॅन n.* yielding समर्पण obedience ; आज्ञापालन; humility विनम्रता।

submissive *सॅब् मि सिव a.* willing to obey आज्ञाकारी; meek विनीत विनम्र।

submit *सॅब् मिट v.t.* to put forward प्रस्तुत करना; to put (oneself) under the control of another (की) अधीनता स्वीकार करना; to suggest सुझाव देना; *v.i.* to surrender झुकना, हार मानना।

subordinate[1] स ˘ बौ: डि निट *a.* of lower rank मातहत; less important गौण, कम महत्व का; *(gram.)* dependent अधीन, आश्रित।

subordinate[2] *n.* one who is lower in rank अधीनस्थ कर्मचारी।

subordinate[3] सॅ बौ: डि नेट *v.t.* to treat as subordinate गौण समझना, कम महत्व देना।

subordination सॅ बौ: डि ने शॅन *n.* act of subordinating अधीनीकरण; state of being subordinate अधीनता।

subscribe सॅब् स्क्रॉइब *v.t.* to pay (a sum of money) to a cause चंदे के रूप में देना; to write (one's name) at the foot of a document दस्तावेज़ के नीचे (अपना नाम) लिखना।

subscription सॅब् स्क्रिप्शॅन *n.* act of subcribing अंशदान; the money raised by subcribing चंदा, चंदे की राशि।

subsequent सॅब् सि क्वॅन्ट *a.* later, following उत्तरवर्ती, आगामी।

subservience सॅब् सॅ: व्यॅन्स *n.* quality of being subservient उपयोगिता; servile submissiveness चापलूसी, दासतापूर्ण विनीतता।

subservient सॅब् सॅ: व्यॅन्ट *a.* giving too much respect (to,), servile श्रद्धापूर्ण; useful सहायक।

subside सॅब् सॉइड *v.i.* to sink down धंसना, धसकना; to settle नीचे बैठ जाना; to lessen, to abate कम होना; to come to an end समाप्त होना।

subsidiary सॅब सि ड्यॅ रि *a.* supplementary पूरक; secondary गौण; auxiliary सहायक।

subsidize सब् सि डॉइज़ *v.t.* to give a subsidy to आर्थिक सहायता देना।

subsidy सब् सि डि *n.* money granted as help आर्थिक सहायता।

subsist सब् सिस्ट, सॅब्- *v.i.* to exist, to sustain life बना रहना, जीवित रहना।

subsistence सब् सिस् टॅन्स *n.* the means by which one supports life जीवन-यापन का साधन; livelihood जीविका।

substance सब् स्टॅन्स *n.* matter पदार्थ; essence सार; wealth धन-संपत्ति; a particular kind of matter तत्व; meaning, gist अर्थ, भावार्थ।

substantial सॅब् स्टैन् शॅल *a.* of ample amount पर्याप्त; of a material nature भौतिक; firm, solid द ढ़ ठोस basic, essential तात्त्विक; of real worth वास्तविक; financially sound संपन्न, धनी।

substantially सब् स्टैन् शॅ लि *adv.* considerable पर्याप्त मात्रा में; essentially तत्वत:।

substantiate सॅब् स्टैन् शि एट *v.t.* to establish by proof प्रमाणित करना।

substantiation सॅब् स्टैन् शि ए शॅन *n.* act of substantiating प्रमाणीकरण।

substitute[1] सब् स्टि ट्यूट *n.* person or thing acting for another स्थानापन्न।

substitute[2] *v.t.* to put as a substitute for (की) एवज़ में रखना; *v.t.* to serve as substitute (for) एवज़ के रूप में काम करना।

substitution सॅब् स्टि ट्यू शॅन *n.*

act of substituting प्रतिस्थापन।

subterranean *सॅब् टॅ रे न्यॅन a.* underground भूमिगत।

subtle *स ट्ल n.* elusively thin or tenuous सूक्ष्म; fine or delicate in meaning बारीक; mysterious रहस्यपूर्ण; mentally acute कुशाग्र-बुद्धि; crafty चालाक; complicated जटिल।

subtlety *स ट्ल् टि n.* tenuousness सूक्ष्मता; fineness बारीकी; complicacy जटिलता; mental acuteness विलक्षणता; craftiness चालाकी।

subtract *सॅब् ट्रैक्ट v.t.* to take away from, to deduct घटाना।

subtraction *सॅब् ट्रैक् शॅन n.* act of subtracting घटाव।

suburb *सब् अॅःब n.* outlying area of a city उपनगरीय क्षेत्र।

suburban *सॅ बॅः बॅन a.* belonging to the suburbs उपनगरीय; narrow minded संकीर्णतापूर्ण।

subversion *सब् वॅः शॅन n.* act of subverting or being subverted समाप्ति, विनाश।

subversive *सब् वॅः सिव a.* tending to subvert विनाशक, उपद्रवकारी।

subvert *सॅब् वॅःट v.t.* to overthrow उलट देना, पलट देना; to corrupt विक त करना।

succeed *सॅक् सीड v.i.* to get success सफल होना; to take over a position, rank etc. उत्तराधिकारी होना; *v.t.* to come after के पश्चात् घटित होना।

success *सॅक् सैसॅ n.* a favourable result सफलता; attainment of wealth संपन्नता; a successful person or thing सफल व्यक्ति अथवा वस्तु।

successful *सॅक् सैसॅ् फुल a* having success सफल; having attained wealth etc. संपन्न।

succession *सॅक् सै ˘ शॅन n.* coming of one thing after another अनुक्रमण; a series सिलसिला, तांता a succeeding पदारोहण, राज्यारोहण; line of those entitled to succeed one another वंशक्रम।

successive *सॅक् सै ˘ सिव a.* following one after another क्रमिक, आनुक्रमिक।

successor *सॅक् सै ˘ सॅः n.* person who succeeds another in position or rank उत्तराधिकारी।

succour[1] *स कॅः n.* help in distress परेशानी में सहायता।

succour[2] *v.t.* to help in distress परेशानी में सहायता करना।

succumb *सॅ कम v.i.* to yield हार मानना; to die मर जाना।

such[1] *सच a.* of the kind indicated ऐसा, इस प्रकार का; like, similar समान प्रकार की; so very इतना।

such[2] *pron.* such persons or things ऐसे व्यक्ति अथवा वस्तुएं।

suck[1] *सक v.t.* to draw into the mouth चूसना; to hold and disslove in mouth पपोलना; to draw in सोखना।

suck[2] *n.* sucking चूषण; breast-feeding स्तनपान।

suckle *स क्ल v.t.* to feed from the breast स्तनपान कराना।

sudden *स ड्न n.* abrupt आकस्मिक; hurried शीघ्रतापूर्ण।

suddenly *स ड्न् लि adv.* abruptly, unexpectedly अचानक, अकस्मात्।

sue स्यू, सू *v.t.* to prosecute (पर) मुक़दमा चलाना; to seek justice from (से) न्याय की प्रार्थना करना; *v.i.* to make an entreaty विनती करना।

suffer स फ़ॅ: *v.t.* to undergo भुगतना, झेलना; to tolerate सहना; *v.i.* to be damaged हानि होना; to be unwell अस्वस्थ होना।

suffice सॅ फ़ॉइस *v.i.* to be sufficient पर्याप्त होना।

sufficiency सॅ फ़ि शॅन् सि *n.* sufficient quantity पर्याप्त मात्रा; quality of being sufficient प्रचुरता।

sufficient सॅ फ़ि शॅन्ट *a.* enough, adequate पर्याप्त।

suffix[1] स फ़िक्स *n.* a letter or letters added at the end of a word प्रत्यय।

suffix[2] *v.t.* to add, to annex to the end जोड़ना, प्रत्यय लगाना।

suffocate स फ़ॅ केट *v.t.* to kill by deprivation of oxygen दम घोटकर मारना; to cause difficulty in breathing दम घोटना; *v.i.* to be killed by suffocation दम घुटकर मरना; to have difficulty in breathing दम घुटना।

suffocation स फ़ॅ के शॅन *n.* state of being suffocated घुटन।

suffrage सफ़् रिज *n.* right to vote मताधिकार।

sugar[1] शु गॅ: *n.* a sweet vegetable-substance चीनी, शकर।

sugar[2] *v.t.* to sweeten or mix with sugar (में) चीनी डालना, मीठा करना।

suggest सॅ जैस्ट *v.t.* to propose प्रस्तावित करना; to bring into the mind जताना, लक्षित करना; to hint संकेत करना।

suggestion सॅ जैस् चॅन *n.* proposal प्रस्ताव; hint संकेत; idea or plan suggested सुझाव; hypnosis सम्मोहन।

suggestive सॅ जैस् टिव *a.* productive of ideas विचारोत्तेजक; evocative उद्दीपक; tending to suggest something improper अश्लीलतापूर्ण।

suicidal स्यु इ सॉइ ड्ल *a.* of suicide आत्महत्या-संबंधी; harmful to one's own interests आत्मघाती।

suicide स्यु इ सॉइड *n.* self murder आत्महत्या; action destructive to one's interests आत्मघात।

suit[1] स्यूट *n.* a set of clothing सूट; action at law मुक़दमा; a formal request प्रार्थना, विनती; a pack at cards ताश का रंग; asking a woman's hand in marriage विवाह-प्रस्ताव।

suit[2] *v.t.* to make appropriate to उपयुक्त बनाना; to match (से) मेल खाना; to be fitting अनुकूल होना; to satisfy संतुष्ट करना।

suitability स्यू टॅ बि लि टि *n.* quality of being suitable उपयुक्तता।

suitable स्यू टॅ ब्ल *a.* fitting, proper उपयुक्त; becoming उचित, शोभनीय; convenient सुविधाजनक।

suite स्वीट *n.* a set of matching furniture मेल खाता हुआ फर्नीचर; a set of rooms कमरों का सैट; a number of attendants नौकर-चाकर; a musical composition in several parts वाद्य संगीत-रचना।

suitor स्यू टॅ: *n.* one who sues वादी; wooer प्रेमी; petitioner प्रार्थी,

आवेदक; one asking for marriage विवाह-प्रस्तावक।

sullen *स लॅन a.* unwilling to talk or be sociable रूठा हुआ; morose उदास, दुःखी dismal निरानंद; dull नीरस।

sulphur *सल् फ़ः n.* light yellow nonmetallic element गंधक।

sulphuric *सल् फ़्युअॅ रिक a.* containing sulphur गंधक-युक्त।

sultry *सल् ट्रि a.* hot and humid उमसदार।

sum[1] *सम n.* amount of money धनराशि; total योग, जोड़; a summary सारांश; an arithmetical problem गणित का प्रश्न।

sum[2] *(-mm-) v.t.* to add up जोड़ना, योग निकालना; to summarize (का) संक्षिप्त विवरण देना।

summarily *स मॅ रि लि adv.* speedily शीघ्रतापूर्वक; abruptly तुरंत।

summarize *स मॅ रॉइज़ v.t.* to make summary of संक्षिप्त करना; to present briefly संक्षेप में प्रस्तुत करना।

summary[1] *स मॅ रि n.* a brief account संक्षेप, संक्षिप्त विवरण।

summary[2] *a.* brief संक्षिप्त; done quickly शीघ्रतापूर्ण; without attention to small matters सरसरे ढंग से किया हुआ।

summer *स मॅः n.* the warmest season ग्रीष्म ऋतु।

summit *स मिट n.* top, peak चोटी।

summon *स मॅन v.t.* to demand attendance of बुला भेजना; to call on पुकारना; to bid (witness) appear in court गवाही के लिए सम्मन देना; to gather up बटोरना।

summons *स मॅन्ज़ n.* an order to appear in court सम्मन, अदालत का बुलावा।

sumptuous *सम्प् ट्यु अॅस a.* lavish महंगा, ख़र्चीला; magnificent वैभवशाली, शानदार।

sun[1] *सन् n.* the luminous body round which the planets move सूर्य; light and warmth from the sun धूप; any fixed star नक्षत्र।

sun[2] *(-nn-) v.t.* to expose to sun's rays धूप में रखना।

Sunday *सन् डि,-डे n.* the first day of the week रविवार।

sunder *सन् डॅः v.t.* to separate अलग करना।

sundary *सन् ड्रि a.* various विभिन्न।

sunny *स नि a.* like the sun सूर्यवत्; warm गर्म; bright उजला; cheerful प्रसन्नचित।

sup *सप (-pp-) v.i.* to take supper रात्रि का भोजन करना; *v.t.* to take by sips सुकड़ना।

superabundance *सॅू प र बन् डॅन्स n.* very great quantity आधिक्य, प्रचुरता।

superabundant *सॅू प र बन् डॅन्ट a.* very abundant प्रचुरतापूर्ण, भरपूर।

superb *स्यू पॅःब a.* excellent, splendid उत्तम, शानदार।

superficial *स्यू पॅः फ़ि शॅल a.* of the surface ऊपरी, प ष्ठकीय; not thorough अगंभीर, छिछला।

superficiality *स्यू पॅः फि शि ऐ लि टि n.* the quality of being superficial छिछलापन, पल्लव ग्राहिता।

superfine *स्यू पॅः फ़ाइन a.* very fine अति उत्तम, over-refined अति परिष्क त।

superfluity *स्यू पॅः फ़्यु इ टि n.* excess आधिक्य; unnecessary amount फ़ालतू मात्रा।

superfluous *स्यू पॅः फ़्लु ॲस a.* unnecessary फ़ालतू; excessive अति अधिक।

susperhuman *स्यू पॅः ह्यू मॅन a.* beyond ordinary human size or capacity अतिमानवीय; supernatural अलौकिक।

superintend *स्यू पॅः इन् टैन्ड v.t.* to have charge of (का) अधीक्षण करना; to supervise (की) देखभाल करना; to direct (का) संचालन करना।

superintendence *स्यू पॅः इन् टैन् डॅन्स n.* superintending देख-रेख, संचालन।

superintendent *स्यू पॅः इन् टैन् डॅन्ट n.* a senior police officer अधीक्षक; a manager, controller प्रबंधक, नियंत्रक।

superior *स्यु पिॲ रि ॲः a.* higher in rank, quality or position उच्च, वरिष्ठ; greater in quality or quantity श्रेष्ठतर, बेहतर।

superiority *स्यु पिॲ रि औँ रि टि n.* quality of being superior श्रेष्ठता, उच्चता।

superlative[1] *स्यु पॅ लॅ टिव a.* of the highest quality सर्वश्रेष्ठ; *(gram.)* denoting the quality of being the best of the highest श्रेष्ठतासूचक।

superlative[2] *n. (gram.)* the superlative form उत्तमावस्था।

superman *स्यू पॅः मैन n.* a man of abnormal mental and physical ability अतिमानव।

supernatural *स्यु पॅः नै च् रॅल a.* beyond physical laws अलौकिक।

supersede *स्यु पॅः सीड v.t.* to take the palce of (का) स्थान लेना; to set aside, to discard हटा देना, निकाल फेंकना।

supersonic *स्यू पॅः सौँ निक a.* moving faster than sound पराध्वनिक।

superstition *स्यू पॅः टि शॅन n.* an unreasoning belief in magic, charms etc. अंधविश्वास।

superstitious *स्यू पॅः स्टि शॅस a.* based on or involving superstition अंधविश्वासी।

supertax *स्यू पॅः टैक्ट n.* additional tax अधिकर।

supervise *स्यू पॅः वॉइज़ v.t.* to direct निर्देशित करना; to superintend अधीक्षण करना, संचालन करना।

supervision *स्यू पॅः वि ज़ॅन n.* act of supervising देख-रेख, निरीक्षण।

supervisor *स्यू पॅः वॉइ जॅः n.* one who supervises पर्यवेक्षक, निरीक्षक।

supper *सपॅः n.* the last meal of the day रात्रि का भोजन।

supple *स प्ल a.* pliable सुनम्य; flexible लचीला, ढीला।

supplement[1] *स्प् लि मॅन्ट n.* something added to fill up deficiency परिशिष्ट; extra and separate addition to a periodical परिशिष्ट।

supplement[2] *सप् लि मैन्ट v.t.* to add to जोड़ देना; to supply deficiency of पूरा करना।

supplementary *सप् लि मैन् टॅ रि a.* additional पूरक।

supplier *स प्लॉइ ॲः n.* person or firm supplying goods प्रदायक, संभरक।

supply[1] सॅ प्लॉइ *v.t.* to furnish आपूर्ति करना; to make available उपलब्ध कराना; to provide प्रदान करना।

supply[2] *n.* stock, store भंडार; supplying आपूर्ति।

support[1] सॅ पौःट *v.t.* to hold up संभालना; to sustain पालना, भरण-पोषण करना; to help, to encourage सहारा या प्रोत्साहन देना; to advocate समर्थन करना।

support[2] *n.* favour पक्ष, सहारा; person or thing that supports सहारे का साधन।

suppose सॅ पोज़ *v.t.* to assume मान लेना, कल्पना करना; to imagine, to think समझना, सोचना; to accept as likely (की) संभावना समझना।

supposition स पॅ ज़ि शॅन *n.* assumption कल्पना; conjecture अनुमान।

suppress सॅ प्रैसॅ *v.t.* to crush कुचलना; to put down (का) दमन करना; to conceal छिपाना।

suppression सॅ प्रैसॅ शॅन *n.* suppressing or being suppressed दमन, concealment गोपन।

supremacy सॅ प्रै ॅ मॅ सि *n.* position of being supreme उच्चता, सर्वश्रेष्ठता।

supreme स्यु प्रीम *a.* highest in authority or rank सर्वोच्च; the greatest possible अधिकतम।

surcharge[1] सॅः चाःज *n.* an additional charge अधिशुल्क; additional load अधिभार।

surcharge[2] *v.t.* to overload अधिभार लगाना; to make an additional charge अधिशुल्क लगाना।

sure शुअॅः, शौः, शौंः *a.* certain निश्चित; trustworthy विश्वसनीय; without doubt असंदिग्ध।

surely शुअॅः लि, शौः -, शौंः *adv.* certainly निश्चित रूप से; undoubtedly निःसंदेह।

surety शुअॅ टि, शौंःटि *n.* security ज़मानत; one who makes himself responsible for another's obligations ज़मानतदार।

surf सॅःफ *n.* waves breaking on the shore समुद्र की तटीय लहरें।

surface[1] सॅः फिस exterior बाह्य भाग; the top of a liquid सतह, तल; outward appearance ऊपरी दिखावा।

surface[2] *v.i.* to come to the surface ऊपर आना, उजागर होना; *v.t.* to cause to come to the surface ऊपर लाना; to put a surface on (पर) सतह पर परत चढ़ाना।

surfeit सॅः फ़िट *n.* excess अतिरेक, आधिक्य; disgust caused by excess परित प्ति ऊब।

surge[1] सॅःज *n.* a large wave महोर्मि, हिलोरा; a rush of emotion आवेश; sudden increase रेला।

surge[2] *v.i.* to move in large waves हिलोर मारना; to swell उमड़ना।

surgeon सॅः जॅन *n.* a doctor who performs operations शल्य चिकित्सक, शल्यकार।

surgery सॅः जॅ रि *n.* medical treatment by operation शल्य-चिकित्सा; science of treating diseases by operation शल्य-विज्ञान; a room for surgical operation शल्य-कक्ष।

surmise[1] सॅः मॉइज़ *n.* guess, conjecture अनुमान।

surmise[2] *v.t.* & *v.i.* to guess, to conjecture अनुमान करना; अंदाज़ा लगाना।

surmount सॅः *मॉउन्ट v.t.* to overcome, to get over (पर) विजय पाना।

surname सॅः *नेम n.* family name कुलनाम।

surpass सॅः *पास v.t.* to go beyond (से) बढ़चढ़कर होना; to excel (से) श्रेष्ठ होना; to exceed (से) अधिक होना।

surplus सॅः *प्लॅस n.* what remains over in excess अधिशेष, आवश्यकता से अधिक वस्तु।

surprise[1] सॅः *प्रॉइज़ n.* something unexpected अप्रत्याशित घटना या तथ्य; what takes unawares आश्चर्यजनक बात; astonishment आश्चर्य, अचरज।

surprise[2] *v.t.* to cause surprise to आश्चर्यचकित करना; to astonish अचरज में डालना; to come upon unexpectedly अचानक आ पहुंचना।

surrender[1] सॅ *रैॅन् डॅः v.t.* to yield, to give into (से) हार मानना, समर्पण करना; to give up possession of छोड़ देना, त्याग देना; *v.i.* to cease resistance घुटने टेकना।

surrender[2] *n.* act of surrendering आत्मसमर्पण, हार।

surround सॅ *रॉउन्ड v.t.* to encompass घेरना।

surroundings सॅ *रॉउन् डिङ्ज n. pl.* environment पास-पड़ोस, प्रतिवेश।

surtax सॅः *टैक्स n.* additional tax अधिकर।

surveillance सॅः *वे लॅन्स n.* close watch, supervision निगरानी।

survey[1] सॅः *वे n.* a general view सर्वेक्षण; a map or record नक़्शा, आलेख।

survey[2] सॅः *वे v.t.* to look at as a whole सर्वेक्षण करना; to measure in order to make a map नक्शा बनाने-हेतु भूमापन करना; to examine the condition of (का) निरीक्षण करना।

survival सॅः *वॉइ वॅल n.* continuation of existence उत्तरजीविता, उत्तरजीवन; an old-fashioned person पुराने तौर-तरीकों वाला व्यक्ति।

survive सॅः *वॉइव v.i.* to continue to live बना रहना, जीवित बचना; *v.t.* to outlive के बाद तक जीवित रहना; to come alive through से बच जाना।

suspect[1] सॅस् *पैक्ट v.t.* to doubt the innocence of (पर) संदेह करना; to mistrust (पर) अविश्वास करना; to feel, to believe समझना, महसूस करना।

suspect[2] *सस् पैक्ट a.* of suspected character संदिग्ध।

suspect[3] *n.* suspected person संदिग्ध व्यक्ति।

suspend सॅस् *पैन्ड v.t.* to hang up लटकाना; to cause to cease for a time बंद करना, रोक देना; to debar from an office निलंबित करना; to keep inoperative बंद रखना, स्थगित रखना।

suspense सॅस् *पैॅन्स n.* state of uncertainty अनिश्चय की स्थिति; anxiety, worry चिंता, दुविधा।

suspension सॅस् *पैन्ॅ शॅन n.* state of being suspended प्रलंबन; something suspended लटकी

वस्तु; debarring from an office निलंबन; ceasure for a time आस्थगन।

suspicion *सॅस् पि शॅन* *n.* suspecting संदेह, शक; slight trace पुट, रमक।

suspicious *सॅस् पि शॅस* *a.* full of suspicion शक्की, शंकालु; arousing suspicion संदेहजनक।

sustain *सॅस् टेन* *v.t.* to keep, to hold up संभालना, थामना; to keep going बनाए रखना; to keep alive जीवित रखना; to undergo भुगतना, झेलना।

sustenance *सस् टि नॅन्स* *n.* that which sustains, food भोजन, जीवनाधार।

swagger[1] *सवै गॅः* *v.i.* to boast डींग मारना; to strut इठलाना।

swagger[2] *n.* strutting gait इठलाती चाल; boastful manner डींग, अकड़।

swallow[1] *स्वौ लो* *v.t.* to pass (food or drink) down the throat निगलना; to engulf सटक लेना; to endure सहन करना; to accept credulously आंख मूंदकर विश्वास करना।

swallow[2] *n.* act of swallowing निगरण, निगलने की क्रिया; amount swallowed निगली हुई मात्रा।

swallow[3] *n.* a migratory bird अबाबील।

swamp[1] *स्वौम्प* *n.* boggy land दलदल।

swamp[2] *v.t.* to entangle in swamp दलदल में फंसाना; to overwhelm अभिभूत करना; to flood आप्लावित करना।

swan *स्वौन* *n.* a large white-necked water-bird हंस।

swarm[1] *स्वौःम* *n.* a large cluster of insects दल, झुंडः a vast crowd भीड़, जमघट।

swarm[2] *v.i.* to form a swarm झुंड में होना; to gather in large numbers भीड़ लगाना।

swarthy *स्वौःदि* *a.* dark-complexioned सांवला।

sway[1] *स्वे* *v.i.* to swing unsteadily डोलना, हिलना-डुलना; to incline to one side एक ओर झुकना; to fluctuate घटना-बढ़ना; *v.t.* to cause to sway हिलाना; to influence प्रभावित करना।

sway[2] *n.* swaying movement दोलन; rule, dominion शासन, influence प्रभाव।

swear *स्वे ॅअॅः* *v.t.* to promise on oath शपथपूर्वक वचन देना; to cause to take an oath क़सम खिलाना; *v.i.* to take an oath सौगंध खाना।

sweat[1] *स्वैॅट* *n.* perspiration पसीना।

sweat[2] *v.i.* to perspire पसीना आना; to toil कड़ा परिश्रम करना।

sweater *स्वैॅटॅः* *n.* a knitted jersey स्वेटर।

sweep[1] *स्वीप* *v.i.* to effect cleaning with broom झाड़ू लगाना; to pass swiftly तेज़ी से निकल जाना; to extend फैलना; *v.t.* to clean with a broom झाड़ू से साफ़ करना; to carry away उड़ा ले जाना।

sweep[2] *n.* act of sweeping झाड़ू बुहारी, साफ़-सफ़ाई; sweeping motion घुमाव; wide curve मोड़; range प्रभाव-क्षेत्र, मार; a chimney-sweeper चिमनी साफ़ करनेवाला; a long oar लंबा डांड।

sweeper *स्वी पॅ:* *n.* a person who sweeps झाड़ू लगानेवाला; a thing that sweeps अपमार्जक।

sweet[1] *स्वीट* *a.* tasting like sugar मीठा; agreeable रुचिकर, सुहावना; charming आकर्षक; fresh ताज़ा; fragrant सुगंधित; tuneful मधुर; beloved प्यारा।

sweet[2] *n.* a small piece of sweet food मिष्टान; sweet course भोजनोपरांत मिष्टान्न का दौर।

sweeten *स्वी ट्न* *v.t.* to make sweet मीठा करना।

sweetmeat *स्वीट् मीट* *n.* sweetened delicacy मिष्ठान्न।

sweetness *स्वीट् निस* *n.* the quality of being sweet मिठास।

swell[1] *स्वै ॅल* *v.i.* to increase in volume बढ़ना; to expand सूजना, फूलना; to bulge out उभरना; to be puffed up प्रफुल्लित होना; *v.t.* to cause to grow in volume बढ़ाना; to puff up प्रफुल्लित करना।

swell[2] *n.*a act of swelling फुलाव, बढ़ाव; bulging उभार; an increase in amount व द्धि; a long and unbroken wave महातरंग।

swift *स्विफ़्ट* *a.* rapid, quick तीव्र; prompt तत्पर।

swim[1] *स्विम (-mm-)* *v.i.* to move and support oneself in water तैरना; to float उतराना; to glide smoothly विसर्पण करना; to feel dizzy चकराना।

swim[2] *n.* act of swimming तैराकी।

swimmer *स्वि मॅ:* *n.* one who swims तैराक।

swindle[1] *स्विन् ड्ल* *v.t.* to cheat ठगना।

swindle[2] *n.* fraud, act of swindling ठगी, झांसा।

swindler *स्विन्ड् लॅं:* *n.* one who swindles झांसिया, ठग।

swine *स्वॉइन* *n.* a pig सूअर; a contemptible person घ णित व्यक्ति।

swing[1] *स्विङ्ग* *v.i.* to move to and fro झूलना, डोलना; to turn घूम जाना; to hang लटकना; to move to and fro in a swing झूले पर झूलना; *v.t.* to cause to move to and fro झुलाना, डोलाना; to cause to turn घुमाना; to brandish घुमाना।

swing[2] *n.* act of swinging दोलन; seat hung to swing on झूला, हिंडोला; fluctuation अस्थिरता, उतार-चढ़ाव; rhythm लय।

swiss[1] *स्विस* *n.* a native of switzerland स्विटजरलैंड का निवासी।

swiss[2] *a.* of switzerland, pertaining to Switzerland स्विटज़रलैंड का या उससे संबंधित।

switch[1] *स्विच* *n.* a device for turning electric current on and off स्विच, बटन; a sudden change भारी परिवर्तन; a flexible twig टहनी; a tress of false hair क त्रिम बालों का लट।

switch[2] *v.t.* to shift or change बदलना; to affect (current) with switch स्विच-द्वारा (विद्युत्) चालू करना; to change abruptly अचानक परिवर्तित करना; *v.i.* to shift बदलना।

swoon[1] *स्वून* *n.* a faint मूर्च्छा, बेहोशी।

swoon[2] *v.i.* to faint मूर्च्छित होना।

swoop[1] *स्वूप* *v.i.* to dive as a hawk झपट्टा मारना।

swoop[2] *n.* act of swooping झपट्टा।

sword *सौ:ड n.* a weapon with a long blade and hilt तलवार।

sycamore *सि कॅ मौ: n.* a kind of fig tree गूलर।

sycophancy *सि कॅ फ़ॅन् सि n.* the quality of being a sycophant चाटुकारिता, चापलूसी।

sycophant *सि कॅ फ़ॅन्ट n.* one using flattery to gain favour चापलूस।

syllabic *सि लै बिक n.* in, of, or in syllables उच्चारण की इकाई से संबंधित।

syllable *सि लै बुल n.* a separate unit of sound in speech उच्चारण-इकाई।

syllabus *सि लॅ बॅस n.* the outline of a course of study पाठ्यक्रम।

sylph *सिल्फ़ n.* a spirit of the air परी; a slender graceful woman सुंदर तरुणी।

sylvan *सिल् वॅन a.* of forests or trees वक्षीय, वनीय।

symbol *सिम् बॅल n.* sign चिह्न; a thing representing something प्रतीक।

symbolic *सिम् बौ ˘ लिक a.* using or used as a symbol प्रतीकात्मक।

symbolism *सिम् बॅ लिज़्म n.* use of symbols in art and literature प्रतीकवाद।

symbolize *सिम् बॅ लॉइज v.t.* to be a symbol of (का) प्रतीक होना; to use a symbol or sympbols for प्रतीक-द्वारा प्रस्तुत करना।

symmetrical *सि मै ˘ ट्रि कॅल a.* having symmetry सममित।

symmetry *सि मि ट्रि n.* proportion between parts सममिति; balance संतुलन।

sympathetic *सिम् पॅ थै ˘ टिक a.* showing sympathy, having sympathy सहानुभूतिपूर्ण।

sympathize *सिम् पॅ थॉइज़ v.i.* to feel or express sympathy सहानुभूति रखना।

sympathy *सिम् पॅ थि n.* feeling for another in pain etc. सहानुभूति; compassion दया।

symphony *सिम् फ़ॅ नि n.* a composition for full orchestra वाद्यवंद रचना; harmony of sounds सुरीलापन।

symposium *सिम् पो ज़्यॅम (pl. -ms, -sia) n.* conference, meeting विचार-गोष्ठी; a book of contributions by several authors on one topic निबंध-संग्रह।

symptom *सिम्प् टॅम n.* a change in physical or mental condition indicating illness or healthiness लक्षण; sign, token चिह्न, आसार।

symptomatic *सिम्प् टॅ मै टिक a.* serving as a symptom (of) लक्षणसूचक।

synonym *सि नॅ निम n.* a word with the same meaning as another पर्याय।

synonymous *सि नौ ˘ नि मॅस a.* (word) having the same meaning as another पर्यायवाची, समानार्थी।

synopsis *सि नौं प् सिस n.* summary संक्षेप; outline रूपरेखा।

syntax *सिन् टैक्स n. (gram.)* arrangement of words in a sentence वाक्य-रचना।

synthesis *सिन् थै ˘ सिस (pl.-theses) n.* putting together, combination संश्लेषण।

synthetic[1] *सिन् थै˘ टिक a.* produced by synthesis संश्लेषणात्मक; artificial कत्रिम।

synthetic[2] *n.* a product of synthesis कत्रिम उत्पादन।

syringe[1] *सि रिन्ज n.* a device for taking up fluids from or injecting them into the body पिचकारी।

syringe[2] *v.t.* to clean or treat with a syringe पिचकारी से धोना या फहारना।

syrup *सि रॅप n.* a solution of sugar and water or sugar and fruit juice चाश्नी, शरबत।

system *सिस् टॅम n.* a complex, whole organization तंत्र; method तरीक़ा; classification वर्गीकरण; plan योजना; order क्रम-व्यवस्था।

systematic *सिस् टॅ मै टिक a.* methodical पद्धतिबद्ध; based on a system व्यवस्थित।

systematize *सिस् टि मॅ टॉइज़ v.t.* to reduce to system सुव्यवस्थित करना; to arrange methodically क्रमबद्ध करना।

Tt

T टी the twentieth letter of the English alphabet, anything shaped like the letter T. अंग्रेजी वर्णमाला का बीसवाँ अक्षर, इस अक्षर के आकार का कोई पदार्थ; **To cross the T's** (to be very precise.) निश्चित या स्पष्ट होना।

table[1] *टे ब्ल n.* a piece of furniture मेज़; food भोजन; an arrangement of facts or figures in columns तालिका।

table[2] *v.t.* to lay on the table for discussion प्रस्तुत करना।

tablet *टैब् लिट n.* a pill टिकिया, गोली; a small pad of writing paper पटिया, तख़्ती; slab पट्टी, फलक।

taboo[1] *टॅ बू n.* prohibition निषेध; thing prohibited वर्जित वस्तु।

taboo[2] *a.* forbidden निषिद्ध।

taboo[3] *v.t.* to place under taboo निषिद्ध करना।

tabular *टै ब्यु लॅः a.* arranged in tables तालिकाबद्ध।

tabulate *टै ब्यु लेट v.t.* to arrange in tables तालिकाबद्ध करना।

tabulation *टै ब्यु ले शॅन n.* act of tabulating सारणीयन।

tabulator *टै ब्यु लॅ टॅः n.* person or machine that tabulates सारणीयक।

tacit *टै सिट a.* silent, implied मौन, अनकहा।

taciturn *टै सि टॅःन a.* saying very little अल्पभाषी।

tackle[1] *टै क्ल n.* equipment साज़-सामान; set of ropes, pulleys etc. रस्से, घिरनी आदि; (football) act of stopping an opponent विरोधी पर क़ाबू।

tackle² *v.t.* to grapple (से) भिड़ना; to take in hand हाथ में लेना; to challenge चुनौती देना।

tact *टैक्ट* *n.* skill in dealing with people or situations व्यवहार-कौशल, सूझ-बूझ।

tactful *टैक्ट् फुल* *a.* showing tact व्यवहार कुशल।

tactician *टैक् टि शॅन* *n.* an expert on tactics रणनीतिज्ञ; one who can manage a situation skilfully कार्य-सम्पादन में निपुण व्यक्ति।

tactics *टैक् टिक्स* *n. (with sing v.)* art of handling troops, ships in battle रणनीति; adroit management of a situation युक्ति, नीति-कौशल।

tactile *टैक् टॉइल* *a.* relating to the sense of touch स्पर्श-योग्य।

tag¹ *टैग* *n.* metal tip to a shoe-lace फ़ीते की घुंडी; a label tied to something लेबुल; much quoted saying घिसा-पिटा कथन।

tag *(-gg-)* *v.t.* to append संलग्न करना; to trail behind (के) पीछे-पीछे चलना।

tail *टेल* *n.* flexible prolongation of animal's spine पूंछ; portion at the back of something पिछला भाग; lowest part निचला भाग; *(pl.)* reverse side of a coin सिक्के का प ष्ठ भाग।

tailor¹ *टे लॅः* *n.* maker of garments दरज़ी।

tailor² *v.t.* to make (garments) (कपड़े) सिलना।

taint¹ *टेन्ट* *n.* defect, flaw दोष; infection छूत।

taint² *v.t.* to infect दूषित करना; सड़ाना; *v.i.* to be infected दूषित होना, सड़ना।

take *टेक* *v.t.* to grasp पकड़ना, लेना; to get प्राप्त करना; to carry ले जाना; to eat or drink ग्रहण करना।

tale *टेल* *n.* story कहानी; report विवरण; malicious rumour अफ़वाह।

talent *टै लॅन्ट* *n.* natural ability प्रतिभा, ancient weight or money प्राचीन तौल या मुद्रा।

talisman *टै लिज़् मॅन* *n.* amulet तावीज़।

talk¹ *टौक* *v.i.* to speak बोलना; *v.t.* to express in speech कहना; to discuss (पर) विचार विमर्श करना।

talk² *n.* speech, lecture भाषण; conversation वार्तालाप; rumour अफ़वाह।

talkative *टौ कॅ टिव* *a.* fond of talking बातूनी।

tall *टौल* *a.* above average in height लंबा, ऊंचा।

tallow *टै लो* *n.* animal fat चरबी।

tally¹ *टै लि* *n.* account लेखा, हिसाब; a duplicate प्रतिरूप।

tally² *v.t.* to correspond अनुरूप होना; to keep record लेखा रखना।

tamarind *टै मॅ रिन्ड* *n.* a tropical tree इमली का व क्ष; its fruit इमली।

tame¹ *टेम* *a.* subdued शांत, सौम्य; lacking in energy निस्तेज; domesticated पालतू uninteresting नीरस; submissive दब्बू।

tame² *v.t.* to make tame पालतू बनाना, पालना; to subdue वश में करना।

tamper *टैम् पॅः* *v.i.* to meddle, to interfere हस्तक्षेप करना, छेड़-छाड़

करना।

tan[1] टैन *(-nn-) v.i.* to go brown भूरा होना; *v.t.* to cause to go brown भूरा करना; to convert (animal hide) to leather (खाल को) चमड़े का रूप देना।

tan[2] *a.,n.* (of) brown colour of skin भूरे रंग की त्वचा (वाला)।

tangent *टैन् जॅन्ट n.* line that just touches a curve स्पर्शज्या।

tangible *टैन् जॅ ब्ल a.* that can be touched स्पर्शनीय; definite निश्चित concrete ठोस।

tangle[1] *टैङ् ग्ल n.* confused mass उलझन; muddle गुत्थी, जटिल स्थिति।

tangle[2] *v.t.* to twist together उलझाना।

tank *टैङ्क n.* a large container टंकी; a big reservoir तालाब; an armoured fighting vehicle टैंक।

tanker *टैङ् कॅः n.* ship or lorry for carrying liquids तेल-पोत, टंकी-ट्रक।

tanner *टै नॅः n.* one who tans hides चर्म-शोधक।

tannery *टै नॅ रि n.* palce where leather is made चर्म-शोधनशाला।

tantalize *टैन् टॅ लॉइज़ v.t.* to tease by keeping something just out of reach तरसाना, ललचाना।

tantamount *टैन टॅ मॉउन्ट a.* equal, equivalent in value or significance समान, तुल्य।

tap[1] *टैप n.* valve with handle to regulate flow of fluid टोंटी; slight blow थपकी।

tap[2] *(-pp-) v.t.* to draw liquid from (से) द्रव निकालना; to put tap in टोंटी लगाना; to strike gently थपकी देना।

tape[1] *टेप n.* a narrow long strip फ़ीता, पट्टी, टेप।

tape[2] *v.t.* to record on magnetic tape टेप करना, अभिलेखन करना।

taper[1] *टे पॅः v.i.* to become gradually thin towards one end एक सिरे की ओर पतला होता जाना।

taper[2] *n.* a very thin candle पतली मोमबत्ती; a narrowing पतलापन।

tapestry *टै पिस् ट्रि n.* cloth into which design in woven दीवार दरी, चित्र कंबल।

tar[1] *टाः n.* thick black liquid distilled from coal डामर, तार-कोल।

tar[2] *(-rr-) v.t.* to coat with tar (पर) तार-कोल पोतना।

target *टाः गिट n.* mark to be shot at निशाना; thing aimed at लक्ष्य, उद्देश्य; object of criticism आलोचना का विषय; butt उपहास का पात्र।

tariff *टै रिफ़ n.* tax levied on imports सीमा-शुल्क।

tarnish *टॉः निश v.t.* to make discoloured बदरंग करना; to discredit बट्टा लगाना; *v.i.* to become discoloured बदरंग होना।

task[1] *टास्क n.* a piece of work set or undertaken कार्य।

task[2] *v.t.* to assign task to कार्य सौंपना।

taste[1] *टेस्ट n.* flavour स्वाद; sense of tasting ज़ायका; preference पसंद; judgement समझ, निर्णयशक्ति।

taste[2] *v.t.* to find the taste of चखना; *v.i.* to have specific flavour विशिष्ट स्वाद रखना।

tasteful *टेस्ट् फुल a.* showing good taste रुचिकर।

tasty *टेस् टि a.* pleasant to taste स्वादिष्ट।

tatter[1] *टै टॅ: n.* ragged piece चिथड़ा।

tatter[2] *v.t.* to make ragged चिथड़े करना; *v.i.* to become ragged चिथड़ा होना।

tattoo[1] *टॅ टू n.* beat of drum and bugle call ढोल व बिगुल का नाद; military spectacle सेना का प्रदर्शन; mark of tattooing लीला गोदे का चिह्न।

tattoo[2] *v.i.* to mark skin with pricks and colours लीला गोदना।

taunt[1] *टौन्ट v.t.* to reproach contemptuously ताना मारना।

taunt[2] *n.* an insulting reproach ताना, कटाक्ष।

tavern *टै वॅ:न n.* an inn, a public house सराय, मधुशाला।

tax[1] *टैक्स n.* compulsory payment imposed by government कर।

tax[2] *v.t.* to impose tax on (पर) कर लगाना।

taxable *टैक् सॅ ब्ल a.* liable to tax कर-योग्य।

taxation *टैक् से शॅन n.* levying of taxes करारोपण।

taxi[1] *टैक् सि n.* motor car that may be hired with driver टैक्सी।

taxi[2] *v.i.* to go in a taxi टैक्सी में जाना।

tea *टी n.* dried leaves of a shrub चाय की पत्ती; a drink made from them चाय (पेय)।

teach *टीच v.t.* to instruct शिक्षा देना; to educate पढ़ाना।

teacher *टी चॅ: n.* one who teaches शिक्षक।

teak *टीक n.* a tree and its timber सागौन का पेड़ व लकड़ी।

team *टीम n.* a set of players टीम; a set of people working together टोली; two or more animals working together जोड़ी।

tear[1] *टे ॅ अॅ: v.t.* to pull apart, to rend फाड़ना, चीरना; *v.i.* to become split फट जाना।

tear[2] *n.* a hole, a cut, a split खोंच, चीरा।

tear[3] *टिअॅ: n.* drop of fluid coming from the eye आंसू।

tearful *टिअॅ: फुल a.* inclined to weep रोंआसा; with tears अश्रुपूर्ण।

tease *टीज़ v.t.* to irritate, to annoy चिढ़ाना, परेशान करना; to pull apart fibres of (का) रोआँ उठाना।

teat *टीट n.* nipple स्तनाग्र।

technical *टैक् नि कॅल n.* involving technique तकनीकी।

technicality *टैक् नि कै लि टि n.* a technical quality or state प्राविधिकता।

technician *टैक् नि शॅन n.* one skilled in a particular technique तकनीक जाननेवाला।

technique *टैक् नीक n.* method of performance प्रविधि; skill required by a performer कौशल, निपुणता।

technological *टैक् नॅ लौ ॅ जि कॅल a.* relating to technology प्रौद्योगिकीय।

technologist *टैक् नौ ॅ लॅ जिस्ट n.* one skilled in technology प्रौद्योगिकीविद्।

technology *टैक् नौ ॅ लॅ जि n.* science applied to practical needs

प्रौद्योगिकी।

tedious *टी ड्यॅस a.* causing fatigue or boredom उबाने या थकानेवाला, नीरस।

tedium *टी ड्यॅम n.* monotony नीरसता, ऊब।

teem *टीम v.i.* to abound प्रचुरता में होना; to swarm उमड़ना, बड़ी संख्या में आना।

teenager *टीन् ए जॅः n.* one in his (her) teens किशोर, किशोरी।

teens *टीन्ज़ n. pl.* years of life from 13 to 19 किशोरावस्था।

teethe *टीद v.i.* (of baby) to grow first teeth दूध के दांत निकलना।

teetotal *टी टो ट्ल a.* pledged to abstain from alcohol मद्यत्यागी।

teetotaller *टी टो टॅ लॅः n.* one who abstains from alcoholic drinks मद्यत्यागी।

telecast *टै˘ लि कास्ट n.* a television programme दूरदर्शन-कार्यक्रम।

telecast[2] *v.t.* to broadcast by television दूरदर्शन से प्रसारित करना।

telecommunications *टै˘ लि कॅ म्यू नि के शॅन्ज़ n.* communications by cable, telegraph, telephone, etc. दूरसंचार।

telegram *टै˘ लि ग्रैम n.* message sent by telegraph तार-संदेश।

telegraph[1] *टै˘ लि ग्राफ़, -ग्रैफ़ n.* apparatus for sending messages speedily तार-यंत्र।

telegraph[2] *v.t.* to communicate by telegraph तार-द्वारा भेजना।

telegraphic *टै˘ लि ग्रै फ़िक* sent by telegraph तार-द्वारा प्रेषित; suitable for telegraph तार-योग्य।

telegraphist *टि लै˘ ग्रै फ़िस्ट n.* one who works telegraph तार-यांत्रिक।

telegraphy *टि लै˘ ग्रॅ फ़ि, टै˘- n.* science of telegraph तारसंचार।

telepathic *टै˘ लि पै थिक a.* relating to telepathy दूर-संवेदी।

telepathist *टि लै˘ पॅ थिस्ट, टै˘- n.* one who studies or practises telepathy दूरसंवेदनविद्।

telepathy *टि लै˘ पॅ थि n.* action of one mind on another at a distance दूरसंवेदन।

telephone[1] *टै˘ लि फ़ोन n.* apparatus for communicating sound to hearer at a distance दूरभाष।

telephone[2] *v.t.* to communicate by telephone दूरभाष से कहना; *v.i.* to speak by telephone दूरभाष का प्रयोग करना।

telescope *टै˘ लि स्कोप n.* optical instrument for magnifying distant objects दूरबीन।

telescopic *टै˘ लि स्कौ˘ पिक a.* pertaining to telescope दूरबीनी; acting as a telescope दूरबीन जैसा।

televise *टै˘ लि वॉइज़ v.t.* to transmit by television दूरदर्शन से प्रसारित करना।

television *टै˘ लि वि ज़ॅन n.* system of producing on screen images of distant objects, events etc. दूरदर्शन।

tell *टैलॅ v.t.* to let know बताना; to inform सूचित करना; to order आदेश देना; to count गिनना।

teller *टै˘ लॅः n.* narrator कथक; bank cashier खजांची।

temper[1] *टै मॅ पॅः n.* frame of mind

मानसिकता; anger क्रोध; degree of hardness of steel इस्पात की कठोरता।

temper[2] *v.t.* to moderate कम करना, मंद करना; to harden कठोर बनाना; to bring to proper condition उचित दशा में लाना।

temperament *टैमॅ पॅ रॅ मॅन्ट n.* natural disposition स्वभाव, प्रक ति।

temperamental *टैमॅ पॅ रॅ मैन्ॅ टॅल a.* caused by temperament स्वाभाविक।

temperance *टैमॅ् पॅ रॅन्स n.* moderation संयमन; abstinence, esp. from alcohol मद्यत्याग।

temperate *टैमॅ् पॅ रिट a.* showing moderation संयमी; neither too hot nor too cold शीतोष्ण।

temperature *टैमॅ् पॅ रि चॅः n.* degree of heat or cold तापमान।

tempest *टैमॅ् पिस्ट n.* violent storm तूफ़ान।

tempestuous *टैमॅ पैसॅ् ट्ययु ॲस a.* stormy तूफ़ानी।

temple[1] *टैमॅ् पल n.* building for worship मंदिर, देवालय।

temple[2] *n.* flat side on either side of forehead कनपटी।

temporal *टैमॅ् पॅ रॅल a.* concerned with time कालिक; earthly, worldly सांसारिक।

temporary *टैमॅ् पॅ र रि a.* not permanent अस्थायी, अल्पकालिक।

tempt *टैम्प्ट v.t.* to attract, to allure लुभाना; to induce प्रेरित करना, उकसाना।

temptation *टैम्प् टे शॅन n.* act of tempting प्रलोभन; thing that tempts प्रलोभन-विषय।

tempter *टैम्प् टॅः n.* one who tempts लुभानेवाला।

ten *टैनॅ n., a.* (number) next after nine दस (10)।

tenable *टै ॅ नॅ बल a.* that can be defended समर्थनीय, प्रतिपाद्य।

tenacious *टि ने शॅस, टै ॅ- a.* holding firmly मज़बूत पकड़ वाला; (of memory) retentive तीव्र (स्म ति)।

tenacity *टि नै सि टि n.* quality of being tenacious तीव्रता।

tenancy *टै नॅन् सि n.* use of house, building or land in return for rent किरायेदारी, काश्तकारी।

tenant *टै ॅ नॅन्ट n.* one who holds house, land etc. on rent or lease किरायेदार, काश्तकार।

tend *टैन्ॅड v.i.* to be inclined प्रव त्त होना।

tendency *टैन्ॅ डॅन् सि n.* inclination, bent झुकाव, प्रवत्ति।

tender[1] *टैन्ॅ डॅः n.* an offer to do work according to a contract निविदा।

tender[2] *v.t.* to make an offer प्रस्तुत करना।

tender[3] *n.* one who tends सेवक, टहलुआ।

tender[4] *a.* not tough or hard मुलायम; easily injured सुकुमार, कोमल; loving स्नेहशील; gentle सौम्य।

tenet *टै ॅ निट्, टी नै ॅट n.* doctrine, belief सिद्धांत, मत।

tennis *टै ॅ निस n.* game played with ball and racket टैनिस।

tense[1] *टैन्ॅस n.* modification of verb to show time of action काल।

tense[2] *a.* stretched tight कसा हुआ,

तना हुआ; emotionally strained तनावग्रस्त।

tension *टैन्ँ शॅन n.* state of being stretched कसाव, तनाव; mental strain मानसिक उद्विग्नता।

tent *टैन्ट n.* movable shelter of canvas तंबू, डेरा।

tentative *टैन्ँ टॅ टिव a.* done as a trial, experimental आज़माइशी।

tenure *टै˘ न्यूअॅ: n.* holding of an office or property धारण; length of time of holding an office कार्यकाल।

term[1] *टॅ:म n.* word, expression शब्द; limited period of time अवधि; period during which courts sit, schools are open etc. सत्र; *pl.* relationship संबंध; *pl.* conditions शर्तें।

term[2] *टॅ:म v.t.* to name, to describe पुकारना, वर्णन करना।

terminable *टॅ: मि नॅ ब्‌ल a.* that can be terminated समाप्य।

terminal[1] *टॅ: मि न्‌ल a.* forming an end अंतिम; occurring each term सात्रिक, अवधिक।

terminal[2] *n.* end of a wire used to make an electrical connection सिरा; end of a railway line, bus line etc. अंतिम स्टेशन।

terminate *टॅ: मि नेट v.t.* to bring to an end समाप्त करना; *v.i.* to come to an end समाप्त होना।

termination *टॅ: मि ने शॅन n.* ending समाप्ति।

terminological *टॅ: मि नॅ लौ˘ जि कॅल a.* of terminology पारिभाषिक शब्दावली से संबंधित।

terminology *टॅ: मि नौ˘ लॅ जि n.* terms used in a particular science पारिभाषिक शब्दावली।

terminus *टॅ: मि नॅस n. (pl. termini)* the last station of a railway, bus or air journey अंतिम स्टेशन।

terrace *टै˘ रॅस n.* raised level place चबूतरा; level cut out of a hill पहाड़ी से काटकर बनाया गया चौरस भाग; a row of similar houses joined together भवन-पंक्ति।

terrible *टै˘ रि ब्‌ल a.* causing great fear भयानक; serious गंभीर; excessive घोर, भारी।

terrier *टै˘ रि अॅ: n.* a breed of dog कुत्ते की एक नस्ल।

terrific *टॅ रि फ़िक a.* terrible भयावह; very great अति अधिक।

terrify *टै˘ रि फ़ॉइ v.t.* to frighten, to fill with fear भयभीत करना, आतंकित करना।

territorial *टै˘ रि टौ रि अॅल a.* of territory क्षेत्रीय, प्रादेशिक।

territory *टै˘ रि टॅ रि n.* region क्षेत्र; area of knowledge ज्ञान-क्षेत्र।

terror *टै˘ रॅ: n.* great fear आतंक; cause of fear भय का कारण।

terrarism *टै˘ रॅ रिज़्म n.* use of terror to achieve an end आतंकवाद।

terrorist *टै˘ रॅ रिस्ट n.* person who uses violence for an end आतंकवादी।

terrorize *टै˘ रॅ रॉइज़ v.t.* to force or oppress by terror or violence आतंकित करना।

terse *टॅ:स a.* concise, expressed in a few words संक्षिप्त।

test[1] *टै˘स्ट v.t.* to put to the proof जांचना, परखना।

test[2] *n.* trial परीक्षण, जांच; examination परीक्षा; criterion कसौटी।

testament *टैसॅ टॅ मॅन्ट n.* a will वसीयत; one of the two main parts of the Bible बाइबिल के दो भागों में से एक।

testicle *टैसॅ टि क्ल n.* either of two male reproductive glands अंडग्रंथि।

testify *टैसॅ टि फ़ॉइ v.i.* to give evidence प्रमाण देना; *v.t.* to serve as proof of प्रमाणित करना।

testimonial *टैसॅ टि मो न्यॅल n.* certificate of character, ability etc. प्रमाणपत्र।

testimony *टैसॅ टि मॅ नि n.* a statement of proof साक्ष्य, गवाही; affirmation कथन, घोषणा।

tete-a-tete *टे टा टेट n.* private conversation व्यक्तिगत वार्तालाप।

tether[1] *टै ॅ दॅः n.* a rope or chain for fastening a grazing animal रस्सी, पगहा।

tether[2] *v.t.* to tie up with a tether पगहे से बांधना।

text *टैक्स्ट n.* the main part of a book मूल पाठ; a short quotation from the Bible बाइबिल से उद्ध त पाठ।

textile[1] *टैक्स् टॉइल a.* concerned with weaving वस्त्र-उद्योग-संबंधी।

textile[2] *n.* woven cloth of fabric वस्त्र, कपड़ा।

textual *टैक्स् ट्यु ॲल n.* of a text मूल पाठ-विषयक।

texture *टैक्स् चॅः n.* way in which a cloth is woven बुनावट; structure गठन; tissue तंतु।

thank[1] *थैङ्क v.t.* to say thanks to धन्यवाद देना; to express gratitude to के प्रति आभार व्यक्त करना।

thank[2] *n. (used as pl.)* words of gratitude आभार-प्रदर्शन।

thankful *थैङ्क् फुल a.* grateful क तज्ञ, आभारी।

thankless *थैङ्क् लिस a.* unrewarding, unprofitable व्यर्थ, अलाभकारी; ungrateful क तघ्न।

that[1] *दैट a.* वह।

that[2] *dem. pron.* वह, उसने।

that[3] *rel. pron.* जो, जिसने, जिसे।

that[4] *adv.* ताकि।

that[5] *conj.* कि।

thatch[1] *थैच n.* roofing made of straw छप्पर।

thatch[2] *v.t.* to roof (a house) with straw, reeds etc. (पर) छप्पर डालना।

thaw[1] *थौ v.i.* to melt पिघलना; (of person) to become warmer or more genial पसीजना, प्रभावित होना; *v.t.* to cause to melt पिघलाना; to make more genial दयाद्रवित करना।

thaw[2] *n.* melting द्रवण, पिघलन, गलन।

theatre *थि ॲ टॅः n.* place where plays etc. are performed नाट्यशाला; dramatic works नाट्यक तियां; large room with tiered seats व्याख्यान-कक्ष; surgical operating room शल्य-कक्ष।

theatrical *थि ऐट् रि कॅल a.* of, for the theatre नाट्यशाला-विषयक, नाट्यशाला-हेतु; exaggerated अतिरंजित; showy दिखावटी, क त्रिम।

theft *थैफ़्ट n.* stealing चोरी।

their *देॲः a.* of them उनका।

theirs *देॲःज pron.* belonging to them उनका।

theism *थी इज़्म, थि-* *n.* belief in the existence of one God आस्तिकता।

theist *थी इस्ट, थि-* *n.* a believer in God आस्तिक।

them *दैमॅं* *pron.* to those (persons or things) उनको, उन्हें।

thematic *थि मै टिक* *a.* relating to theme विषयगत।

theme *थीम* *n.* subject विषय।

then[1] *दैनॅं* *adv.* at that time उस समय; next तत्पश्चात्; in that case ऐसी स्थिति में; also, moreover साथ ही।

then[2] *a.* existing, in office at that time तत्कालीन।

thence *दैन्स* *adv.* from there वहां से; for that reason अतः, उस कारण से।

theocracy *थि औं क्रॅ सि* *n.* government by a deity or priesthood धर्मतंत्र, पुरोहिततंत्र।

theologian *थि ॲ लो ज्यॅन* *n.* advanced student of theology धर्मविज्ञानी, धर्मतत्त्वज्ञ।

theological *थि ॲ लौ जि कॅल* *a.* concerned with theology धर्मविज्ञान-विषयक।

theology *थि औं लॅ जि* *n.* study of God and religion धर्मविज्ञान, ईश्वरमीमांसा।

theorem *थि ॲ रॅम* *n.* proposition which can be demonstrated by argument प्रमेय।

theoretical *थि ॲ रॅ टि कॅल* *a.* concerned with theory only सैद्धांतिक; speculative विचारात्मक।

theorist *थि ॲ रिस्ट* *n.* person who forms theories सिद्धांतशास्त्री।

theorize *थि ॲ रॉइज़* *v.i.* to form theories, to speculate सिद्धांत स्थापित करना।

theory *थि ॲ रि* *n.* system of rules and principles सैद्धांतिक ज्ञान; rules and reasoning सिद्धांत।

therapy *थै रॅ पि* *n.* medical treatment उपचार, चिकित्सा।

there *दे ॲः* *adv.* at that place वहां।

thereabouts *दे ॲ रॅ बॉउट्स* *adv.* near that place, number, quantity etc. वहीं कहीं, लगभग उतना।

thereafter *दे ॲ राफ़् टॅः* *adv.* after that तदनंतर।

thereby *दे ॲः बॉइ* *adv.* by that means उसके द्वारा।

therefore *दे ॲः फ़ौः* *adv.* for that reason अतः।

thermal *थॅः मॅल* *a.* pertaining to heat ऊष्मीय।

thermometer *थॅः मौ मि टॅः* *n.* an instrument for measuring temperature तापमापी।

thermos (flask) *थॅः मौसॅ (फ़्लास्क)* *n.* vacuum flask थर्मस।

thesis *थी सिस* *n. (pl. theses)* written work submitted for degree or diploma शोध-ग्रंथ।

thick[1] *थिक* *a.* not thin मोटा; dense घना; viscous गाढ़ा; throaty (voice) भर्राई हुई (आवाज़)।

thick[2] *n.* most crowded part सर्वाधिक भीड़वाला भाग।

thick[3] *adv.* abundantly प्रचुर मात्रा में; rapidly and in large numbers अंधाधुंध, लगातार।

thicken *थि कॅन* *v.i.* to grow thick मोटा होना; *v.t.* to make thick मोटा बनाना।

thicket *थि किट n.* thick growth of small trees झुरमुट।

thief *थीफ़ n.* one who steals चोर।

thigh *थॉइ n.* upper part of leg जंघा, रान।

thimble *थिम् ब्ल n.* cap protecting end of finger when sewing अंगुश्ताना।

thin[1] *थिन a.* of little thickness पतला; lacking density: छितराया हुआ; not fat दुबला।

thin[2] *(-nn-) v.t.* to make thin पतला करना; *v.i.* to become thin पतला होना।

thing *थिङ्ग n.* a material वस्तु; *(pl.)* belongings सामान; a fact तथ्य; topic विषय; matter मामला।

think *थिङ्क v.t.* to consider मानना; to believe विश्वास करना; *v.i.* to reflect विचारना; to imagine कल्पना करना; to hold opinion मत रखना।

thinker *थिङ् कः n.* a person who thinks विचारक।

third[1] *थॅःड a.* the last of three तीसरा।

third[2] *n.* one of three equal parts तिहाई भाग।

thirdly *थॅःड् लि adv.* in the third place तीसरे स्थान पर।

thirst[1] *थॅस्ट n.* desire to drink प्यास; craving, yearning तीव्र इच्छा।

thirst[2] *v.i.* to have thirst प्यासा होना; to be eager इच्छुक होना।

thirsty *थॅःस् टि a.* wanting some thing to drink प्यासा; eager, desirous इच्छुक।

thirteen[1] *थॅः टीन n.* the number above twelve तेरह की संख्या (13)।

thirteen[2] *a.* one more than twelve तेरह।

thirteenth[1] *थॅः टीन्थ a.* the last of thirteen तेरहवां।

thirtieth[1] *थॅः टि इथ a.* the last of thirty तीसवां।

thirtieth[2] *n.* one of thirty equal parts तीसवां भाग।

thirty[1] *थॅः टि n.* the number three times ten तीस की संख्या (30)।

thirty[2] *a.* three times ten तीस।

thistle *थि स्ल n.* a prickly wild plant ऊंटकटारा।

thither *दि दॅः adv.* in that direction उस ओर; to that place वहां को।

thorn *थौःन n.* a prickle कांटा।

thorny *थौःनि a.* full of thorns कंटकमय; troublesome कष्टप्रद।

thorough *थ रॅ a.* complete पूर्ण।

thoroughfare *थ रॅ फ़ॅॲः n.* a road that the public has the right to use आम रास्ता।

though[1] *दो conj.* in spite of the fact that यद्यपि।

though[2] *adv.* nevertheless, however तथापि।

thought *थौट n.* process of thinking मनन; consideration सोच-विचार; an idea विचार; intention इरादा, मंतव्य।

thoughtful *थौट् फुल a.* considerate लिहाज़ करनेवाला; engaged in meditation मननशील।

thousand[1] *थॉउ ज़ॅन्ड n.* the number ten times a hundred हज़ार की संख्या (1000)।

thousand[2] *a.* ten times a hundred हज़ार।

thrall *थ्रौल n.* slave दास।

thralldom *थ्रौल् डॅम* *n.* bondage, slavery दासता।

thrash *थ्रैस* *v.t.* to beat soundly पीटना, छेतना; to defeat soundly बुरी तरह हरा देना।

thread[1] *थ्रैॅड* *n.* fine cord धागा; yarn सूत; a spiral ridge on a screw पेंच की चूड़ी; theme, meaning कथावस्तु, अर्थ।

thread[2] *v.t.* to put thread in to (में) धागा डालना; to put (beads, pearls, etc.) on a thread (मनके, मोती आदि) धागे में पिरोना।

threadbare *थ्रैॅड् बेॲ:* *a.* worn thin जीर्ण, फटा-पुराना; hackneyed, much used घिसा-पिटा।

threat *थ्रैॅट* *n.* declaration of intention to harm or injure धमकी; a warning of danger ख़तरे की चेतावनी; a source of danger ख़तरे का कारण।

threaten *थ्रैॅट्न* *v.t.* to use threats to or towards धमकी देना; to utter a threat of (की) धमकी देना; *v.i.* to be a source of danger ख़तरा होना।

three[1] *थ्री* *n.* the number next above two तीन की संख्या (3)।

three[2] *a.* one more than two तीन।

thresh *थ्रैशॅ* *v.t.* to beat the grain out कूट-छेत कर दाना निकालना; *v.i.* to beat wheat etc. take out grain कूटने-पीटने का काम करना।

thresher *थ्रैॅ शॅ:* *n.* threshing machine मड़ाई की मशीन।

threshold *थ्रैॅ शोल्ड* *n.* stone or plank under a door way दहलीज़; entrance प्रवेश-द्वार; start प्रारंभ।

thrice *थ्रॉइस* *adv.* three times तीन बार।

thrift *थ्रिफ़्ट* *n.* economy, frugality मितव्ययिता।

thrifty *थ्रिफ़् टि* *a.* economical, frugal मितव्ययी।

thrill[1] *थ्रिल* *n.* a sudden feeling of excitement पुलक, सिहरन।

thrill[2] *v.t.* to cause to feel a thrill पुलकित करना; *v.i.* to feel a thrill पुलकित होना।

thrive *थ्राइव* *v.i.* to grow well, to flourish फलना-फूलना, सम द्ध होना।

throat *थ्रोट* *n.* front part of the neck गला, कंठ; gullet हलक़।

throaty *थ्रो टि* *a.* (of voice) hoarse, guttural भर्राई हुई, बैठी हुई (आवाज़)।

throb[1] *थ्रौबॅ* *(-bb-)* *v.i.* to quiver strongly, to pulsate धड़कना, स्पंदित होना।

throb[2] *n.* pulsation, vibration स्पंदन, कंपन।

throe *थ्रो* *n.* *(usu pl.)* sharp pain, esp. of child-birth तीव्र पीड़ा, विशेषतया प्रसव-पीड़ा।

throne[1] *थ्रोन* *n.* the seat of a king or queen राजगद्दी, सिंहासन।

throne[2] *v.t.* to place on throne, to declare king राजगद्दी पर बिठाना, अभिषेक करना।

throng[1] *थ्रौॅङ्ग* *n.* crowd भीड़।

throng[2] *v.t.* to fill with crowd ठसाठस भर देना, भीड़ से भरना; *v.i.* to crowd इकट्ठा होना, भीड़ लगाना।

throttle[1] *थ्रौॅ ट्ल* *n.* device to control flow of fuel to an engine उपरोधक।

throttle[2] *v.t.* to strangle गला घोंटना; to suppress दबाना; to control नियंत्रित करना।

through[1] *थ्रू prep.* from end to end of के आर-पार; from one side to the other of से होकर; from beginning to end of के प्रारंभ से अंत तक; by means of के द्वारा as a result of के परिणाम स्वरूप।

through[2] *adv.* from beginning to end आद्योपांत; to the end अंत तक।

through[3] *a.* going nonstop बिना रुके जानेवाला।

throughout[1] *थ्रू ऑउट adv.* in every part सर्वत्र all through सदैव, आद्योपांत।

throughout[2] *prep.* in every part of के प्रत्येक भाग में।

throw[1] *थ्रो v.t.* to fling फेंकना; to cause to fall गिरा देना।

throw[2] *n.* act of throwing फेंक; distance to which something is thrown फेंक की दूरी; a chance (of dice) चाल।

thrust[1] *थ्रस्ट v.t.* to push violently धक्का देना; to stab घोंपना।

thrust[2] *n.* a violent push ज़ोरदार धक्का; lunge, stab प्रहार, घोंप; propulsive force or power उछाल; stress बल; cutting remark कटु कथन।

thud[1] *थड n.* dull, heavy sound धम, धड़ाम का स्वर।

thud[2] *(-dd-) v.i.* to make a dull sound धम की आवाज़ करना।

thug *थग n.* a brutal violent person गुंडा।

thumb[1] *थम n.* short thick finger of the human hand अंगूठा।

thumb[2] *v.t.* to dirty with the thumb अंगूठे से गंदा करना; to signal for lift in a vehicle (अंगूठे से) संकेत करना।

thump[1] *थम्प n.* dull, heavy blow मुक्का, प्रहार, sound of a heavy blow धम का स्वर।

thump[2] *v.t.* to strike with a heavy blow मुक्का मारना; *v.i.* to fall heavily धम से गिरना।

thunder[1] *थन् डॅ: n.* loud noise accompanying lightening गरज़, गड़गड़ाहट।

thunder[2] *v.i.* to rumble with thunder गरजना; to make noise like thunder बादल की तरह गड़गड़ाना; *v.t.* to utter loudly कड़क कर कहना।

thunderous *थन् डॅ रॅस a.* giving out thunder गर्जनशील।

Thursday *थॅ:ज़ॅ डे,-डि n.* fifth day of the week गुरूवार।

thus *दस adv.* in this way इस प्रकार; therefore अतः।

thwart *थ्वौ:ट v.t.* to prevent रोकना।

tiara *टि आ रॅ n.* a jewelled head ornament, coronet मुकुट।

tick[1] *टिक n.* a light sound as made by a watch टिक-टिक की ध्वनि; a tiny creature that sucks the blood of animals चिचड़ी; a small mark (✓) सही का चिह्न (✓)।

tick[2] *v.i.* to make a light sound like that of a watch टिक-टिक करना; *v.t.* to mark with a tick (पर) सही का चिह्न लगाना।

ticket *टि किट n.* card or paper entitling holder to admission, travel etc. टिकट; label लेबुल।

tickle *टि क्ल v.t.* to touch, poke (part of body) to produce laughter गुदगुदाना; to amuse (का)

मन बहलाना, हंसाना।

ticklish *टिक् लिश a.* sensitive to tickling गुदगुदी अनुभव करनेवाला; tricky, difficult जटिल।

tidal *टॉइ डॅल a.* of a tide or tides ज्वारीय।

tide *टॉइड n.* the regular rise and fall of the sea ज्वार।

tidings *टॉइ डिङ्ग्ज़ n. pl.* news समाचार।

tidiness *टॉइ डि निस n.* neatness स्वच्छता; orderliness सुव्यवस्था।

tidy[1] *टॉइ डि a.* neat साफ़-सुथरा; orderly सुव्यवस्थित।

tidy[2] *v.t.* to put in order सुव्यवस्थित करना।

tie[1] *टॉइ v.t.* to fasten बांधना; to restict सीमित करना; *v.i.* to score the same number of points in a game खेल में बराबर-बराबर अंक प्राप्त करना।

tie[2] *n.* a neck-tie टाई, कंठबंध; a knot गांठ; something used for fastening बंधनी; equal score in a game अंकों की समानता; connecting link कड़ी।

tier *टिअँ: n.* a row of seats placed one behind and above another पीछे की ओर क्रमशः उठती हुई कुर्सियों की पंक्ति।

tiger *टॉइ गँ: n.* a large carnivorous feline animal बाघ।

tight *टॉइट a.* firmly stretched कसा हुआ, तना हुआ; firmly fastened मज़बूत बंधा हुआ; fitting too closely तंग।

tighten *टॉइ ट्न v.t.* to make tight कसना, तानना; *v.i.* to become tight तनना, तंग होना।

tigress *टॉइ ग्रिस n.* a female tiger बाघिन।

tile[1] *टॉइल n.* a piece of baked clay used for covering roofs, floors, walls etc. खपरा, खपरैल।

tile[2] *v.t.* to cover with tiles खपरों से पाटना।

till[1] *टिल prep.* upto the time of के समय तक।

till[2] *n. conj.* to the time that जब तक कि।

till[3] *v.t.* to cultivate, to plough जोतना, जुताई करना।

tilt[1] *टिल्ट v.i.* to come into a sloping position झुकना, तिरछा होना; *v.t.* to incline, to cause to slope झुकाना।

tilt[2] *n.* sloping position झुकाव।

timber *टिम् बँ: n.* wood used in building इमारती लकड़ी।

time[1] *टॉइम n.* duration including past, present and future समय; a period अवधि; era, age युग; moment क्षण; occasion मौक़ा; opportunity अवसर; leisure अवकाश।

time[2] *v.t.* to measure the duration of का समय नापना; to choose the proper moment for के लिए उचित समय का चयन करना।

timely *टॉइम् लि a.* opportune समयोचित।

timid *टि मिड a.* easily frightened भीरु, डरपोक।

timidity *टि मि डि टि n.* quality of being timid भीरुता।

timorous *टि मॅ रॅस a.* timid भीरु।

tin[1] *टिन n.* a malleable metal टिन, टीन; a can, a canister टिन का

डिब्बा, कनस्तर।

tin[2] *(-nn-) v.t.* to pack in tins डिब्बों में रखना।

tincture[1] *टिङ्क् चॅः n.* a slight suggestion of taste or colour झलक; a substance dissolved in alcohol घोल।

tincture[2] *v.t.* to colour, to tint (पर) हल्का रंग चढ़ाना (का) पुट देना।

tinge[1] *टिन्ज n.* slight trace, flavour आभा, झलक।

tinge[2] *v.t.* to colour, flavour slightly की पुट देना।

tinker *टिङ्कॅः n.* mender of kettles and pans ठठेरा, कसेरा।

tinsel *टिन् सॅल n.* glittering metallic substance for decoration पन्नी; anything sham and showy भड़कीली वस्तु।

tint[1] *टिन्ट n.* colour रंग, वर्ण; shade of colour, tinge आभा; झलक।

tint[2] *v.t.* to colour, to tinge रंगना।

tiny *टॉइ नि a.* very small बहुत छोटा।

tip[1] *टिप n.* thin, pointed end of something नोक, पतला सिरा।

tip[2] *(-pp-) v.t.* to put a point on नोकदार बनाना; to cover a tip with something सिरे पर शाम चढ़ाना।

tip[3] *n.* gratuity for personal service बख़्शिश; hint संकेत, सुझाव, युक्ति।

tip[4] *(-pp-) v.t.* to give a tip to बख़्शिश देना।

tip[5] *n.* place where rubbish is dumped घूरा।

tip[6] *(-pp-) v.t.* to tilt उलट देना; to touch lightly हल्का-सा छूना; *v.i.* to topple over उलट जाना।

tipsy *टिप् सि a.* slightly drunk हल्के नशे में।

tirade *टॉइ रेड n.* a long outburst of scolding फटकार-भरा भाषण।

tire *टॉइअॅः v.t.* to make weary थका देना; *v.i.* to become weary थक जाना; (with, 'of') to lose interest or linking for something ऊबना।

tiresome *टॉइअॅः सॅम a.* wearysome थकाऊ।

tissue *टि स्यू-श्यू n.* a finely woven fabric महीन कपड़ा; substance of animal body, plant, etc. ऊतक; fine, soft, paper used as handkerchief पतला, मुलायम काग़ज़।

titanic *टॉइ टै निक a.* immense विशाल, भीमकाय।

tithe *टाइद n.* tenth part of a farmer's produce paid as tax for the upkeep of the clergy दशमांश कर।

title *टॉइ ट्ल n.* name of a book पुस्तक का नाम; heading शीर्षक; appellation उपाधि legal right अधिकार।

titular *टि ट्यू लॅः a.* held by virtue of a title औपाधिक; pertaining to title उपाधि-संबंधी nominal नामधारी, नाम का।

toad *टोड n.* animal like large frog भेक, टोड।

toast[1] *टोस्ट n.* a slice of bread browned by heat डबल रोटी का सिका हुआ टुकड़ा; act of toasting शुभकामना।

toast[2] *v.t.* to drink to the health or success of (के) स्वास्थ्य या सफलता के लिए पीना; to make brown by heating सेंकना; *v.i.* to become brown by heat सिकना।

tobacco *टॅ बै को* *n.* a plant and its leaves used for smoking, chewing or snuff तंबाकू।

today[1] *टॅ डे* *adv.* on this day आज; nowadays आजकल।

today[2] *n.* this day यह दिन।

toe[1] *टो* *n.* a digit of foot पैर की उंगली; the front of an animal's foot खुर, सुम; front of a shoe or sock जूते या मौज़े का पंजा।

toe[2] *v.t.* to touch with the toe पैर से छूना।

toffee *टौ ˘ फ़ि* *n.* a sticky sweet made of sugar and butter टॉफी।

toga *टोगॅ* *n.* loose outer garment चोग़ा।

together *टॅ गै ˘ दॅः* *adv.* in company साथ-साथ; in one place एक जगह; at the same time एक ही समय; continuously लगातार।

toil[1] *टौ ˘इल* *n.* hard work कठिन परिश्रम।

toil[2] *v.i.* to work hard कठिन परिश्रम करना।

toilet *टौ˘इ लिट* *n.* a lavatory शौचघर; process of washing, dressing प्रसाधन; articles used for this प्रसाधन-सामग्री।

toils *टौ ˘इल्ज़* *n. pl.* snares, nets जाल, चंगुल।

token *टो कॅन* *n.* a symbol प्रतीक; a metal tag used as a coin or ticket सांकेतिक मुद्रा, सिक्का।

tolerable *टौ˘ लॅ रॅ ब्ल* *a.* bearable सहनीय; fairly good संतोषजनक, कामचलाऊ।

tolerance *टौ˘ लॅ रॅन्स* *n.* ability to endure opinions or behaviour different from one's own सहनशीलता, सहिष्णुता।

tolerant *टौ˘ लॅ रॅन्ट* *a.* having tolerance सहिष्णु, सहनशील।

tolerate *टौ˘ लॅ रेट* *v.t.* to endure सहन करना; to allow, to permit होने देना, अनुमति देना।

toleration *टौ˘ लॅ रे शॅन* *n.* practice of allowing religious freedom धार्मिक सहिष्णुता।

toll[1] *टोल* *n.* tax paid for the use of a road or a bridge पथकर; loss damage हानि, क्षति।

toll[2] *n.* sound of bell घंटा-नाद।

toll[3] *v.t.* to ring (a bell) at regular intervals घंटा बजाना; *v.i.* to ring with regular strokes बजना।

tomato *टॅ मा टो* *n. (pl.-es)* a red, juicy fruit टमाटर।

tomb *टूम* *n.* grave क़ब्र।

tomboy *टौमॅ् बौ ˘इ* *n.* a girl who likes rough, boyish games मरदानी लड़की।

tomcat *टौमॅ् कैट* *n.* a male cat बिलाव, विडाल।

tome *टोम* *n.* a large, heavy book विशाल ग्रंथ।

tomorrow[1] *टॅ मौ ˘ रो* *n.* the day after today आने वाला कल।

tomorrow[2] *adv.* on the day after today कल को।

ton *टन* *n.* a measure of weight टन।

tone *टोन* *n.* quality of voice स्वर, ध्वनि; quality of musical sound तान, सुर; intonation लहज़ा, स्वर-शैली; healthy condition स्वस्थ स्थिति।

tone[2] *v.t.* to give a particular tone of sound तानबद्ध करना; *v.i.* to be in harmony मेल खाना।

tongs *टौ˘ ङ्ग्ज n. pl.* large pincers चिमटा, संडसी।

tongue *टङ्ग n.* the muscular organ inside mouth जीभ; language भाषा।

tonic[1] *टौ˘ निक a.* concerned with tone तान-विषयक; invigorating शक्तिवर्धक।

tonic[2] *n.* medicine that increases general health स्वास्थ्यवर्धक औषधि; keynote मूलस्वर।

to-night[1] *टॅ नॉइट n.* this night आज की रात।

tonight[2] *adv.* on this night आज रात को।

tonne *टन n.* a metric ton मीटरी टन।

tonsil *टौन् सिल n.* gland in throat गुलतुंडिका, टॉन्सिल।

tonsure *टौन् शॅः n.* the shaving of the top of the head of a person मुंडन।

too *टू adv.* excessively बहुत अधिक; also भी।

tool *टूल n.* an instrument or appliance औज़ार; means to an end साधन; a servile helper कठपुतली, गुलाम।

tooth *टूथ n.* bone-like projection in gums दांत; cog, prong दांता।

toothache *टूथ् एक n.* pain in a tooth दांत-दर्द।

toothsome *टूथ् सॅम a.* pleasant to eat स्वादिष्ट ।

top[1] *टौपं n.* summit चोटी; highest rank सर्वोच्च पद; lid ढक्कन; the upper surface ऊपरी तल।

top[2] *(-pp-) v.t.* to provide a top for (पर) चोटी लगाना; to reach the top of की चोटी पर पहुंचना; to surpass (से) श्रेष्ठ होना; to cut the tops off (के) सिरे काटना।

top[3] *n.* a child's spinning toy लट्टू।

topaz *टो पैज़ n.* a transparent yellow mineral पुखराज।

topic *टौ˘ पिक n.* subject for discussion विषय।

topical *टौ˘ पि कॅल a.* of present interest सामयिक।

topographer *टॅ पौ˘ ग्रॅ फ़- n.* an expert in topography स्थलाक ति-विशेषज्ञ।

topographical *टौ˘ पॅ ग्रै फ़ि कॅल a.* pertaining to topography स्थलाक तिक।

topography *टॅ पौ˘ ग्रॅ फ़ि n.* surface features of a place स्थलाक ति; description of these features स्थलाक ति का वर्णन।

topple *टौ˘ प्ल v.i.* to fall over उलट जाना, गिर जाना; *v.t.* to cause to fall over उलट देना, गिरा देना।

topsy turvy[1] *टौपॅ सि टॅः वि a.* upside down औंधा, उलटा-पुलटा; confused, disordered अस्तव्यस्त।

topsy turvy[2] *adv.* upside down उलट-पुलट स्थिति में।

torch *टौःच n.* burning brand मशाल; a small portable electric lamp टॉर्च।

torment[1] *टौः मैन्ट n.* intense suffering यातना।

torment[2] *टौः मैन्ट v.t.* to torture यातना देना।

tornado *टौः ने डो n. (pl. -es)* a violent storm तूफ़ान।

torpedo[1] *टौः पी डो n. (pl.-es)* an under-water missile पनडुब्बी।

torpedo² *v.t.* to strike or sink with torpedo पनडुब्बी से आक्रमण करना या डुबोना।

torrent *टौ ˘ रॅन्ट* *n.* a rushing stream प्रचंड धारा।

torrential *टौ ˘ रैनॅ् शॅल* *a.* resembling a stream प्रचंड धारा जैसा।

torrid *टौ ˘ रिड* *a.* very hot अति उष्ण।

tortoise *टौः टॅस* *n.* a slow-moving reptile with four legs and a hard shell कछुआ।

tortuous *टौ : ट्यु ॲस, -चु-* *a.* winding टेढ़ा-मेढ़ा।

torture¹ *टौः चॅः* *n.* severe pain यातना, संताप।

torture² *v.t.* to subject to torture यातना देना, सताना।

toss¹ *टौसॅ* *v.t.* to throw up उछालना; to jerk झटका देना; *v.i.* to throw a coin into the air to decide something सिक्का उछालना।

toss² *n.* tossing movement उछाल।

total¹ *टो ट्ल* *a.* complete, whole, entire संपूर्ण, समूचा।

total² *n.* whole amount पूर्ण मात्रा।

total³ *(-ll-)* *v.t.* to find the total जोड़ना; *v.i.* to amount to कुल जोड़ होना।

totality *टो ˘ टै लि टि* *n.* entirety संपूर्णता।

touch¹ *टच* *v.t.* to come into contact with के संपर्क में आना; to put hand on स्पर्श करना, छूना; to reach तक पहुंचना; to affect emotions of का हृदय छूना; to deal with का ज़िक्र करना; to interfere with के साथ छेड़-छाड़ करना।

touch² *n.* act of touching स्पर्श; contact संपर्क; slight stroke हल्की थपकी।

touchy *ट चि* *a.* easily offended, sensitive नाराज़, उत्तेजित, संवेदनशील।

tough *टफ़* *a.* strong मज़बूत, द ढ़; stiff कड़ा, कठोर; difficult कठिन।

toughen *ट फ़ॅन* *v.t.* to make tough कड़ा बनाना; *v.i.* to become tough कड़ा होना।

tour¹ *टुॲः* *n.* travelling round, excursion भ्रमण, यात्रा।

tour² *v.i.* to go on excursion भ्रमण करना; *v.t.* to make tour of का भ्रमण करना।

tourism *टुॲ रिज़्म* *n.* business of organising tours पर्यटन।

tourist *टुॲ रिज़्ट* *n.* a person travelling for pleasure पर्यटक।

tournament *टु ॲः नॅ मॅन्ट, टौः -* *n.* a contest decided by a series of matches खेलकूद-प्रतियोगिता।

towards *टॅ वॉःड्ज* *prep.*, in the direction of की ओर; in relation to के संबंध में; near के लगभग; for the purpose of के हेतु।

towel¹ *टॉउ ॲल* *n.* cloth for drying something तौलिया, गमछा।

towel² *(-ll-)* *v.t.* to dry or rub with a towel तौलिये से पोंछना।

tower¹ *टॉउ ॲः* *n.* a tall narrow building मीनार; fortress क़िला।

tower² *v.i.* to rise to a great height ऊंचा उठना।

town *टॉउन* *n.* centre of population larger than a village क़सबा।

township *टॉउन् शिप* *a.* small town क़सबा।

toy¹ *टौ ˘इ* *n.* a child's plaything खिलौना।

toy[2] *v.i.* to trifle खिलवाड़ करना।

trace[1] *ट्रेस* *n.* track left by something खोज, निशान; indication संकेत; minute quantity अल्प मात्रा।

trace[2] *v.t.* to draw out खींचना; to copy by means of tracing paper अनुरेखित करना; to find, to discover ज्ञात करना; to find the track of (का) सुराग़ पा लेना; to describe वर्णन करना (के) विकास की रूपरेखा प्रस्तुत करना।

traceable *ट्रे सॅ ब्ल* *a.* capable of being traced खोजने-योग्य।

track[1] *ट्रैक* *n.* a path made by use मार्ग; direction दिशा; a set of railway lines रेलपथ; a path laid out for races दौड़-पट्टी, दौड़-मार्ग; trail खोज।

track[2] *v.t.* to follow trail of खोज पर चलना; to find by following trail खोज निकालना, ढूंढ लेना।

tract[1] *ट्रैक्ट* *n.* a wide expance विस्त त भूभाग।

tract[2] *n.* pamphlet, treatise पुस्तिका।

traction *ट्रैक् शॅन* *n.* action of drawing, pulling कर्षण, खिंचाव।

tractor *ट्रैक् टॅः* *n.* a motor vehicle for pulling ट्रैक्टर।

trade[1] *ट्रैड* *n.* commerce व्यापार; buying and selling क्रय-विक्रय; any profitable pursuit लाभकारी धंधा।

trade[2] *v.i.* to engage in trade व्यापार करना; to buy and sell क्रय-विक्रय करना; *v.t.* to exchange की अदला-बदली करना।

trader *ट्रेड़ॅः* *n.* a merchant व्यापारी।

tradesman *ट्रेड़ॅजिमॅन* *n.* shopkeeper दुकानदार; a skilled worker कुशल कारीगर।

tradition *ट्रॅ डि शॅन* *n.* the handing down from generation to generation of ideas, beliefs, customs, etc. परंपरा।

traditional *ट्रॅ डि शॅ नॅल* *a.* pertaining to tradition परंपरागत, पारंपरिक।

traffic[1] *ट्रै फिक* *n.* the movement of vehicles on roads and streets यातायात; illicit trade अवैध व्यापार।

traffic[2] *(-ck-)* *v.i.* to trade in illicit goods अवैध वस्तुओं का व्यापार करना।

tragedian *ट्रॅ जी ड्यॅन* *n.* writer of tragedy त्रासदीकार; actor in tragedy त्रासदी-अभिनेता।

tragedy *ट्रै जि डि* *n.* a play concerned with suffering and having a sad ending दुःखांत नाटक; a sad or calamitous event दुःखद घटना।

tragic *ट्रै जिक* *a.* of tragedy दुःखांत; calamitous अनर्थकारी, विपत्तिपूर्ण।

trail[1] *ट्रेल* *n.* track मार्ग; trace खोज, चिह्न thing that trails पुछल्ला; a rough path पगडंडी।

trail[2] *v.t.* to drag behind one घसीटना; to hunt by following tracks खोज के आधार पर पीछा करना; *v.i* to be drawn behind घसीटना; to move wearily धीरे-धीरे से चलना।

trailer *ट्रे लॅः* *n.* a vehicle pulled by another यान के पीछे लगा यान; extracts from a film shown to advertise it in advance फिल्म की झलकियां।

train[1] *ट्रेन्* *n.* line of railway coaches joined to locomotive रेलगाड़ी; a series, succession क्रम, तांता; attendants following an important person परिकर।

train[2] *v.t.* to give teaching and practice प्रशिक्षण देना; to cause (plants) to grow in a particular way पोधों को विशेष ढंग से बढ़ाना; to aim (gun, etc.) बंदूक से निशाना लगाना।

trainee *ट्रे नी* *n.* one who is being trained प्रशिक्षणार्थी।

training *ट्रे निङ्ग* *n.* practical education प्रशिक्षण।

trait *ट्रेट* *n.* a distinguishing feature विशेषता, लक्षण।

traitor *ट्रे टः* *n.* one guilty of treason विश्वासघाती, देशद्रोही।

tram *ट्रैम* *n.* vehicle running on rails laid on roadway ट्रामगाड़ी।

trample *ट्रैम् पल* *v.t.* to tread heavily on कुचलना, रौंदना।

trance *ट्रान्स* *n.* unconsciousness बेहोशी; ecstasy आत्मविस्म ति।

tranquil *ट्रैङ् क्विल* *a.* calm, quiet शांत।

tranquility *ट्रैङ् क्वि लि टि* *n.* tranquil state शांति।

tranquillize *ट्रैङ् क्वि लाइज़* *v.t.* to make calm शांत करना।

transact *ट्रैन् ज़ैक्ट, ट्रान्-* *v.t.* to carry through संपादित करना।

transaction *ट्रैन् ज़ैक् शॅन, ट्रान्-* *n.* the act of transacting संपादन; business transacted संपादित कार्य।

transcend *ट्रेन् सैन्ड ट्रान्-* *v.t.* to go beyond the range of (human experience, understanding, etc.) मानव के अनुभव, समझ आदि से बढकर होना।

transcendent *ट्रेन् सैन् डॅन्ट, ट्रान्-* *a.* surpassing, excelling (human experience, etc.) अनुभवातीत।

transcribe *ट्रैन् स्क्रॉइब ट्रान्-* *v.t.* to copy in writing की लिखित प्रतिलिपि तैयार करना।

transcription *ट्रैन् स्क्रिप् शॅन, ट्रान्-* *n.* transcribing प्रतिलिपि-लेखन; something trancribed प्रतिलिपि।

transfer[1] *ट्रैन्स् फ़ः, ट्रान्स्-* *n.* movement from one situation to another स्थानातंरण।

transfer[2] *(-rr-)* *v.t.* to move or send from one situation to another स्थानांतरित करना।

transferable *ट्रैन्स् फ़ॅ रॅ बल, ट्रान्स्-* *a.* that can be transferred स्थानांतरणीय।

transfiguration *ट्रैन्स् फ़ि ग्यु रे शॅन, ट्रान्स-* *n.* transfiguring रूपांतरण।

transfigure *ट्रैन्स् फ़ि गॅः, ट्रान्स्-* *v.t.* to alter the appearance of रूपांतरित करना।

transform *ट्रैन्स् फ़ोःम, ट्रान्स्-* to change in appearance or nature (का) रूप बदल देना।

transformation *ट्रैन्स् फ़ॅ मे शॅन, ट्रान्स्-* *n.* being transformed रूपांतरण।

transgress *ट्रेन्स् ग्रैसॅ, ट्रान्स्-* *v.t.* to go beyond अतिक्रमण करना; to break (law, agreement, etc.) भंग करना; *v.i.* to sin पाप करना।

transgression *टैन्स् ग्रै ˘ शॅन, ट्रान्स्-* *n.* transgressing अतिक्रमण, उल्लंघन; sin पाप।

transit *ट्रैन् जिट, ट्रान्-* *n.* the passing of something from one place to another परिवहन; conveying or being conveyed प्रेषण।

transition *ट्रैन् जि शॅन्, ट्रान्-* *n.* change from one state to another परिवर्तन।

transitive *ट्रैन् जि टिव, ट्रान्-* *n.* (of a verb) having an object सकर्मक क्रिया।

transitory *ट्रैन् जि टॅ रि, ट्रान्-* *n.* not lasting long अस्थायी।

translate *ट्रैन्स् लेट, ट्रान्स* *v.t.* to turn from one language into another अनुवाद करना।

translation *ट्रैन्स् ले, ट्रान्स्-* *n.* act of translating अनुवाद; something translated अनूदित अंश।

transmigration *ट्रैन्ज़् मॉइ ग्रे शॅन, ट्रान्ज़्-* *n.* passage (of soul) into another body देहांतरण, पुनर्जन्म।

transmission *ट्रैन्ज् मि शॅन, ट्रान्ज़्-* *n.* transference संचारण, प्रेषण।

transmit *ट्रैन्ज़् मिट, ट्रान्ज़्-* *(-tt-)* *v.t.* to pass on प्रेषित करना; to communicate पहुंचाना।

transmitter *ट्रैन्ज़् मि टॅ:, ट्रान्ज़्-* *n.* somebody or something that transmits प्रेषक।

transparent *ट्रैन्स् पे ॅ अॅ रॅन्ट, ट्रान्स्-* *a.* that can be seen through पारदर्शी; obvious स्पष्ट।

transplant *ट्रैन्स् प्लान्ट, ट्रान्स्-* *v.t.* to move and plant in another place प्रतिरोपित करना।

transport[1] *ट्रैन्स् पौ:ट, ट्रान्स्-* *v.t.* to carry from one place to another ले जाना; to enrapture आनंदविभोर करना।

transport[2] *n.* conveying or being conveyed परिवहन; means of carrying परिवहन-साधन।

transportation *ट्रैन्स् पौ : टे शॅन* *n.* transporting परिवहन।

trap[1] *ट्रैप* *n.* device for catching animals ढका हुआ गड्ढा; U shaped section of a brain pipe पाइप का U के आकार का मोड़।

trap[2] *(-pp-)* *v.t.* to take in a trap जाल में फंसाना; to capture by trick धोखा देकर पकड़ना।

trash *ट्रैश* *n.* worthless material कूड़ा-करकट।

travel[1] *ट्रै व्ल* *(-ll-)* *v.i.* to make a journey यात्रा करना; to move, to go चलना।

travel[2] *n.* travelling यात्रा।

traveller *ट्रै वॅ लॅ:* *n.* person on a journey यात्री।

tray *ट्रे* *n.* a flat receptacle of wood, metal, etc. used for carrying small articles ट्रे।

treacherous *ट्रै चॅ रॅस* *a.* disloyal विश्वासघाती; unreliable अविश्वसनीय; deceitful धोखेबाज़।

treachery *ट्रै चॅ रि* *n.* betrayal विश्वासघात; deceit धोखा।

tread[1] *ट्रै ॅड* *v.t.* to set foot on (पर) पैर रखना या चलना; to trample कुचलना, रौंदना; to oppress दमन करना।

tread[2] *n.* act or manner of stepping पदचाप; treading गमन, चलने की क्रिया; upper surface of step पैड़ी का ऊपरी तल; part of rubber tyre in contact with ground टायर का बाहरी भाग।

treason *ट्री जन* *n.* disloyalty

निष्ठाहीनता; betrayal of trust विश्वासघात।

treasure[1] *ट्रै ˘ ज़ः n.* stored wealth भंडार, ख़ज़ाना; riches धन-दौलत।

treasure[2] *v.t.* to store up संचित करना; to prize बहुमूल्य समझना; to cherish संजोना।

treasurer *ट्रै ˘ ज़ रः n.* official in charge of funds कोषाध्यक्ष।

treasury *ट्रैँ ज़ॅ रि n.* place for treasure खज़ाना; government department in charge of finance राजकोष।

treat[1] *ट्रीट v.t.* to deal with बरताव करना; पेश आना; to regard समझना, मानना; to give medical care to इलाज करना; (with 'of') to discourse on विवेचन करना; to entertain at one's expense की आवभगत करना।

treat[2] *n.* a special pleasure मनोरंजन, आनंद; feast दावत।

treatise *ट्री टिज़ n.* a long essay dealing with a particular subject प्रबंध, विस्त त निबंध।

treatment *ट्रीट् मॅन्ट n.* act or manner of treating व्यवहार; manner of handling संपादन; a doctor's dealing with an illness इलाज।

treaty *ट्री टि n.* a signed contract between states संधि, समझौता।

tree *ट्री n.* a large plant पेड़; a diagram showing the descent of a family वंशव क्ष।

trek[1] *ट्रैकॅ (-kk-) v.i.* to make a long, difficult journey on foot पैदल लंबी व कठोर यात्रा करना, पैदल चलना।

trek[2] *n.* a long, difficult journey on foot लंबी, कठोर पैदल यात्रा।

tremble *ट्रैम़् ब्ल v.i.* to shiver कांपना; to shake हिलना; to feel anxiety चिंतित होना।

tremendous *ट्रि मैन् डॅस a.* vast, immense विशाल; amazing आश्चर्यजनक।

tremor *ट्रै ˘ मँः n.* shaking कंपन; minor earthquake भूंकप का हलका झटका।

trench[1] *ट्रैन्च n.* a long, narrow ditch खाई, खंदक़।

trench[2] *v.t.* to surround with a trench के चारों ओर खाई खोदना; to cut grooves in (में) खांचा बनाना।

trend *ट्रैन्डॅ n.* direction, tendency रूख़, प्रव त्ति।

trespass[1] *ट्रैसॅ पॅस v.i.* to intrude on property of another अनाधिकार प्रवेश करना; to encroach अतिक्रमण करना।

trespass[2] *n.* act of trespassing अतिक्रमण।

trial *ट्रॉइ अॅल n.* act of testing जांच, परीक्षण; severe affliction मुसीबत, संकट; court-hearing मुक़दमा।

triangle *ट्रॉइ ऐङ् ग्ल n.* a figure with three angles त्रिभुज।

triangular *ट्राइ ऐङ् ग्यु लॅः a.* in the shape of a triangle त्रिभुजाकार।

tribal *ट्रॉइ ब्ल a.* of a tribe or tribes जनजातीय।

tribe *ट्रॉइब n.* a primitive race जनजाति; a large family descended from one ancestor वंश।

tribulation *ट्रि ब्यु ले शॅन n.* misery, trouble, affliction मुसीबत, संकट।

tribunal *ट्रॉइ ब्यू न्ल, ट्रि- n.* a court

of justice न्यायालय; body appointed to inquire into and decide a specific matter न्यायाधिकरण।

tributary[1] *ट्रि ब्यु टॅ रि* *n.* stream flowing into another सहायक नदी।

tributary[2] *a.* auxiliary सहायक; contributory सहयोगी, सहकारी; paying tribute करदायी।

trick[1] *ट्रिक* *n.* deception धोखा; feat of skill चाल, चालाकी; illusion भ्रम; knack तरीक़ा।

trick[2] *v.t.* to cheat, to deceive धोखा देना।

trickery *ट्रि कॅ रि* *n.* deception धोखा।

trickle *ट्रि क्ल* *v.i.* to flow gently or in small drops टपकना; *v.t.* to cause to flow in small drops टपकाना।

trickster *ट्रिक् स्टॅः* *n.* a cheat, one who practises trickery कपटी, धोखेबाज़।

tricky *ट्रि कि* *a.* crafty चालाक; difficult, involved जटिल।

tricolour[1] *ट्रि कॅ लॅः* *a.* three coloured तिरंगा।

tricolour[2] *n.* tricolour flag तिरंगा झंडा।

tricycle *ट्रॉइ सि क्ल* *n.* three-wheeled cycle तिपहिया साइकिल।

trifle[1] *ट्रॉइ फ़्ल* *n.* something insignificant नगण्य वस्तु; small amount अल्पमात्रा।

trifle[2] *v.i.* to toy खिलवाड़ करना; not to treat seriously मज़ाक में लेना।

trigger *ट्रि गॅः* *n.* catch or lever of a gun लिबलिबी, घोड़ा।

trim[1] *ट्रिम* *a.* neat, tidy साफ़-सुथरा।

trim[2] *n.* decoration सज्जा; state of being trim साफ़-सुथरापन।

trim[3] *(-mm-) v.t.* to prune छांटना; to decorate सजाना; to adjust संवारना; to put in good order सुव्यवस्थित करना।

trinity *ट्रि नि टि* *n.* a group of three त्रिक, त्रयी; state of being three त्रित्व।

trio *ट्री ओ* *n.* a set of three त्रिक, त्रयी।

trip[1] *ट्रिप* *(-pp-) v.t.* to cause to stumble गिरा देना; to cause to mistake ग़लती कराना; *v.i.* to skip फुदकना; to dance नाचना; to stumble ठोकर खाना; to mistake चूक जाना।

trip[2] *n.* a short journey for pleasure सैर stumble लड़खड़ाहट; nimble step फुदकन; error भूल-चूक।

tripartite *ट्राइॅ पाः टॉइट* *a.* having three parts त्रिपक्षीय, त्रिभागीय।

triple[1] *ट्रि प्ल* *a.* threefold तिगुना।

triple[2] *v.t., v.i.* to treble तिगुना करना या होना।

triplicate[1] *ट्रिप् लि किट* *a.* threefold तिगुना।

triplicate[2] *n.* one of a set of three copies तीन प्रतियों में से एक।

triplicate[3] *v.t.* to make threefold तिगुना करना।

triplication *ट्रिप लि के शॅन* *n.* making threefold त्रिगुणन।

tripod *ट्रॉइ पौ ँड* *n.* stool, stand, etc. with three legs तिपाई।

triumph[1] *ट्रॉइ ॲम्फ़* *n.* victory, success विजय, सफलता; joy in a victory विजयोल्लास।

triumph[2] *v.i.* to achieve victory or success विजय या सफलता प्राप्त करना; to exult खुशी मनाना।

triumphal *ट्राॅइ अम् फ़ल* *a.* of victory विजय-संबंधी; for victory विजय-हेतु।

triumphant *ट्राॅइ अम् फॅन्ट* *a.* having triumphant विजयी; showing joy in victory विजयोल्लसित।

trivial *ट्रि वि अॅल* *a.* trifling नगण्य; slight हल्का।

troop[1] *टुप* *n.* a group of persons or animals दल, टोली; a unit of cavalry रिसाला; *(pl.)* soldiers सैनिक।

troop[2] *v.i.* to move in a troop टोली में चलना।

trooper *ट्रू पॅः* *n.* a horse-soldier घुड़सवार सैनिक।

trophy *ट्रो फि* *n.* prize, award पुरस्कार, पारितोषिक; memorial of victory विजय-स्मारक।

tropic *ट्रॉ˘ पिक* *n.* one of the two imaginary circles between the equator and the poles कर्क अथवा मकर रेखा।

tropical *ट्रॉ˘ पि कॅल* *a.* pertaining to the tropics उष्ण कटिबंधीय; very hot अति उष्ण।

trot[1] *ट्रॉ˘ट* *(-tt-)* *v.i.* (of a horse) to move at medium pace दुलकी चलना; *v.t.* to cause a horse to move thus दुलकी चलाना।

trot[2] *n.* the pace between a walk and a canter दुलकी।

trouble[1] *ट्र ब्ल* *n.* disturbance व्यवधान; worry चिंता; a difficulty कठिनाई।

trouble[2] *v.t.* to cause worry to चिंतित करना; to annoy परेशान करना; *v.i.* to take pains कष्ट उठाना।

troublesome *ट्र ब्ल् सॅम* *a.* causing trouble कष्टप्रद, चिंताजनक, असुविधाजनक।

troupe *ट्रूप* *n.* a company of performers मंडली।

trousers *ट्राॅउ जॅःस* *n. pl.* two legged outer garment covering the body from waist to ankles पतलून, पायजामा।

trowel *ट्राॅउ अॅल* *n.* flat-bladed tool for spreading mortar करनी।

truce *ट्रूस* *n.* temporary cessation of fighting युद्धविराम।

truck *ट्रक* *n.* a wheeled vehicle for moving goods ट्रक।

true *ट्रू* *a.* in accordance with facts तथ्यात्मक; faithful निष्ठावान; exact, correct सही, शुद्ध; genuine खरा, असली।

trump[1] *ट्रम्प* *n.* card of suit temporarily ranking above others तुरुप।

trump[2] *v.t.* to play a trump card on (पर) तुरुप मारना।

trumpet[1] *ट्रम् पिट* *n.* a brass wind instrument तुरही।

trumpet[2] *v.i.* to blow a trumpet तुरही बजाना; to make a noise like a trumpet तुरही जैसा शोर करना; *v.t.* to advertise loudly ज़ोर-ज़ोर से प्रचार करना।

trunk *ट्रङ्क* *n.* main stem of a tree पेड़ का तना; a person's body excluding head and limbs धड़; box for clothes बक्स, संदूक; the snout of an elephant हाथी की सूंड।

trust[1] *ट्रस्ट* *n.* confidence विश्वास; firm belief आस्था; reliance भरोसा; responsibility दायित्व; combination of producers for mutual benefit न्यास; property held for another धरोहर।

trust[2] *v.t.* to rely on (पर) भरोसा करना; to believe in का विश्वास करना; to expect, to hope आशा करना; to entrust सौंपना।

trustee *ट्रस् टि* *n.* a person who holds property in trust for another न्यासी।

trustful *ट्रस्ट् फुल* *a.* inclined to trust विश्वासी।

trustworthy *ट्रस्ट् वॅ: दि* *a.* reliable भरोसे का; dependable निर्भर करने योग्य; honest ईमानदार।

trusty *ट्रस् टि* *n.* faithful निष्ठावान; reliable विश्वसनीय।

truth *ट्रूथ* *n.* state of being true सच्चाई; something that is true वास्तविकता।

truthful *ट्रूथ् फुल* *a.* accustomed to speak the truth सत्यवादी; accurate, exact सही, सच।

try[1] *ट्रॉइ* *v.i.* to attempt, to endeavour प्रयत्न करना; *v.t.* to test जांचना, परखना; to strain दबाव डालना; to put on trial in a law court मुक़दमा चलाना।

try[2] *n.* effort प्रयत्न।

trying *ट्राइ इङ्ग* *a.* upsetting चिंताजनक; annoying परेशान करनेवाला; difficult दुष्कर।

tryst *ट्रिस्ट* *n.* appointment to meet पूर्व निश्चित भेंट; place appointed मिलन-स्थल।

tub *टब* *n.* open, wooden vessel like bottom half of barrel टब, नांद; small, round container गोल बरतन; bath स्नान।

tube *ट्यूब* *n.* a long, hollow cylinder नली; flexible cylinder with cap to hold paste etc. ट्यूब; underground railway भूमिगत रेल-प्रणाली।

tuberculosis *टयु बॅ: क्यु लो सिस* *n.* a wasting disease of the lungs क्षेय रोग, तपेदिक़।

tubular *ट्यू ब्लु लॅ:* *a.* like a tube नलिकाकार।

tug *टग* *(-gg-)* *v.t.* to pull hard ज़ोर से खींचना; to drag घसीटना।

tuition *ट्यु इ शॅन* *n.* private teaching अनुशिक्षण।

tumble[1] *टम् ब्ल* *v.i.* to fall गिर जाना; to roll about लुढ़कना, करवटें बदलना; *v.t.* to cause to fall गिरा देना; to throw carelessly फेंक देना।

tumble[2] *n.* a fall गिराव, पतन; state of disorder अव्यवस्था।

tumbler *टम्ब् लॅ:* *n.* a flat bottomed drinking glass गिलास; acrobat कलाबाज़।

tumour *ट्यू मॅ:* *n.* an abnormal growth in or on the body अर्बुद।

tumult *ट्यू मल्ट* *n.* violent uproar तीव्र कोलाहल, शोर।

tumultuous *टयु मल् ट्यु अस* *a.* noisy कोलाहलपूर्ण।

tune[1] *ट्यून* *n.* melody धुन; correctness of pitch स्वरसंगति; harmony सामंजस्य, ताल-मेल।

tune[2] *v.t.* to put in tune समस्वरित करना; to adjust the mechanism of की ट्यूनिंग करना।

tunnel[1] *ट नल* *n.* underground passage सुरंग।

tunnel[2] *(-ll-) v.i.* to make a tunnel सुरंग बनाना; *v.t.* to make a tunnel through के आर-पार सुरंग बनाना।

turban *टॅ: बॅन* *n.* man's head dress पगड़ी, साफ़ा।

turbine *टॅ: बॉइन, -बिन* *n.* an engine driven by a stream of water, steam or gas टरबाइन।

turbulence *टॅ: ब्यु लॅन्स* *n.* disorder गड़बड़ी अशांति; violence उग्रता, उपद्रव।

turbulent *टॅ: ब्यु लॅन्ट* *a.* disturbed अशांत; disorderly अस्त-व्यस्त; violent उग्र।

turf *टॅ:फ* *n.* top layer of soil matted with grass त णभूमि।

turkey *टॅ: कि* *n.* a large bird reared for food पीरू।

turmeric *टॅ: मॅ रिक* *n.* हल्दी।

turmoil *टॅ: मौ ˘ इल* *n.* confusion घबराहट; commotion खलबली; agitation हलचल।

turn[1] *टॅ:न* *v.i.* to revolve घूमना; to change direction मुड़ना; to change बदल जाना; *v.t.* to cause to go round घुमाना; to alter direction of मोड़ना; to convert परिवर्तित करना; to shape on lathe गढ़ना, खरादना।

turn[2] *n.* act of turning घुमाव; revolution चक्कर; a change in direction मोड़; a bend मोड़; a change of state परिवर्तन; period, spell पारी।

turner *टॅ: नॅ:* *n.* person who works with a lathe खरादी।

turnip *टॅ: निप* *n.* a plant with an edible root शलजम।

turpentine *टॅ: पॅन् टॉइन* *n.* an oil used in painting तारपीन।

turtle *टॅ: ट्ल* *n.* sea tortoise समुद्री कच्छप।

tusk *टस्क* *n.* long side tooth sticking out from the closed mouth गजदंत, खांग।

tussle[1] *ट सल* *n.* a struggle संघर्ष।

tussle[2] *v.i.* to struggle संघर्ष करना।

tutor *ट् यू टॅ:* *n.* private teacher निजी शिक्षक।

tutorial[1] *ट्यु टौ रि ॲल* *a.* pertaining to a tutor शिक्षकीय।

tutorial[2] *n.* a period of instruction by a tutor निजी शिक्षक के शिक्षण का समय।

twelfth[1] *टवैल्फ़्त* *a.* the last of twelve बारहवां।

twelfth[2] *n.* one of twelve equal parts बारहवां भाग।

twelve[1] *ट्वैल्व* *n.* the number next above eleven बारह की संख्या (12)।

twelve[2] *n.* one more that eleven बारह।

twentieth[1] *ट्वैन् टि इथ* *a.* last of twenty बीसवां।

twentieth[2] *n.* one of twenty equal parts बीसवां भाग।

twenty[1] *टवैन् टि* *a.* twice ten बीस (20)।

twenty[2] *n.* the number twice ten बीस की संख्या।

twice *टवॉइस* *adv.* two times दो बार।

twig *ट्विग* *n.* a small branch टहनी।

twilight *ट्वॉइ लॉइट* *n.* faint light before sunrise or after sun-set धुंधला प्रकाश।

twin[1] *ट्विन* *n.* one of two born together जुड़वां जोड़े में से एक।

twin[2] *a.* being a twin जुड़वां।

twinkle[1] *ट्विङ् क्ल* *v.i.* to shine with a wavering light झिलमिलाना; to sparkle चमकना।

twinkle[2] *n.* act of twinkling झिलमिलाहट, चमक।

twist[1] *ट्विस्ट* *v.t.* to wind together गूथना; to bend out of shape ऐंठ या मरोड़ देना; to wrench मुड़काना; to distort विक त करना; to wind ऐंठना; *v.i.* to curve मुड़ना, घूमना।

twist[2] *n.* act of twisting ऐंठन; a wrench मरोड़; distortion विरूपण।

twitter[1] *ट्वि टः* *n.* chirping चहक, चहचहाहट।

twitter[2] *v.i.* to chirp चहकना।

two[1] *टू* *n.* the number next above one दो की संख्या (2)।

two[2] *a.* next above one दो।

twofold *टू फ़ोल्ड* *a.* double दोगुना।

type[1] *टॉइप* *n.* class श्रेणी; sort प्रकार pattern नमूना; block bearing a letter used for printing टाइप।

type[2] *v.t.* to print with type-writer टंकित करना।

typhoid *टॉइ फ़ौ ॅइड* *n.* acute fever affecting intestines आंत्रज्वर, मियादी बुख़ार।

typhoon *टॉइ फून* *n.* violent storm प्रचंड तूफ़ान।

typhus *टॉइ फ़ॅस* *n.* fever with dark spots on body तंद्रिक ज्वर।

typical *टि पि क्ल* *a.* true to type प्रारूपिक characteristic विशिष्ट।

typify *टि पि फ़ॉइ* *v.t.* to serve as type/model of (का) प्रारूप होना।

typist *टॉइ पिस्ट* *n.* one who operates type-writer टंकक।

tyranny *टि रॅ नि* *n.* harsh and unjust rule तानाशाही, निरंकुशता; oppression अत्याचार, न शंसता।

tyrant *टॉइ रॅन्ट* *n.* a cruel, harsh ruler तानाशाह, निरंकुश शासक।

tyre *टॉइअः* *n.* rubber ring over rim of road vehicle टायर।

Uu

U यू The fifth vowel and the twenty-fisrt letter of the English alphabet. अंग्रेजी भाषा का पाँचवाँ स्वर तथा इक्कीसवाँ अक्षर, इसका उच्चारण 'अ', 'उ', 'यु' तथा 'यू' होता है

udder *अ डः* *n.* milk-secreting organ of a cow etc. अयन।

uglify *अग् लि फ़ॉइ* *v.t.* to make ugly कुरूप बनाना, बिगाड़ना।

ugliness *अग् लि निस* *n.* quality of being ugly कुरूपता।

ugly *अग् लि* *a.* unpleasant to look at कुरूप, भद्दा, dangerous ख़तरनाक।

ulcer *अल् सः* *n.* an infected spot on thc body फोड़ा, व्रण।

ulcerous *अल् सॅ रॅस* *a.* of ulccr व्रणीय, having an ulcer व्रणयुक्त।

ulterior *अल् टिअः रि अः* *a.* concealed, hidden गुप्त; situated beyond बाह्य, remote दूरस्थ, undisclosed परोक्ष।

ultimate *अल् टि मिट* *a.* last अंतिम, most significant सर्वोच्च महत्व का।

ultimately *अल् टि मिट्लि* *adv.* finally अंततः।

ultimatum *अल् टि मे टॅम* *n.* final terms offered अंतिमेत्थम, अंतिम शर्त।

umbrella *अम् ब्रे ˘ लॅ* *n.* a covered light framework used to give protection against rain, sun, etc. छाता।

umpire[1] *अम् पॉइअॅ:* *n.* referee निर्णायक।

umpire[2] *v.t., v.i.* to act as umpire (in) (में) निर्णायक होना।

unable *अन् ए ब्ल* *a.* not able असमर्थ।

unanimity *यू नॅ नि मि टि* *n.* state of being unanimous मतैक्य, सर्वसम्मति।

unanimous *यू नैनि मॅस* *a.* in complete agreement सर्वसम्मत।

unaware *अन् अॅ वें अॅ:* *a.* not knowing, ignorant अनभिज्ञ, अनजान।

unawares *अन् अॅ वे ˘ अॅ:ज़* *adv.* unknowingly अनजाने में; unexpectedly अकस्मात्।

unburden *अन् बॅ: ड्न* *v.t.* to relieve of a load का बोझ उतारना।

uncanny *अन् कै नि* *a.* weird, mysterious अलौकिक रहस्यमय।

uncertain *अन् सॅ: ट्न* *a.* changing constantly अपरिवर्तनशील; doubtful अनिश्चित, संदिग्ध; irresolute ढुलमुल।

uncle *अङ् क्ल* *n.* brother of father ताऊ, चाचा, brother of mother मामा।

uncouth *अन् कूथ* *a.* rough, clumsy भद्दा, boorish गंवार, vulgar असभ्य।

under[1] *अन् डॅ:* *prep.* below के नीचे, less than से कम, subordinate to के मातहत, included in में शामिल, in the time of के समय में, known by की जानकारी में।

under[2] *adv.* in lower place or condition नीचे, नीचे की ओर।

under[3] *a.* lower नीचे वाला।

undercurrent *अन् डॅ: क रॅन्ट* *n.* current running under the surface अंतर्धारा।

underdog *अन्डॅ: डौगॅ* *n.* one who is ill-used दलित व्यक्ति।

undergo *अन् डॅ: गो,* *v.t.* to experience, to pass through भुगतना, सहना, से गुज़रना।

undergraduate *अन् डॅ: ग्रै ड्यु इट* *n.* a student who has not yet taken a degree पूर्वस्नातक।

underhand *अन् डॅ: हैन्ड* *a.* sly, secret चालाकीपूर्ण, गुप्त।

underline *अन् डॅ: लॉइन* *v.t.* to put line under रेखांकित करना, to emphasize पर बल देना।

undermine *अन् डॅ: मॉइन* *v.t.* to make a tunnel under के नीचे सुरंग बनाना, to weaken gradually दुर्बल या क्षीण करना।

underneath[1] *अन् डॅ नीथ* *adv.* below नीचे।

underneath[2] *prep.* under के नीचे।

understand *अन् डॅ: स्टैन्ड* *v.t.* to grasp the meaning of (का) अर्थ समझना, to take for granted मानना।

undertake *अन् डॅ: टेक* *v.t.* to make oneself responsible for (का) दायित्व लेना; to enter upon चालू करना, to promise वचन देना।

undertone *अन् डॅः टोन्* *n.* low tone मंद स्वर, underlying quality आंतरिक गुण।

underwear *अन् डॅः वेॅअॅ* *n.* underclothing अधोवस्त्र, अंतरीय।

underworld *अन् डॅः वॅःल्ड* *n.* criminals and their associates अपराधी वर्ग, निम्नवर्ग; abode of the dead अधोलोक।

undo *अन् डॅ* *v.t.* to ruin नष्ट करना, to unfasten, to open खोलना।

undue *अन् ड्यू* *a.* improper अनुचित, excessive बहुत अधिक।

undulate *अन् ड्यू लेट* *v.i.* to move up and down like waves लहराना, लहरदार होना।

undulation *अन्ड्ययू ले शॅन* *n.* act of undulating तरंगण, लहराने की क्रिया।

unearth *अन्अॅःथ* *v.t.* to dig up खोदकर निकालना; to discover खोजना।

uneasy *अन् ई ज़ि* *a.* restless बेचैन, अशांत; anxious चिंतित।

unfair *अन् फ़ेॅअॅः* *a*, unjust अनुचित, अन्यायपूर्ण।

unfold *अन् फ़ोल्ड* *v.t.* to open, to spread out खोलना, फैलाना; to reveal प्रकट करना।

unfortunate *अन् फ़ोः चॅ निट* *a.* unlucky दुर्भाग्यपूर्ण, regrettable खेदजनक।

ungainly *अन् गेन् लि* *a.* awkward, clumsy भद्दा।

unhappy *अन् है पि* *a.* sorrowful दुःखद, दुःखपूर्ण; not suitable अनुपयुक्त।

unification *यु नि फ़ि के शॅन* *n.* act of unifying एकीकरण; state of being unified एकीभवन।

union *यू न्यॅन* *n.* joining into one संयोजन, state of being joined एकता, federation संघ।

unionist *यू न्यॅ निस्ट* *n.* supporter of union संघवादी।

unique *यू नीक* *a.* having no equal अद्वितीय।

unison *यूनि ज़न* *n.* the same pitch स्वरैक्य, harmony सामंजस्य।

unit *यू निट* *n.* single thing or person इकाई, standard quantity मात्रक; group of people or things with one purpose श्रेणी।

unite *यूनॉइट* *v.t.* to join into one एक करना मिलाना; to connect जोड़ना; to associate से मिलना, *v.i.* to become one एक होना, to combine जुड़ जाना, मिलना।

unity *युनिटि* *n.* state of being one एकता; harmony सामंजस्य, uniformity एकरूपता।

universal *यूनिवॅः सॅल* *a.* relating to all things or all people विश्वव्यापी।

universality *यूनिवॅः सैॅलिटि* *n.* quality of being universal विश्वव्योपकता।

universe *यूनि वॅःस* *n.* the whole of creation, sun, stars and everything that exists विश्व, ब्रह्मांड।

university *यू नि वॅः सि टि* *n.* an educational institution for higher studies विश्वविद्यालय।

unjust *अन् जस्ट* *a.* unfair अन्यायी, अन्यायपूर्ण।

unless *अन् लैसॅ* *conj.* if not यदि नहीं।

unlike[1] *अन् लॉइक* *a.* not similar

असमान।

unlike² *prep.* different from से भिन्न।

unlikely *अन् लॉइक् लि a.* improbable असंभाव्य।

unmanned *अन् मैन्ड a.* not provided with a crew कर्मीदल रहित।

unmannerly *अन् मै नें: लि a.* rude, ill-bred अशिष्ट, असभ्य।

unprincipled *अन् प्रिन् सि पल्ड a.* dishonest बेईमान; without any principles सिद्धांतहीन।

unreliable *अन् रि लॉइ अॅ ब्ल a.* that cannot be relied upon अविश्वसनीय।

unrest *अन् रैस्ट n.* disturbed condition अशांति; restlessness बेचैनी।

unruly *अन् रु लि a.* badly behaved, disorderly उपद्रवी, उच्छ खंल; uncontrolled अनियंत्रित।

unsettle *अन् सॅ : टल v.t.* to upset, to distress अशांत करना; to disturb अस्तव्यस्त करना।

unsheathe *अन् शीद v.t.* to take out of the sheath म्यान से निकालना।

until¹ *अन् टिल prep.* upto the time of तक।

until² *conj.* to the time that जब तक कि।

untoward *अन् टो ॅ अॅःड a.* inconvenient असुविधाजनक; unfortunate दुर्भाग्यपूर्ण।

unwell *अॅन् वैलॅ a.* not well अस्वस्थ।

unwittingly *अन् वि टिङ्ग् लि adv.* unknowingly अनजाने में।

up¹ *अप adv.* to a higher position ऊपर की ओर; completely पूर्ण रूप से finished समाप्त।

up² *prep.* to a higher level of के ऊपर, along के साथ-साथ।

upbraid *अप् ब्रेड v.t* to reproach फटकारना।

upheaval *अप् ही वॅल n.* a violent disturbance उथल-पुथल।

uphold *अप् होल्ड v.t* to support संभालना, to maintain कायम रखना।

upkeep *अप् कीप n* act, process or cost of keeping something in good repair अनुरक्षण, मरम्मत।

uplift¹ *अप् लिफ़्ट v.t.* to lift up ऊपर उठाना; to improve सुधारना।

uplift² *n.* lifting up उत्थान; improvement सुधार, विकास।

upon *अॅपौ ॅन prep.* on पर, के ऊपर।

upper *अप् पॅः a.* higher, situated above ऊपरी, ऊपर वाला।

upright *अप् रॉइट a.* erect खड़ा, सीधा; honest सच्चा, ईमानदार।

uprising *अप् रॉइ ज़िङ्ग, - n.* a revolt उपद्रव।

uproar *अप् रौः n.* tumult कोलाहल; disturbance गुलगपाड़ा।

uproarious *अप् रौ रि अॅस a.* very noisy कोलाहलपूर्ण।

uproot *अप् रूट v.t.* to pull out by the roots उखाड़ना।

upset *अप् सै ॅट (-tt-) v.t.* to turn upside down उलटना, to distress परेशान या चिंतित करना।

upshot *अप् शौ ॅट n.* outcome, result परिणाम।

upstart *अप् स्टाःट n.* one who has gained power or wealth quickly कल का नवाब।

up-to-date *अप् टॅ डेट a.* of the present time सामयिक; of the newest sort आधुनिकतम, नवीनतम।

upward *अप् वॅ:ड a.* moving up उर्ध्वगामी।

upwards *अप् वॅ:ड्ज़ adv.* towards a higher place ऊपर की ओर।

urban *ॲ: बॅन a.* concerned with a town नगरीय।

urbane *ॲ:बेन a.* civilized, refined सुसभ्य, शिष्ट।

urbanity *ॲ: बै नि टि n.* refinement सौम्यता; politeness सुसभ्यता, विनम्रता।

urchin *ॲ: चिन n.* a mischievous young boy नटखट लड़का।

urge[1] *ॲ:ज v.t* to exhort earnestly समझाना, to entreat विनती करना; to drive on प्रेरित करना।

urge[2] *n.* strong desire तीव्र इच्छा अथवा हाजत।

urgency *ॲ: जॅन् सि n.* quality or state of being urgent अत्यावश्यकता।

urgent *ॲ: जॅन्ट a.* pressing अत्यंत महत्वपूर्ण, needing attention at once अति आवश्यक।

urinal *यू ॲ रि न्ल n.* place for urination मूत्रालय, a vessel into which urine may be passed मूत्रपात्र।

urinary *यु ॲ रि नॅ रि a.* of urine मूत्रीय।

urinate *युॲ रि नेट v.i.* to discharge urine लघुशंका करना।

urination *युॲ रि नेशॅन n.* act of urinating मूत्र-त्याग।

urine *युॲ रिन n.* the waste fluid that is passed out of the body मूत्र।

urn *ॲ:न n.* a metal vessel for serving tea and other liquids कलश;, a vessel for the ashes of the dead भस्म-कलश, अस्थि-कलश।

usage *यू ज़िज n.* act of using प्रयोग; custom प्रथा, method of using प्रयोग का ढंग।

use[1] *यूस n.* value उपयोगिता, ability to use प्रयोग करने की क्षमता, right to use प्रयोगाधिकार, profit लाभ।

use[2] *v.t.* to employ काम में लाना, to consume प्रयोग-द्वारा समाप्त करना, to treat (से) व्यवहार करना।

useful *यूसॅ फुल a.* of use उपयोगी; helpful सहायक, serviceable प्रयोज्य।

usher[1] *अ शॅ: n.* one showing people to seats प्रवेशक।

usher[2] *v.t.* to act as an usher to अंदर ले जाना; to introduce (का) सूत्रपात करना, to announce घोषित करना।

usual *यू जु ॲल a.* normal, ordinary सामान्य।

usually *यू जु ॲ लि adv.* as a rule नियमत; generally सामान्यत:।

usurer *यू ज़ॅ रॅ: n.* person whose business is usury सूदख़ोर।

usurp *यू ज़ॅ:प v.t.* to seize wrongfully हड़पना, हथियाना।

usurpation *यू ज़ॅ: पेशॅन n.* act of usurping अनाधिकार ग्रहण।

usury *यूज़ॅ रि, -ज़ॅ:- n.* lending of money at excessive interest सूदख़ोरी, excessive interest ब्याज की ऊंची दर।

utensil *यू टैनॅ् स्ल, -सिल n.* vessel बरतन, implement in domestic use घरेलू उपकरण।

uterus *यू टॅ रॅस n. (pl. uteri)* womb गर्भाशय।

utilitarian *यू टि लि टैˇ ॲ रि ॲन a.* useful rather than beautiful उपयोगी।

utility *यू टि लि टि n.* usefulness उपयोगिता, benefit लाभ, something useful उपयोगी वस्तु।

utilization *यू टि लॉइ ज़े शॅन n.* act of utilising उपयोग, प्रयोग।

utilize *यू टि लॉइज़ v.t.* to make use of प्रयोग करना।

utmost[1] *अट् मोस्ट a.* farthest दूरतम, greatest अधिकतम।

utmost[2] *n.* greatest possible amount अधिकतम मात्रा।

utopia *यू टो प्यॅ n .* an imaginary state where everything is perfect आदर्श राज्य।

utopian *यू टो पि ॲन a.* ideally perfect आदर्श, impracticable अव्यावहारिक।

utter[1] *अ टॅः v.t.* to make (sound) with the mouth मुंह से (ध्वनि) उत्पन्न करना; to say कहना, to put (false money etc.) into circulation (जाली मुद्रा) चलाना।

utter[2] *a.* complete, absolute पूर्ण, निरा।

utterance *अ टॅ रॅन्स n.* way of speaking बोली, something said कथन; expression अभिव्यक्ति।

utterly *अ टॅः लि adv.* completely पूर्णतया।

Vv

V वी the twenty-second letter of the English alphabet, used as a Roman numeral representing 5 or fifth, representing an object or mark having the shape of the letter (V), short from for "verb". अंग्रेजी वर्णमाला का बाईसवाँ अक्षर, रोमन संख्या में ५ अंक या पाँचवें के लिए प्रयुक्त, अक्षर (V) के आकार की वस्तु या चिन्ह को दिखलानेवाला, 'verb' का छोटा सा रूप।

vacancy *वे कॅन् सि n.* emptiness ख़ालीपन; unfilled post रिक्त पद।

vacant *वे कॅन्ट a.* unoccupied ख़ाली, रिक्त; showing lack of understanding समझ-रहित।

vacate *वॅ केट v.t.* to leave empty ख़ाली करना; to give up (a job, a house etc.) (पद, मकान आदि) त्यागना।

vacation *वॅ के शॅन n.* a holiday अवकाश; act of vacating परित्याग।

vaccinate *वैक् सि नेट v.t.* to inject with a vaccine टीका लगाना।

vaccination *वैक् सि ने शॅन n.* inocculation with a vaccine टीकाकरण।

vaccinator *वैक् सि ने टॅः n.* one who inocculates with a vaccine टीका लगाने वाला।

vaccine *वैक् सीन n.* substance used for inocculation टीका-द्रव्य।

vacillate *वै सि लेट v.i.* to waver डावांडोल होना; to hesitate हिचकिचाना।

vacuum *वै क्यु ॲम n. (pl. vacuums, vacua)* space completely empty of substance or gas शून्य, निर्वात।

vagabond[1] *वै गॅ बौन्ड* *n.* person with no fixed home आवारा, घुमक्कड़ व्यक्ति।

vagabond[2] *a.* roving घुमंतू

vagary *वे गॅ रि* *n.* whim, eccentricity सनक, मौज।

vagina *वॅ जॉइ नॅ* passage from womb to exterior योनि।

vague *वेग* *a.* not clear अस्पष्ट।

vagueness *वेग् निस* *n.* quality of being vague अस्पष्टता।

vain *वेन* *a.* useless व्यर्थ; foolish मूर्ख, मूर्खतापूर्ण; conceited दंभी, अहंकारी।

vainglorious *वेन् ग्लौ रि अॅस* *a.* boastful दंभी।

vainglory *वेन् ग्लौ रि* *n.* boastfulness दंभ, अहंकार।

vainly *वेन् लि* *adv.* fruitlessly व्यर्थ।

vale *वेल* *n.* valley घाटी।

valiant *वैल् यॅन्ट* *a.* brave दिलेर, वीरतापूर्ण।

valid *वै लिड* *a.* sound उचित; accpetable according to law वैध।

validate *वै लि डेट* *v.t.* to make valid मान्य बनाना।

validity *वॅ लि डि टि* *n.* soundness ठोसपना; legal force वैधता; reasonableness तर्कसंगतता।

valley *वै लि* *n.* river, basin घाटी।

valour *वै लॅः* an bravery शौर्य, वीरता, साहस।

valuable *वै ल्यु अॅ ब्‌ल* *a.* of great value उपयोगी, मूल्यवान।

valuation *वै ल्यु ए शॅन* *n.* estimating the worth of something मूल्यांकन; estimated worth अनुमानित मूल्य।

value[1] *वै ल्यू* *n.* worth महत्व; utility उपयोगिता; price मूल्य; (pl.) principles सिद्धांत।

value[2] *v.t.* to estimate value of (का) मूल्य आंकना; to hold in respect सम्मान करना।

valve *वाल्व* *n.* वाल्व।

van *वैन* *n.* a covered vehicle for goods बंद गाड़ी; a railway carriage बंद माल डिब्बा।

vanish *वै निश* *v.i.* to disappear लुप्त हो जाना।

vanity *वै नि टि* *n.* excessive pride, conceit मिथ्याभिमान; worthlessness सारहीनता।

vanquish *वैङ् क्विश* *v.t.* to overcome पराजित करना।

vaporize *वे पॅ रॉइज़* *v.t.* to convert into vapour वाष्प में बदल देना; *v.i.* to be converted into vapour वाष्प में बदल जाना।

vaporous *वे पॅ रॅस* *a.* like vapour वाष्प जैसा; containing vapour वाष्पमय।

vapour *वे पॅः* *n.* gaseous form of a substance वाष्प।

variable *वें अॅ रि अॅ ब्‌ल* *a.* changeable परिवर्तनीय, परिवर्तनशील।

variance *वें अॅ रि अॅन्स* *n.* disagreement अनबन; difference of opinion मतभेद।

variation *वें अॅ रि ए शॅन* *n.* alteration परिवर्तन; extent of change विभिन्नता।

varied *वें अॅ रिड* *a.* diverse विभिन्न; modified परिवर्तित।

variety *वॅ रॉइ अॅ टि* *n.* diversity विविधता, sort, kind प्रकार।

various *वे ॅ ऑ रि ऑस a.* of several kinds विविध; different विभिन्न।

varnish[1] *वाः निश n.* a liquid applied to wood to make it glossy रोग़न।

varnish[2] *v.t.* to cover with varnish रोग़न करना।

vary *वे ॅ ऑ रि v.t.* to make different बदल देना; *v.i.* to become different बदल जाना।

vasectomy *वै सैकॅ् टौॅ मि n.* opertion performed on men to cause sterility नसबंदी।

vaseline *वै सि लीन n.* a jelly-like petrolium-pruduct वैसलीन।

vast *वास्ट a.* immense विशाल।

vault[1] *वौल्ट n.* an arched ceiling मेहराबी छत; cellar तहख़ाना।

vault[2] *n.* a leap aided by hands हाथों की सहायता से कूद।

vault[3] *v.i.* to make a vault कूदना।

vegetable[1] *वै ॅ जि टॅ ब्ल n.* edible plant साग, शाक; part of plant used as food सब्जी, तरकारी।

vegetable[2] *a.* having to do with plants शाकसंबंधी; made from plants वनस्पति से निर्मित।

vegetarian[1] *वै ॅ जि टे ॅ ऑ रि ऑन n.* one who does not eat meat शाकाहारी।

vegetarian[2] *a.* of vegetables निरामिष।

vegetation *वै ॅ जि टे शॅन n.* plants collectively पेड़-पौधे, वनस्पति।

vehemence *वी ऑ मॅन्स n.* quality of being vehement तीव्रता; vigour उत्साह, जोश।

vehement *वी ऑ मॅन्ट a.* vigorous ओजपूर्ण; impetuous प्रचंड, उग्र; forceful प्रबल।

vehicle *वी इ क्ल n.* means of conveying वाहन, सवारी; means of expression अभिव्यक्ति का माध्यम।

vehicular *वि हि क्यु लॅः a.* related to vehicles यानीय; consisting of vehicles यानयुक्त।

veil[1] *वेल n.* light material to cover face or head ओढ़नी, दुपट्टा; mask, cover परदा, नक़ाब।

veil[2] *v.t.* to cover with a veil ढकना, छिपाना, (पर) परदा डालना।

vein *वेन n.* tube in body taking blood to heart शिरा; a rib in a leaf शिरा; a seam of mineral in rock धारी, पट्टी; mood मनोदशा।

velocity *वि लौ ॅ सि टि n.* speed गति, वेग।

velvet *वैलॅ् विट n.* soft silky fabric with a thick short pile मख़मल।

velvety *वैलॅ् वि टि a.* of or like velvet मख़मली; soft मुलायम।

venal *वी नॅल a.* guilty of taking or willing to take, bribes घूसख़ोर; corrupt भ्रष्ट।

venality *वी नै लि टि n.* quality of being venal घूसख़ोरी, भ्रष्टता।

vender, vendor *वैनॅ् डॅः n.* one who sells विक्रेता।

venerable *वै ॅ नॅ रॅ ब्ल a.* worthy of reverence आदरणीय, श्रद्धेय।

venerate *वै ॅ नॅ रेट v.t.* to regard with great respect आदर करना, श्रद्धाभाव रखना।

veneration *वै ॅ नॅ रे शॅन n.* deep respect श्रद्धा, समादर।

vengeance *वैनॅ् जॅन्स n.* revenge प्रतिशोध।

venial *वी नि ॲल a.* excusable क्षम्य; not serious, minor लघु, गौण, छोटी- मोटी (त्रुटि)।

venom *वै˘ नॅम n.* poison विष; spite, malice विद्वेष, बैर।

venomous *वै˘ नॅ मॅस a.* poisonous विषैला; spiteful द्वेषपूर्ण।

vent *वैन्ट n.* a narrow hole छेद, सूराख; outlet (for feelings) निकास।

ventilate *वैनॅ् टि लेट v.t.* to supply with fresh air हवादार बनाना; to bring into discussion प्रकाश में लाना, अभिव्यक्त करना।

ventilation *वैनॅ् टि ले शॅन n.* ventilating or being ventilated वातापूर्ति हवादारी।

ventilator *वैनॅ् टि ले टॅः n.* a device for ventilating वातायनी, हवाकश।

venture[1] *वैनॅ् चॅः n.* risky undertaking जोखिम।

venture[2] *v.t.* to risk जोखिम में डालना; *v.i.* to dare साहस करना।

venturesome *वैनॅ् चॅः सॅम a.* ready to take risks साहसिक; risky जोखिम-भरा।

venturous *वैनॅ् चॅ रॅस a.* adventurous साहसी।

venue *वै˘ न्यू n.* meeting-place सभा-स्थल; location स्थान।

veracity *वॅ रै सि टि n.* truthfulness सच्चाई, वास्तविकता।

verendah *वॅ रैन् डॅ n.* open partly enclosed porch on outside of house दालान, बरामदा।

verb *वॅःब n. (gram.)* part of speech expressing action or being *(व्या.)* क्रिया।

verbal *वॅः बॅल a.* concerning words शाब्दिक; spoken (rather than written मौखिक; relating to a verb क्रिया-संबंधी।

verbally *वॅः बॅ लि adv.* orally मौखिक रूप में।

verbatim[1] *वॅः बे टिम a.* literal शाब्दिक।

verbatim[2] *adv.* word for word शब्दशः।

verbose *वॅः बोस a.* wordy, having more words than needed शब्दबहुल, शब्दाडंबरपूर्ण।

verbosity *वॅः बौ˘ सि टि n.* quality of being verbose शब्दाडंबर, शब्दबहुलता।

verdant *वॅः डॅन्ट a.* green and fresh हरा-भरा।

verdict *वॅः डिक्ट n.* decision of a jury अभिनिर्णय; opinion मत।

verge *वॅःज n.* edge किनारा; grass-border घासदान किनारा; brink सीमा, छोर।

verification *वै˘ रि फ़ि के शॅन n.* act of verifying सत्यापन; search for proof प्रमाणन।

verify *वै˘ रि फ़ॉइ v.t.* to check the truth of सत्यापित करना; to test the accuracy of जांच करना।

verisimilitude *वै˘ रि सि मि लि ट्यूड n.* lifelikeness सत्याभास।

veritable *वै˘ रि टॅ बॅल a.* real, genuine वास्तविक सच्चा।

vermillion[1] *वॅः मिल् यॅन n.* bright red colour गहरा लाल रग।

vermillion[2] *a.* bright red गहरा लाल।

vernacular[1] *वॅः नै क्यु लॅः n.* language of a country or district सामान्य भाषा, जनसाधारण की भाषा।

vernacular[2] *a.* native देशी; of vernacular भाषागत।

vernal *वॅः नॅल a.* of spring वासंतिक, वसंतकालीन।

versatile *वॅः सॅ टॉइल a.* clever at many different things बहुमुखी।

versatility *वॅ सॅ टि लि टि n.* quality of being versatile बहुमुखी प्रतिभा-संपन्नता।

verse *वॅःस n.* stanza छंद; poetry काव्य; line of poetry पद्यपंक्ति।

versed *वॅःस्ट a.* skilled, expert निष्णात, प्रवीण।

versification *वॅः सि फ़ि के शॅन n.* art of versifying पद्यरचना; metre छंद।

versify *वॅः सि फ़ॉइ v.t.* to turn into verse पद्यबद्ध करना; *v.i.* to write verse पद्यरचना करना।

version *वॅः शॅन n.* account from one person's point of view कथन, बयान; translation अनुवाद।

versus *वॅः सॅस prep.* against बनाम, विरूद्ध।

vertical *वॅः टि क्ल a.* upright खड़ा, ऊपर सीधा।

verve *वॅःव n.* enthusiasm उत्साह; vigour ओज।

very *वै˘ रि a.* identical वही; truly such यही; extreme बिल्कुल।

vessel *वै˘ स्ल n.* a container for holding a liquid बरतन; a ship जहाज़ जलयान; duct वाहिका।

vest[1] *वैस्ॅट n.* undergarment for the trunk फतूही।

vest[2] *v.t.* to furnish (से) संपन्न करना; to endow प्रदान करना; to clothe (को) कपड़े पहनाना।

vestige *वैसॅ् टिज n.* a small trace अवशेष, निशानी।

vestment *वैस्ॅट् मॅन्ट n.* robe worn by clergy परिधान, चोग़ा।

veteran[1] *वै˘ टॅ रॅन n.* a person with long experience अनुभवी व्यक्ति।

veteran[2] *a.* old hand experienced अनुभवी, पुराना।

veterinary *वै˘ टॅ रि नॅ रि a.* of, concerning, the health of animals पशुचिकित्सा-संबंधी।

veto[1] *वी टो n. (pl.-es)* power to reject or disallow something निषेधाधिकार।

veto[2] *v.t.* to enforce veto against निषिद्ध करना, (की) मनाही करना।

vex *वैक्स v.t.* to annoy तंग करना; to distress परेशान करना।

vexation *वैक् से शॅन n.* annoyance परेशानी; source of annoyance परेशानी का कारण।

via *वॉइअॅ prep.* by way of के मार्ग से, से होकर।

viable *वॉइ अॅ ब्ल a.* workable व्यवहार्य; capable of surviving and growing जीवन-क्षम।

vial *वॉइ अॅल n.* small bottle शीशी।

vibrate *वॉइ ब्रेट v.i.* to move to and fro rapidly कंपायमान होना; (of sunds) to quiver आवाज़ का कांपना; *v.t.* to cause to move to and fro rapidly कंपायमान करना; to cause to quiver कंपाना।

vibration *वॉइ ब्रे शॅन n.* act of vibrating कंपन।

vicar *वि काः n.* clergyman in charge of a parish पुरोहित।

vicarious *वि के˘अॅ रि अॅस a.* performed, suffered, etc. in place of another प्रतिनिधि मूलक; taking the place of another स्थानापन्न; felt by imagining oneself in another's place परानुभूतिमूलक।

vice *वाइस* *n.* an immoral habit व्यसन; immoral conduct अनैतिक आचरण; sexual immorality चरित्रहीनता; a fault दोष, बुराई।

viceroy *वॉइस् रौ ॅइ* *n.* (fem. vicereine) ruler on behalf of a sovereign वाइसराय।

vice-versa *वॉइ सि वॅः सॅ* *adv.* the other way round विलोमतः।

vicinity *वि सि नि टि* *n.* closeness समीपता; neighbourhood पड़ोस।

vicious *वि शॅस* *a.* wicked दुष्ट, धूर्त; spiteful द्वेषपूर्ण; ferocious ख़तरनाक।

vicissitude *वि सि सि ट्यूड* *n.* change of fortune भाग्य का फेर; ups and downs उतार-चढ़ाव।

victim *विक् टिम* *n.* one harmed or killed शिकार; animal or person slain as a sacrifice बलिभाजन।

victimize *विक् टि मॉइज़* *v.t.* to make a victim of को शिकार बनाना, हानि पहुंचाना; to punish unfairly अकारण दंडित करना।

victor *विक् टॅः* *n.* conqueror, winner विजेता।

victorious *विक् टौ रि ॲस* *a.* triumphant विजयी।

victory *विक् टॅः रि* *n.* success in a contest or battle विजय।

victuals *वि ट्ल्ज़* *n. pl.* food, provisions खाद्य, खाद्य-सामग्री।

vie *वॉइ* *v.i.* to compete होड़ लगाना, मुक़ाबला करना।

view[1] *व्यू* *n.* act of seeing अवलोकन; scene, prospect दृश्य; picture चित्र, तस्वीर; opinion मत, धारणा।

view[2] *v.t.* to look at देखना; to survey पर्यवलोकन करना; to consider विचार करना; मानना।

vigil *वि जिल* *n.* wakefulness through the night रतजगा; watchfulness रखवाली।

vigilance *वि जि लॅन्स* *n.* watchfulness निगरानी, रखवाली।

vigilant *वि जि लॅन्ट* *a.* watchful सतर्क, चौकस।

vigorous *वि गॅ रॅस* *a.* strong शक्तिशाली; energetic ओजस्वी।

vile *वॉइल* *a.* shameful, disgusting घिनावना, नीचतापूर्ण; despicable घृणित, घृणा-योग्य।

vilify *वि लि फ़ॉइ* *v.t.* to speak ill of की निंदा करना; to slander बदनाम करना।

villa *वि लॅ* *n.* large, luxurious, country house देहाती बंगला; a detached suburban house उपनगरीय भवन।

village *वि लिज* *n.* a small group of houses in country area गांव, देहात।

villager *वि लि जॅः* *n.* village-dweller देहाती, ग्रामीण।

villain *वि लॅन* *n.* a wicked person खल, दुष्ट; chief wrong-doer (in drama or novel) खलनायक।

vindicate *विन् डि केट* *v.t.* to clear of blame दोषमुक्त करना; to justify उचित बताना; to establish the truth of सच सिद्ध करना।

vindication *विन् डि के शॅन* *n.* act of vindicating दोष-मुक्ति।

vine *वॉइन* *n.* climbing plant bearing grapes अंगूर की बेल।

vinegar *वि नि गः* *n.* acid liquor सिरका।

vintage *विन् टिज* *n.* the grape harvest द्राक्षा-संचयन; wine अंगूरी शराब।

violate *वॉइ अॅ लेट* *v.t.* to break (law, agreement, etc.) भंग करना; उल्लंघन करना; to commit rape on (से) बलात्कार करना; to profane अपवित्रत करना।

violation *वॉइ अॅ ले शॅन* *n.* act of violating उल्लंघन; rape बलात्कार; desecration अपवित्रीकरण।

violence *वॅइ अॅ लॅन्स* *n.* state of being violent हिंसा; intensity तीव्रता, उग्रता; use of force बल-प्रयोग।

violent *वॉइ अॅ लॅन्ट* *a.* marked by violence हिंसात्मक; involving physical attack आक्रामक; intense तीव्र, उग्र।

violet *वॉइ अॅ लिट* *n.* a small plant with bluish-purple or white flowers बनफ़ंशा; purple blue colour बैंगनी रंग।

violin *वॉइ अॅ लिन* *n.* a four stringed musical instrument वायलिन।

violinist *वॉइ अॅ लि निस्ट* *n.* a violin-player वायलिन-वादक।

virgin[1] *वॅः जिन* *n.* a girl who has not had sexual intercourse कुंआरी, अक्षत यौवना।

virgin[2] *n.* without experience of sexual intercourse अक्षत; pure पवित्र; untilled (land) बिना जोती हुई भूमि।

virginity *वॅः जि नि टि* *n.* state of being virgin कौमार्य; chastity शुचिता, पवित्रता।

virile *वि रॉइल* *a.* (man) capable of copulation संभोग-शक्तियुक्त; strong, forceful शक्तिशाली।

virility *वि रि लि टि* *n.* sexual power संभोग-क्षमता; masculine strength पौरुष।

virtual *वॅः ट्यु अॅल* *a.* so in effect, though not in appearance or name वास्तविक।

virtue *वॅः चू, -ट्यू-* *n.* moral goodness नैतिकता; a specific good quality सद्गुण; merit योग्यता।

virtuous *वॅः ट्यु अॅस, -चु-* *a.* morally good नेक, सद्गुणी; chaste पावन, शुद्ध।

virulence *वि रु लॅन्स, -र्यु-* *n.* quality of being virulent विषाक्तता; harmfulness हानिप्रदता; malice द्वेषभाव।

virulent *वि रू लॅन्ट, -र्यु-* *a.* poisonous विषाक्त; malicious द्वेषपूर्ण।

virus *वॉइ रॅस* *n.* poisonous element causing infectious diseases विषाक्त तत्व।

visage *वि ज़िज* *n.* the human face चेहरा।

visibility *वि ज़ि बि लि टि* *n.* degree of clarity of atmosphere द श्यता; distance at which something can be seen द ष्टिसीमा।

visible *वि ज़ि ब्ल* *a.* that can be seen द श्यमान, द ष्टिगोचर।

vision *वि ज़ॅन* *n.* sight द ष्टि; imagination कल्पना; dream स्वप्न; insight अंतर्द ष्टि।

visionary[1] *वि ज़ॅ नॅ रि* *a.* belonging to a vision काल्पनिक, अवास्तविक; impractical अव्यावहारिक; dreamy

स्वप्निल; idealistic आदर्शवादी।

visionary² *n.* a dreamer स्वप्न-द ष्टा; impractical person अव्यावहारिक व्यक्ति।

visit¹ *वि ज़िट n.* act of visiting भेंट; stay ठहराव; official call दौरा।

visit² *v.t.* to go to see से मिलने जाना; to stay as a guest with के यहां ठहरना; *v.i.* to make a visit दौरा करना।

visitor *वि ज़ि टॅः n.* a guest मेहमान; a tourist पर्यटक; one who comes for a visit भेंटकर्ता।

vista *विस् टॅ n.* view द श्य।

visual *वि ज़्यु ॲल a.* concerned with seeing द ष्टि-विषयक; visible द श्य।

visualize *वि ज़्यु ॲ लॉइज़ v.t.* to form mental image of की सजीव कल्पना करना।

vital *वॉइ ट्ल a.* necessary for life प्राणाधार; of great importance अति आवश्यक animated सजीव।

vitality *वॉइ टै लि टि n.* liveliness, energy जीवन-शक्ति।

vitalize *वॉइ टॅ लॉइज़ v.t.* to give life to जीवन प्रदान करना; to lend vigour to शक्ति देना।

vitamin *वॉइ टॅ मिन, वि- n.* विटामिन।

vitiate *वि शि एट v.t.* to spoil बिगाड़ना; to corrupt भ्रष्ट करना।

vivacious *वि वे शॅस a.* gay आनंदपूर्ण; sprightly फुरतीला।

vivacity *वि वै सि टि n.* quality of being vivacious ज़िंदादिली; gaiety आनंदमयता।

viva-voce¹ *वॉइ वॅ वो सि adv.* by word of mouth मौखिक रूप में।

viva-voce² *a.* oral मौखिक।

viva-voce³ *n.* oral examination मौखिक परीक्षा।

vivid *वि विड a.* bright चमकदार; lively सजीव; clear स्पष्ट।

vixen *विक् सॅन n.* a female fox लोमड़ी; a spiteful woman कर्कशा।

vocabulary *वॅ कै ब्यु लॅ रि, वोॅ- n.* list of words शब्द-सूची; stock of words शब्द-भडांर।

vocal *वो कॅल a.* of voice वाणी-विषयक; spoken कथित; expressive of feelings by speaking मुखर, मुखरित।

vocalist *वो कॅ लिस्ट n.* a singer गायक।

vocation *वोॅ के शॅन n.* profession, trade व्यवसाय; special aptitude विशेष रूझान।

vogue *वोग n.* fashion प्रचलन।

voice¹ *वौॅइस n.* sound that comes from the mouth आवाज़; quality of sound स्वर; expression अभिव्यक्ति; opinion मत, विचार।

voice² *v.t.* to express अभिव्यक्त करना।

void¹ *वौॅइड a.* empty रिक्त, खाली; not legally bound रद्द।

void² *v.t.* to make invalid रद्द करना; to empty out ख़ाली करना।

void³ *n.* empty space शून्य, रिक्ति।

volcanic *वौलॅ् कै निक a.* of or like a volcano ज्वालामुखीय।

volcano *वौलॅ् के नो n. (pl.-es)* a mountain discharging lava, gases, ashes etc. ज्वालामुखी।

volition *वोॅ लि शॅन n.* power of willling संकल्प-शक्ति; act of willing संकल्प।

volley¹ *वौॅ लि n.* simultaneous discharge of a number of missiles बौछार; rush of oaths, questions, etc. झड़ी; act of volleying उड़ती गेंद पर मार।

volley[2] *v.t* to discharge दाग़ना; (tennis) to return (ball) before it hits ground टप्पा लगने से पहले गेंद को लौटाना; *v.i.* to be dischrged दाग़ना, बौछार होना।

volt *वोल्ट n.* unit of electric potential वोल्ट।

voltage *वोल टिज n.* electric force measured in volts वोल्टता।

volume *वॉ ल्यूम n.* a large amount ढेर, राशि; loudness ध्वनि की तीव्रता; space occupied आयतन; bulk, mass मात्रा; book पुस्तक; part of book bound in one cover जिल्द।

voluminous *वॅ ल्यू मि नॅस a.* extensive विशाल, भारी।

voluntarily *वॉ लॅन् टॅ रि लि adv.* in a voluntary manner स्वेच्छा से।

voluntary *वॉ लॅन् टॅ रि a.* done by free will स्वैच्छिक।

volunteer[1] *वॉ लॅन् टिअ: n.* one who offers to do something of his own free will स्वयंसेवक।

volunteer[2] *v.t.* to give of offer voluntarily स्वेच्छा से देना; *v.i.* to offer oneself of one's own free will स्वयं को प्रस्तुत करना।

voluptuary *वॅ लप् ट्यु अॅ रि n.* one given to luxury and sexual pleasures विषयासक्त, भोगी।

voluptuous *वॅ लप् ट्यू अॅस a.* full of sexual pleasure भोगपूर्ण; giving sexual plelasure विलासप्रद; seeking sexual pleasure विलासप्रिय; sexually attractie कामोत्तेजक; showing sexual desire कामुक।

vomit[1] *वॉ मिट v.t.* to eject through the mouth मुंह से उलट देना; *v.i.* to eject contents of stomach through the mouth उलटी करना।

vomit[2] *n.* act of vomiting वमन-क्रिया; matter vomited उलटी, वमन।

voracious *वॅ रे शॅस a.* greedy लालची; very hungry अति भूखा; desiring much तीव्र इच्छावाला।

votary *वो टॅ रि n.* (fem. votaress) a person devoted to some pursuit, service or cause भक्त, अनुयायी।

vote[1] *वोट n.* formal expression of choice मतदान; right to express this choice मताधिकार; ballot मतपत्र; decision reached by voting चुनाव का निर्णय।

vote[2] *v.i.* to express choice by ballot मत देना; *v.t.* to grant by vote स्वीक त करना।

voter *वो टॅ: n.* person who votes मतदाता; one who has the right to vote मताधिकारी।

vouch *वॉउच v.i.* (with 'for') to guarantee आश्वासन देना; to make oneself responsible दायित्व लेना।

voucher *वॉउ चॅ: n.* a documentary record of an expense paid व्यय की रसीद।

vouchsafe *वॉउच् सेफ़ v.t.* to condescend, to grant or do (something) देने या करने की क पा करना।

vow[1] *वॉउ n.* pledge or solemn promise व्रत, प्रतिज्ञा।

vow[2] *v.t.* to promise solemnly, to take a vow for का व्रत लेना।

vowel *वॉउ अॅल,-इल n.* a speech sound made without contact of tongue, teeth or lips स्वर।

voyage[1] *वौ ँइ इ जॅः n.* one who undertakes a voyage समुद्र-यात्रा।

voyage[2] *v.i.* to make a voyage समुद्र-यात्रा करना।

voyager *वौ ँइ इजॅः n.* one who undertakes a voyage समुद्र-यात्री।

vulgar *वल् गॅः a.* coarse, ill-mannered भद्दा, अशिष्ट; obscene अश्लील; common सामान्य।

vulgarity *वल् गै रि टि n.* coarseness गंवारपन, अभद्रता; obscenity अश्लीलता।

vulnerable *वल् नॅ रॅ ब्ल a.* liable to be hurt or wounded छेद्य; open to attack जिस पर वार किया जा सके।

vulture *वल् चॅः n.* a large bird that feeds on carrion गिद्ध।

Ww

W डब्ल्यू the twenty third letter of the English alphabet, with the sound of a consonant when beginning a syllable and of a vowel if it does not begin a syllable. अंग्रेजी वर्णमाला का तेइसवाँ अक्षर, इसका उच्चारण किसी सिलेब्ल या मात्रा के आदि में व्य जन, अन्यथा स्वर होता है।

wade *वेड v.i.* to walkthrough water or something that hinders progress पानी आदि में होकर गुज़रना; to walk with difficulty कठिनाई से चलना।

waddle *वौ ँ-ड्ल v.i.* to walk with a rolling gait डगमगाकर चलना; to toddle इठलाती चाल चलना।

waft[1] *वौफ़्ट, वौफ़्ॅट, वाफ़्ट v.t.* to carry lightly and smoothly through air or over water हवा या पानी-द्वारा फैलाना।

waft[2] *n.* breath or puff of air महक, गमक।

wag[1] *वैग (-gg-) v.i.* to move rapidly from side to side हिलना; *v.t.* to cause to move rapidly from side to side हिलाना।

wag[2] *n.* wagging movement दोलन, हिलने की क्रिया।

wage[1] *वेज v.t.* to engage in में लगना; to carry on चालू रखना।

wage[2] *n.(usu. pl.)* payment for work done मज़दूरी।

wager[1] *वे जॅः n.* a bet शर्त।

wager[2] *v.i.* to bet शर्त लगाना, बाज़ी लगाना।

wagon *वै गॅन n.* a four-wheeled vehicle for heavy loads चौपाहिया गाड़ी; railway freight-truck मालडिब्बा।

wail[1] *वेल v.i.* to mourn, to cry out in grief or pain बिलखना, रोना, विलाप करना।

wail[2] *n.* mournful cry विलाप।

wain *वेन n.* wagon बैलगाड़ी, मालगाड़ी का डिब्बा।

waist *वेस्ट n.* part of the body between hips and ribs कमर।

waistband *वेस्ट्-बैन्ड n.* band on a

garment fitting round the waist कमरबंद।

waistcoat *वेस्ट्-कोट* *n.* a short sleeveless garment worn under the coat वास्कट।

wait[1] *वेट* *v.i.* to stay in one place प्रतीक्षा करना; to delay acting थोड़ी देर रुकना; to act as attendant सेवा-टहल करना; *v.t.* to postpone टालना।

wait[2] *n.* act of waiting प्रतीक्षा; period of waiting प्रतीक्षाकाल।

waiter *वे टॅः* *n.* attendant on guests at a hotel बैरा।

waitress *वेट्-रिस* *n.* a female waiter परिचारिका, सेविका।

waive *वेव* *v.t.* to forgo छोड़ देना; not to insist on पर ज़ोर न देना; to put aside हटा देना।

wake[1] *वेक* *v.t.* to rouse from sleep जगाना; to rouse from inactivity सचेत करना; *v.i.* to stop sleeping जगना; to rise into action सचेत होना, क्रियाशील होना।

wake[2] *n.* vigil जागरण; all night watch beside corpse शव की पूरी रात की रखवाली।

wake[3] *n.* track left behind in water by a moving ship अनुजल।

wakeful *वेक् फुल* *a.* sleepless निद्रा-रहित; on the watch सजग, चौकन्ना।

walk[1] *वौक* *v.i.* to move on foot at ordinary pace चलना; *v.t.* to cause to move on foot चलाना; to go over on foot चलकर पार करना।

walk[2] *n.* act of walking सैर, भ्रमण; gait चाल; journey on foot पदयात्रा; path मार्ग; profession पेशा, व्यवसाय।

wall[1] *वौल* *n.* solid upright erection of brick, stone, etc. दीवार; barrier रोक।

wall[2] *v.t.* to surround with a wall दीवार से घेरना; to block up with a wall दीवार से रोकना।

wallet *वौ˘ लिट* *n.* a small folding case that fits the pocket or handbag थैली।

wallop *वौ-लॅप* *v.t.* to strike with force (पर) आघात करना; to beat soundly बुरी तरह पीटना।

wallow *वौ˘ लो* *v.i.* to roll around (in mud) लोट-पोट करना; to revel मस्ती लूटना, गुलछर्रे उड़ाना।

walnut *वौल् नट* *n.* an edible nut with a hard shell अखरोट; the tree bearing this अखरोट का पेड़; its wood अखरोट की लकड़ी।

walrus *वौल्-रॅस* *n.* an aquatic webfooted carnivorous animal, sea horse समुद्री घोड़ा।

wan *वौनॅ* *a.* pale, looking ill पीला, विवर्ण।

wand *वौन्ड* *n.* a thin rod छड़ी।

wander *वौन् डॅः* *v.i.* to roam, to ramble घूमना; to go astray भटकना; to deviate विषय से हट जाना।

wane[1] *वेन* *v.i.* (of the moon) to decrease in size घटना, छोटा होना; to decline ह्रास होना।

wane[2] *n.* decline, decrease ह्रास, अवनति।

want[1] *वौन्ट* *v.t.* to need की आवश्यकता होना; to desire की इच्छा रखना; to lack का अभाव होना।

want[2] *n.* need आवश्यकता; deficiency अभाव; desire इच्छा।

wanton *वौन्ँ टॅन a.* dissolute लंपट; without motive उद्देश्यहीन; unrestrained संयमहीन।

war[1] *वौ: n.* fighting between nations युद्ध; state of hostility शत्रुता; conflict संघर्ष।

war[2] *(-rr-) v.i.* to make war लड़ना, युद्ध करना।

warble[1] *वौ: ब्ल v.i.* to sing with a trilling sound कूजना।

warble[2] *n.* trilling sound कूजन।

warbler *वौ: ब्लॅः n.* bird that warbles गायक पक्षी।

ward[1] *वौःड n.* one who is under the care of a guardian आश्रित; a divison (of city, hospital etc.) वार्ड; guardianship संरक्षकत्व।

ward[2] *v.t.* to protect रक्षा करना।

warden *वौः ड्न n.* a person in charge of a hostel, college etc. वार्डन, रक्षक।

warder *वौः डॅः n.* jailer जेलर, कारापाल।

wardrobe *वौःड् रोब n.* piece of furniture for hanging clothes in कपड़ों की अलमारी; a person's supply of clothes वस्त्र, कपड़े।

wardship *वौःर्ड-शिप n.* protection, custody अभिरक्षा।

ware *वे˘ अॅः n. (pl.)* goods, articles सामान, वस्तुएं।

warehouse *v.t.* to deposit in a warehouse गोदाम में रखना; to store up जमा करना।

warfare *वौः फे˘अॅः n.* making war संग्राम condition of being at war युद्ध की स्थिति।

warlike *वौः लॉइक a.* fond of war युद्धप्रिय; ready for war युद्ध के लिए तत्पर; valiant बहादुर।

warm[1] *वौःम a.* moderately hot गुनगुना; (of clothing) serving to maintain heat गरम कपड़े; affectionate स्नेहपूर्ण; enthusiastic उत्साहपूर्ण; hearty हार्दिक; sympathetic सहानुभूतिपूर्ण।

warm[2] *v.t.* to make warm गरम करना; *v.i.* to become warm गरम होना।

warmth *वौःम्थ n.* mild heat गरमी, गरमाहट; cordiality हार्दिकता; emotion भावुकता।

warn *वौःन v.t.* to put on guard सचेत करना; to admonish चेतावनी देना; to give advance information to पूर्वसूचना देना।

warning *वौः निङ्ग n.* notice of danger etc. पूर्वसूचना; admonition चेतावनी।

warrant[1] *वौ˘ रन्ट n.* authority अधिकार; document giving authority आज्ञापत्र।

warrant[2] *v.t.* to guarantee (का) ज़िम्मा लेना; to authorize अधिकार देना।

warrantee *वौ˘ रॅन् टी n.* person given a warranty व्यक्ति जिसे आश्वस्त किया गया हो।

warrantor *वौ : रॅन् टॅः n.* person giving warranty आश्वासनदाता।

warranty *वौ˘ रॅन् टि n.* authority अधिकार; assurance आश्वासन।

warren *वौ-रिन, -रॅन n.* an area of land where rabbits have their burrows खरगोशों का बाड़ा; a confused mass of streets गलियों की भूल-भुलैया।

warrior *वौ˘ रि अॅः n.* fighter योद्धा।

wart *वौःट n.* small hard growth on skin मस्सा।

wary *वे˘अॅ रि a.* watchful, cautious सतर्क, चौकस।

wash[1] *वौशॅ v.t.* clean with water धोना; *v.i.* to be washable पानी में धुलने-योग्य होना।

wash[2] *n.* act of washing धुलाई; clothes washed at one time धुलाई के कपड़े; bath स्नान; thin coating पतला लेप।

washable *वौ˘ शॅ ब्‌ल a.* that can be washed without damage धुलाई-योग्य।

washer *वौ˘ शॅः n.* washing machine धुलाई की मशीन; a flat ring of metal, rubber, etc. that fits under a nut वाशर।

wasp *वौ˘ स्प n.* a winged stinging insect भिड़, ततैया।

waspish *वौ˘स्-पिश a.* spiteful, virulent तुनकमिज़ाज, चिड़चिड़ा।

wassail *वौ˘-स्‌ल,-सेल n.* drinking about मद्यपानोत्सव; festive occasion, revelry रंगरेलियां, उत्सव; drinking or festive song मद्यपानगीत, उत्सवगान।

wastage *वैस्‌ टिज n.* amount wasted छीजन; loss हानि।

waste[1] *वेस्ट a.* worthless, useless निरर्थक, व्यर्थ; barren (land) बंजर भूमि।

waste[2] *n.* act of wasting बरबादी; what is wasted नष्ट पदार्थ; desert ऊसर।

waste[3] *v.t.* to use extravagantly नष्ट करना, व्यर्थ उड़ाना; to fail to take advantage of का लाभ न उठाना; to lay desolate उजाड़ देना; *v.i.* to dwindle क्षीण होना, घटना; to pine away घुलना, दुर्बल होना, सूख जाना।

wasteful *वेस्ट्‌ फुल a.* extravagant अपव्ययी; causing waste विनाशकारी।

watch[1] *वौचॅ v.t.* to observe closely निरीक्षण करना, अवलोकन करना; to guard रखवाली करना; *v.i.* to be on watch पहरे पर होना; to keep awake जागते रहना।

watch[2] *n.* close observation अवलोकन; wakefulness चौकसी; guard चौकीदार; spell of duty पहरा; portable time-piece for the wrist घड़ी।

watchful *वौचॅ्‌ फुल a.* wide awake सतर्क, चौकस।

watchword *वौचॅ्‌ वॅःड n.* a slogan or rallying cry नारा, संकेतशब्द।

water[1] *वौ टॅः n.* liquid found in rivers, lakes, seas etc. पानी; body of water जलाशय; tear आंसू; urine मूत्र।

water[2] *v.t.* to put water on or into (पर या में) पानी डालना; to irrigate सींचन; to give water (to an animal) पशु को पानी पिलाना; to add water to में पानी मिलाना *v.i.* to salivate मुंह में पानी भर आना (of eyes) to fill with tears आंखों में आंसू आ जाना।

waterfall *वौ टॅः फ़ौल n.* perpendicular descent of water of river जल-प्रपात।

water-melon *वौ टॅः मै˘ लॅन n.* a large fruit with juicy flesh तरबूज़।

waterproof[1] *वौ टॅः प्रूफ़ a.* not letting water through जलसह।

waterproof[2] *n.* waterproof garment जलसह वस्त्र।

waterproof[3] *v.t.* to make waterproof जलसह बनाना।

watertight *वौ ॅ टॅः टॉइट a.* made in such a way that water cannot penetrate जलरोधी; flawless दोषहीन, त्रुटिरहित।

watery *वौ ॅ टॅ रि a.* like water जलवत्; of water जलीय; (of eyes) running with water अश्रुमय।

watt *वौ ॅट n.* unit of electic power वाट।

wave[1] *वेव n.* a ridge on the surface of water लहर; a waving movement संकेत, इशारा; vibration तरंग।

wave[2] *v.t.* to move to and fro हिलाना; to signal by waving हाथ हिलाकर संकेत करना; *v.i.* to be in curves घुंघराले होना।

waver *वे वॅः v.i.* to hesitate हिचकिचाना; to be unsteady अस्थिर होना।

wax[1] *वैक्स n.* soft matcrial made by bees मोम; substance used for sealing लाख।

wax[2] *v.t.* to put wax on मोम लगाना; *v.i.* to increase बढ़ना।

way *वे n.* path मार्ग; manner ढंग, तरीका; means साधन; direction दिशा; progress प्रगति; condition दशा।

wayfarer *वे फ़े ॅऑ रॅः n.* traveller on foot राही, पथिक।

waylay *वे ले v.t.* to ambush की घात में बैठना; to wait for and stop की तलाश में होना व रोकना।

wayward *वे वॅःड a.* wilful हठी, जिद्दी; capricious तरंगी, मौजी।

weak *वीक a.* not strong कमज़ोर, निर्बल; lacking in ability अयोग्य, अक्षम; irresolute ढुलमुल।

weaken *वी कॅन v.t. & i.* to make or become weak कमज़ोर बनाना या बनना।

weakling *वीक् लिङ्ग n.* a feeble creature कमज़ोर प्राणी।

weakness *वीक् निस n.* state of being weak कमज़ोरी; fault or defect of character चारित्रिक दोष; fondness, special liking शोक़, चस्का।

weal *वील n.* well-being कल्याण, हित, सुख-शांति।

wealth *वैल्थ n.* riches धन-दौलत; abundance प्रचुरता, बाहुल्य।

wealthy *वैल्ॅ थि a.* having wealth धनी, धनाढ्य।

wean *वीन v.t.* to accustom (a baby or a young animal) to food other than its mother's milk मां का दूध छुड़ाना; to cause (somebody) to turn away (from bad habit) किसी से बुरी आदत छुड़ाना।

weapon *वै ॅ पॅन n.* an implement to fight with हथियार।

wear *वे ॅ अः v.t.* to have on the body पहनना; to show प्रदर्शित करना; *v.i.* to last चलना।

weary[1] *विअं रि a.* tired थका-मांदा; tiring थकान।

weary[2] *v.t. & i.* make or become weary थकाना या थकना।

weary[3] *a.* exhausted श्रांत, क्लांत; causing weariness थकाऊ, उबाऊ;

tasteless अरुचिकर, नीरस।

weary[4] *v.t.* to make weary श्रांत करना, थकाना; to reduce the patience of उबा देना।

weather[1] *n.* day-to-day climatic condition of a place वैं दें: मौसम।

weather[2] *v.t.* to expose to open air खुली हवा में रखना; to endure झेलना, सहना।

weave *वीव* *v.t.* to interlace (threads) to make fabric बुनना; *v.i.* to work at a loom बुनाई का काम करना।

weaver *वी वॅः* *n.* a person who weaves at a loom बुनकर, जुलाहा।

web वैबॅ *n.* woven fabric कपड़ा; net spun by spider मकड़ी का जाला; membrane between toes of ducks, bats, etc. पदजाल।

webby *वै ॅ-बि* *a.* having a web झिल्लीदार; like a web झिल्ली के समान।

wed *वै ॅड (-dd-)* *v.t.* to marry (से) विवाह करना; to unite जोड़ना, मिलाना; *v.i.* to get married शादी करना।

wedding *वै ॅ डिङ्ग* *n.* marriage ceremony विवाहोत्सव, विवाह।

wedge[1] *वैजॅ* *n.* a v-shaped piece of wood or metal फन्नी, पच्चर।

wedge[2] *v.t.* to fasten with a wedge में पच्चर लगाना।

wedlock *वै ॅड़ लौकॅ* *n.* marriage विवाह।

Wednesday *वैन्ज़् डे, -डि* *n.* fourth day of the week बुधवार।

weed[1] *वीड* *n.* a wild plant अपत ण; a thin sickly person or animal पतला-दुबला व्यक्ति या पशु।

weed[2] *v.t.* to clear of weeds निराना; (with `out') to remove (something undesirable) अनावश्यक वस्तु को निकाल फेंकना।

week *वीक* *n.* period of seven days सप्ताह।

weekly[1] *वीक् लि* *a.* happening once a week साप्ताहिक।

weekly[2] *adv.* once a week प्रत्येक सप्ताह।

weekly[3] *n.* a periodical published once a week साप्ताहिक पत्रिका।

weep *वीप* *v.i.* (wept) to shed tears रोना; to grieve दुःखी होना, विलाप करना।

weevil *वी विल* *n.* small beetle harmful to grain etc. घुन।

weigh *वे* *v.t.* to find weight of तोलना; to consider सोचना, विचारना; *v.i.* to have weight वज़नदार होना।

weight *वेट* *n.* heaviness वज़न; piece of metal of known weight बाट; something heavy बोझा; importance महत्व।

weightage *वे-टिज* *n.* price paid for the weighing of goods तोलन-व्यय; importance बढ़त।

weighty *वे टि* *a.* of great weight भारी; important महत्वपूर्ण।

weir *विअॅः* *n.* a dam across a river (नदी का) सेतु, बांध; fence of stakes set in stream for catching fish (मछली पकड़ने की) बाड़।

weird *विअॅःड* *a.* uncanny अलौकिक; strange अनोखा।

welcome[1] *वैलॅ कॅम* *a.* received gladly सुखद; freely permitted अनुमत।

welcome[2] *n.* freindly greeting

अभिनंदन; reception स्वागत।

welcome[3] *v.t.* to greet with pleasure स्वागत करना।

weld[1] वैल्ड *v.t.* to unite (metal) by fusion वैल्ड करना; to unite closely जोड़ना, मिलाना; *v.i.* to be capable of being welded जुड़ने योग्य होना।

weld[2] *n.* welded joint जोड़।

welfare बैल् फ़ै ॲ: *n.* well-being कल्याण।

well[1] वैलॅ *a.* in good health स्वस्थ; suitable उपयुक्त।

well[2] *adv.* in a satisfactory manner भली-भांति; skilfully निपुणता से; intimately घनिष्टतापूर्वक; suitably औचित्यपूर्वक; fully पूर्ण रूप से; to a considerable degree पर्याप्त रूप में।

well[3] *n.* a hole sunk into the earth for water कुआं; source स्त्रोत।

well[4] *v.i.* to flow, to spring बहना, उमड़ना।

wellignton वै ॅलिङ्ग्-टॅन *n.* a kind of long boot worn by men लंबा मर्दाना जूता।

well-known वैॅल्-नोन *a.* fully known सुपरिचित; celebrated सुप्रसिद्ध; notorious कुख्यात।

well-read वैॅल्-रैॅड *a.* of wide reading, learned विद्वान।

well-timed वैॅल्-टॉइम्ड *a.* oppourtune, keeping accurate time समयानुकूल।

well-to-do वैॅल्-टु-डु *a.* prosperous, well-off संपन्न, धनी, खाता-पीता।

welt वै ॅल्ट *n.* band or strip of leather चमड़े का फ़ीता; lash चाबुक; a strip of leather sewed round the upper of a boot (जूते की) पट्टी, गोट।

welter वैॅल्-टर: *n.* state of turmoil विक्षोभ; agitation, surging mass आंदोलन, हंगामा; confusion असमंजस।

wen वै ॅन *n.* a sebaceous cyst अर्बुद, गिल्टी।

wench वै ॅन्श *n.* a damsel, girl छोकरी, लड़की; maid-servant नौकरानी।

west[1] वैस्ॅट *n.* the direction of the setting sun पश्चिम; part of country etc. lying to this side पश्चिमी भाग; occident पाश्चात्य जगत।

west[2] *a.* of the west पश्चिमी; coming from the west पछुवां।

west[3] *adv.* towards the west पश्चिम की ओर।

westerly[1] वैस्ॅ टॅ: लि *a.* situated towards the west पश्चिमी; coming from the west पछुवां।

westerly[2] *adv.* towards the west पश्चिम की ओर।

western वैस्ॅ टॅ:न *a.* of, in the west पश्चिमी; characteristic of the west पाश्चात्य।

wet[1] वै ॅट *a.* having water or other liquid on a surface गीला; soaked in liquid तर; rainy बरसाती।

wet[2] *(-tt-) v.t.* to make wet गीला क.।

wetness वै ॅट् निस *n.* quality of being wet गीलापन।

whack हैक *v.t.* to strike hard (with staff) (लाठी से) प्रहार; *v.i.* to strike चोट करना।

whale हेल, *n.* a large fish-shaped sea-animal वेल, हेल।

wharfage ह्वौः -फ़िज *n.* dues paid for using a wharf घाट-शुल्क, घाट-भाड़ा।

what[1] ह्वौ ॅट, वौ ॅट *a.* which कौनसा, कौनसे; how much कितना ? how great, how much कितना अधिक; as much as जितना।

what[2] *pron.* which thing जो वस्तु; that which जो; which thing क्या, कौन वस्तु।

what[3] *interj.* exclamation of surprise, anger etc. क्या ! उफ़ !, अरे!

whatever ह्वौ ॅट् ऐ ॅ वँः, वौ ॅट्- *pron.* anthing which जो कुछ भी; no matter what कुछ भी।

wheat ह्वीट, वीट *n.* (plant producing) grain from which flour is made गेहूं का पौधा।

wheedle वी ड्ल *v.t.* to coax, to flatter फुसलाना, चापलूसी करना।

wheel[1] ह्वील, वील *a.* circular frame or disc पहिया; act of turning चक्र, घुमाव।

wheel[2] *v.t.* to cause to turn घुमाना; to cause to move लुढ़काना; to cause to change course मोड़ना; *v.i.* to turn घूमना; to go on a wheel लुढ़कना; to change course मुड़ना।

whelm है ॅल्म *v.t.* to plunge deep, to submerge डुबो देना; to overpower अभिभूत करना।

whelp है ॅल्प *n.* (contemptuously) young man छोकरा; young of a lion सिंहशावक; young of a dog, puppy पिल्ला।

when[1] हैनॅ, वेनॅ *adv.* at which time कब; at the time that जब।

when[2] *conj.* at the which time that जिस समय; although यद्यपि; since क्योंकि।

whence ह्वैन्स, वैन्स *adv.* from where जहां से, कहां से।

whenever हैन् ऐ ॅ वँः, वैन्- *adv. conj.* at whatever time जब कभी।

where[1] ह्वे ॅ अँः, वे ॅ अँः *adv.* at what place कहां; at or to the place in which जहां।

where[2] *conj.* in or at what place जहां।

whereabout, whereabouts हे ॅअरः-अँ-बॉउट, -बॉउट्स *adv.* about where, near what? कहां

whereas हे ॅअँ ५-ऐज़ *conj.* when in fact, but on the contrary जबकि।

whereat हे ॅअँः-ऐट *conj.* at or upon which जिस पर, जहां।

wherein हे ॅअँ :-इन् *adv.* in which place or respect किस बात में, किस द ष्टि से।

whereupon हे ॅअरः-अँ-पौ ॅन *conj.* upon which जिसपर; at or after which जिसके बाद।

wherever हे ॅअँः-ऐ ॅ-वरः *adv.* at whatever place जहां कहीं।

whet हैॅट, वैॅट *(-tt-) v.t.* to sharpen तेज़ करना; to stimulate उकसाना, उत्तेजित करना, प्रोत्साहित करना।

whether है ॅ दँः, वै ॅ- *conj.* if यदि; even if भले ही।

which[1] ह्विचव विच, *pron.* कौनसा; जो।

which[2] *a.* कौनसा।

whichever, whichsoever ह्विच्-ऐ ॅ-वरः, ह्विच्-सो-ऐ ॅ-वरः *pron.* everyone which, any one, no matter which जो कोई, चाहे जो।

whiff ह्विफ़ *n.* slight inhalation सांस, फूंक, sudden puff of air (हवा का)

झोंका; puff of smell गंध, गमक।

while[1] ह्वॉइल, वॉइल *n.* period of time समय।

while[2] *conj.* during the time that जिस समय, for as long as जब जब तक; whereas जबकि; although यद्यपि।

while[3] *v.t.* (with 'away') to spend (time) idly समय गंवाना, मस्ती में काटना।

whim ह्विम विम *n.* sudden passing fancy सनक, झक, मौज।

whimper ह्मिम्-परः *v.i.* to express grief with a whining voice रिरियाना; *v.t.* to utter; low whining tone रिरियाकर कहना।

whimsical ह्मिम् ज़ि कॅल, विम्- *a.* quaint अनोखा; full of whims झक्की, सनकी।

whine[1] ह्वॉइन, वॉइन *v.i.* to make a thin complaining cry क्याऊँ-क्याऊँ करना, रोना-चिल्लाना; *v.t.* to utter with a whine रोते हुए कहना।

whine[2] *n.* long drawn complaining cry चिल्लाहट।

whip[1] ह्विप, विप *(-pp-) v.t.* to thrash छेतना; to beat फेंटना; to strike with a whip कोड़े मारना।

whip[2] *n.* lash attached to a handle कोड़ा।

whipcord ह्विप्-कौ :ड *n.* cord for makng whips चाबुक की डोरी।

whir ह्वॅः *n.* sound from rapid whirling motion भिनभिनाहट।

whirl[1] ह्वॅःल, वॅःल *n.i.* to turn around rapidly घूमना; to move rapidly in a circular course चक्कर खाना; *v.t.* to cause to turn around घुमाना; to cause to move in a circular course चक्कर खिलाना।

whirl[2] *n.* whirling movement घुमाव, चक्कर; giddiness चकराहट, घबराहट।

whirligig ह्वॅः लि गिग, वॅः- *n.* spinning top लट्टू; merry-go-round चक्रदोला।

whirlpool ह्वॅःल् पूल, वॅःल्- *n.* eddy भंवर।

whirlwind ह्वॅःल् विन्ड, वॅःल्- *n.* violent current of air with a spiral motion चक्रवात, बगूला।

whisk[1] विस्क *v.t.* to brush lightly झाड़ना; to remove quickly तेज़ी से उठा ले जाना; to beat to a froth फेंटना।

whisk[2] *n.* light brush कूंचा; egg-beating implement फेंटनी।

whisker विस् कः *n.* the stiff hair at the side of an animal's mouth पशु की मूंछ; *(pl.)* hair allowed to grow on the sides of a man's face गलमुच्छे।

whisky ह्विस् कि, विस्- *n.* an alcoholic drink distilled from malted grain ह्विस्की।

whisper[1] ह्विस् पॅः, विस् *v.t.* to speak or say (something) softly फुसफुसा कर कहना; *v.i.* to make a murmuring sound मरमराना; to rustle सरसराना।

whisper[2] *n.* a sound made softly फुसफुस; a low rustling sound सरसराहट।

whistle[1] ह्वि स्ल, वि- *v.i.* to produce a shrill sound सीटी बजाना; *v.t.* to summon by whistle सीटी-द्वारा बुलाना; to signal by whistling सीटी से संकेत करना।

whistle² *n.* a shrill sound सीटी की आवाज़; instrument to make such sound सीटी।

white¹ *हॉइट, वॉइट a.* of the colour of snow सफ़ेद; pale पीला; having a light coloured skin गोरा।

white² *n.* colour of snow सफ़ेद रंग; clothing of thin colour सफ़ेद पोशाक; clear fluid round the yolk of an egg अंडे की सफ़ेदी; white man गोरा।

whiten *हॉइ ट्नॅ, वाइ- v.t.* to make सफ़ेद करना; *v.i.* to become white सफ़ेद होना।

whitewash¹ *हॉइट् वौशॅ, वॉइट्- n.* substance for whitening walls etc. सफ़ेदी, क़लई।

whitewash² *v.t.* to coat with whitewash सफ़ेदी करना; to cover up छिपाना।

whither *हि दॅः, वि- adv.* where कहां।

whitish *वॉइ टिश, हॉइ- a.* almost white सफ़ेद-सा।

whittle *हि-ट्ल v.t.* to cut or pare with a knife चाकू से काटना या छीलना; to reduce the amount bit by bit थोड़ा-थोड़ा करके कम करना *v.i.* to cut or pare a piece of wood लकड़ी काटना या छीलना।

whiz (z) *हिज़ v.i.* to make a hissing sound सनसनाना।

who हू *interr. pron.* कौन, किसने; rel. pron. जो, जिसने।

whoever हू ऐ ॅ वॅः *pron.* anyone who जो कोई, जो भी।

whole¹ *होल a.* complete, entire संपूर्ण; not broken साबुत, समूचा।

whole² *n.* complete thing or system संपूर्ण वस्तु अथवा व्यवस्था।

whole-hearted *होल्-हॉः-टिड a.* hearty, generous, sincere हार्दिक, एकनिष्ठ।

wholesale¹ *होल् सेल n.* selling of goods in large quantities थोक बिक्री।

wholesale² *a.* relating to bulk-selling थोक-संबंधी, थोक का; extensive व्यापक, विशाल।

wholesale³ *adv.* in large quantities थोक में, बहुत अधिक।

wholesaler *होल् से लॅः n.* one who trades on wholesale basis थोक व्यापारी।

wholesome *होल् सॅम a.* producing good effect हितकारी; favourable to health स्वास्थ्यकर।

wholly *हो लि adv.* entirely पूर्णतया।

whom *हूम pron.* किसे, किसको; जिसे, जिसको।

whore *हौः, हौंः n.* a prostitute वेश्या।

whose *हूज़ pron.* किसका, जिसका।

why *हवॉइ, वॉइ adv.* for what reason क्यों; for which reason, because of which जिस लिए, जिस कारण से।

wick *विक n.* stip of thread feeding flame of lamp or candle with oil दीपक की बत्ती।

wicked *वि किड a.* evil, sinful दुष्ट, पापी; very bad धूर्त, बदमाश; mischievous नटखट, शरारती।

wicker *वि कॅः n.* flexible twigs that can be woven into baskets etc. खपची, लचीली टहनी।

wicket *वि किट n.* small gate छोटा फाटक; (cricket) set of three stumps and bails विकिट।

wide¹ *वॉइड a.* broad चौड़ा; spacious

विस्त त; liberal उदार।

wide[2] *adv.* to the full extent पूर्णरूप से; far from the intended target लक्ष्य से दूर; to a great distance दूर तक।

widen *वॉइ ड़न v.t.* to make wide or wider चौड़ा करना; *v.i.* to become wide or wider चौड़ा होना।

widespread *वॉइड़ स्प्रैं ड a.* extending over a wide area व्यापक, दूर तक फैला हुआ।

widow[1] *वि डो n.* a woman whose husband is dead विधवा।

widow[2] *v.t.* to make a widow of विधवा बनाना।

widower *वि डो अॅ: n.* man whose wife is dead विधुर।

width *विड्थ n.* breadth चौड़ाई।

wield *वील्ड v.t.* to hold and use प्रयोग में लाना; to brandish घुमाना, चलाना; to manage संभालना, नियंत्रित करना।

wife *वॉइफ़ n. (pl. wives)* a man's partner in marriage पत्नी।

wig *विग n.* artificial hair for the head बालों की टोपी, विग।

wight *वॉइट n.* a human being प्राणी।

wigwam *विग्-वैम n.* a hut कुटिया।

wild *वॉइल्ड a.* not tamed जंगली; uncivilized असभ्य; excited उत्तेजित।

wilderness *विल् डॅ: निस n.* desert, waste place बीहड़; state of desolation उजाड़।

wile *वॉइल n.* trick चाल, छल-कपट।

will[1] *विल n.* mental faculty of making decision संकल्पशक्ति; purpose उद्देश्य; volition संकल्प-व्यापार; determination संकल्प; wish इच्छा; legal document for disposal of property after death वसीयत-नामा।

will[2] *v.t.* to have a wish इच्छा रखना; *v.t.* to wish चाहना।

willing *वि लिङ्ग a.* ready तत्पर; given or done freely स्वैच्छिक।

willingness *वि लिङ्ग् निस n.* readiness तत्परता।

willow *वि लो n.* a tree with long thin, flexible branches भिंसा; its wood इसकी लकड़ी।

wily *वॉइ-लि a.* full of craft and cunning धूर्त, चालाक।

wimble *विम्-ब्ल n.* an instrument for boring holes बरमा, बरमी।

wimple *विम्-प्ल n.* a head dress worn by nuns शिरोवस्त्र।

win[1] *विन (-nn-) v.t.* to get by labour or effort प्राप्त करना; to reach पहुंचना; to allure लुभाना, ललचाना; to be successful in में सफल होना; *v.i.* to be victorious विजयी होना; to be successful सफल होना।

win[2] *n.* victory विजय।

wince *विन्स v.i.* to shrink सिकुड़ जाना; to hesitate झिझकना; to be startled चौंक जाना।

winch *विन्च n.* reel पेचक; roller चर्ख़ी; crank of wheel, axil पहिये की धुरी।

wind[1] *विन्ड n.* air in motion समीर; breath सांस; gas formed in the stomach अफारा।

wind[2] *v.t.* to cause to be breathless का सांस फुलाना; to get the scent of की गंध पा लेना।

wind[3] *वॉइन्ड v.t.* to twist लपेटना; to make into a ball or coil का गोला

या लच्छी बनाना; to move in a spiral manner घुमाना; to tighten the spring of (a watch) घड़ी में चाबी या कूक देना।

windbag *विन्ड्-बैग* *n.* person who talks a lot but says nothing important बातूनी, गप्पी व्यक्ति।

winder *वॉइन्-डर:* *n.* one who winds मोड़नेवाला; instrument for winding चाबी भरने का यंत्र; clock or watch key घड़ी की चाबी।

windlass *विन्ड्-लॅस* *v.t.* a hand winch for pulling and lifting बेलन-चरखा।

windmill *विन्ड्-मिल* *n.* a mill driven by the wind पवनचक्की।

window *विन् डो* *n.* an opening in a wall to admit light, air etc. खिड़की।

windy *विन् डि* *a.* with much wind तूफ़ानी।

wine *वॉइन* *n.* fermented juice of grape etc. अंगूरी शराब।

wing *विड़्ग* *n.* either of the two organs of a bird by which it flies पंख; the surface supporting an aircraft in the air वायुयान का पंख।

wink[1] *विङ्क* *v.i.* to move the eyelid पलक झपकना; to give a hint, to convey amused understanding आंख से इशारा करना; to blink टिमटिमाना; to connive अनदेखी करना; *v.t.* to make (the eyes) wink (आंखो को) जल्दी-जल्दी झपकाना।

wink[2] *n.* act of winking झपक; a hint given by means of the eye आंख का इशारा; an instant पलभर।

winner *वि नॅ:* *n.* one who wins विजेता।

winnow *वि नो* *v.t.* to separate (grain) from chaf by means of a stream of air ओसाना, बरसाना।

winsome *विन् सॅम* *a.* charming आकर्षक।

winter[1] *विन् टॅ:* *n.* the coldest season शीत ऋतु।

winter[2] *v.i.* to pass the winter जाड़ा बिताना।

wintry *विन् ट्रि* *a.* cold, chilly शीतल, ठंडा; of winter शीतकालीन; lacking warmth भावशून्य।

wipe[1] *वॉइप* *v.t.* to rub so as to clean पोंछना।

wipe[2] *n.* act of wiping पोंछन।

wire[1] *वॉइअॅ:* *n.* metal drawn into thin strand तार; telegram तार।

wire[2] *v.t.* to fasten with wire तार से बांधना; to provide with wire तार लगाना; to send by telegraph तार द्वारा भेजना।

wireless[1] *वॉइअॅ लिस* *a.* without the use of wires बेतार का।

wireless[2] *n.* radio, radio set रेडियो।

wiring *वॉइअॅ रिङ्ग* *n.* system of wires for electric current बिजली के तार।

wisdom *विज़् डॅम* *n.* quality of being wise समझदारी, बुद्धिमानी।

wisdom-tooth *विज़्-डॅम-टूथ* *n.* a back tooth अक्ल दाढ़।

wise *वॉइज़* *a.* sensible, having intelligence and knowledge समझदार, बुद्धिमान।

wish[1] *विश* *n.* desire इच्छा; thing desired इच्छित वस्तु।

wish[2] *v.t.* to desire चाहना; *v.i.* to have a desire इच्छुक होना।

wishful *विश् फुल a.* desirous आकांक्षी, इच्छुक।

wisp *विस्प n.* small bundle of straw or hay घास का गट्ठर; small broom पतली झाड़ू; tuft or shred गुच्छा; thin strand or fibre तंतु।

wistful *विस्ट् फुल a.* longing, yearning उत्कंठित; sadly pensive उदासीपूर्ण।

wit *विट n.* alertness of mind बुद्धि की प्रखरता; clever and humorous expression of ideas वाग्विदग्धता; person gifted with quickness of mind हाज़िर-जवाब व्यक्ति।

witch *विच n.* a woman having evil supernatural powers जादूगरनी; a hag डाइन; an alluring girl or woman मोहिनी।

witchcraft *विच् क्राफ़्ट n.* sorcery, use of magic जादू-टोना।

witchery *वि चॅ रि n.* witchcraft जादू-टोना; fascination, charm आकर्षण।

with *विद prep.* in the company of के साथ; as a means of के द्वारा; in the care of की देखरेख में; against विरूद्ध।

withal *वि-दौल adv.* besides के अतिरिक्त; with all or the rest सब के साथ।

withdraw *विद् ड्रौ v.t.* to draw back खींच लेना, पीछे हटाना; to take back वापस लेना to take out निकालना; *v.i.* to move back पीछे हटना, वापस जाना।

withdrawal *विद् ड्रौ ॲल n.* taking out निकासी; moving back वापसी; taking back वापसी।

withe *विद, विथ n.* a flexible twig लचीली टहनी।

wither *वि दॅः v.i.* to fade मुरझाना; *v.t.* to cause to fade मुरझा देना।

withhold *विद् होल्ड v.t.* to keep back रोक रखना; to refrain from giving देने से इनकार करना।

within[1] *विद् इन prep.* inside of, not beyond के अंदर, से अधिक नहीं।

within[2] *adv.* indoors घर में; inside अंदर।

within[3] *n.* inner side, inner part भीतरी भाग।

without[1] *विद् ऑउट prep.* not with, lacking से रहित, के बिना।

without[2] *adv.* outside बाहर की ओर।

without[3] *n.* outer side or part बाह्य भाग।

withstand *विद् स्टैन्ड v.t.* to resist, to oppose का विरोध करना to hold out against का सामना करना।

witless *विट्-लिस a.* destitute of wit बुद्धिहीन; silly मूर्ख; thoughtless विचारहीन; indiscreet विवेकहीन।

witness[1] *विट् निस n.* one who sees something प्रत्यक्ष-दर्शक; testimony गवाही; one who gives testimony गवाह; one attesting signature प्रमाण कर्त्ता।

witness[2] *v.i.* to give testimony गवाही देना; *v.t.* to see देखना; to attest प्रमाणित करना।

witticism *वि टि सिज़्म n.* witty remark चुटीला कथन।

witty *वि टि a.* clever and amusing (person) वाग्विदग्ध, हाज़िरजवाब; characterized by wit चुटीला, मज़ेदार।

wizard *वि ज़ॅ:ड* *n.* a magician जादूगर।

wobble *वौ ॅ ब्ल* *v.i* to rock हिलना, लड़खड़ाना; to be uncertain अस्थिर होना; *v.t.* to cause to rock हिलाना, लड़खड़ा देना।

woe *वो* *n.* grief, sorrow शोक, विषाद।

woebegone *वो-बि-गौ ॅन* *a.* dismal, sad, उदास; beset with woe विषादमय।

woeful *वो फुल* *n.* sorrowful शोकपूर्ण; miserable दुःखी।

wolf *वुल्फ़* *n.* a wild predatory dog-like animal भेड़िया।

woman *वु मॅन* *n.* adult human female नारी, स्त्री; the female sex स्त्री-जाति।

womanhood *वु मॅन् हुड* *n.* state of being woman नारीत्व।

womanish *वु मॅ निश* *n.* effeminate ज़नाना, स्त्रैण।

womanize, ise *वु-मॅ-नॉइज़* *v.t.* to make effeminate स्त्रैण बनाना; *v.i.* to consort with women, esp. prostites व्यभिचार करना, वेश्यागमन करना।

womb *वूम* *n.* female organ of conception गर्भाशय।

wonder[1] *वन् डॅ:* *n* astonishment आश्चर्य; a marvel अजूबा; a miracle चमत्कार।

wonder[2] *v.i.* to marvel आश्चर्य करना; *v.t.* to be doubtful about के विषय में अनिश्चित होना।

wonderful *वन् डॅ: फुल* *a.* causing wonder आश्चर्यजनक; remarkable very fine अत्युत्तम।

wondrous *वॅन्-ड्रॅस* *a.* wonderful आश्चर्यजनक, अद्‌भुत; excellent अत्युत्क ष्ट।

wont[1] *वौन्ट* *a.* accustomed आदी।

wont[2] *n.* custom habit रिवाज, आदत।

wonted *वौ ॅन्-टिड्* *a.* accustomed अभ्यस्त; usual सामान्य।

woo *वू* *v.t.* to court, to seek the love of (से) प्रणय-निवेदन करना; to coax फुसलाना।

wood *वुड* *n.* timber लकड़ी; firewood ईंधन; *(pl.)* a tract of land with growing trees जंगल।

wooden *वु डॅन* *a.* made of wood लकड़ी का।

woodland *वुड्-लॅन्ड* *n.* land covered with wood वनस्थली, वन।

woof *वूफ़* *n.* the threads that cross the warp in weaving बाना।

wool *वुल* *n.* soft hair of sheep, goat etc. ऊन; yarn made from this ऊनी धागा।

woollen[1] *बु लॅन* *a.* made of wool ऊनी।

woollen[2] *n* fabric made of wool ऊनी कपड़ा; *(pl.)* clothes made of wool ऊनी वस्त्र।

word[1] *वॅ:ड* *n.* a meaningful unit of speech शब्द; message संदेश; brief remark टिप्पणी, कथन; a promise वचन, वादा; information सूचना; command आदेश।

word[2] *v.t.* to express in words शब्दों में व्यक्त करना।

wordy *वॅ: डि* *a.* verbose शब्दाडंबरपूर्ण।

work[1] *वॅ:क* *n.* labour श्रम; employment व्यवसाय; activity कार्य; task नियत कार्य; thing done क त्य; production of art क ति; *(pl.)* factory कारख़ाना।

work² *v.t.* to cause to operate चालू करना, चलाना; to make, to shape बनाना, ढालना; *v.i.* to labour श्रम करना; to operate चलना; to engage in some activity काम करना; to be occupied in business धंधे में लगना।

workable *वॅः कॅ ब्ल a.* that can be made to work व्यवहार्य।

workaday *वॅः कॅ डे a.* plain, ordinary सादा, सामान्य।

worker *वॅः कॅः n.* a wage-earner मज़दूर।

workman *वॅःक् मॅन n.* manual worker मज़दूर।

workmanship *वॅःक् मॅन् शिप n.* skill of a workman शिल्प, कारीगरी।

workshop *वॅःक् शौपॅ n.* place where things are made कारख़ाना।

world *वॅःल्ड n.* the universe विश्व; the planet earth भूलोक; mankind मानव-जाति; human society मानव-समाज, जगत्, दुनिया; society समाज; an area of interest रुचि-क्षेत्र।

worldling *वॅःल्ड्-लिङ्ग n.* one devoted exclusively to worldly pleasures सांसारिक आनंद में लिप्त व्यक्ति।

worldly *वॅःल्ड् लि a.* earthly पार्थिव; mundane सांसारिक; materialistic भौतिक।

worm *वॅःम n.* small limbless creeping creature कीड़ा, क मि; a weak spineless person कमीना आदमी; the spiral part of a screw पेंच की चूड़ी।

wormwood *वॅःम् वुड n.* a bitter herb नागदौन; bitterness कटुता।

worn *वौःन a.* that has been worn, showing effects of wear घिसा हुआ, फटा हुआ; exhausted वद्ध थका-मांदा; hackneyed घिसा-पिटा।

worry¹ *व रि n.* anxiety चिंता; a cause of anxiety चिंता का कारण।

worry² *v.i.* to be concerned चिंतित होना; *v.t.* to trouble परेशान करना।

worsen *वॅः सॅन v.t.* to make worse बिगाड़ना; *v.i.* to become worse बिगड़ना।

worship¹ *वॅः शिप n.* act of worshipping पूजा, उपासना; admiration प्रशंसा; a title of respect श्रीमन्।

worship² *(-pp-) v.t.* to adore पूजा करना; to love and admire के प्रति प्रेम व प्रशंसा का भाव रखना।

worshipper *वॅः शि पॅः n.* adorer, devotee पुजारी, उपासक।

worst¹ *वॅःस्ट n.* the highest degree of badness, most evil state or effect सबसे बुरी बात।

worst² *a.* bad or evil in the highest degree सब से बुरा।

worst³ *v.t.* to defeat पराजित करना।

worsted *वुः स्टिड n.* woollen yarn ऊनी धागा; cloth made from this yarn ऊनी कपड़ा।

worth¹ *वॅःथ n.* value, merit गुण; virtue गुणवत्ता; usefulness उपयोगिता; excellence उत्क ष्टता।

worth² *a.* having a certain value निश्चित मूल्य का; deserving of के लायक; possessing का स्वामी।

worthless *वॅःथ् लिस a.* of no use व्यर्थ, निरर्थक।

worthy *वॅः दि a.* deserving (of) के योग्य; deserving respect सम्मान्य।

would-be *वुड्-बी a.* wishing to be

इच्छुक; intended to be होने वाला।

wound[1] वुन्ड *n.* injury, hurt from cut, stab etc. घाव, ज़ख़्म; a hurt to feelings ठेस।

wound[2] *v.t.* to hurt, to injure घायल करना; to pain ठेस पहुंचाना।

wrack रैक *n.* sea weed cast ashore (किनारे पर पड़ा हुआ) समुद्री शैवाल।

wraith रेथ *n.* apparition of a person about to die or newly dead प्रेत, प्रेतात्मा।

wrangle[1] रैङ् ग्ल *v.i.* to quarrel noisily लड़ना झगड़ना; to dispute बहस करना।

wrangle[2] *n.* noisy quarrel लड़ाई-झगड़ा dispute बहस, वाद-विवाद।

wrap[1] रैप *(-pp-) v.t.* to cover by putting something round लपेटना; to conceal छिपाना।

wrap[2] *n.* a loose garment आवरण; a shawl शाल, चादर।

wrapper रैं प: *n.* a loose cover for a book आवरण; a strip of paper wrapped round a periodical of sending by post कागज़ की लपेटन।

wrath रौथ, रौथॅ *n.* anger क्रोध।

wreath रीथ *n.* a circle of interwoven flowers माला।

wreathe रीद *v.t.* to form into a wreath गूथना; to surround घेरना; to wind round लपेटना।

wreck[1] रैकॅ *n.* distruction of ship पोतभंग; wrecked ship पोतावशेष; ruin भग्नावशेष, विनाश।

wreck[2] *v.t.* to cause to wreck of भग्न करना, नष्ट करना।

wreckage रै ˘ किज *n.* the remains of something wrecked पोतावशेष, भग्नावशेष।

wrecker रैॅ-कॅ: *n.* person who causes a wreck ध्वंसकर्त्ता; one who criminally ruins anything तोड़-फोड़ करनेवाला।

wren रैनॅ *n.* a small song bird पिटपिटी, फुदकी।

wrench[1] रैन्च *n.* a violent twist मरोड़; sprain मोच; spanner रिन्च; grief of parting बिछुड़ने की पीड़ा।

wrench[2] *v.t.* to twist violently मरोड़ना, ऐंठना; to distort तोड़-मरोड़ देना; to sprain मोच देना।

wrest रैस्ट *v.t.* to take by force छीनना; to twist मरोड़ना।

wrestle रैं स्ल *v.i.* to struggle with an opponent so as to throw him to the ground कुश्ती लड़ना; to strive संघर्ष करना।

wrestler रैसॅ लॅ: *n.* one who wrestles कुश्ती लड़ने वाला, पहलवान।

wretch रैचॅ *n.* a poor, miserable person अभागा व्यक्ति।

wretched रै ˘ चिड *a.* miserable, unhappy दुःखी, अभागा।

wrick रिक *n.* sprain (हलकी) मोच, मरोड़।

wriggle[1] रि ग्ल *v.i.* to move with twisting action रेंगना; to squim कुलबुलाना।

wriggle[2] *n.* twisting movement रेंगने की क्रिया; squim कुलबुलाहट।

wring रिङ्ग *v.t.* to twist ऐंठना; to squeeze out निचोड़ना; to extort ऐंठ लेना।

wrinkle[1] रिङ् क्ल *n.* crease in the skin झुर्री; fold सिलवट; pucker शिकन।

wrinkle[2] *v.t.* to cause wrinkles in

में सिलवट डालना, झुर्री पैदा करना; *v.i.* to become wrinkled झुर्री या शिकन पड़ना।

wrist *रिस्ट n.* joint by which the hand is united to the arm कलाई, मणिबंध।

writ *रिट n.* a written command from law court हुक्मनामा।

write *रॉइट v.t.* to set down in words लिखना to compose की रचना करना; to communicate in writing लिखकर भेजना; *v.i.* to form words on paper लिखना; to be an author लेखन-कार्य करना; to send a letter पत्र भेजना।

writer *रॉइ टॅः n.* one who writes लिखनेवाला; an author लेखक।

writhe *रॉइद v.i.* to twist the body in pain छटपटाना, तड़पना।

wrong[1] *रौ ँग a.* incorrect ग़लत, अशुद्ध; not suitable अनुपयुक्त; unjust अन्यायपूर्ण; illegal अवैध; not moral अनैतिक; sinful पापपूर्ण।

wrong[2] *adv.* in the wrong way ग़लत ढंग से।

wrong[3] *v.t.* to do wrong to से अन्याय करना।

wrongful *रौ ँङ्ग् फुल a.* unjust अन्यायपूर्ण; unlawful अवैध।

wry *रॉइ a.* twisted, contorted टेढ़ा, तोड़ा-मरोड़ा; sardonic व्यंग्यपूर्ण।

Xx

X एक्स the twenty-fourth letter of the English alphabet pronounced like 'z' at the beginning of a word and ks. elsewhere; as a Roman numeral it stands for 10, the first unkonwn quantity (x) in algebra. अंग्रेजी वर्णमाला का चौबीसवाँ अक्षर, शब्द के आदि में इस अक्षर का उच्चारण "ज्" तथा अन्य स्थान में "क्स्" होता है, रोमन संख्या में यह १० के लिए प्रयुक्त होता है, बीजगणित में (x) पहिली अज्ञात संख्या के लिये यह प्रयुक्त होता है।

xerox[1] *ज़ी रौंक्स n.* a photocopy छायाप्रति।

xerox[2] *v.t.* to photocpoy (की) छायाप्रति बनाना।

Xmas *क्रिस् मॅस n.* Christmas बड़ा दिन।

x-ray[1] *ऐंक्स रे n.* एक्स किरण।

x-ray[2] *a.* pertaining to x-ray एक्स-किरणीय।

x-ray[3] *v.t.* to photograph by x-rays एक्सकिरण फ़ोटो लेना।

xylophagous *ज़ाइ लौं फ़ॅ गॅस a.* wood-eating काष्ठ-भक्षी।

xylophilous *ज़ाइ लॉ फि लॅस a.* fond of eating wood काश्ठ-प्रेमी।

xylophone *ज़ॉइ लॅ फ़ोन n.* a musical instrument of wooden bars which sound when struck काष्ठ-तरंग।

Yy

Y वाई the twenty-fifth letter of the English alphabet, a Roman numeral for 150, the letter is a vowel after a consonant and a consonant after a vowel. अंग्रेजी वर्णमाला का पचीसवाँ अक्षर, रोमन् संख्या में १५० के लिये प्रयुक्त होता है, व्यन्जन के बाद इसका उच्चारण स्वर का तथा स्वर के बाद इसका उच्चारण व्यन्जन का होता है।

yacht[1] *यॉट n.* a light sailing boat हलकी नौका।

yacht[2] *v.i.* to travel in a yacht नौका-विहार करना।

yak *यैक n.* long-haired ox of Central Asia सुरागाय, चमर।

yap[1] *यैप (-pp-) v.i.* (of small dogs, etc.) to utter sharp short barks भौं-भौं करना; to talk idly बकसाव करना।

yap[2] *n.* a shrill bark भौं-भौं।

yard *याःड n.* a unit of length (36 inches) गज़; enclosed area अहाता।

yarn *याःन n.* spun thread सूत, तागा; a tale कहानी, क़िस्सा।

yawn[1] *यौन v.i.* to open the mouth wide in sleepiness जम्हाई लेना; to be wide open चौड़ा होना।

yawn[2] *n.* act of yawning जम्हाई।

Year *यिअॅः, यॅः n.* twelve months वर्ष।

yearly[1] *यिअॅः लि, यॅः- a.* taking place every year वार्षिक।

yearly[2] *adv.* every year, once a year प्रतिवर्ष।

yearn *यॅःन v.i.* to feel longing लालायित होना।

yearning *यॅः निङ्ग n.* longing, desire लालसा, इच्छा।

yeast *यीस्ट n.* substance used as fermenting agent ख़मीर।

yell[1] *यैलॅ v.i.* to cry out in loud shrill tone चिल्लाना; *v.t.* to say in loud shrill tone चिल्लाकर कहना।

yell[2] *n.* a loud shrill cry चिल्लाहट, पुकार।

yellow[1] *यैं लो a.* of the colour of lemons पीला।

yellow[2] *n.* the colour of lemons पीला रंग।

yellow[3] *v.t.* to cause to become yellow पीला करना; *v.i.* to become yellow पीला होना।

yellowish *यैं लो इश a.* rather yellow पीला-सा, कुछ-कुछ पीला।

Yen *यैंन n.* Japanese monetary unit यैन, जापानी मुद्रा।

yeoman *यो मॅन n.* a small farmer छोटा ज़मींदार।

yes *यैसॅ adv.* of agreement or consent हाँ, सचमुच।

yesterday[1] *यैसॅ टॅः डे, -डि n.* the day just pasted बीता हुआ दिन।

yesterday[2] *adv.* on the day just pasted कल; recently हाल में।

yet[1] *यैंट adv.* upto the present time अब तक; in addition इसके अतिरिक्त; still अभी तक।

yet[2] *conj.* nevertheless तथापि।

yield[1] *यील्ड v.t.* to produce पैदा करना; to provide प्रदान करना; to give up, to surrender समर्पित करना, त्याग देना; *v.i.* to submit आत्मसमर्पण करना; to surrender हार मानना।

yield[2] *n.* amount produced उपज, पैदावार; profit लाभ; result परिणाम।

yoke[1] *योक n.* a wooden bar put across the necks of oxen pulling a cart etc. कड़ी, जुआ; bond or tie बंधन, संबंध; a mark of servitude दासता; a pair of oxen बैलों की जोड़ी; part of a garment that fits the shoulders वस्त्र का कंधोंवाला भाग।

yoke[2] *v.t.* to put a yoke on (पर) जुआ रखना, जीतना; to join together जोड़ना, युग्मित करना।

yolk *योक n.* the yellow part of an egg अंडे की ज़रदी।

younder[1] *यौन् डॅः a.* that can be seen over there वहाँ का, वह वाला।

younder[2] *adv.* over there, in that direction वहाँ, उस ओर।

young[1] *यङ्ग a.* not old छोटा; immature अपरिपक्व, अनाड़ी; at an early stage of growth नवोदित।

young[2] *n.* offspring संतान, बच्चे।

youngster *यङ्ग्स्टॅः n.* a young person not yet mature enough छोकरा, लौंडा।

youth *यूथ n.* state or time of being young यौवन, तरुणाई; young man जवान युवक; young people नौजवान लोग।

youthful *यूथ् फुल a.* young युवा, तरुण।

Zz

Z जेड् the twenty-six and the last letter of the English alphabet, it has the sound of s, z, or sh अंग्रेजी वर्णमाला का छब्बीसवाँ तथा अन्तिम अक्षर, इसका उच्चारण स, ज्, तथा श होता है।

Zany *ज़े नि a.* funny in an unusual way बेहूदा, हास्यपूर्ण

zeal *ज़ील n.* great enthusiasm जोश, उत्साह।

zealot *ज़ैं लॅट n.* enthusiast उन्मादी; fanatic supporter कट्टर समर्थक।

zealous *ज़ैं लॅस a.* full of zeal, ardent जोशपूर्ण, उत्साही।

zebra *ज़ी ब्रॅ n.* striped African animal like a horse ज़ेबरा।

zenith *ज़ैं निथ n.* point of the sky exactly overhead शिरोबिंदु; the highest point चरम बिंदु, पराकाष्ठा।

zephyr *ज़ैं फ़ॅः n.* west wind पछुवाँ हवा; gentle breeze मंद समीर।

zero *ज़िअॅ रो n.* the figure 0, शून्य; nothing कुछ नहीं; freezing point हिमांक।

zest *ज़ैस्ट n.* enjoyment मज़ा, आनंद; enthusiasm उत्साह, जोश।

zigzag[1] *ज़िग् ज़ैग n.* line or course with sharp turns in alternate directions टेढ़ी-मेढ़ी रेखा।

zigzag[2] *a.* formed in a zigzag टेढ़ा-मेढ़ा।

zigzag[3] *(gg) v.i.* to go in a zigzag टेढ़ा-मेढ़ा जाना।

zinc *ज़िङ्क* *n.* a bluish-white metal जस्ता।

zip[1] *ज़िप* *n.* a whizzing sound सनसनाहट; a kind of fastener ज़िप।

zip[2] *(pp) v.t.* to open or close by means of a zip ज़िप से बंद करना या खोलना।

zodiac *ज़ो डि ऐक* *n* राशिचक्र।

zonal *ज़ो नॅल* *a.* of or pertaining to a zone मंडलीय।

zone *ज़ोन* *n.* one of the five climatic belts into which the earth is divided कटिबंध; any belt-like area क्षेत्र, मंडल।

zoo जू *n.* place where live animals are kept for exhibition चिड़ियाघर, जंतुशाला।

zoological *ज़ों अॅ लौं जि कॅल, जु* *a.* of zoology प्राणि-विज्ञान विषयक।

zoologist *ज़ों ऑ लॅ जिस्ट, जु-* *n.* an expert in zoology प्राणि-विज्ञानी।

zoology *ज़ों ऑ लॅ जि, जु-* *n.* scientific study of animals प्राणि-विज्ञान।

zoom[1] *जूम* *n.* sudden upward flight of an aircraft वायुयान की तेज़ ऊर्ध्व उड़ान; the humming sound made by such a flight ऐसी उड़ान की गूँज।

zoom[2] *v.i.* (of an aircraft) to rise steeply (वायुयान का) तेज़ी से ऊपर उठना; to move with a fast roaring noise शोर करते हुए तेज़ी से गुज़रना; to soar ऊँचा उठना।